CONCEITOS DE
COMPUTAÇÃO COM

o essencial de
C++

H823c   Horstmann, Cay
            Conceitos de computação com o essencial de C^{++} / Cay Horstmann ; tradução Carlos Arthur Lang Lisbôa, Maria Lúcia Blanck Lisbôa. – 3.ed. – Porto Alegre : Bookman, 2005.
            705 p. ; 25 cm.

            ISBN 85-363-0539-8

            1. Computação – Linguagem de programação. I. Título.

                          CDU 004.438C^{++}

Catalogação na publicação: Júlia Angst Coelho – CRB Provisório 05/05

CAY HORSTMANN
San Jose State University

CONCEITOS DE COMPUTAÇÃO COM

o essencial de C++

3ª edição

Tradução:
Carlos Arthur Lang Lisbôa e Maria Lúcia Blanck Lisbôa
Professores do Instituto de Informática da UFRGS

2005

Obra originalmente publicada sob o título
Computing Concepts With C++ Essentials, 3/e.
© 2003, John Wiley & Sons, Inc.

ISBN 0-471-16437-2

Tradução autorizada da edição em língua inglesa publicada por John Wiley & Sons, Inc.

Capa: *Amarilis Barcelos*

Leitura final: *Marcos Rubenich*

Supervisão editorial: *Arysinha Jacques Affonso*

Editoração eletrônica: *Laser House*

Reservados todos os direitos de publicação, em língua portuguesa, à
ARTMED® EDITORA S.A.
(BOOKMAN® COMPANHIA EDITORA é uma divisão da ARTMED® EDITORA S. A.)
Av. Jerônimo de Ornelas, 670 – Santana
90040-340 – Porto Alegre RS
Fone: (51) 3027-7000   Fax: (51) 3027-7070

É proibida a duplicação ou reprodução deste volume, no todo ou em parte, sob quaisquer formas ou por quaisquer meios (eletrônico, mecânico, gravação, fotocópia, distribuição na Web e outros), sem permissão expressa da Editora.

SÃO PAULO
Av. Angélica, 1.091 – Higienópolis
01227-100 – São Paulo – SP
Fone: (11) 3667-1100   Fax: (11) 3667-1333

SAC 0800 703-3444

IMPRESSO NO BRASIL
PRINTED IN BRAZIL

Prefácio

Este livro oferece uma introdução tradicional à ciência da computação, usando ferramentas modernas. Como cientistas da computação, temos a sorte de ser capazes de apresentar os estudantes a uma atividade que é acessível, satisfatória e profunda em vez de abrangente: a saber, a atividade de programação. Como a maioria dos cientistas da computação, eu acredito que a programação é um tema central da ciência da computação. Portanto, este curso ensina aos estudantes como programar.

Embora este livro se mantenha tradicional em linhas gerais, ele usa técnicas modernas de três maneiras.

- *A linguagem de programação é um subconjunto de C++.* Embora C++ esteja longe de ser uma linguagem perfeita para o ensino, faz sentido usá-la, do ponto de vista prático. C++ é usada extensivamente na indústria de *software*. Existem ambientes de programação baratos e convenientes de usar disponíveis em todas as principais plataformas. C++ é suficientemente expressiva para ensinar conceitos de programação. Este livro minimiza o uso de construções propensas a erro através do uso de características modernas do padrão C++ — tais como parâmetros por referência, a biblioteca de *streams*, a classe `string` e o gabarito `vector<T>`. Ponteiros são usados principalmente para polimorfismo e a implementação de listas encadeadas.

- *Uso antecipado de objetos.* Objetos são apresentados em duas etapas. A partir do Capítulo 2, os estudantes aprendem a *usar* objetos — em particular, *strings*, *streams*, instâncias das classes simples `Time` e `Employee`, e formas gráficas. Os estudantes se familiarizam com os conceitos de criar objetos e chamar funções membro à medida que o livro prossegue ao longo de um caminho tradicional, discutindo desvios e laços, funções e procedimentos. Então, no Capítulo 6, os estudantes aprendem como implementar classes e funções membro.

- *Uso opcional de gráficos.* Os estudantes apreciam programar gráficos. Este livro inclui muitos exercícios nos quais números e informações visuais reforçam uns aos outros. Para fazer isso, o livro usa uma biblioteca de gráficos muito simples, que está disponível em diversas plataformas populares. Ao contrário de bibliotecas gráficas tradicionais, esta biblioteca usa objetos de uma maneira muito direta e eficaz. O uso da biblioteca também é opcional. Além disso, o Capítulo 18 contém uma introdução à programação de interfaces gráficas com o usuário, usando um conjunto de ferramentas de código aberto que é similar à biblioteca de classes fundamentais da Microsoft (Microsoft Foundation Class Library).

A escolha da linguagem de programação tem um impacto muito visível em qualquer livro sobre programação. Entretanto, o objetivo deste livro é ensinar conceitos de computação, e não todos os detalhes da linguagem C++. C++ é usada em todo o livro como uma ferramenta para dominar os fundamentos da ciência da computação.

Estrutura pedagógica

O início de cada capítulo tem as costumeiras visão geral dos objetivos do capítulo e introdução motivacional. Ao longo dos capítulos, existem cinco conjuntos de notas para ajudar seus estudantes, a saber as denominadas "Erro Freqüente", "Dica de Produtividade", "Dica de Qualidade", "Tópico Avançado" e "Fato Histórico". Essas notas são marcadas de forma especial, de modo que elas não interrompem o fluxo do material principal (veja a listagem dos tópicos abordados nas páginas 16 a 19). Eu espero que a maioria dos instrutores abordem somente algumas poucas destas notas em aula e deixem outras como leitura para casa. Algumas notas são muito curtas; outras, se estendem por mais de uma página. Eu decidi dar a cada nota o espaço que é necessário para uma explicação completa e convincente, em vez de tentar fazê-las caber em "dicas" de um só parágrafo.

Erros Freqüentes descrevem os tipos de erros que os estudantes cometem freqüentemente, com uma explicação de porque os erros ocorrem e o que fazer em relação a eles. A maioria dos estudantes descobre rapidamente as seções de Erros Freqüentes e as lê por iniciativa própria.

Dicas de Qualidade explicam boas práticas de programação. Como a maioria delas requer um investimento de esforço inicial, estas notas explicam cuidadosamente as razões do conselho e porque o esforço será recompensado mais tarde.

Dicas de Produtividade ensinam aos estudantes como usar suas ferramentas de forma mais eficaz. Muitos estudantes principiantes não pensam muito ao usar computadores e *software*. Freqüentemente eles não estão familiarizados com truques da área, tais como atalhos por teclado, pesquisa e substituição globais, ou automação de tarefas rotineiras com *scripts*.

Tópicos Avançados abordam material não essencial ou mais difícil. Alguns destes tópicos apresentam construções sintáticas alternativas, que não são, necessariamente, avançadas do ponto de vista técnico. Em muitos casos, o livro usa uma construção da linguagem em particular, mas explica alternativas como Tópicos Avançados. Instrutores e estudantes devem sentir-se à vontade para usar estas construções em seus programas, se eles as preferirem. Minha experiência, no entanto, mostra que muitos estudantes são gratos pela abordagem "mantenha-o simples", porque ela reduz substancialmente o número de decisões desnecessárias que eles têm que tomar.

Fatos Históricos fornecem informações históricas e sociais sobre computação, como é exigido para satisfazer os requisitos de "contexto histórico e social" das diretrizes para currículos da ACM, bem como recapitulações concisas de tópicos avançados de ciência da computação. Muitos estudantes lerão os Fatos Históricos por iniciativa própria, enquanto fingem acompanhar a aula.

A maioria dos exemplos está na forma de programas completos, prontos para executar. Os programas estão disponíveis eletronicamente e você pode dá-los a seus estudantes.

O Apêndice A contém um guia de estilo para uso com este livro. Descobri que ele é altamente benéfico para exigir um estilo consistente para todos os exercícios. Eu compreendo que meu estilo pode ser diferente do seu. Se você tem algum forte argumento contra um aspecto em particular, ou se este guia de estilo conflita com costumes locais, sinta-se à vontade para modificá-lo. O guia de estilo está disponível em forma eletrônica para essa finalidade.

O Apêndice B contém um resumo da sintaxe e a documentação de todas as funções e classes de biblioteca usadas neste livro.

Novidades nesta edição

Para permitir uma abordagem antecipada da implementação de classes, os capítulos sobre fluxo de controle foram reorganizados. O Capítulo 4 agora trata dos conceitos básicos tanto de desvios quanto de laços. Os Capítulos 5 e 6 fazem uso desse material, o que permite a construção de funções e classes interessantes. Finalmente, o Capítulo 7 aborda aspectos avançados do fluxo de controle, tais como desvios aninhados e construções alternativas para laços.

O capítulo sobre projeto orientado a objetos agora contém uma introdução à notação UML (Unified Modeling Language) e um novo estudo de caso de projeto.

O capítulo sobre estruturas de dados foi aprimorado para abordar os contêineres e algoritmos da Standard Template Library (STL).

Um novo capítulo sobre tópicos avançados em C++ apresenta a sobrecarga de operadores, gabaritos, os "Três Grandes" (destrutor, construtor de cópia e operador de atribuição), classes aninhadas, ambientes de nomes e tratamento de exceções.

Um novo capítulo sobre recursividade reúne exemplos que anteriormente estavam localizados em capítulos separados e oferece um tratamento unificado de recursividade.

A discussão sobre ponteiros foi consolidada em um capítulo separado. A ênfase é no uso de ponteiros para modelar relacionamentos entre objetos, mas existe também uma seção sobre a dualidade *array*/ponteiro, para aqueles que precisam mergulhar mais a fundo nos detalhes de implementação.

Na segunda edição, diversas seções importantes nos capítulos sobre fluxo de controle, *arrays* e herança dependiam da biblioteca gráfica. Esta dependência foi removida. A biblioteca gráfica agora é inteiramente opcional.

Finalmente, existe um novo capítulo que apresenta a programação de interface gráfica com o usuário. Este capítulo pode ser usado como coroamento do curso, mostrando como classes e herança são usadas em uma biblioteca de classes do mundo real.

Caminhos para percorrer o livro

Este livro contém mais material do que pode ser abordado em um semestre, de modo que você irá precisar escolher quais capítulos abordar. O material essencial do livro é:

Capítulo 1. Introdução
Capítulo 2. Tipos de Dados Fundamentais
Capítulo 3. Objetos
Capítulo 4. Fluxo de Controle Básico
Capítulo 5. Funções
Capítulo 6. Classes
Capítulo 7. Fluxo de Controle Avançado
Capítulo 8. Teste e Depuração
Capítulo 9. Vetores e *Arrays*

Note que a biblioteca de gráficos abordada no Capítulo 3 é opcional.
Para um curso que aborde herança e projeto orientado a objetos, você deve incluir

Capítulo 10. Ponteiros
Capítulo 11. Herança
Capítulo 12. *Streams*
Capítulo 13. Projeto Orientado a Objetos

Os capítulos a seguir são uma introdução a algoritmos e estruturas de dados.

Capítulo 14. Recursividade

Capítulo 15. Classificação e Pesquisa

Capítulo 16. Uma Introdução a Estruturas de Dados

Você pode querer usar qualquer um dos dois capítulos finais como um coroamento para seu curso.

Capítulo 17. Tópicos Avançados em C++

Capítulo 18. Interfaces Gráficas com o Usuário

A Figura 1 mostra as inter-relações entre os capítulos.

Currículo da ACM

O livro abrange as seguintes unidades de conhecimento das diretrizes para currículos CC2001 da ACM.

PF1: Construções Fundamentais de Programação (9 de 9 horas)

PF2: Algoritmos e Solução de Problemas (6 de 6 horas)

PF3: Estruturas de Dados Fundamentais (6 de 14 horas)

PF4: Recursividade (3 de 5 horas)

PF5: Programação Dirigida por Eventos (2 de 4 horas)

AL1: Análise Algorítmica Básica (2 de 4 horas)

AL3: Algoritmos Fundamentais de Computação (2 de 12 horas)

PL1: Visão Geral de Linguagens de Programação (1 de 2 horas)

PL3: Introdução à Tradução de Linguagem (1 de 2 horas)

PL5: Mecanismos de Abstração (2 de 3 horas)

PL6: Programação Orientada a Objetos (8 de 10 horas)

SP2: Contexto Social da Computação (1 de 3 horas)

SP5: Riscos e Responsabilidades de Sistemas de Computação (1 de 3 horas)

SE3: Ambientes e Ferramentas de *Software* (1 de 3 horas)

SE6: Validação de *Software* (2 de 3 horas)

Recursos na Web

Recursos adicionais (em inglês) para estudantes e instrutores podem ser encontrados no *site* correspondente ao livro em `http://www.wiley.com/college/horstmann`. Estes recursos incluem:

- Código-fonte das classes `Employee` e `Time` e a biblioteca gráfica opcional
- Código-fonte para todos os exemplos do livro
- Soluções para exercícios selecionados (acessíveis para estudantes)
- *Soluções para todos os exercícios (somente para instrutores)
- Um manual de laboratório
- Uma lista de perguntas freqüentes
- Ajuda com compiladores comuns
- *Slides* de apresentação para aulas
- O guia de estilo para programação (Apêndice A) em forma eletrônica (para modificações que atendam preferências do instrutor)

---

* Este material de apoio está disponível, em inglês, para professores no site www.bookman.com.br. Para obtenção de senha de acesso, entre em contato com a Bookman Editora pelo endereço producaoeditorial@artmed.com.br.

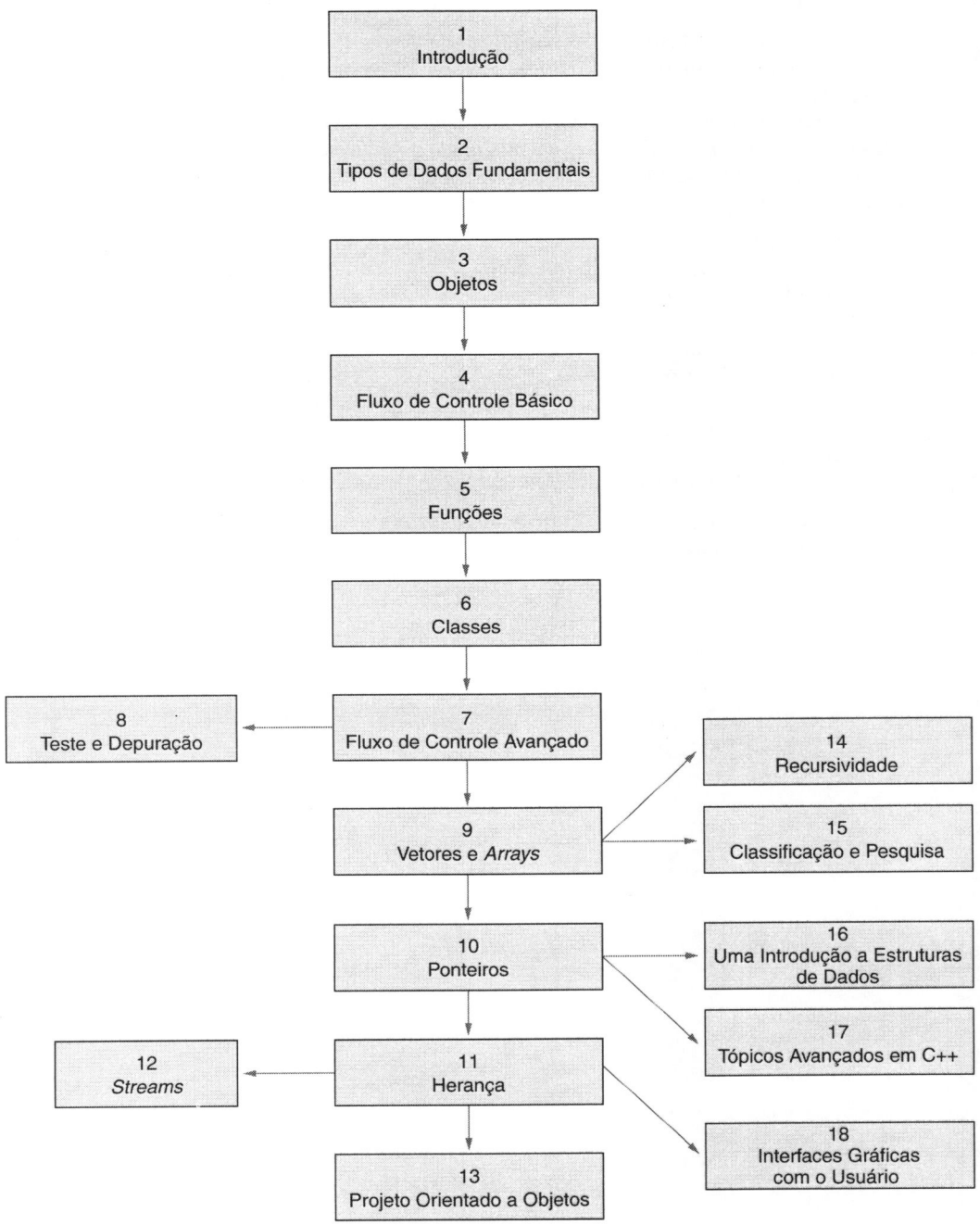

Figura 1   Inter-relações entre capítulos.

Agradecimentos

Meus agradecimentos a Paul Crockett, Bill Zobrist, Katherine Hepburn e Lisa Gee, da John Wiley & Sons, e à equipe da Publishing Services por seu árduo trabalho e apoio para o projeto deste livro. Este não teria sido possível sem os esforços especiais de Cindy Johnson, da Publishing Services. Ela fez um trabalho fantástico com o cronograma e a produção e foi muito além de suas obrigações para aprimorar a consistência e a qualidade do manuscrito.

Sou muito grato às muitas pessoas que revisaram o texto, fizeram valiosas sugestões e me chamaram a atenção sobre um constrangedoramente elevado número de erros e omissões. Elas são:

Vladimir Akis, *CSU Los Angeles*
Ramzi Bualuan, *Notre Dame University*
Joseph DeLibero, *Arizona State University*
Jeremy Frens, *Calvin College*
Timothy Henry, *University of Rhode Island*
Robert Jarman, *Augusta State University*
Jerzy Jaromczyk, *University of Kentucky*
Vitit Kantabutra, *Idaho State University*
Brian Malloy, *Clemson University*
Jeffery Popyack, *Drexel University*
John Russo, *Wentworth Institute of Technology*
Deborah Silver, *Rutgers University*
Joel Weinstein, *New England University*
Lillian Witzke, *Milwaukee School of Engineering*

Finalmente, obrigado aos muitos estudantes e instrutores que me enviaram "relatórios de erros" e sugestões para melhorias.

Sumário

Capítulo 1 Introdução — 21
    1.1 O que é um computador? — 22
    1.2 O que é programação? — 22
    1.3 A anatomia de um computador — 23
    1.4 Traduzindo programas legíveis por pessoas para código de máquina — 27
    1.5 Linguagens de programação — 29
    1.6 Linguagens de programação: projeto e evolução — 30
    1.7 Familiarizando-se com seu computador — 32
    1.8 Compilando um programa simples — 34
    1.9 Erros — 38
    1.10 O processo de compilação — 40
    1.11 Algoritmos — 42

Capítulo 2 Tipos de Dados Fundamentais — 49
    2.1 Tipos numéricos — 50
    2.2 Entrada e saída — 57
    2.3 Atribuição — 61
    2.4 Constantes — 67
    2.5 Aritmética — 70
    2.6 *Strings* — 77

Capítulo 3 Objetos — 91
    3.1 Construindo objetos — 92
    3.2 Usando objetos — 94
    3.3 Objetos da vida real — 98
    3.4 Exibindo formas gráficas — 102
    3.5 Estruturas gráficas — 102
    3.6 Escolhendo um sistema de coordenadas — 108
    3.7 Obtendo entradas a partir de janelas gráficas — 112
    3.8 Comparando informações visuais e numéricas — 112

Capítulo 4 Fluxo de Controle Básico — 123

- 4.1 O Comando `if` — 124
- 4.2 O Comando `if/else` — 127
- 4.3 Operadores relacionais — 129
- 4.4 Validação de dados de entrada — 133
- 4.5 Laços simples — 137
- 4.6 Processando uma seqüência de dados de entrada — 140
- 4.7 Usando variáveis booleanas — 142

Capítulo 5 Funções — 157

- 5.1 Funções como caixas pretas — 158
- 5.2 Escrevendo funções — 159
- 5.3 Comentários em funções — 162
- 5.4 Valores de retorno — 165
- 5.5 Parâmetros — 168
- 5.6 Efeitos colaterais — 171
- 5.7 Procedimentos — 172
- 5.8 Parâmetros por referência — 174
- 5.9 Escopo de variáveis e variáveis globais — 177
- 5.10 Refinamentos sucessivos — 178
- 5.11 Do pseudocódigo ao código — 180
- 5.12 Inspeções — 186
- 5.13 Pré-condições — 191

Capítulo 6 Classes — 205

- 6.1 Descobrindo classes — 206
- 6.2 Interfaces — 209
- 6.3 Encapsulamento — 212
- 6.4 Funções-membro — 214
- 6.5 Construtores *default* — 217
- 6.6 Construtores com parâmetros — 221
- 6.7 Acessando campos de dados — 225
- 6.8 Comparando funções-membro com funções não-membro — 226
- 6.9 Compilação separada — 228

Capítulo 7 Fluxo de Controle Avançado — 239

- 7.1 Alternativas múltiplas — 240
- 7.2 Desvios aninhados — 247
- 7.3 Operações booleanas — 250
- 7.4 A lei de De Morgan — 254
- 7.5 O laço `for` — 256
- 7.6 O laço `do` — 262
- 7.7 Laços aninhados — 266
- 7.8 Processando entrada de texto — 269
- 7.9 Simulações — 274

Capítulo 8 Teste e Depuração — 289

- 8.1 Testes de unidade — 290
- 8.2 Selecionando casos de teste — 294

8.3	Avaliação de casos de teste	295
8.4	Asserções	298
8.5	Monitoramento de programas	298
8.6	O depurador	299
8.7	Estratégias	307
8.8	Limitações do depurador	308

Capítulo 9 Vetores e *Arrays* 315

9.1	Usando vetores para coletar itens de dados	316
9.2	Subscritos de vetores	318
9.3	Vetores como parâmetros e valores de retorno	324
9.4	Vetores paralelos	331
9.5	*Arrays*	335

Capítulo 10 Ponteiros 359

10.1	Ponteiros e alocação de memória	360
10.2	Liberando memória dinâmica	364
10.3	Usos comuns para ponteiros	366
10.4	*Arrays* e ponteiros	371
10.5	Ponteiros para *strings* de caracteres	376

Capítulo 11 Herança 385

11.1	Classes derivadas	386
11.2	Chamada de construtor da classe base	391
11.3	Chamada de funções membro da classe base	392
11.4	Polimorfismo	398

Capítulo 12 *Streams* 415

12.1	Lendo e escrevendo arquivos de texto	416
12.2	A hierarquia de herança das classes *stream*	419
12.3	*Streams* de *strings*	421
12.4	Argumentos de linha de comando	425
12.5	Acesso aleatório	430

Capítulo 13 Projeto Orientado a Objetos 445

13.1	O ciclo de vida do *software*	446
13.2	Cartões CRC	450
13.3	Coesão	452
13.4	Acoplamento	453
13.5	Relacionamento entre classes	455
13.6	Implementando associações	459
13.7	Exemplo: imprimindo uma fatura	460
13.8	Exemplo: um jogo educacional	472

Capítulo 14 Recursividade 493

14.1	Números triangulares	494
14.2	Permutações	497
14.3	Pensando recursivamente	502
14.4	Funções auxiliares recursivas	505

14.5	Recursividade mútua	506
14.6	A eficiência da recursividade	510

Capítulo 15 Classificação e Pesquisa 521

15.1	Classificação por seleção	522
15.2	Avaliando o algoritmo de classificação por seleção	524
15.3	Analisando o desempenho do algoritmo de classificação por seleção	526
15.4	Classificação por intercalação	527
15.5	Analisando o algoritmo de classificação por intercalação	530
15.6	Pesquisando	534
15.7	Pesquisa binária	536
15.8	Pesquisa e classificação de dados reais	539

Capítulo 16 Uma Introdução a Estruturas de Dados 547

16.1	Listas encadeadas	548
16.2	Implementando listas encadeadas	551
16.3	Pilhas e filas	563
16.4	Outros contêineres padrão	566
16.5	Algoritmos padrão	567

Capítulo 17 Tópicos Avançados em C++ 573

17.1	Sobrecarga de operadores	574
17.2	Gerenciamento automático de memória	580
17.3	Gabaritos	590
17.4	Classes aninhadas e ambientes de nomes	600
17.5	Tratamento de exceções	604

Capítulo 18 Interfaces Gráficas com o Usuário 619

18.1	O conjunto de ferramentas wxWindows	620
18.2	*Frames*	621
18.3	Adicionando um controle de texto ao *frame*	625
18.4	Menus	628
18.5	Tratamento de eventos	630
18.6	Gerenciamento de leiaute	632
18.7	Pintando	636
18.8	Eventos de *mouse*	640
18.9	Diálogos	644
18.10	Um exemplo completo	646

Apêndice A Diretrizes para Codificação na Linguagem C++ 661

Apêndice B Resumo da Linguagem e da Biblioteca de C++ 669

Glossário 689

Índice 697

Créditos das Ilustrações 712

Caixas de Sintaxe

Apelidos de ambiente de nomes	603
Asserção	191
Atribuição	62
Bloco *try*	606
Chamada de função	72
Chamada de função membro	78
Cast	65
Bloco de comandos	125
Comando de entrada	59
Comando de saída	51
Comando `do/while`	262
Comando `for`	257
Comando `if`	124
Comando `if/else`	128
Comando `return`	167
Comando `while`	137
Comentário	56
Construção de objeto	93
Construtor com inicializador da classe base	392
Construtor com lista de inicialização de campos	223
Declaração (ou protótipo) de função	170
Definição de ambiente de nomes	602
Definição de *array* bidimensional	342
Definição de classe aninhada	600
Definição de classe derivada	386
Definição de classe	210
Definição de constante	67
Definição de construtor	218
Definição de destrutor	581
Definição de gabarito de função-membro	594
Definição de função virtual	401
Definição de função	160
Definição de função-membro	215
Definição de classe gabarito	592
Definição de operador sobrecarregado	574
Definição de variável	52
Definição de variável *array*	335
Definição de variável objeto	93
Definição de variável ponteiro	361
Definição de variável vetor	316
Dereferenciamento de ponteiro	362
Disparar uma exceção	605
Especificação de exceção	610
Expressão `delete`	365
Expressão `new`	360
Parâmetro por referência constante	176
Parâmetro por referência	174
Programa simples	36
Subscrito de vetor	318

	• Erros freqüentes		• Dicas de Qualidade	
1 Introdução	Omitir ponto-e-vírgulas Erros de ortografia	37 40		
2 Tipos de dados fundamentais	Erros de arredondamento Divisão inteira Parênteses desbalanceados Esquecer arquivos de cabeçalho	64 72 73 74	Inicialize variáveis ao defini-las Escolha nomes descritivos para variáveis Não use números mágicos Espaço em branco Coloque em evidência código comum	52 54 68 76 76
3 Objetos	Tentar chamar uma função-membro sem uma variável	96	Calcular manualmente dados de teste	115
4 Fluxo de controle básico	Confundir = e == Comparação de números em ponto flutuante Laços infinitos Erros fora-por-um Detecção de fim de arquivo	131 132 139 139 144	Leiaute de chaves Compilar com zero advertências Evite condições com efeitos colaterais	126 131 134
5 Funções	Esquecer o valor de retorno Incompatibilidade de tipos	168 170	Use nomes significativos para parâmetros Minimize variáveis globais Mantenha as funções curtas	169 178 180
6 Classes	Misturar entrada >> e `getline` Esquecer um ponto-e-vírgula Correção de `const` Esquecer de inicializar todos os campos em um construtor Tentar restaurar um objeto chamando um construtor	207 211 216 222 222	Leiaute de arquivo	228
7 Fluxo de controle avançado	O Problema do `else` pendente Esquecer de configurar uma variável em alguns desvios Vários operadores relacionais Confundir condições && e || Esquecer um ponto-e-vírgula Subestimar o tamanho de um conjunto de dados	244 246 253 254 260 273	Prepare casos de teste antecipadamente Use laços `for` somente para seu objetivo pretendido Não use != para testar o fim de um intervalo Limites simétricos e assimétricos Contar iterações	248 259 259 261 261
8 Teste e depuração				

SUMÁRIO

• Dicas de produtividade		• Tópicos Avançados		• Fatos Históricos	
Cópias de segurança	33	Diferenças entre compiladores	38	O ENIAC e o surgimento da computação	26
				Organizações de padronização	31
Evite leiaute instável	65	Limites numéricos e precisão	55	O Erro de ponto flutuante do Pentium	56
Ajuda *online*	75	Sintaxe alternativa de comentário	55		
		Casts	64		
		Combinando atribuição e aritmética	66		
		Tipos enumerados	69		
		Resto de inteiros negativos	75		
		Caracteres e *strings* em C	79		
Atalhos de teclado para operações com *mouse*	97			*Mainframes* — quando os dinossauros reinavam na Terra	100
Usando a linha de comando efetivamente	100			Gráficos em computadores	106
Pense em pontos como objetos, e não como pares de números	106			Redes de computadores e a Internet	116
Escolha um sistema de coordenadas conveniente	110				
Tabulações	126	O operador de seleção	129	Minicomputadores e estações de trabalho	135
Salve seu trabalho antes de cada execução do programa	140	O problema do laço-e-meio	143		
		Invariantes de laço	146	Provas de correção	147
Escreva funções pensando na reutilização	162	Declaração de funções	170	O Crescimento explosivo dos computadores pessoais	193
Pesquisa e substituição globais	164	Referências constantes	176		
Expressões regulares	165				
Transformando uma seção de código em comentário	188				
Esqueletos vazios	190				
		Chamando construtores a partir de construtores	223	Produtividade de programadores	220
		Sobrecarga	224	Programação — arte ou ciência?	232
Copiar e colar no editor	244	O Comando `switch`	243	Inteligência artificial	255
Faça um planejamento e reserve tempo para problemas inesperados	250	*Pipes*	271	Código espaguete	263
Redirecionamento de entrada e saída	271				
Arquivos *batch* e *scripts* de *shell*	297			O primeiro *bug*	300
Inspecionando um objeto no depurador	307			Os incidentes com o therac-25	310

	• Erros Freqüentes		• Dicas de Qualidade	
9 Vetores e *arrays*	Erros de limites Ponteiros de caracteres Omitir o tamanho da coluna de um parâmetro *array* bidimensional	321 345 346	Não combine acesso a vetor e incremento de índice Transforme vetores paralelos em vetores de objetos Dê nomes consistentes ao tamanho e à capacidade do *array*	322 334 345
10 Ponteiros	Confundir ponteiros com os dados para os quais eles apontam Declarar dois ponteiros na mesma linha Ponteiros pendentes Desperdícios de memória Confundir declarações de *array* e ponteiro Retornar um ponteiro para um *array* local Confundir ponteiros para caracteres e *arrays* Copiar ponteiros para caracteres	362 363 365 366 374 375 377 378	Programe com clareza, não com esperteza	374
11 Herança	Herança privativa Tentar acessar campos privativos da classe base Esquecer o nome da classe base Desmembrar um objeto	391 396 397 404		
12 *Streams*				
13 Projeto orientado a objetos	Ordenando definições de classes	470	Consistência	454
14 Recursividade	Recursividade infinita Monitorar através de funções recursivas	496 501		
15 Classificação e pesquisa				
16 Uma introdução às estruturas de dados				
17 Tópicos avançados em C++	Definir um destrutor sem as outras duas funções dos "três grandes" Confundir destruição e remoção	589 590	Sobrecarregue operadores somente para tornar os programas mais fáceis de ler Use nomes não ambíguos para ambientes de nomes Use exceções para casos excepcionais Disparar uma exceção não é desonroso	579 603 610 610
18 Interfaces Gráficas com o Usuário				

• Dicas de Produtividade	• Tópicos Avançados	• Fatos Históricos
Inspecionando vetores no depurador 321	*Strings* são vetores de caracteres 323 Passando vetores por referência constante 327	O verme da Internet 323 Alfabetos internacionais 346
	O ponteiro `this` 363 O operador endereço 366 Referências 371 Usando um ponteiro para percorrer um *array* 373 *Arrays* alocados dinamicamente 376	
	Acesso protegido 397 Auto-chamadas virtuais 405	Sistemas operacionais 406
	Arquivos binários 434	Algoritmos de criptografia 428 Bancos de dados e privacidade 434
	Atributos e funções-membro em diagramas UML 457 Associação, agregação e composição 458	Programação extrema 449
		Os limites da computação 514
		Ada 533 Catalogando sua coleção de gravatas 540
	Definindo um ordenamento para elementos de um conjunto 567	Coleta de lixo 563
		O incidente do foguete Ariane 611
Aprendendo sobre um novo conjunto de ferramentas 624 Familiarizando-se com uma ferramenta complexa 624	Diálogos personalizados 645	Programação visual 656

Capítulo 1

Introdução

Objetivos do capítulo

- Entender a atividade de programação
- Aprender sobre a arquitetura de computadores
- Aprender sobre linguagens de máquina e linguagens de programação de alto nível
- Familiarizar-se com seu compilador
- Compilar e executar seu primeiro programa em C++
- Reconhecer erros de sintaxe e erros de lógica

Este capítulo contém uma breve introdução à arquitetura de computadores e uma visão geral de linguagens de programação. Você vai aprender sobre a atividade de programação: como escrever e executar seu primeiro programa em C++, como diagnosticar e corrigir erros de programação e como planejar as suas atividades de programação.

Conteúdo do capítulo

1.1 O que é um computador? 22
1.2 O que é programação? 22
1.3 A anatomia de um computador 23
Fato histórico 1.1: O ENIAC e o surgimento da computação 26
1.4 Traduzindo programas legíveis por pessoas para código de máquina 27
1.5 Linguagens de programação 29
1.6 Linguagens de programação: projeto e evolução 30
Fato histórico 1.2: Organizações de padronização 31
1.7 Familiarizando-se com seu computador 32

Dica de produtividade 1.1: Cópias de segurança 33
1.8 Compilando um programa simples 34
Sintaxe 1.1: Programa simples 36
Erro freqüente 1.1: Omitir ponto-e-vírgulas 37
Tópico avançado 1.1: Diferenças entre compiladores 38
1.9 Erros 38
Erro freqüente 1.2: Erro de ortografia 40
1.10 O processo de compilação 40
1.11 Algoritmos 42

1.1 O que é um computador?

Você provavelmente já usou um computador para trabalho ou lazer. Muitas pessoas usam computadores para tarefas cotidianas, como controlar saldos em um talão de cheques ou escrever o texto de um trabalho. Computadores são bons para estas tarefas. Eles podem incumbir-se destas pequenas tarefas repetitivas, tais como totalizar números e colocar palavras em uma página, sem aborrecer-se nem cansar-se. Mais importante, o computador mostra o talão de cheques ou o texto do trabalho na tela e permite que você corrija erros facilmente. Computadores são boas máquinas de jogos por que eles podem mostrar seqüências de sons e imagens, envolvendo o usuário humano no processo.

O que torna tudo isso possível não é somente o computador. O computador deve ser programado para executar estas tarefas. Um programa controla talões de cheques; um outro programa, provavelmente projetado e construído por outra empresa, processa textos; e um terceiro programa joga um jogo. O computador em si é uma máquina que armazena dados (números, palavras, imagens), interage com dispositivos (o monitor, o sistema de som, a impressora) e executa programas. Programas são seqüências de instruções e de decisões que o computador executa para realizar uma tarefa.

Atualmente os programas de computador são tão sofisticados que é difícil acreditar que eles são compostos por operações extremamente primitivas. Uma operação típica pode ser uma das seguintes:

- Colocar um ponto vermelho nesta posição do vídeo.
- Enviar a letra A para a impressora.
- Obter um número desta posição na memória.
- Somar estes dois números.
- Se este valor é negativo, continuar o programa naquela instrução.

O usuário do computador tem a ilusão de uma interação suave porque um programa contém uma enorme quantidade de tais operações e porque o computador pode executá-las a grande velocidade.

A flexibilidade de um computador é realmente um fenômeno interessante. A mesma máquina pode controlar seu talão de cheques, imprimir o texto de seu trabalho e jogar um jogo. Em contraste, outras máquinas realizam um número reduzido de tarefas; um carro anda e uma torradeira tosta. Computadores podem realizar uma grande variedade de tarefas porque eles executam diferentes programas, sendo que cada um deles dirige o computador para trabalhar em uma tarefa específica.

1.2 O que é programação?

Um programa de computador indica ao computador, nos mínimos detalhes, a seqüência de passos necessários para executar uma tarefa. O ato de projetar e implementar estes programas é denominado de programação de computador. Neste livro você vai aprender como programar um computador — isto é, como dirigir o computador para executar tarefas.

Para usar um computador você não necessita fazer nenhuma programação. Quando você escreve um trabalho com um processador de texto, aquele programa foi programado pelo fabricante e está pronto para seu uso. Isto é nada mais que o esperado – você pode dirigir um carro sem ser um mecânico e torrar pão sem ser um eletricista. A maioria das pessoas que usam diariamente computadores nunca necessitará fazer nenhuma programação.

Como você está lendo este livro introdutório à ciência da computação, pode ser que seu objetivo seja tornar-se profissionalmente um cientista da computação ou um engenheiro de *software*. Programação não é a única qualificação exigida de um cientista da computação ou engenheiro de *software*; na verdade, programação não é a única qualificação exigida para criar bons programas de computador. Contudo, a atividade de programação é fundamental em ciência da computação. Também é uma atividade fascinante e agradável, que continua a atrair e motivar estudantes brilhantes. A disciplina de ciência da computação é particularmente afortunada ao fazer desta atividade interessante o fundamento do caminho de aprendizagem.

Escrever um jogo de computador com efeitos de animação e sonoros ou um processador de texto que possua fontes e desenhos atraentes é uma tarefa complexa que exige uma equipe de muitos programadores altamente qualificados. Seus primeiros esforços de programação serão mais triviais. Os conceitos e habilidades que você vai aprender neste livro formam uma base importante e você não deve desapontar-se se os seus primeiros programas não rivalizam com os *softwares* sofisticados que lhe são familiares. Realmente, você verá que mesmo as mais simples tarefas de programação provocam uma imensa vibração. É uma agradável experiência ver que o computador realiza precisamente e rapidamente uma tarefa que você levaria muitas horas para fazer, que fazer pequenas alterações em um programa produz melhorias imediatas e ver o computador tornar-se uma extensão de suas forças mentais.

1.3 A anatomia de um computador

Para entender o processo de programação, você necessita ter um entendimento rudimentar dos componentes que formam um computador. Vamos examinar um computador pessoal. Computadores maiores possuem componentes mais rápidos, maiores ou mais poderosos, mas eles possuem fundamentalmente o mesmo projeto.

No coração do computador fica a *unidade central de processamento (UCP)* (ver Figura 1). Ela consiste de um único *chip*, ou um pequeno número de *chips*. Um *chip* (circuito integrado) de computador é um componente com uma base metálica ou plástica, conectores metálicos e fiação interna feita principalmente de silício. Para um *chip* de UCP, a fiação interna é extremamente complicada. Por exemplo, o *chip* do Pentium (uma UCP popular para computadores pessoais no momento da escrita deste livro) é composto por vários milhões de elementos estruturais denominados *transistores*. A Figura 2 mostra um detalhe ampliado de um *chip* de UCP. A UCP realiza o controle do programa, operações aritméticas e de movimentação de dados. Isto é, a UCP localiza e executa as instruções do programa; ela realiza operações aritméticas como soma, subtração, multiplicação e divisão; ela carrega ou armazena dados da memória externa ou de dispositivos. Todos os dados trafegam através da UCP sempre que são movidos de uma posição para outra. (Existem umas poucas exceções técnicas a esta regra; alguns dispositivos podem interagir diretamente com a memória.)

O computador armazena dados e programas na *memória*. Existem dois tipos de memória. A *memória primária* é rápida porém cara; ela é feita de *chips* de memória (ver Figura 3): sendo denominada de *memória de acesso randômico (RAM- Random-Access Memory)* e de *memória somente de leitura (ROM- Read-Only Memory)*. A memória somente de leitura contém certos programas que devem estar sempre presentes — por exemplo, o código necessário para iniciar o computador. A memória de acesso randômico é mais conhecida como "memória de leitura e escrita", por que a UCP pode ler dados dela e pode escrever dados nela. Isso torna a RAM adequada para conter dados que podem ser alterados e programas que não necessitam estar disponíveis permanentemente. A memória RAM tem duas desvantagens. Ela é comparativamente cara e ela perde seus da-

Figura 1

Unidade central de processamento.

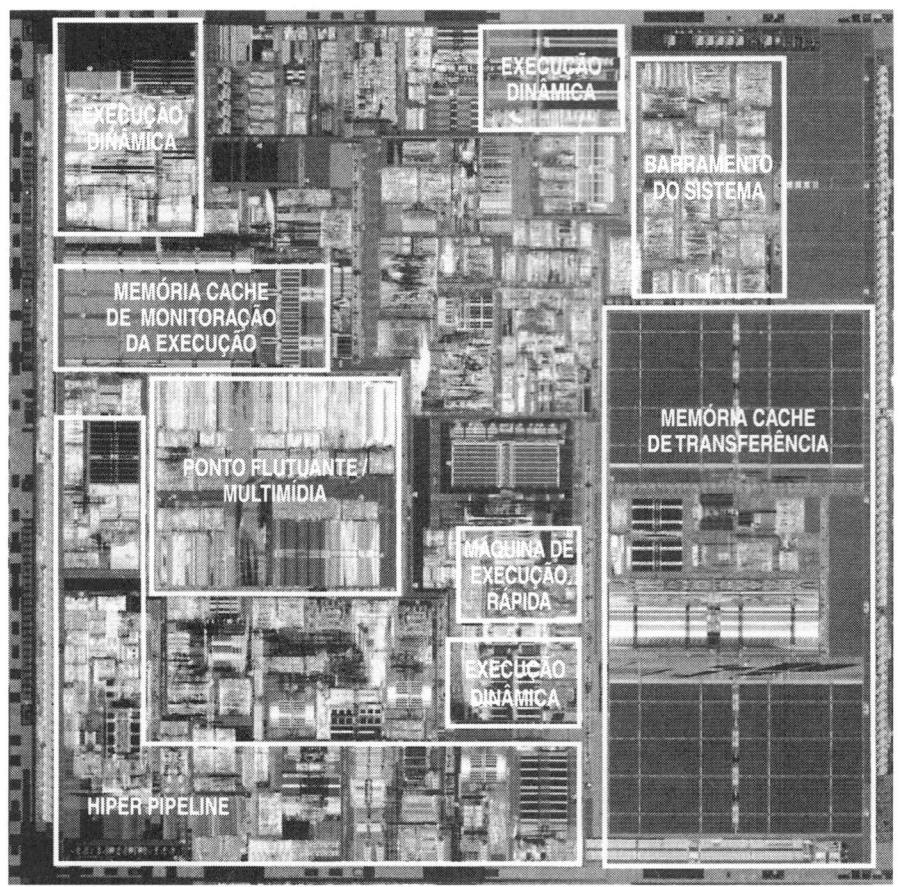

Figura 2
Detalhe de um *chip* de UCP.

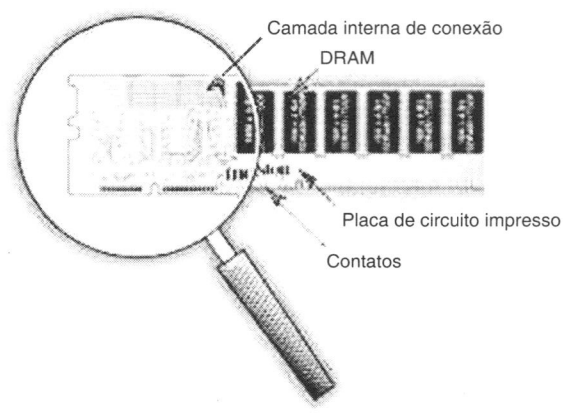

Figura 3
Chips de RAM.

dos quando a energia é desligada. A *memória secundária*, geralmente um *disco rígido* (ver Figura 4), é uma memória de menor custo e que persiste sem eletricidade. Um disco rígido consiste de pratos rotativos, que são recobertos com material magnético, e cabeçotes de leitura/escrita que podem detectar e alterar o fluxo magnético nos pratos rotativos. Esse é exatamente o mesmo processo de armazenamento usado em fitas de áudio ou vídeo. Programas e dados são normalmente armazenados em disco rígido e carregados na RAM quando o programa inicia. O programa então atualiza os dados na RAM e escreve de volta no disco rígido os dados modificados.

A unidade central de processamento, a memória RAM, e a parte eletrônica que controla o disco rígido e outros dispositivos são interconectados através de um conjunto de linhas elétricas denominadas de *barramentos*. Dados trafegam do sistema de memória e dispositivos periféricos para a UCP ao longo dos barramentos e vice-versa. A Figura 5 mostra uma *placa mãe* que contém a UCP, a RAM e encaixes de cartões, através dos quais os cartões que controlam dispositivos periféricos se conectam ao barramento.

Para interagir com o usuário humano, um computador precisa de dispositivos periféricos. O computador transmite informação ao usuário através de telas de vídeo, alto-falantes e impressoras. O usuário pode transmitir informações e fornecer diretivas ao computador usando um teclado ou um dispositivo de apontar como um *mouse*.

Alguns computadores são unidades independentes, enquanto outros são conectados por meio de redes. Através do cabeamento de redes, o computador pode ler dados e programas localizados na memória central ou enviar dados para outros computadores. Para o usuário de um computador em rede nem sempre é óbvio quais dados residem no computador local e quais são transmitidos via rede.

A Figura 6 mostra uma visão geral esquemática da arquitetura de um computador. Instruções do programa e dados (como texto, números, áudio ou vídeo) são armazenados no disco rígido, em um CD-ROM, ou em qualquer lugar da rede. Quando um programa é iniciado, ele é trazido para a memória RAM, onde a UCP pode fazer sua leitura. A UCP lê o programa, uma instrução de cada vez. De acordo com estas instruções, a UCP lê dados, modifica-os e os grava de volta na memória RAM ou no disco rígido. Algumas instruções do programa podem fazer a UCP colocar pontos na tela de vídeo ou impressora ou vibrar o alto-falante. À medida que estas ações ocorrem muitas vezes e a grande velocidade, o usuário humano vai perceber imagens e sons. Algumas instruções de programa lêem a entrada do usuário via teclado ou *mouse*. O programa analisa a natureza destas entradas e então executa a próxima instrução.

Figura 4

Um disco rígido.

Figura 5
Uma placa-mãe.

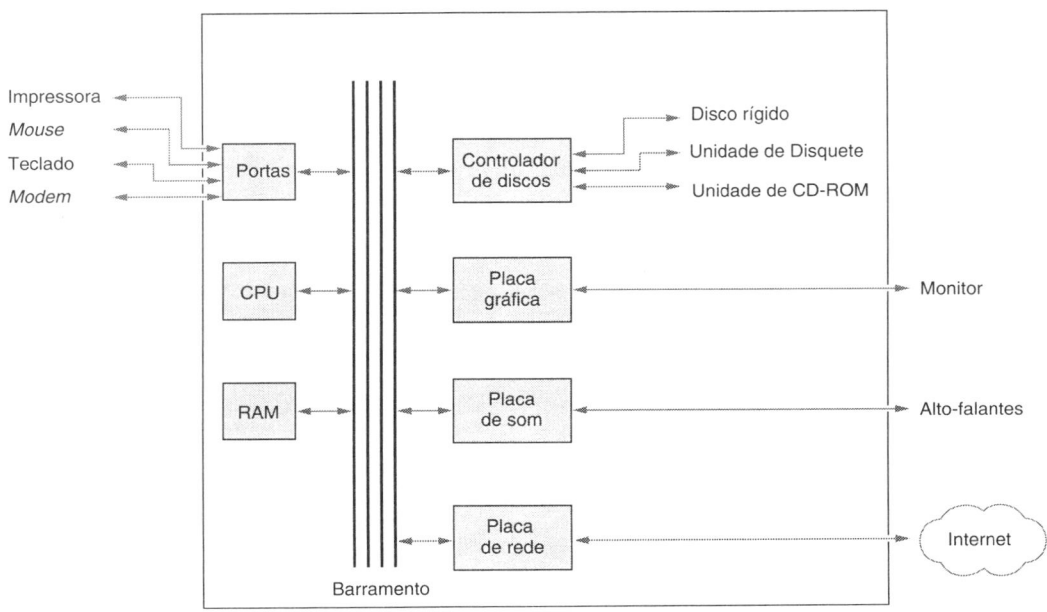

Figura 6
Desenho esquemático de um computador pessoal.

Fato Histórico 1.1

O ENIAC e o Surgimento da Computação

O ENIAC (*Electronic Numerical Integrator and Computer*) foi o primeiro computador eletrônico usável. Ele foi projetado por J. Presper Eckert e John Mauchly na Universidade da Pensilvânia e foi concluído em 1946 — dois anos antes da invenção dos transistores. O computador foi instalado em uma ampla sala e consistia de vários gabinetes contendo cerca de 18,000 válvulas (ver Figura 7). Diariamente queimavam várias válvulas. Um ajudante com um carrinho de compras cheio de válvulas fazia a ronda e substituía as defeituosas. O computador era programado por conexão de fios em painéis. Cada configuração de fiação instruía o computador para um problema particular. Para fazer o computador trabalhar em outro problema, a fiação deveria ser refeita.

O trabalho no ENIAC foi apoiado pela Marinha dos Estados Unidos, que estava interessada no cálculo de tabelas balísticas que poderiam fornecer a trajetória de um projétil, dependendo da resistência do vento, da velocidade inicial e das condições atmosféricas. Para calcular as trajetórias, era necessário encontrar soluções numéricas de certas equações diferenciais; daí o nome "integrador numérico". Antes do desenvolvimento de máquinas como o ENIAC, as pessoas faziam este tipo de trabalho e até os anos 1950, a palavra "computador" se referia a estas pessoas. O ENIAC foi posteriormente usado para propósitos pacíficos como a tabulação dos dados do censo americano.

Figura 7

O ENIAC.

1.4 Traduzindo programas legíveis por pessoas para código de máquina

No nível mais básico, instruções de computador são extremamente primitivas. O processador executa *instruções de máquina*. Uma seqüência típica de instruções de máquina é:

1. Mover o conteúdo da posição de memória 40000 para o registrador `eax`. (Um registrador é um elemento de armazenamento da UCP.)
2. Subtrair o valor 100 do registrador `eax`.

3. Se o resultado é positivo, continuar com a instrução que está armazenada na posição de memória 11280.

Na verdade, instruções de máquina são codificadas como números de forma que possam ser armazenadas na memória. Em um processador Intel 80386, esta seqüência de instruções é codificada como uma seqüência de números

161 40000 45 100 127 11280

Em um processador de outro fabricante, a codificação pode ser bem diferente. Quando esse tipo de processador carrega essa seqüência de números, ele os decodifica e executa a seqüência de comandos associada.

Como podemos comunicar a seqüência de comandos ao computador? O método mais simples é colocar os próprios números na memória do computador. Essa era, de fato, a maneira como os primeiros computadores trabalhavam. Entretanto, um programa longo é composto de milhares de comandos individuais, e é uma tarefa tediosa e suscetível a erros procurar os códigos numéricos de todos os comandos e colocar os códigos manualmente na memória. Como dito anteriormente, computadores são realmente bons em atividades tediosas e suscetíveis a erros e não demorou para que programadores de computador percebessem que os próprios computadores poderiam ser aproveitados para auxiliar no processo de programação.

O primeiro passo foi atribuir nomes curtos aos comandos. Por exemplo, mov indica "mover", sub "subtrair", e jg "saltar se maior do que 0". Usando esses comandos, a seqüência de instruções se torna

```
mov 40000, %eax
sub 100, %eax
jg 11280
```

Isso é muito mais fácil para humanos lerem. Contudo, para obter a seqüência de instruções aceitas pelo computador, os nomes devem ser traduzidos para código de máquina. Esta é a tarefa de outro programa de computador: o assim denominado *montador (assembler)*. Ele pega a seqüência de caracteres "mov %eax" e a traduz para o código de comando 161, e executa operações similares sobre os outros comandos. Montadores possuem outra característica: eles podem associar nomes a *posições de memória*, assim como a instruções. Nossa seqüência de programa poderia ter verificado se alguma taxa de juro era maior que 100%, e se a taxa de juro estava armazenada na posição de memória 40000. Geralmente não é importante onde um valor está armazenado; qualquer posição de memória disponível serve. Ao usar nomes simbólicos ao invés de endereços de memória, o programa se torna ainda mais fácil de ler:

```
mov int_rate, %eax
sub 100, %eax
jg int_erro
```

É tarefa do programa montador encontrar valores numéricos adequados para os nomes simbólicos e colocar estes valores na seqüência de código gerada.

A programação com instruções *assembler* representa um importante avanço sobre a programação em código de máquina puro, mas ela apresenta dois inconvenientes. Ela ainda usa um grande número de instruções para atingir os mais simples objetivos, e a seqüência exata de instruções difere de um processador para outro. Por exemplo, a seqüência de instruções *assembler* acima deve ser reescrita para o processador Sun SPARC, o que impõe um problema real para pessoas que investem bastante tempo e dinheiro produzindo um pacote de *software*. Se um computador se torna obsoleto, o programa deve ser completamente reescrito para ser executado no sistema substituto. Em meados dos anos 1950, linguagens de programação de alto nível começaram a surgir. Nestas linguagens, o programador expressa a idéia sobre a tarefa que necessita ser executada e um programa de computador especial, o assim chamado *compilador*, traduz a descrição de alto nível para instruções de máquina de um processador específico.

Por exemplo, em C++, a linguagem de programação de alto nível que será usada neste livro, você pode ter a seguinte instrução:

```
if (int_rate > 100) message_box("Erro na taxa de juros");
```

Isso significa "Se a taxa de juros é superior a 100, exibir uma mensagem de erro". É então tarefa do programa compilador examinar a seqüência de caracteres `"if (int_rate > 100)"` e traduzi-la para

161 40000 45 100 127 11280

Compiladores são programas bastante sofisticados. Eles têm que traduzir comandos lógicos como o `if`, para seqüências de computações, testes e saltos e eles devem encontrar posições de memória para variáveis como `int_rate`. Neste livro, geralmente vamos considerar a existência de um compilador como certa. Se você pretende se tornar um cientista da computação profissional, pode aprender mais sobre técnicas de escrita de compiladores em seus estudos posteriores.

Linguagens de alto nível são independentes do *hardware* subjacente. Por exemplo, a instrução `if (int_rate > 100)` não se baseia em nenhuma instrução de máquina particular. De fato, ela será compilada para códigos diferentes em um processador Intel 80386 e em um Sun SPARC.

1.5 Linguagens de programação

Linguagens de programação são independentes de uma arquitetura de computador específica, visto serem criações humanas. Como tais, elas seguem certas convenções. Para facilitar o processo de tradução, estas convenções são mais estritas que aquelas de linguagens humanas. Quando você fala com outra pessoa e mistura ou omite uma palavra ou duas, seu parceiro de conversa irá geralmente entender o que você disse. Os compiladores são menos generosos. Por exemplo, se você omitir a aspa no final da instrução

```
if (int_rate > 100) message_box("Erro na taxa de juros);
```

o compilador C++ ficará bastante confuso e reclamará que não consegue traduzir uma instrução contendo este erro. Isto é, realmente, uma coisa boa. Se o compilador tentasse adivinhar o que você fez errado e tentasse consertar, ele poderia não adivinhar suas intenções corretamente. Neste caso, o programa resultante poderia fazer a coisa errada – bem possivelmente com efeitos desastrosos, se este programa controlasse um dispositivo de cujas funções alguém dependesse para seu bem-estar. Quando um compilador lê instruções de um programa em uma linguagem de programação, ele irá traduzir para código de máquina somente se a entrada obedece exatamente as convenções da linguagem. Assim como existem muitas linguagens humanas, existem muitas linguagens de programação. Considere a instrução

```
if (int_rate > 100) message_box("Erro de taxa de juros");
```

Isso é como você deve formatar a instrução em C++. C++ é uma linguagem de programação bastante popular, e é a que usamos neste livro. Mas em Pascal (outra linguagem de programação comum nos anos 1980) a mesma instrução poderia ser escrita como

```
if int_rate > 100 then message_box('Erro de taxa de juros');
```

Neste caso, as diferenças entre as versões de C++ e Pascal são leves: para outras construções, as diferenças seriam mais substanciais. Compiladores são específicos para linguagens. O compilador C++ irá traduzir somente código C++, enquanto um compilador Pascal irá rejeitar tudo que não seja código válido em Pascal. Por exemplo, se um compilador C++ lê uma instrução `if int_rate > 100 then...`, ele irá reclamar, porque a condição do comando `if` não está cercada por parênteses ( ), e o compilador não espera a palavra `then`. A escolha do leiaute de uma construção da linguagem como o comando `if` é de certa forma arbitrária. Os projetistas de diferentes linguagens escolhem diferentes balanços entre legibilidade, facilidade de tradução e consistência com outras construções.

1.6 Linguagens de programação: projeto e evolução

Atualmente existem centenas de linguagens de programação. Isso é realmente bastante surpreendente. A idéia norteadora de uma linguagem de programação de alto nível é fornecer um meio para a programação que seja independente de um conjunto de instruções de um processador em particular, de modo que seja possível mover programas de um computador para outro sem rescrita. Mover um programa de uma linguagem de programação para outra é um processo difícil e raramente é feito. Assim, pode parecer haver pouca utilidade para tantas linguagens de programação.

Diferentemente de linguagens humanas, linguagens de programação são criadas com objetivos específicos. Algumas linguagens de programação tornam particularmente fácil expressar tarefas de um domínio particular de problemas. Algumas linguagens se especializam em processamento de bancos de dados; outras em programas de "inteligência artificial" que tentam inferir novos fatos de uma dada base de conhecimento; outras em programação multimídia. A linguagem Pascal foi propositadamente mantida simples por ter sido projetada como uma linguagem de ensino. A linguagem C foi desenvolvida para ser traduzida eficientemente para código de máquina rápido, com um mínimo de sobrecarga de manutenção. C++ foi construída sobre C, adicionando características para "programação orientada a objetos", um estilo de programação que promete uma modelagem mais fácil de objetos do mundo real.

Linguagens de programação de uso específico ocupam seus próprios nichos e não são usadas muito além de sua área de especialização. Pode ser possível escrever um programa multimídia em uma linguagem de bancos de dados, mas provavelmente será um desafio. Em contraste, linguagens como Pascal, C e C++ são linguagens de uso geral. Qualquer tarefa que você gostaria de automatizar pode ser escrita nestas linguagens.

A versão inicial da linguagem C foi projetada por volta de 1972, mas novos recursos foram adicionados a ela ao longo dos anos. Uma vez que vários implementadores de compiladores adicionaram diferentes recursos, a linguagem desenvolveu diversos dialetos. Algumas instruções de programas eram entendidas por um compilador mas rejeitadas por outro. Tal divergência é um obstáculo importante para um programador que deseja mover código de um computador para outro. Esforços foram empregados para resolver as diferenças e culminaram com uma versão padrão de C. O processo de projeto terminou em 1989 com a conclusão do padrão ANSI (*American National Standards Institute*). Neste meio tempo, Bjarne Stroustrup, da AT&T, adicionou a C características da linguagem Simula (uma linguagem orientada a objetos projetada para realizar simulações). A linguagem resultante foi denominada de C++. De 1985 até hoje, C++ tem crescido pela adição de diversos recursos, e um processo de padronização culminou com a publicação do padrão internacional de C++ em 1998.

C e C++ são bons exemplos de linguagens que cresceram de modo incremental. À medida que usuários da linguagem perceberam deficiências, eles adicionaram recursos. Em contraste, linguagens como Pascal foram projetadas de um modo mais ordenado. Um indivíduo, ou um pequeno grupo, estabelecem o projeto de toda a linguagem, tentando antecipar as necessidades de seus futuros usuários. Linguagens assim planejadas possuem uma grande vantagem: uma vez que foram projetadas com uma visão, seus recursos tendem a ser logicamente relacionados entre si e recursos isolados podem ser facilmente combinados. Em contraste, linguagens "crescidas" são geralmente um pouco confusas; diferentes recursos foram projetados por pessoas com diferentes critérios. Uma vez que um recurso passa a fazer parte da linguagem, é difícil removê-lo. Remover um recurso estraga todos os programas existentes que dele fazem uso e seus autores poderiam ficar muito aborrecidos com a perspectiva de ter que rescrevê-los. As linguagens assim estendidas tendem a acumular recursos como uma colcha de retalhos que não necessariamente interagem bem entre si.

Linguagens planejadas são geralmente projetadas com maior meditação. Existe mais atenção à legibilidade e à consistência. Em contraste, um novo recurso em uma linguagem "crescida" é freqüentemente adicionado às pressas, para atender a uma necessidade específica, sem raciocinar sobre as ramificações. Você pode ver um vestígio desse fenômeno nos comandos `if` de Pascal e C++. A versão Pascal

```
if int_rate > 100 then...
```

é mais fácil de ler que a versão C

```
if (int_rate > 100)...
```

porque a palavra chave `then` auxilia a pessoa a ler. É realmente mais fácil de compilar também, porque a palavra chave `then` indica ao compilador onde termina a condição e inicia a ação. Em contraste, C++ necessita parênteses () para separar a condição da ação. Por que essa diferença? O truque com a palavra chave `then` era realmente bem conhecido quando Pascal e C foram projetados. Ela era usada em Algol 60, uma linguagem visionária que influenciou fortemente o projeto de linguagens nos anos subsequentes. (O cientista de computação Tony Hoare disse a respeito de Algol 60: "Aqui está uma linguagem tão além de seu tempo, que não apenas representa uma melhoria sobre suas predecessoras, mas também para quase todas as suas sucessoras". [1]). O projetista de Pascal usou `if...then` por ser uma boa solução. Os projetistas de C não foram tão competentes no projeto da linguagem. Ou eles não conheciam a construção ou não apreciaram seus benefícios. Em vez disso, eles reproduziram o projeto pobre do comando `if` de FORTRAN, outra linguagem de programação antiga. Se eles posteriormente lamentaram sua decisão, era tarde demais. A construção `if (...)` havia sido usada milhões de vezes e ninguém desejaria alterar código existente em funcionamento.

Linguagens que são projetadas por planejadores competentes são geralmente mais fáceis de aprender e usar. Entretanto, linguagens "crescidas" têm o apelo do mercado. Considere, por exemplo, C++. Visto que C++ é simplesmente C com algumas adições, qualquer programa escrito em C irá continuar funcionando sob C++. Entretanto, programadores seriam capazes de tirar proveito dos benefícios das características de orientação a objetos sem ter que descartar seus programas C existentes. Este é um enorme benefício. Em contraste, a linguagem Modula 3 foi projetada desde a sua base para oferecer os benefícios de orientação a objetos. Não existe dúvida que Modula 3 é mais fácil de aprender e usar do que C++, mas para um programador que já conhecia C, o cenário é diferente. Este programador pode facilmente migrar o código C para C++, enquanto que reescrever todo o código em Modula 3 seria doloroso por duas razões. Um programa sério consiste em muitos milhares e mesmo milhões de linhas de código e traduzi-lo linha por linha obviamente consumiria tempo. Além disso, existe mais em uma linguagem de programação do que sua sintaxe e convenções. A linguagem C aproveita um tremendo suporte de ferramentas oferecidas em pacotes de *software* que auxiliam o programador a controlar seus programas em C. Estas ferramentas encontram erros, arquivam código, aumentam a velocidade de programas e auxiliam na combinação de porções de código úteis provenientes de várias fontes. Quando uma nova linguagem como Modula 3 é criada, ela possui apenas um suporte rudimentar de ferramentas, tornando duplamente difícil de adotá-la para um projeto em andamento. Em contraste, ferramentas C podem ser facilmente modificadas para trabalhar com C++.

Atualmente, C++ é a principal linguagem de programação de uso geral. Por essa razão, usamos um subconjunto de C++ neste livro para ensinar você a programar. Isto lhe permitirá se beneficiar de excelentes ferramentas C++ e comunicar-se facilmente com outros programadores, muitos dos quais usam C++ quotidianamente. A desvantagem é que C++ não é assim tão fácil de aprender e possui sua cota de armadilhas e inconveniências. Não quero dar a você a impressão de que C++ é uma linguagem inferior. Ela foi projetada e refinada por muitas pessoa brilhantes e dedicadas, ela possui uma enorme abrangência de aplicação, que varia desde programas orientados a *hardware* até os mais altos níveis de abstração. Simplesmente existem algumas partes de C++ que exigem mais atenção, especialmente de programadores iniciantes. Irei destacar possíveis ciladas e como você pode evitá-las. O objetivo deste livro não é ensinar tudo de C++, mas sim usar C++ para ensinar a você a arte e a ciência de escrever programas de computador.

 **Fato Histórico 1.2**

Organizações de Padronização

Duas organizações, a American National Standards Institute (ANSI) e a International Organization for Standardization (ISO), desenvolveram em conjunto o padrão definitivo da linguagem C++.

Por que ter padrões? Você se depara com os benefícios da padronização a cada dia. Quando você compra uma lâmpada para uma lanterna, tem a certeza de que ela caberá no soquete sem ter que

▼ medir a lanterna em casa e a lâmpada na loja. De fato, você experimentaria constatar quão dolorosa pode ser a falta de padrões se você adquirisse lâmpadas com bulbos fora do padrão. Bulbos de reposição para tal lanterna seriam caros e difíceis de obter.

▼ As organizações de padronização ANSI e ISO são associações de profissionais da indústria que desenvolvem padrões para tudo, desde pneus de carros e formatos de cartões de crédito até linguagens de programação. Ter um padrão para uma linguagem de programação como C++ significa que você pode levar um programa desenvolvido para um sistema com um compilador de um fabricante para um sistema diferente e ter a certeza de que ele irá continuar a funcionar.

▼ Para saber mais sobre organizações de padronização, consulte os seguintes *sites* da *Web*: `www.ansi.org` e `www.iso.ch`.

1.7 Familiarizando-se com seu computador

Enquanto usa este livro, você bem pode estar usando um computador desconhecido. Você pode despender algum tempo para familiarizar-se com o computador. Uma vez que sistemas de computadores variam bastante, este livro pode somente indicar um roteiro de passos que você deve seguir. Usar um sistema de computador novo e desconhecido pode ser frustrante. Procure por cursos de treinamento que são oferecidos onde você estuda ou apenas peça a um amigo para lhe ensinar um pouco.

Passo 1   Iniciar o sistema

Se você usar seu computador em casa, você não precisa preocupar-se com identificação. Computadores em um laboratório, entretanto, não são normalmente abertos a qualquer um. O acesso é geralmente restrito àqueles que pagam as taxas necessárias e que são confiáveis por não alterarem as configurações. Você provavelmente necessita um número de conta e uma senha para obter acesso ao sistema.

Passo 2   Localizar o compilador C++

Sistema de computadores diferem grandemente neste aspecto. Alguns sistemas deixam você iniciar o compilador selecionando um ícone ou menu. Em outros sistemas você deve usar o teclado para digitar um comando para iniciar o compilador. Em muitos computadores pessoais existe o conhecido *ambiente integrado*, no qual você pode escrever e testar seus programas. Em outros computadores você deve primeiro iniciar um programa que funciona como um processador de texto, no qual você pode inserir suas instruções C++; depois iniciar outro programa para traduzí-las para código de máquina; e então executar o código de máquina resultante.

Passo 3   Entender arquivos e pastas

Como um programador, você irá escrever seus programas C++, testá-los e melhorá-los. Você terá um espaço no computador para armazená-los e deverá saber localizá-los. Programas são armazenados em *arquivos*. Um arquivo C++ é um recipiente de instruções C++. Arquivos possuem nomes e as regras para nomes válidos diferem de um sistema para outro. Em alguns sistemas, os nomes de arquivos não podem possuir mais de oito caracteres. Alguns sistemas permitem espaços em nomes de arquivos; outros não. Alguns distinguem entre letras maiúsculas e minúsculas; outros não. A maioria dos compiladores C++ exige que os arquivos C++ possuam a *extensão* .cpp ou .C; por exemplo, `teste.cpp`.

Arquivos são armazenados em *pastas* ou *diretórios*. Estes recipientes de arquivos podem ser aninhados. Uma pasta contém arquivos e outras pastas, que por sua vez podem conter mais arquivos e mais pastas (ver Figura 8). Esta hierarquia pode ser bem grande, especialmente em computadores em rede, onde alguns arquivos podem estar em seu disco local, outros em algum lugar da rede. Embora você não precise se preocupar com cada detalhe da hierarquia, deve se familiarizar com seu ambiente local. Sistemas diferentes possuem diferentes maneiras de mostrar arquivos e diretórios. Alguns usam um vídeo gráfico e permitem que você o percorra clicando ícones de pastas com um *mouse*. Em outros sistemas, você deve digitar comandos para visitar ou inspecionar diferentes pastas.

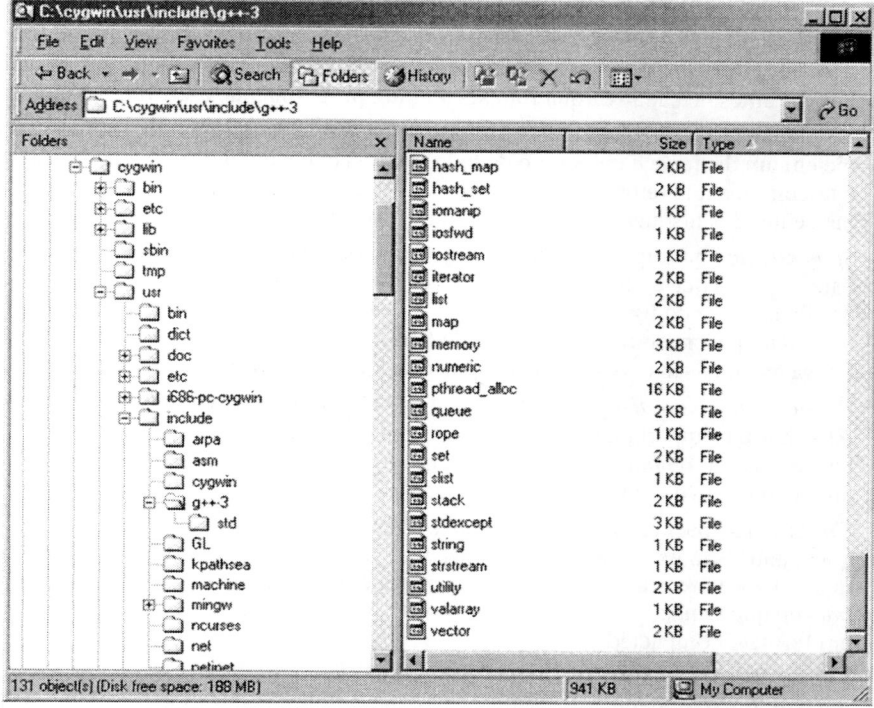

Figura 8
Uma hierarquia de diretório.

Passo 4 **Escrever um programa simples**

Na próxima seção apresentaremos um programa muito simples. Você irá aprender como digitá-lo, como executá-lo e como corrigir erros.

Passo 5 **Salvar seu trabalho**

Você irá gastar muitas horas digitando programas C++ e corrigindo-os. Os arquivos de programas resultantes possuem algum valor e você deve tratá-los como trataria outras propriedades importantes. Uma estratégia de segurança cuidadosa é particularmente importante para arquivos de computadores. Eles são mais frágeis do que documentos em papel ou outros objetos mais tangíveis. É fácil eliminar um arquivo por acidente e às vezes arquivos são perdidos devido a um mau funcionamento do computador.

A menos que mantenha outra cópia, possivelmente você terá de redigitar o conteúdo. Visto que dificilmente irá lembrar do arquivo inteiro, possivelmente precisará de tanto tempo quanto usou para fazer da primeira vez o conteúdo e as correções. Este tempo perdido poderá ocasionar a perda de prazos. Então torna-se crucialmente importante que você aprenda como proteger arquivos e adquira o hábito de fazer isto antes que o desastre aconteça. Você pode fazer cópias de segurança ou *backup* de arquivos por salvamento em um disquete ou em outro computador.

Dica de Produtividade   1.1

Cópias de Segurança

Fazer cópias de arquivos em disquetes é o método de armazenamento mais fácil e mais conveniente para a maioria das pessoas. Outra forma de *backup* que está aumentando em popularidade é o armazenamento de arquivos pela Internet. Seguem alguns pontos para manter em mente:

- *Faça* backup *com freqüência*. Fazer um *backup* de um arquivo leva poucos segundos e você irá odiar-se se tiver que gastar muitas horas recriando o trabalho que poderia ter salvo facilmente. Recomendo que você faça um *backup* de seu trabalho uma vez a cada trinta minutos e antes de cada vez que for executar um programa que escreveu.
- *Rotacione* backups. Use mais de um disquete para *backups*, em rodízio. Isto é, primeiro copie em um disquete e coloque-o de lado. Depois copie em um segundo disquete. Então use o terceiro e então retorne ao primeiro. Desta maneira você terá três *backups* recentes. Mesmo se um dos disquetes apresentar defeito, você pode usar os outros.
- *Somente faça* backup *de arquivos fonte*. O compilador traduz os arquivos que você escreveu para arquivos que consistem de código de máquina. Não existe necessidade de fazer *backup* de arquivos de código de máquina, visto que você pode facilmente recriá-los usando um compilador. Concentre sua atividade de *backup* nos arquivos que representam o seu esforço. Dessa maneira seus discos de *backup* não vão se encher de arquivos que você não necessita.
- *Preste atenção na direção do* backup. Fazer *backup* envolve copiar arquivos de um lugar para outro. É importante que você faça isto direito – isto é, copie de seu espaço de trabalho para a posição de *backup*. Se você fizer isto de forma incorreta, você poderá sobrescrever um novo arquivo com uma versão antiga.
- *Confira seus* backups *de vez em quando*. Verifique se seus *backups* estão onde você pensa que estão. Não existe nada mais frustrante que descobrir que seus *backups* não estão lá quando você precisa deles. Isso é particularmente verdadeiro se você usar um programa de *backup* que armazena arquivos em dispositivos desconhecidos (como uma fita de dados) ou em formato compactado.
- *Relaxe, depois restaure*. Quando você perde um arquivo e precisa restaurá-lo a partir do *backup*, possivelmente você estará nervoso e infeliz. Inspire longamente e pense sobre o processo de restauração antes de iniciá-lo. Não é incomum que um usuário agitado apague o último *backup* ao tentar restaurar um arquivo danificado.

1.8 Compilando um programa simples

Agora você está pronto para escrever e executar seu primeiro programa C++. A escolha tradicional para o primeiríssimo programa em uma nova linguagem de programação é um programa que exibe uma simples saudação: "Oi, Mundo!" Nós seguimos esta tradição. Aqui está o programa "Oi, Mundo!" em C++.

Arquivo oi.cpp

```
1   #include <iostream>
2
3   using namespace std;
4
5   int main()
6   {
7      cout << "Oi, Mundo!\n";
8      return 0;
9   }
```

Você pode buscar o arquivo deste programa no site da Web associado a este livro. Os números de linhas não fazem parte do programa. Eles são usados para que seu instrutor possa fazer referências a eles durante as aulas.

Vamos explicar o programa em um instante. Por hora, você deve fazer um novo arquivo de programa, e denominá-lo `oi.cpp`. Digite as instruções do programa, compile e execute o programa, seguindo os procedimentos adequados ao seu compilador.

A propósito, C++ é *sensível a maiúsculas e minúsculas*. Você deve digitar as letras maiúsculas e minúsculas exatamente como elas aparecem na listagem do programa. Você não pode digitar `MAIN` ou `Return`. Por outro lado, C++ possui *leiaute livre*. Espaços e quebras de linhas não são importantes. Você pode escrever o programa completo em uma única linha,

```
int main(){cout<<"Oi, Mundo!\n";return 0;}
```

ou escrever cada palavra chave em uma linha separada,

```
int
main()
{
cout
<<
"Oi, Mundo!\n"
;
return
0;
}
```

Entretanto, o bom gosto determina que você formate seus programas de um modo legível e, portanto, você deve seguir o leiaute da listagem.

Quando executar o programa, a mensagem

```
Oi, Mundo!
```

irá aparecer no vídeo. Em alguns sistemas, você pode necessitar mudar para uma janela diferente para encontrar a mensagem.

Agora que você já viu programa funcionando, é hora de entender como ele foi feito. A estrutura básica de um programa C++ é mostrada na Sintaxe 1.1.

A primeira linha,

```
#include <iostream>
```

instrui o compilador a ler o arquivo `iostream`. Esse arquivo contém a definição do pacote *stream input/output*. Seu programa realiza a entrada e saída no vídeo e portanto necessita dos serviços oferecidos por `iostream`. Você deve incluir este arquivo em todos os programas que lêem ou escrevem texto.

A propósito, você verá uma sintaxe ligeiramente diferente, `#include <iostream.h>`, em muitos programas C++. Veja o Tópico Avançado 1.1 para mais informações sobre esse assunto.

A próxima linha,

```
using namespace std;
```

diz ao compilador que todos os nomes que são usados no programa pertencem ao "ambiente de nomes padrão". Em programas grandes, é bastante comum que diferentes programadores usem os mesmos nomes para indicar coisas diferentes. Eles podem evitar conflitos de nomes usando ambientes de nomes separados.

Entretanto, para os programas simples que você escreverá neste livro, ambientes de nomes separados são desnecessários. Você sempre usará o ambiente de nomes padrão e pode simplesmente adicionar a diretiva `using namespace std;` no topo de cada programa que você escrever, logo abaixo das diretivas `#include`. Ambientes de nomes são uma facilidade recente de C++ e seu compilador poderá não suportá-la. O Tópico Avançado 1.1 instrui você a lidar com esta situação.

A construção

```
int main()
{
    ...
    return 0;
}
```

> **Sintaxe 1.1: Programa Simples**
>
> *header files*
> ```
> using namespace std;
> int main()
> {
>         statements
>         return 0;
> }
> ```
>
> Example:
>
> ```
> #include <iostream>
> using namespace std;
> int main()
> {
>         cout << "Oi, Mundo!\n";
>         return 0;
> }
> ```
>
> Objetivo:
>
> Um programa simples, com todas as instruções do programa em uma função `main`.

define uma *função* denominada `main`. Uma função é uma coleção de instruções de programação que realizam uma tarefa em particular. Cada programa C++ deve ter uma função `main`. A maioria dos programas C++ contém outras funções além da `main`, mas vamos demorar até o Capítulo 5 para discutir como escrever outras funções. As instruções ou *comandos* no *corpo* da função `main` — isto é, os comandos dentro das chaves { } — são executados um a um.

Note que cada comando termina com um ponto-e-vírgula.

```
cout << "Oi, Mundo!\n";
return 0;
```

A seqüência de caracteres delimitada por aspas

```
"Oi, Mundo!\n"
```

é chamada de *string*. Você deve colocar o conteúdo do *string* dentro de aspas de forma que o compilador saiba que você literalmente quer dizer `"Oi, Mundo!\n"`. Neste programa curto, realmente não existe a possibilidade de confusão. Suponha, por outro lado, que você quer exibir a palavra *main*. Estando delimitada por aspas, `"main"`, o compilador saberá que você deseja a seqüência de caracteres m a i n, e não a função denominada `main`. A regra é que você deve simplesmente colocar todos os textos entre aspas, de modo que o compilador os considere textos puros, e não instruções do programa.

O *string* de texto `"Oi, Mundo!\n"` não deve ser considerado *exatamente* assim. Você não quer que o esquisito \n apareça no vídeo. A seqüência de dois caracteres \n indica na realidade um caractere único, que não deve ser impresso, chamado de *nova linha*. Quando um caractere de nova linha é enviado para o vídeo, o cursor é movido para a primeira coluna da próxima linha do vídeo. Se você não enviar o caractere de nova linha, então o próximo item exibido simplesmente seguirá o *string* atual na mesma linha. Neste programa somente imprimimos um item, mas em geral queremos imprimir múltiplos itens, e é um bom hábito terminar todas as linhas de entrada com um caractere de nova linha.

O caractere de barra invertida \ é usado como um *caractere de escape*. A barra invertida não indica a si mesma; em vez disso, é usada para codificar outros caracteres que de outra maneira seriam difíceis ou impossíveis de mostrar em comandos do programa. Existem outras poucas combinações de barra invertida que você encontrará mais adiante. Agora, o que você faz se realmente quiser mostrar uma barra invertida no vídeo? Você deve digitar duas, uma após a outra. Por exemplo,

```
cout << "Oi\\Mundo!\n";
```

imprimiria

```
Oi\Mundo!
```

Finalmente, como você pode exibir um *string* contendo aspas, como em

```
Oi, "Mundo"!
```

Você não pode usar

```
cout << "Oi, "Mundo"!\n";
```

Tão logo o compilador lê `"Oi, "`, ele pensa que o *string* terminou e então fica todo confuso sobre `Mundo` seguido de um segundo *string* `"!\n"`. Compiladores têm uma mente de uma trilha apenas e se uma simples análise da entrada não faz sentido para eles, eles simplesmente se recusam a prosseguir e exibem uma mensagem de erro. Em contraste, um humano provavelmente saberia que a segunda e a terceira aspa devem ser consideradas como parte do *string*. Bem, como nós podemos exibir aspas no vídeo? O caractere de *escape* barra invertida novamente surge para nos salvar. Dentro de um *string* a seqüência `\"` indica o literal aspa e não o final de um *string*. O comando de exibição correto então seria

```
cout << "Oi, \"Mundo\"!\n";
```

Para exibir valores no vídeo, você deve enviá-los para uma entidade chamada `cout`. O operador `<<` indica o comando "enviar para". Você também pode imprimir valores numéricos. Por exemplo, o comando

```
cout << 3 + 4;
```

exibe o número 7.

Finalmente, o comando `return` indica o fim da função `main`. Quando a função `main` termina, o programa termina. O valor zero é um sinal de que o programa foi executado com sucesso. Neste pequeno programa não existe nada que possa dar errado durante a execução. Em outros programas pode haver problemas com a entrada ou com algum dispositivo e então `main` retorna um valor diferente de zero para indicar um erro. A propósito, o `int` em `int main()` indica que `main` retorna um valor inteiro, não um número fracionário ou *string*.

ⓧ *Erro Freqüente   1.1*

Omitir Ponto-e-Vírgulas

Em C++, cada comando deve terminar com um ponto-e-vírgula. Esquecer de digitar um ponto-e-vírgula é um erro freqüente. Isso confunde o compilador porque o compilador usa o ponto-e-vírgula para determinar onde termina um comando e inicia o próximo. O compilador não usa o final de linha ou chaves para reconhecer o final de comandos. Por exemplo, o compilador considera

```
cout << "Oi, Mundo!\n"
return 0;
```

um único comando, como se você tivesse escrito

```
cout << "Oi, Mundo!" return 0;
```

e então ele não entende o comando, por que ele não espera a palavra chave `return` no meio de um comando de saída. O remédio é simples. Simplesmente percorrer cada comando buscando por um ponto-e-vírgula terminal, da mesma forma que você verificaria se cada frase em português termina com um ponto.

Tópico Avançado 1.1

Diferenças entre Compiladores

Em algum ponto de um futuro próximo, todos os compiladores estarão aptos a traduzir programas que estão de acordo com o padrão C++. Entretanto, quando este livro estava sendo escrito, muitos compiladores falhavam em estar de acordo com o padrão de uma ou mais maneiras. Se o seu compilador não está plenamente de acordo, você necessitará mudar o código que está impresso neste livro. Existem aqui algumas incompatibilidades comuns. Os arquivos de cabeçalho de compiladores antigos têm uma extensão .h, por exemplo:

```
#include <iostream.h>
```

Se o seu compilador exige que você use `iostream.h` em vez de `iostream`, os programas neste livro possivelmente ainda funcionarão corretamente. Entretanto, simplesmente acrescentar um .h não funciona para todos os arquivos incluídos.

Por exemplo, em C++ padrão, você pode incluir facilidades de manipulação de *strings* com a diretiva:

```
#include <string>
```

Entretanto, a diretiva

```
#include <string.h>
```

não inclui os *strings* C++. Em vez disso, inclui os *strings* no estilo de C, que são completamente diferentes e não tão úteis.

Outro arquivo de cabeçalho comum contém as funções matemáticas. Em C++ padrão, você usa a diretiva

```
#include <cmath>
```

Em compiladores antigos, em vez disso você usa:

```
#include <math.h>
```

Compiladores antigos não suportam ambientes de nomes. Neste caso, omita a diretiva `using namespace std;`

1.9 Erros

Experimente um pouco com o programa de saudação. O que acontece se você cometer um erro de digitação, tal como:

```
cot << "Oi, Mundo!\n";
cout << "Oi, Mundo!\";
cout << "O, Mundo!\n";
```

No primeiro caso, o compilador irá reclamar. Ele irá dizer que não possui nenhuma pista do que você quer dizer com `cot`. O texto exato da mensagem de erro depende do compilador, mas pode ser algo como "Símbolo cot indefinido" (*Undefined symbol cot*). Esse é um *erro de compilação* ou *erro de sintaxe*. Algo está errado de acordo com as regras da linguagem e o compilador descobriu.

Quando o compilador descobre um ou mais erros, ele não traduz o programa para código de máquina e, em consequência, não existe programa para ser executado. Você deve corrigir o erro e compilar novamente. De fato, o compilador é bastante exigente e é comum passar por várias rodadas de correção de erros de compilação antes de conseguir uma primeira compilação com sucesso.

Se o compilador encontra um erro, ele não irá simplesmente parar e desistir. Ele irá tentar reportar tantos erros quantos ele puder encontrar, de modo que você possa corrigi-los todos de uma vez. Algumas vezes, no entanto, um erro o tira de seu caminho. Isso é provável de ocorrer com o erro da segunda linha. O compilador irá perder o fim do *string* por que ele pensa que o \ " é um caractere aspa embutido. Em tais casos, é comum o compilador emitir mensagens de erros espúrias para as linhas vizinhas. Você pode corrigir somente aqueles erros cujas mensagens fazem sentido e então recompilar.

O erro na terceira linha é de outra espécie. O programa irá compilar e executar, mas sua saída será incorreta. Ele irá imprimir

```
O, Mundo!
```

Este é um *erro de execução* ou *erro de lógica*. O programa está sintaticamente correto e faz algo, mas não aquilo que deveria fazer. O compilador não consegue encontrar o erro, o qual deve ser eliminado quando o programa for executado, através de testes e cuidadosa conferência de sua saída.

Durante o desenvolvimento de um programa, erros são inevitáveis. Sempre que um programa for maior do que algumas poucas linhas, ele requer uma concentração sobre-humana para digitá-lo corretamente sem cometer nenhum deslize. Você vai se descobrir omitindo ponto-e-vírgulas ou apóstrofes com mais freqüência do que gostaria, mas o compilador vai encontrar esses problemas para você.

Erros de lógica são mais problemáticos. O compilador não vai encontrá-los — de fato, o compilador irá carinhosamente traduzir qualquer programa cuja sintaxe esteja correta — mas o programa resultante irá fazer algo errado. É responsabilidade do autor do programa testá-lo e encontrar quaisquer erros de lógica. O teste de programas é um tópico importante que você vai encontrar muitas vezes neste livro. Outro aspecto importante de um bom artesão é a programação defensiva: estruturar programas e processos de desenvolvimento de modo que um erro em um lugar de um programa não provoque uma resposta desastrosa.

Os exemplos de erros que você viu estão longe de serem difíceis de diagnosticar ou corrigir, mas assim que você aprender técnicas de programação mais sofisticadas, vai haver muito mais oportunidades de errar. É um fato desconfortável que localizar todos os erros em um programa é muito difícil. Mesmo que você possa observar que um programa exibe um comportamento errôneo, pode não ser óbvio qual parte do programa o causou e como corrigí-lo. Existem ferramentas de *software* especiais, os *depuradores*, que permitem que você prossiga através do programa para encontrar erros – isto é, erros de lógica. Neste livro você vai aprender como usar efetivamente um depurador.

Observe que todos estes erros são diferentes dos tipos de erros que você costuma fazer em cálculos. Se você totaliza uma coluna de números, pode esquecer de um sinal menos ou acidentalmente esquecer um "vai-um" porque você está aborrecido ou cansado. Computadores não cometem erros desse tipo. Quando um computador adiciona números, ele vai obter a resposta correta. É sabido que computadores podem cometer erros de estouro e de arredondamento, assim como as calculadoras fazem, quando você solicita que façam operações cujos resultados ultrapassem seus limites de representação de números. Um erro de estouro ocorre se um resultado de uma computação é muito grande ou muito pequeno. Por exemplo, a maioria dos computadores e calculadoras provoca estouro quando você tenta calcular 10^{1000}. Um erro de arredondamento ocorre quando um valor não pode ser representado precisamente. Por exemplo, $\frac{1}{3}$ pode ser armazenado no computador como 0.3333333, um valor que é próximo mas não exatamente igual. Se você calcular $1 - 3 \times \frac{1}{3}$, você pode obter 0.0000001, e não 0, como resultado de um erro de arredondamento. Vamos considerar este tipo de erro como erro de lógica, porque o programador poderia ter escolhido um esquema de cálculo mais apropriado que tratasse corretamente estouros e arredondamentos.

Você vai aprender neste livro uma estratégia de tratamento de erros em três partes. Primeiro, vai aprender sobre erros freqüentes e como evitá-los. Então você vai aprender estratégias de programação defensiva para minimizar a possibilidade e o impacto de erros. Finalmente, você vai aprender estratégias de depuração para retirar os erros que permanecerem.

⊗ Erro Freqüente   1.2

Erros de Ortografia

Se acidentalmente você erra uma palavra, coisas estranhas podem acontecer, e nem sempre será completamente óbvio o que aconteceu de errado a partir das mensagens de erro. Aqui está um bom exemplo de como simples erros de ortografia podem causar problemas:

```
#include <iostream>
using namespace std;
int Main()
{
    cout << "Oi, Mundo!\n";
    return 0;
}
```

Esse código define uma função chamada `Main`. O compilador não irá considerar que isto seja o mesmo que a função `main`, por que `Main` inicia com letra maiúscula e a linguagem C++ é sensível a maiúsculas e minúsculas. Letras maiúsculas e minúsculas são consideradas completamente diferentes entre si, e, para o compilador, `Main` não coincide com `main`, assim como `rain` não coincidiria. O compilador irá compilar sua função `Main`, mas quando o ligador estiver pronto para construir o arquivo executável, ele irá reclamar sobre a função `main` inexistente e se recusará a ligar o programa. Naturalmente, a mensagem "função `main` inexistente" (*missing* `main` *function*) deve dar a você uma pista sobre onde procurar o erro. Se você receber uma mensagem de erro que parece indicar que o compilador está na pista errada, é uma boa idéia verificar a ortografia e maiúsculas e minúsculas. Todas as palavras chave em C++ e os nomes da maioria das funções usam somente letras minúsculas.

Se você errar o nome de um símbolo, (por exemplo `out` em vez de `cout`), o compilador irá reclamar sobre um "símbolo indefinido" (*undefined symbol*). Esta mensagem de erro é geralmente uma boa pista de que você cometeu um erro de ortografia.

1.10   O processo de compilação

Alguns ambientes de desenvolvimento C++ são bem convenientes de usar. Você apenas entra com o código em uma janela, clica um botão ou menu para compilar, e clica em outro botão ou menu para executar o seu código. Mensagens de erro são mostradas em uma segunda janela, e o programa é executado em uma terceira janela. A Figura 9 mostra o leiaute de tela de um compilador C++ bastante popular, com estas características. Com um ambiente como este você está completamente isolado dos detalhes do processo de compilação. Em outros sistemas você deve incumbir-se de cada passo manualmente.

Mesmo que você use um ambiente C++ conveniente, é útil saber o que ocorre nos bastidores, principalmente porque conhecer o processo auxilia você a resolver problemas quando algo sai errado.

Você primeiro digita os comandos do seu programa em um editor de textos. O editor armazena o texto e dá um nome a ele, tal como `hello.cpp`. Se a janela do editor mostra um nome como `noname.cpp`, você deve trocar o nome. Você deve *salvar* o arquivo em disco freqüentemente, pois o editor somente salva o texto na memória RAM do computador. Se algo errado ocorrer com o computador e você precisar reiniciá-lo, o conteúdo da RAM (incluindo o texto de seu programa) é perdido, mas qualquer coisa armazenada em um disco rígido ou disquete é permanente, mesmo que você necessite reiniciar o computador.

Quando você compila o seu programa, o compilador traduz o *código fonte* C++ (isto é, os comandos que você escreveu) em um *código objeto*. O código objeto consiste de instruções de máquina e informações sobre como carregar o programa na memória antes da execução. O código objeto é armazenado em um arquivo separado, usualmente com a extensão `.obj` ou `.o`. Por exemplo, o código objeto para o programa *hello* pode ser armazenado como `hello.obj`.

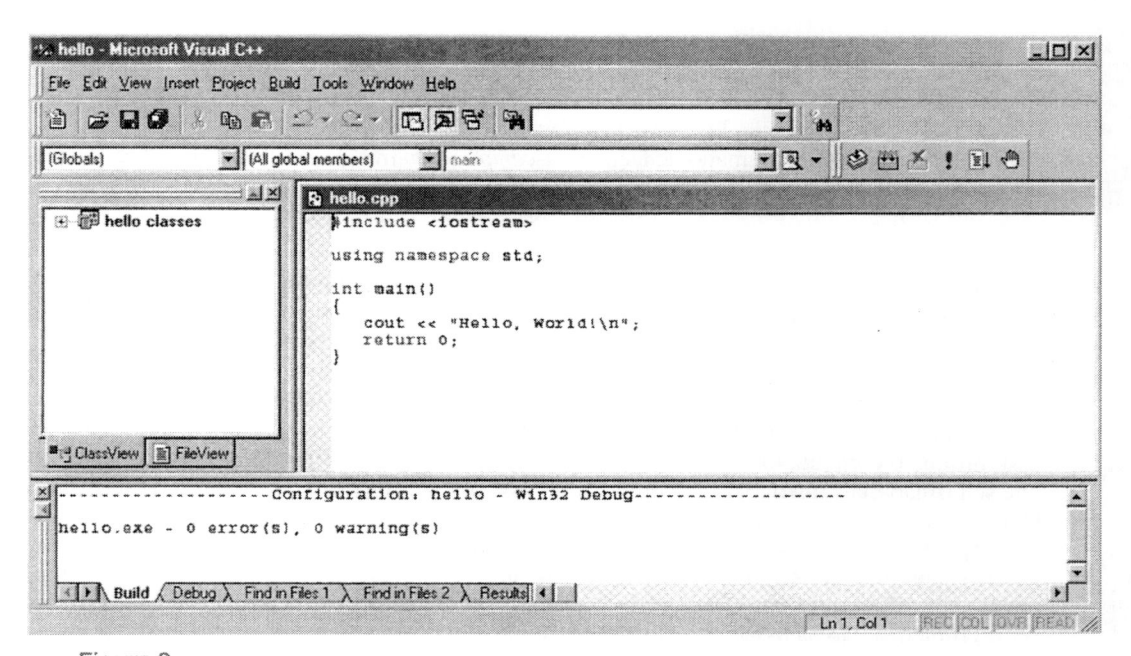

Figura 9
Leiaute de tela de um ambiente integrado C++.

O arquivo objeto contém somente a tradução do código que você escreveu. Isso não é suficiente para realmente executar o programa. Para exibir um *string* em uma janela, uma atividade de baixo nível é necessária. Os autores do pacote `iostream` (que define `cout` e sua funcionalidade), implementaram todas as ações necessárias e colocaram o código de máquina em uma *biblioteca*. Uma biblioteca é uma coleção de códigos que foi programada e traduzida por alguém, exatamente para que você use em seu programa (programas mais complicados são constituídos de mais de um arquivo fonte e de mais de uma biblioteca). Um programa especial denominado *ligador* pega seu arquivo objeto e as partes necessárias da biblioteca `iostream` e constrói um arquivo executável (a Figura 10 mostra uma visão geral destes passos). O arquivo executável é usualmente denominado de `hello.exe` ou `hello`, dependendo de seu sistema de computador. Ele contém todo o código de máquina necessário para executar o programa. Você pode executar o programa digitando `hello` no *prompt* de comando ou clicando no ícone do arquivo, mesmo depois de ter saído do ambiente C++. Você pode colocar o arquivo em um disquete e dá-lo a outro usuário que não possui um compilador C++ ou que pode não saber que existe algo como C++ e essa pessoa pode executar o programa da mesma maneira.

Sua atividade de programação concentra-se nestes arquivos. Você inicia no editor, escrevendo o arquivo fonte. Você compila o programa e olha as mensagens de erro. Você retorna ao editor e

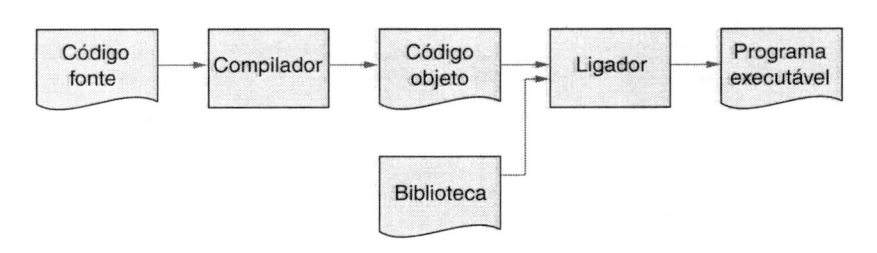

Figura 10
Do código fonte a um programa executável.

corrige os erros de sintaxe. Quando o compilador tem sucesso, o ligador constrói o arquivo executável. Você executa o arquivo executável. Se você encontrar um erro, pode executar o depurador para executar uma linha de cada vez. Uma vez encontrada a causa do erro, você retorna ao editor e corrige o erro. Você compila, liga e executa novamente para ver se o erro foi embora. Se não, você retorna ao editor. Isso é chamado de laço *edita-compila-depura* (ver a Figura 11). Você vai gastar uma quantidade substancial de tempo neste laço nos meses e anos que virão.

1.11 Algoritmos

Você logo vai aprender como programar cálculos e tomadas de decisões em C++. Mas antes de olhar a mecânica de implementação de cálculos no próximo capítulo, vamos examinar o processo de planejamento que antecede a implementação. Você pode já ter visto anúncios que encorajam a pagar por um serviço computadorizado que o(a) coloca em contato com um(a) amável parceiro(a). Vamos agora pensar como isto pode funcionar. Você preenche um formulário e o envia. Outros fazem o mesmo. Os dados são processados por um programa de computador. É razoável assumir que o computador pode realizar a tarefa de encontrar o melhor par para você? Suponha que seu irmão mais novo, e não o computador, tivesse todos os formulários em sua escrivaninha. Que instruções você daria a ele? Você não pode dizer "Encontre a pessoa mais bonita do sexo oposto que gosta de andar de *skate* e navegar pela Internet". Não existe um padrão para boa aparência e a opinião de seu irmão (ou de um programa de computador analisando uma foto digital) provavelmente será diferente da sua. Se você não pode dar instruções escritas para alguém resolver o problema, não há maneira pela qual o computador possa magicamente resolver o problema.

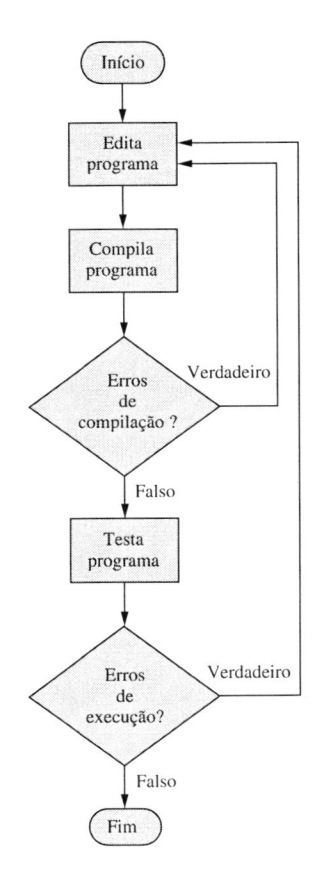

Figura 11

Laço edita-compila-depura.

O computador pode somente fazer aquilo que você diz para ele fazer. Ele somente o faz mais rápido, sem aborrecer-se ou cansar-se.

Agora vamos considerar o seguinte problema de investimento:

> Você coloca $10.000 em uma conta bancária que rende juros de 5% ao ano. Quantos anos são necessários para que o saldo da conta dobre o valor original?

Você poderia resolver esse problema manualmente? Sim, você pode. Você organiza o saldo da conta como segue:

Ano	Saldo
0	$10.000,00
1	$10.500,00 = $10.000,00 × 1,05
2	$11.025,00 = $10.500,00 × 1,05
3	$11.576,25 = $11.025,00 × 1,05
4	$12.155,06 = $11.576,25 × 1,05

Você continua calculando até que o saldo supere $20.000. Então o último número na coluna do ano é a resposta.

Naturalmente, ficar fazendo esses cálculos é extremamente aborrecido. Você pode mandar seu irmão menor fazer isto. Seriamente, o fato de uma computação ser aborrecida e tediosa é irrelevante para o computador. Computadores são muito bons na realização de cálculos repetitivos com rapidez e sem erros. O que é importante para o computador (e o seu irmão mais novo) é a existência de uma abordagem sistemática para encontrar a solução. A resposta pode ser encontrada seguindo uma série de passos que não envolve trabalho de adivinhação. Eis aqui uma série de passos como esta:

Passo 1   **Inicie com a tabela**

Ano	Saldo
0	$10.000,00

Passo 2   **Repita os passos 2a... 2c enquanto o saldo for menor que $20.000.**

    Passo 2a   **Adicione uma nova linha à tabela.**

    Passo 2b   **Na coluna 1 da nova linha, adicione mais um ao valor do ano.**

    Passo 2c   **Na coluna 2 da nova linha, coloque o valor do saldo anterior multiplicado por 1,05 (5%).**

Passo 3   **Use o último número da coluna do ano como o número de anos necessários para dobrar o investimento.**

Naturalmente, esses passos ainda não estão em uma linguagem que o computador possa entender, mas em breve você vai aprender como formular esses passos em C++. O que é importante é que o método descrito seja

- Sem ambigüidade.
- Executável.
- Finito.

O método é não *ambíguo* por que existem instruções precisas sobre o que fazer em cada passo e onde ir a seguir. Não existe margem para adivinhação ou criatividade. O método é *executável* por que cada passo pode ser realizado na prática. Caso tivéssemos solicitado que fosse usada a taxa de juro real que você receberia nos próximos anos, e não uma taxa fixa de 5% ao ano, nosso método poderia não ser executável, pois não existe forma de alguém saber qual será a taxa. Finalmente, a computação irá em algum momento terminar. Com cada passo, o saldo aumenta pelo menos $500, de modo que em algum momento vai atingir $20,000.

Uma técnica de solução que seja sem ambigüidade, executável e finita é denominada de *algoritmo*. Encontramos um algoritmo para resolver nosso problema de investimento, e assim podemos encontrar uma solução com o computador. A existência de um algoritmo é um pré-requisito essencial para a tarefa de programação. Algumas vezes é muito simples encontrar um algoritmo. Outras vezes é preciso criatividade ou planejamento. Se você não conseguir encontrar um algoritmo, não poderá usar o computador para resolver o seu problema. Você precisa convencer a si mesmo que um algoritmo existe e que entendeu os seus passos, antes de iniciar a programar.

Resumo do capítulo

1. Computadores executam operações muito básicas em rápida sucessão. A seqüência de operações é denominada programa de computador. Diferentes tarefas (tais como controlar um talão de cheques, imprimir uma carta ou jogar um jogo) exigem diferentes programas. Programadores produzem programas de computador para fazer com que o computador realize novas tarefas.

2. A unidade central de processamento (UCP) do computador executa uma operação de cada vez. Cada operação especifica como os dados devem ser processados, como os dados devem ser enviados para a UCP ou como devem ser trazidos da UCP ou qual a próxima operação a ser selecionada.

3. Dados podem ser enviados à UCP, da memória ou de dispositivos de entrada como teclado, *mouse* ou um *link* de comunicação, para serem processados. A informação processada é devolvida pela UCP para a memória ou para dispositivos de saída como um vídeo ou uma impressora.

4. Dispositivos de memória incluem a memória de acesso randômico (RAM) e a memória secundária. A RAM é rápida, porém é cara e perde seu conteúdo quando a energia é desligada. Dispositivos de memória secundária usam tecnologia magnética ou ótica para armazenar informações. O tempo de acesso é mais lento, mas a informação é retida sem a necessidade de energia elétrica.

5. Programas de computador são armazenados como instruções de máquina em um código que depende do tipo do processador. Escrever diretamente códigos de instruções é difícil para programadores humanos. Cientistas de computação encontraram modos de tornar mais fácil esta tarefa, usando linguagens de montagem (*assembler*) ou linguagens de programação de alto nível. O programador escreve os programas em uma destas "linguagens" e um programa especial de computador o traduz para a seqüência equivalente de instruções de máquina. Instruções em linguagem de montagem são atreladas a um tipo particular de processador. Linguagens de alto nível são independentes de processador. O mesmo programa pode ser traduzido para ser executado em muitos processadores diferentes, de diferentes fabricantes.

6. Linguagens de programação são projetadas por cientistas de computação para diversas finalidades. Algumas linguagens são projetadas para finalidades específicas, tais como processamento de bancos de dados. Neste livro usamos C++, uma linguagem de uso geral que é adequada para uma grande variedade de tarefas de programação. C++ é popular por que é baseada na linguagem C, que já era largamente disseminada. Para ser eficiente e compatível com C, a linguagem C++ é menos elegante do que algumas linguagens projetadas desde a sua base, e programadores C++ devem conviver com algumas poucas concessões impróprias. Entretanto, muitas ferramentas excelentes oferecem suporte a C++.

7. Use algum tempo para familiarizar-se com o sistema de computador e com o compilador C++ que você vai usar para seus trabalhos de aula. Adote uma estratégia para manter cópias de segurança de seu trabalho antes que algum desastre ocorra.
8. Cada programa C++ contém diretivas #include para acessar os recursos necessários, como os de entrada e saída, e uma função denominada main. Em um programa simples, a função main somente exibe uma mensagem no vídeo e então retorna com um indicador de sucesso.
9. Erros são um fato da vida para um programador. Erros de sintaxe são construções errôneas que não seguem as regras da linguagem de programação. Eles são detectados pelo compilador, e nenhum programa é gerado. Erros de lógica são construções que podem ser traduzidas em um programa executável, mas o programa resultante não realiza a ação pretendida pelo programador. O programador é responsável por inspecionar e testar o programa para evitar erros de lógica.
10. Programas C++ são traduzidos para código de máquina por um programa denominado compilador. Em um passo separado, um programa denominado ligador constrói seu programa, combinando esse código de máquina com código de máquina previamente traduzido, para realizar entrada e saída e outros serviços.
11. Um algoritmo é uma descrição, sem ambigüidade, executável e finita, de passos para resolver um problema. Isto é, a descrição não dá margem para interpretação, os passos podem ser realizados na prática e o resultado garantidamente pode ser obtido após uma quantidade finita de tempo. Para resolver um problema em um computador, você deve conhecer um algoritmo para encontrar a solução.

Leituras complementares

[1] C. A. R. Hoare, "Hints on Programming Language Design", *Sigact/Sigplan Symposium on Principles of Programming Languages, outubro 1973*. Reimpresso em *Programming Languages, A Grand Tour*, ed. Ellis Horowitz, 3rd ed., Computer Science Press, 1987.

Exercícios de revisão

Exercício R1.1. Explique a diferença entre usar um programa de computador e programar um computador.

Exercício R1.2. Descreva as várias maneiras pelas quais um computador pode ser programado que foram discutidas neste capítulo.

Exercício R1.3. Que partes de um computador podem armazenar código de programa? Quais podem armazenar dados do usuário?

Exercício R1.4. Que partes de um computador servem para fornecer informações ao usuário? Quais partes obtêm entradas do usuário?

Exercício R1.5. Classifique os dispositivos de memória que podem ser parte de um sistema de computador por (*a*) velocidade e (*b*) custo.

Exercício R1.6. Descreva a utilidade da rede de computadores no laboratório de seu departamento. A que outros computadores o computador do laboratório se conecta?

Exercício R1.7. Assuma que um computador possui as seguintes instruções de máquina, codificadas como números:

160 n: Mova o conteúdo do registrador A para a posição de memória n.
161 n: Mova o conteúdo da posição de memória n para o registrador A.
44 n: Adicione o valor n ao registrador A.
45 n: Subtraia o valor n do registrador A.
50 n: Adicione o conteúdo da posição de memória n ao registrador A.

51 n: Subtraia o conteúdo da posição de memória *n* do registrador A.

52 n: Multiplique o registrador A pelo conteúdo da posição de memória *n*.

53 n: Divida o registrador A pelo conteúdo da posição de memória *n*.

127 n: Se o resultado da última computação é positivo, prossiga com a instrução que está armazenada na posição de memória *n*.

128 n: Se o resultado da última computação é zero, prossiga com a instrução que está armazenada na posição de memória *n*.

Suponha que cada uma destas instruções e cada valor de *n* requer uma posição de memória. Escreva um programa em código de máquina para resolver o problema de dobrar o investimento.

Exercício R1.8. Projete instruções mnemônicas para os códigos de máquina do exercício anterior e escreva o programa de dobrar o investimento em código *assembler*, usando seus mnemônicos e um conjunto adequado de nomes simbólicos para variáveis e rótulos de comandos.

Exercício R1.9. Explique dois benefícios de linguagens de programação de alto nível em relação a código *assembler*.

Exercício R1.10. Liste as linguagens de programação mencionadas neste capítulo.

Exercício R1.11. Explique pelo menos duas vantagens e duas desvantagens de C++ em relação a outras linguagens de programação.

Exercício R1.12. Em seu próprio computador ou em um computador de seu laboratório, encontre a localização exata (pasta ou nome de diretório) do

(a) Arquivo do exemplo `hello.cpp`, que você escreveu com o editor
(b) Arquivo de cabeçalho `iostream`
(c) Arquivo de cabeçalho `ccc_time.h`, necessário para alguns programas deste livro

Exercício R1.13. Explique o papel especial do caractere de escape \ em *strings* de caracteres C++.

Exercício R1.14. Escreva três versões do programa `hello.cpp` com diferentes erros de sintaxe. Escreva uma versão que contenha um erro de lógica.

Exercício R1.15. Como você descobre erros de sintaxe? Como você descobre erros de lógica?

Exercício R1.16. Escreva um algoritmo para resolver a seguinte questão: uma conta bancária inicia com $10.000. O juro é composto mensalmente a 6% por ano (0,5% ao mês). A cada mês, $500 são retirados para cobrir suas despesas escolares. Após quantos anos a conta é exaurida?

Exercício R1.17. Considere a questão do exercício anterior. Suponha que os valores ($10.000, 6%, $500) fossem selecionados pelo usuário. Existem valores para os quais o algoritmo que você desenvolveu não terminaria? Se isto for verdade, altere o algoritmo para assegurar-se que ele sempre termina.

Exercício R1.18. O valor de π pode ser computado segundo a seguinte fórmula:

$$\frac{\pi}{4} = 1 - \frac{1}{3} + \frac{1}{5} - \frac{1}{7} + \frac{1}{9} - \cdots$$

Escreva um algoritmo para computar π. Uma vez que esta é uma série infinita e um algoritmo deve parar após um número finito de passos, você deve parar quando o resultado tiver pelo menos 6 dígitos significativos.

Exercício R1.19. Suponha que você encarregou seu irmão mais novo de fazer cópias de segurança de seus trabalhos. Escreva um conjunto detalhado de instruções para realizar esta tarefa. Explique a freqüência com que ele deve fazer isto, e quais arquivos ele necessita copiar, a partir de qual pasta e para qual disquete. Explique como ele deve verificar se a cópia foi feita corretamente.

Exercícios de programação

Exercício P1.1. Escreva um programa que exibe uma mensagem "Oi, meu nome é Hal!". Então, em uma nova linha, o programa deve imprimir a mensagem "O que você gostaria que eu fizesse?". Então é a vez do usuário digitar uma entrada. Você ainda não aprendeu como fazer isto – apenas use as seguintes linhas de código:

```
string entrada_usuario;
getline(cin, entrada_usuario);
```

Finalmente, o programa deve ignorar a entrada do usuário e imprimir uma mensagem "Sinto muito, eu não posso fazer isto.".

Este programa usa o tipo de dado `string`. Para acessar este mecanismo, você deve colocar a linha

```
#include <string>
```

antes da função `main`.

Aqui está uma execução típica: A entrada do usuário está impressa em cinza.

```
Oi, meu nome é Hal!
O que você gostaria que eu fizesse?
A limpeza do meu quarto.
Sinto muito, eu não posso fazer isto.
```

Ao executar o programa, lembre de pressionar a tecla Enter depois de digitar a última palavra da linha de entrada.

Exercício P1.2. Escreva um programa que imprima uma mensagem "Oi, meu nome é Hal!". Então, em uma nova linha, programa deve imprimir a mensagem "Qual é o seu nome?". Como no Exercício P1.1, apenas use as seguintes linhas de código:

```
string nome_do_usuario;
getline(cin, nome_do_usuario);
```

Finalmente, o programa deve imprimir a mensagem "Oi, *nome do usuário*. Prazer em conhecê-lo!" Para imprimir o nome do usuário, simplesmente use

```
cout << nome_do_usuario;
```

Como no Exercício P1.1, você deve colocar a linha

```
#include <string>
```

antes da função `main`.

Aqui está uma execução do programa típica. A entrada do usuário está impressa em cinza.

```
Oi, meu nome é Hal!
Qual é o seu nome?
Dave
Oi, Dave. Prazer em conhecê-lo.
```

Exercício P1.3. Escreva um programa que calcula a soma dos primeiros dez inteiros positivos 1 + 2 + ⋯ + 10. *Dica*: Escreva um programa no formato

```
int main()
{
    cout <<
    return 0;
}
```

Exercício P1.4. Escreva um programa que calcula o *produto* dos primeiros dez inteiros positivos, 1 × 2 × ⋯ × 10, e a soma de seus inversos 1/1 + 1/2 + ⋯ + 1/10. Isso é mais difícil do que parece. Primeiro, você deve saber que o símbolo *, e não um ×, é usado para multiplicação em C++. Tente escrever o programa, e confira os resultados usando uma calculadora. Os resultados do programa não serão exatamente corretos. Então escreva os números como números em *ponto flutuante*, 1.0, 2.0,..., 10.0, e execute novamente o programa. Você pode explicar a diferença dos resultados? Vamos explicar este fenômeno no Capítulo 2.

Exercício P1.5. Escreva um programa que exiba seu nome dentro de um retângulo, na tela do terminal, como segue:

```
┌──────┐
│ Dave │
└──────┘
```

Esforce-se para desenhar linhas com caracteres tais como | - +.

Capítulo 2

Tipos de Dados Fundamentais

Objetivos do capítulo

- Entender números inteiros e em ponto flutuante
- Escrever expressões aritméticas em C++
- Avaliar a importância de comentários e de um bom leiaute de código
- Tornar-se apto a definir e inicializar variáveis e constantes
- Reconhecer as limitações dos tipos `int` e `double` e de erros de estouro e arredondamento que podem resultar
- Aprender como ler dados de entrada do usuário e exibir a saída do programa
- Estar apto a alterar valores de variáveis através de atribuição
- Usar o tipo `string` padrão de C++ para definir e tratar seqüências de caracteres
- Estar apto a escrever programas simples que leiam números e texto, processem os dados de entrada e exibam os resultados

Neste e nos seguintes capítulos, você vai aprender as habilidades básicas necessárias para escrever programas em C++. Este capítulo ensina a você como manipular números e *strings* de caracteres em C++. O objetivo deste capítulo é escrever programas simples usando esses tipos de dados básicos.

Conteúdo do capítulo

2.1 Tipos numéricos 50

Sintaxe 2.1: Comando de saída 51

Sintaxe 2.2: Definição de variável 52

Dica de qualidade 2.1: Inicialize variáveis ao defini-las 52

Dica de qualidade 2.2: Escolha nomes descritivos para variáveis 54

Tópico avançado 2.1: Limites numéricos e precisão 55

Tópico avançado 2.2: Sintaxe alternativa de comentário 55

Sintaxe 2.3: Comentário 56

Fato histórico 2.1: O erro de ponto flutuante do Pentium 56

2.2 Entrada e saída 57

Sintaxe 2.4: Comando de entrada 59

2.3 Atribuição 61

Sintaxe 2.5: Atribuição 62

Erro freqüente 2.1: Erros de arredondamento 64

Tópico avançado 2.3: Casts 64

Sintaxe 2.6: Cast 65

Dica de produtividade 2.1: Evite leiaute instável 65

Tópico avançado 2.4: Combinando atribuição e aritmética 66

2.4 **Constantes** 67

Sintaxe 2.7: Definição de constante 67

Dica de qualidade 2.3: Não use números mágicos 68

Tópico avançado 2.5: Tipos enumerados 69

2.5 **Aritmética** 70

Sintaxe 2.8: Chamada de função 72

Erro freqüente 2.2: Divisão inteira 72

Erro freqüente 2.3:

Parênteses desbalanceados 73

Erro freqüente 2.4: Esquecer arquivos de cabeçalho 74

Tópico avançado 2.6: Resto de inteiros negativos 75

Dica de produtividade 2.2: Ajuda online 75

Dica de qualidade 2.4: Espaço em branco 76

Dica de qualidade 2.5: Coloque em evidência código comum 76

2.6 **Strings** 77

Sintaxe 2.9: Chamada de função membro 78

Tópico avançado 2.7: Caracteres e strings em C 79

2.1 Tipos numéricos

Considere o seguinte problema simples. Eu tenho 8 moedas de 1 centavo, 4 de 10 centavos e 3 de 25 centavos em minha carteira. Qual é o valor total das moedas? Aqui está um programa em C++ que resolve este problema.

Arquivo coins1.cpp

```
1    #include <iostream>
2
3    using namespace std;
4
5    int main()
6    {
7       int pennies = 8;
8       int dimes = 4;
9       int quarters = 3;
10
11      double total = pennies * 0.01 + dimes * 0.10
12         + quarters * 0.25; /* valor total das moedas */
13
14      cout << "Valor total = " << total << "\n";
15
16      return 0;
17   }
```

Este programa manipula duas espécies de números. As quantidades de moedas (8, 4, 3) são *inteiros*. Inteiros são números integrais, sem uma parte fracionária (zero e números integrais negativos são inteiros). Os valores numéricos das moedas (0.01, 0.10 e 0.25) são *números em ponto flutuante*. Números em ponto flutuante podem ter ponto decimal. Eles são chamados de "ponto flutuante" devido à sua representação interna no computador. Os números 250, 2.5, 0.25 e 0.025 são todos representados de modo similar; mais exatamente, como uma seqüência de dígitos significativos – 2500000 – e uma indicação da posição do ponto decimal. Quando os valores são multiplicados e divididos por 10, somente a posição do ponto decimal se altera; ela "flutua"(na verdade, internamente os números são representados em base 2, mas o princípio é o mesmo). Você provavelmente adivinhou que `int` é o nome C++ para um inteiro. O nome para um número em ponto flutuante usado neste livro é `double`; a razão é discutida no Tópico Avançado 2.1.

Por que existem dois tipos numéricos? Alguém poderia simplesmente usar

```
double pennies = 8;
```

Existem duas razões para ter tipos separados – uma filosófica e uma pragmática. Ao indicar que a quantidade de moedas de 1 centavo é um inteiro, fazemos uma suposição explícita: pode existir apenas um número integral de moedas de 1 centavo na carteira. O programa poderia ter trabalhado igualmente bem com números em ponto flutuante para contar as moedas, mas é geralmente uma boa idéia escolher soluções de programação que documentem as intenções de alguém. Pragmaticamente falando, inteiros são mais eficientes do que números em ponto flutuante. Eles usam menos espaço de memória e são processados mais rapidamente.

Em C++, a multiplicação é indicada por um asterisco *, e não por um ponto · ou um sinal de vezes (não existem teclas para estes símbolos na maioria dos teclados). Por exemplo, $d \cdot 10$ é escrito como d * 10. Não insira vírgulas ou espaços em números em C++. Por exemplo, 10,150.75 dever ser digitado como 10150.75. Para escrever números em notação exponencial em C++, use um E em vez de "· 10^n". Por exemplo, $5.0 \cdot 10^{-3}$ se torna 5.0E-3.

O comando de saída

```
cout << "Valor total= " << total << "\n";
```

mostra um recurso útil: *stream* de saída. Você pode exibir tantos itens quantos quiser (nesse caso, o *string* "Valor Total = ") seguido pelo valor de total e um *string* contendo um caractere de nova linha, para mover o cursor para a linha seguinte. Apenas separe os itens que você deseja imprimir por << (veja Sintaxe 2.1). Alternativamente, você pode escrever três comandos de saída separados

```
cout << "Valor total = ";
cout << total;
cout << "\n";
```

Isso tem exatamente o mesmo efeito que exibir os três itens em um comando.
Observe o *comentário*

```
/* valor total das moedas */
```

próximo à definição de total. Este comentário é basicamente para beneficiar o leitor humano, para explicar em mais detalhes o significado de total. Qualquer coisa colocada entre /* e */ é completamente ignorada pelo compilador. Comentários são usados para explicar o programa a outros programadores ou para você mesmo. Existe um segundo estilo de comentário, usando o símbolo //, que é bastante popular. Veja o Tópico Avançado 2.2 para detalhes.

Sintaxe 2.1: Comando de Saída

cout << *expression*$_1$ << *expression*$_2$ <<. . . << *expression*$_n$;

Exemplo:

cout << pennies;
cout << "Valor total= " << total << \n";

Finalidade:

Imprimir os valores de uma ou mais expressões

A característica mais importante de nosso programa exemplo é a introdução de nomes simbólicos. Você poderia ter apenas programado

```
int main()
{
    cout << "Valor total = "
        << 8 * 0.01 + 4 * 0.10 + 3 * 0.25 << "\n";
```

```
        return 0;
    }
```

Esse programa fornece a mesma resposta. Porém, compare esse com o primeiro programa. Qual é mais fácil de ler? Qual é mais fácil de alterar se nós necessitarmos trocar os contadores de moedas, tais como adicionar moedas de 5 centavos? Ao darmos nomes simbólicos, `pennies`, `dimes` e `quarters` aos contadores, tornamos o programa mais legível e manutenível. Esta é uma consideração importante. Você introduz nomes simbólicos para explicar o que um programa faz, assim como você usa nomes de variáveis tais como *p*, *d*, e *q* em álgebra.

Em C++, cada variável possui um tipo. Ao definir `int pennies`, você estabelece que `pennies` somente pode conter valores inteiros. Se você tentar colocar um valor em ponto flutuante numa variável `pennies`, a parte fracionária será perdida. Você define uma variável primeiramente determinando seu tipo e então seu nome, tal como em `int pennies`.

Você pode acrescentar um *valor de inicialização*, tal como = 8. Então você termina a definição com um ponto-e-vírgula (ver Sintaxe 2.2). Embora a inicialização seja opcional, é uma boa idéia sempre inicializar variáveis com um valor específico. Veja a Dica de Qualidade 2.1 para saber a razão.

Nomes de variáveis em álgebra são geralmente formados por uma única letra, tal como *p* ou *A*, e talvez com um subscrito como em p_1. Em C++, é comum escolher nomes mais longos e mais descritivos, tal como `preco` ou `area`. Você não pode digitar subscritos; somente acrescentar um índice atrás do nome: `preco1`. Você pode escolher nomes para variáveis a seu gosto, desde que siga umas poucas regras simples. Nomes devem iniciar com uma letra e os caracteres restantes devem ser letras, números, ou o caractere sublinhado (_). Você não pode usar símbolos, como $ ou %. Espaços não são permitidos dentro de nomes. Além disso, você não pode usar *palavras reservadas* tais como `double` ou `return` como nomes, pois estas palavras são reservadas exclusivamente para seus significados especiais em C++. Nomes de variáveis também são sensíveis a maiúsculas e minúsculas, isto é `Area` e `area` são nomes *diferentes*. Pode não ser uma boa idéia misturar os dois no mesmo programa, porque isto poderia tornar a leitura deste programa muito confusa. Para evitar qualquer possível confusão, nunca vamos usar letras maiúsculas em nomes de variáveis neste livro. Você vai ver que muitos programadores usam nomes como `listaPreco`; entretanto, sempre vamos escolher `lista_preco` em vez disso (como espaços não são permitidos dentro de nomes, a alternativa `lista preco` não pode ser usada).

Sintaxe 2.2: Definição de Variável

type_name variable_name;
type_name variable_name = initial_value;

Exemplo:

```
double total;
int pennies = 8;
```

Finalidade:

Definir uma nova variável de um tipo particular e opcionalmente fornecer um valor inicial.

🎗 Dica de Qualidade   2.1

Inicialize Variáveis ao Defini-las

Você deve sempre inicializar uma variável ao mesmo tempo que você a define. Vamos ver o que acontece se você define uma variável mas a deixa sem inicializar.

Você apenas define

```
int nickels;
```

e uma variável `nickels` passa a existir e espaço de memória é reservado para ela. Entretanto, este contém alguns valores aleatórios, uma vez que você não inicializou a variável. Se você deseja inicializar uma variável com zero, deve fazer isto explicitamente:

```
int nickels = 0;
```

Por que uma variável não inicializada contém um valor aleatório? Poderia parecer menos problemático colocar o valor 0 em uma variável do que deixar um valor aleatório. De qualquer modo, de onde vem este valor aleatório? O computador joga um dado eletrônico?

Quando você define uma variável, espaço suficiente é reservado na memória para conter valores do tipo que você especificou. Por exemplo, quando você declara `int nickels`, um bloco de memória suficientemente grande para armazenar inteiros é reservado. O compilador usa esta memória sempre que você solicitar o valor de `nickels` ou quando você alterá-lo.

nickels = [   ]

Quando você inicializa uma variável, `int nickels = 0`, então um zero é colocado na posição de memória recém adquirida.

nickels = [0   ]

Se você não especifica a inicialização, o espaço de memória é reservado e deixado como está. Já existe *algum* valor na memória. Afinal, você não consegue transistores frescos – simplesmente uma área de memória que está disponível no momento, e que você devolve novamente quando a `main` termina. Seus valores não inicializados são apenas resquícios de computações anteriores. Portanto, não requer esforço algum dar a você valores iniciais aleatórios, enquanto que um pouco de esforço é necessário para inicializar uma nova posição de memória com zero ou outro valor.

Se você não especifica uma inicialização, o compilador assume que você ainda não está pronto para fornecer o valor que você quer armazenar numa variável. Talvez o valor necessite ser calculado a partir de outras variáveis, como o total em nosso exemplo, e você ainda não definiu todos os componentes. É bastante razoável não perder tempo inicializando uma variável se o valor inicial nunca é usado e será sobrescrito com o verdadeiro valor pretendido em algum momento.

Entretanto, suponha que você tem a seguinte seqüência de eventos:

```
int nickels; /* Nao vou inicializa-lo no momento */
int dimes = 3;
double total = nickels * 0.05 + dimes * 0.10; /* Erro */
nickels = 2 * dimes;
/* Agora eu lembro - tenho duas vezes mais nickels do que dimes */
```

Isso é um problema. O valor de `nickels` foi usado antes de ter sido inicializado. O valor de `total` é calculado como segue: pegue um número aleatório e o multiplique por 0.05, então adicione o valor dos *dimes*. Obviamente, o que você obtém é um valor imprevisível, que não pode ser usado.

Existe um perigo adicional aqui. Visto que o valor de `nickels` é aleatório, ele pode ser diferente cada vez que você executa o programa. Naturalmente, você pode ter uma pista disso ao executar duas vezes o programa e conseguir duas respostas diferentes. Entretanto, suponha que você execute dez vezes o programa em casa ou no laboratório, e ele sempre resulta em um valor que parece razoável. Então você leva seu programa para a avaliação e ele dá uma resposta diferente e não razoável quando o avaliador o executa. Como isso pode acontecer? Programas de computadores não são supostamente previsíveis e determinísticos? Eles são – desde que você inicialize todas as sua variáveis. No computador do avaliador, o valor não inicializado de `nickels` pode ter sido 15,054, enquanto que em sua máquina naquele dia particular, aconteceu de o valor ter sido 6.

Qual é o remédio? *Reorganize as definições* de modo que todas as variáveis sejam inicializadas. Isto é bastante simples de fazer:

```
int dimes = 3;
int nickels = 2 * dimes;
/* Eu tenho duas vezes mais nickels do que dimes */
double total = nickels * 0.05 + dimes * 0.10; /* OK */
```

Dica de Qualidade 2.2

Use Nomes Descritivos para suas Variáveis

Poderíamos ter economizado bastante digitação se usássemos nomes mais curtos como em

```
int main()
{
    int p = 8;
    int d = 4;
    int q = 3;

    double t = p * 0.01 + d * 0.10 + q * 0.25;
        /* valor total das moedas */

    cout << "Valor total= " << t << "\n";

    return 0;
}
```

Entretanto, compare esse programa com o anterior. Qual deles é mais fácil de ler? Não existe termo de comparação. Simplesmente ler `pennies` é bem menos problemático do que ler `p` e então imaginar que isto deve significar "*pennies*".

Em programação prática, isto é particularmente importante quando programas são escritos por mais de uma pessoa. Pode parecer óbvio para *você*, que p deve ser associado a *pennies* e não a percentagem (ou talvez pressão), mas não é óbvio para a pessoa que precisa alterar o seu código anos depois, muito tempo após você ter sido promovido (ou demitido?). Ainda sobre esse assunto, você mesmo irá se lembrar do que p significa quando olhar esse código daqui a seis meses?

Naturalmente, você pode usar comentários:

```
int main()
{
    int p = 8; /* pennies */
    int d = 4; /* dimes */
    int q = 3; /* quarters */

    double t = p + d * 0.10 + q * 0.25;
        /* valor total das moedas */

    cout << "Valor total= " << t << "\n";

    return 0;
}
```

Isso torna as definições muito claras, mas a computação p + d * 0.10 + q * 0.25 continua críptica.

Se você pode escolher entre comentários e código autocomentado, escolha este último. É melhor ter código claro sem comentários do que código críptico com comentários. Existe uma boa razão para isso. Na prática, código não é escrito uma vez e submetido ao avaliador, para ser após esquecido. Programas são modificados e melhorados todo o tempo. Se o código é auto explicativo, você tem apenas que atualizá-lo para o novo código que também seja auto explicativo. Se o código requer explicação, você atualiza o código e a explicação. Se você esquecer de atualizar a explicação, ficará com um comentário pior do que um inútil, por que não reflete mais o que está acontecendo. A próxima pessoa que ler este código deve desperdiçar tempo tentando entender se o código ou o comentário está errado.

Tópico Avançado 2.1

Limites Numéricos e Precisão

Lamentavelmente, valores, `int` e `double` sofrem de um problema. Eles não podem representar arbitrariamente números inteiros ou em ponto flutuante. Em alguns compiladores para computadores pessoais, dados `int` possuem um limite bastante restrito (de −32.768 até 32.767 para ser exato). (Isto é por que inteiros são representados usando 16 bits, permitindo 2^{16} ou 65536, diferentes valores. Metade destes valores (de −1 até −32.768) são negativos. Existe um valor positivo a menos por que 0 também precisa ser representado.) Isto é insuficiente para muitas aplicações. O remédio mais simples é usar o tipo `long`. Inteiros `long` geralmente possuem um limite de −2.147.483.648 até 2.147.483.647.

Números em ponto flutuante sofrem de um problema diferente: *precisão*. Mesmo números em ponto flutuante de dupla precisão (`doubles`) armazenam apenas cerca de 15 dígitos decimais significativos. Suponha que você pense que seus clientes possam considerar o preço de trezentos trilhões de dólares ($300.000.000.000.000) para seu produto um pouco excessivo, e assim você quer reduzir 5 centavos, para uma aparência mais razoável de $299.999.999.999.999,95. Tente executar o seguinte programa:

```
#include <iostream>

using namespace std;

int main()
{
    double original_price = 3E14;
    double discounted_price = original_price - 0.05;
    double discount = original_price - discounted_price;
    /* deveria ser 0.05 */

    cout << discount << "\n"; /* imprime 0.0625! */
}
```

O programa imprime `0.0625`, e não `0.05`. Isto é um erro de mais de 1 centavo!

Para a maioria dos programas, tais como os deste livro, a precisão não é usualmente um problema para números `double`. Entretanto, leia o Erro Freqüente 2.1 para mais informações sobre uma questão correlata: erros de arredondamento.

C++ possui outro tipo de ponto flutuante, denominado `float`, que possui uma precisão muito mais limitada – somente cerca de sete dígitos decimais. Você pode normalmente usar o tipo `float` em seus programas. Como a precisão limitada pode ser um problema em alguns programas, todas as funções matemáticas retornam resultados do tipo `double`. Se você tentar salvar estes resultados em uma variável do tipo `float`, o compilador irá alertar sobre possível perda de informação (veja o Tópico Avançado 2.3). Para evitar estes alertas, é melhor evitar o `float` também.

Tópico Avançado 2.2

Sintaxe Alternativa de Comentário

Em C++ existem dois métodos para escrever comentários. Você já aprendeu que o compilador ignora qualquer coisa que esteja entre /* e */. O compilador também ignora qualquer texto entre um // e o final da linha atual (ver Sintaxe 2.3):

```
double t = p * 0.01 + d * 0.10 + q * 0.25;
// valor total das moedas
```

Isto é mais fácil de digitar se o comentário ocupa apenas uma linha. Mas se você tiver um comentário que é mais longo do que uma linha, então o comentário /*... */ é mais simples.

/*

Neste programa, calculamos o valor de um conjunto de moedas. O usuário fornece a quantidades de *pennies* (1 centavo), *nickels* (15 centavos), *dimes* (10 centavos) e *quarters* (25 centavos). O programa então exibe o valor total.

*/

Pode ser bastante tedioso acrescentar o // no início de cada linha e mudá-lo de lugar sempre que o texto do comentário mudar.

Neste livro, para mantê-lo simples, usamos sempre o estilo de comentário /*... */. Se você gostar mais do estilo //, siga em frente e o adote. Ou você pode usar // para comentários que nunca irão ser maiores do que uma linha e /*... */ para comentários mais longos. Os leitores de seu código irão ficar gratos por quaisquer comentários, seja qual for o estilo que você usar.

Sintaxe 2.3: Comentário

/* *texto do comentário* */
// *texto do comentário*

Exemplo:

/* valor total das moedas */
// valor total das moedas

Finalidade:

Acrescentar um comentário para auxiliar um leitor humano a entender o programa.

Fato Histórico 2.1

O Erro de Ponto Flutuante do Pentium

Em 1994, a Intel Corporation liberou o que era então o seu mais poderoso processador, o Pentium. Diferentemente da geração anterior de processadores, ele possuía uma unidade de ponto flutuante muito rápida. O objetivo da Intel era competir agressivamente com os fabricantes de processadores de maior capacidade, usados na construção de estações de trabalho. O Pentium teve imediatamente um imenso sucesso.

No verão de 1994, o Dr. Thomas Nicely do Lynchburg College na Virginia executou um extenso conjunto de computações para analisar a somas dos inversos de certas seqüências de números primos. Os resultados nem sempre eram o que sua teoria predizia, mesmo depois de ele considerar os inevitáveis erros de arredondamento. Então o Dr. Nicely notou que o mesmo programa produzia os resultados corretos quando executava no processador mais lento 486, que precedia o Pentium na linha da Intel. Isto não deveria acontecer. O comportamento ótimo de arredondamento de cálculos em ponto flutuante havia sido padronizado pelo Institute for Electrical and Electronic Engineers (IEEE) e a Intel declarou que aderia ao padrão IEEE tanto no processador 486 quanto no Pentium. Depois de outra verificação, o Dr. Nicely descobriu que existia um pequeno conjunto de números para os quais o produto de dois números era calculado de forma diferente nos dois processadores. Por exemplo,

$$4.195.835 - \left((4.195.835 / 3.145.727) \times 3.145.727\right)$$

é matematicamente igual a 0 e era calculada como 0 no processador 486. No seu processador Pentium, o resultado era 256.

▼   Como foi divulgado, a Intel tinha descoberto independentemente este defeito em seus testes e havia iniciado a produção de *chips* que o corrigiam. O defeito foi causado por um erro em uma tabela que era usada para acelerar o algoritmo de multiplicação em ponto flutuante do processador.
▼   A Intel declarou que o problema era extremamente raro. Eles argumentavam que, sob uso normal, um consumidor típico somente iria perceber o problema uma vez a cada 27.000 anos.
▼   Lamentavelmente para a Intel, o Dr. Nicely não era um usuário normal. Agora a Intel tinha um problema real em suas mãos. Parecia que o custo de substituir todos os processadores Pentium que já haviam sido vendidos poderia custar uma enorme quantidade de dinheiro. A Intel já possuía mais encomendas para o *chip* do que podia produzir, e poderia ser particularmente desgastante ter que fornecer gratuitamente *chips* avulsos de reposição em vez de vendê-los. A direção da Intel decidiu apostar na questão e inicialmente se ofereceu para substituir os processadores somente para aqueles clientes que pudessem provar que seu trabalho exigia precisão absoluta em cálculos matemáticos. Naturalmente, isto não soava bem para as centenas de milhares de clientes que haviam pago no varejo 700 dólares ou mais por um chip Pentium e não queriam viver com a desagradável sensação que talvez, um dia, seu programa de imposto de renda poderia produzir um resultado incorreto.

Finalmente, a Intel teve que submeter-se à demanda pública e substituiu todos os *chips* defeituosos, a um custo de cerca de 475 milhões de dólares.

O que você acha? A Intel alega que a probabilidade do defeito ocorrer em algum cálculo é extremamente pequena – menor do que muitos riscos que enfrentamos a cada dia, tal como dirigir um automóvel até o trabalho. De fato, muitos usuários usaram seus computadores Pentium por muitos meses sem apresentar qualquer defeito, e os cálculos que o professor Nicely estava fazendo não poderiam ser exemplos de necessidades de usuários típicos. Como resultado do seu grave erro de relações públicas, a Intel terminou pagando uma grande quantia de dinheiro. Sem dúvida, parte deste valor foi acrescentado aos preços dos *chips* e então na realidade foi pago pelos clientes da Intel. Além disso, um grande número de processadores cuja manufatura consuma energia e causava algum impacto ambiental foram destruídos sem beneficiar ninguém. Poderia a Intel ter alegado querer substituir somente os processadores daqueles usuários que poderiam razoavelmente esperar sofrer o impacto do problema?

Suponha que, em vez de se colocar atrás de um muro de pedra, a Intel tivesse oferecido a escolha de uma substituição gratuita do processador ou 200 dólares de desconto. O que você teria feito? Você teria substituído seu *chip* defeituoso, ou você apostaria na sua sorte e embolsado o dinheiro?

2.2 Entrada e Saída

O programa da seção anterior não era muito útil. Se eu tivesse uma coleção de moedas diferente na minha carteira, deveria alterar as inicializações de variáveis, recompilar o programa e executá-lo novamente. Em particular, eu deveria ter um compilador C++ sempre disponível para adaptar o programa aos novos valores. Seria mais prático se o programa pudesse perguntar quantas moedas de cada valor eu tenho e então calcular o total. Aqui está um programa assim.

Arquivo coins2.cpp

```
1    #include <iostream>
2
3    using namespace std;
4
5    int main()
6    {
7        cout << "Quantas moedas de 1 centavo (pennies) você tem? ";
8        int pennies;
9        cin >> pennies;
10
11       cout << "Quantas moedas de 5 centavos (nickels) você tem? ";
```

```
12      int nickels;
13      cin >> nickels;
14
15      cout << "Quantas moedas de 10 centavos (dimes) você tem? ";
16      int dimes;
17      cin >> dimes;
18
19      cout << "Quantas moedas de 25 centavos (quarters) você tem? ";
20      int quarters;
21      cin >> quarters;
22
23      double total = pennies * 0.01 + nickels * 0.05 +
24         dimes * 0.10 + quarters * 0.25;
25            /* valor total das moedas */
26
27      cout << "Valor total= " << total << "\n";
28
29      return 0;
30   }
```

Quando este programa for executado, ele perguntará (ou exibirá um *prompt*) para você:

```
Quantas moedas de 1 centavo (pennies) você tem?
```

O cursor irá permanecer na mesma linha do *prompt* e você deve digitar um número, seguido da tecla *Enter*. A seguir existirão mais três *prompts*, e finalmente a resposta é exibida e o programa termina.

A leitura de um número para a variável `pennies` é realizada pelo comando

```
cin >> pennies;
```

Quando este comando é executado, o programa aguarda que o usuário digite um número e pressione *Enter*. O número é então colocado em uma variável e o programa executa o próximo comando.

Neste caso, não inicializamos as variáveis que contam as moedas por que os comandos de entrada movem valores para estas variáveis. Nós colocamos as definições de variáveis o mais perto possível dos comandos de entrada para indicar onde os valores são colocados.

Você também pode ler valores em ponto flutuante:

```
double balance;
cin >> balance;
```

Quando um inteiro é lido do teclado, zero e números negativos são permitidos como entradas, mas números em ponto flutuante não são. Por exemplo, `-10` poderia ser permitido como uma entrada para o número de moedas de 25 centavos, mesmo que isto não faça sentido – você não pode ter um número negativo de moedas em sua carteira. Números fracionários não são aceitos. Se você digitar `10.75` quando é esperado um inteiro como entrada, o `10` será lido e colocado em uma variável do comando de entrada. O `.75` não será ignorado. Ele será considerado no próximo comando de entrada (ver Figura 1). Isso não é intuitivo e provavelmente não é o que você esperava.

Algo ainda pior acontece se você não digitar um número. Por exemplo, se você digitar `dez` ou `help`, então a rotina de processamento de entrada verifica que isso não é um número, e assim ela não configura uma variável do comando de entrada (isto é, o valor antigo daquela variável não se altera). E mais ainda, ela coloca o *stream* de entrada `cin` em um estado "falho". Isso significa que `cin` perdeu a confiança nos dados que estava recebendo, e todos os comandos de entrada subseqüentes serão ignorados (ver Figura 2). Lamentavelmente, não existe nenhum sinal sonoro ou mensagem para alertar o usuário sobre este problema. Você vai aprender mais tarde como reconhecer e resolver problemas de entrada. Naturalmente, esta é uma habilidade necessária para construir programas que possam sobreviver a usuários mal treinados ou desatentos. Neste momento, vamos apenas pedir a você que digite as respostas certas nos *prompts* de entrada.

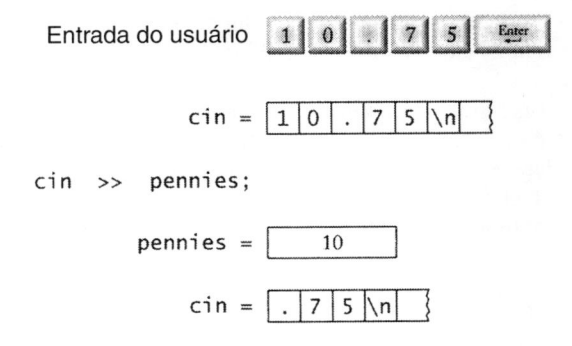

```
                Entrada do usuário  [1][0][.][7][5][Enter]

                         cin = [1][0][.][7][5][\n]

                cin  >>  pennies;

                      pennies = [   10   ]

                         cin = [.][7][5][\n]
```

Figura 1
Processando a entrada.

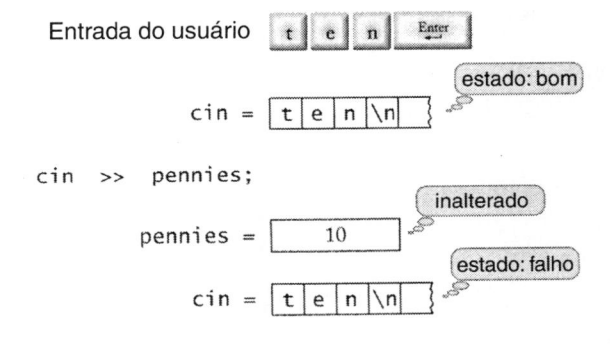

```
                Entrada do usuário  [t][e][n][Enter]

                                                  (estado: bom)
                         cin = [t][e][n][\n]

                cin  >>  pennies;
                                                  (inalterado)
                      pennies = [   10   ]
                                                  (estado: falho)
                         cin = [t][e][n][\n]
```

Figura 2
Entrada falhou.

É possível ler mais de um valor de cada vez. Por exemplo, o comando de entrada

```
cin >> pennies >> nickels >> dimes >> quarters;
```

lê quatro valores do teclado (ver Sintaxe 2.4). Os valores podem estar todos em uma mesma linha, como em

```
8 0 4 3
```

Sintaxe 2.4: Comando de Entrada

cin >> $variable_1$ >> $variable_2$ >>... >> $variable_n$;

Exemplo:

cin >> pennies;
cin >> first >> middle >> last;

Finalidade:

Ler valores de entrada para uma ou mais variáveis.

---

ou em linhas separadas, como em

```
8
0
4
3
```

(ver Figuras 3 e 4). Tudo o que importa é que os números sejam separados por *espaços em branco*: isto é, espaços vazios, tabulações ou nova linha. Você entra com um espaço vazio pressionando a barra de espaço, uma tabulação pressionando a tecla tab (quase sempre marcada com uma flecha e uma barra vertical →|), e uma nova linha pressionando *Enter*. Estas teclas são usadas pelo leitor dos dados de entrada para separar os dados de entrada.

A entrada via teclado é *buferizada*. Fileiras de caracteres de entrada são colocadas juntas, e a linha de entrada completa é processada quando você pressiona *Enter*. Por exemplo, suponha que o programa de cálculo de moedas solicita a você:

```
Quantas moedas de 1 centavo (pennies) você tem?
```

Como resposta você digita

```
8 0 4 3
```

Nada acontece até que você pressione a tecla *Enter*. Suponha que você a pressione. A linha agora é enviada para processamento pela `cin`. O primeiro comando de entrada lê o 8 e o remove do *stream* de entrada e os outros três números são deixados lá para as operações de entrada subseqüentes.

Então, o *prompt*:

```
Quantas moedas de 5 centavos (nickels) você tem?
```

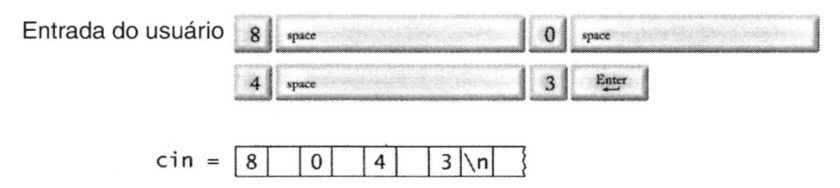

Figura 3

Separando a entrada com espaços.

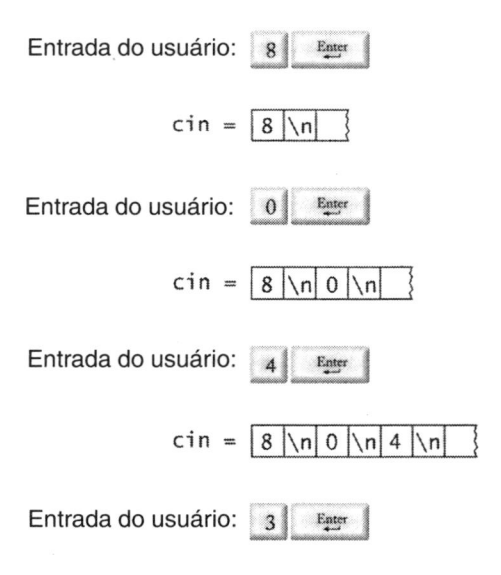

Figura 4

Separando a entrada com novas linhas.

é exibido e o programa *imediatamente* lê o 0 da linha parcialmente processada. Você não terá a chance de digitar outro número. A seguir os outros dois *prompts* serão exibidos e outros dois números processados.

Naturalmente, se você sabe qual entrada o programa deseja, esta facilidade de digitar todos os dados pode ser prática, mas é surpreendente para a maioria dos usuários que estão acostumados com processamento de entradas mais organizado. Francamente, a entrada a partir de cin não é muito adequada para interação com usuários humanos. Ela funciona bem para ler dados de um arquivo e também é bastante simples de ser programada.

2.3 Atribuição

Todos os programas, até os mais simples, usam variáveis para armazenar valores. Variáveis são posições de memória que podem armazenar valores de um tipo particular. Por exemplo, uma variável total armazena valores de tipo double porque nós a declaramos como double total. Até agora, as variáveis que usamos não eram muito variáveis. Uma vez armazenado um valor nelas, seja por inicialização ou por um comando de entrada, o valor nunca mudava. Vamos calcular o valor das moedas de modo diferente, mantendo um *total incremental*.

Primeiro, solicitamos o número de *pennies* e colocamos o total como sendo o valor dos *pennies*. Depois, solicitamos o número de *nickels* e *adicionamos* o valor de *nickels* ao total. A seguir, fazemos o mesmo para *dimes* e *quarters*. Aqui está o programa.

Arquivo coins3.cpp

```
1   #include <iostream>
2
3   using namespace std;
4
5   int main()
6   {
7       cout << "Quantas moedas de 1 centavo (pennies) você tem? ";
8       int count;
9       cin >> count;
10      double total = count * 0.01;
11
12      cout << "Quantas moedas de 5 centavos (nickels) você tem? ";
13      cin >> count;
14      total = count * 0.05 + total;
15
16      cout << "Quantas moedas de 10 centavos (dimes) você tem? ";
17      cin >> count;
18      total = count * 0.10 + total;
19
20      cout << "Quantas moedas de 25 centavos (quarters) você tem? ";
21      cin >> count;
22      total = count * 0.25 + total;
23
24      cout << "Valor total = " << total << "\n";
25
26      return 0;
27  }
```

Em vez de ter quatro variáveis para contar as moedas, agora temos apenas uma variável, count. O valor de count realmente varia durante a execução do programa. Cada comando de entrada

```
cin >> count
```

coloca um novo valor em count, descartando o conteúdo anterior.

Neste programa, necessitamos somente uma variável count por que processamos o valor em seguida, acumulando-o em total. O processamento é feito através de *comandos de atribuição* (ver

Sintaxe 2.5). O primeiro comando de processamento, `total = pennies * 0.01`, é simples. O segundo comando é bem mais interessante:

```
total = count * 0.05 + total;
```

Ele significa, "Calcule o valor da contribuição de *nickel* (`count * 0.05`), adicione-o ao valor do total incremental e *coloque o resultado novamente na posição de memória* `total`" (ver Figura 5).

Quando você faz *uma atribuição* de uma expressão a uma variável, os tipos da variável e da expressão devem combinar. Por exemplo, é *um erro* atribuir

```
total = "um monte";
```

porque `total` é uma variável de ponto flutuante e `"um monte"` é um *string*. É, entretanto, legal armazenar um inteiro em uma variável de ponto flutuante.

```
total = count;
```

Se você atribui uma expressão em ponto flutuante a um inteiro, a expressão será truncada para um inteiro. Infelizmente, este não necessariamente será o inteiro mais próximo: o Erro Freqüente 2.1 contém um exemplo dramático. Portanto, nunca é uma boa idéia fazer uma atribuição de ponto flutuante para inteiro. De fato, muitos compiladores emitem um aviso se você fizer.

Aqui está uma diferença sutil entre os comandos

```
double total = count * 0.01;
```

e

```
total = count * 0.05 + total;
```

O primeiro comando é a *definição* de `total`. Este é um comando para criar uma nova variável do tipo `double`, dar a ela o nome `total`, e a inicializar com `count * 0.01`. O segundo comando é um *comando de atribuição*: uma instrução para substituir o conteúdo existente em uma variável `total` por outro valor.

Sintaxe 2.5: Atribuição

variable = expression;

Exemplo:

`total = pennies * 0.01;`

Finalidade:

Armazenar o valor de uma expressão em uma variável.

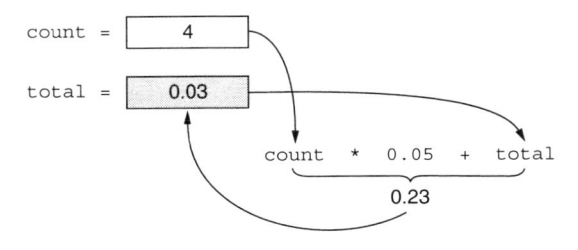

```
count = [  4  ]
total = [ 0.03 ]
         count * 0.05 + total
                 0.23
```

Depois disso:

```
total = [ 0.23 ]
```

Figura 5

Atribuição.

Não é possível ter múltiplas definições da mesma variável. A seqüência de comandos
```
double total = count * 0.01;
...
double total = count * 0.05 + total; /* Erro */
```
é ilegal. O compilador irá reclamar sobre uma tentativa de redefinir `total`, por que ele pensa que você quer definir uma nova variável no segundo comando. Por outro lado, é perfeitamente legal fazer múltiplas atribuições à mesma variável:
```
total = count * 0.05 + total;
...
total = count * 0.10 + total;
```
O sinal = não significa que o lado esquerdo seja igual ao lado direito mas que o valor do lado direito é copiado em uma variável do lado esquerdo. Você não deve confundir esta *operação de atribuição* com o = usado na álgebra para indicar *igualdade*. O operador de atribuição é uma instrução para fazer algo, mais propriamente, colocar um valor em uma variável. A igualdade matemática estabelece o fato de dois valores serem iguais. Por exemplo, em C++, é perfeitamente legal escrever
```
month = month + 1;
```
Isto significa olhar o valor armazenado em uma variável `month`, adicionar 1 a ele e recolocar a soma de volta em `month` (ver Figura 6). O efeito básico de executar este comando é incrementar `month` em 1. Naturalmente, em matemática não faria sentido escrever que `month` = `month` + `1`; nenhum valor pode ser igual a ele mesmo mais 1.

Os conceitos de atribuição e igualdade não têm relação entre si e é um pouco lamentável que a linguagem C++ use = para denotar atribuição. Outras linguagens de programação usam símbolos como < - ou :=, que evitam a confusão.

Considere mais uma vez o comando `month` = `month` + `1`. Este comando incrementa o contador de mês. Por exemplo, se `month` fosse 3 antes da execução, seria colocado como 4 depois. Esta operação de incremento é tão comum na escrita de programas que existe um atalho especial para ela, qual seja
```
month++;
```
Este comando possui exatamente o mesmo efeito, adicionar 1 a `month`, mas é mais fácil de digitar. Como você deve ter imaginado, também existe um operador de decremento - -. O comando
```
month--;
```
subtrai 1 de `month`.

O operador de incremento ++ deu à linguagem de programação seu nome. C++ é a melhoria incremental da linguagem C.

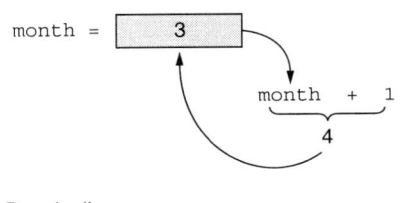

Figura 6

Incrementando uma variável.

Erro Freqüente 2.1

Erros de Arredondamento

Erros de arredondamento são um fato da vida em cálculos com números em ponto flutuante. Você provavelmente já se deparou com este fenômeno em cálculos manuais. Se você calcular 1/3 com duas casas decimais, obtém 0,33. Multiplicando novamente por 3, você obtém 0,99, e não 1,00.

No *hardware* do processador, números são representados no sistema binário de numeração, e não em decimal. Você ainda vai ter erros de arredondamento quando dígitos binários são perdidos. Você pode encontrá-los em diferentes lugares além daqueles que espera. Aqui está um exemplo.

```
#include <iostream>

using namespace std;

int main()
{
    double x = 4.35;
    int n = x * 100;
    cout << n << "\n"; /* imprime 434! */
    return 0;
}
```

Naturalmente, cem vezes 4,35 é 435, mas o programa imprime 434.

A maioria dos computadores representam números no sistema binário. No sistema binário, não existe representação exata para 4,35, assim como não há representação exata para 1/3 no sistema decimal. A representação usada pelo computador é um pouco menor que 4,35, de modo que 100 vezes este valor é um pouco menor que 435. Quando um valor em ponto flutuante é convertido para um inteiro, toda a parte fracionária, que é quase 1, é descartada e o inteiro 434 é armazenado em n.

Para evitar este problema, você deve sempre adicionar 0,5 a um valor positivo em ponto flutuante antes de convertê-lo para um inteiro.

```
double y = x * 100;
int n = y + 0.5;
```

Adicionar 0,5 funciona, porque faz com que valores acima de 434,5 sejam valores acima de 435.

Naturalmente, o compilador ainda vai emitir um aviso alertando que a atribuição de um valor em ponto flutuante a uma variável inteira não é segura. Veja o Tópico Avançado 2.3 sobre como evitar este aviso.

Tópico Avançado 2.3

Casts

Ocasionalmente você necessita armazenar um valor em uma variável de tipo diferente. Sempre que existe o risco de *perda de informação*, o compilador emite um aviso. Por exemplo, se você armazena um valor `double` em uma variável `int`, pode perder informação de duas maneiras:

- A parte fracionária é perdida.
- A magnitude pode ser muito grande.

Por exemplo,

```
int p = 1.0E100; /* NAO */
```

não deve funcionar, por que 10^{100} é maior do que o maior inteiro representável. Apesar disso, algumas vezes você quer converter um valor em ponto flutuante em um valor inteiro. Se você está preparado para perder a parte fracionária e sabe que este número particular em ponto flutuante não é maior do que o maior inteiro possível, então você pode desabilitar o aviso usando um *cast*: a conversão de um tipo (como um `double`) para outro tipo (como um `int`) que de um modo geral não é segura, mas você sabe ser segura em uma circunstância particular. Você expressa isso em C++ como segue:

```
int n = static_cast<int>(y + 0.5);
```

A notação `static_cast` (*ver Sintaxe* 2.6) é relativamente nova e nem todos os compiladores a suportam. Se você tem um compilador antigo, você precisa usar a notação de *cast* no estilo de C:

```
int n = (int)(y + 0.5);
```

Sintaxe 2.6: *Cast*

`static_cast<type_name>(expression)`

Exemplo:

`static_cast<int>(x + 0.5)`

Finalidade:

Altera uma expressão para um tipo diferente.

🅠 Dica de Produtividade   2.1

Evite Leiaute Instável

Você deve dispor o código de seu programa e os comentários de modo que o programa seja fácil de ler. Por exemplo, você não deve espremer todos os comandos em uma única linha e deve assegurar que chaves { } estejam alinhadas.

Entretanto, você deve dedicar-se a esforços de embelezamento de forma esperta. Alguns programadores gostam de alinhar os sinais = em séries de atribuições, como a seguir:

```
pennies = 8;
nickels = 0;
dimes   = 4;
```

Isso parece muito bom, mas o leiaute não é *estável*. Suponha que você acrescente uma linha

```
pennies  = 8;
nickels  = 0;
dimes    = 4;
quarters = 3;
```

Opa, agora os sinais = não mais se alinham e você terá um trabalho extra para alinhá-los *novamente*.

Aqui está outro exemplo. Muitos professores recomendam o seguinte estilo de comentários.

```
/* Neste programa, calculamos o valor de um conjunto de moedas. O
** usuário fornece as quantidades de moedas de 1, 5, 10 e 25 centavos.
** O programa então exibe o valor total.
*/
```

Certamente isto parece bonito, e a coluna de ** torna fácil de ver a extensão do bloco de comentário — mas quem recomenda este estilo nunca atualizou seus comentários. Suponha que o programa é estendido para trabalhar também com moedas de 50 centavos Naturalmente, devemos modificar o comentário para refletir esta alteração.

```
/* Neste programa, calculamos o valor de um conjunto de moedas. O
** usuário fornece as quantidades de moedas de 1, 5, 10, 25 e 50
centavos ** O programa então exibe o valor total.
*/
```

Isto não parece tão bonito. Agora você, um bem pago engenheiro de *software*, deve rearranjar os ** para ficarem alinhados de acordo com a descrição? Este esquema é um *desestímulo* a manter comentários atualizados. Não faça isto. Somente coloque todos os comentários em um bloco, como segue:

```
/*
Neste programa, calculamos o valor de um conjunto de moedas. O
usuário fornece as quantidades de moedas de 1, 5, 10 e 25 centavos.
O programa então exibe o valor total.
*/
```

Você pode não se importar muito com estas questões. Talvez você planeje embelezar seu programa assim que terminá-lo, quando estiver concluindo seu trabalho. Esta não é uma abordagem particularmente útil. Na prática, programas nunca estão prontos. Eles são continuamente mantidos e atualizados. É melhor desenvolver o hábito de fazer um bom leiaute em seus programas desde o início e mantê-los legíveis todo o tempo. Como consequência, você deve evitar esquemas de leiaute que são difíceis de manter.

Tópico Avançado 2.4

Combinando Atribuição e Aritmética

Em C++, você pode combinar aritmética e atribuição. Por exemplo, a instrução

```
total += count * 0.05;
```

é uma forma abreviada para

```
total = total + count * 0.05;
```

De modo similar,

```
total -= count * 0.05;
```

significa o mesmo que

```
total = total - count * 0.05;
```

e

```
total *= 2;
```

é outra maneira de escrever

```
total = total * 2;
```

Muitos programadores consideram essas abreviaturas convenientes. Se você gosta delas, vá em frente e use-as em seu próprio código. Porém, para simplicidade, não as usaremos neste livro.

2.4 Constantes

Usamos variáveis tais como `total` por duas razões. Usar um nome em vez de uma fórmula, torna o programa mais fácil de ler. E ao reservar espaço para uma variável, podemos alterar o seu valor durante a execução do programa. Geralmente é uma boa idéia dar nomes simbólicos também a constantes para tornar os programas mais fáceis de ler e modificar.

Considere o seguinte programa:

```
int main()
{
    double garrafas;
    cout << "Quantas garrafas você tem? ";
    cin >> garrafas;

    double latas;
    cout << "Quantas latas você tem? ";
    cin >> latas;

    double total = garrafas * 2 + latas * 0.355;

    cout << "O volume total é " << total << "\n";

    return 0;
}
```

O que está acontecendo aqui? Qual é o significado de 0.355?

Essa fórmula calcula a quantidade de refrigerante em um refrigerador que está cheio de garrafas de 2 litros e de latas de 12 onças (ver Tabela 1 para fatores de conversão entra unidades métricas e não métricas). Vamos tornar a computação mais clara usando constantes (*ver Sintaxe* 2.7).

Sintaxe 2.7: Definição de Constante

`const type_name constant_name = initial_value;`

Exemplo:

`const double LITER_PER_OZ = 0.029586;`

Finalidade:

Define uma nova constante de um tipo particular e fornece seu valor.

Tabela 1

Conversão entre unidades métricas e não-métricas

Não-Métrica	Métrica
1 onça líquida (fl. oz).	29,586 mililitro (ml)
1 galão	3,785 litro (l)
1 onça (oz)	28,3495 gramas (g)
1 libra (lb)	453,6 gramas
1 polegada	2,54 centímetros (cm)
1 pé	30,5 centímetros
1 milha	1,609 quilômetros (km)

Arquivo volume.cpp

```
1   #include <iostream>
2
3   using namespace std;
4
5   int main()
6   {
7      double bottles;
8
9      cout << "Quantas garrafas você tem? ";
10     cin >> bottles;
11
12     double cans;
13     cout << "Quantas latas você tem? ";
14     cin >> cans;
15
16     const double BOTTLE_VOLUME= 2.0;
17     const double CAN_VOLUME= 0.355;
18     double total = bottles * BOTTLE_VOLUME
19        + Cans * CAN_VOLUME;
20
21     cout << "O volume total é " << total << " litros.";
22
23     return 0;
24  }
```

Agora CAN_VOLUME é uma entidade com nome. Diferente de total, ela é constante. Após a inicialização com 0.355, ela nunca muda.

De fato, você pode fazer ainda melhor e explicar de onde provém o valor do volume da lata.

```
const double LITRO_POR_ONCA = 0.029586;
const double VOLUME_LATA= 12 * LITRO_POR_ONCA;
/* latas de 12 onças */
```

Certo, é mais trabalhoso dar tipo às definições de constantes e usar os nomes constantes nas fórmulas. Mas isto torna o código mais legível. Também torna o código mais fácil de alterar. Suponha que o programa faça computações envolvendo volumes em muitos lugares diferentes. E suponha que você precisa mudar de garrafas de 2 litros para garrafas de meio galão. Se você simplesmente multiplicou por 2 para obter o volume das garrafas, agora você deve substituir o 2 por 1.893... bem, nem *todos* os números 2. Pode haver outros usos de 2 no programa que nada tem a ver com garrafas. Você terá que *examinar* cada número 2 e ver se você precisa mudá-lo. Eu mencionei aquela fórmula que multiplicava um contador de embalagens por 36 porque existiam 18 garrafas em cada embalagem? Este número agora precisa ser alterado para 18 · 1.893 – felizmente fomos sortudos de encontrá-la. Se, por outro lado, a constante BOTTLE_VOLUME for criteriosamente usada ao longo do programa, ela necessita ser atualizada em somente *um lugar*. Constantes identificadas são muito importantes na manutenção de programas. Veja a Dica de Qualidade 2.3 para mais informações.

Constantes são comumente escritas em letras maiúsculas para distinguí-las visualmente de variáveis.

Dica de Qualidade 2.3

Não Use Números Mágicos

Um *número mágico* é uma constante numérica que aparece em seu código sem explicação. Por exemplo,

```
if (col >= 66)...
```

Por que 66? Talvez este programa imprima em uma fonte de 12 pontos em um papel de 8.5 × 11 polegadas com uma margem de 1 polegada em ambos os lados? Sendo assim, você pode colocar 65 caracteres em uma linha. Assim que atingir a coluna 66, você ultrapassa a margem direita e deve fazer algo especial. Entretanto, estas são premissas bastante frágeis. Para fazer um programa funcionar com um tamanho diferente de papel, deve-se localizar todos os valores de 65 (e 66 e 64) e substituí-los, cuidando para não tocar aqueles 65s (e 66s e 64s) que nada têm a ver com o tamanho do papel. Em um programa que possui mais do que poucas páginas de tamanho, isto é incrivelmente tedioso e sujeito a erros.

A solução é usar uma constante identificada

```
const int MARGEM_DIREITA = 65;

if (col > MARGEM_DIREITA)...
```

Mesmo a mais razoável constante cósmica vai se alterar algum dia. Você pensa que existem 365 dias por ano? Seus clientes em Marte vão ficar bastante descontentes com a sua tola presunção. Crie uma constante

```
const int DIAS_POR_ANO = 365;
```

A propósito, a definição

```
const int TREZENTOS_E_SESSENTA_E_CINCO = 365;
```

é contraproducente e desaconselhada.

Você nunca deve usar números mágicos em seu código. Qualquer número, com as possíveis exceções de 0, 1 e 2 devem ser declarados como constantes identificadas.

Tópico Avançado   2.5

Tipos Enumerados

Algumas vezes uma variável assume valores de um conjunto finito de possibilidades. Por exemplo, uma variável que descreve um dia da semana (segunda, terça, ... , domingo) pode ter apenas um dentre sete estados. Em C++, podemos definir tais *tipos enumerados*:

```
enum Dia_da_semana { SEGUNDA, TERCA, QUARTA, QUINTA,
    SEXTA, SABADO, DOMINGO };
```

Isso torna `Dia_da_semana` um tipo, similar a `int`. Assim como qualquer tipo, podemos declarar variáveis deste tipo.

```
Dia_da_semana dia_da_entrega = QUARTA;
/* trabalho deve ser entregue na quarta */
```

Naturalmente, você poderia ter declarado `dia_da_entrega` como um inteiro. Então você precisaria codificar em números os dias da semana

```
int dia_da_entrega = 2;
```

Isto viola nossa regra contra "números mágicos". Você pode ir em frente e definir constantes

```
const int SEGUNDA = 0;
const int TERCA = 1;
const int QUARTA = 2;
const int QUINTA = 3;
const int SEXTA = 4;
const int SABADO = 5;
const int DOMINGO = 6;
```

Entretanto, o tipo enumerado `Dia_da_semana` é mais claro, e é conveniente você não precisar associar com valores inteiros. Ele também permite ao compilador detectar erros durante a compilação. Por exemplo, o seguinte provoca um erro de compilação:

```
Dia_da_semana dia_da_entrega = 10; /* erro de compilação */
```

Em contraste, o seguinte comando irá compilar sem reclamações e criar um problema lógico quando o programa for executado.

```
int dia_da_entrega = 10; /* erro lógico */
```

É uma boa idéia usar um tipo enumerado sempre que uma variável pode ter um conjunto finito de valores.

2.5 Aritmética

Você já viu como somar e multiplicar números e valores armazenados em variáveis:

```
double t = p + d * 0.10 + q * 0.25;
```

Todas as quatro operações aritméticas básicas – adição, subtração, multiplicação e divisão – são suportadas. Você deve escrever `a * b` para indicar multiplicação, e não `ab` ou `a · b`.

A divisão é indicada por uma / e não um traço de fração. Por exemplo,

$$\frac{a + b}{2}$$

se torna

```
(a + b) / 2
```

Parênteses são usados tal como na álgebra: para indicar em que ordem as sub-expressões devem ser calculadas. Por exemplo, na expressão `(a + b) / 2`, a soma `a + b` é calculada primeiro e então a soma é dividida por 2. Em contraste, na expressão

```
a + b / 2
```

somente b é dividido por 2 e após a soma de a e b / 2 é avaliada. Assim como na notação algébrica regular, a multiplicação e a divisão *associam-se mais fortemente* do que a adição e a subtração. Por exemplo, na expressão `a + b / 2`, a / é avaliada primeiro, mesmo que a operação + ocorra mais à esquerda.

A divisão funciona como você espera, desde que pelo menos um dos números envolvidos seja um número em ponto flutuante. Isto é,

```
7.0 / 4.0
7 / 4.0
7.0 / 4
```

todas resultam em 1,75. Entretanto, se ambos os números são inteiros, então o resultado da divisão é sempre um inteiro, com o resto descartado. Isto é,

```
7 / 4
```

resulta em 1 por que 7 dividido por 4 é 1 com um resto de 3 (o qual é descartado). Isso pode ser uma fonte de erros sutis de programação – veja o Erro Freqüente 2.2.

Se você está interessado somente no resto, use o operador %:

```
7 % 4
```

é 3, o resto da divisão inteira de 7 por 4. O operador % deve ser aplicado somente a inteiros e não a valores em ponto flutuante. Por exemplo, `7.0 % 4` é um erro. O símbolo % não possui análogo em álgebra. Ele foi escolhido por que parece similar a / e a operação resto é relacionada à divisão.

Aqui está um uso típico para as operações inteiras / e %. Suponha que nós queremos saber o valor das moedas em uma carteira, em dólares e centavos. Podemos calcular o valor como um inteiro, indicando os centavos, e então calcular a quantidade em dólares e o troco restante:

Arquivo coins4.cpp

```
1   #include <iostream>
2
3   using namespace std;
4
5   int main()
6   {
7      cout << "Quantas moedas de 1 centavo (pennies) você tem? ";
8      int pennies;
9      cin >> pennies;
10
11     cout << "Quantas moedas de 5 centavos (nickels) você tem? ";
12     int nickels;
13     cin >> nickels;
14
15     cout << "Quantas moedas de 10 centavos (dimes) você tem? ";
16     int dimes;
17     cin >> dimes;
18
19     cout << "Quantas moedas de 25 centavos (quarters) você tem? ";
20     int quarters;
21     cin >> quarters;
22
23     int valor = pennies + 5 * nickels + 10 * dimes
24        + 25 * quarters;
25     int dollar = valor / 100;
26     int cents = valor % 100;
27
28     cout << "Valor total = " << dollar << " dólares e "
29        << cents << " centavos.";
30
31     return 0;
32  }
```

Por exemplo, se `valor` é `243`, então o comando de saída irá exibir

```
Valor total = 2 dólares e 43 centavos.
```

Para calcular a raiz quadrada de um número, você usa a função `sqrt` (*ver Sintaxe* 2.8). Por exemplo, $\sqrt{x}$ é escrita como `sqrt(x)`. Para calcular x^n, você escreve `pow(x, n)`. Entretanto, para calcular x^2, é muito mais eficiente simplesmente escrever `x * x`. Para usar `sqrt` e `pow`, você deve colocar a linha `#include <cmath>` no início de seu arquivo de programa. O arquivo de cabeçalho `cmath` é um cabeçalho padrão em C++ que está disponível em todos os sistemas C++, assim como `iostream`.

Como você pode ver, o efeito das operações /, `sqrt` e `pow` é linearizar termos matemáticos. Em álgebra, você usa frações, expoentes e raízes para formar expressões em uma forma compacta bidimensional. Em C++, você tem que escrever todas as expressões em uma forma linear. Por exemplo, a sub-expressão

$$\frac{-b + \sqrt{b^2 - 4ac}}{2a}$$

da fórmula de Báscara se torna

```
(-b + sqrt(b * b - 4 * a * c)) / (2 * a)
```

> **Sintaxe 2.8: Chamada de função**
>
> function_name(*expression$_1$*, *expression$_2$*,..., *expression$_n$*)
>
> **Exemplo:**
>
> sqrt(x)
> pow(z + y, n)
>
> **Finalidade:**
>
> O resultado de chamar uma função e fornecer valores para os parâmetros da função.

A Figura 7 mostra como analisar uma expressão assim. Com expressões complicadas como estas, nem sempre é fácil manter os parênteses balanceados – veja o Erro Freqüente 2.3.

A Tabela 2 mostra mais algumas funções que são declaradas no cabeçalho `cmath`. Entradas e saídas são números em ponto flutuante.

⊗ Erro Freqüente   2.2

Divisão Inteira

É lamentável que C++ use o mesmo símbolo, precisamente /, para a divisão inteira e em ponto flutuante. Estas são operações realmente distintas. É um erro comum usar a divisão inteira por acidente. Considere este segmento de programa que calcula a média de três inteiros.

```
cout << "Por favor digite suas últimas três notas de provas: ";
int s1;
int s2;
int s3;
cin >> s1 >> s2 >> s3;
double average = (s1 + s2 + s3) / 3; /* Erro */
cout << "Sua média é " << average << "\n";
```

O que poderia estar errado com isto? Naturalmente, a média de s1, s2 e s3 é

$$\frac{s1 - s2 - s3}{3}$$

$$(-b + \text{sqrt}(\underbrace{b * b}_{b^2} - \underbrace{4 * a * c}_{4ac})) / \underbrace{(2 * a)}_{2a}$$

$$\underbrace{}_{b^2 - 4ac}$$

$$\underbrace{\phantom{\sqrt{b^2 - 4ac}}}_{\sqrt{b^2 - 4ac}}$$

$$\underbrace{\phantom{-b + \sqrt{b^2 - 4ac}}}_{-b + \sqrt{b^2 - 4ac}}$$

$$\underbrace{\phantom{-b + \sqrt{b^2 - 4ac}}}_{\dfrac{-b + \sqrt{b^2 - 4ac}}{2a}}$$

Figura 7

Analisando uma expressão.

Tabela 2
Outras funções matemáticas

Função	Descrição
sin(x)	seno de x (x *em* radianos)
cos(x)	cosseno de x
tan(x)	tangente de x
asin(x)	(arco seno) sen^{-1} $x \in [-\pi/2, \pi/2]$, $x \in [-1, 1]$
acos(x)	(arco cosseno) arc^{-1} $x \in [0, \pi]$, $x \in [-1, 1]$
atan(x)	(arco tangente) tg^{-1} $x \in (-\pi/2, \pi/2)$
atan2(y, x)	(arco tangente) tg$^{-1}(y/x) \in [-\pi/2, \pi/2]$, pode ser 0
exp(x)	e^x
log(x)	(logaritmo natural) $\ln(x)$, $x > 0$
log10(x)	(logaritmo decimal) $\ln(x)$, $x > 0$
sinh(x)	seno hiperbólico de x
cosh(x)	cosseno hiperbólico de x
tanh(x)	tangente hiperbólica de x
ceil(x)	menor inteiro $\geq x$
floor(x)	maior inteiro $\leq x$
fabs(x)	valor absoluto $|x|$

Aqui, entretanto, a / não indica divisão no sentido matemático. Ela indica divisão inteira, uma vez que s1 + s2 + s3 e 3 são inteiros. Por exemplo, se as notas somarem 14, a média calculada seria 4, o resultado da divisão inteira de 14 por 3. Este inteiro 4 é então movido para uma variável em ponto flutuante average. A solução é usar o numerador ou denominador como um número em ponto flutuante:

```
double total = s1 + s2 + s3;
double average = total / 3;
```

ou

```
double average = (s1 + s2 + s3) / 3.0;
```

⊗ Erro Freqüente   2.3

Parênteses Desbalanceados

Considere a expressão

```
1.5 * ((-(b - sqrt(b * b - 4 * a * c)) / (2 * a))
```

O que há de errado com ela? Conte os parênteses. Existem cinco (e quatro). Os parênteses estão desbalanceados. Esse tipo de erro de digitação é bastante comum em expressões complicadas. Agora considere esta expressão.

```
              1.5 * (sqrt(b * b - 4 * a * c))) - ((b / (2 * a))
```
Esta expressão possui cinco (e cinco) mas ainda não está correta. No meio da expressão,
```
              1.5 * (sqrt(b * b - 4 * a * c))) - ((b / (2 * a))
                                          ↑
```
existem somente dois (mas 3), o que é um erro. No meio de uma expressão, o contador de (deve ser maior ou igual ao contador de) e ao final da expressão, os dois contadores devem ser iguais.

Aqui está um truque simples para tornar fácil a contagem sem usar lápis e papel. É difícil para o cérebro manter dois contadores simultaneamente. Mantenha somente um contador ao percorrer a expressão. Inicie com 1 no primeiro parêntese que abre; adicione 1 sempre que você vê um parêntese que abre; e subtraia 1 sempre que você vê um parêntese que fecha. Diga em voz alta os números, à medida que você percorre a expressão. Se o contador se torna negativo, ou não é zero no final da expressão, os parênteses estão desbalanceados. Por exemplo, ao percorrer a expressão anterior, você murmuraria

```
              1.5 * (sqrt(b * b - 4 * a * c) ) ) - ((b / (2 * a))
                    1    2                 1 0 -1
```
e encontraria o erro.

⊗ Erro Freqüente 2.4

Esquecer Arquivo de Cabeçalho

Cada programa que você escreve necessita pelo menos um arquivo de cabeçalho, para incluir facilidades de entrada e saída; este arquivo normalmente é o `iostream`.

Se você usa funções matemáticas, tais como `sqrt`, precisa incluir `cmath`. Se você esquecer de incluir o arquivo de cabeçalho apropriado, o compilador não irá reconhecer símbolos tais como `sqrt` ou `cout`. Se o compilador reclamar sobre a indefinição de uma função ou símbolo, verifique seus arquivos de cabeçalho.

Às vezes você pode não saber qual o arquivo de cabeçalho a ser incluído. Suponha que você quer calcular o valor absoluto de um inteiro usando a função `abs`. Acontece que `abs` não é definida em `cmath` mas em `cstdlib`. Como você pode encontrar o arquivo de cabeçalho correto? Você precisa localizar a documentação da função `abs`, preferencialmente usando a ajuda *online* de seu editor (ver Dica de Produtividade 2.2). Muitos editores possuem uma tecla de atalho que ativa a ajuda conforme a palavra apontada pelo cursor. Você pode olhar o manual de referência da biblioteca que acompanha o compilador, de forma impressa ou *online*. A documentação inclui uma pequena descrição da função e o nome do arquivo de cabeçalho que você deve incluir.

A documentação de alguns compiladores não está atualizada para refletir o padrão C++. Aqui está uma correspondência entre todos os arquivos de cabeçalho padrão e antigos que são usados neste livro.

Cabeçalho Padrão C++	Cabeçalho Antigo
iostream	iostream.h
iomanip	iomanip.h
fstream	fstream.h
cmath	math.h
cstdlib	stdlib.h
string	Sem equivalente
vector	vector.h

Tópico Avançado 2.6

Resto de Inteiros Negativos

Freqüentemente você calcula um resto `(a % n)` para obter um número no intervalo entre 0 e n - 1. Entretanto, se a é um número negativo, o resto `a % n` fornece um número negativo. Por exemplo, `-7 % 4` é −3. Este resultado é inconveniente, porque ele não se encontra no intervalo entre 0 e 3 e porque ele é diferente da definição matemática usual; em matemática, o resto é o número que você obtém iniciando com a e adicionando ou subtraindo até que você atinja um número entre 0 e n - 1. Por exemplo, o resto de 11 por 4 é 11 − 4 − 4 = 3. O resto de −7 por 4 é −7 + 4 + 4 = 1, que é diferente de `-7 % 4`. Para calcular o resto correto de números negativos, use a seguinte fórmula:

```
int rem = n - 1 - (-a - 1) % n; /* se a é negativo */
```

Por exemplo, se a é −7 e n é 4, esta fórmula calcula 3 − (7 − 1) % 4 = 3 − 2 = 1.

Dica de Produtividade 2.2

Ajuda Online

Os atuais ambientes integrados de C++ contêm sofisticados sistemas de ajuda. Você pode empregar algum tempo aprendendo como usar a ajuda *online* em seu compilador. A ajuda é disponível em configurações do computador, em atalhos de teclado e, mais importante, em funções de biblioteca. Se você não está certo sobre como a função `pow` funciona, ou não pode lembrar se ela se chama `pow` ou `power`, a ajuda *online* pode dar a você a resposta rapidamente. A Figura 8 mostra uma típica tela de ajuda.

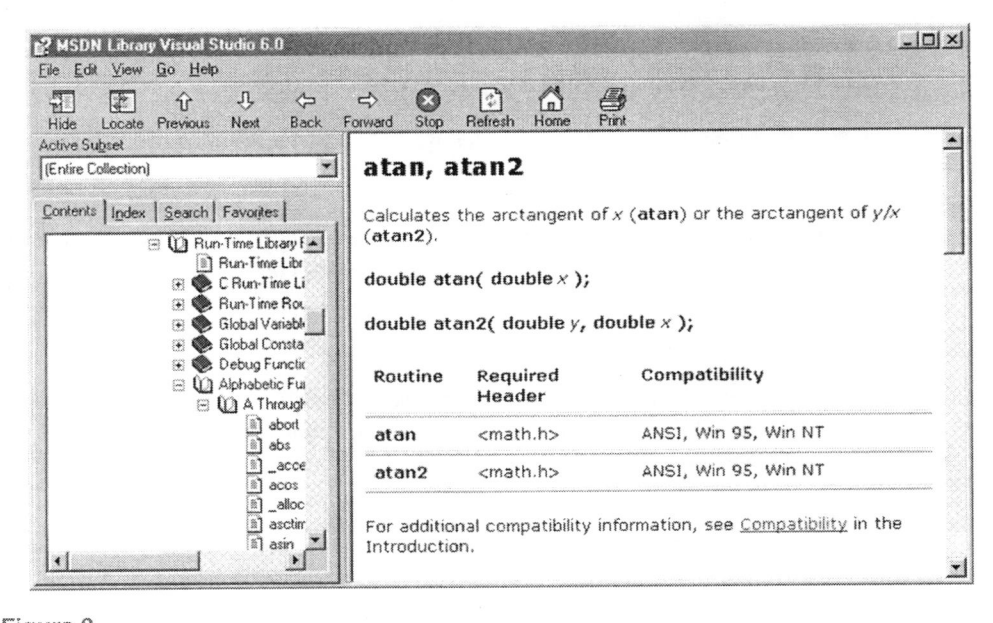

Figura 8

Ajuda *online*.

Dica de Qualidade 2.4

Espaço em Branco

O compilador não se importa se você escreve todo o seu programa em uma única linha ou coloca cada símbolo em uma linha separada. O leitor humano se importa bastante. Você deve usar linhas em branco para agrupar visualmente seu código em seções. Por exemplo, você pode marcar para o leitor que um *prompt* de saída e o comando de entrada correspondente estão relacionados, inserindo uma linha em branco antes e após o grupo. Você pode achar muitos exemplos nas listagens de códigos fonte neste livro. Espaços em branco dentro de expressões também são importantes. É mais fácil de ler

```
x1 = (-b + sqrt(b * b - 4 * a * c)) / (2 * a);
```

do que

```
x1=(-b+sqrt(b*b-4*a*c))/(2*a);
```

Simplesmente coloque espaços ao redor de todos os operadores + - * / % =. Entretanto, não coloque um espaço após um menos *unário*: um – usado para negar uma quantidade simples, tal como -b. Deste modo, ele pode ser facilmente distinguido de um menos *binário*, como em a - b. Não coloque espaços entre um nome de uma função e os parênteses, mas coloque um espaço após cada palavra chave C++. Isso torna mais fácil de ver que sqrt em sqrt(x) é o nome da função, enquanto que if em if (x > 0) é a palavra-chave.

Dica de Qualidade 2.5

Coloque em Evidência Código Comum

Suponha que queremos encontrar ambas as soluções de uma equação do segundo grau $ax^2 + bx + c = 0$. A fórmula de Báscara nos diz que as soluções são

$$x_{1,2} = \frac{-b \pm \sqrt{b^2 - 4ac}}{2a}$$

Em C++, não existe nada análogo à operação ±, que indica como obter duas soluções simultaneamente. Ambas as soluções devem ser calculadas separadamente.

```
x1 = (-b + sqrt(b * b - 4 * a * c)) / (2 * a);
x2 = (-b - sqrt(b * b - 4 * a * c)) / (2 * a);
```

Esta abordagem possui dois problemas. A computação de sqrt(b * b - 4 * a * c) é realizada duas vezes, o que é uma perda de tempo. Segundo, sempre que o mesmo código é replicado, aumenta a possibilidade de erros de digitação. A solução é colocar em evidência o código comum:

```
double root = sqrt(b * b - 4 * a * c);
x1 = (-b + root) / (2 * a);
x2 = (-b - root) / (2 * a);
```

Podemos ir mais longe e colocar em evidência 2 * a, mas o ganho da fatoração deste cálculo simples é pequeno e o código resultante pode ficar difícil de ler.

2.6 *Strings*

2.6.1 Variáveis *Strings*

Depois de números, *strings* são o tipo de dado mais importante que a maior parte dos programas usa. Um *string* é uma seqüência de caracteres, tal como "Hello". Em C++, *strings* são colocados entre aspas, que não fazem parte do *string*.

Você pode declarar variáveis que armazenam *strings*.

```
string name = "John";
```

O tipo `string` faz parte do padrão C++. Para usá-lo, simplesmente inclua o arquivo de cabeçalho `string`:

```
#include <string>
```

Use atribuição para armazenar um *string* diferente na variável.

```
name = "Carl";
```

Você também pode ler um *string* do teclado:

```
cout << "Por favor digite seu nome: ";
cin >> name;
```

Quando um *string* é lido de um *stream* de entrada, somente uma palavra é colocada numa variável *string* (palavras são separadas por espaços). Por exemplo, se o usuário digita

```
Harry Hacker
```

como resposta ao *prompt*, então somente `Harry` é armazenado em `name`. Para ler o segundo *string*, outro comando de entrada deve ser usado. Esta restrição torna desafiador escrever um comando de entrada que lide adequadamente com respostas do usuário. Alguns usuários podem digitar apenas seus primeiro e último nomes, e outros podem fornecer também suas iniciais dos nomes do meio.

Para tratar tal situação, use o comando `getline`. O comando

```
getline(cin, name);
```

lê todos os caracteres digitados até a tecla *Enter*, forma um *string* contendo todos eles, e o armazena numa variável `name`. No exemplo anterior de entrada, `name` é configurado como o *string* `"Harry Hacker"`. Esse é um *string* contendo 12 caracteres, um dos quais é um espaço.

Você deve sempre usar a função `getline` se não estiver certo de que a entrada do usuário consiste de uma única palavra.

O número de caracteres em um *string* é denominado de *tamanho* do *string*. Por exemplo, o tamanho de `"Harry Hacker"` é 12 e o tamanho de `"Hello, World!\n"` é 14 – o caractere de nova linha conta apenas como um caractere. Você pode calcular o tamanho de um *string* usando do a função `length`. Diferentemente de `sqrt` ou `getline`, a função `length` é invocada com a *notação ponto*. Você escreve primeiro o nome de uma variável *string* cujo tamanho você quer, depois o nome da função, seguido por parênteses:

```
int n = name.length();
```

Muitas funções C++ exigem esta notação ponto e você deve memorizar (ou procurar) quais usam e quais não usam. Estas funções são denominadas *funções membro* (ver Sintaxe 2.9).

Um *string* de tamanho zero, que não contém caracteres, é denominado de *string vazio*. Ele é escrito como `""`. Diferente de variáveis numéricas, variáveis *string* têm inicialização garantida; elas são inicializadas com o *string* vazio.

```
string response; /* inicializada como "" */
```

> **Sintaxe 2.9: Chamada de Função Membro**
>
> *expression.function_name(expression$_1$, expression$_2$, ..., expression$_n$)*
>
> Exemplo:
>
> ```
> name.length()
> name.substr(0, n - 1)
> ```
>
> Finalidade:
>
> O resultado da chamada de uma função membro é fornecer os valores para os parâmetros da função.

2.6.2 Substrings

Uma vez que você tem um *string*, o que pode fazer com ele? Você pode extrair *substrings* e colar *strings* pequenos para formar maiores. Para extrair um *substring*, use a operação `substr`:

```
s.substr(start, length)
```

retorna um *string* que é constituído pelos caracteres do *string*, iniciando no caractere `start` e contendo `length` caracteres. Assim como `length`, `substr` usa a notação ponto. Dentro dos parênteses, você escreve os parâmetros que descrevem qual *substring* você quer. Aqui está um exemplo:

```
string greeting = "Hello, World!\n";
string sub = greeting.substr(0, 4);
/* sub é "Hell" */
```

A operação `substr` forma um *string* que consiste de quatro caracteres obtidos do *string* `greeting`. Assim, `"Hell"` é um *string* de tamanho 4 que ocorre dentro de `greeting`. O aspecto curioso da operação `substr` é a posição inicial. Iniciar na posição 0 significa "iniciar no começo do *string*". Por razões técnicas que costumavam ser importantes mas não são mais relevantes os números de posição em *strings* iniciam com 0. O primeiro item em uma seqüência é numerado como 0, o segundo como 1 e assim por diante. Por exemplo, aqui estão os números de posição do *string* `greeting`:

H	e	l	l	o	,		W	o	r	l	d	!	\n
0	1	2	3	4	5	6	7	8	9	10	11	12	13

O número de posição do último caractere (13) é sempre um a menos que o tamanho do *string*. Vamos imaginar como extrair o *substring* `"World"`. Conte os caracteres iniciando em 0, e não 1. Você vai ver que `W`, o oitavo caractere, está na posição número 7. O *string* que você quer possui comprimento 5. Portanto, o comando *substring* apropriado é

```
string w = greeting.substr(7, 5);
```

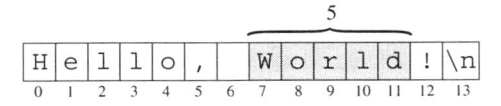

H	e	l	l	o	,		W	o	r	l	d	!	\n
0	1	2	3	4	5	6	7	8	9	10	11	12	13

As funções *string* que você viu aqui estão resumidas na Tabela 3.

2.6.3 Concatenação

Agora que você sabe como separar *strings*, vamos ver como juntá-los novamente. Dados dois *strings*, tais como `"Harry"` e `"Hacker"`, nós podemos *concatená-los* para formar um maior:

```
string fname = "Harry";
string lname = "Hacker";
string name = fname + lname;
```

Tabela 3 Funções *String*

Nome	Finalidade
`s.length()`	O tamanho de `s`
`s.substr(i, n)`	O substring de tamanho `n` de `s` iniciando no índice `i`
`getline(f, s)`	Leitura do *string* `s` do *stream* de entrada `f`

O operador + concatena dois *strings*. O *string* resultante é `"HarryHacker"`. Na verdade, não é exatamente aquilo que queríamos. Nós gostaríamos que o primeiro e o segundo nome fossem separados por um espaço. Sem problema:

```
string name = fname + " " + lname;
```

Agora concatenamos três *strings*, `"Harry"`, `" "` e `"Hacker"`. O resultado é

```
"Harry Hacker".
```

Você deve ser cuidadoso ao usar + para *strings*. Um ou ambos os *strings* junto ao + deve ser uma variável *string*. A expressão `fname + " "` está OK, mas a expressão `"Harry" + " "` não está. Isto não é um grande problema; no segundo caso, você pode simplesmente escrever `"Harry "`.

Aqui está um programa simples que coloca estes conceitos a funcionar. O programa solicita seu nome completo e imprime suas iniciais. Por exemplo, se você fornece seu nome como `"Harold Joseph Hacker"`, o programa diz para você que suas iniciais são HJH.

Arquivo initials.cpp

```
1   #include <iostream>
2   #include <string>
3
4   using namespace std;
5
6   int main()
7   {
8      cout << "Forneça seu nome completo (primeiro meio último): ";
9      string first;
10     string middle;
11     string last;
12     cin >> first >> middle >> last;
13     string initials = first.substr(0, 1)
14        + middle.substr(0, 1) + last.substr(0, 1);
15     cout << "Suas iniciais são " << initials << "\n";
16
17     return 0;
18  }
```

A operação `first.substr(0, 1)` forma um *string* consistindo de um caractere, buscado no começo de `first`. O programa faz o mesmo para os *strings* `middle` e `last`. A seguir ele concatena os três *strings* de um caractere para obter um *string* de tamanho 3, o *string* `initials` (ver Figura 9).

🎓 Tópico Avançado 2.7

Caracteres e strings em C

C++ possui um tipo de dado `char` para indicar caracteres individuais. Na linguagem C, a precursora de C++, a única maneira de implementar *strings* era como seqüências de caracteres individuais. Você pode reconhecer *strings* C em código em C ou C++, procurando por tipos como `char*` ou `char[]`. Caracteres individuais são colocados entre apóstrofes. Por exemplo, `'a'` é o caractere *a*, enquanto que `"a"` é um string contendo o único caractere *a*.

Usar seqüências de caracteres para *strings* provoca um grande aborrecimento ao programador para conseguir manualmente espaço de memória para estas seqüências. Em C, um erro comum é mover um *string* para uma variável que seja pequena demais para todos os seus caracteres. Por razões de eficiência, não existe verificação contra esta possibilidade e é muito fácil para programadores inexperientes corromper variáveis adjacentes.

Os *strings* padrão C++ tratam completamente destas pequenas tarefas automaticamente. Para a maioria das tarefas de programação você não necessita o tipo de dado `char` para nada. Em vez disso, somente use *strings* de tamanho 1 para caracteres individuais. O Capítulo 9 *contém* uma breve introdução a *strings* C.

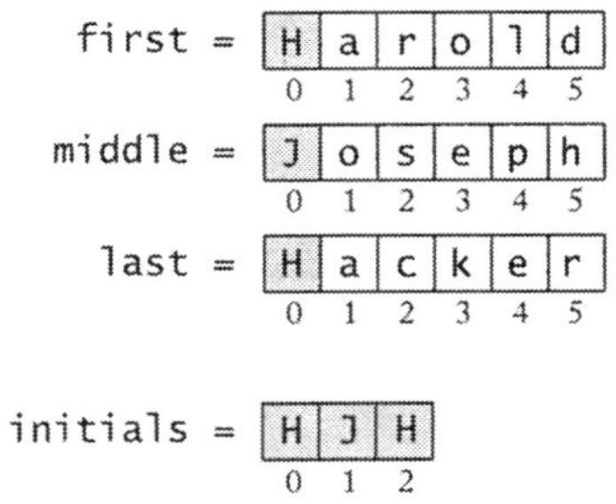

```
first   = | H | a | r | o | l | d |
            0   1   2   3   4   5
middle  = | J | o | s | e | p | h |
            0   1   2   3   4   5
last    = | H | a | c | k | e | r |
            0   1   2   3   4   5

initials = | H | J | H |
             0   1   2
```

Figura 9
Construindo o *string* de iniciais.

2.6.4 Saída formatada

Quando você exibe diversos números, cada um deles é impresso com o número mínimo de dígitos necessários para mostrar o valor. Isso freqüentemente produz uma saída feia. Aqui está um exemplo.

```
cout << pennies << " " << pennies * 0.01 << "\n";
cout << nickels << " " << nickels * 0.05 << "\n";
cout << dimes << " " << dimes * 0.10 << "\n";
cout << quarters << " " << quarters * 0.25 << "\n";
```

Uma saída típica poderia parecer assim:

```
1 0.01
12 0.6
4 0.4
120 30
```

Que confusão! As colunas não estão alinhadas e os valores monetários não mostram dólares e centavos. Precisamos *formatar* a saída. Vamos fazer cada coluna com oito caracteres de largura e usar dois dígitos de precisão para números em ponto flutuante.

Você usa o *manipulador* `setw` para configurar a largura do próximo campo de saída. Por exemplo, se você quer que o próximo número seja impresso em uma coluna de oito caracteres de largura, você usa

```
cout << setw(8);
```

Este comando não produz nenhuma saída; apenas manipula o *stream* para que ele altere o formato de saída do próximo valor. Para usar os manipuladores de *stream*, você deve incluir o cabeçalho `iomanip`:

```
#include <iomanip>
```

Outro manipulador, `setprecision`, é usado para configurar a precisão do próximo número em ponto flutuante:

```
cout << setprecision(2);
```

Você pode combinar manipuladores com valores de saída:

```
cout << setprecision(2) << setw(8) << x;
```

Este comando imprime o valor `x` em um campo de largura 8 e com dois dígitos de precisão, por exemplo

```
···34.95
```

(onde cada · representa um espaço). A configuração de precisão não possui influência sobre campos inteiros. *Infelizmente*, simplesmente usar `setprecision` não é suficiente para imprimir zeros não significativos. Por exemplo, 0.1 ainda será impresso como `0.1`, e não como `0.10`. Você tem que selecionar *formato fixo*, com o comando

```
cout << fixed;
```

Alguns compiladores antigos não suportam o manipulador `fixed`. Neste caso, use o comando mais arcaico

```
cout << setiosflags(ios::fixed);
```

Combinando estes três manipuladores finalmente conseguimos o resultado desejado:

```
cout << fixed << setprecision(2) << setw(8) << x;
```

Felizmente, os manipuladores `setprecision` e `fixed` somente necessitam ser usados uma vez; o *stream* lembra as diretivas de formatação. Entretanto, `setw` deve ser especificado para *cada* novo item. Existem mais comandos de formatação, mas estes são os mais comumente usados. Veja, por exemplo, a referência [2] para uma lista completa de opções.

Aqui está uma seqüência de instruções que podem ser usadas para embelezar a tabela.

```
cout << fixed << setprecision(2);
cout << setw(8) << pennies << " "
     << setw(8) << pennies * 0.01 << "\n";
cout << setw(8) << nickels << " "
     << setw(8) << nickels * 0.05 << "\n";
cout << setw(8) << dimes << " "
     << setw(8) << dimes * 0.10 << "\n";
cout << setw(8) << quarters << " "
     << setw(8) << quarters * 0.25 << "\n";
```

Agora a saída é

```
       1     0.01
      12     0.60
       4     0.40
     120    30.00
```

Resumo do capítulo

1. C++ possui vários tipos de dados para números. Os tipos mais comuns são `double` e `int`. Números em ponto flutuante podem ter valores fracionários; inteiros não podem. De vez em quando, outros tipos numéricos são exigidos para valores maiores ou maior precisão.
2. Números, *strings* e outros valores podem ser armazenados em *variáveis*. Uma variável possui um nome que indica sua função para o leitor humano. Uma variável pode armazenar diferentes valores durante a execução do programa.

3. Números e *strings* podem ser lidos de um *stream* de entrada com o operador >>. Eles são escritos em um *stream* de saída com o operador <<. A saída usa um formato geral; use manipuladores de *stream* para conseguir formatos especiais.
4. Quando uma variável é inicialmente preenchida com um valor, ela é *inicializada*. O valor inicial pode ser mais tarde substituído por outro por um processo denominado *atribuição*. Em C++, a atribuição é indicada pelo operador =, uma escolha um pouco infeliz, por que o significado em C++ de = não é o mesmo que a igualdade matemática.
5. Constantes são valores com um nome simbólico. Constantes não podem ser alteradas, uma vez que tenham sido inicializadas. Constantes com nomes devem ser usadas em lugar de números para tornar os programas mais fáceis de ler e de manter.
6. Todas as operações aritméticas comuns são fornecidas em C++; entretanto, os símbolos são diferentes da notação matemática. Em particular, * indica multiplicação. Não existe traço de fração horizontal e / deve ser usada para divisão. Para calcular uma potência a^b ou uma raiz quadrada $\sqrt{a}$, as funções `pow` e `root` devem ser usadas. Outras funções, tais como `sin` e `log`, também estão disponíveis. O operador % calcula o resto de uma divisão inteira.
7. *Strings* são seqüências de caracteres. *Strings* podem ser *concatenados*; isto é, colocados juntos para formar um *string* mais longo. Em C++, a concatenação de *strings* é indicada pelo operador +. A função `substr` extrai *substrings*.

Leitura complementar

[1] Franklin M. Fisher, John J. McGowan e Joen E. Greenwood, *Folded, Spindled and Mutilated. Economic Analysis and* U.S. *vs.* IBM, MIT Press, 1983.

[2] Bjarne Stroustrup, *The C++ Programming Language*, 3rd ed., Addison-Wesley, 2000.

Exercícios de revisão

Exercício R2.1. Escreva as seguintes expressões matemáticas em C++.

$$s = s_0 + v_0 t + \frac{1}{2} g t^2$$

$$G = 4\pi^2 \frac{a^3}{p^2(m_1 + m_2)}$$

$$FV = PV \cdot \left(1 + \frac{INT}{100}\right)^{YRS}$$

$$c = \sqrt{a^2 + b^2 - 2ab\cos\gamma}$$

Exercício R2.2. Escreva as seguintes expressões C++ em notação matemática.

(a) `dm = m * (sqrt(1 + v / c) / sqrt(1 - v / c) - 1);`
(b) `volume = PI * r * r * h;`
(c) `volume = 4 * PI * pow(r, 3) / 3;`
(d) `p = atan2(z, sqrt(x * x + y * y));`

Exercício R2.3. O que está errado com esta versão da fórmula de Báscara?

```
x1 = (-b - sqrt(b * b - 4 * a * c)) / 2 * a;
x2 = (-b + sqrt(b * b - 4 * a * c)) / 2 * a;
```

Exercício R2.4. Forneça um exemplo de estouro de inteiro (*overflow*). Poderia o mesmo exemplo funcionar corretamente se você usasse ponto flutuante? Forneça

Exercício R2.5. Seja n um inteiro e x um número em ponto flutuante. Explique a diferença entre

```
n = x;
```

e

```
n = static_cast<int>(x + 0.5);
```

Para quais valores de x eles fornecem o mesmo resultado? Para quais valores de x eles fornecem resultados diferentes? O que acontece se x é negativo?

Exercício R2.6. Encontre pelo menos cinco erros de *sintaxe* no seguinte programa.

```
#include iostream

int main();
{
    cout << "Por favor digite dois números:"
    cin << x, y;
    cout << "A soma de << x << "e" << y
        << "é: " x + y << "\n";
    return;
}
```

Exercício R2.7. Encontre pelo menos três *erros de lógica* no seguinte programa.

```
#include <iostream>

using namespace std;

int main()
{
    int total;
    int x1;
    cout << " Por favor digite um número:";
    cin >> x1;
    total = total + x1;
    cout << "Por favor digite outro número:";
    int x2;
    cin >> x2;
    total = total + x1;
    float average = total / 2;
    cout << "A média dos dois números é "
        << average << "\n"
    return 0;
}
```

Exercício R2.8. Explique as diferenças entre 2, 2.0, "2" e "2.0".

Exercício R2.9. Explique o que cada um dos seguintes segmentos de programa calcula:

```
x = 2;
y = x + x;
```

e

```
s = "2";
t = s + s;
```

Exercício R2.10. Variáveis numéricas não inicializadas podem ser um problema sério. Você deve *sempre* inicializar cada variável com zero? Explique as vantagens e desvantagens desta estratégia.

Exercício R2.11. Explique a diferença entre entrada de *strings orientada por palavra* e entrada *orientada por linha*. Como fazer para usar cada uma delas em C++? Quando você deve usar cada uma destas formas?

Exercício R2.12. Como fazer para obter o primeiro caractere de um *string*? E o último caractere? Como você *remove* o primeiro caractere? E o último caractere?

Exercício R2.13. Como fazer para obter o último dígito de um número? E o primeiro dígito? Isto é, se n é 23456, como fazer para encontrar 2 e 6? *Dica*: %, log.

Exercício R2.14. Este capítulo contém diversas recomendações referentes a variáveis e constantes que tornam programas mais fáceis de ler e de manter. Resuma brevemente estas recomendações.

Exercício R2.15. Suponha que um programa C++ contém os dois comandos de entrada
```
cout << "Por favor digite seu nome: ";
string fname, lname;
cin >> fname >> lname;
```
e
```
cout << "Por favor digite sua idade: ";
int age;
cin >> age;
```

O que será armazenado nas variáveis fname, lname e age se o usuário fornecer as seguintes entradas?

(a) `James Carter`
    `56`
(b) `Lyndon Johnson`
    `49`
(c) `Hodding Carter 3rd`
    `44`
(d) `Richard M. Nixon`
    `62`

Exercício R2.16. Quais são os valores das seguinte expressões? Em cada linha, assuma que
```
double x = 2.5;
double y = -1.5;
int m = 18;
int n = 4;
string s = "Hello";
string t = "World";
```

(a) `x + n * y - (x + n) * y`
(b) `m / n + m % n`
(c) `5 * x - n / 5`
(d) `sqrt(sqrt(n));`
(e) `static_cast<int>(x + 0.5)`
(f) `s + t;`
(g) `t + s;`
(h) `1 - (1 - (1 - (1 - (1 - n))))`
(i) `s.substr(1, 2)`
(j) `s.length() + t.length()`

Exercícios de programação

Exercício P2.1. Escreva um programa que imprima os valores

1
10
100
1000
10000
100000
1000000
10000000
100000000
1000000000
10000000000
100000000000

como inteiros e como números em ponto flutuante. Explique os resultados.

Exercício P2.2. Escreva um programa que exiba os quadrados, cubos e quartas potenciais dos números entre 1 e 5.

Exercício P2.3. Escreva um programa que solicita ao usuário dois inteiros e então imprime

A soma
A diferença
O produto
A média
A distância (valor absoluto da diferença)
O máximo (o maior dos dois)
O mínimo (o menor dos dois)

Dica: As funções max e min são definidas no cabeçalho algorithm.

Exercício P2.4. Escreva um programa que solicita ao usuário uma medida em metros e então a converte para milhas, pés e polegadas.

Exercício P2.5. Escreva um programa que solicita ao usuário uma medida de um raio e então imprime

A área e a circunferência do círculo com este raio.
O volume e a área de superfície da esfera com este raio.

Exercício P2.6. Escreva um programa que solicita ao usuário os tamanhos dos lados de um retângulo. Após imprime

A área e o perímetro do retângulo.
O tamanho da diagonal (use o teorema de Pitágoras).

Exercício P2.7. Escreva um programa que solicita ao usuário:

Os tamanhos de dois lados de um triângulo
A medida do ângulo entre os dois lados (em graus)

Após o programa deve exibir:

O tamanho do terceiro lado.
As medidas dos outros dois ângulos.

Dica: Use a lei dos cossenos.

Exercício P2.8. Escreva um programa que solicita ao usuário

O tamanho de um lado de um triângulo.
As medidas de dois ângulos adjacentes ao lado (em graus).

Após o programa deve exibir:

Os tamanhos dos dois outros lados.
A medida do terceiro ângulo.

Dica: Use a lei dos senos.

Exercício P2.9. *Dando troco.* Implemente um programa que oriente uma caixa sobre como dar troco. O programa possui duas entradas: a quantia devida e a quantia recebida do cliente. Calcular a diferença e determinar o troco em notas e moedas de 50, 25, 10, 5 e 1 centavo que o cliente deve receber.

Primeiro transforme tudo em um valor inteiro, denominado de centavos. Então calcule a quantidade de notas. Subtraia do saldo. Calcule o número de moedas de 50 centavos necessárias. Repita para as demais moedas. Exiba o restante.

Exercício P2.10. Escreva um programa que solicita ao usuário

O número de litros de gasolina no tanque.
O consumo de combustível em quilômetros por litro.
O preço do litro de gasolina.

E então imprime quantos quilômetros o carro pode andar com a gasolina que possui no tanque e o custo por 100 quilômetros rodados.

Exercício P2.11. *Nomes de arquivos e extensões.* Escreva um programa que solicita ao usuário a letra que indica o dispositivo (C), o caminho (\Windows\System), o nome do arquivo (Readme) e a extensão (TXT). Após imprime o nome completo do arquivo C:\Windows\System\Readme.TXT (se você usa UNIX ou um Macintosh, use / ou : para separar diretórios).

Exercício P2.12. Escreva um programa que leia um número maior ou igual a 1.000 fornecido pelo usuário e imprima o número usando separadores de milhares. Aqui está um exemplo de diálogo: a entrada do usuário está em cinza:

```
Por favor digite m inteiro >= 1000: 23456
23.456
```

Exercício P2.13. Escreva um programa que leia um número entre 1.000 e 999.999 fornecido pelo usuário, sendo que o usuário digita um ponto separando os milhares. Após imprima o número sem o ponto. Aqui está um exemplo de diálogo: a entrada do usuário está em cinza:

```
Por favor digite um inteiro entre 1.000 e 999.999: 23.456
23456
```

Dica: Leia a entrada como um *string*. Meça o tamanho do *string*. Suponha que ele *contém n* caracteres. Então extraia *substrings* consistindo dos primeiros *n* – 4 caracteres e dos últimos três caracteres.

Exercício P2.14. *Imprimindo uma grade.* Escreva um programa que imprima a seguinte grade para jogar *tic-tac-toe* (jogo da velha).

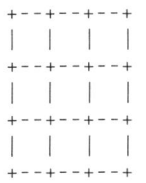

```
+--+--+--+
|  |  |  |
+--+--+--+
|  |  |  |
+--+--+--+
|  |  |  |
+--+--+--+
```

Naturalmente, você pode simplesmente escrever sete comandos como

```
cout << "+--+--+--+";
```

Mas você pode fazer isto de uma maneira mais esperta. Defina variáveis *string* que armazenam dois tipos de padrão: um padrão em forma de um pente e o padrão da linha de fechamento. Imprima três vezes o padrão de pente e uma vez o padrão de fechamento.

Exercício P2.15. Escreva um programa que leia um inteiro e o particione em uma seqüência de dígitos individuais. Por exemplo, a entrada 16384 é exibida como

```
1 6 3 8 4
```

Você pode assumir que a entrada não possui mais do que 5 dígitos e não é negativa.

Exercício P2.16. O programa a seguir imprime os valores de seno e cosseno para 0 graus, 30 graus, 45 graus, 60 graus e 90 graus. Rescreva o programa para torná-lo mais claro através da *colocação em evidência do código comum*.

```cpp
#include <iostream>

using namespace std;

const double PI = 3.141592653589793;

int main()
{
    cout << "0 graus: " << sin(0) << " " << cos(0)
        << "\n");
    cout << "30 graus: " << sin(30 * PI / 180) << " "
        << cos(30 * PI / 180) << "\n";
    cout << "45 graus: " << sin(45 * PI / 180) << " "
        << cos(45 * PI / 180) << "\n";
    cout << "60 graus: " << sin(60 * PI / 180) << " "
        << cos(60 * PI / 180) << "\n";
    cout << "90 graus: " << sin(90 * PI / 180) << " "
        << cos(90 * PI / 180) << "\n";
    return 0;
}
```

Exercício P2.17. Rescreva o programa do exercício anterior de modo que as três colunas da tabela fiquem alinhadas. Use saída formatada.

Exercício P2.18. (Difícil). Você ainda não sabe como programar decisões, mas aqui está uma forma de falsificá-las usando `substr`. Escreva um programa que solicite ao usuário como entrada

o número de litros de gasolina existentes no tanque de combustível;
o consumo em quilômetros por litro;
a distância a ser percorrida.

Após, imprime

```
Você vai conseguir
```

ou

```
Você não vai conseguir
```

O truque aqui é subtrair a distância desejada do número de quilômetros que o usuário pode percorrer. Suponha que tal número seja x. Suponha a seguir que temos uma forma de atribuir um valor 1 a n se x ≥ 0 e 0 se x < 0. Então podemos resolver nosso problema:

```cpp
string answer = " não "; /* note os espaços antes e após
                            não */
cout << "Você" + answer.substr(0, 5 - 4 * n) + "vai con-
        seguir";
```

É mais divertido descobrir isto por você mesmo, mas aqui estão algumas dicas. Primeiro observe que x + |x| é 2 · x se x ≥ 0, 0 se x < 0. Se você não quer se preocupar com a possibilidade que x seja zero, então você pode simplesmente examinar

$$\frac{x + |x|}{x} = \begin{cases} 2 & \text{se } |x| > 0 \\ 0 & \text{se } |x| < 0 \end{cases}$$

Dividir por x não funciona, mas você pode dividir com segurança por |x| + 1. Isto fornece a parte fracionária e você pode usar as funções `floor` e `ceil` para lidar com isto.

Exercício P2.19. Escreva um programa que leia dois horários em formato militar (0900, 1730) e imprima o número de horas e minutos entre os dois horários. Aqui está um exemplo de execução. A entrada do usuário está em cinza.

```
Por favor digite o primeiro horário: 0900
Por favor digite o segundo horário: 1730
8 horas 30 minutos
```

Você ganha crédito extra se puder lidar com o caso em que o primeiro horário é posterior ao segundo horário:

```
Por favor digite o primeiro horário: 1730
Por favor digite o segundo horário: 0900
15 horas 30 minutos
```

Exercício P2.20. Execute o seguinte programa e explique a saída obtida.

```cpp
#include <iostream>

using namespace std;

int main()
{
    int total;
    cout << "Por favor digite um número: ";
    double x1;
    cin >> x1;
    cout << "total = " << total << "\n";
    total = total + x1;
    cout << "total = " << total << "\n";
    cout << "Por favor digite um número: ";
    double x2;
    cin >> x2;
    total = total + x2;
    cout << "total = " << total << "\n";
    total = total / 2;
    cout << "total = " << total << "\n";
    cout << "A média é " << total << "\n";
    return 0;
}
```

Observe as *mensagens de monitoramento* que são inseridas para mostrar o conteúdo atual da variável `total`. Após corrija o programa, execute-o com as mensagens de monitoramento para verificar se ele funciona corretamente e após remova as mensagens.

Exercício P2.21. *Escrever letras grandes.* Uma letra grande H pode ser produzida da seguinte forma:

```
*   *
*   *
*****
*   *
*   *
```

Ela pode ser declarada como uma constante *string* como a seguinte:

```
const string LETRA_H =
"*   *\n*   *\n*****\n*   *\n*   *\n";
```

Faça o mesmo para as letras E, L e O. Após escreva a mensagem

```
H
E
L
L
O
```

em letras grandes.

Exercício P2.22. Escreva um programa que transforme números 1, 2, 3, ..., 12 em seus correspondentes nomes de meses Janeiro, Fevereiro, Março, ..., Dezembro. *Dica*: Faça um *string* bem longo "Janeiro Fevereiro Março...", no qual você adiciona espaços de modo que todos os nomes de meses possuam o *mesmo tamanho*. Após, use substr para extrair o mês que você deseja.

Capítulo 3

Objetos

Objetivos do capítulo

- Familiarizar-se com objetos
- Aprender sobre propriedades de várias classes de exemplo que foram projetadas para este livro
- Tornar-se apto a construir objetos e fornecer valores iniciais
- Entender funções membro e a notação ponto
- Tornar-se apto a modificar e consultar o estado de um objeto através de funções membro
- Escrever programas gráficos simples contendo pontos, linhas, círculos e texto (opcional)

Você aprendeu sobre os tipos de dados básicos de C++: números e *strings*. Embora seja possível escrever programas interessantes usando somente números e *strings*, programas mais úteis precisam manipular itens de dados que são mais complexos e que representem da melhor forma possível as entidades do mundo real. Exemplos destes itens de dados são registros de empregados ou formas gráficas.

A linguagem C++ é ideal para projetar e manipular esses itens de dados, ou, como eles são usualmente chamados, *objetos*. Requer um certo grau de competência técnica projetar novos tipos de objetos, mas é bastante fácil manipular objetos que foram projetados por outros. Entretanto, você primeiro irá aprender como usar objetos que foram especificamente projetados para usar com este livro texto. No Capítulo 6 você irá aprender como definir estes e outros objetos. Algumas das mais interessantes estruturas de dados que nós examinamos são provenientes da área de gráficos. Neste capítulo você vai aprender como usar objetos que permitem desenhar formas gráficas na tela do computador.

Para manter a programação simples, apresentamos somente alguns blocos de construção. Você vai ver que a habilidade de desenhar gráficos simples torna a programação muito mais divertida. Entretanto, o uso da biblioteca de gráficos é inteiramente opcional. O restante deste livro não depende de gráficos.

Conteúdo do capítulo

3.1 Construindo objetos 92
    Sintaxe 3.1: Construção de objeto **93**
    Sintaxe 3.2: Definição de variável objeto **93**

3.2 Usando objetos 94
    Erro freqüente 3.1: Tentar chamar uma função-membro sem uma variável **96**
    Dica de produtividade 3.1: Atalhos de teclado para operações com mouse **97**

3.3 Objetos da vida real 98
    Dica de produtividade 3.2: Usando a linha de comando efetivamente **100**
    Fato histórico 3.1: Mainframes – quando os dinossauros reinavam na Terra **100**

3.4 Exibindo formas gráficas 102

3.5 Estruturas gráficas 102

    Dica de produtividade 3.3: Pense em pontos como objetos, e não como pares de números **106**
    Fato histórico 3.2: Gráficos em computadores **106**

3.6 Escolhendo um sistema de coordenadas 108
    Dica de produtividade 3.4: Escolha um sistema de coordenadas conveniente **110**

3.7 Obtendo entradas a partir de janelas gráficas 112

3.8 Comparando informações visuais e numéricas 112
    Dica de qualidade 3.1: Calcular manualmente dados de teste **115**
    Fato histórico 3.3: Redes de computadores e a Internet **116**

3.1 Construindo objetos

Um objeto é um valor que pode ser criado, armazenado, e manipulado em uma linguagem de programação.

Neste sentido, o *string* "Hello" é um objeto. Você pode criá-lo simplesmente usando a notação de *string* em C++ "Hello". Você pode armazená-lo em uma variável assim:

```
string greeting = "Hello";
```

Você pode manipulá-lo, por exemplo, extraindo um *substring*:

```
cout << greeting.substr(0, 4);
```

Esta manipulação, em particular, não afeta o objeto. Após *substring* ter sido computado, o *string* original permanece inalterado. Você vai ver manipulações em objetos que realmente alteram objetos mais adiante neste capítulo.

Em C++ cada objeto deve pertencer a uma classe. Uma classe é um tipo de dado, assim como int ou double. Entretanto, classes são *definidas pelo programador*, enquanto int e double são definidos pelos projetistas da linguagem C++. Neste momento você ainda não vai aprender como definir suas próprias classes, de modo que a distinção entre tipos fundamentais e tipos de classes definidas pelo programador ainda não é importante.

Neste capítulo você vai aprender a trabalhar com a classe Time, a classe Employee e quatro classes que representam formas gráficas. Estas classes não fazem parte de C++ padrão; elas foram criadas para uso neste livro.

Para usar a classe Time, você precisa incluir o arquivo ccc_time.h. Diferentemente dos cabeçalhos iostream ou cmath, este arquivo não faz parte dos cabeçalhos padrão de C++. Mas sim, a classe Time é fornecida com este livro para ilustrar objetos simples. Visto que o arquivo ccc_time.h não é um cabeçalho do sistema, você não usa os símbolos < > na diretiva #include; em vez disso, você usa aspas:

```
#include "ccc_time.h"
```

O prefixo ccc é outro lembrete que este arquivo de cabeçalho é específico do livro; ccc é o acrônimo de *Computing Concepts with C++ Essentials*. A documentação *online* da biblioteca de código que acompanha este livro fornece maiores instruções sobre como acrescentar o código dos objetos ccc ao seu programa.

Suponha que você quer saber quantos segundos irão transcorrer entre agora e a meia-noite. Isto parece ser doloroso de calcular manualmente. Entretanto, a classe Time torna fácil este trabalho. Você vai ver como, nesta seção e na seguinte. Primeiro, você vai aprender como especificar um objeto do tipo Time. O final do dia é 11:59 P.M. e 59 segundos. Aqui está um objeto Time que representa esta hora:

```
Time(23, 59, 59)
```

Você especifica um objeto Time fornecendo três valores: horas, minutos e segundos. As horas são dadas no "horário militar": entre 0 e 23 horas.

Quando um objeto Time é especificado a partir de três valores inteiros como 23, 59, 59, dizemos que o objeto é *construído* com estes valores e os valores usados na construção são os *parâmetros de construção*. Em geral, um objeto é construído como mostrado na Sintaxe 3.1.

Sintaxe 3.1: Construção de Objeto

Class_name(construction parameters)

Exemplo:

Time(19, 0, 0)

Finalidade:

Construir um novo objeto para usar em uma expressão.

Você deve pensar no objeto de horário como uma entidade que é bastante similar a um número tal como 7.5 ou um *string* tal como "Olá". Assim como valores em ponto flutuante podem ser armazenados em variáveis double, objetos Time podem ser armazenados em variáveis Time:

```
Time day_end = Time(23, 59, 59);
```

Pense nisso como sendo análogo a

```
double interest_rate = 7.5;
```

ou

```
string greeting = "Olá";
```

Existe um atalho para esta situação bastante comum (ver Sintaxe 3.2).

```
Time day_end(23, 59, 59);
```

Sintaxe 3.2: Definição de Variável Objeto

Class_name variable_name(construction parameters);

Exemplo:

Time homework_due(19, 0, 0);

Finalidade:

Define uma nova variável objeto e fornece valores dos parâmetros de inicialização.

Isso define uma variável day_end que é inicializada como o objeto Time, Time(23,59,59) (ver Figura 1).

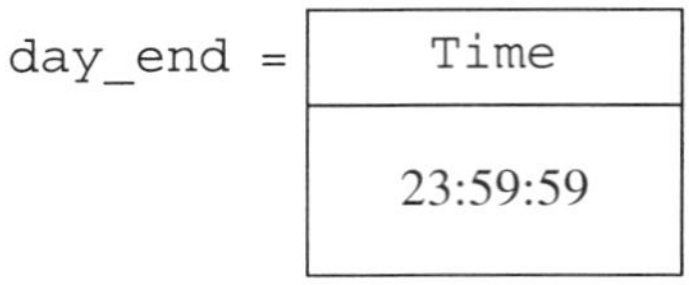

```
           day_end =  ┌──────────┐
                      │   Time   │
                      ├──────────┤
                      │ 23:59:59 │
                      └──────────┘
```

Figura 1
Um objeto `Time`.

Muitas classes possuem mais de um mecanismo de construção. Existem dois métodos para construir horários: especificando horas, minutos e segundos e sem especificar nenhum parâmetro. A expressão

```
Time()
```

cria um objeto representando o horário atual, isto é, o horário de quando o objeto é construído. Criar um objeto sem parâmetro de construção é chamado de *construção default*.

Naturalmente, você pode armazenar o objeto `Time` *default* em uma variável:

```
Time now = Time();
```

A notação de atalho para usar a construção *default* é levemente inconsistente:

```
Time now; /* OK. Isto define uma variável e chama o construtor default. */
```

e não

```
Time now(); /* NÃO! Isto não define uma variável */
```

Por estranhas razões históricas, você pode não usar `()` quando define uma variável com construção *default*.

3.2 Usando objetos

Uma vez que você tem uma variável `Time`, o que você pode fazer com ela? Aqui está uma operação útil: você pode adicionar um certo número de segundos ao horário:

```
wake_up.add_seconds(1000);
```

Após isto, o objeto na variável `wake_up` é alterado. Não mais possui o valor de hora atribuído quando o objeto foi construído, mas um objeto `Time` que representa um horário exatamente 1.000 segundos além do horário previamente armazenado em `wake_up` (ver Figura 2).

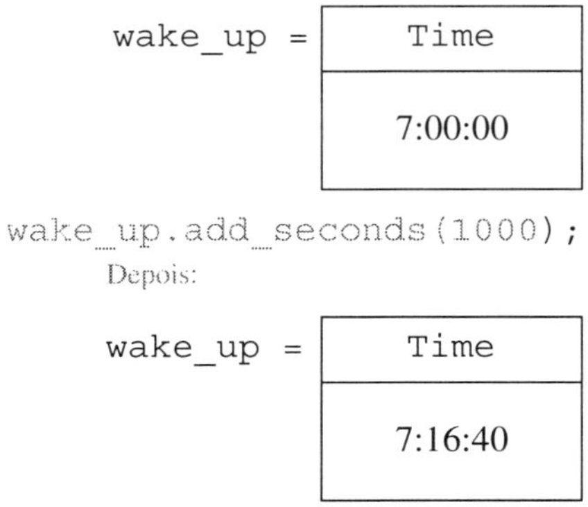

```
           wake_up =  ┌──────────┐
                      │   Time   │
                      ├──────────┤
                      │  7:00:00 │
                      └──────────┘

              wake_up.add_seconds(1000);
                    Depois:

           wake_up =  ┌──────────┐
                      │   Time   │
                      ├──────────┤
                      │  7:16:40 │
                      └──────────┘
```

Figura 2
Alterando o estado de um objeto.

Sempre que você aplica uma função (tal como `add_seconds`) a uma variável objeto (tal como `wake_up`), você usa a mesma notação ponto que já usamos para certas funções *string*:

```
int n = greeting.length();
cout << greeting.substr(0, 4);
```

Uma função que é aplicada a um objeto com a notação ponto é denominada *função-membro* em C++. Agora que você viu como alterar o estado de um objeto de horário, como pode saber o horário atualmente armazenado no objeto? Você tem que perguntar. Existem três funções-membro para esta finalidade, denominadas

```
get_seconds()
get_minutes()
get_hours()
```

Elas também são aplicadas a objetos usando a notação ponto (ver Figura 3).

Arquivo time1.cpp

```
1    #include <iostream>
2
3    using namespace std;
4
5    #include "ccc_time.h"
6
7    int main()
8    {
9       Time wake_up(7, 0, 0);
10      wake_up.add_seconds(1000); /* mil segundos mais tarde */
11      cout << wake_up.get_hours()
12          << ":" << wake_up.get_minutes()
13          << ":" << wake_up.get_seconds() << "\n";
14
15      return 0;
16   }
```

Esse programa exibe

```
7:16:40
```

Já que você pode obter (*get*) o valor de hora do objeto horário, parece ser natural sugerir que você também pode defini-lo (*set*):

```
homework_due.set_hours(2); /* Não! Não é função-membro */
```

Objetos `Time` não possuem esta função-membro. Existe uma boa razão, naturalmente. Nem todos os valores de hora fazem sentido. Por exemplo,

```
homework_due.set_hours(9999); /* Não faz sentido */
```

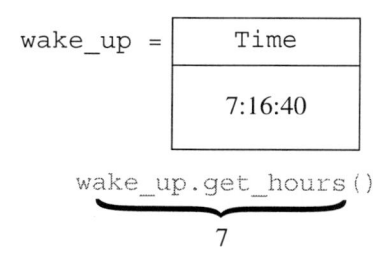

Figura 3

Consultando o estado de um objeto.

Naturalmente, alguém poderia tentar dar um significado para tal chamada, mas o autor da classe Time decidiu simplesmente não fornecer estas funções-membro. Sempre que você usar um objeto, precisa saber quais funções-membro são fornecidas; outras operações, embora possam ser úteis, simplesmente não são possíveis. A classe Time possui somente uma função-membro que pode modificar objetos Time: add_seconds. Por exemplo, para avançar uma hora no horário, você pode usar

```
const int SECONDS_PER_HOUR = 60 * 60;
homework_due.add_seconds(SECONDS_PER_HOUR);
```

Você pode retroceder em uma hora o horário:

```
homework_due.add_seconds(-SECONDS_PER_HOUR);
```

Se você está completamente descontente com o atual objeto armazenado em uma variável, pode sobrescrevê-lo com um outro:

```
homework_due = Time(23, 59, 59);
```

A Figura 4 mostra essa substituição.

Existe uma última função-membro que a variável de horário pode executar: ela pode descobrir o número de segundos entre ela mesma e outro horário. Por exemplo, o programa seguinte calcula o número de segundos entre o horário atual e o último segundo do dia.

Arquivo time2.cpp

```
1   #include <iostream>
2
3   using namespace std;
4
5   #include "ccc_time.h"
6
7   int main()
8   {
9      Time now;
10     Time day_end(23, 59, 59);
11     int seconds_left = day_end.seconds_from(now);
12
13     cout << "Ainda faltam "
14        << seconds_left
15        << " segundos para o fim do dia de hoje.\n";
16
17     return 0;
18  }
```

Para resumir, em C++ objetos são construídos escrevendo um nome de classe, seguido por parâmetros de construção entre parênteses. Existe uma notação abreviada para inicializar uma variável objeto. Funções-membro são aplicadas a objetos e variáveis objeto com a notação ponto. As funções da classe Time são listadas na Tabela 1.

⊗ Erro Freqüente 3.1

Tentar Chamar uma Função-Membro sem uma Variável

Suponha que seu código contém a instrução

```
add_seconds(30); /* Erro */
```

O compilador não vai saber quanto tempo avançar. Você precisa fornecer uma variável do tipo Time:

```
Time liftoff(19, 0, 0);
liftoff.add_seconds(30);
```

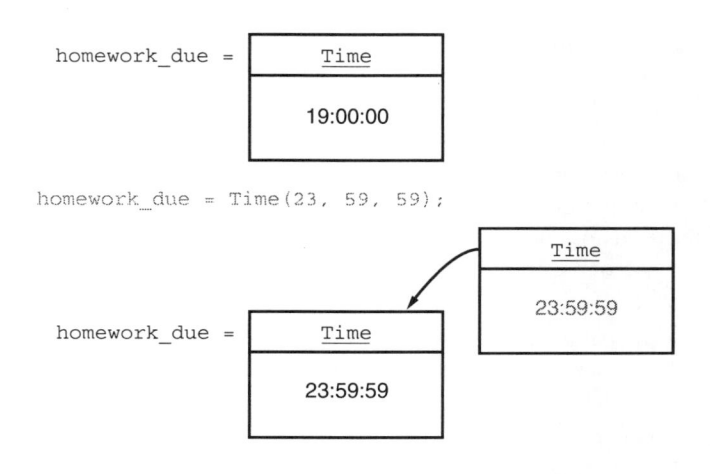

```
homework_due =   ┌─────────────┐
                 │    Time     │
                 ├─────────────┤
                 │  19:00:00   │
                 └─────────────┘

homework_due = Time(23, 59, 59);

                                   ┌─────────────┐
                                   │    Time     │
                                   ├─────────────┤
                                   │  23:59:59   │
                 ┌─────────────┐  ╱└─────────────┘
homework_due =   │    Time     │ ╱
                 ├─────────────┤
                 │  23:59:59   │
                 └─────────────┘
```

Figura 4
Substituindo um objeto por outro.

Tabela 1
Funções-membro da classe `Time`

Nome	Finalidade
`Time()`	Constrói o horário atual
`Time(h, m, s)`	Constrói um horário com `h` horas, `m` minutos e `s` segundos
`t.get_seconds()`	Retorna o valor de segundos de `t`
`t.get_minutes()`	Retorna o valor de minutos de `t`
`t.get_hours()`	Retorna o valor de horas de `t`
`t.add_seconds(n)`	Altera `t` adicionando `n` segundos
`t.seconds_from(t2)`	Calcula o número de segundos entre `t` e `t2`

Dica de Produtividade 3.1

Atalhos de Teclado para Operações com Mouse

Programadores gastam um monte de tempo com o teclado e o *mouse*. Programas e documentação ocupam muitas páginas e exigem muita digitação. A constante mudança entre o editor, o compilador e o depurador usa poucos cliques de *mouse*. Os projetistas de programas como um ambiente integrado de desenvolvimento C++ acrescentaram alguns recursos para facilitar seu trabalho, mas é sua tarefa descobri-los.

Quase todos os programa possuem interfaces de usuário com menus e caixas de diálogo. Clique em um menu e clique em um submenu para selecionar uma tarefa. Clique em cada campo de uma caixa de diálogo, preencha a resposta solicitada e clique OK. Estas são excelentes interfaces de usuário para principiantes, porque elas são fáceis de dominar, mas são terríveis interfaces de usuário para usuários regulares. A constante alternância entre o teclado e o *mouse* tornam você mais lento. Você necessita mover a mão para fora do teclado, localizar o *mouse*, mover o *mouse* e mover a mão de volta para

▼ o teclado. Por esta razão, a maioria das interfaces de usuário possuem *atalhos de teclado*: combinações de teclas que permitem que você faça as mesmas tarefas sem ter que mudar para o *mouse*.

▼ Muitas aplicações comuns usam as seguinte convenções:

▼ • Pressionar a tecla Alt mais uma tecla destacada no menu, (como em "File") baixa aquele menu. Dentro de um menu, apenas forneça o caractere sublinhado no submenu para ativá-lo. Por exemplo, Alt+F O seleciona "File" "Open". Assim que seus dedos conheçam esta combinação, você pode abrir arquivos mais rapidamente que o mais rápido artista de *mouse*.

▼ • Dentro de caixas de diálogo, a tecla Tab é importante; ela faz o cursor passar de uma opção para outra. As teclas de setas movem o cursor dentro de uma opção. A tecla *Enter* aceita todas as opções selecionadas na caixa de diálogo e a tecla Esc cancela quaisquer alterações.

▼ • Em um programa com múltiplas janelas, Ctrl+Tab alterna entre as janelas gerenciadas pelo programa, como por exemplo entre a janela de código fonte e a de erros.

▼ • Alt+Tab alterna entre aplicações, permitindo a você rapidamente alternar entre o compilador e o programa que inspeciona arquivos.

▼ • Pressione e segure a tecla Shift e pressione as teclas de setas para salientar texto. Então use Ctrl+X para cortar o texto, Ctrl+C para copiar e Ctrl+V para colar. Estas teclas são fáceis de lembrar. O V parece uma marca de inserção que um editor usa para inserir texto. O X deveria lembrar você de cruzar o texto a ser cortado. O C é apenas a primeira letra de "Copiar" (OK, também é a primeira letra de "Cortar"e "colar" – nenhum mnemônico é perfeito). Você encontra estes lembretes no menu Edit.

Naturalmente, o *mouse* possui sua utilidade em processamento de texto: para localizar ou selecionar texto na mesma tela, mas distante do cursor.

▼ Use um pouco de tempo para aprender sobre atalhos de teclado que os projetistas de seu programa providenciaram para você; o investimento de tempo será recompensado muitas vezes durante a sua carreira de programação. Quando você disparar sobre seu trabalho no laboratório de computação usando atalhos de teclado, você pode se ver rodeado de espectadores surpresos que sussurram "Eu não sabia que você pode fazer *isto*".

3.3 Objetos da vida real

Uma razão para a popularidade da programação orientada a objetos é que é fácil de modelar entidades do mundo real em programas de computadores, tornando os programas fáceis de entender e modificar. Considere o seguinte programa:

Arquivo Employee.cpp

```
1   #include <iostream>
2
3   using namespace std;
4
5   #include "ccc_empl.h"
6
7   int main()
8   {
9       Employee harry("Hacker, Harry", 45000.00);
10
11      double new_salary = harry.get_salary() + 3000;
```

```
12      harry.set_salary(new_salary);
13
14      cout << "Nome: " << harry.get_name() << "\n";
15      cout << "Salário: " << harry.get_salary() << "\n";
16
17      return 0;
18    }
```

Esse programa cria uma variável `harry` e a inicializa com um objeto do tipo `Employee`. Existem dois parâmetros de construção: o nome do empregado e o salário inicial. Então damos a Harry um aumento de $3.000 (ver Figura 5). Primeiro descobrimos seu salário atual com a função-membro `get_salary`. Determinamos o novo salário adicionando $3.000. Usamos a função-membro `set_salary` para estabelecer o novo salário.

Finalmente, imprimimos o nome e o valor do salário do objeto empregado. Usamos as funções-membro `get_name` e `get_salary` para obter o nome e o salário. Como você pode ver, este programa é fácil de ler porque ele realiza suas computações com entidades com significado, mais propriamente, objetos que representam empregados.

Note que você pode alterar o salário de um empregado com a função membro `set_salary`. Entretanto, você não pode alterar o nome de um objeto `Employee`.

Esta classe `Employee`, cujas funções são listadas na Tabela 2, não é muito realista. Em programas de processamento de dados reais, empregados também possuem números de identificação, endereços, cargos e assim por diante. Para manter simples os programas de exemplo deste livro, es-

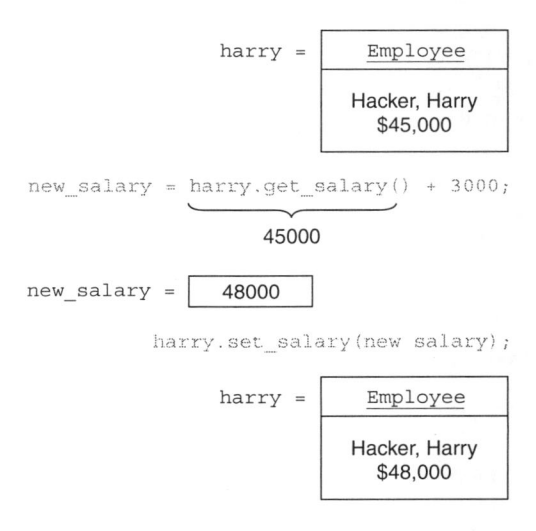

Figura 5

Um objeto `Employee`

Tabela 2

Funções-membro da classe `Employee`

Nome	Finalidade
`Employee(n, s)`	Constrói um Employee com nome `n` e salário `s`
`e.get_name()`	Retorna o nome de `e`
`e.get_salary()`	Retorna o salário de `e`
`e.set_salary(s)`	Configura o salário de `e` como `s`

ta classe foi reduzida às propriedades de empregados mais básicas. Você deve incluir o arquivo de cabeçalho `ccc_empl.h` em todos os programas que usam a classe `Employee`.

Dica de Produtividade 3.2

Usando a Linha de Comando Efetivamente

Se o seu ambiente de programação permite que você faça todas as tarefas rotineiras com menús e caixas de diálogo, pule estes comentários. Entretanto, se você necessita ativar o editor, o compilador, o ligador e o programa a testar manualmente, então é bom aprender sobre *edição com linha de comando*.

A maioria dos sistemas operacionais (UNIX, Macintosh OS X, Windows) possuem uma *interface de linha de comando* para interagir com o computador (em Windows, você pode usar a interface DOS de linha de comando, com um duplo clique no ícone "Command Prompt"). Você ativa comandos em um *prompt*. O comando é executado até terminar e você recebe outro *prompt*. A maioria dos programadores profissionais usa a interface de linha de comando para tarefas repetitivas porque é muito mais rápido digitar comandos do que navegar por janelas e botões.

Ao desenvolver um programa, você executa os mesmos comandos mais de uma vez. Não seria bom se você não tivesse que digitar repetidamente comandos como

```
g++ -o myprog myprog.cpp
```

mais de uma vez? Ou se você pudesse consertar um erro em vez de ter que redigitar inteiramente o comando? Muitas interfaces de linha de comando possuem uma opção para fazer justamente isto, mas nem sempre são óbvias. Com algumas versões de Windows, você necessita instalar um programa chamado DOSKEY. Se você usa UNIX, tente que fazer com que uma *shell* `bash` ou `tcsh` seja instalada para você — solicite ao assistente de laboratório ou ao administrador do sistema para auxiliá-lo na configuração. Com a configuração adequada, a seta para cima ↑ é redefinida para circular pelos comandos antigos. Você pode editar linhas com as teclas de setas direita e esquerda. Você também pode fazer que um *comando se complete*. Por exemplo, para recuperar o mesmo comando `gcc`, digite `!gcc` (UNIX) ou `gcc` e pressione F8 (Windows).

Fato Histórico 3.1

Mainframes — Quando os Dinossauros Reinavam na Terra

Quando a International Business Machines Corporation, um bem sucedido fabricante de equipamentos de cartão perfurado para tabular dados, voltou a sua atenção pela primeira vez para o projeto de computadores, no início dos anos 1950, seus planejadores estimaram que existiria mercado para talvez uns 50 destes dispositivos para instalações do governo, militares e em algumas poucas das maiores empresas do país.

Em vez disso, eles venderam cerca de 1500 máquinas de seu modelo Sistema 650 e passaram a construir e vender computadores mais poderosos. Os assim chamados computadores *mainframe* dos anos 50, 60 e 70 eram enormes. Eles ocupavam uma sala inteira, com climatização controlada para proteger o delicado equipamento (ver Figura 6). Atualmente, devido à tecnologia de miniaturização, mesmo *mainframes* estão se tornando menores, mas ainda assim são caros (quando este livro estava sendo escrito, o custo de um IBM 3090 de porte médio era aproximadamente 4 milhões de dólares).

Estes enormes e caros sistemas tiveram um sucesso imediato quando apareceram pela primeira vez, por que eles substituíam muitas salas repletas de empregados ainda mais dispendiosos, que anteriormente executavam manualmente as tarefas. Poucos destes computadores faziam quaisquer computações excitantes. Eles mantinham informações mundanas, tais como registros de contas ou reservas de companhias aéreas; o ponto vital é que eles podiam armazenar *montes* de informação.

Figura 6
Um computador *mainframe*.

A IBM não foi a primeira companhia a construir computadores *mainframe*; a honra pertence à Univac Corporation. Entretanto, a IBM logo se tornou a maior competidora, parcialmente devido à excelência técnica e atenção às necessidades dos usuários, e parcialmente devido à exploração de seus pontos fortes e estruturação de seus produtos e serviços de uma maneira que tornava difícil para clientes misturar produtos IBM com aqueles de outros vendedores. Nos anos 1960, seus competidores, conhecidos como "Sete Anões" – GE, RCA, Univac, Honeywell, Burroughs, Control Data e NCR – tiveram tempos difíceis. Alguns saíram totalmente do negócio de computadores, enquanto outros tentaram sem sucesso combinar suas forças, unindo suas operações de computadores. Era previsão geral que eles poderiam, cedo ou tarde, falir. Foi nessa atmosfera que o governo americano processou a IBM, em 1969, pela lei antitruste. O processo foi a julgamento em 1975 e se arrastou até 1982, quando a administração Reagan o abandonou, declarando-o "sem mérito".

Naturalmente, o território da computação havia se alterado completamente. Assim como os dinossauros cederam espaço para criaturas menores e mais ágeis, três novas ondas de computadores haviam surgido: os minicomputadores, as estações de trabalho e os microcomputadores, todos eles projetados por novas companhias, e não pelos Sete Anões. Atualmente, a importância dos *mainframes* no mercado diminuiu e a IBM, embora seja ainda uma empresa grande e cheia de recursos, não mais domina o mercado de computadores.

Mainframes estão ainda em uso atualmente por duas razões. Eles são excelentes na manipulação de grandes volumes de dados e, mais importante, os programas que controlam os dados de empresas foram sendo refinados nos últimos 20 ou mais anos, corrigindo um problema de cada vez. Mover estes programas para computadores menos dispendiosos, com diferentes linguagens e sistemas operacionais, é um processo difícil e sujeito a erros. A Sun Microsystems, uma líder na fabricação de estações de trabalho, estava ansiosa para provar que esses sistemas de *mainframe* poderiam ser "encolhidos" para seus próprios equipamentos. A Sun teve algum sucesso, mas levou mais de cinco anos – muito mais do que o esperado.

3.4 Exibindo formas gráficas

No restante deste capítulo, você vai aprender como usar algumas classes úteis para representar formas gráficas simples. As classes gráficas irão fornecer uma base interessante para exemplos de programação. Este material é opcional e você seguramente pode passar sem ele, se não estiver interessado em escrever programas que desenham formas gráficas.

Existem duas espécies de programas C++ que você irá escrever neste curso: *aplicações de console* e *aplicações gráficas*. Aplicações de console lêem os dados de entrada a partir do teclado (através de cin) e exibem texto de saída no vídeo (através de cout). Programas gráficos lêem teclas e cliques de *mouse* e exibem formas gráficas tais como linhas e círculos através de um objeto janela chamado cwin.

Você já sabe como escrever programas de console. Você inclui o arquivo de cabeçalho iostream e usa os operadores >> e <<. Para ativar gráficos em seus programas, você deve incluir o arquivo de cabeçalho ccc_win.h em seu programa. Além disso, você precisa fornecer a função ccc_win_main em lugar de main, como ponto de entrada de seu programa.

Diferentemente da biblioteca iostream, que está disponível em todos os sistemas C++, esta biblioteca gráfica foi criada para uso neste livro texto. Assim como as classes Time e Employee, você precisa adicionar o código para os objetos gráficos em seus programas. A documentação *online* para a biblioteca de código descreve este processo.

É levemente mais complexo construir programas gráficos, e a biblioteca ccc_win não suporta todas as plataformas de computação. Se você preferir, pode usar uma versão texto da biblioteca de gráficos que constrói formas gráficas a partir de caracteres. A saída resultante não é muito bonita, mas é inteiramente suficiente para a maioria dos exemplos deste livro (ver, por exemplo, a Figura 19). A documentação *online* da biblioteca de código descreve como selecionar a versão texto da biblioteca de gráficos.

Para exibir um objeto gráfico, você não pode simplesmente enviá-lo para cout:

```
Circle c;
...
cout << c; /* Não exibirá o círculo */
```

O *stream* cout exibe caracteres no terminal e não *pixels* em uma janela. Em vez disso, você deve enviar os caracteres para uma janela denominada cwin:

```
cwin << c; /* O círculo vai aparecer em janelas gráficas */
```

Na próxima seção você vai aprender como criar objetos que representam formas gráficas.

3.5 Estruturas gráficas

Pontos, círculos, linhas e mensagens são quatro elementos gráficos que você vai usar para criar diagramas. Um *ponto* possui uma coordenada *x* e uma *y*. Por exemplo,

```
Point(1, 3)
```

é um ponto com coordenada *x* igual a 1 e coordenada *y* igual a 3. O que você pode fazer com um ponto? Pode exibi-lo em uma janela gráfica.

Arquivo point.cpp

```
1   #include "ccc_win.h"
2
3   int ccc_win_main()
4   {
5      cwin << Point(1, 3);
6
7      return 0;
8   }
```

Você freqüentemente usa pontos para criar formas gráficas mais complexas.

```
Circle(Point(1, 3), 2.5);
```

isso define um círculo cujo centro é o ponto com coordenadas (1, 3) e cujo raio é 2,5.

Como sempre, você pode armazenar um objeto `Point` em uma variável do tipo `Point`. O código a seguir define e inicializa uma variável `Point` e em seguida exibe o ponto. Após é criado um círculo com centro p e que também é exibido (Figura 7).

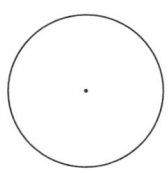

Figura 7

Saída de `circle.cpp`.

Arquivo circle.cpp

```
1   #include "ccc_win.h"
2
3   int ccc_win_main()
4   {
5      Point p(1, 3);
6      cwin << p << Circle(p, 2.5);
7
8      return 0;
9   }
```

Dois pontos podem formar uma *linha* (Figura 8).

Arquivo line.cpp

```
1    #include "ccc_win.h"
2
3    int ccc_win_main()
4    {
5       Point p(1, 3);
6       Point q(4, 7);
7       Line s(p, q);
8       cwin << s;
9
10      return 0;
11   }
```

Em uma janela gráfica você pode exibir texto em qualquer lugar que quiser. Você precisa especificar o que quer mostrar e onde deve aparecer (Figura 9).

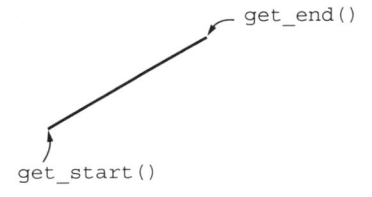

Figura 8

Uma linha.

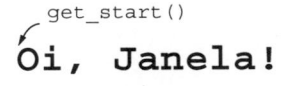

Figura 9

Uma mensagem.

Arquivo hellowin.cpp

```
1    #include "ccc_win.h"
2
3    int ccc_win_main()
4    {
5       Point p(1, 3);
6       Message greeting(p, "Oi, Janela!");
7       cwin << greeting;
8
9       return 0;
10   }
```

O parâmetro ponto especifica o *canto superior esquerdo* de uma mensagem. O segundo parâmetro pode ser um *string* ou um número.

Existe uma função membro que todas as nossas classes gráficas implementam: move. Se obj é um ponto, um círculo, uma linha ou uma mensagem, então

```
obj.move(dx, dy)
```

altera a posição do objeto, movendo o objeto completo dx unidades na direção *x* e dy unidades na direção *y*. Um deles ou ambos, dx e dy, podem ser zero ou negativo (ver Figura 10). Por exemplo, o seguinte código desenha um quadrado (ver Figura 11).

Arquivo square.cpp

```
1    #include "ccc_win.h"
2
3    int ccc_win_main()
4    {
5       Point p(1, 3);
6       Point q = p;
7       Point r = p;
8       q.move(0, 1);
9       r.move(1, 0);
```

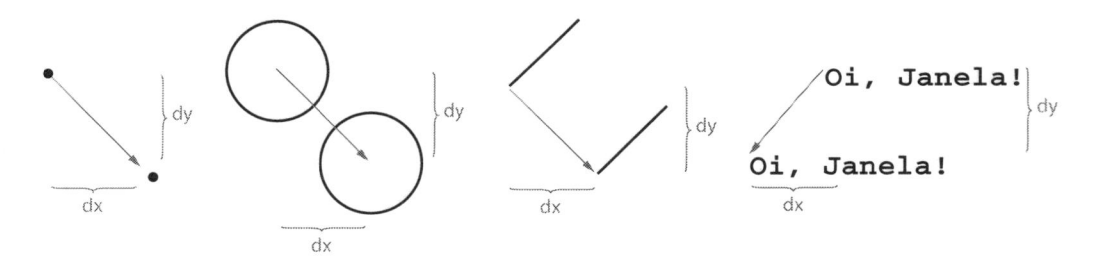

Figura 10
A Operação move.

Figura 11
Quadrado desenhado por square.cpp.

```
10      Line s(p, q);
11      Line t(p, r);
12      cwin << s << t;
13      s.move(1, 0);
14      t.move(0, 1);
15      cwin << s << t;
16
17      return 0;
18   }
```

Após um objeto gráfico ter sido construído e talvez movido, você algumas vezes quer saber onde ele está localizado atualmente. Existem duas funções-membro para objetos `Point`: `get_x` e `get_y`. Elas fornecem as coordenadas *x* e *y* do ponto.

As funções-membro `get_center` e `get_radius` retornam o centro e o raio de um círculo. As funções-membro `get_start` e `get_end` retornam o ponto inicial e o ponto final de uma linha. As funções-membro `get_start` e `get_text` para um objeto `Message` retornam o ponto inicial e o texto da mensagem. Uma vez que `get_center`, `get_start`, e `get_end` retornam objetos `Point`, você pode precisar aplicar `get_x` ou `get_y` a elas para determinar suas coordenadas *x* e *y*. Por exemplo,

```
Circle c(...);
...
double cx = c.get_center().get_x();
```

Você agora sabe construir objetos gráficos e viu todas as funções membro que os manipulam e os examinam (resumidas nas Tabelas 3 a 6). O projeto dessas classes foi propositadamente mantido simples, mas, em decorrência, algumas tarefas comuns exigem um pouco de criatividade (ver Dica de Produtividade 3.3).

Tabela 3

Funções da Classe `Point`

Nome	Finalidade
`Point(x, y)`	Constrói um ponto na posição (x, y)
`p.get_x()`	Devolve a coordenada x do ponto p
`p.get_y()`	Devolve a coordenada y ponto p
`p.move(dx, dy)`	Move o ponto p por (dx, dy)

Tabela 4

Funções da Classe `Circle`

Nome	Finalidade
`Circle(p, r)`	Constrói um círculo com centro p e raio r
`c.get_center()`	Retorna o ponto do centro do círculo c
`c.get_radius()`	Retorna o raio do círculo c
`c.move(dx, dy)`	Move o círculo c por (dx, dy)

Tabela 5
Funções da Classe `Line`

Nome	Finalidade
`Line(p, q)`	Constrói uma linha formada pelos pontos `p` e `q`
`l.get_start()`	Retorna o ponto inicial da linha `l`
`l.get_end()`	Retorna o ponto final da linha `l`
`l.move(dx, dy)`	Move a linha `l` por (`dx`, `dy`)

Tabela 6
Funções da Classe `Message`

Nome	Finalidade
`Message(p, s)`	Constrói uma mensagem com ponto inicial `p` e *string* de texto `s`
`Message(p, x)`	Constrói uma mensagem com ponto inicial em `p` e um rótulo igual ao número `x`
`m.get_start()`	Devolve o ponto inicial da mensagem `m`
`m.get_text()`	Fornece o *string* de texto da mensagem `m`
`m.move(dx, dy)`	Move a mensagem `m` por (`dx`, `dy`)

Dica de Produtividade 3.3

Pense em Pontos como Objetos, e Não como Pares de Números

Suponha que você quer desenhar um quadrado iniciando com o ponto *p* como o canto superior esquerdo e com o lado de tamanho 1. Se *p* tem as coordenadas (*px*, *py*), então o canto superior direito é o ponto com coordenadas (*px*+ 1,*py*). Naturalmente, você pode programar assim:

```
Point q(p.get_x() + 1, p.get_y()); /* Esquisito */
```

Tente pensar sobre pontos como objetos e não como pares de números. Usando este ponto de vista, existe uma solução mais elegante: inicializar q como sendo o mesmo ponto que p, e após movê-lo para onde ele deve ficar:

```
Point q = p;
q.move(1, 0); /* Simples */
```

Fato Histórico 3.2

Gráficos em Computadores

A geração e a manipulação de imagens visuais é uma das aplicações mais excitantes de computadores. Nós podemos distinguir entre diferentes espécies de gráficos.

Diagramas, tais como tabelas numéricas ou mapas, são artefatos que fornecem informações a quem os vê. (ver Figura 12). Eles não representam diretamente algo que ocorra no mundo natural, mas são ferramentas para a visualização de informações.

Figura 12
Diagramas.

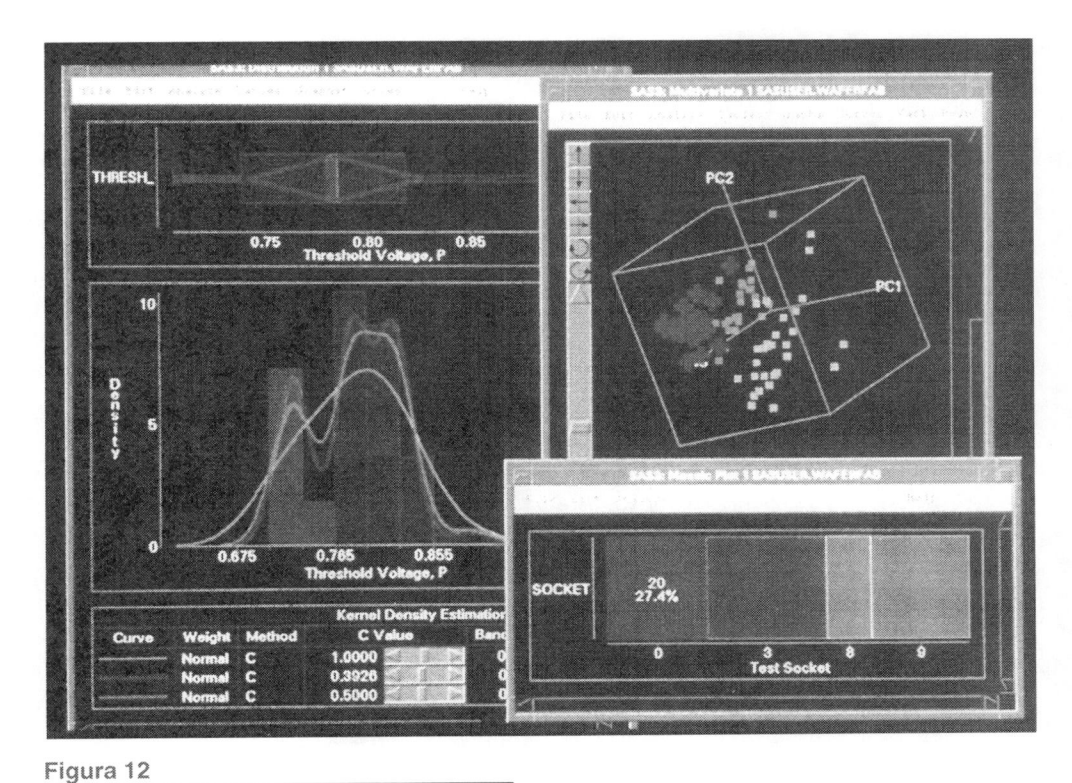

Cenas são imagens geradas por computador que tentam representar imagens de um mundo real ou imaginário (ver Figura 13). Elas tornam um desafio representar luz e sombra precisamente. Esforços especiais devem ser feitos para que imagens não pareçam ingênuas e simples; nu-

Figura 13
Cena.

vens, rochas, folhas e poeira do mundo real possuem uma aparência complexa e, de algum modo, aleatória. O grau de realismo destas imagens está constantemente melhorando.

Imagens processadas são fotografias ou filmes de eventos reais que foram convertidas para uma forma digital e editadas pelo computador (ver Figura 14). Por exemplo, seqüências de imagens do filme *Apollo 13* foram produzidas a partir de imagens reais e alterando a perspectiva para mostrar o lançamento do foguete de um ponto de vista mais dramático.

Gráficos em computadores é uma das áreas mais desafiadoras da ciência da computação. Eles exigem o processamento de quantidades maciças de informação a uma alta velocidade. Novos algoritmos são constantemente inventados para esta finalidade. Visualizar objetos tridimensionais sobrepostos com limites curvos exige ferramentas matemáticas avançadas. A modelage realista de texturas e entidades biológicas exige extenso conhecimento de matemática, física e biologia.

Figura 14
Imagem processada.

3.6 Escolhendo um sistema de coordenadas

Necessitamos firmar um acordo sobre o significado de coordenadas particulares. Por exemplo, onde está localizado o ponto com coordenadas $x = 1$ e $y = 3$? Alguns sistemas gráficos usam *pixels*, os pontos individuais no vídeo, como coordenadas, mas diferentes vídeos possuem diferentes densidades e quantidades de *pixels*. Usar *pixels* torna difícil escrever programas que tenham uma aparência agradável em todos os tipos de vídeo. A biblioteca fornecida com este livro usa um sistema de coordenadas que é independente do vídeo.

A Figura 15 mostra o sistema de coordenadas *default* usado na biblioteca deste livro. A origem é o centro da tela e os eixos *x* e *y* possuem 10 unidades de tamanho em cada direção. Os eixos na realidade não aparecem (a menos que você os crie por si mesmo desenhando objetos `Line`).

Este sistema de coordenadas *default* é bom para programas de teste simples, mas é inútil quando se trata de dados reais. Por exemplo, suponha que queiramos mostrar o desenho de um gráfico de temperaturas médias (em graus Celsius) em Phoenix, Arizona, para cada mês do ano. As temperaturas médias variam de 11°C em janeiro, até 33°C em julho (ver Tabela 7).

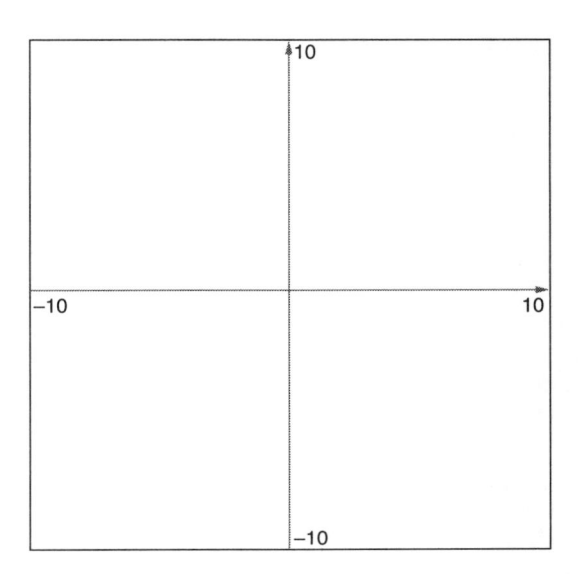

Figura 15
Sistema de coordenadas *default* para a biblioteca gráfica.

Tabela 7
Temperaturas médias em Phoenix, Arizona

Mês	Média Temperatura	Mês	Média Temperatura
Janeiro	11°C	Julho	33°C
Fevereiro	13°C	Agosto	32°C
Março	16°C	Setembro	29°C
Abril	20°C	Outubro	23°C
Maio	25°C	Novembro	16°C
Junho	31°C	Dezembro	12°C

Nem mesmo os dados de janeiro
```
cwin << Point(1, 11);
```
vão ser exibidos na janela! Nesta situação, precisamos mudar do sistema *default* de coordenadas para um que faça sentido para nosso programa particular. Aqui, as coordenadas x são os valores dos meses, no intervalo 1 a 12. As coordenadas y são os valores de temperaturas, no intervalo 11 a 33. A Figura 16 mostra o sistema de coordenadas que precisamos. Como você pode ver, o canto superior esquerdo é (1, 33) e o canto inferior direito é (12, 11).

Para selecionar este sistema de coordenadas, use a seguinte instrução:
```
cwin.coord(1, 33, 12, 11);
```
Seguindo uma convenção comum em sistemas gráficos, você precisa primeiro especificar as coordenadas desejadas para o *canto superior esquerdo* (que possui as coordenadas $x = 1$ e $y = 33$) e então as coordenadas desejadas para o canto inferior direito ($x = 12, y = 11$).

Aqui está o programa completo:

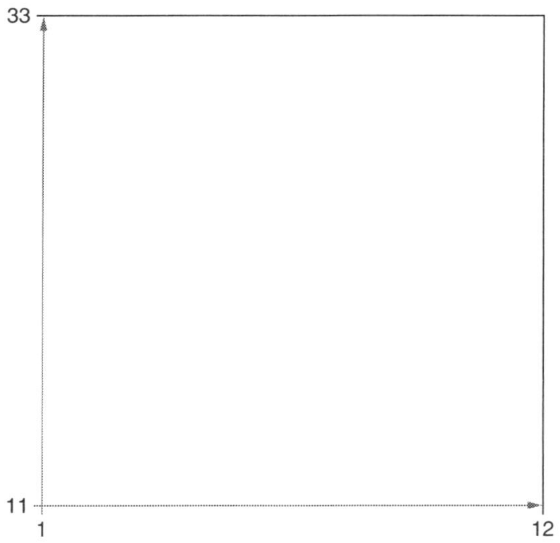

Figura 16
Sistema de coordenadas para temperaturas.

Arquivo phoenix.cpp

```
1    #include "ccc_win.h"
2
3    int ccc_win_main()
4    {
5       cwin.coord(1, 33, 12, 11);
6       cwin << Point(1, 11);
7       cwin << Point(2, 13);
8       cwin << Point(3, 16);
9       cwin << Point(4, 20);
10      cwin << Point(5, 25);
11      cwin << Point(6, 31);
12      cwin << Point(7, 33);
13      cwin << Point(8, 32);
14      cwin << Point(9, 29);
15      cwin << Point(10, 23);
16      cwin << Point(11, 16);
17      cwin << Point(12, 12);
18
19      return 0;
20   }
```

A Figura 17 mostra a saída do programa.

Dica de Produtividade 3.4

Escolha um Sistema de Coordenadas Conveniente

▼ Sempre que você trata com dados do mundo real, você deve estabelecer um sistema de coordenadas que combine com os dados. Determine o intervalo de coordenadas *x* e *y* que seja mais conveniente. Por exemplo, suponha que você quer exibir um tabuleiro do jogo da velha (*tic-tac-toe*) (ver
▼ Figura 18).

Você pode trabalhar com afinco e descobrir onde as linhas se situam em relação ao sistema de
▼ coordenadas *default*, ou pode simplesmente estabelecer seu próprio sistema de coordenadas com (0,0) no canto superior esquerdo e (3,3) no canto inferior direito.

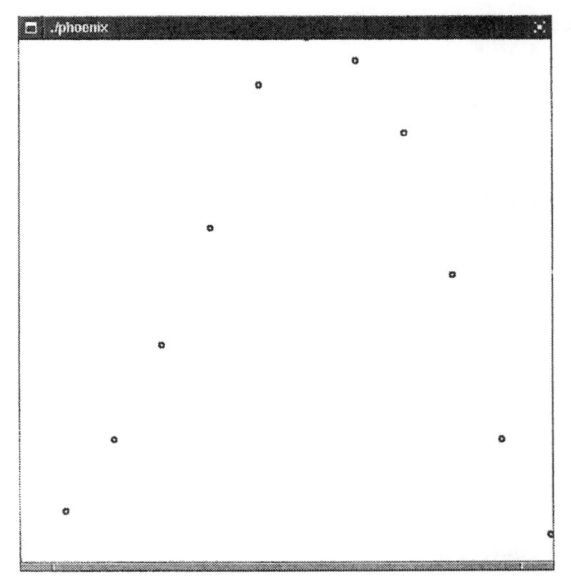

Figura 17
Temperaturas médias em Phoenix, Arizona.

```
#include "ccc_win.h"

int ccc_win_main()
{
    cwin.coord(0, 0, 3, 3);
    Line horizontal(Point(0, 1), Point(3, 1));
    cwin << horizontal;
    horizontal.move(0, 1);
    cwin << horizontal;
    Line vertical(Point(1, 0), Point(1, 3));
    cwin << vertical;
    vertical.move(1, 0);
    cwin << vertical;

    return 0;
}
```

Algumas pessoas possuem lembranças horríveis de suas aulas de geometria na escola sobre transformação de coordenadas e fizeram votos de nunca mais pensar em coordenadas pelo resto de suas vidas. Se você está entre elas, deve reconsiderar. Na biblioteca gráfica de CCC, sistemas de

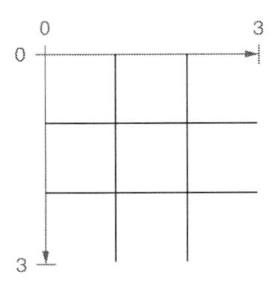

Figura 18
Sistema de coordenadas para o tabuleiro de jogo da velha.

▼ coordenadas são seus amigos – eles fazem todas aquelas coisas horríveis, de modo que você não tenha que programar à mão.

▼

3.7 Obtendo entradas a partir de janelas gráficas

Assim como *streams* de saída não funcionam com janelas gráficas, você não pode usar *streams* de entrada, também. Em vez disso, você precisa pedir à janela para obter dados de entrada. O comando é:

```
string response = cwin.get_string(prompt);
```

Assim é como você pergunta o nome do usuário:

```
string name = cwin.get_string("Por favor, digite seu nome: ");
```

O *prompt* e o campo para digitar a entrada são exibidos em uma área especial de entrada. Dependendo do sistema de seu computador, a área de entrada fica numa caixa de diálogo no topo ou na base da janela gráfica. O usuário pode então digitar a entrada. Após o usuário pressionar a tecla *Enter*, os caracteres digitados pelo usuário são colocados no *string* name. O *prompt* da mensagem é então removido da tela.

A função get_string sempre retorna um *string*. Use get_int ou get_double para ler um número inteiro ou em ponto flutuante:

```
int age = cwin.get_int("Por favor, digite sua idade: ");
```

O usuário pode especificar um ponto com o *mouse*. Para solicitar ao usuário uma entrada por *mouse*, use:

```
Point response = cwin.get_mouse(prompt);
```

Por exemplo,

```
Point center = cwin.get_mouse("Clique no centro do círculo");
```

O usuário pode mover o *mouse* para a posição desejada. Assim que o usuário clicar o botão do *mouse*, a mensagem é eliminada e o ponto selecionado é retornado.

Aqui está um programa que usa estas funções (resumidas na Tabela 8) na prática. Ele solicita ao usuário para digitar seu nome e para tentar clicar dentro de um círculo. Após, o programa exibe o ponto que o usuário especificou.

Arquivo click.cpp

```
1   #include "ccc_win.h"
2
3   int ccc_win_main()
4   {
5      string name = cwin.get_string("Por favor, digite seu nome: ");
6      Circle c(Point(0, 0), 1);
7      cwin << c;
8      Point m = cwin.get_mouse("Por favor, clique dentro do círculo.");
9      cwin << m << Message(m, name + ", você clicou aqui");
10
11     return 0;
12  }
```

3.8 Comparando informações visuais e numéricas

O próximo exemplo mostra como se pode olhar o mesmo problema visualmente e numericamente. Você quer determinar a interseção entre uma linha e um círculo. O círculo é centralizado na te-

Tabela 8
Funções da classe `GraphicWindow`

Nome	Finalidade
`w.coord(x1, y1, x2, y2)`	Estabelece o sistema de coordenadas para desenhos subsequentes: (`x1`, `y1`) é o canto superior esquerdo; (`x2`, `y2`) é o canto inferior direito.
`w << x`	Exibe o objeto `x` (um ponto, um círculo, uma linha ou uma mensagem) na janela `w`
`w.clear()`	Limpa a janela `w` (apaga seu conteúdo)
`w.get_string(p)`	Exibe a mensagem `p` na janela `w` e retorna o *string* fornecido
`w.get_int(p)`	Exibe a mensagem `p` na janela `w` e retorna o inteiro fornecido
`w.get_double(p)`	Exibe a mensagem `p` na janela `w` e retorna o valor em ponto flutuante fornecido
`w.get_mouse(p)`	Exibe a mensagem `p` na janela `w` e retorna o ponto de clique do *mouse*

la. O usuário especifica um raio para o círculo e a coordenada *y* de uma linha horizontal que intercepta o círculo. Você então desenha o círculo e a linha.

Arquivo intsect1.cpp

```
1    #include "ccc_win.h"
2
3    int ccc_win_main()
4    {
5       double radius = cwin.get_double("Raio: ");
6       Circle c(Point(0, 0), radius);
7
8       double b = cwin.get_double("Posição da linha: ");
9       Line s(Point(-10, b), Point(10, b));
10
11      cwin << c << s;
12
13      return 0;
14   }
```

A Figura 19 mostra a saída deste programa.

Agora suponha que você gostaria de saber as coordenadas *exatas* dos pontos de interseção. A equação do círculo é

$$x^2 + y^2 = r^2$$

onde *r* é o raio (o qual é fornecido pelo usuário). Você também conhece *y*. Uma linha horizontal tem equação *y* = *b*, e *b* é outra entrada do usuário. Assim *x* é a incógnita e você resolve a equação para obtê-la. Você espera duas soluções, correspondendo a

$$x_{1,2} = \pm\sqrt{r^2 - b^2}$$

```
                *************
            ******         ******
          ***                 ***
  *********************************************************
        **                       **
       **                         **
       *                           *
      *                             *
      *                             *
      *                             *
      *                             *
      *                             *
       *                           *
       **                         **
        **                       **
         **                     **
          ***                 ***
            ******         ******
                *************
```

Figura 19

Interseção de uma linha e um círculo (usando a versão texto da biblioteca gráfica).

Desenhe ambos os pontos e os rotule com os valores numéricos. Se você fizer certo, estes dois pontos vão aparecer exatamente sobre as interseções reais das figuras. Se você fizer errado, esses dois pontos aparecerão no lugar errado.

Aqui está o código para calcular e desenhar os pontos de interseção.

Arquivo intsect2.cpp

```
1    #include "ccc_win.h"
2    #include <cmath>
3
4    using namespace std;
5
6    int ccc_win_main()
7    {
8       double radius = cwin.get_double("Raio: ");
9       Circle c(Point(0, 0), radius);
10
11      double b = cwin.get_double("Posição da Linha: ");
12      Line s(Point(-10, b), Point(10, b));
13
14      cwin << c << s;
15
16      double root = sqrt(radius * radius - b * b);
17
18      Point p1(root, b);
19      Point p2(-root, b);
20
21      Message m1(p1, p1.get_x());
22      Message m2(p2, p2.get_x());
23
24      cwin << p1 << p2 << m1 << m2;
25
26      return 0;
27   }
```

A Figura 20 mostra a saída combinada. Os resultados concordam perfeitamente, de modo que você pode confiar que fez tudo corretamente. Veja a Dica de Qualidade 3.1 para maiores informações sobre como verificar se este programa funciona corretamente.

Neste ponto você deve ter o cuidado de especificar somente linhas que interceptam o círculo. Se a linha não encontrar o círculo, então o programa vai tentar calcular uma raiz quadrada de um número negativo e irá terminar com um erro matemático. Você ainda não sabe como implementar um teste para se proteger deste tipo de situação. Isso será um tópico do próximo capítulo.

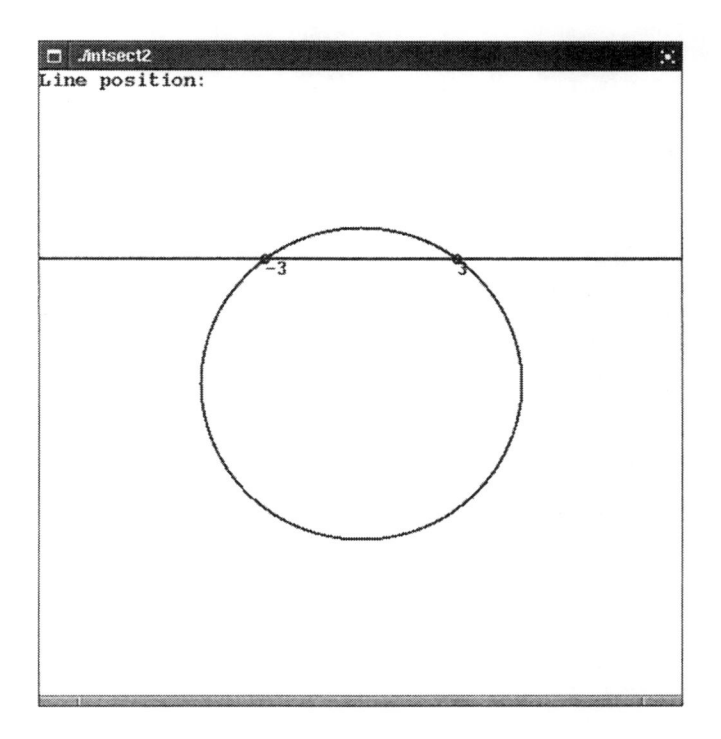

Figura 20
Calculando os pontos de interseção.

Dica de Qualidade 3.1

Calcular Manualmente Dados de Teste

É difícil ou impossível provar que um dado programa funciona corretamente em todos os casos. Para ganhar confiança na corretude de um programa, ou para entender por que ele não funciona como deveria, dados de teste calculados manualmente são valiosos. Se o programa chegar aos mesmos resultados que o cálculo manual, sua confiança é fortalecida. Se os resultados manuais divergem dos resultados do programa, você tem um ponto inicial para o processo de depuração.

Surpreendentemente, muitos programadores relutam em executar qualquer cálculo manual sempre que um programa executa alguma coisa de álgebra. Sua fobia a matemática se apresenta e eles irracionalmente esperam que possam evitar a álgebra e conseguir a submissão do programa através de consertos aleatórios tais como rearranjar os sinais + e –. Consertos aleatórios são sempre uma grande perda de tempo, pois eles raramente produzem resultados úteis.

É muito mais útil procurar por casos de teste que sejam fáceis de calcular e representativos do problema a ser resolvido. O exemplo na figura 21 mostra três casos de teste fáceis que podem ser calculados a mão e então comparados com a execução do programa.

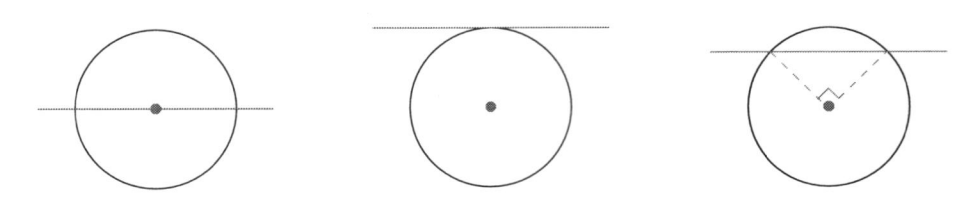

Figura 21

Três casos de teste.

Primeiro, seja a linha horizontal que passa através do cento do círculo. Neste caso, você espera que a distância entre o centro e o ponto de interseção seja igual ao raio do círculo. Seja 2 o raio do círculo. A posição *y* é 0 (o centro da janela). Você espera

$$x_1 = \sqrt{2^2 - 0^2} = 2, \; x_2 = -2$$

Isso não foi tão difícil.

A seguir, seja a linha horizontal que toca o topo do círculo. Novamente, fixe o raio em 2. Então a posição *y* é também 2, e naturalmente $x_1 = x_2 = 0$. Isso também foi bem fácil.

Os primeiros dois casos de teste foram casos de *teste de contorno* do problema. Um programa pode funcionar corretamente para diversos casos de teste mas ainda assim falhar para valores de entrada mais típicos. Entretanto você precisa definir um caso de teste intermediário, mesmo que isto signifique um pouco mais de cálculo. Escolha uma configuração na qual o centro do círculo e os pontos de interseção formem um triângulo retângulo. Se o raio do círculo for novamente 2, então a altura do triângulo é $\frac{1}{2}\sqrt{2}$. Isto parece complicado; em vez disso, tente fazer com que a altura do triângulo seja 2. Assim, a base tem tamanho 4, e o raio do círculo é $2\sqrt{2}$. Portanto, forneça como raio 2.828427, posição *y* 2, e espere $x_1 = 2, x_2 = -2$.

Executar o programa com estas três entradas confirma os cálculos manuais. Os cálculos do computador e os raciocínios manuais não usam as mesmas fórmulas, de modo que você pode ter um alto grau de confiança na validade do programa.

Fato Histórico 3.3

Redes de Computadores e a Internet

Computadores domésticos e portáteis são unidades autocontidas, sem conexão permanente com outros computadores. Computadores de escritórios e laboratórios são usualmente conectados uns com os outros e com computadores maiores: os assim chamados *servidores*. Um servidor pode armazenar muitos programas de aplicação e torná-los disponíveis para todos os computadores da rede. Servidores também podem armazenar dados, tais como tabelas de horários e mensagens eletrônicas, que todos podem recuperar. Redes que conectam os computadores em um prédio são chamadas de redes locais ou LANs (*local area networks*).

Outras redes conectam computadores geograficamente dispersos. Tais redes são chamadas de redes de longa distância ou WANs (*wide area networks*). A mais proeminente rede de longa distância é a *Internet*. Quando este livro estava sendo escrito, a Internet estava numa fase de explosivo crescimento. Em 1994 a Internet conectava cerca de dois milhões de computadores. Ninguém sabe ao certo quantos usuários acessam a Internet, mas em 2002 a população de usuários era estimada em cerca de meio bilhão. A Internet cresceu a partir da ARPAnet, uma rede de computadores de universidades que foi subsidiada pela Advanced Research Planning Agency do Departamento de Defesa dos EUA. A motivação original atrás da criação da rede era o desejo de executar programas em computadores remotos. Usando execução remota, um pesquisador de uma instituição estaria apto a acessar um computador subutilizado em um diferente local. Entretanto, rapidamente ficou claro que a execução remota não era o uso real da rede. A principal utilização era o *correio eletrônico*: a transferência de mensagens entre usuários de computadores em diferentes locais. Atualmente, o correio eletrônico é a mais irresistível dentre as aplicações da Internet.

Ao longo do tempo, mais e mais *informações* se tornaram disponíveis na Internet. As informações eram criadas por pesquisadores e aficionados e livremente disponíveis para qualquer um, seja por bondade do coração ou para auto-promoção. Por exemplo, o projeto GNU está produzindo um conjunto de utilitários de sistemas operacionais de alta qualidade e ferramentas de desenvolvimento de programas que podem ser usadas livremente por qualquer pessoa (`ftp://prep.ai.mit.edu/pub/gnu`). O projeto Gutenberg torna disponível o texto de importantes livros clássicos, cujos direitos autorais já expiraram, em formato legível por computador (`http://www.promo.net/pg`).

As primeiras interfaces para recuperar estas informações eram sem graça e difíceis de usar. Tudo isto mudou com o surgimento da *World Wide Web* (WWW). A *World Wide Web* trouxe dois avanços principais às informações da Internet. A informação poderia conter elementos *gráficos* e *fontes* – uma grande melhoria em relação ao antigo formato de somente texto – e se tornou possível incluir *links* para outras páginas de informação. Usando um navegador como *Netscape*, explorar informações se tornou fácil e divertido (Figura 22).

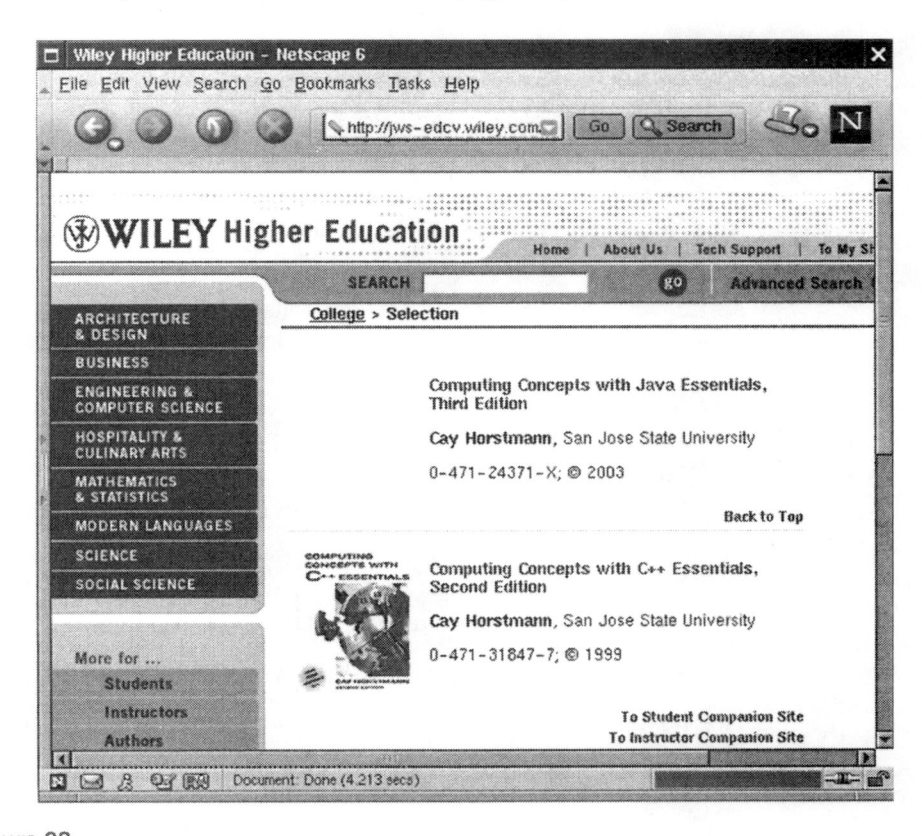

Figura 22

Um navegador *web*.

Resumo do capítulo

1. Usamos objetos em programas quando necessitamos manipular dados que são mais complexos do que apenas números e *strings*. Cada objeto pertence a uma classe. Uma classe determina o comportamento de seus objetos. Neste capítulo você se familiarizou com objetos a partir de algumas classes que foram predefinidas para uso neste livro texto. Entretanto, você deve aguardar até o Capítulo 6 para estar apto a definir suas próprias classes.
2. Objetos são construídos com a notação de construtor. Sempre que um objeto é construído, funções-membro podem ser aplicadas a ele com a notação ponto.
3. Este livro descreve uma biblioteca de estruturas gráficas que são usadas para exemplos interessantes e divertidos. Pontos, linhas, círculos e mensagens podem ser exibidos em uma janela na tela do computador. Programas podem obter do usuário tanto entrada de texto quanto de *mouse*. Ao escrever programas que exibem conjuntos de dados, você deve selecionar um sistema de coordenadas que se ajuste aos seus pontos de dados.

Leitura complementar

[1] C. Eames e R. Eames, *A Computer Perspective*, Harvard Press, Cambridge, MA, 1973. Uma ilustração baseada em uma exibição da história e do impacto social da computação. Contém muitas curiosidades e figuras de dispositivos históricos de computação, seus inventores e seu impacto na vida moderna.

Exercícios de revisão

Exercício R3.1. Explique a diferença entre um objeto e uma classe.

Exercício R3.2. Forneça o código C++ para um *objeto* da classe `Time` e para uma *variável objeto* da `Time`.

Exercício R3.3. Explique as diferenças entre a função-membro e a função não membro.

Exercício R3.4. Explique a diferença entre

```
Point(3, 4);
```

e

```
Point p(3, 4);
```

Exercício R3.5. Quais são os parâmetros de construção para um objeto `Circle`?

Exercício R3.6. O que é construção *default*?

Exercício R3.7. Forneça o código C++ para construir os seguintes objetos:

(a) Horário do almoço
(b) Horário atual
(c) O canto superior direito de janelas gráficas no sistema de coordenadas *default*
(d) Seu instrutor como um empregado (use uma estimativa do salário)
(e) Um círculo preenchendo toda a janela gráfica no sistema de coordenadas *default*
(f) Uma linha representando o eixo x, −10 a 10.

Escreva o código para objetos, e não variáveis objeto.

Exercício R3.8. Repita o exercício anterior, mas agora defina variáveis que são inicializadas com os valores necessários.

Exercício R3.9. Encontre os erros nos seguintes comandos:

(a) `Time now();`
(b) `Point p = (3, 4);`
(c) `p.set_x(-1);`
(d) `cout << Time`
(e) `Time due_date(2004, 4, 15);`
(f) `due_date.move(2, 12);`
(g) `seconds_from(millennium);`
(h) `Employee harry("Hacker", "Harry", 35000);`
(i) `harry.set_name("Hacker, Harriet");`

Exercício R3.10. Descreva todos os construtores da classe `Time`. Liste todas as funções membro que podem ser usadas para alterar um objeto `Time`. Liste todas as funções membro que não alteram o objeto `Time`.

Exercício R3.11. Qual é o valor de `t` após as seguintes operações?

```
Time t;
t = Time(20, 0, 0);
t.add_seconds(1000);
t.add_seconds(-400);
```

Exercício R3.12. Se `t1` e `t2` são objetos da classe `Time`, o seguinte é verdadeiro ou falso?

`t1.add_seconds(t2.seconds_from(t1))` *é o mesmo horário que* `t2`

Exercício R3.13. Quais são as cinco classes usadas neste livro para programação gráfica?

Exercício R3.14. Qual é o valor de `c.get_center` e `c.get_radius` após as seguintes operações?

```
Circle c(Point(1, 2), 3);
c.move(4, 5);
```

Exercício R3.15. Você deseja desenhar um gráfico de barras mostrando a distribuição dos conceitos de todos os estudantes de sua turma (onde A = 4.0, F = 0). Que sistema de coordenadas você escolheria para tornar este desenho o mais simples possível?

Exercício R3.16. Seja `c` um círculo qualquer. Escreva código C++ para desenhar o círculo `c` e um outro círculo que toca `c`. *Dica*: Use `move`.

Exercício R3.17. Escreva instruções C++ para exibir as letras X e T em uma janela gráfica, através do desenho de segmentos de linhas.

Exercício R3.18. Suponha que você executa o programa `intsect2.cpp` e fornece um valor 5 para o raio do círculo e 4 para a posição da linha. Sem realmente executar o programa, determine quais valores você irá obter para os pontos de interseção.

Exercício R3.19. Introduza um erro no programa `intsect2.cpp`, calculando `root = sqrt(radius * radius + b * b)`. Execute o programa. O que acontece com os pontos de interseção?

Exercícios de programação

Exercício P3.1. Escreva um programa que solicita o prazo final para a próxima entrega de trabalho (horas, minutos). Após, imprima o número de minutos entre a hora atual e o prazo final.

Exercício P3.2. Escreva um programa gráfico que solicita para o usuário clicar em três pontos. Após, desenhe um triângulo unindo os três pontos. *Dica*: Para fornecer ao usuário *feedback* sobre o clique, é bom desenhar um ponto depois de cada clique.

```
Point p = cwin.get_mouse("Por favor, clique no primeiro ponto ");
cwin << p; /* Feedback para o usuário */
```

Exercício P3.3. Escreva um programa gráfico que solicita que o usuário clique no centro de um círculo e após em um dos pontos do limite do círculo. Desenhe o círculo que o usuário especificou. *Dica*: O raio do círculo é a distância entre os dois pontos, que é calculada como

$$\sqrt{(a_x - b_x)^2 + (a_y - b_y)^2}$$

Exercício P3.4. Escreva um programa gráfico que solicita que o usuário clique em dois pontos. Então desenhe uma linha unindo os dois pontos e escreva uma mensagem para exibir a declividade da linha; isto é, a relação entre as projeções da linha sobre os eixos *y* e *x*. A mensagem deve ser exibida em um ponto médio da linha.

Exercício P3.5. Escreva um programa gráfico que solicita que o usuário clique em dois pontos. Então desenhe uma linha unindo os dois pontos e escreva uma mensagem para exibir o tamanho da linha, calculada pela fórmula de Pitágoras. A mensagem deve ser exibida em um ponto médio da linha.

Exercício P3.6. Escreva um programa gráfico que solicita que o usuário clique em três pontos. Então desenhe um círculo unindo os três pontos.

Exercício P3.7. Escreva um programa que solicita ao usuário que forneça o primeiro nome e o último nome de um empregado e um salário inicial. Após, dê ao empregado um aumento de 5% e imprima o nome e o salário armazenados no objeto empregado.

Exercício P3.8. Escreva um programa que solicita ao usuário que forneça os nomes e salários de três empregados. Após, imprima o salário médio dos três empregados.

Exercício P3.9. Escreva um programa para desenhar a seguinte careta.

Exercício P3.10. Escreva um programa para desenhar o *string* "HELLO", usando apenas linhas e círculos. Não use uma classe mensagem e não use `cout`.

Exercício P3.11. Escreva um programa que permita ao usuário selecionar duas linhas, solicitando a ele para clicar nas duas extremidades do primeiro segmento e após nas duas extremidades do segundo segmento. A seguir, calcule o ponto de interseção das linhas, fazendo a extensão dos segmentos, e faça o desenho (se os segmentos são paralelos, então as linhas não se interceptam ou elas são idênticas). Nas fórmulas de cálculo da interseção isto vai se manifestar como uma divisão por zero. Uma vez que você não sabe ainda como escrever código envolvendo decisões, seu programa vai terminar quando ocorrer uma divisão por zero. Fazer isso é aceitável para este trabalho.

Aqui está a matemática para calcular o ponto de interseção. Se a = (a_x, a_y) e b = (b_x, b_y) são os pontos terminais do primeiro segmento de linha, então ta + (1 − t) b se verifica para todos os pontos da primeira linha com t variando de −∞ a ∞. Se c = (c_x, c_y) e d = (d_x, d_y) são os pontos terminais do segundo segmento de linha, a segunda linha é uma coleção de pontos $uc + (1 - u)d$. O ponto de interseção é o ponto que ocorre nas duas linhas. Isto é, a solução de ambas é

$$ta + (1 - t)b = uc + (1 - u)d$$

e

$$(a - b)t + (d - c)u = d - b$$

Escrevendo as coordenadas x e y separadamente, obtemos um sistema de duas equações lineares.

$$\left(a_x - b_x\right)t + \left(d_x - c_x\right)u = d_x - b_x$$
$$\left(a_y - b_y\right)t + \left(d_y - c_y\right)u = d_y - b_y$$

Encontre a solução para este sistema. Você precisa apenas do valor de `t`. Então calcule o ponto de interseção como $ta + (1 - t)b$.

Exercício P3.12. *Desenhando um conjunto de dados.* Faça um gráfico de barras para desenhar um conjunto de dados como o seguinte:

Nome	Maior Vão (pés)
Golden Gate	4.200
Brooklyn	1.595
Delaware Memorial	2.150
Mackinaw	3.800

Solicite ao usuário que digite quatro nomes e medidas. Após exiba um gráfico de barras. Faça as barras na horizontal para facilitar a identificação.

```
Golden Gate
Brooklyn
Delaware Memorial
Mackinaw
```

Dica: Configure as coordenadas da janela como 5.000 na direção `x` e 4 na direção `y`.

Exercício P3.13. Escreva um programa que exiba os anéis olímpicos. *Dica*: Construa e exiba o primeiro círculo e após chame `move` quatro vezes.

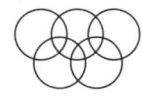

Exercício P3.14. Escreva um programa gráfico que solicite ao usuário que forneça os nomes de três empregados e seus salários. Crie três objetos empregado. Desenhe um gráfico de linhas mostrando os nomes e os salários dos empregados.

```
Hacker, Harry
Cracker, Carl
Bates, Bill
```

Exercício P3.15. Escreva um programa gráfico que solicite ao usuário que forneça quatro valores. Então desenhe um gráfico de torta mostrando os quatro valores.

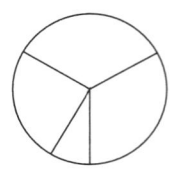

Exercício P3.16. Escreva um programa gráfico que desenha o mostrador de um relógio indicando o horário atual.

Dica: Você precisa determinar os ângulos dos ponteiros das horas e dos minutos. O ângulo do ponteiro dos minutos é fácil: o ponteiro percorre 360 graus em 60 minutos. O ângulo do ponteiro das horas é mais difícil: ele percorre 360 graus em 12×60 minutos.

Exercício P3.17. Escreva um programa que testa a velocidade de digitação do usuário. Obtenha a hora. Solicite ao usuário para digitar *"The quick brown fox jumps over the lazy dog"*. Leia uma linha de entrada. Obtenha a hora novamente em outra variável do tipo `Time`. Imprima os segundos entre os dois horários.

Exercício P3.18. Sua chefe, Juliet Jones, está se casando e decide mudar o seu nome. Complete o seguinte programa de modo que você possa digitar o novo nome de sua chefe:

```
int main()
{
    Employee boss("Jones, Juliet", 45000.00);
    /* seu código fica aqui; não altere os códigos acima e abaixo */

    cout << "Nome: " << boss.get_name() << "\n";
    cout << "Salário: " << boss.get_salary() << "\n";

    return 0;
}
```

O problema é que não existe uma função membro `set_name` para a classe `Employee`. *Dica*: Faça um novo objeto do tipo `Employee` com o novo nome e o mesmo salário. Então atribua o novo objeto a `boss`.

Exercício P3.19. Escreva um programa que desenha uma casa. Ela pode ser tão simples quanto a figura abaixo, ou, se você preferir, faça mais elaborado (3-D, arranha céu, colunas de mármore na entrada, o que for).

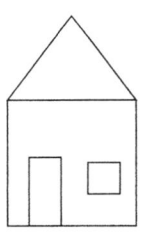

Capítulo 4

Fluxo de Controle Básico

Objetivos do capítulo

- Tornar-se apto a implementar decisões e laços usando os comandos `if` e `while`
- Entender blocos de comandos
- Aprender como comparar inteiros, números em ponto flutuante e *strings*
- Desenvolver estratégias para processar dados de entrada e tratar erros de entrada
- Entender o tipo de dado Booleano
- Evitar laços infinitos e erros fora-por-um

Os programas que você viu até este ponto são capazes de fazer computações rápidas e desenhar gráficos, porém eles são muito inflexíveis. Exceto por variações na entrada, eles funcionam da mesma maneira cada vez que o programa é executado. Os programas com os quais você trabalhou são bastante limitados, no sentido que executam uma seqüência de instruções apenas uma vez e então param.

Uma das características essenciais de programas de computador não triviais é sua habilidade de tomar decisões e de realizar diferentes ações, dependendo da natureza de suas entradas. Neste capítulo, você vai aprender como programar decisões simples e complexas, bem como aprender a implementar seqüências de instruções que são repetidas várias vezes.

Conteúdo do capítulo

4.1 O comando `if` 124
    Sintaxe 4.1: Comando `if` 124
    Sintaxe 4.2: Bloco de comandos 125
    Dica de qualidade 4.1: Leiaute de chaves 126
    Dica de produtividade 4.1: Tabulações 126
4.2 O comando `if/else` 127
    Sintaxe 4.3: Comando `if/else` 128

Tópico avançado 4.1: O operador de seleção 129
4.3 Operadores relacionais 129
    Erro freqüente 4.1: Confundir `=` e `==` 131
    Dica de qualidade 4.2: Compile com zero advertências 131
    Erro Freqüente 4.2: Comparação de números em ponto flutuante 132

4.4 Validação de dados de entrada **133**
    Dica de qualidade 4.3: Evite condições com efeitos colaterais **134**
    Fato histórico 4.1: Minicomputadores e estações de trabalho **135**
4.5 Laços simples **137**
    Sintaxe 4.4: Comando `while` **137**
    Erro freqüente 4.3: Laços infinitos **139**
    Erro freqüente 4.4: Erros fora-por-um **139**
    Dica de produtividade 4.2: Salve seu trabalho antes de cada execução do programa **140**

4.6 Processando uma seqüência de dados de entrada **140**
4.7 Usando variáveis booleanas **142**
    Tópico avançado 4.2: O problema do laço-e-meio **143**
    Erro freqüente 4.5: Detecção de fim de arquivo **144**
    Tópico avançado 4.3: Invariantes de laço **146**
    Fato histórico 4.2: Provas de correção **147**

4.1 O Comando `if`

O comando `if` é usado para implementar uma decisão. Ele possui duas partes: um *teste* e um *corpo* (ver Sintaxe 4.1). Se o teste tem sucesso, o corpo do comando é executado.

Sintaxe 4.1: Comando `if`

`if (condition) statement`

Exemplo:

`if (x >= 0) y = sqrt(x);`

Finalidade:

Execute o comando se a condição é verdadeira.

O corpo do comando `if` pode consistir de um único comando:

```
if (area < 0)
    cout << "Erro: área negativa.\n";
```

essa mensagem de advertência é exibida somente se a área é negativa (ver Figura 1).

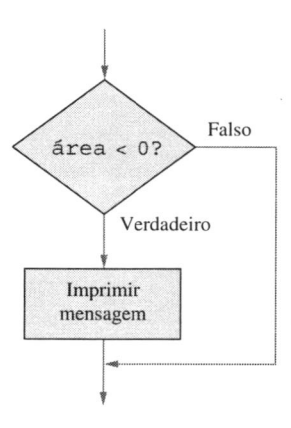

Figura 1
Uma decisão.

Freqüentemente, entretanto, o corpo do comando `if` consiste em vários comandos que devem ser executados em seqüência sempre que o teste tiver sucesso. Estes comandos devem ser agrupados juntos para formar um *bloco de comandos*, delimitado por chaves { } (ver Sintaxe 4.2). Por exemplo,

```
if (area < 0)
{
    cout << "Erro: área negativa.\n";
    return 1;
}
```

Se a área é negativa, então todos os comandos entre chaves são executados: a mensagem é impressa e a função retorna um código de erro.

O programa a seguir coloca esta técnica em funcionamento. Este programa simplesmente imprime uma mensagem de erro e retorna um código de erro se o dado de entrada é inválido. (É possível testar se um programa terminou com sucesso ou com erro, mas os detalhes são dependentes do sistema. Nós simplesmente usamos a convenção de fazer `main` retornar 0 quando um programa completa sua tarefa normalmente e um valor diferente de zero em caso contrário.)

Sintaxe 4.2: Bloco de Comandos

```
{
    statement₁;
    statement₂;
    ...
    statementₙ;
}
```

Exemplo:

```
{
    double length = sqrt(area);
    cout << area << "\n";
}
```

Finalidade:

Agrupar vários comandos em um bloco que pode ser controlado por um outro comando.

Arquivo area1.cpp

```
1   #include <iostream>
2   #include <string>
3   #include <cmath>
4
5   using namespace std;
6
7   int main()
8   {
9      double area;
10     cout << "Por favor forneça a área de um quadrado: ";
11     cin >> area;
12     if (area < 0)
13     {
14        cout << "Erro: área negativa.\n";
15        return 1;
16     }
17
18     /* agora sabemos que a área é >= 0 */
19
```

```
20      double length = sqrt(area);
21      cout << "O tamanho do lado do quadrado é "
22      << length << "\n";
23
24      return 0;
25  }
```

Dica de Qualidade 4.1

Leiaute de Chaves

O compilador não se importa com o lugar onde você coloca as chaves, mas recomendamos fortemente que você siga a regra simples de alinhar as {}.

```
int main()
{
    double area;
    cin >> area;
    if (area >= 0)
    {
        double length = sqrt(area);
        ...
    }
    ...
    return 0;
}
```

Esse esquema torna fácil de visualizar as chaves correspondentes. Alguns programadores colocam a chave de abertura na mesma linha do if:

```
if (area >= 0) {
    double length = sqrt(area);
    ...
}
```

o que torna mais difícil de associar estas chaves, mas economiza uma linha de código, permitindo que você veja mais linhas de código sem fazer rolagem de tela. Existem defensores apaixonados de ambos os estilos.

É importante que você adote um esquema de leiaute e se atenha a ele consistentemente dentro de um projeto de programação. O esquema a ser adotado depende de sua preferência pessoal ou do guia de estilo de codificação que você deve seguir.

Dica de Produtividade 4.1

Tabulações

Código estruturado em blocos possui a propriedade de que comandos aninhados são indentados por um ou mais níveis:

```
int main()
{
    double area;
    ...
    if (area >= 0)
    {
        double length = sqrt(area);
```

```
        ...
        }
    ...
    return 0;
}
↑   ↑   ↑
0   1   2
Nível de Indentação
```

Quantos espaços você deve usar por nível de indentação? Alguns programadores usam oito espaços por nível, mas esta não é uma boa escolha:

```
int main()
{
        double area;
        ...
        if (area >= 0)
        {
                double length = sqrt(area);
                ...
        }
        ...
        return 0;
}
```

Ela concentra o código muito para o lado direito da tela. Como conseqüência, expressões longas devem ser partidas em linha separadas. Valores mais comuns são 2, 3 ou 4 espaços por nível de indentação.

Como você move o cursor da coluna mais à esquerda para o nível de indentação apropriado? Uma estratégia perfeitamente razoável é pressionar a barra de espaço um número suficiente de vezes. Entretanto, muitos programadores, em vez disso, usam a tecla Tab. Uma tabulação move o cursor para o próximo ponto de tabulação. Por *default*, as tabulações são de 8 colunas, mas muitos editores permitem que você altere este valor; descubra como configurar as tabulações de seu editor para, digamos, a cada três colunas. (Note que a tecla Tab não insere três espaços. Ela move o cursor para a próxima coluna de tabulação).

Alguns editores realmente ajudam você com a característica de *autoindentação*. Eles automaticamente inserem tantas marcas de tabulação ou espaços quantos havia na linha anterior, por que é bastante provável que a nova linha esteja no mesmo nível de indentação. Se não for assim, você pode adicionar ou remover tabulações, mas ainda assim é mais rápido do que tabular todo o caminho a partir da margem esquerda.

Embora sejam muito boas para entrada de dados, tabulações possuem uma desvantagem. Elas podem desarrumar as impressões. Se você envia um arquivo com tabulações para uma impressora, a impressora pode ou ignorar todas as marcas de tabulação ou configurar marcas de tabulação a cada oito colunas. Assim, é melhor salvar e imprimir seus arquivos com espaços em vez de tabulações. A maioria dos editores possuem configurações que automaticamente convertem tabulações em espaços ao salvar ou imprimir. Olhe a documentação de seu editor para descobrir como ativar esta útil configuração.

4.2 O Comando `if/else`

Aqui está uma abordagem ligeiramente diferente para ignorar entradas negativas no programa da área:

```
if (area >= 0)
    cout << "O tamanho do lado é " << sqrt(area) << "\n";
if (area < 0)
    cout << "Erro: área negativa.\n";
```

Os dois comandos `if` possuem condições complementares. Nesta situação, você pode usar o comando `if/else` (ver Sintaxe 4.3):

```
if (area >= 0)
    cout << "O tamanho do lado é " << sqrt(area) << "\n";
else
    cout << "Erro: área negativa.\n";
```

> ### Sintaxe 4.3: Comando `if/else`
>
> if (*condition*) *statement*$_1$ else *statement*$_2$
>
> **Exemplo:**
>
> if (x >= 0) y = sqrt(x); else cout << "Erro de entrada\n";
>
> **Finalidade:**
>
> Executa o primeiro comando se a condição é verdadeira, ou o segundo comando se a condição é falsa.

O fluxograma na Figura 2 fornece uma representação gráfica do comportamento de desvio.

De fato, o comando `if/else` é uma escolha melhor do que um par de comandos `if` com condições complementares. Se você necessita modificar a condição `area >= 0` por alguma razão, você não tem que lembrar de atualizar a condição complementar `area < 0` também.

Aqui está o programa da área usando um comando `if/else`.

Arquivo area2.cpp

```
1   #include <iostream>
2   #include <string>
3   #include <cmath>
4
5   using namespace std;
6
7   int main()
8   {
9      double area;
10     cout << "Por favor, forneça a área de um quadrado: ";
11     cin >> area;
12
```

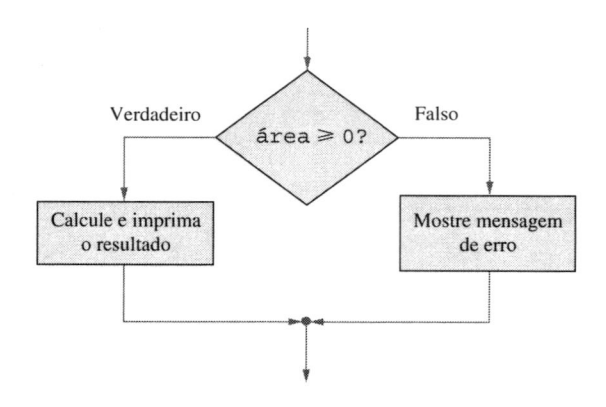

Figura 2

Fluxograma para o comando `if/else`.

```
13      if (area >= 0)
14          cout << "O tamanho do lado é " << sqrt(area) << "\n";
15      else
16          cout << "Erro: área negativa.\n";
17
18      return 0;
19  }
```

Tópico Avançado 4.1

O Operador de Seleção

C++ possui um operador de seleção na forma

teste ? valor$_1$: valor$_2$

O valor desta expressão é ou *valor$_1$*, se o teste for verdadeiro, ou *valor$_2$*, se o teste falhar. Por exemplo, podemos calcular o valor absoluto como

```
y = x >= 0 ? x : -x;
```

o que é uma abreviatura conveniente para

```
if (x >= 0) y = x;
else y = -x;
```

O operador de seleção é similar ao comando `if/else`, mas ele funciona em um nível sintático diferente. O operador de seleção combina *expressões* e fornece outra expressão. O comando `if/else` combina comandos e fornece um outro comando.

Expressões possuem valores. Por exemplo, `-b + sqrt(r)` é uma expressão, como é `x >= 0 ? x : -x`. Qualquer expressão pode ser transformada em um comando adicionando um ponto-e-vírgula. Por exemplo, `y = x` é uma expressão (com valor x), mas `y = x;` é um comando. Comandos não possuem valores. Considerando que `if/else` forma um comando e não possui um valor, você não pode escrever

```
y = if (x > 0) x; else -x; /* Erro */
```

Nós não usamos o operador de seleção neste livro, mas é uma construção conveniente e legítima que você vai encontrar em muitos programas C++.

4.3 Operadores relacionais

Cada comando `if` executa um teste. Em muitos casos, o teste compara dois valores. Por exemplo, nos exemplos anteriores testamos `area < 0` e `area >= 0`. As comparações `>` e `>=` são chamadas *operadores relacionais*. C++ possui seis operadores relacionais:

C++	Notação Matemática	Descrição
>	>	Maior do que
>=	≥	Maior do que ou igual a
<	<	Menor do que
<=	≤	Menor do que ou igual a
==	=	Igual
!=	≠	Não igual

Como você pode ver, somente dois operadores relacionais de C++ (> e <) parecem de acordo com o que você esperaria a partir de notação matemática. Teclados de computadores não possuem teclas para ≥, ≤, ou ≠, mas os operadores >=, <=, e != são fáceis de lembrar porque eles parecem semelhantes. O operador == inicialmente parece confuso para a maioria dos novatos em C++. Em C++, = já possui um significado, pois denota atribuição. O operador == denota teste de igualdade:

```
a = 5; /* atribui 5 para a */
if (a == 5) /* testa se a é igual a 5 */
```

Você deve lembrar de usar == dentro de testes e de usar = fora de testes (ver Erro Freqüente 4.1 para mais informações).

Você também pode comparar *strings*:

```
if (name == "Harry")...
```

Em C++, existe diferença entre maiúsculas e minúsculas. Por exemplo, `"Harry"` e `"HARRY"` não são o mesmo *string*.

Se você compara *strings* usando < <= > >=, eles são comparados na ordem do dicionário. Por exemplo, o teste

```
string name = "Tom";
if (name < "Dick")...
```

falha, por que no dicionário Dick vem antes de Tom. Realmente, a ordenação de dicionário usada por C++ é ligeiramente diferente daquela de um dicionário normal. C++ é sensível a maiúsculas e minúsculas e classifica caracteres primeiro por números, depois letras maiúsculas e depois letras minúsculas. Por exemplo, `1` vem antes de `B`, que vem antes de `a`. O caractere espaço vem antes de todos os demais caracteres. Mais exatamente, a ordem de classificação é dependente de implementação, mas a grande maioria dos sistemas usa o conhecido código *ASCII* (American Standard Code for Information Interchange), ou uma de suas extensões, cujos caracteres são classificados como descrito.

Ao comparar dois *strings*, letras correspondentes são comparadas até que um dos *strings* termina ou a primeira diferença seja encontrada. Se um dos *strings* termina, o mais longo é considerado o último. Se caracteres diferentes são encontrados, compara-se os caracteres para determinar qual *string* vem após na seqüência do dicionário. Este processo é chamado *comparação lexicográfica*. Por exemplo, compare `"car"` com `"cargo"`. As primeiras três letras coincidem e alcançamos o final do primeiro *string*. Portanto, `"car"` vem antes de `"cargo"` na ordenação lexicográfica. Agora, compare `"cathode"` com `"cargo"`. As primeiras duas letras coincidem. Uma vez que t vem após r, o *string* `"cathode"` vem após `"cargo"` na ordenação lexicográfica (ver Figura 3).

Você somente pode comparar números com números e *strings* com *strings*. O teste

```
string name = "Harry";
if (name > 5) /* Erro */
```

não é válido.

Você pode usar os operadores relacionais somente para números e *strings*. Você não pode usá-los para comparar objetos de classes arbitrárias. Por exemplo, se s e t são dois objetos da classe Time, então a comparação

```
if (s == t) /* Não! */
```

é um erro.

c	a	r	g	o

c	a	t	h	o	d	e

Letras coincidem   r vem antes de t

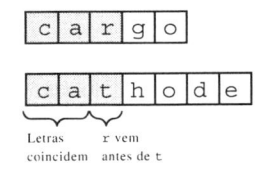

Figura 3

Ordenação lexicográfica.

Em vez disso, você deve testar se `s.get_hours()` é igual a `t.get_hours()`, se `s.get_minutes()` é igual a `t.get_minutes()`, e se `s.get_seconds()` é igual a `t.get_seconds`.

⊗ Erro Freqüente   4.1

Confundir `=` e `==`

A regra para o uso correto de `=` e `==` é bem simples. Em testes, sempre use `==` e nunca use `=`. Se isto é tão simples, porque o compilador não pode ajudar e indicar quaisquer erros?

Na verdade, a linguagem C++ permite o uso de `=` dentro de testes. Para entender isto, temos que voltar no tempo. Por razões históricas, as expressões dentro de um `if ()` não precisam ser condições lógicas. Qualquer valor numérico pode ser usado dentro de uma condição, com a convenção que 0 indica falso e qualquer valor diferente de 0 indica verdadeiro. Além disso, atribuições em C++ também são expressões e possuem valores. Por exemplo, o valor da expressão `a = 5` é 5. Isto pode ser conveniente – você pode capturar o valor de uma expressão intermediária em uma variável:

```
x1 = (-b - (r = sqrt(b * b - 4 * a * c))) / (2 * a);
x2 = (- b + r) / (2 * a);
```

A expressão `r = sqrt(b * b - 4 * a * c)` possui um valor, que é o valor atribuído a `r`, e portanto pode ser usado dentro de uma expressão maior. Não recomendamos este estilo de programação, porque não é muito mais trabalhoso atribuir primeiro o valor a `r` e então calcular `x1` e `x2`, mas existem situações em que esta construção é útil. Estas duas características – quais sejam, que números podem ser usados como valores lógicos e que atribuições são expressões com valores – conspiram para criar uma armadilha horrível. O teste

```
if (x = y)...
```

é legal em C++, mas não testa se `x` e `y` são iguais. Em vez disso, o código atribui `x` a `y`, e se este valor não é zero, o corpo do comando `if` é executado.

Felizmente, muitos compiladores emitem uma advertência quando encontram tal comando. Você deve considerar seriamente estas advertências (ver Dica de Qualidade 4.2 para mais conselhos sobre advertências de compiladores).

Alguns programadores neuróticos ficam tão preocupados com o uso de `=` que eles usam `==` mesmo quando querem fazer uma atribuição:

```
x2 == (-b + r) / (2 * a);
```

Novamente, isto é legal em C++. Este comando testa se `x2` é igual à expressão do lado direito. Nada é feito com o resultado do teste, mas isto não é um erro. Alguns compiladores irão advertir que "o código não tem efeito", mas outros irão silenciosamente aceitar o código.

🎖 Dica de Qualidade   4.2

Compilar com Zero Advertências

Existem dois tipos de mensagens que o compilador dá a você: *erros e advertências*. Mensagens de erro são fatais; o compilador não traduzirá um programa com um ou mais erros. Mensagens de advertência são aconselhamentos; o compilador irá traduzir o programa, mas existe uma grande possibilidade de que o programa não vá fazer aquilo que você espera que ele faça.

Você deve se esforçar para escrever código que não emita advertências de nenhuma espécie. Geralmente você pode evitar advertências convencendo o compilador de que você sabe o que está fazendo. Por exemplo, muitos compiladores advertem sobre uma possível perda de informação quando você atribui uma expressão em ponto flutuante a uma variável inteira:

```
int pennies = 100 * (amount_due - amount_paid);
```

Use uma conversão explícita (veja Erro Freqüente 4.2), e o compilador irá parar de reclamar:

```
int pennies = static_cast<int>(100 * (amount_due - amount_paid));
```

Alguns compiladores emitem advertências que somente podem ser evitadas com uma grande dose de habilidade ou esforço. Se você se deparar com uma advertência, confirme com seu instrutor se ela é inevitável.

Erro Freqüente 4.2

Comparação de Números em Ponto Flutuante

Números em ponto flutuante possuem somente uma precisão limitada e cálculos podem introduzir erros de arredondamento. Por exemplo, o seguinte código multiplica a raiz quadrada de 2 por ela mesma. Esperamos obter 2 como resposta:

```
double r = sqrt(2);
if (r * r == 2) cout << "sqrt(2) ao quadrado é 2\n";
else cout << "sqrt(2) ao quadrado não é 2 e sim " << r * r << "\n";
```

Estranhamente, este programa exibe

```
sqrt(2) ao quadrado não é 2 e sim 2
```

Para ver o que realmente acontece, necessitamos ver a saída com uma maior precisão. Então a resposta é

```
sqrt(2) ao quadrado não é 2 e sim 2.0000000000000004
```

Isto explica por que `r * r` não é igual a 2 na comparação. Infelizmente, erros de arredondamento são inevitáveis. Na maioria das circunstâncias, não faz sentido comparar com exatidão números em ponto flutuante. Em vez disso, podemos testar se eles são suficientemente próximos. Isto é, a magnitude de sua diferença deve ser menor que um certo limite. Matematicamente deveríamos escrever que x e y são suficientemente próximos se,

$$|x - y| \leq \varepsilon$$

para um número muito pequeno ε. ε é a letra grega épsilon, uma letra comumente usada para indicar uma quantidade muito pequena. É comum associar a ε o valor 10^{-14} ao comparar números `double`.

Entretanto, este teste muita vezes não é suficientemente bom. Suponha que x e y são bem grandes, digamos, alguns poucos milhões cada um deles. Então, em um deles poderia haver um erro de arredondamento em relação ao outro, mesmo que sua diferença fosse um pouco maior do que 10^{-14}. Para evitar este problema, devemos realmente testar se

$$\frac{x - y}{\max(|x|, |y|)} \leq \varepsilon$$

Esta fórmula possui uma limitação. Suponha que ou x ou y seja zero. Então

$$\frac{|x - y|}{\max(|x|, |y|)}$$

▼ possui o valor 1. Conceitualmente, não existe informação suficiente para comparar as magnitudes nesta situação. Em tal situação, você deve associar ε a um valor que seja apropriado para o domínio do problema e verificar se $|x - y| \leq \varepsilon$

4.4 Validação de dados de entrada

Uma aplicação importante para o comando `if` é a *validação de entrada*. Como discutimos anteriormente, o usuário do programa deve entrar com uma seqüência de dígitos ao ser lido um inteiro de um *stream* de entrada. Se o usuário digita `cinco` quando o programa processa `cin >> area` para obter um valor para `area`, então a variável `area` não recebe um valor e o *stream* é configurado para um estado de falha. Você pode testar este estado de falha

```
if (cin.fail())
{
    cout << "Erro: entrada incorreta\n";
    return 1;
}
```

Para programas práticos é importante realizar um teste após *cada* entrada. Usuários não são confiáveis para fornecer dados com consistência perfeita, e um programa sério deve validar cada entrada. Para validar totalmente a entrada de `area`, devemos primeiro testar que algum inteiro foi lido com sucesso e então testar se o inteiro era positivo.

Arquivo area3.cpp

```
1   #include <iostream>
2   #include <string>
3   #include <cmath>
4
5   using namespace std;
6
7   int main()
8   {
9       double area;
10      cout << "Por favor forneça a área de um quadrado: ";
11      cin >> area;
12
13      if (cin.fail())
14      {
15          cout << "Erro: entrada incorreta\n";
16          return 1;
17      }
18
19      if (area < 0)
20      {
21          cout << "Erro: área negativa\n";
22          return 1;
23      }
24
25      cout << "O tamanho do lado é " << sqrt(area) << "\n";
26
27      return 0;
28  }
```

A ordem em que aparecem os comandos `if` é importante. Suponha que invertamos a ordem:

```
double area;
cin >> area;
```

```
if (area < 0)
{
    cout << "Erro: área negativa\n";
    return 1;
}
if (cin.fail())
{
    cout << "Erro: entrada incorreta\n";
    return 1;
}
```

Se o usuário digita uma entrada incorreta, tal como cinco, então o comando `cin >> area` não altera o valor de `area`. Entretanto, como `area` nunca foi inicializada, ela contém um valor aleatório. Existe 50% de chance deste valor aleatório ser negativo. Neste caso, uma mensagem que confunde `"Erro: área negativa"` é exibida.

Uma variável *stream* pode ser usada como condição de um comando `if`:

```
cin >> area;

if (cin)
{
    /* o stream não falhou */
    ...
}
else
{
    /* o stream falhou */
    ...
}
```

Isso é, o teste `if (cin)` é exatamente o oposto do teste `if (cin.fail())`. Ele testa se `cin` ainda está em bom estado. Muitas pessoas acham isto um pouco confuso e nós recomendamos que você indague explicitamente `cin.fail()`.

Existe, no entanto, uma expressão popular que se baseia neste teste. A expressão `cin >> x` possui um valor, que é `cin`. É isto que torna possível encadear os operadores `>>`: `cin >> x >> y` primeiro executa `cin >> x`, que lê a entrada para `x` e novamente libera `cin`, que é combinada com `y`. A operação `cin >> y` então lê `y`.

Como a expressão `cin >> x` possui `cin` como seu valor, e você pode usar um *stream* como condição de um comando `if`, você pode usar o seguinte teste:

```
if (cin >> x)...
```

Isso significa "Ler x, e se isto não fizer `cin` falhar, então continue". Alguns programadores gostam deste estilo e você deve familiarizar-se com ele. Nós não o usamos para comandos `if` porque esta mínima economia de digitação não parece compensar a perda em clareza. Entretanto, como você verá mais adiante neste capítulo, a expressão se torna mais atraente para laços.

Existem duas funções adicionais para testar o estado de um *stream*: `good` e `eof`. Entretanto, estas funções não são tão úteis (e são de fato usadas incorretamente em alguns livros). Veja o Erro Freqüente 4.5 para mais informações.

Dica de Qualidade 4.3

Evite Condições com Efeitos Colaterais

Como descrito no Erro Freqüente 4.1, é legal aninhar comandos dentro de condições de teste:

```
if ((d = b * b - 4 * a * c) >= 0) r = sqrt(d);
```

Também é legal ler um número e então testar o *stream* de entrada:

```
if ((cin >> x).fail()) cout << "Erro\n";
```

É legal usar o operador de incremento e de decremento dentro de outras expressões:

```
if (n--> 0)...
```

Todas estas são más práticas de programação, porque misturam um teste com outras atividades. A outra atividade (atribuir à variável d, ler x, decrementar n) é denominada de *efeito colateral* do teste.

Como você verá mais adiante neste capítulo, condições com efeitos colaterais pode ocasionalmente ser úteis para simplificar *laços*. Em comandos if, elas devem sempre ser evitadas.

Fato Histórico 4.1

Minicomputadores e Estações de Trabalho

Nos 20 anos após os primeiros computadores terem se tornado operacionais, eles haviam se tornado indispensáveis para organizar dados financeiros e de consumidores em todas as grandes empresas americanas. O processamento de dados corporativos requer uma instalação centralizada de computadores e grande quantidade de pessoas para assegurar a disponibilidade dos dados 24 horas por dia. Estas instalações eram enormemente caras, mas eram vitais para manter um negócio moderno. Grandes universidades e instituições de pesquisa também podiam arcar com os custos de instalação deste computadores dispendiosos, mas muitas organizações científicas, de engenharia e divisões de corporações não podiam.

Nos meados dos anos1960, quando os circuitos integrados começaram a se tornar disponíveis, o custo dos computadores pôde ser reduzido para usuários que não necessitavam um nível tão alto de suporte e serviços (ou volume de armazenamento de dados) como as instalações de processamento de dados corporativas. Tais usuários incluíam cientistas e engenheiros que possuíam conhecimento de operação de computadores. (Nesta época, "operar" um computador não significava somente ligá-lo. Computadores vinham com muito pouco *software* adicional, e a maioria das tarefas tinha que ser programada pelos usuários dos computadores). Em 1965 a Digital Equipment Corporation introduziu o *minicomputador* PDP-8, instalado em um único gabinete (ver Figura 4) e assim

Figura 4

Um minicomputador.

pequeno o suficiente para uso departamental. Em 1978, o primeiro minicomputador de 32 bits, o VAX, foi introduzido também pela DEC. Outras companhias, tais como a Data General, trouxeram projetos que competiam com ele; o livro [2] contém uma descrição fascinante do trabalho de engenharia na Data General para construir uma máquina que pudesse competir com o VAX. No entanto, minicomputadores não eram usados somente para aplicações de engenharia. Companhias de integração de sistemas podiam comprar estas máquinas, fornecer *software* e revendê-las para companhias menores para processamento de dados administrativos. Minicomputadores como a bem sucedida série AS/400 da IBM ainda estão em uso atualmente, mas eles ainda enfrentam competição de estações de trabalho e computadores pessoais, que são muito menos dispendiosos e possuem *software* cada vez mais poderoso.

No início da década de 1980, usuários desenvolvedores se tornaram cada vez mais desencantados de ter que compartilhar computadores com outros usuários. Computadores dividiam sua atenção com múltiplos usuários que estavam no momento conectados ao sistema, em um processo conhecido como *time sharing*. No entanto, terminais gráficos estavam se tornando disponíveis e o rápido processamento gráfico era mais do que poderia ser feito pela distribuição de fatias de tempo. A tecnologia novamente avançou ao ponto em que um computador inteiro poderia ser colocado em uma caixa que cabia em uma escrivaninha. Uma nova geração de fabricantes, tais como a Sun Microsystems, começaram a produzir *estações de trabalho* (Figura 5). Estes computadores eram usados por indivíduos com alta demanda computacional – por exemplo, projetistas de circuitos eletrônicos, engenheiros aeroespaciais, e, mais recentemente, artistas de desenho animado. Estações de trabalho tipicamente usam um sistema operacional chamado UNIX. À medida que cada fabricante de estações de trabalho possuía sua própria marca de UNIX, com ligeiras diferenças em cada versão, se tornou econômico para fabricantes de *software* produzir programas que poderiam ser executados em diferentes plataformas de *hardware*. Isto foi ajudado pelo fato de que a maioria dos fabricantes de estações de trabalho padronizaram o sistema *X Window* para exibição gráfica.

Nem todos os fabricantes de estações de trabalho tiveram sucesso. O livro [3] conta a história da NeXT, uma companhia que tentou construir uma estação de trabalho e falhou, perdendo mais de 250 milhões de dólares de seus investidores neste processo.

Figura 5
Uma estação de trabalho.

▼ Atualmente, estações de trabalho são usadas principalmente para duas finalidades distintas: como processadores gráficos rápidos e como *servidores*, para armazenar dados tais como correio eletrônico, informações de vendas ou páginas *Web*.
▼

4.5 Laços simples

Relembre o problema de investimento do Capítulo 1. Você coloca $10.000 em uma conta bancária que rende juros de 5% ao ano. Quantos anos leva para que o saldo da conta seja o dobro do investimento original?

No Capítulo 1, desenvolvemos um algoritmo para este problema, mas não apresentamos o suficiente da sintaxe de C++ para implementá-lo. Aqui está o algoritmo:

Passo 1 **Inicie a tabela**

Ano	Saldo
0	$10.000,00

Passo 2 **Repita os passos 2a ... 2c enquanto o saldo for menor que $20.000.**

  Passo 2a **Adicione uma nova linha à tabela.**

  Passo 2b **Na coluna 1 da nova linha, adicione mais um ao valor do ano.**

  Passo 2c **Na coluna 2 da nova linha, coloque o valor do saldo anterior multiplicado por 1,05 (5%).**

Passo 3 **Use o último número da coluna do ano como o número de anos necessários para dobrar o investimento.**

Você agora sabe que cada coluna da tabela corresponde a uma variável C++ e sabe como atualizar e imprimir variáveis. O que você ainda não sabe é como implementar "Repita os passos 2a ... 2c enquanto o saldo for menor que $20.000."

Em C++, o comando `while` (ver Sintaxe 4.4) implementa tal repetição. O código

```
while (condition)
    statement
```

continua executando o comando (*statement*), enquanto a condição for verdadeira. O comando (*statement*) pode ser um bloco de comandos se você necessita realizar diversas ações no laço.

Sintaxe 4.4: Comando `while`

`while (condition) statement`

Exemplo:

`while (x >= 10) x = sqrt(x);`

Finalidade:

Executa o comando (*statement*) enquanto a condição (*condition*) permanecer verdadeira.

Aqui está o programa que resolve o problema do investimento:

Arquivo doublinv.cpp

```
1    #include <iostream>
2
3    using namespace std;
4
5    int main()
6    {
7       double rate = 5;
8       double initial_balance = 10000;
9       double balance = initial_balance;
10      int year = 0;
11
12      while (balance < 2 * initial_balance)
13      {
14         balance = balance * (1 + rate / 100);
15         year++;
16      }
17
18      cout << "O investimento dobrou após "
19         << year << " anos.\n";
20
21      return 0;
22   }
```

Um comando while é freqüentemente chamado de *laço*. Se você desenha um fluxograma, os laços de controle retornam ao teste após cada iteração (ver Figura 6).

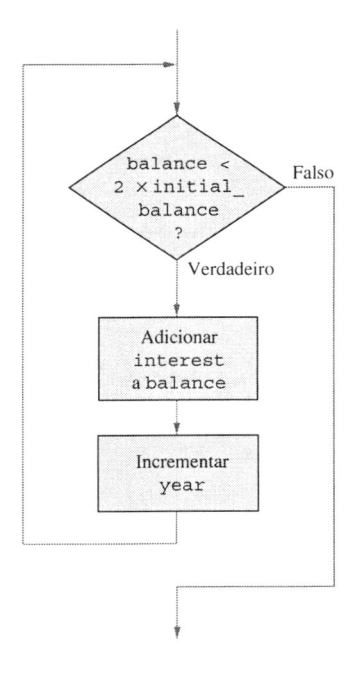

Figura 6

Fluxograma de um laço `while`.

Erro Freqüente 4.3

Laços Infinitos

O erro mais irritante em laços é um laço infinito: um laço que executa para sempre e somente pode ser interrompido matando o programa ou reiniciando o computador. Se existem comandos de saída no laço, então resmas e resmas de saída pipocam na tela. Ou, ao contrário, o programa apenas senta ali e pendura, parecendo não fazer nada. Em alguns sistemas, você pode matar um programa pendurado pressionando Ctrl + Break ou Ctrl + C. Em outros, você pode fechar a janela na qual o programa está sendo executado.

Uma razão comum para laços infinitos é esquecer de atualizar a variável que controla o laço:

```
years = 1;
while (years <= 20)
{
    interest = balance * rate / 100;
    balance = balance + interest;
}
```

Aqui o programador esqueceu de adicionar um comando `years++` no laço. Como resultado, o ano permaneceu sempre em 1 e o laço nunca chega ao final.

Outra razão comum para um laço infinito é incrementar acidentalmente um contador que deveria ser decrementado (ou vice versa). Considere este exemplo:

```
years = 20;
while (years > 0)
{
    interest = balance * rate / 100;
    balance = balance + interest;
    years++;
}
```

A variável `years` na verdade deveria ter sido decrementada e não incrementada. Isso é um erro comum por que incrementar contadores é muito mais comum do que decrementar e seus dedos podem digitar o ++ no piloto automático. Como conseqüência, `years` é sempre maior do que 0 e o laço nunca termina. (Na realidade, eventualmente `years` pode exceder o maior inteiro positivo representável e tornar-se um número negativo. Então o laço termina – naturalmente, com um resultado completamente errado).

Erro Freqüente 4.4

Erros Fora-por-Um

Considere nossa computação do número de anos que são requeridos para dobrar um investimento:

```
int years = 0;
while (balance < 2 * initial_balance)
{
    years++;
    double interest = balance * rate / 100;
    balance = balance + interest;
}
cout << "O investimento dobrou após "
    << years << " anos.\n";
```

Deve `years` iniciar em 0 ou em 1? Deveria você testar `balance < 2 * initial_balance` ou `balance <= 2 * initial_balance`? É fácil estar *fora por um* nessas expressões.

Algumas pessoas tentam resolver erros fora-por-um inserindo aleatoriamente +1 ou -1 até que o programa pareça funcionar – uma estratégia terrível. Pode levar um longo tempo para compilar e testar todas as várias possibilidades. Gastar um pouco de esforço mental realmente economiza tempo. Felizmente, erros fora-por-um são fáceis de evitar, simplesmente raciocinando através de uma dupla de casos de teste e usando a informação dos casos de teste para tomar suas decisões com fundamento.

Deve `years` iniciar em 0 ou em 1? Olhe para um cenário com valores simples: um saldo inicial de $100 e uma taxa de juros de 50%. Após o ano 1, o saldo é $150 e após o ano 2 é $225, ou mais de $200. Assim, o investimento dobrou após 2 anos. O laço foi executado duas vezes, incrementando `years` a cada vez. Portanto, `years` deve iniciar em 0, não em 1.

Em outras palavras, a variável `balance` indica o saldo após o fim do ano. No início, a variável `balance` contém o saldo após o ano 0 e não após o ano 1.

A seguir, você deve usar uma comparação `<` ou `<=` no teste? Isto é mais difícil de perceber, porque é raro que o saldo seja exatamente o dobro do saldo inicial. Existe um caso em que isto acontece, exatamente quando o juro é 100%. O laço é executado uma vez. Agora `years` é 1 e `balance` é exatamente igual a `2 * initial_balance`. Teria o investimento dobrado após um ano? Dobrou. Entretanto, o laço não deveria ser executado novamente. Se a condição de teste é `balance < 2 * initial_balance`, o laço pára, como deveria. Se a condição de teste tivesse sido `balance <= 2 * initial_balance`, o laço teria sido executado mais uma vez.

Em outras palavras, você continua a adicionar juros *enquanto o saldo ainda não dobrou*.

Dica de Produtividade 4.2

Salve Seu Trabalho Antes de Cada Execução do Programa

Você agora aprendeu o suficiente sobre programação, de modo que pode escrever programas que "penduram" – isto é, executam para sempre. Em alguns ambientes, você pode não conseguir usar novamente o teclado e o *mouse*. Se você não salvou o seu trabalho e seu programa pendura, você pode ter que reiniciar o ambiente de desenvolvimento ou mesmo o computador e digitar tudo novamente.

Portanto, você deve adquirir o hábito de *salvar o seu trabalho* antes de cada execução do programa. Alguns ambientes integrados de desenvolvimento podem ser configurados para fazer isto automaticamente, mas isto não é sempre o comportamento padrão. Você deve configurar seus dedos para sempre emitir um comando "File | Save All" antes de executar um programa.

4.6 Processando uma seqüência de dados de entrada

Nesta seção você irá aprender como processar uma seqüência de valores de entrada. Você inicia com um programa exemplo que lê uma seqüência de salários de empregados e imprime a média salarial. Sempre que você lê valores de entrada, você precisa ter algum método para encerrar a entrada.

Algumas vezes você tem sorte e nenhum dos valores de entrada pode ser zero. Então você pode solicitar ao usuário que continue entrando com valores numéricos ou digite 0 para terminar este conjunto de dados. Se zero for permitido mas números negativos não forem, você pode usar –1 para indicar término. Tal valor, que não é uma entrada real, mas que serve como um sinal de término, é denominado de *sentinela*.

Arquivo sentinel.cpp

```
1    #include <iostream>
2
```

```
3    using namespace std;
4
5    int main()
6    {
7       double sum = 0;
8       int count = 0;
9       bool more = true;
10      double salary = 0;
11      while (salary != -1)
12      {
13         cout << "Digite um salário, -1 para terminar: ";
14         cin >> salary;
15         if (salary != -1)
16         {
17            sum = sum + salary;
18            count++;
19         }
20      }
21      if (count > 0)
22         cout << "Média salarial: " << sum / count << "\n";
23      return 0;
24   }
```

Sentinelas somente funcionam se existe alguma restrição na entrada. Em muitos casos, no entanto, não existe. Suponha que você quer calcular a média de um conjunto de dados que contém zero ou números negativos. Então você não pode usar 0 ou –1 para indicar o final da entrada.

Ao ler dados de entrada a partir do console, existe uma outra maneira de indicar o final da entrada. Você digita um caractere especial, tal como Ctrl + Z em um sistema Windows ou Ctrl + D em UNIX após você ter entrado com todos os valores. Isto fecha o *stream* de entrada. Quando você lê de um *stream* fechado, o *stream* entra em um estado falho.

O programa exemplo a seguir lê um conjunto de valores de temperaturas e imprime o maior deles. Para encontrar o maior valor em uma seqüência de valores, use a seguinte lógica: manter o valor máximo de todos os dados que você encontrou até o momento. Sempre que um novo elemento é lido, compare-o com aquele máximo provisório. Se o novo valor for maior, ele se torna o novo máximo; senão, ignore-o. Quando você encontrar o final dos dados de entrada, você sabe que o máximo provisório é o máximo de todas as entradas.

Arquivo maxtemp.cpp

```
1    #include <iostream>
2
3    using namespace std;
4
5    int main()
6    {
7       double next;
8       double highest;
9
10      cout << "Por favor, forneça os valores de temperaturas:\n";
11      if (cin >> next)
12         highest = next;
13      else
14      {
15         cout << "Nenhum dado!\n";
16         return 1;
17      }
18
19      while (cin >> next)
20      {
```

```
21        if (next > highest)
22            highest = next;
23     }
24
25     cout << "A temperatura máxima é " << highest << "\n";
26
27     return 0;
28  }
```

Note como este programa primeiro atribui ao máximo provisório, `highest`, o valor da primeira entrada, e após coleta os demais valores. À primeira vista, isto pode parecer desnecessariamente complexo. Por que não inicializar `highest` com 0?

```
double highest = 0; /* NÃO! */
double next;
while (cin >> next)
{
    if (next > highest)
        highest = next;
}
```

Esse código mais simples pode parecer que funciona bem para muitos conjuntos de dados de entrada. No entanto, ele irá falhar se os dados de entrada consistirem de temperaturas de inverno na Sibéria, com todos os valores negativos. Então o maior valor será falsamente reportado como um ameno zero graus. Para evitar este problema, coloque em `highest` o *primeiro valor real* – não um valor que você meramente espera que seja o menor de todas as entradas.

4.7 Usando variáveis booleanas

Algumas vezes você necessita avaliar uma condição lógica em uma parte do programa e usá-la em algum outro ponto. Para armazenar uma condição que pode ser verdadeira ou falsa, você necessita uma *variável booleana*, de um tipo especial de dado, `bool`. Variáveis booleanas são assim denominadas em homenagem ao matemático George Boole (1815–1864), um pioneiro no estudo da lógica.

Variáveis do tipo `bool` podem armazenar somente dois valores, denotados por `false` e `true`. Estes valores não são *strings* ou inteiros; eles são valores especiais, apenas para variáveis booleanas.

Aqui está um uso típico de uma variável booleana. Você pode decidir que a combinação de fazer entrada de dados com testar se houve sucesso

```
while (cin >> next)
```

é bastante complexa. Para desassociar os dois, você pode usar uma variável booleana que controle o laço.

```
bool more = true;
while (more)
{
    cin >> next;
    if (cin.fail())
        more = false;
    else
    {
        processa next
    }
}
```

A propósito, é considerado esquisito escrever um teste como

```
while (more == true) /* não faça */
```

ou

```
while (more != false) /* não faça */
```

Use o teste mais simples

```
while (more)
```

Alguns programadores não gostam de introduzir uma variável booleana para controlar um laço. O Tópico Avançado 4.2 mostra uma alternativa.

Tópico Avançado 4.2

O Problema do Laço-e-Meio

Alguns programadores não gostam de laços que são controlados por variáveis booleanas, como em:

```
bool more = true;
while (more)
{
    cin >> x;
    if (cin.fail())
        more = false;
    else
    {
        processa x
    }
}
```

O verdadeiro teste para término do laço está no meio do laço, e não em seu início. Isto é chamado de laço-e-meio porque é preciso ir até a metade do caminho do laço antes de saber se é preciso terminar.

Como uma alternativa, você pode usar a palavra-chave `break`.

```
while (true)
{
   cin >> x;
   if (cin.fail()) break;
   processa os dados
}
```

O comando `break` encerra o laço circundante, independentemente da condição do laço.

Em geral, um `break` é uma maneira muito pobre de sair de um laço. O mau uso de um `break` causou a falha do sistema de chaveamento de telefones da AT&T 4ESS em 15 de janeiro de 1990. A falha se propagou por toda a rede americana, tornando-a quase inútil por cerca de 9 horas. Um programador havia usado um `break` para terminar um comando `if`. Infelizmente, `break` não pode ser usado com `if`, e assim a execução do programa saiu fora do comando, pulando algumas inicializações de variáveis e indo em direção ao caos (ver referência [1], p. 38). Usar comandos `break` também dificulta o uso de técnicas de *prova de correção* (veja o Tópico Avançado 4.3).

No caso de laço-e-meio, comandos `break` podem trazer benefícios. Mas é difícil estabelecer regras claras sobre quando eles são seguros e quando eles devem ser evitados. Nós não usamos o comando `break` neste livro.

⊗ Erro Freqüente 4.5

Detecção de Fim de Arquivo

Ao ler uma quantidade indeterminada de dados de um *stream*, você pode ler até encontrar um valor sentinela ou ler até o final da entrada. Detectar o final da entrada requer um pouco de engenhosidade. Existe uma função `eof` que reporta a condição de fim de arquivo ("*end of file*"), mas você pode chamá-la com resultados confiáveis somente *após o stream de entrada haver falhado*. O laço a seguir não funciona:

```
while (more)
{
   cin >> x;
   if (cin.eof()) /* Não faça! */
   {
      more = false;
   }
   else
   {
      sum = sum + x;
   }
}
```

Se o *stream* de entrada falhar por outra razão (usualmente por ter sido encontrado um não-número na entrada), então todas as operações de entrada subsequentes falharão e o final de arquivo nunca será encontrado. O laço então se torna um laço infinito. Por exemplo, considere a entrada

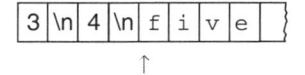

| 3 | \n | 4 | \n | f | i | v | e |

↑

cin   falha aqui, mas o fim do arquivo
      ainda não foi encontrado

Em vez disso, primeiro teste se houve falha e então teste `eof`:

```
bool more = true;
while (more)
{
```

```
            cin >> x;
            if (cin.fail())
            {
                more = false;
                if (cin.eof())
                    cout << "Final dos dados";
                else
                    cout << "Dado de entrada incorreto ";
            }
            else
            {
                sum = sum + x;
            }
        }
```

Aqui está um outro erro comum.

```
        while (cin)
        {
            cin >> x;
            sum = sum + x; /* Não faça! */
        }
```

Você deve testar se houve falha *após cada entrada*. Se o último item no arquivo for sucedido por um espaço em branco (é normalmente sucedido por um caractere de nova linha), então aquele espaço em branco pode mascarar o fim de arquivo. Considere o seguinte exemplo de entrada:

{ 3 \n 4 \n 5 \n   ← Fim do arquivo
         ↑
       cin não falhou
    e o final do arquivo ainda não foi encontrado

Somente quando outra leitura da entrada é tentada após o último valor ter sido lido, o fim de arquivo é reconhecido e a entrada falha. Então x não deve ser adicionado novamente a sum.

Existe uma outra função para testar o estado do *stream*: good. Infelizmente, não é uma boa idéia usá-la. Se você lê o último item de um *stream*, então a entrada terá sucesso, mas uma vez que o fim de arquivo tenha sido encontrado, o estado do *stream* de entrada não mais será bom. Isto é, um teste

```
        while (more)
        {
            cin >> x;
            if (cin.good()) /* Não faça! */
            {
                sum = sum + x;
            }
        }
```

pode omitir a última entrada. Isto não é bom. Você não pode usar good para verificar se a entrada anterior teve sucesso. Nem você pode usar good para verificar se a próxima entrada terá sucesso.

```
        if (cin.good()) /* Não faça! */
        {
            cin >> x;
            sum = sum + x;
        }
```

Se o próximo item da entrada não estiver corretamente formatado, a entrada irá falhar, mesmo que o estado do *stream* tenha sido bom até agora.

Parece que esta função não tem nenhum bom uso. O mau uso dela é um erro comum, talvez porque programadores preferem o carinhoso cin.good() ao rigoroso cin.fail().

Tópico Avançado 4.3

Invariantes de Laço

Considere a tarefa de calcular a^n, onde a é um número em ponto flutuante e n é um inteiro positivo. Naturalmente, você pode multiplicar $a \times a \ldots \times a$, n vezes, mas se n é grande, você terminará fazendo muitas multiplicações. O laço a seguir faz r igual a a^n em poucos passos:

```
double r = 1;
double b = a;
int i = n;
while (i > 0)
{
   if (i % 2 == 0) /* n é par */
   {
      b = b * b;
      i = i / 2;
   }
   else
   {
      r = r * b;
      i--;
   }
}
```

Considere o caso $n = 100$. A função executa os seguintes passos

i	b	r
100	a	1
50	a^2	
25	a^4	
24		a^4
12	a^8	
6	a^{16}	
3	a^{32}	
2		a^{36}
1	a^{64}	
0		a^{100}

Bastante surpreendente é que o algoritmo fornece exatamente a^{100}. Você consegue entender porque? Você está convencido que isto irá funcionar para todos os valores de n? Aqui está um argumento esperto para mostrar que a função sempre calcula o resultado correto. Ele demonstra que sempre que o programa atinge o início do laço while, é verdadeiro que

$$r \cdot b^i = a^n \qquad (I)$$

Certamente, é verdadeiro na primeira volta, por que $b = a$ e $i = n$. Suponha que (I) se aplica no início do laço. O programa rotula os valores de r, b e i como "antigos" ao entrar no laço, e os rotula como "novos" ao sair do laço. Assuma que na entrada

$$r_{antigo} \cdot b_{antigo}^{i_{antigo}} = a^n$$

No laço você deve distinguir dois casos: `i` par e `i` ímpar. Se n é par, o laço realiza as seguintes transformações:

$$r_{novo} = r_{antigo}$$
$$b_{novo} = b_{antigo}^2$$
$$i_{novo} = i_{antigo}$$

Portanto,

$$r_{novo} \cdot b_{novo}^{i_{novo}} = r_{antigo} \cdot \left(b_{antigo}\right)^{2 \cdot i_{antigo}/2}$$
$$= r_{antigo} \cdot b_{novo}^{i_{novo}}$$
$$= a^n$$

Por outro lado, se `i` é ímpar, então

$$r_{novo} = r_{antigo} \cdot b_{antigo}$$
$$b_{novo} = b_{antigo}$$
$$i_{novo} = i_{antigo} - 1$$

Portanto,

$$r_{novo} \cdot b_{novo}^{i_{novo}} = r_{antigo} \cdot b_{antigo} \cdot b_{antigo}^{i_{antigo}-1}$$
$$= r_{antigo} \cdot b_{antigo}^{i_{antigo}}$$
$$= a^n$$

Em ambos os casos, os novos valores para `r`, `b` e `i` atendem à *invariante do laço* (I). E então? Quando o laço finalmente termina, (I) se aplica novamente:

$$r \cdot b^i = a^n$$

Além disso, você sabe que `i` = 0 desde que o laço esteja terminado. Mas como `i` = 0, $r \cdot b^i$ = $r \cdot b^0$ = r. Portanto, $r = a^n$ e a função realmente calcula a n-ésima potência de `a`.

Esta técnica é bastante útil por que ela pode explicar um algoritmo que não é de todo óbvio.

A condição (I) é chamada de invariante de laço por que ela é verdadeira na entrada do laço, ao início de cada passo e quando o laço se encerra. Se uma invariante de laço é escolhida com habilidade, pode ser possível deduzir provas de correção de uma computação. Veja [5] para um outro belo exemplo.

Fato Histórico 4.2

Provas de Correção

No Tópico Avançado 4.3 nós introduzimos a técnica de invariantes de laço. Se você ignorou aquela nota, dê uma olhada nela agora. Esta técnica pode ser usada para provar rigorosamente que uma função retorna exatamente o valor que supostamente deve calcular. Tal prova é muito mais valiosa que qualquer teste. Não importando quantos casos de teste você tentou, você sempre vai preocupar-se com outro caso que não tentou e que poderia revelar uma falha. Uma prova determina a correção para todas as entradas possíveis.

Por algum tempo, os programadores estiveram muito esperançosos de que provas de correção como invariantes de laço poderiam reduzir grandemente a necessidade de testes. Você poderia provar que cada função e procedimento simples está correta e então colocar os componentes provados juntos e provar que eles funcionam juntos como deveriam. Uma vez provado que `main` funciona

▼ corretamente, mais nenhum teste é necessário! Alguns pesquisadores estavam tão excitados com estas técnicas que eles tentaram omitir completamente todo o passo de programação. O projetista poderia escrever os requisitos do programa usando a notação da lógica formal. Um provador automático poderia provar que este tal programa poderia ser escrito e gerar o programa como parte de sua prova.

▼ Infelizmente, na prática estes métodos nunca funcionaram muito bem. A notação lógica para descrever o comportamento de um programa é complexa. Mesmo cenários simples exigem muitas fórmulas. É suficientemente fácil expressar a idéia que uma função deve calcular a^n, mas as fórmulas lógicas para descrever todos os procedimentos de um programa que controla um avião, por exemplo, encheriam várias páginas. Estas fórmulas são criadas por humanos e humanos cometem erros quando lidam com tarefas difíceis e tediosas. Experimentos mostraram que em vez de programas com erros, programadores escreveram especificações lógicas com erros e provas de programas com erros.

▼ Van der Linden [1], p. 287, fornece alguns exemplos de provas complicadas que são muito mais difíceis de verificar do que os programas que eles estavam tentando provar.

▼ Técnicas de provas de programas são valiosas para provar a corretude de procedimentos individuais que fazem computações de maneiras não óbvias. Atualmente, no entanto, não existe mais esperança de provar a correção de algo além dos mais triviais programas, de maneira que a especificação e a prova possam ser mais confiáveis do que o programa.

Resumo do capítulo

1. O comando `if` permite que um programa execute diferentes ações dependendo da natureza dos dados a serem processados.
2. O comando `if` avalia uma *condição*. Condições podem conter qualquer valor que seja verdadeiro ou falso.
3. Operadores relacionais são usados para comparar números e *strings*.
4. A ordem lexicográfica ou de dicionário é usada para comparar *strings*.
5. Quando um *stream* de entrada percebe um erro de entrada, ele entra em um estado falho. Você pode testar a existência de falha com a função `fail`.
6. Laços executam um bloco de código repetidamente. Uma condição de término controla quantas vezes o laço é executado.
7. O tipo `bool` possui dois valores, `false` e `true`.
8. Você pode usar uma variável booleana para controlar um laço. Coloque a variável como `true` antes da entrada do laço e então coloque como `false` para sair do laço.

Leitura complementar

[1] Peter van der Linden, *Expert C Programming*, Prentice-Hall, 1994.
[2] Tracy Kidder, *The Soul of a New Machine*, Little, Brown and Co., 1981.
[3] Randall E. Stross, *Steven Jobs and the NeXT Big Thing*, Atheneum, 1993.
[4] William H. Press et al., *Numerical Recipes in C*, Cambridge, 1988.
[5] Jon Bentley, *Programming Pearls*, Addison-Wesley, 1986, Capítulo 4, "Writing Correct Programs."

Exercícios de revisão

Exercício R4.1. Encontre os erros nos seguintes comandos `if`.

(a) `if quarters > 0 then cout << quarters << " quarters";`
(b) `if (1 + x > pow(x, sqrt(2)) y = y + x;`
(c) `if (x = 1) y++; else if (x = 2) y = y + 2;`

(d) `if (x and y == 0) cwin << Point(0, 0);`
(e) `if (1 <= x <= 10) cout << "Valor y: "; cin >> y;`
(f) ```
if (s != "nick" or s != "penn"
    or s != "dime" or s != "quar")
    cout << " Erro de entrada!";
```
(g) ```
if (input == "N" or "NO")
    return 0;
```
(h) `cin >> x; if (cin.fail()) y = y + x;`
(i) ```
language = "English";
        if (country == "USA")
        if (state == "PR") language = "Spanish";
        else if (country = "China")
        language = "Chinese";
```

**Exercício R4.2.** Explique como a ordenação lexicográfica de *strings* difere da ordenação de palavras em um dicionário ou lista telefônica. *Dica*: Considere *strings* como IBM, `wiley.com`, `Century 21` e `While-U-Wait`.

**Exercício R4.3.** Explique por que é mais difícil comparar números em ponto flutuante do que inteiros. Escreva código C++ para testar se um inteiro `n` é igual a 10 e um número em ponto flutuante `x` é igual a 10.

**Exercício R4.4.** Forneça um exemplo de dois números em ponto flutuante `x` e `y` tais que `fabs(x - y)` é maior do que 1000, mas `x` e `y` ainda são idênticos exceto por um erro de arredondamento.

**Exercício R4.5.** Dentre os seguintes pares de *strings*, quais vêm primeiro na ordem lexicográfica?

(a) `"Tom"`, `"Dick"`
(b) `"Tom"`, `"Tomato"`
(c) `"church"`, `"Churchill"`
(d) `"car manufacturer"`, `"carburetor"`
(e) `"Harry"`, `"hairy"`
(f) `"C++"`, `" Car"`
(g) `"Tom"`, `"Tom"`
(h) `"Car"`, `"Carl"`
(i) `"car"`, `"bar"`

**Exercício R4.6.** Ao ler um número, existem dois possíveis caminhos para um *stream* ser colocado no estado "falho". Dê exemplos de ambos. Em que a situação é diferente quando da leitura de um *string*?

**Exercício R4.7.** O que está errado no seguinte programa?

```
cout << "Forneça o número de quarters: ";
cin >> quarters;
total = total + quarters * 0.25;
if (cin.fail()) cout << " Erro de entrada.";
```

Exercício R4.8. A leitura de números é surpreendentemente difícil, por que um *stream* de entrada busca um caractere de entrada de cada vez. Primeiro, espaço em branco é ignorado. Então o *stream* consome aqueles caracteres de entrada que possam ser parte de um número. Uma vez que o *stream* tenha reconhecido um número, ele suspende a leitura se encontrar um caractere que não possa ser parte de um número. Entretanto, se o primeiro caractere de espaço não branco não é um dígito ou um sinal, ou o primeiro caractere é um sinal e o segundo não é um dígito, então o *stream* falha.
```

Considere um programa lendo um inteiro:

```
cout << "Forneça o número de quarters: ";
int quarters;
cin >> quarters;
```

Para cada uma das seguintes entradas de usuário, marque quantos caracteres foram lidos e se o *stream* está em estado falho ou não.

(a) `15.9`
(b) `15 9`
(c) `+159`
(d) `-15A9`
(e) `Fifteen`
(f) `-Fifteen`
(g) (end of file)
(h) `+ 15`
(i) `1.5E3`
(j) `+1+5`

Exercício R4.9. Quando o estado do *stream* foi configurado como falho, é possível restaurá-lo novamente chamando a função `cin.clear()`. Alguns livros-texto recomendam restaurar o estado do *stream* de entrada e solicitar ao usuário nova entrada de dados. Por exemplo,

```
int quarters;
cin >> quarters;
if (cin.fail()) cout << "Entrada incorreta: tente novamente!";
cin.clear();
cin >> quarters;
if (cin.fail()) /* sem esperança */
    return 1;
```

Por que isso é uma sugestão estúpida? *Dica*: O que acontece se o usuário digita `four`? Poderia você pensar em uma melhoria? *Dica*: `getline`.

Exercício R4.10. O que é um laço infinito? Em seu computador, como você pode terminar um programa que executa um laço infinito?

Exercício R4.11. O que é um erro "fora-por-um"? Forneça um exemplo de sua própria experiência de programação.

Exercício R4.12. O que é um valor sentinela? Forneça regras simples sobre quando é melhor usar um valor sentinela e quando é melhor usar o fim do arquivo de entrada para indicar o final de uma seqüência de dados.

Exercício R4.13. O que é um "laço-e-meio"? Forneça três estratégias para implementar o seguinte laço-e-meio:

> *laço*
>   *ler o nome do empregado*
>   *Se não OK, sair do laço*
>   *ler o salário do empregado*
>   *Se não OK, sair do laço*
>   *forneça 5% de aumento ao empregado*
>   *imprima os dados do empregado*

Use uma variável booleana, um comando `break`, e um comando `return`. Qual dessas abordagens você achou mais clara?

Exercícios de programação

Exercício P4.1. Escreva um programa que imprime todas as soluções da equação de segundo grau. Leia a, b, c e use a fórmula de Báscara $ax^2 + bx + c = 0$. Se o discriminante $b^2 - 4ac$ for negativo, exiba uma mensagem indicando que não existem soluções.

Exercício P4.2. Escreva um programa que solicita ao usuário a entrada de uma descrição de uma carta de baralho na seguinte notação abreviada:

A	Ás
2... 10	Valores das cartas
J	Valete
Q	Dama
K	Rei
D	Ouro
H	Copa
S	Espadas
C	Paus

Seu programa deve imprimir a descrição completa da carta. Por exemplo,

```
Forneça a descrição da carta: QS
Dama de Espadas
```

Exercício P4.3. Conforme [4], p.184, não é esperto usar a fórmula Báscara para encontrar as soluções de $ax^2 + bx + c = 0$. Se a, ou c, ou ambos são valores pequenos, então $\sqrt{b^2 - 4ac}$ se aproxima de b, e uma das $-\left(b \pm \sqrt{b^2 - 4ac}\right)$ envolve subtração de duas quantidades quase idênticas, o que pode perder muitos dígitos de precisão. Eles recomendam calcular

$$q = -\frac{1}{2}\left(b + \text{sgn}(b)\sqrt{b^2 - 4ac}\right)$$

onde

$$\text{sng}(b) = \begin{cases} 1 & \text{se } b \geq 0 \\ -1 & \text{se } b < 0 \end{cases}$$

Então as duas soluções são

$$x_1 = q/a \text{ e } x_2 = c/q$$

Implemente este algoritmo e verifique se ele fornece soluções mais acuradas do que a fórmula de Báscara para valores pequenos de a ou c.

Exercício P4.4. Encontre as soluções da equação *de terceiro grau* $x^3 + ax^2 + bx + c = 0$. Primeiro calcule

$$q = \frac{a^2 - 3b}{9} \text{ e } r = \frac{2a^3 - 9ab + 27c}{54}$$

Se, $r^2 < q^3$ então existem três soluções. Calcule

$$t = \cos^{-1}\left(r/\sqrt{q^3}\right)$$

As três soluções são

$$x_1 = -2\sqrt{q}\,\cos\left(\frac{t}{3}\right) - \frac{a}{3}$$

$$x_2 = -2\sqrt{q}\,\cos\left(\frac{t + 2\pi}{3}\right) - \frac{a}{3}$$

$$x_3 = -2\sqrt{q}\,\cos\left(\frac{t - 2\pi}{3}\right) - \frac{a}{3}$$

Senão, existe uma única solução

$$x_1 = u + v - \frac{a}{3}$$

onde

$$u = -\operatorname{sgn}(r)\left(|r| + \sqrt{r^2 - q^3}\right)^{1/3}$$

e

$$v = \begin{cases} q/u & \text{se } u \neq 0 \\ 0 & \text{se } u = 0 \end{cases}$$

Exercício P4.5. *Interseção de Linhas.* Como no Exercício P3.7, calcule e faça a plotagem da interseção de duas linhas, mas agora adicione verificação de erros. Se as duas linhas não se interceptam, não faça a plotagem do ponto. Existem duas razões distintas para duas linhas não se interceptarem. As linhas podem ser paralelas; neste caso, o determinante do sistema de equações lineares é zero. O ponto de interseção pode não estar em qualquer das linhas; neste caso, o valor de *t* será menor do que 0 ou maior do que 1.

Exercício P4.6. Escreva um programa que leia três números em ponto flutuante e imprima a maior das três entradas. Por exemplo:

```
Por favor digite três números: 4 9 2.5
O maior número é 9.
```

Exercício P4.7. Escreva um programa que desenha um quadrado com vértices nos pontos (0, 0) e (1, 1). Solicite ao usuário que clique o *mouse*. Se o usuário clicou dentro do quadrado, então exiba uma mensagem "Congratulações". Senão, exiba uma mensagem "Você perdeu".

Exercício P4.8. Escreva um programa gráfico que solicita ao usuário que especifique dois círculos. A entrada de cada círculo é feita clicando o centro do círculo e digitando o raio. Desenhe os círculos. Se eles se interceptam, então exiba uma mensagem "Círculos se interceptam". Caso contrário, exiba "Círculos não se interceptam". *Dica:* Calcule a distância entre os centros e a compare com os raios. Seu programa deve terminar se o usuário fornece um raio negativo.

Exercício P4.9. Escreva um programa que imprime a pergunta "Você que continuar?" e lê a resposta do usuário. Se a entrada do usuário for "S", "Sim", "OK", "Certo", ou "Por que nao?", imprima "OK." Se a entrada do usuário for "N" ou "Nao", então imprima "Terminando". Caso contrário, imprima "Entrada incorreta". Não importa o uso de maiúsculas ou minúsculas; "s" ou "sim" também são entradas válidas.

Exercício P4.10. Escreva um programa que traduz uma letra indicativa de conceito em um grau numérico. Os conceitos são indicados pelas letras A, B, C, D e F, possivelmente seguidas de + ou −. Seus valores numéricos são 4, 3, 2, 1, e 0. Não existe F+ ou F−. Um + aumenta o valor numérico em 0.3, um − decrementa de 0.3. Porém, um A+ tem valor 4.0.

```
Digite o conceito: B-
O valor numérico é 2.7.
```

Exercício P4.11. Escreva um programa que traduz um número entre 0 e 4 para o conceito mais próximo. Por exemplo, o número 2.8 (que pode ter sido a média de várias notas) deve ser convertido para B−. Favoreça sempre o melhor conceito; por exemplo, 2.85 deve ser um B.

Exercício P4.12. *Números romanos*. Escreva um programa que converte um inteiro positivo em um número no sistema romano. O sistema de numeração romano possui os dígitos

I	1
V	5
X	10
L	50
C	100
D	500
M	1.000

Números são formados de acordo com as seguintes regras: (1) Somente números até 3999 são representáveis. (2) Como no sistema decimal, os milhares, as centenas, as dezenas e as unidades são expressas separadamente. (3) Os números 1 a 9 são representados como

I	1
II	2
III	3
IV	4
V	5
VI	6
VII	7
VIII	8
IX	9

Como você pode ver, um I precedendo um V ou X é subtraído do valor, e você nunca pode ter mais de três Is em uma série. (4) Dezenas e centenas são formadas da mesma maneira, exceto que as letras X, L, C e C, D, M são usadas em vez de I, V, X, respectivamente.

Seu programa deve obter uma entrada, tal como 1978 e convertê-la para o numeral romano, MCMLXXVIII.

Exercício P4.13. Escreva um programa que leia três *strings* e os ordene lexicograficamente

```
Digite três strings: Charlie Able Baker
Able
Baker
Charlie
```

Exercício P4.14. Escreva um programa que leia dois números em ponto flutuante e teste se eles são idênticos até a segunda casa decimal. Aqui estão dois exemplos de execução:

```
Digite dois números em ponto flutuante: 2.0 1.99998
Eles são idênticos até a segunda casa decimal.
Digite dois números em ponto flutuante: 2.0 1.98999
Eles são diferentes.
```

Exercício P4.15. Escreva um programa para simular uma transação bancária. Existem dois tipos de contas: corrente e poupança. Primeiro, solicite o saldo inicial das contas bancárias; rejeite saldos negativos. Após, solicite as transações; as opções são: depósito, saque e transferência. Então solicite a opção de conta: corrente ou poupança. Após, solicite a quantia; rejeite transações que ultrapassam o limite da conta. Por fim, exiba o saldo de ambas as contas.

Exercício P4.16. Escreva um programa que leia o nome e o salário de um objeto empregado. O salário indica o valor por hora, tal como $9.25. Após, pergunte quantas horas o empregado trabalhou na semana anterior. Podem ser aceitas horas fracionárias. Calcule o pagamento. Caso haja hora extra (mais de 40 horas por semana), pagar 150% do valor normal. Imprima o contracheque do empregado.

Exercício P4.17. Escreva um programa de conversão de unidades usando os fatores de conversão da Tabela 1 do Capítulo 2. Pergunte ao usuário a partir de qual unidade ele quer converter (fl. oz, gal, oz, lb, in, ft, mi) e para qual unidade ele quer converter (ml, l, g, kg, mm, cm, m, km). Rejeite conversões incompatíveis (tais como gal → km). Pergunte o valor a ser convertido; após, exiba o resultado:

```
Converter de? gal
Converter para? ml
Valor? 2.5
2.5 gal = 9462.5 ml
```

Exercício P4.18. *Caminhada aleatória.* Simule a caminhada de um beberrão em uma grade quadrada de ruas. Desenhe uma grade com 10 ruas horizontalmente e 10 ruas verticalmente. Coloque uma simulação de uma pessoa embriagada no meio da grade, indicada por um ponto. Por 100 vezes, a pessoa simulada deve aleatoriamente pegar uma direção (leste, oeste, norte, sul), mover um quarteirão na direção escolhida e então o ponto deve ser redesenhado. Depois das iterações, exiba a distância que o beberrão cobriu. (Pode-se esperar que, em média, a pessoa pode não chegar a lugar algum, porque os movimentos em diferentes direções cancelam-se mutuamente ao longo da caminhada, mas, de fato, pode ser mostrado que existe probabilidade 1 da pessoa eventualmente se mover para fora de uma região finita qualquer. Veja o Capítulo 8 para maiores detalhes.)

Exercício P4.19. *Vôo de um projétil.* Suponha que uma bala de canhão é propelida direto no ar com uma velocidade inicial v_0. Qualquer livro de cálculo afirma que a posição da bala após t segundos é $s(t) = -\frac{1}{2}gt^2 + v_0 t$ onde $g = 9{,}81$ m/seg^2 é a força gravitacional da terra. Nenhum livro de cálculo jamais menciona por que alguém desejaria realizar um experimento tão obviamente perigoso, e assim o faremos com segurança em um computador. De fato, vamos confirmar o teorema a partir do cálculo através de uma simulação. Em nossa simulação vamos considerar como a bala se move em intervalos de tempo bem curtos. Em um curto intervalo de tempo, a velocidade v é aproximadamente constante e podemos calcular a distância que a bala se move como $\Delta s = v\Delta t$. Em nosso programa, vamos simplesmente estabelecer

```
const double delta_t = 0.01;
```

e atualizar a posição por

```
s = s + v * delta_t;
```

A velocidade muda constantemente – de fato, ela é reduzida pela força gravitacional da terra. Em um intervalo de tempo curto, $\Delta v = -g\Delta t$, devemos manter a velocidade atualizada por

```
v = v - g * delta_t;
```

Na próxima iteração, a nova velocidade é usada para atualizar a distância. Agora execute a simulação até que a bala caia de volta na terra. Obtenha como entrada a velocidade inicial (100 m/s é um bom valor). Atualize a posição e a velocidade 100 vezes por segundo, mas imprima a posição somente a cada segundo completo. Também imprima os valores da fórmula exata $s(t) = -\frac{1}{2}gt^2 + v_0 t$ para comparação.

Qual é o benefício deste tipo de simulação, quando uma fórmula exata é disponível? Bem, a fórmula do livro de cálculo *não* é exata. Na realidade, a força gravitacional diminui à medida que a bala de canhão se afasta da superfície da terra. Isto complica a álgebra o suficiente para que não seja possível fornecer uma fórmula exata para o movimento real, mas a simulação por computador pode simplesmente ser estendida para aplicar uma força gravitacional variável. Para balas de canhão, a fórmula do livro de cálculo é suficientemente boa, mas computadores são necessários para calcular acuradamente trajetórias para objetos que voam alto, tais como mísseis balísticos.

Exercício P4.20. A maioria das balas de canhão não são disparadas direto para cima, mas sim com um ângulo. Se a velocidade inicial possui a magnitude *v* e o ângulo inicial é α, então a velocidade é na realidade um vetor com componentes $v_x = v \cos \alpha, v \sin \alpha$. Na direção *x* a velocidade não se altera. Na direção *y* a força gravitacional cobra seu pedágio. Repita a simulação do exercício anterior, mas armazene a posição da bala de canhão como uma variável Point.
Atualize as posições *x* e *y* separadamente, e também atualize os componentes *x* e *y* da velocidade separadamente. A cada segundo completo, fazer a plotagem da posição da bala de canhão na tela gráfica. Repita até que a bala de canhão tenha alcançado a terra novamente.

Este tipo de problema tem um interesse histórico. Os primeiros computadores foram projetados justamente para tais cálculos balísticos, levando em consideração a diminuição da gravidade para projéteis de vôo alto e velocidades de ventos.

Exercício P4.21. *Conversões de moedas* Escreva um programa que primeiro solicita ao usuário que digite a taxa de câmbio do dia entre dólares americanos e ienes japoneses, e após faz a leitura de valores em dólar e os converte para iene. Use como sentinela o valor 0 ou um negativo.

Exercício P4.22. Escreva um programa que primeiro solicita ao usuário que digite a taxa de câmbio do dia entre dólares americanos e ienes japoneses, e após faz a leitura de valores em dólar e os converte para iene. Use como sentinela o valor 0 para indicar o fim da entrada de dólares. A seguir, o programa lê uma se-

Exercício P4.23. qüência de quantias em ienes e as converte para dólares. A segunda seqüência é encerrada pelo fim do arquivo de entrada.

Escreva um programa que imprime um *gráfico de barras* a partir de um conjunto de dados. O programa deve ser uma aplicação gráfica que solicita inicialmente ao usuário o número de barras e após os valores reais. Suponha que todos os valores estão entre 0 e 100. Após, desenhe um gráfico de barras como este:

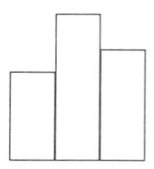

Exercício P4.24. *Desvio padrão médio*. Escreva um programa que leia um conjunto de valores de dados em ponto flutuante. Quando o final do arquivo for alcançado, imprima a quantidade de valores, a média e o desvio padrão. A média de um conjunto de dados $\{x_1,...,x_n\}$ é, $\bar{x} = \sum x_i / n$, onde $\sum x_i = x_1 + ... + x_n$ é a soma dos valores de entrada. O desvio padrão é

$$s = \sqrt{\frac{\sum (x_i - \bar{x})^2}{n - 1}}$$

Entretanto, essa fórmula não é adequada para a tarefa. Quando o programa tiver calculado $\bar{x}$, os x_i individuais já se foram há muito tempo. Até que você saiba como salvar estes valores, use a fórmula numericamente menos estável

$$s = \sqrt{\frac{\sum x_i^2 - \frac{1}{n}\left(\sum x_i\right)^2}{n - 1}}$$

Você pode calcular esta quantidade mantendo o contador, a soma e a soma dos quadrados à medida que você processa os valores de entrada.

Exercício P4.25. Escreva um programa que faça a plotagem de uma *linha de regressão*; isto é, uma linha que melhor se ajuste a uma coleção de pontos. Primeiro peça ao usuário para especificar os pontos de dados clicando em uma janela gráfica. Para encontrar o fim da entrada, coloque um pequeno retângulo rotulado "Pare" na base da tela; quando o usuário clicar dentro do retângulo, então pare de coletar entradas. A linha de regressão é a linha com equação

$$y = \bar{y} + m(x - \bar{x}), \text{onde } m = \frac{\sum x_i y_i - n\bar{x}\bar{y}}{\sum x_i^2 - n\bar{x}^2}$$

$\bar{x}$ é a média dos valores x e $\bar{y}$ é a média dos valores y.

Como no exercício anterior, você precisa manter os valores do

- contador de dados de entrada,
- a soma dos valores x, y, x^2 e xy

Para desenhar uma linha de regressão, calcule os pontos finais dos limites esquerdo e direito da tela e desenhe um segmento.

Capítulo 5

Funções

Objetivos do capítulo

- Tornar-se apto a programar funções e procedimentos
- Familiarizar-se com o conceito de passagem de parâmetros
- Reconhecer quando usar parâmetros por valor e por referência
- Apreciar a importância de comentários em funções
- Tornar-se apto a determinar o escopo de variáveis
- Minimizar o uso de efeitos colaterais e variáveis globais
- Desenvolver estratégias para decompor tarefas complexas em mais simples
- Documentar as responsabilidades de funções e seus invocadores com pré-condições

Funções são um bloco fundamental de construção de programas C++. Uma função encapsula uma computação em uma forma que possa ser facilmente entendida e reutilizada. Neste capítulo, você vai aprender como projetar e implementar suas próprias funções e como dividir tarefas complexas em conjuntos de funções cooperantes.

Conteúdo do capítulo

5.1 Funções como caixas pretas 158
5.2 Escrevendo funções 159
   Sintaxe 5.1: Definição de função 160
   Dica de produtividade 5.1: Escreva funções pensando na reutilização 162
5.3 Comentários em funções 162
   Dica de produtividade 5.2: Pesquisa e substituição globais 164
   Dica de produtividade 5.3: Expressões regulares 165
5.4 Valores de retorno 165
   Sintaxe 5.2: Comando `return` *167*

Erro freqüente 5.1: Esquecer o valor de retorno 168
5.5 Parâmetros 168
   Dica de qualidade 5.1: Use nomes significativos para parâmetros 169
   Erro freqüente 5.2: Incompatibilidade de tipos 170
   Tópico avançado 5.1: Declaração de funções 170
   Sintaxe 5.3: Declaração (ou protótipo) de função 170
5.6 Efeitos colaterais 171
5.7 Procedimentos 172

5.8	Parâmetros por referência 174	5.11	Do pseudocódigo ao código 180
	Sintaxe 5.4: Parâmetro por referência **174**	5.12	Inspeções 186
	Tópico avançado 5.2: Referências constantes **176**		*Dica de produtividade 5.4: Transformando uma seção de código em comentário* **188**
	Sintaxe 5.5: Parâmetro por referência constante **176**		*Dica de produtividade 5.5: Esqueletos vazios* **190**
5.9	Escopo de variáveis e variáveis globais 177	5.13	Pré-condições 191
	Dica de qualidade 5.2: Minimize variáveis globais **178**		*Sintaxe 5.6: Asserção* **191**
5.10	Refinamentos sucessivos 178		*Fato histórico 5.1: O crescimento explosivo dos computadores pessoais* **193**
	Dica de qualidade 5.3: Mantenha as funções curtas **180**		

5.1 Funções como caixas pretas

Você tem usado diversas funções que foram fornecidas com a biblioteca do sistema C++. Exemplos são

```
sqrt        Calcula a raiz quadrada de um número em ponto flutuante
getline     Lê uma linha de um stream
```

Você provavelmente não sabe como estas funções realizam o seu trabalho. Por exemplo, como a `sqrt` calcula raízes quadradas? Olhando valores em uma tabela? Por repetidas tentativas de adivinhar a resposta? Você vai realmente aprender no Capítulo 6 como calcular raízes quadradas usando nada mais do que aritmética básica, mas você não precisa saber os detalhes da computação para usar a função raiz quadrada. Você pode pensar na `sqrt` como uma *caixa preta*, como mostrado na Figura 1.

Quando você usa `sqrt(x)` dentro da `main`, o *valor de entrada* ou *valor do parâmetro* x é transferido ou *passado* para a função `sqrt`. A execução da função `main` é temporariamente suspensa. A função `sqrt` se torna ativa e calcula a *saída* ou *valor de retorno* — a raiz quadrada do valor de entrada — usando algum método que (nós confiamos) irá fornecer o resultado correto. Este valor de retorno é transferido de volta para a `main`, que retoma a computação usando o valor de retorno. O valor de entrada de uma função não precisa ser uma simples variável; ele pode ser qualquer expressão, como em `sqrt(b * b - 4 * a * c)`. A Figura 2 mostra o fluxo de execução quando uma função é chamada.

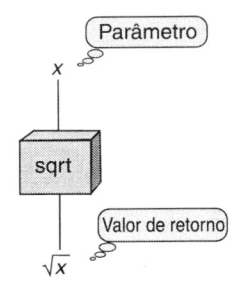

Figura 1

A função `sqrt` como uma caixa preta.

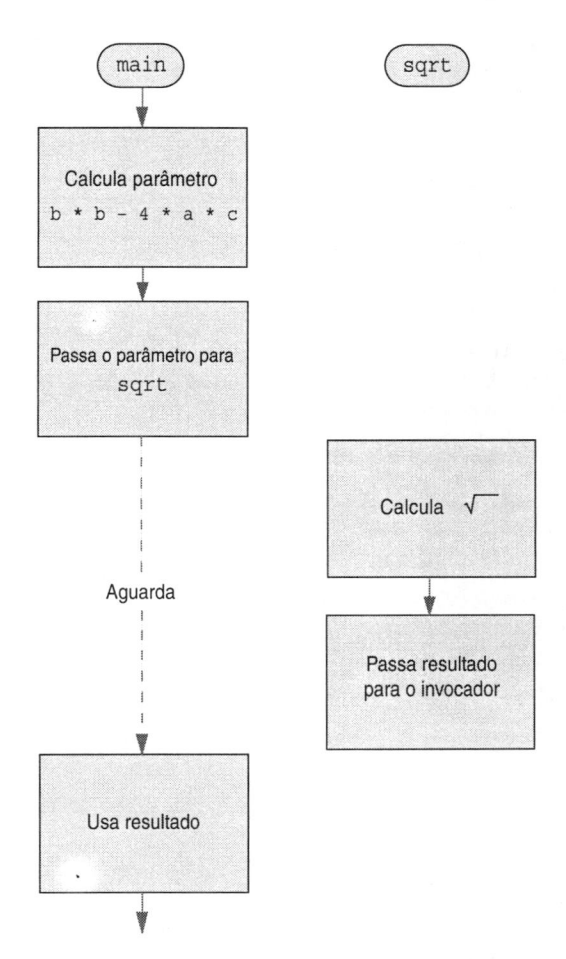

```
      ┌──────┐                    ┌──────┐
      │ main │                    │ sqrt │
      └──────┘                    └──────┘
          │
          ▼
  ┌───────────────┐
  │Calcula parâmetro│
  │ b * b - 4 * a * c│
  └───────────────┘
          │
          ▼
  ┌───────────────┐
  │Passa o parâmetro para│
  │      sqrt     │
  └───────────────┘
          ┊
          ┊                        ┌───────────────┐
          ┊                        │  Calcula  √   │
        Aguarda                    └───────────────┘
          ┊                                │
          ┊                                ▼
          ┊                        ┌───────────────┐
          ┊                        │Passa resultado│
          ┊                        │para o invocador│
          ┊                        └───────────────┘
          ▼
  ┌───────────────┐
  │ Usa resultado │
  └───────────────┘
          │
          ▼
```

Figura 2
Fluxo de execução durante uma chamada de função.

Algumas funções possuem mais de uma entrada. Por exemplo, a função `pow` possui dois parâmetros: `pow(x, y)` calcula x^y. Funções podem ter várias entradas, mas apenas uma saída.

Cada função aceita entradas de tipos particulares. Por exemplo, `sqrt` recebe somente números como parâmetros, enquanto que `getline` espera um *stream* e um *string*. É um erro chamar `sqrt` com uma entrada *string*.

Cada função retorna um valor de um tipo particular: `sqrt` retorna um número em ponto flutuante, `substr` retorna um *string* e `main` retorna um inteiro.

5.2 Escrevendo funções

Vamos calcular o valor de uma conta de poupança com um saldo inicial de $1.000 após 10 anos. Se a taxa de juros é *p*%, então o saldo após 10 anos é

$$b = 1000 \times (1 + p/100)^{10}$$

Por exemplo, se a taxa de juros é 5% ao ano, então o investimento inicial de $1.000 terá crescido para $1.628,94 após 10 anos.

Vamos colocar esta computação dentro de uma função chamada `future_value`. Aqui está um exemplo de como usar a função:

```
int main()
{
   cout << "Por favor forneça a taxa percentual de juros: ";
   double rate;
   cin >> rate;

   double balance = future_value(rate);
   cout << "Após 10 anos, o saldo é "
      << balance << "\n";

   return 0;
}
```

Agora escreva a função. A função recebe uma entrada em ponto flutuante e retorna um valor em ponto flutuante. Você deve dar um *nome* para o valor de entrada de modo que possa usá-lo em seus cálculos. Aqui ele é denominado p.

```
double future_value(double p)
{
   ...
}
```

Isso declara uma função `future_value` que retorna um valor do tipo `double` e que recebe um parâmetro do tipo `double`. Durante a vida da função, o parâmetro é armazenado em uma *variável parâmetro* p. Assim como a `main`, o corpo da função é delimitado por chaves; veja a Sintaxe 5.1.

Sintaxe 5.1: Definição de função

```
return_type function_name(parameter₁, parameter₂,..., parameterₙ)
{
   statements
}
```

Exemplo:

```
double abs(double x)
{
   if (x >= 0) return x;
   else return -x;
}
```

Finalidade:

Define uma função e fornece sua implementação.

A seguir você precisa calcular um resultado da função:

```
double future_value(double p)
{
   double b = 1000 * pow(1 + p / 100, 10);
   ...
}
```

Finalmente, você precisa retornar o resultado ao invocador da função:

```
double future_value(double p)
{
   double b = 1000 * pow(1 + p / 100, 10);
   return b;
}
```

Isto completa a definição da função `future_value`. A Figura 3 mostra o fluxo de dados de entrada e saída da função.

Agora o programa está composto por duas funções: `future_value` e `main`. Ambas as definições de função devem ser colocadas em um arquivo de programa. Visto que `main` chama `future_value`, a função `future_value` deve ser conhecida antes da função `main`. O modo mais fácil de obter isto é colocar no arquivo fonte primeiro a `future_value` e por último a `main` (veja uma alternativa no Tópico Avançado 5.1).

Arquivo futval.cpp

```
1   #include <iostream>
2   #include <cmath>
3
4   using namespace std;
5
6   double future_value(double p)
7   {
8      double b = 1000 * pow(1 + p / 100, 10);
9      return b;
10  }
11  int main()
12  {
13     cout << "Por favor forneça a taxa percentual de juros: ";
14     double rate;
15     cin >> rate;
16
17     double balance = future_value(rate);
18     cout << "Após 10 anos, o saldo é "
19        << balance << "\n";
20
21     return 0;
22  }
```

A função `future_value` tem um defeito importante: a quantidade inicial do investimento ($1,000) e o número de anos (10) são fixados (*hard-wired*) no código da função. Não é possível usar a função para calcular o saldo após 20 anos. Naturalmente, você pode escrever outra função `future_value20`, mas isso seria uma solução muito inadequada. Em vez disso, torne o saldo inicial e o número de anos parâmetros adicionais:

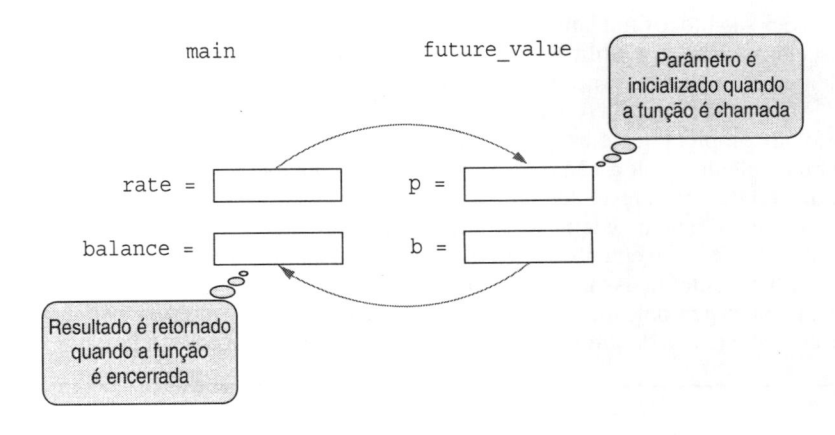

Figura 3

Uma função recebendo um parâmetro por valor e retornando um resultado.

```
double future_value(double initial_balance, double p, int n)
{
    double b = initial_balance * pow(1 + p / 100, n);
    return b;
}
```

Agora precisamos fornecer estes valores na chamada da função:

```
double b = future_value(1000, rate, 10);
```

Agora nossa função é muito mais valiosa, porque é *reutilizável*. Por exemplo, podemos facilmente modificar a main para imprimir o saldo após 10 e 20 anos.

```
double b = future_value(1000, rate, 10);
cout << "Após 10 anos, o saldo é " << b << "\n";
b = future_value(1000, rate, 20);
cout << " Após 20 anos, o saldo é " << b << "\n";
```

Mas, antes de mais nada, por que estamos usando uma função? Poderíamos ter feito os cálculos diretamente, sem uma chamada de função.

```
double b = 1000 * pow(1 + p / 100, 10);
cout << "Após 10 anos, o saldo é " << b << "\n";
b = 1000 * pow(1 + p / 100, 20);
cout << "Após 20 anos, o saldo é " << b << "\n";
```

Se você olhar e comparar estas duas soluções, deve ser bem aparente por quê funções são valiosas. Uma função permite a você abstrair uma *idéia* — mais exatamente, o cálculo do juro composto. Uma vez compreendida a idéia, fica claro o que a alteração de 10 para 20 anos significa nas duas chamadas da função. Agora compare as duas expressões que calculam o saldo diretamente. Para entendê-las, você deve olhar detidamente as expressões para ver que elas somente diferem no último número, e então você deve relembrar o significado deste número.

Quando você se flagrar codificando a mesma computação mais de uma vez ou codificando uma computação que pode ser útil em outros programas, você deve transformá-la em uma função.

Dica de Produtividade 5.1

Escreva Funções Pensando na Reutilização

Funções são blocos fundamentais de construção de programas C++. Quando adequadamente escritas, elas podem ser reutilizadas de um projeto para outro. Enquanto você projeta a interface e a implementação de uma função, deve manter a reutilização em mente.

Mantenha o foco da função suficientemente específico para que ela realize apenas uma tarefa e resolva completamente esta tarefa. Por exemplo, ao calcular o valor futuro de um investimento, apenas calcule o valor; não o exiba. Outro programador pode necessitar da computação, mas pode não querer exibir o resultado em um terminal.

Tome um pouco de tempo para tratar aquelas entradas que você pode não necessitar imediatamente. Agora você entendeu o problema e será fácil para você fazer isto. Se você ou outro programador necessitar mais tarde uma versão estendida da função, esta pessoa deverá repensar o problema. Isto leva tempo e mal-entendidos podem causar erros. Por esta razão, nós transformamos o saldo inicial e a taxa de juros em parâmetros da função future_value.

5.3 Comentários em funções

Existe uma última melhoria importante que necessitamos fazer na função future_value. Devemos *comentar* o seu comportamento. Comentários são para leitores humanos, e não para compiladores, e não existe um padrão universal para o leiaute de um comentário de função. Neste livro vamos usar sempre o seguinte leiaute:

```
/**
   Calcular o valor de um investimento com taxa de juros compostos
   @param initial_balance o valor inicial de um investimento
   @param p a taxa de juro por período, em percentagem
   @param n a quantidade de períodos em que o investimento é mantido
   @return o saldo após n períodos
*/
double future_value(double initial_balance, double p, int n)
{
    double b = initial_balance * pow(1 + p / 100, n);
    return b;
}
```

Puxa! O comentário é mais longo do que a função! Realmente ele é, mas isso é irrelevante. Tivemos sorte que esta função particular foi fácil de computar. O comentário da função não apenas documenta a implementação, mas a idéia — enfim, uma propriedade mais valiosa.

De acordo com o estilo de documentação usado neste livro, cada função (exceto a `main`) deve ter um comentário. A primeira parte do comentário é uma breve explicação da função. Após, coloque uma entrada `@param` para cada parâmetro, e uma entrada `@return` para descrever o valor de retorno. Como você verá mais adiante, algumas funções não possuem parâmetros ou valores de retorno. Para estas funções, `@param` ou `@return` pode ser omitido.

Este estilo particular de documentação foi emprestado da linguagem de programação Java — ele é freqüentemente chamado de estilo *javadoc*. Existem várias ferramentas disponíveis que processam arquivos C++ e extraem páginas HTML contendo um conjunto de comentários com *hyperlinks* — ver Figura 4. O site da *Web* associado a este livro contém instruções para fazer *download* e usar uma destas ferramentas.

Ocasionalmente você vai achar tolice escrever os comentários de documentação. Isto é especialmente verdadeiro para funções de uso geral:

```
/**
    Calcula o máximo de dois inteiros.
    @param x um inteiro
    @param y outro inteiro
    @return a maior das duas entradas
*/
int max(int x, int y)
{
    if (x > y)
        return x;
    else
        return y;
}
```

Deveria ser perfeitamente claro que `max` calcula o máximo e é óbvio que a função recebe dois inteiros x e y. De fato, neste caso, o comentário é algo excessivo. Apesar disso, nós sempre recomendamos fortemente a escrita de comentários para cada função. É fácil gastar mais tempo ponderando se o comentário é demasiado trivial para ser escrito do que leva apenas para escrevê-lo. Em programação prática, funções muito simples são raras. Não há problema algum em ter uma função trivial super comentada, enquanto que ter uma função complicada sem nenhum comentário pode causar grande pesar para futuros programadores de manutenção. A experiência prática tem demonstrado que comentários para variáveis individuais raramente são úteis, desde que os nomes escolhidos para estas variáveis sejam autodocumentáveis. Funções criam uma divisão lógica muito importante em um programa C++, e uma grande parte do esforço de documentação deve ser concentrada em explicar o funcionamento de seu comportamento como caixa-preta.

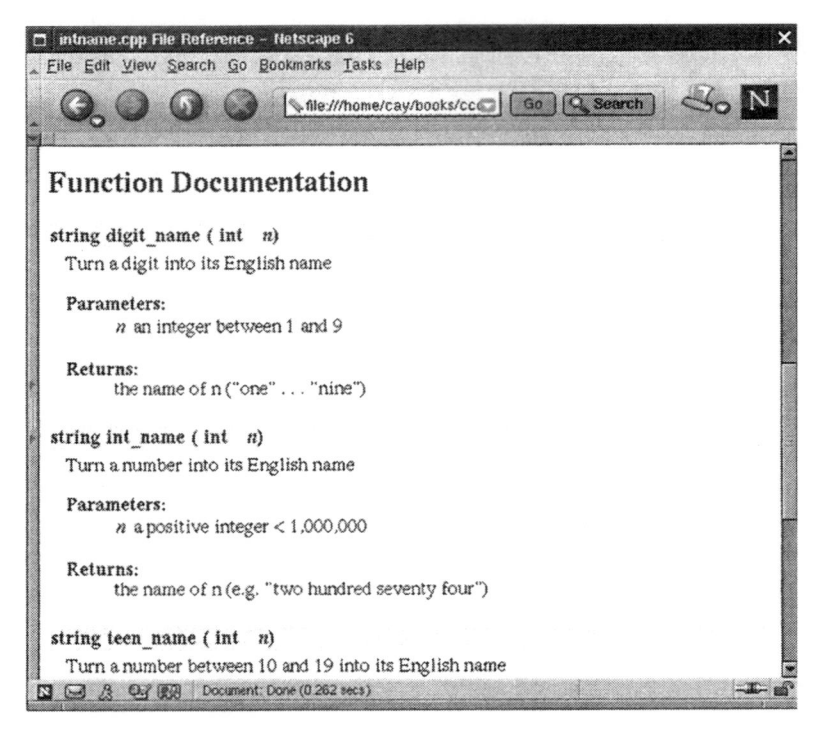

Figura 4
Documentação HTML de uma função.

É sempre uma boa idéia escrever *primeiro* o comentário da função, antes de escrever o código da função. Isto é um excelente teste para ver se você entendeu firmemente o que você necessita *para* programar. Se você não pode explicar as entradas e saídas de uma função, ainda não está apto a escrevê-la.

Dica de Produtividade 5.2

Pesquisa e Substituição Globais

Suponha que você escolheu um nome infeliz para uma função, digamos `fv` em vez de `future_value`, e você lamenta a sua escolha. Naturalmente, você pode localizar todas as ocorrências de `fv` em seu código e substituí-las manualmente. Entretanto, a maioria dos editores de programas possui um comando para pesquisar automaticamente todas as ocorrências de `fv` e substituí-las por `future_value`.

Você precisa especificar alguns detalhes para a pesquisa.

- Você quer que sua pesquisa ignore maiúsculas e minúsculas? Isto é, `FV` deve ser considerado igual a `fv`? Em C++ você geralmente não quer isso.
- Você quer pesquisar somente palavras inteiras? Se não, o `fv` em `Golfville` é também uma combinação. Em C++, você geralmente deseja pesquisar palavras inteiras.
- Isto é uma pesquisa com expressões regulares? Não, porém expressões regulares podem servir para pesquisas ainda mais poderosas — ver Dica de Produtividade 5.3.

- Você quer confirmar cada substituição, ou simplesmente ir em frente e substituir todas as combinações? Confirme as primeiras três ou quatro combinações e veja se está funcionando como esperado, e ordene ir em frente para substituir o restante (a propósito, uma substituição *global* significa substituir todas as ocorrências no documento). Bons editores de texto podem desfazer uma substituição global que foi feita erroneamente. Veja se o seu faz ou não.

- Você quer que a pesquisa seja feita a partir do cursor até o fim do arquivo do programa, ou deve ser feita no texto atualmente selecionado? Restringir a substituição a uma porção do arquivo pode ser bastante útil, mas neste exemplo você pode querer posicionar o cursor no início do arquivo e fazer a substituição até o final do arquivo.

Nem todos os editores possuem todas estas opções. Você deve investigar o que o seu editor oferece.

Dica de Produtividade 5.3

Expressões Regulares

Expressões regulares descrevem padrões de caracteres. Por exemplo, números possuem uma forma simples. Eles contém um ou mais dígitos. Uma expressão regular para descrever números é [0-9]+. O conjunto [0-9] indica qualquer dígito entre 0 e 9, e o + significa "um ou mais".

Para que serve isto? Diversos programas utilitários usam expressões regulares para localizar combinações de texto. Também os comandos de pesquisa de alguns editores de programas entendem expressões regulares. O programa mais popular que usa expressões regulares é `grep` (que significa "*global regular expression print*"). Você pode executar `grep` a partir de um *prompt* de comando ou de dentro de alguns ambientes de compilação. Ele necessita uma expressão regular e um ou mais arquivos para pesquisar. Quando o `grep` é executado, ele exibe um conjunto de linhas que combinam com a expressão regular.

Suponha que você quer pesquisar todos os números mágicos (ver Dica de Qualidade 2.3) em um arquivo. O comando

```
grep [0-9]+ homework.cpp
```

lista todas as linhas do arquivo `homework.cpp` que contêm seqüências de dígitos. Isso não é terrivelmente útil; linhas com nomes de variáveis como `x1` serão listadas. Você quer seqüências de dígitos que *não* seguem imediatamente letras:

```
grep [^A-Za-z][0-9]+ homework.cpp
```

O conjunto [^A-Za-z] indica quaisquer caracteres que *não* estão entre A e Z ou entre a e z. Isso funciona muito melhor, e mostra apenas linhas que contém números verdadeiros.

Existe um espantoso número de símbolos (algumas vezes chamados curingas) com significados especiais na sintaxe de uma expressão regular, e infelizmente programas diferentes usam diferentes estilos de expressões regulares. É melhor consultar a documentação do programa para ver detalhes.

5.4 Valores de retorno

Quando o comando `return` é processado, a função termina *imediatamente*. Isso é conveniente para tratar casos excepcionais no início:

```
double future_value(double initial_balance, double p, int n)
{
    if (n < 0) return 0;
    if (p < 0) return 0;
    double b = initial_balance * pow(1 + p / 100, n);
    return b;
}
```

Se a função é chamada com um valor negativo para p ou n, então a função retorna 0 e o restante da função não é executado (ver Figura 5).

No exemplo anterior, cada comando `return` retornou uma constante ou uma variável. Na realidade, o comando `return` pode retornar o valor de qualquer expressão, como mostrado na Sintaxe 5.2. Em vez de salvar o valor de retorno em uma variável e retornar a variável, freqüentemente é possível eliminar a variável e retornar uma expressão mais complexa:

```
double future_value(double initial_balance, double p, int n)
{
    return initial_balance * pow(1 + p / 100, n);
}
```

Isto é comumente feito para funções muito simples.

É importante que cada ramificação de uma função retorne um valor. Examine a seguinte versão incorreta da função `future_value`:

```
double future_value(double initial_balance, double p, int n)
{
    if (p >= 0)
        return initial_balance * pow(1 + p / 100, n);
    /* Erro */
}
```

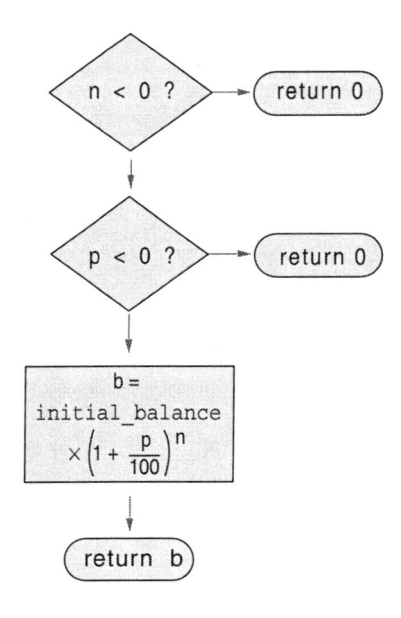

Figura 5
Comandos `return` terminam uma função imediatamente.

> **Sintaxe 5.2: Comando** `return`
>
> return *expression*;
>
> Exemplo:
>
> return pow(1 + p / 100, n);
>
> Finalidade:
>
> Terminar uma função, retornando o valor da expressão como um resultado da função.

Suponha que você chame `future_value` com um valor negativo para a taxa de juro. Naturalmente, não se espera que você faça tal chamada, mas pode acontecer como resultado de um erro de codificação. Sempre que a condição `if` não é verdadeira, o comando `return` não é executado. Todavia, a função deve retornar *algo*. Dependendo das circunstâncias, o compilador pode indicar isto como um erro ou um valor aleatório pode ser retornado. Isto é sempre uma má notícia, e você deve se proteger contra isto, retornando algum valor seguro.

```
double future_value(double initial_balance, double p, int n)
{
   if (p >= 0)
      return initial_balance * pow(1 + p / 100, n);
   return 0;
}
```

O último comando de cada função deve ser um comando `return`. Isso assegura que *algum* valor é retornado quando a função alcança o final.

Uma função que retorna um valor lógico é denominada de *predicado*. O programa ao final desta seção define uma função `approx_equal` que testa se dois números em ponto flutuante são aproximadamente iguais. A função retorna um valor do tipo `bool`, o qual pode ser usado dentro de um teste.

```
if (approx_equal(xold, xnew))...
```

Você já viu outra função predicado: a função `fail` que reporta uma falha no *stream* de entrada.

```
if (cin.fail()) cout << "Erro de entrada!\n";
```

Arquivo approx.cpp

```
1   #include <iostream>
2   #include <algorithm>
3
4   using namespace std;
5
6   /**
7      Testa se dois números em ponto flutuantes são
8      aproximadamente iguais.
9      @param x um número em ponto flutuante
10     @param y outro número em ponto flutuante
11     @return true se x e y são aproximadamente iguais
12  */
13  bool approx_equal(double x, double y)
14  {
15     const double EPSILON = 1E-14;
16     if (x == 0) return fabs(y) <= EPSILON;
```

```
17      if (y == 0) return fabs(x) <= EPSILON;
18      return fabs(x - y) / max(fabs(x), fabs(y)) <= EPSILON;
19  }
20
21  int main()
22  {
23      double x;
24      cout << "Digite um número: ";
25      cin >> x;
26
27      double y;
28      cout << "Digite outro número: ";
29      cin >> y;
30
31      if (approx_equal(x, y))
32         cout << "Os números são aproximadamente iguais.\n";
33      else
34         cout << "Os números são diferentes.\n";
35
36      return 0;
37  }
```

⊗ Erro Freqüente 5.1

Esquecer o Valor de Retorno

Uma função sempre necessita retornar algo. Se o código da função contém diversos desvios if/else, certifique-se que cada um deles retorne um valor:

```
int sign(double x)
{
    if (x < 0) return -1;
    if (x > 0) return +1;
    /* Erro: faltando o valor de retorno se x igual a 0 */
}
```

Esta função calcula o sinal de um número: −1 para números negativos e +1 para números positivos. Se o parâmetro x é zero, entretanto, nenhum valor é retornado. Muitos compiladores irão emitir um sinal de alerta nesta situação, mas se você ignorar a advertência e a função for chamada com um valor de parâmetro igual a 0, uma quantidade aleatória será retornada.

5.5 Parâmetros

Quando uma função inicia, suas *variáveis de parâmetros* são inicializadas com a expressão na chamada da função. Suponha que você chame:

```
b = future_value(total / 2, rate, year2 - year1).
```

A função future_value possui três variáveis de parâmetros: initial_balance, p e n. Antes da função iniciar, os valores das expressões total / 2 e year2 - year1 são calculados. Cada variável de parâmetro é inicializada com o valor do parâmetro correspondente. Deste modo, initial_balance se torna total / 2, p se torna rate e n se torna year2 - year1. A Figura 6 mostra o processo de passagem de parâmetros.

O termo *variável de parâmetro* é apropriado em C++. É inteiramente legal modificar os valores das variáveis de parâmetros posteriormente. Aqui está um exemplo, usando p como uma variável:

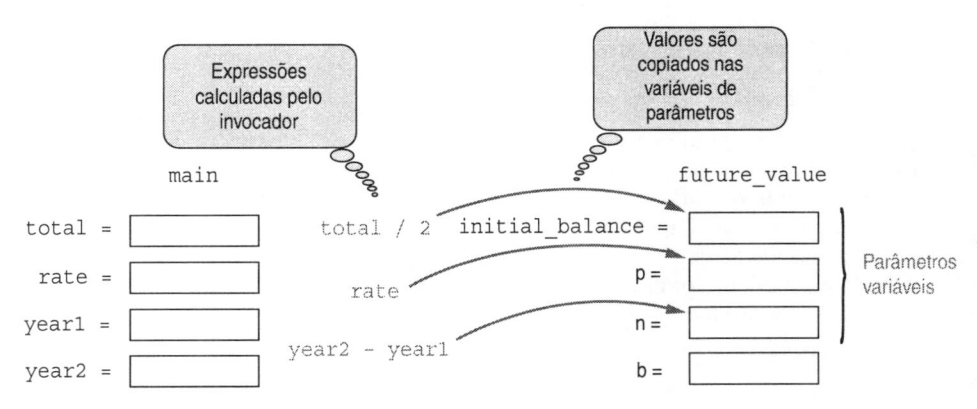

Figura 6
Passagem de parâmetros.

```
double future_value(double initial_balance, double p, int n)
{
    p = 1 + p / 100;
    double b = initial_balance * pow(p, n);
    return b;
}
```

Na realidade, muitos programadores consideram essa prática um mau estilo. É melhor não misturar o conceito de um parâmetro (entrada de uma função) com o de variável (memória local necessária para calcular um resultado da função).

Neste livro sempre vamos tratar variáveis de parâmetros como constantes e nunca as modificaremos. Entretanto, na Seção 5.8 você vai encontrar parâmetros de referência que se referem a variáveis externas a uma função, e não a variáveis locais. Modificar um parâmetro de referência é útil – isso altera o valor do parâmetro não somente dentro da função, mas também fora.

Dica de Qualidade 5.1

Use Nomes Significativos para Parâmetros

Você pode dar a uma função qualquer nome que você gostar. Escolha nomes explícitos para parâmetros que possuem papéis específicos; escolha nomes simples para aqueles que são completamente genéricos. O objetivo é fazer o leitor entender a finalidade do parâmetro sem ter que ler a descrição.

`double sin(double x)` não é tão bom quanto `double sin(double radian)`. Denominar o parâmetro como *radian* fornece informação adicional: mais exatamente, que o ângulo não pode ser fornecidos em graus.

A biblioteca padrão C++ contém uma função que é declarada como

`double atan2(double y, double x)`

Eu nunca consigo lembrar se ela calcula $\tan^{-1}(x/y)$ ou $\tan^{-1}(y/x)$. Eu gostaria que eles tivessem denominado os parâmetros mais adequadamente:

`double atan2(double numerator, double denominator)`

Se uma função é projetada para receber *qualquer* parâmetro de um dado tipo, então nomes simples para os parâmetros são mais apropriados.

`bool approx_equal(double x, double y)`

Erro Freqüente 5.2

Incompatibilidade de Tipos

O compilador leva muito a sério os tipos dos parâmetros da função e do valor de retorno. É um erro chamar uma função com um valor de um tipo incompatível. O compilador faz conversões entre inteiros e números em ponto flutuante, mas ele não faz conversões entre números e *strings* ou objetos. Por esta razão, C++ é chamada de linguagem fortemente tipada. Isto é uma característica útil, por que permite ao compilador descobrir erros de programação antes de eles causarem problemas quando o programa for executado. Por exemplo, você não pode fornecer um *string* para uma função numérica, mesmo que o *string* contenha somente dígitos:

```
string num = "1024";
double x = sqrt(num); /* Erro */
```

Você não pode armazenar um valor de retorno numérico em uma variável *string*:

```
string root = sqrt(2); /* Erro */
```

Tópico Avançado 5.1

Declaração de Funções

Funções necessitam ser conhecidas antes de serem usadas. Isso pode ser conseguido facilmente se você primeiro define as funções auxiliares de baixo nível, então as funções de trabalho de nível médio e finalmente a main em seu programa. Algumas vezes esta ordenação não funciona. Suponha que a função f chama a função g, e g chama f novamente. Essa configuração não é comum, mas pode acontecer. Outra situação é muito mais comum. A função f pode usar uma função tal como sqrt que é definida em um arquivo separado. Para conseguir compilar f, é suficiente *declarar* as funções g e sqrt. Uma declaração de uma função lista o valor de retorno, o nome da função e parâmetros, mas ela não contém um corpo:

```
int g(int n);
double sqrt(double x);
```

Esses são anúncios que prometem que uma função será implementada em algum lugar, seja mais adiante no mesmo arquivo ou em um arquivo separado. É fácil distinguir declarações de definições: declarações terminam com um ponto-e-vírgula enquanto que definições são seguidas por um bloco { . . . } (ver Sintaxe 5.3). Declarações são também conhecidas como *protótipos*.

Sintaxe 5.3: Declaração (ou Protótipo) de Função

`return_type function_name(parameter₁, parameter₂,..., parameterₙ);`

Exemplo:

`double abs(double x);`

Finalidade:

Declara uma função, para que possa ser chamada antes de ser definida.

As declarações de funções comuns tais como `sqrt` estão contidas em arquivos de cabeçalho. Se você der uma olhada dentro de `cmath`, vai encontrar a declaração de `sqrt` e de outras funções matemáticas.

Alguns programadores gostam de listar todas as declarações de funções no topo do arquivo e após escrever a `main` e em seguida as demais funções. Por exemplo, o arquivo `futval.cpp` pode ser organizado como segue:

```
#include <iostream>

#include <cmath>

using namespace std;

/* declaração de future_value */
double future_value(double initial_balance, double p, int n);

int main()
{
    ...
    /* uso de future_value */
    double balance = future_value(1000, rate, 5);
    ...
}

/* definição de future_value */
double future_value(double initial_balance, double p, int n)
{
    double b = initial_balance * pow(1 + p / 100, n);
    return b;
}
```

Essa organização tem uma vantagem: torna o código fácil de ler. Você primeiro lê a função de mais alto nível `main`, depois as função auxiliares como a `future_value`. Existe, entretanto, um problema. Sempre que você altera o nome de uma função ou um dos tipos de parâmetros, você deve corrigir em ambos os lugares: na declaração e na definição.

Para programas curtos, como os deste livro, isto é uma questão menor e você pode seguramente escolher qualquer destas abordagens. Para programas mais longos, é útil separar declarações de definições. O Capítulo 6 contém mais informações sobre como particionar programas grandes em múltiplos arquivos e como colocar declarações em arquivos de cabeçalho. Como você verá no Capítulo 6, funções-membro de classes são primeiro declaradas na definição da classe e então definidas em algum lugar.

5.6 Efeitos colaterais

Examine a função `future_value`, que retorna um número. Por que esta função também não *imprime*, ao mesmo tempo, o valor?

```
double future_value(double initial_balance, double p, int n)
{
    double b = initial_balance * pow(1 + p / 100, n);
    cout << "O saldo é agora " << b << "\n";
    return b;
}
```

É um princípio geral de projeto que uma função não deve deixar rastro de sua existência, exceto pelo retorno de um valor. Se uma função imprime uma mensagem, se tornará sem valor em um ambiente que não possui *stream* de saída, a exemplo de programas gráficos ou o controlador de um terminal bancário.

Uma prática particularmente repreensível é emitir mensagens de erro dentro de uma função. Você nunca deve fazer isto:

```
double future_value(double initial_balance, double p, int n)
{
    if (p < 0)
    {
        cout << "Valor incorreto de p."; /* Mau estilo */
        return 0;
    }
    double b = initial_balance * pow(1 + p / 100, n);
    return b;
}
```

Imprimir uma mensagem de erro limita severamente a reutilização da função `future_value`. Ela somente poderá ser usada dentro de programas que podem imprimir através de `cout`, eliminando assim programas gráficos. Ela pode ser usada somente em aplicações nas quais um usuário realmente lê a saída, eliminando o processamento em *background*. Além disso, ela só pode ser usada quando o usuário pode entender uma mensagem de erro na língua inglesa, eliminando a maioria de nossos potenciais consumidores. Naturalmente, nossos programas devem conter algumas mensagens, mas você pode agrupar todas as atividades de entrada e saída — por exemplo, em `main`, se o seu programa é curto. Deixe que as funções façam computações e não emissão de mensagens de erro.

Um efeito externo observável de uma função é denominado de *efeito colateral*. Exibir caracteres na tela, atualizar variáveis fora da função, e terminar o programa, são exemplos de efeitos colaterais.

Em particular, uma função que não tem efeitos colaterais pode ser executada muitas vezes sem surpresas. Sempre que forem fornecidas as mesmas entradas, ela vai confiavelmente produzir as mesmas saídas. Esta é uma propriedade desejável para funções e, na verdade, a maioria das funções não possuem efeitos colaterais.

5.7 Procedimentos

Suponha que você necessita imprimir um objeto do tipo `Time`:

```
Time now;
cout << now.get_hours() << ":"
    << setw(2) << setfill('0') << now.get_minutes() << ":"
    << setw(2) << now.get_seconds() << setfill(' ');
```

Um exemplo de impressão é `9:05:30`. Os manipuladores `setw` e `setfill` servem para fornecer um zero na frente se os minutos e segundos são formados por apenas um dígito.

Naturalmente, esta é uma tarefa muito comum, que bem pode ocorrer novamente:

```
cout << liftoff.get_hours() << ":"
    << setw(2) << setfill('0') << liftoff.get_minutes() << ":"
    << setw(2) << liftoff.get_seconds() << setfill(' ');
```

Isso é justamente a espécie de repetições com as quais estas funções são projetadas para lidar.

Arquivo printime.cpp

```
1    #include <iostream>
2    #include <iomanip>
3
4    using namespace std;
5
6    #include "ccc_time.h"
7
8    /**
9       Imprime um horário no formato h:mm:ss.
10      @param t o horário a ser impresso
11   */
12   void print_time(Time t)
13   {
14      cout << t.get_hours() << ":"
15         << setw(2) << setfill('0') << t.get_minutes() << ":"
16         << setw(2) << t.get_seconds() << setfill(' ');
17   }
18
19   int main()
20   {
21      Time liftoff(7, 0, 15);
22      Time now;
23      cout << "Decolagem: ";
24      print_time(liftoff);
25      cout << "\n";
26
27      cout << "Agora: ";
28      print_time(now);
29      cout << "\n";
30
31      return 0;
32   }
```

Note que esse código não calcula nenhum valor. Ele executa algumas ações e então retorna ao invocador. Uma função sem um valor de retorno é denominada de *procedimento*. A omissão do valor de retorno é indicada pela palavra-chave `void`. Procedimentos são chamados da mesma forma que funções, mas não existe valor de retorno a ser usado em uma expressão:

```
print_time(now);
```

Visto que um procedimento não retorna um valor, ele deve ter algum efeito colateral; senão, não valeria a pena ser chamado. Esse procedimento possui o efeito colateral de imprimir o horário.

Idealmente, uma função calcula um único valor e não possui efeitos observáveis. Chamar uma função múltiplas vezes com o mesmo parâmetro retorna o mesmo valor cada vez e não deixa nenhum outro rastro. Idealmente, um procedimento possui somente efeito colateral, tal como configurar variáveis ou realizar saída e não retorna nenhum valor.

Algumas vezes esses ideais são obscurecidos por necessidades da realidade. Comumente, procedimentos retornam um valor de *status*. Por exemplo, um procedimento `print_paycheck` pode retornar um `bool` para indicar que a impressão teve sucesso sem atolamento de papel. Entretanto, a computação deste valor de retorno não é o principal objetivo de chamar a operação — você não iria imprimir um contra-cheque apenas para saber se ainda tem papel na impressora. Portanto, você ainda faria de `print_paycheck` um procedimento, e não uma função, mesmo se ele retornasse um valor.

5.8 Parâmetros por referência

Vamos escrever um procedimento que eleva o salário de um empregado em p por cento.

```
Employee harry;
...
raise_salary(harry, 5); /* Agora Harry ganha 5% mais */
```

Aqui está uma primeira tentativa:

```
void raise_salary(Employee e, double by) /* Não funciona */
{
    double new_salary = e.get_salary() * (1 + by / 100);
    e.set_salary(new_salary);
}
```

Mas isso não funciona. Vamos inspecionar o procedimento. Assim que o procedimento inicia, a variável de parâmetro e recebe o mesmo valor que harry, e by recebe 5. Então e é modificada, mas esta modificação não tem efeito em harry, por que e é uma variável separada. Quando o procedimento termina, e é esquecido e harry não recebeu o aumento.

Um parâmetro tal como e ou by é chamado *parâmetro por valor*, porque é uma variável que é inicializada com um valor suprido pelo invocador. Todos os parâmetros nas funções e procedimentos que escrevemos têm usado parâmetros por valor. Nesta situação, todavia, nós realmente não queremos que e possua o mesmo valor que harry. Nós queremos que e se refira à variável real harry (ou joe ou qualquer empregado que seja fornecido na chamada). O salário *desta* variável deve ser atualizado. Existe um segundo tipo de parâmetro, denominado de *parâmetro por referência*, justamente com este comportamento. Querermos tornar e um parâmetro por referência, de modo que e não é uma nova variável mas uma referência a uma variável existente, e qualquer alteração em e é realmente uma alteração na variável à qual e se refere nesta chamada particular. A Figura 7 mostra a diferença entre parâmetros por valor e por referência.

A sintaxe para um parâmetro por referência é críptica, como mostrado na Sintaxe 5.4.

Sintaxe 5.4: Parâmetro por Referência

type_name& parameter_name

Exemplo:

Employee& e
int& result

Finalidade:

Define um parâmetro que é associado a um variável na chamada da função, para permitir que a função modifique esta variável.

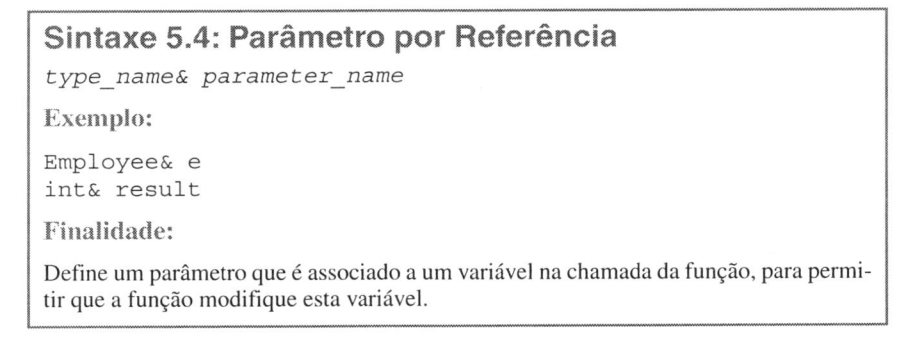

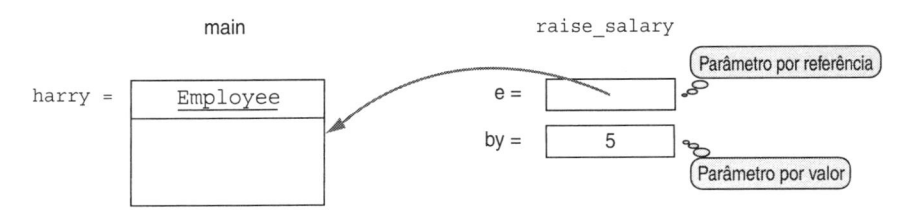

Figura 7

Parâmetros por referência e por valor.

Arquivo raisesal.cpp

```cpp
1   #include <iostream>
2
3   using namespace std;
4
5   #include "ccc_empl.h"
6
7   /**
8      Aumenta o salário de um empregado
9      @param e empregado que recebe aumento
10     @param by percentual de aumento.
11  */
12  void raise_salary(Employee& e, double by)
13  {
14     double new_salary = e.get_salary() * (1 + by / 100);
15     e.set_salary(new_salary);
16  }
17
18  int main()
19  {
20     Employee harry("Hacker, Harry", 45000.00);
21     raise_salary(harry, 5);
22     cout << "Novo salário: " << harry.get_salary() << "\n";
23     return 0;
24  }
```

O & após o nome do tipo indica um parâmetro por referência. Employee& é lido como "referência a employee" ou, mais abreviadamente, "employee ref". O procedimento raise_salary possui dois parâmetros: um do tipo "employee ref" e o outro um número em ponto flutuante.

O procedimento raise_salary claramente possui um efeito colateral observável: ele modifica a variável fornecida na chamada. Além de produzir saída, parâmetros por referência são o mecanismo mais comum para produzir um efeito colateral.

Naturalmente, o parâmetro e se refere a diferentes variáveis em diferentes chamadas do procedimento. Se raise_salary é chamado duas vezes,

```cpp
raise_salary(harry, 5 + bonus);
raise_salary(charley, 1.5);
```

então e refere-se a harry na primeira chamada, aumentando seu salário em 5% mais a quantidade bonus. Na segunda chamada, e refere-se a charley, aumentando seu salário em exatos 1.5%.

Deveria o segundo parâmetro ser uma referência?

```cpp
void raise_salary(Employee& e, double& by)
{
   double new_salary = e.get_salary() * (1 + by / 100);
   e.set_salary(new_salary);
}
```

Isto não é desejável. O parâmetro by nunca é modificado no procedimento; assim, não ganhamos nada em torná-lo um parâmetro por referência. Tudo o que conseguimos é restringir o padrão de chamada. Um parâmetro por referência deve ser associado a uma *variável* na chamada, enquanto que um parâmetro por valor pode ser associado a qualquer *expressão*. Com by sendo um parâmetro por referência, a chamada

```cpp
raise_salary(harry, 5 + bonus)
```

se torna ilegal, porque você não pode ter uma referência à expressão 5 + bonus. Não faz sentido alterar o valor de uma expressão.

Tópico Avançado 5.2

Referências Constantes

Não é muito eficiente passar variáveis do tipo `Employee` por valor a uma subrotina. Um registro de empregado contém vários itens de dados, e todos eles devem ser copiados nas variáveis de parâmetros. Parâmetros por referência são mais eficientes. Somente a posição da variável, e não o seu valor, necessita ser comunicada à função. Você pode instruir o compilador para dar a você a eficiência da chamada por referência e o significado da chamada por valor, usando uma *referência constante* como mostrado na Sintaxe 5.5. O procedimento

```
void print_employee(const Employee& e)
{
    cout << "Nome: " << e.get_name()
         << " Salário: " << e.get_salary() << "\n";
}
```

funciona exatamente do mesmo modo que o procedimento

```
void print_employee(Employee e)
{
    cout << "Nome: " << e.get_name()
         << " Salário: " << e.get_salary() << "\n";
}
```

Existe apenas uma diferença: chamadas ao primeiro procedimento são executadas mais rápido.

Adicionar `const&` a parâmetros por valor é geralmente vantajoso para objetos, mas não para números. Usar uma referência constante para um inteiro ou número em ponto flutuante é na realidade mais lento do que usar um parâmetro por valor. Seria bom se o compilador pudesse fazer esta otimização por sua própria iniciativa, mas existem razões técnicas infelizes para que isto não possa ser feito.

Adicionar `const&` para acelerar a passagem de objetos funciona somente se uma função ou procedimento nunca modifica seus parâmetros por valor. Enquanto é legal modificar um parâmetro por valor, alterar uma referência constante é um erro. Na Seção 5.5 foi recomendado tratar parâmetros por valor como constantes. Se você seguir aquela recomendação, você pode aplicar o acelerador `const&`.

Por simplicidade, `const&` é raramente usada neste livro, mas você sempre vai encontrar isto em código de produção.

Sintaxe 5.5: Parâmetro por Referência Constante

`const type_name& parameter_name`

Exemplo:

`const Employee& e`

Finalidade:

Define um parâmetro que é associado a uma variável na chamada da função, para evitar o custo de copiar esta variável em uma variável de parâmetro.

5.9 Escopo de variáveis e variáveis globais

Algumas vezes acontece que o mesmo nome de variável seja usado em duas funções. Considere a variável r no seguinte exemplo:

```
double future_value(double initial_balance, double p, int n)
{
   double r = initial_balance * pow(1 + p / 100, n);
   return r;
}

int main()
{
   cout << "Por favor forneça a taxa percentual de juros: ";
   double r;
   cin >> r;

   double balance = future_value(10000, r, 10);
   cout << "Após 10 anos, o saldo é "
      << balance << "\n";

   return 0;
}
```

Talvez o programador tenha escolhido r para indicar o valor de *retorno* na função future_value e independentemente escolheu r para indicar a taxa (*rate*) na função principal. Estas variáveis são independentes uma da outra. Você pode ter variáveis com o mesmo nome r em diferentes funções, assim como você pode ter diferentes hotéis com o mesmo nome "Bates' Hotel" em diferentes cidades.

Em um programa, a parte na qual uma variável é visível é conhecida como *escopo* da variável. Em geral, o escopo de uma variável se estende de sua definição até o fim do bloco em que ela foi definida. Os escopos das variáveis r são indicados em cinza.

```
double future_value(double initial_balance, double p, int n)
{
   double r = initial_balance * pow(1 + p / 100, n);
   return r;
}

int main()
{
   cout << "Por favor forneça a taxa percentual de juros: ";
   double r;
   cin >> r;
   double balance = future_value(10000, r, 10);
   cout << "Após 10 anos, o saldo é "
      << balance << "\n";
   return 0;
}
```

C++ suporta *variáveis globais*: variáveis que são definidas fora de funções. Uma variável global é visível para todas as funções que são definidas após ela. Aqui está um exemplo de uma variável global.

Arquivo global.cpp

```
1    #include <iostream>
2    #include <cmath>
3
4    using namespace std;
5
6    double balance;
7
```

```
 8    /**
 9       Acumula juro na variável global balance.
10       @param p a taxa percentual de juro
11       @param n a quantidade de períodos que o investimento é mantido
12    */
13    void future_value(int p, int n)
14    {
15       balance = balance * pow(1 + p / 100, n);
16    }
17
18    int main()
19    {
20       balance = 10000;
21       future_value(5, 10);
22       cout << "Após 10 anos, o saldo é "
23          << balance << "\n";
24       return 0;
25    }
```

Neste caso, `balance` é uma variável global. Note como ela é configurada em `main` e lida em `future_value`.

Naturalmente, esta não é considerada uma boa maneira de transmitir dados de uma função para outra. Por exemplo, suponha que um programador acidentalmente chama `future_value` antes que `balance` seja configurado. Então a função calcula um valor de investimento errado. Especialmente à medida que os programas se tornam longos, essas espécies de erros são extremamente difíceis de encontrar. Naturalmente, existe um remédio simples: rescreva `future_value` e passe o saldo inicial como um parâmetro.

Algumas vezes as variáveis globais não podem ser evitadas (por exemplo, `cin`, `cout`, e `cwin` são variáveis globais), mas devem ser feitos os melhores esforços para evitar variáveis globais em seu programa.

Dica de Qualidade 5.2

Minimize Variáveis Globais

Existem uns poucos casos em que variáveis globais são requeridas, mas eles são bastante raros. Se você se encontrar usando muitas variáveis globais, provavelmente você está escrevendo código que será difícil de manter e estender. Como regra de ouro, você não deve ter mais do que duas variáveis globais para cada mil linhas de código.

Como você pode evitar variáveis globais? Use *parâmetros* e use *classes*. Você sempre pode usar parâmetros de função para transferir informações de uma parte do programa para outra. Se o seu programa manipula muitas variáveis, isto pode se tornar tedioso. Neste caso, você precisa projetar classes que agrupam variáveis relacionadas. Você vai aprender mais a respeito deste processo no Capítulo 6.

5.10 Refinamentos Sucessivos

Uma das estratégias mais poderosas para resolução de problemas é o processo de *refinamentos sucessivos*. Para resolver uma tarefa difícil, particione a mesma em tarefas mais simples. Então continue particionando as simples em mais simples, até que você tenha ficado com tarefas que sabe como resolver.

Agora aplique esse processo a um problema da vida cotidiana. Você levanta pela manhã e simplesmente precisa conseguir um *café*. Como você consegue café? Você vê se consegue que alguém, como a sua mãe ou colega, traga para você. Se isto falhar, você deve *fazer café*. Como você faz café? Se existe café solúvel disponível, você pode preparar *café solúvel*. Como você prepara café solúvel? Simplesmente *ferva água* e misture a água fervente com o café solúvel. Como você ferve água? Se existe um microondas, então você enche uma xícara com água, coloca-a no microondas e aquece por três minutos. Senão, você enche de água uma chaleira e a aquece no fogão até que a água ferva. Por outro lado, se você não tem café instantâneo, você deve *passar café*. Como você passa café? Você coloca água na cafeteira, coloca um filtro, mói o café, coloca café moído no filtro e liga a cafeteira. Como você mói café? Você coloca grãos de café em um moedor de café e pressiona o botão por 60 segundos.

A solução do problema do café particiona tarefas de duas maneiras: com *decisões* e com *refinamentos*. Já estamos familiarizados com decisões: "Se existe um microondas, use-o, senão use uma chaleira". *Decisões* são implementadas com `if/else` em C++. Um refinamento dá um nome a uma tarefa composta e mais tarde particiona esta tarefa em outras mais: "... coloca um filtro, *mói o café*, coloca o café no filtro... Para moer café, coloca grãos de café no moedor de café...". Refinamentos são implementados como funções em C++. A Figura 8 mostra uma visão de fluxograma da solução de fazer café. Decisões são mostradas como desvios, refinamentos como caixas expandidas. A Figura 9 mostra uma segunda visão: uma *árvore de chamada* de tarefas. A árvore de chamada mostra quais tarefas são subdivididas em quais outras tarefas. Todavia ela não mostra decisões ou laços. O nome "arvore de chamada" é fácil de explicar: quando você programa cada tarefa como uma função C++, a árvore de chamada mostra quais funções chamam cada uma das outras.

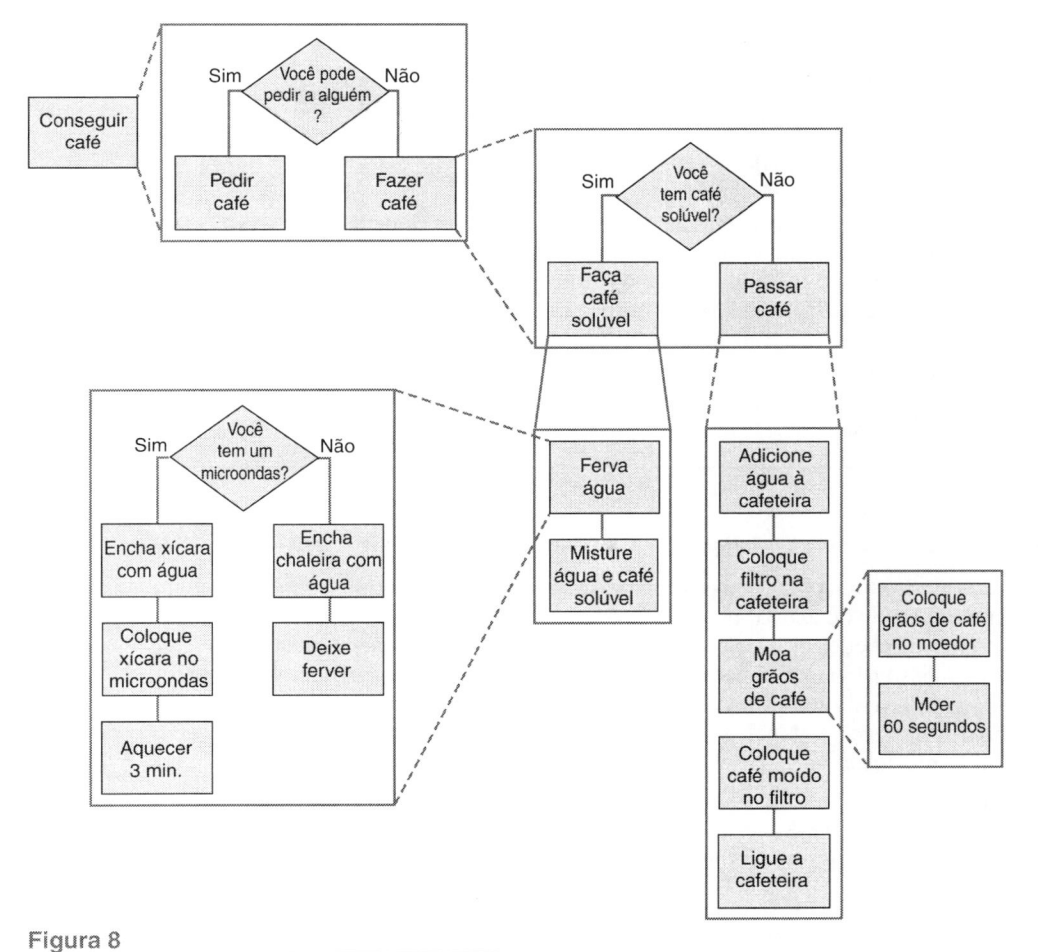

Figura 8

Fluxograma da solução de fazer café.

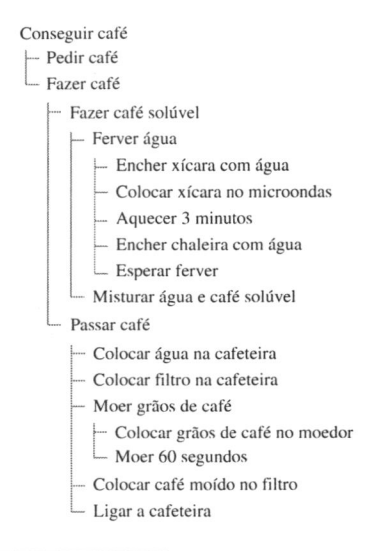

```
Conseguir café
├─ Pedir café
└─ Fazer café
   ├─ Fazer café solúvel
   │  ├─ Ferver água
   │  │  ├─ Encher xícara com água
   │  │  ├─ Colocar xícara no microondas
   │  │  ├─ Aquecer 3 minutos
   │  │  ├─ Encher chaleira com água
   │  │  └─ Esperar ferver
   │  └─ Misturar água e café solúvel
   └─ Passar café
      ├─ Colocar água na cafeteira
      ├─ Colocar filtro na cafeteira
      ├─ Moer grãos de café
      │  ├─ Colocar grãos de café no moedor
      │  └─ Moer 60 segundos
      ├─ Colocar café moído no filtro
      └─ Ligar a cafeteira
```

Figura 9
Árvore de chamadas do procedimento de fazer café.

🏅 Dica de Qualidade 5.3

Mantenha as Funções Curtas

Existe um certo custo de escrever uma função. Uma função necessita ser documentada; parâmetros necessitam ser passados; a função deve ser testada. Algum esforço deve ser feito para determinar se uma função pode ser feita para ser reutilizada em vez de atrelada a um contexto específico. Para evitar esse custo, é sempre tentador colocar mais e mais código em um lugar em vez de passar pelo problema de particionar o código em funções separadas. É bastante comum ver programadores inexperientes produzir funções que possuem várias centenas de linhas.

Idealmente, cada função deve conter não mais do que uma tela cheia de texto, tornando mais fácil de ler o código no editor de texto. Naturalmente, nem sempre isto é possível. Como regra de ouro, uma função que possui mais de 50 linhas é geralmente suspeita e provavelmente pode ser particionada.

5.11 Do pseudocódigo ao código

Ao imprimir um cheque, é costume escrever o valor do cheque como um número ("$274.15") e como um *string* de texto ("two hundred seventy four dollars and 15 cents"). Fazer isso reduz a tentação do recebedor de adicionar alguns dígitos em frente à quantidade (ver Figura 10). Para um humano, isso não é particularmente difícil, mas poderá um computador fazê-lo?

Não existe nenhuma função embutida que transforme 274 em `"two hundred seventy four"`. Necessitamos programar esta função. Aqui está a descrição da função que queremos escrever:

```
/**
    Transforma um número em seu valor por extenso.
    @param n um inteiro positivo < 1,000,000
    @return n por extenso (p. ex., "two hundred seventy four")
*/
string int_name(int n)
```

```
               John Wiley & Sons, Inc.    Publishers' Bank Minnesota    CHECK                    74-39
   WILEY       605 Third Avenue           2000 Prince Blvd              NUMBER    063331        -----  567390
               New York, NY 10158_0012    Jonesville, MN 55400                                   311

                                                                        Date           Amount
 PAY                                                       4659484    04/29/03    $****10,974.79

 TEN THOUSAND NINE HUNDRED SEVENTY FOUR AND 79 / 100 ***************************
 TO THE ORDER OF:
                       JOHN DOE
                       1009 Franklin Blvd
                       Sunnyvale, CA 95014

          ⑆478108240⑆   20062037511⑈    1301
```

Figura 10
Cheque mostrando a quantidade como número e por extenso.

Antes de iniciar a programar, necessitamos ter um plano. Considere um caso simples. Se o número estiver entre 1 e 9, precisamos computar `"one"`... `"nine"`. De fato, precisamos a mesma computação *novamente* para as centenas (`two hundred`). Qualquer coisa que você precisa mais de uma vez, é uma boa idéia transformar em uma função. Em vez de escrever a função inteira, escreva somente o comentário:

```
/**
    Transforma um dígito em seu valor por extenso.
    @param n um inteiro entre 1 e 9
    @return o valor de n ("one"... "nine")por extenso
*/
string digit_name(int n)
```

Isso soa simples o suficiente para ser implementado usando um comando `if/else` com nove ramificações, de forma que vamos nos preocupar com a implementação mais tarde.

Números entre 10 e 19 são casos especiais. Vamos fazer uma função separada `teen_name` que converte-os em strings `"eleven"`, `"twelve"`, `"thirteen"`, e assim por diante:

```
/**
    Transforma um número entre 10 e 19 em seu valor por extenso.
    @param n um inteiro entre 10 e 19
    @return o valor de n ("ten"... "nineteen")por extenso
*/
string teen_name(int n)
```

A seguir, suponha que o número esteja entre 20 e 99. Então vamos mostrar as dezenas como `"twenty"`, `"thirty"`,..., `"ninety"`. Por simplicidade e consistência, coloque a computação em uma função separada:

```
/**
    Fornece os valores por extenso de múltiplos de 10.
    @param n um inteiro entre 2 e 9
    @return o valor de 10 * n ("twenty"... "ninety")por extenso
*/
string tens_name(int n)
```

Agora suponha que o número é pelo menos 20 e no máximo 99. Se o número é divisível por 10, usamos `tens_name` e estamos prontos. Senão, imprimimos as dezenas com `tens_name` e as unidades com `digit_name`. Se o número estiver entre 100 e 999, então nós mostramos um dígito, a palavra `"hundred"` e o restante como descrito anteriormente.

Se o número for 1,000 ou maior, então nós convertemos os múltiplos de um milhar, no mesmo formato, seguido da palavra `"thousand"` e após o restante. Por exemplo, para converter 23,416, primeiro transformamos 23 em um string `"twenty three"`, seguido daquele com `"thousand"`, e então convertemos 416.

Isso soa suficientemente complicado para valer a pena converter em um *pseudocódigo*. Pseudocódigo é código que se assemelha a C++, mas as descrições que ele contém não são explícitas o suficiente para o compilador entender. Aqui está o pseudocódigo da descrição verbal do algoritmo.

```
string int_name(int n)
{
    int c = n; /* a parte que ainda precisa ser convertida */
    string r; /* o valor de retorno */
    if (c >= 1000)
    {
        r = milhares em c por extenso + "thousand";
        remove milhares de c;
    }
    if (c >= 100)
    {
        r = r + centenas em c por extenso + "hundred";
        remove centenas de c;
    }
    if (c >= 20)
    {
        r = r + dezenas em c por extenso;
        remove dezenas de c;
    }
    if (c >= 10)
    {
        r = r + c por extenso;
        c = 0;
    }
    if (c > 0)
        r = r + c por extenso;
    return r;
}
```

Este pseudocódigo possui diversas melhorias importantes em relação à descrição verbal. Ele mostra como organizar os testes, iniciando com as comparações dos números maiores, e ele mostra como os números menores são subseqüentemente processados nos comandos `if` seguintes.

Por outro lado, este pseudocódigo é vago a respeito da verdadeira conversão dos pedaços, somente se referindo a "dezenas por extenso" e assim por diante. Além disso, mentimos sobre espaços. Como está, o código produziria *strings* sem espaços, `twohundredseventyfour`, por exemplo. Comparado à complexidade do problema principal, se espera que espaços sejam uma questão menor. É melhor não poluir o pseudocódigo com pequenos detalhes.

Algumas pessoas gostam de escrever pseudocódigo em papel e o utilizar como guia para a codificação real. Outros digitam o pseudocódigo em um editor e então o transformam no código final. Você pode tentar ambos os métodos e ver qual deles funciona melhor com você. Agora transforme o pseudocódigo em código real. Os últimos três casos são fáceis, porque funções auxiliares já foram desenvolvidas para eles:

```
if (c >= 20)
{
    r = r + " " + tens_name(c / 10);
    c = c % 10;
}
if (c >= 10)
{
    r = r + " " + teen_name(c);
    c = 0;
}
if (c > 0)
    r = r + " " + digit_name(c);
```

O caso de números entre 100 e 999 é também fácil, porque você sabe que `c / 100` resulta em um único dígito:

```
if (c >= 100)
{
    r = r + " " + digit_name(c / 100) + " hundred";
    c = c % 100;
}
```

Somente o caso de números maiores que 1.000 é algo aborrecido, por que o número `c / 1000` não necessariamente resulta em um dígito. Se `c` é 23.416, então `c / 1000` é 23, e como vamos obter o nome *disso*? Temos funções auxiliares para unidades, para dezenas, mas não para um valor como 23. Entretanto, sabemos que `c / 1000` é menor do que 1.000, por que assumimos que `c` é menor do que um milhão. Também temos uma função perfeitamente boa que pode converter qualquer número < 1.000 em um *string* — a saber, a própria função `int_name`.

```
if (c >= 1000)
{
    r = int_name(c / 1000) + " thousand";
    c = c % 1000;
}
```

Aqui está a função completa:

```
/**
    Transforma um número em seu valor por extenso em inglês.
    @param n um inteiro positivo < 1,000,000
    @return o valor de n por extenso (p. ex., "two hundred seventy four")
*/
string int_name(int n)
{
int c = n; /* a parte que ainda precisa ser convertida */
string r; /* o valor de retorno */
    if (c >= 1000)
    {
        r = int_name(c / 1000) + " thousand";
        c = c % 1000;
    }
    if (c >= 100)
    {
        r = r + " " + digit_name(c / 100) + " hundred";
        c = c % 100;
    }
```

```
            if (c >= 20)
            {
               r = r + " " + tens_name(c / 10);
               c = c % 10;
            }
            if (c >= 10)
            {
               r = r + " " + teen_name(c);
               c = 0;
            }
            if (c > 0)
               r = r + " " + digit_name(c);
            return r;
         }
```

Você pode achar estranho que uma função possa chamar a si mesma, não apenas outras funções. Isso realmente não é tão improvável como parece à primeira vista. Aqui está um exemplo da álgebra básica. Você provavelmente aprendeu em suas aulas de álgebra como calcular o quadrado de um número tal como 25.4 sem o auxílio de uma calculadora. Este é um truque útil se você está confinado em uma ilha deserta e necessita saber quantos milímetros quadrados existem em um pé quadrado (existem 25.4 milímetros em uma polegada). Aqui está como fazer isto. Você usa a fórmula binomial

$$(a + b)^2 = a^2 + 2ab + b^2$$

com $a = 25$ e $b = 0{,}4$. Para calcular $25{,}4^2$, você primeiro calcula os quadrados mais simples 25^2 e $0{,}4^2$: $25^2 = 625$ e $0{,}4^2 = 0{,}16$. Após você coloca tudo junto: $25{,}4^2 = 625 + 2 \times 25 \times 0{,}4 + 0{,}16 = 645{,}16$.

O mesmo fenômeno acontece com a função `int_name`. Ela recebe um número como 23,456. Ela pára no 23, e assim ela suspende a si mesma e chama uma função para resolver esta tarefa. A qual, por acaso, é uma outra cópia da mesma função. Esta função retorna `"twenty three"`. A função original continua, concatena `"twenty three thousand"`, e trabalha sobre o restante, 456.

Existe um cuidado importante. Quando uma função invoca a si mesma, ela deve fornecer uma atribuição *simples* para a segunda cópia de si mesma. Por exemplo, `int_name` não pode simplesmente chamar a si mesma com o valor que ela recebeu ou com 10 vezes esse valor; senão, a chamada nunca terminaria. Isto é, naturalmente, uma verdade geral para resolver problemas por séries de funções. Cada função deve trabalhar em uma parte mais simples de um todo. No Capítulo 14, vamos examinar funções que chamam a si mesmas em grande detalhe.

Agora você já viu todos os blocos de construção importantes do procedimento `int_name`. Como mencionado anteriormente, as funções auxiliares devem ser declaradas ou definidas antes da função `int_name`. Aqui está o programa completo.

Arquivo intname.cpp

```
 1   #include <iostream>
 2   #include <string>
 3
 4   using namespace std;
 5
 6   /**
 7      Transforma um dígito em seu valor por extenso.
 8      @param n um inteiro entre 1 e 9
 9      @return o valor de n por extenso ("one"... "nine")
10   */
11   string digit_name(int n)
12   {
```

```
13     if (n == 1) return "one";
14     if (n == 2) return "two";
15     if (n == 3) return "three";
16     if (n == 4) return "four";
17     if (n == 5) return "five";
18     if (n == 6) return "six";
19     if (n == 7) return "seven";
20     if (n == 8) return "eight";
21     if (n == 9) return "nine";
22     return "";
23   }
24
25   /**
26      Transforma um número entre 10 e 19 em seu valor por extenso.
27      @param n um inteiro entre 10 e 19
28      @return o valor de n por extenso ("ten"... "nineteen")
29   */
30   string teen_name(int n)
31   {
32     if (n == 10) return "ten";
33     if (n == 11) return "eleven";
34     if (n == 12) return "twelve";
35     if (n == 13) return "thirteen";
36     if (n == 14) return "fourteen";
37     if (n == 15) return "fifteen";
38     if (n == 16) return "sixteen";
39     if (n == 17) return "seventeen";
40     if (n == 18) return "eighteen";
41     if (n == 19) return "nineteen";
42     return "";
43   }
44
45   /**
46      Fornece o valor por extenso de um múltiplo de 10.
47      @param n um inteiro entre 2 e 9
48      @return o valor de 10 * n por extenso("twenty"... "ninety")
49   */
50   string tens_name(int n)
51   {
52     if (n == 2) return "twenty";
53     if (n == 3) return "thirty";
54     if (n == 4) return "forty";
55     if (n == 5) return "fifty";
56     if (n == 6) return "sixty";
57     if (n == 7) return "seventy";
58     if (n == 8) return "eighty";
59     if (n == 9) return "ninety";
60     return "";
61   }
62
63   /**
64      Transforma um número em seu valor por extenso.
65      @param n um inteiro positivo < 1,000,000
66      @return o valor de n por extenso (p. ex., "two hundred seventy four")
67   */
68   string int_name(int n)
69   {
70     int c = n; /* a parte que ainda precisa ser convertida */
71     string r; /* o valor de retorno */
```

```
72
73    if (c >= 1000)
74    {
75       r = int_name(c / 1000) + " thousand";
76       c = c % 1000;
77    }
78
79    if (c >= 100)
80    {
81       r = r + " " + digit_name(c / 100) + " hundred";
82       c = c % 100;
83    }
84
85    if (c >= 20)
86    {
87       r = r + " " + tens_name(c / 10);
88       c = c % 10;
89    }
90
91    if (c >= 10)
92    {
93       r = r + " " + teen_name(c);
94       c = 0;
95    }
96
97    if (c > 0)
98       r = r + " " + digit_name(c);
99
100   return r;
101 }
102
103 int main()
104 {
105    int n;
106    cout << "Por favor digite um inteiro positivo: ";
107    cin >> n;
108    cout << int_name(n);
109    return 0;
110 }
```

5.12 Inspeções

A função `int_name` é suficientemente intrincada para que uma execução "a seco" da mesma seja uma boa idéia, antes de a confiarmos ao computador. Não existe apenas a questão da chamada a si mesma; existem diversas outras questões. Por exemplo, considere

```
if (c >= 20)
{
   r = r + " " + tens_name(c);
   c = c % 10;
}
if (c >= 10)
{
   r = r + " " + teen_name(c);
   c = 0;
}
```

Por que o primeiro desvio faz `c = c % 10`, enquanto que o segundo desvio faz `c = 0`? Na verdade, quando eu escrevi pela primeira vez o código, ambos os desvios faziam `c = c % 10`, e então me dei conta de meu erro ao testar o código em minha mente com poucos exemplos. Tal teste mental é denominado de *inspeção*.

Uma inspeção é feita com lápis e papel. Pegue um cartão ou qualquer outro pedaço de papel; escreva a chamada da função que você quer estudar.

```
                int_name(n = 416)




```

A seguir escreva os nomes das variáveis da função. Escreva-os em forma de tabela, visto que você vai atualizá-las à medida que percorrer o código.

```
                int_name(n = 416)
        c       r
        416     ""




```

Passe pelo teste `c >= 1000` e entre no teste `c >= 100`. `c / 100` é 4 e `c % 100` é 16. `digit_name(4)` visivelmente resulta em `"four"`.

Escreva o valor que você espera no topo de um cartão separado.

```
                digit_name(n = 4)
    Retorna "four"?




```

Caso `digit_name` fosse complicada, você poderia ter iniciado outro cartão para conferir esta chamada de função. Isso poderia fugir do controle se esta função chamasse uma terceira função. Computadores não tem problema em suspender uma tarefa, trabalhar em uma segunda e retornar à primeira, mas pessoas perdem a concentração quando elas devem trocar seu foco mental com muita freqüência. Assim, em vez de percorrer chamadas de funções subordinadas, você pode simplesmente assumir que elas retornam o resultado correto, assim como você fez com `digit_name`.

Coloque de lado este cartão e percorra-o mais tarde. Você pode acumular inúmeros cartões desta maneira. Na prática, este procedimento é necessário somente para chamadas de funções complexas, e não para as simples como `digit_name`.

Agora você está apto a atualizar as variáveis. `r` mudou para `r + " " + digit_ name(c / 100) + " hundred"`, que é `"four hundred"`, e `c` mudou para `c % 100`, ou 16. Você pode riscar os valores antigos e escrever os novos abaixo deles.

int_name(n = 416)	
c	r
~~416~~	~~""~~
16	"four hundred"

Agora você entra no desvio `c >= 10`. `teens_name(16)` é `sixteen`, e assim as variáveis agora têm os valores

int_name(n = 416)	
c	r
~~416~~	~~""~~
~~16~~	~~"four hundred"~~
0	"four hundred sixteen"

Agora se torna claro por quê você necessita configurar `c` como 0, não como `c % 10`. Você não vai querer entrar no desvio `c > 0`. Se você entrasse, o resultado seria `"four hundred sixteen six"`. Entretanto, se `c` é 36, você quer produzir `"thirty"` primeiro e então enviar o resto 6 para o desvio `c > 0`.

Neste caso, a inspeção teve sucesso. Entretanto, é bastante comum você encontrar erros durante inspeções. Então você conserta o código e tenta novamente a inspeção. Em uma equipe com muitos programadores, inspeções regulares se constituem em um método útil para melhorar a qualidade e a compreensão do código (ver [2]).

🔁 Dica de Produtividade 5.4

Transformando uma Seção de Código em Comentário

Algumas vezes você está executando testes em um longo programa e uma parte do programa está incompleta ou irremediavelmente confusa. Você deseja ignorar esta parte por algum tempo e se concentrar em conseguir que o restante do código funcione. Naturalmente, você pode cortar fora este texto, colar em outro arquivo e copiar de volta mais tarde, mas isto é um incômodo. Como alternativa, você pode simplesmente enclausurar o código a ser ignorado dentro de comentários.

O método óbvio é colocar um /* no início do arquivo do código ofensivo e um */ no final. Infelizmente isto não funciona em C++, porque comentários não se *aninham*. Isto é, o /* e */ não formam um par como parênteses ou chaves:

```
/*

/**
    Transforma um número entre 10 e 19 em seu valor por extenso em inglês.
    @param n um inteiro entre 10 e 19
    @return o valor de n por extenso("ten"... "nineteen")
*/
string teen_name(int n)
{
    if (n == 11) return "eleven";
    else...
}

*/
```

O delimitador de encerramento */ após o comentário @return forma um par com o delimitador de abertura /* no topo. Todo o código restante é compilado e o */ no final da função causa uma mensagem de erro. Isto não é muito esperto, naturalmente. Alguns compiladores permitem que você aninhe comentários, mas outros não. Algumas pessoas recomendam que você use somente comentários com //. Se você faz isso, você pode transformar em comentário um bloco de código com comentários /*... */ — bem, mais ou menos: se você primeiro comentar um pequeno bloco e então um maior, você incorre no mesmo problema.

Aqui está uma outra maneira de mascarar um bloco de código: usando as assim denominadas *diretivas de pré-processador*.

```
#if 0

/**
    Transforma um número entre 10 e 19 no seu valor por extenso.
    @param n um inteiro entre 10 e 19
    @return o valor de n por extenso ("ten"... "nineteen")
*/
string teen_name(int n)
{
    if (n == 11) return "eleven";
    else...
}

#endif
```

O pré-processamento é a fase anterior à compilação, nas qual arquivos `#include` são incluídos, macros são expandidas e porções de código são condicionalmente incluídas ou excluídas. Todas as linhas iniciando com um # são instruções para o pré-processador. A inclusão seletiva de código com `#if... #endif` é útil se você necessita escrever um programa que possui pequenas variações para ser executado em diferentes plataformas. Aqui nós usamos esta facilidade para excluir o código. Se você deseja incluí-lo temporariamente, mude o `#if 0` para `#if 1`. Naturalmente, uma vez que você tenha completado os testes, você deve fazer a limpeza e eliminar todas as diretivas `#if 0` e todo o código não usado. *Diferentemente* de comentários /*... */, as diretivas `#if... #endif` podem ser aninhadas.

Dica de Produtividade 5.5

Esqueletos Vazios

Algumas pessoas primeiro escrevem todo o código e depois iniciam a compilação e os testes. Outras preferem ver alguns resultados rapidamente. Se você se encontra entre os impacientes, você vai gostar da técnica de *esqueletos* (*stubs*). Um esqueleto de função é uma função que é completamente vazia e que retorna um valor trivial. O esqueleto pode ser usado para testar se o código compila e para depurar a lógica de outras partes de um programa.

```
/**
    Transforma um dígito em seu valor por extenso.
    @param n um inteiro entre 1 e 9
    @return o valor de n por extenso ("one"... "nine")
*/
string digit_name(int n)
{
    return "nada";
}

/**
    Transforma um número entre 10 e 19 em seu valor por extenso.
    @param n um inteiro entre 10 e 19
    @return o valor de n por extenso ("ten"... "nineteen")
*/
string teen_name(int n)
{
    return "nadateen";
}

/**
    Fornece o valor por extenso de um múltiplo de 10.
    @param n um inteiro entre 2 e 9
    @return o valor de 10 * n por extenso ("twenty"... "ninety")
*/
string tens_name(int n)
{
    return "nadaty";
}
```

Se você combinar este esqueleto com a função `int_name` e testá-lo com uma entrada de 274, você obterá uma saída como `"nada hundred nadaty nada"`, que mostra que você está no caminho certo. Você pode então preencher um esqueleto de cada vez.

Este método é particularmente útil se você gosta de compor os seus programas diretamente no computador. Naturalmente, o planejamento inicial exige raciocínio e não digitação e é melhor conduzido em uma escrivaninha. Desde que você saiba quais funções você necessita, contudo, você pode fornecer suas descrições de interface e esqueletos, compilar, implementar uma função, compilar e testar, implementar a função seguinte, compilar e testar, até que esteja concluído o programa.

5.13 Pré-condições

O que deveria fazer uma função quando ela é chamada com entradas inadequadas? Por exemplo, como deveria uma `sqrt(-1)` reagir? O que deveria `digit_name(-1)` fazer? Existem duas escolhas.

- Uma função pode falhar seguramente. Por exemplo, a função `digit_name` simplesmente retorna um *string* vazio quando ela é chamada com uma entrada inesperada.
- Uma função pode terminar. Muitas funções matemáticas fazem isto. A documentação determina quais entradas são legais e quais entradas não são legais. Se a função é chamada com uma entrada ilegal; ela termina de algum modo.

Existem diferentes modos de terminar uma função. As funções matemáticas escolheram o modo mais brutal: imprimir uma mensagem e terminar todo o programa. C++ possui um mecanismo bastante sofisticado que permite a uma função terminar se enviar uma assim denominada *exceção*, que sinaliza ao recebedor apropriado que algo de muito errado ocorreu.

Desde que o recebedor esteja em seu lugar, ele pode tratar o problema e evitar o término do programa. Entretanto, o tratamento de exceções é complexo — você vai encontrar uma breve discussão no Capítulo 17. Por ora, vamos escolher um método mais simples, mostrado na Sintaxe 5.6: usar a macro `assert` (uma *macro é* uma instrução especial para o compilador inserir código complexo no texto do programa).

```
#include <cassert>
...
double future_value(double initial_balance, double p, int n)
{
    assert(p >= 0);
    assert(n >= 0);
    return initial_balance * pow(1 + p / 100, n);
}
```

Se a condição dentro da macro é verdadeira quando a macro é encontrada, então nada acontece. Entretanto, quando a condição é falsa, o programa aborta com uma mensagem de erro.

```
assertion failure in file fincalc.cpp line 49: p >= 0
```

Sintaxe 5.6: Asserção

`assert(expression);`

Exemplo:

`assert(x >= 0);`

Finalidade:

Se a expressão é verdadeira, nada faz. Se a expressão é falsa, termina o programa, exibe o nome do arquivo e a expressão.

Esta é uma mensagem mais útil do que a emitida por uma função matemática falhando. Aquelas funções apenas afirmam que um erro ocorreu em *algum lugar*. A mensagem `assert` fornece o número exato da linha em que ocorreu o problema. A mensagem de erro é exibida onde o testador pode vê-la: na tela do terminal para um programa texto ou em uma caixa de diálogo em um programa gráfico.

Mais importante, é possível alterar o comportamento de uma `assert` quando o programa foi inteiramente testado. Após uma certa opção ter sido configurada no compilador, os comandos assert são simplesmente ignorados. Nenhum teste demorado é realizado, nenhuma mensagem de erro é gerada e o programa nunca aborta.

Ao escrever um função, como você deve tratar entradas incorretas? Você deve terminar ou você deve falhar com segurança? Considere a `sqrt`. Seria uma tarefa fácil implementar uma função de raiz quadrada que retornasse 0 para valores negativos e a raiz quadrada real para valores positivos. Suponha que você use esta função para calcular os pontos de interseção de um círculo e uma linha. Suponha que eles não se interceptam, mas você esqueceu de considerar esta possibilidade. Agora a raiz quadrada de um número negativo irá retornar um valor errado, exatamente 0, e você irá obter dois pontos de interseção espúrios (na realidade, você vai obter o mesmo ponto duas vezes). Você pode esquecer isso durante o teste e o programa faltoso pode entrar em produção.

Isso não é um grande problema para um programa gráfico, mas suponha que o programa dirige uma broca dentária robotizada. Ele poderia começar a furar em algum lugar fora da boca. Isto torna a terminação uma alternativa atraente. É duro negligenciar a terminação durante os testes, e seria melhor se a broca parasse antes de atingir as gengivas do paciente.

Aqui está o que você deve fazer ao escrever uma função:

1. Estabeleça *pré-condições* claras para todas as entradas. Escreva nos comentários `@param` que valores você não deseja tratar.
2. Escreva comandos `assert` que garantam as pré-condições.
3. Certifique-se de fornecer resultados corretos para todas as entradas que atendem a pré-condição.

Aplique esta estratégia para a função `future_value`:

```
/**
Calcular o valor de um investimento com taxa de juro composto
@param initial_balance o valor inicial de um investimento
@param p a taxa de juro por período, em percentagem
@param n a quantidade de períodos que o investimento é mantido
@return o saldo após n períodos
*/
double future_value(double initial_balance, double p, int n)
{
    assert(p >= 0);
    assert(n >= 0);
    return initial_balance * pow(1 + p / 100, n);
}
```

Anunciamos que p e n devem ser ≤ 0. Tal condição é a *pré-condição* da função `future_value`. A função é responsável somente pelo tratamento de entradas que atendem a pré-condição. Ela é livre para fazer *qualquer* coisa se a pré-condição não é atendida. Seria perfeitamente legal se a função reformatasse o disco rígido cada vez que fosse chamada com uma entrada incorreta. Naturalmente, isto não é razoável. Em vez disso, verificamos a pré-condição com um comando `assert`. Se uma função é chamada com uma entrada incorreta, o programa termina. Isto pode não ser "gentil", mas é legal. Lembre que uma função pode fazer qualquer coisa se a pré-condição não é atendida.

Outra alternativa é deixar a função falhar com segurança, retornando um valor *default* quando a função é chamada com uma taxa de juro negativa.

```
/**
Calcular o valor de um investimento com taxa de juro composto
@param initial_balance o valor inicial de um investimento
@param p a taxa de juro por período, em percentagem
@param n a quantidade de períodos que o investimento é mantido
@return o saldo após n períodos
*/
```

```
double future_value(double initial_balance, double p, int n)
{
   if (p >= 0)
      return initial_balance * pow(1 + p / 100, n);
   else
      return 0;
}
```

Existem vantagens e desvantagens nesta abordagem. Se o programa que chama a função `future_value` possui alguns defeitos que causam a passagem de uma taxa de juro negativa como um valor de entrada, então a versão com a asserção vai tornar óbvios os defeitos durante os testes — é difícil ignorar quando o programa aborta. A versão falha-segura, por outro lado, irá silenciosamente retornar 0 e você pode não notar que ela executa alguns cálculos errados como conseqüência.

Bertre Meyer [1] compara pré-condições a contratos. Uma função promete calcular a resposta correta para todas as entradas que atendem a pré-condição. O invocador promete nunca chamar uma função com entradas ilegais. Se o invocador honra sua promessa e recebe uma resposta errada, ele pode levar a função ao tribunal dos programadores. Se o invocador não honra a sua promessa e algo terrível acontece como conseqüência, ele não tem a quem recorrer.

Fato Histórico   5.1

O Crescimento Explosivo dos Computadores Pessoais

Em 1971, Marcian E. "Ted" Hoff, um engenheiro da Intel Corporation, estava trabalhando em um *chip* para um fabricante de calculadoras eletrônicas. Ele percebeu que poderia ser uma idéia melhor desenvolver um *chip* genérico que poderia ser *programado* para interagir com as teclas e a tela de uma calculadora, em vez de fazer um outro projeto customizado. Assim o *microprocessador* nasceu. Nesta época, sua aplicação primária era como um controlador de calculadoras, máquinas de lavar roupa e assemelhados. Levou anos para que a indústria da computação se desse conta que uma genuína unidade central de processamento estava agora disponível em um único *chip*.

Projetistas amadores foram os primeiros a perceber. Em 1974 o primeiro kit de computador, o Altair 8800, se tornou disponível na MITS Electronics por cerca de $350. O kit consistia do microprocessador, uma placa de circuito impresso, uma quantidade de memória muito pequena, chaves liga/desliga e uma série de luzes de exibição. Compradores tinham que soldar e montar as peças, e então programar em linguagem de máquina através das chaves. Isto não foi um grande sucesso.

O primeiro grande sucesso foi o Apple II. Ele era realmente um computador com um teclado, um monitor e uma unidade de disquete. Quando ele foi inicialmente liberado, usuários possuíam uma máquina de $3,000 que podia jogar Space Invaders, executar um pequeno programa de contabilidade ou permitir que os usuários a programassem em BASIC. O Apple II original nem mesmo suportava letras minúsculas, tornando-o inútil para processamento de texto. A ruptura veio em 1979, com um novo programa de *planilha eletrônica*, o VisiCalc. Em uma planilha eletrônica, você entra com dados financeiros e seus relacionamentos em uma tabela de linhas e colunas (ver Figura 11). A seguir você modifica alguns dados e observa em tempo real como os outros se alteram. Por exemplo, você poderia ver como a alteração do mix de produtos em uma fábrica pode afetar o lucro e custos estimados. Gerentes de nível médio em empresas que entendiam de computadores e eram prejudicados por terem que esperar durante horas ou dias para recuperar os seus dados processados no computador central, migraram para o VisiCalc e o computador que era necessário para executá-lo. Para eles, o computador era uma máquina de planilha eletrônica.

O próximo grande sucesso foi o IBM Personal Computer, desde então conhecido como o PC. Ele foi o primeiro computador pessoal amplamente disponível que usou o processador de 16 bits da Intel, o 8086, cujos sucessores ainda estão sendo usados em computadores pessoais de hoje. O sucesso do PC baseou-se não em qualquer nova descoberta de engenharia, mas no fato de que ele podia ser clonado. A IBM publicou as especificações para cartões de expansão e foi um passo

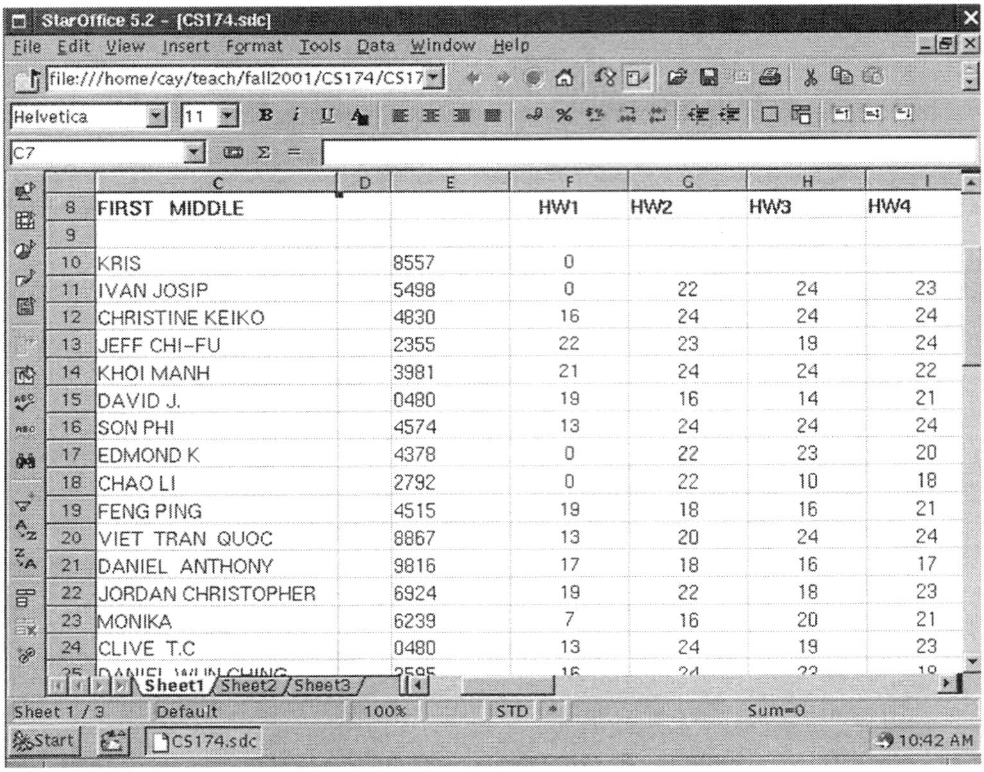

	C	D	E	F	G	H	I
8	FIRST MIDDLE			HW1	HW2	HW3	HW4
9							
10	KRIS		8557	0			
11	IVAN JOSIP		5498	0	22	24	23
12	CHRISTINE KEIKO		4830	16	24	24	24
13	JEFF CHI-FU		2355	22	23	19	24
14	KHOI MANH		3981	21	24	24	22
15	DAVID J.		0480	19	16	14	21
16	SON PHI		4574	13	24	24	24
17	EDMOND K		4378	0	22	23	20
18	CHAO LI		2792	0	22	10	18
19	FENG PING		4515	19	18	16	21
20	VIET TRAN QUOC		8867	13	20	24	24
21	DANIEL ANTHONY		9816	17	18	16	17
22	JORDAN CHRISTOPHER		6924	19	22	18	23
23	MONIKA		6239	7	16	20	21
24	CLIVE T.C		0480	13	24	19	23

Figura 11

Planilha eletrônica.

além. Ela publicou o código exato do assim denominado BIOS (Basic Input/Output System), que controla o teclado, o monitor, as portas e unidades de disco e deve ser instalado em forma de ROM em cada PC. Isso permitiu que vendedores terceirizados de cartões de expansão se certificassem que o código BIOS e extensões terceirizadas deles interagiam corretamente com o equipamento. Naturalmente, o código em si era propriedade da IBM e não podia ser copiado legalmente. Talvez a IBM não tivesse antecipado que versões funcionalmente equivalentes da BIOS poderiam ser recriadas por outros. A Compaq, uma das primeiras vendedoras de clones fez quinze engenheiros, que asseguraram jamais ter visto o código IBM original, escreverem uma nova versão que atendia precisamente às especificações da IBM. Outras companhias fizeram o mesmo e logo existiam diversos vendedores vendendo computadores que executavam o mesmo *software* que o IBM PC, mas que se diferenciavam por um menor preço, maior portabilidade ou melhor desempenho. Nesta época, A IBM perdeu sua posição dominante no mercado de PCs. Ela agora é uma das muitas companhias que produzem computadores compatíveis com IBM PC.

A IBM nunca produziu um sistema operacional para seus PCs. Um sistema operacional organiza a interação entre o usuário e o computador, inicia programas de aplicação e gerencia memória em disco e outros recursos. A IBM ofereceu a seus clientes três opções distintas de sistemas operacionais. A maioria dos usuários não se importa muito com o sistema operacional. Eles escolheram o sistema que conseguia executar a maioria das poucas aplicações que existiam naquela época. O escolhido foi o DOS (Disk Operating System) da Microsoft. A Microsoft alegremente licenciou o mesmo sistema operacional para outros vendedores de *hardware* e encorajou companhias de *software* a escreverem aplicações DOS. Uma imensa quantidade de programas de aplicação úteis para máquinas compatíveis com PC foi o resultado.

▼   Aplicações para PC eram certamente úteis, mas elas não eram fáceis de aprender. Cada vendedor desenvolveu uma *interface de usuário* distinta: a coleção de teclas, opções de menu e configurações que o usuário necessitava dominar para usar efetivamente um pacote de *software*. O intercâmbio de dados entre aplicações era difícil, porque cada programa usava um formato diferente. O Apple Macintosh mudou tudo isso em 1984. Os projetistas do Macintosh tiveram a visão de fornecer uma interface do usuário com o computador intuitiva e forçar desenvolvedores de *software* a aderir a ela. Levou anos para a Microsoft e os fabricantes de compatíveis com PC se aprumarem.

▼   *Accidental Empires* [3] é altamente recomendado para um relato divertido e irreverente sobre o surgimento dos computadores pessoais.

▼   Na época desta escrita (2002) era estimado que dois em cada cinco lares americanos possuíam um PC próprio e um em cada seis lares tinham um PC conectado à Internet. A maioria dos computadores pessoais é usada para processamento de texto, finanças domésticas (bancária, orçamento, impostos) acessando informações de CD-ROM e fontes *on-line*, e para entretenimento. Alguns analistas predizem que o computador pessoal vai se mesclar com o aparelho de televisão e rede de TV a cabo, para se tornar um eletrodoméstico para entretenimento e informação.

Resumo do capítulo

1. Uma função recebe parâmetros de entrada e calcula um resultado que depende destas entradas.
2. *Valores de parâmetros* são fornecidos na chamada da função. Eles são armazenados nas *variáveis de parâmetro* da função. Os tipos dos valores e variáveis de parâmetros devem combinar.
3. Assim que um resultado da função tenha sido computado, o comando `return` termina a função e envia o resultado ao invocador.
4. Comentários em funções explicam a finalidade da função e o significado dos parâmetros e valor de retorno, bem como quaisquer requisitos especiais.
5. Efeitos colaterais são resultados observados externamente, causados por uma chamada de função, e que não sejam o retorno de um resultado; por exemplo, exibir uma mensagem. Normalmente efeitos colaterais devem ser evitados em funções que retornam valores.
6. Um *procedimento* é uma função que não retorna valor. Seu valor de retorno normalmente possui tipo `void`, e ele cumpre suas finalidades inteiramente através de efeitos colaterais.
7. Um programa consiste de muitas funções e procedimentos. Assim como variáveis, funções e procedimentos necessitam ser definidos antes que possam ser usados.
8. Use o processo de *refinamentos sucessivos* para decompor tarefas complexas em tarefas mais simples.
9. *Pré-condições* são restrições sobre parâmetros de uma função. Se uma função é chamada com violação de uma pré-condição, a função não é responsável por computar o resultado correto. Para verificar a conformidade a pré-condições, use a macro `assert`.
10. Uma função pode chamar a si mesma, mas ela deve providenciar um parâmetro mais simples para si própria em cada chamada sucessiva.

Leitura complementar

[1] Bertrand Meyer, *Object-Oriented Software Construction*, Prentice-Hall, 1989, Capítulo 7.

[2] Daniel P. Freedman e Gerald M. Weinberg, *Handbook of Walkthroughs, Inspections and Technical Reviews*, Dorset House, 1990.

[3] Robert X. Cringely, *Accidental Empires*, Addison-Wesley, 1992.

Exercícios de revisão

Exercício R5.1. Forneça exemplos realistas das seguintes funções:

(a) Uma função com um parâmetro `double` e um valor de retorno `double`
(b) Uma função com um parâmetro `int` e um valor de retorno `double`
(c) Uma função com um parâmetro `int` e um valor de retorno `string`
(d) Uma função com dois parâmetros `double` e um valor de retorno `bool`
(e) Um procedimento com dois parâmetros `int&` e sem valor de retorno
(f) Uma função sem parâmetros e um valor de retorno `int`
(g) Uma função com um parâmetro `Circle` e um valor de retorno `double`
(h) Uma função com um parâmetro `Line` e um valor de retorno `Point`

Somente descreva o que estas funções fazem. Não as programe. Por exemplo, uma resposta à primeira questão é "seno" ou "raiz quadrada".

Exercício R5.2. Verdadeiro ou falso?

(a) Uma função possui exatamente um comando `return`.
(b) Uma função possui pelo menos um comando `return`.
(c) Uma função tem no máximo um valor de retorno.
(d) Um procedimento (com valor de retorno `void`) nunca possui um comando `return`.
(e) Ao executar um comando `return`, a função termina imediatamente.
(f) Uma função sem parâmetros sempre possui um efeito colateral.
(g) Um procedimento (com valor de retorno `void`) sempre possui um efeito colateral.
(h) Uma função sem efeitos colaterais sempre retorna o mesmo valor quando chamada com os mesmos parâmetros.

Exercício R5.3. Escreva comentários de funções detalhados para as seguintes funções. Certifique-se de descrever todas as condições sob as quais a função não pode computar um resultado. Apenas escreva os comentários, não as funções.

(a) `double sqrt(double x) /* raíz quadrada*/`
(b) `Point midpoint(Point a, Point b) /* ponto médio */`
(c) `double area(Circle c) /* área do círculo */`
(d) `string roman_numeral(int n) /* número romano */`
(e) `double slope(Line a) /* declividade */`
(f) `bool is_leap_year(year y) /* ano bissexto */`
(g) `string weekday(int w) /* dia da semana*/`

Exercício R5.4. Considere estas funções:

```
double f(double x) {return g(x) + sqrt(h(x));}
double g(double x) {return 4 * h(x);}
double h(double x) {return x * x + k(x) - 1;}
double k(double x) {return 2 * (x + 1);}
```

Sem realmente compilar e executar um programa, determine os resultados das seguintes chamadas de função.

(a) `double x1 = f(2);`
(b) `double x2 = g(h(2));`
(c) `double x3 = k(g(2) + h(2));`
(d) `double x4 = f(0) + f(1) + f(2);`

(e) `double x5 = f(-1) + g(-1) + h(-1) + k(-1);`

Exercício R5.5. O que é uma função predicado? Forneça uma definição, um exemplo de uma função predicado e um exemplo de como usá-la.

Exercício R5.6. Qual é a diferença entre um valor de parâmetro e um valor de retorno? Qual é a diferença entre um valor de parâmetro e uma variável de parâmetro? Qual é a diferença entre um valor de parâmetro e um parâmetro por valor?

Exercício R5.7. Idealmente, uma função não deve ter efeito colateral. Você consegue escrever um programa no qual nenhuma função tenha um efeito colateral? Tal programa seria útil?

Exercício R5.8. Para as seguintes funções e procedimentos, envolva em um círculo os parâmetros que devem ser implementados como parâmetros por referência.

(a) `y = sin(x);`
(b) `print_paycheck(harry);`
(c) `raise_salary(harry, 5.5);`
(d) `Make_uppercase(mensagem);`
(e) `key = uppercase(input);`
(f) `change_name(harry, "Horton");`

Exercício R5.9. Para cada uma das variáveis no seguinte programa, indique o escopo. Após, determine o que o programa imprime, sem realmente executar o programa.

```
int a = 0;
int b = 0;
int f(int c)
{
    int n = 0;
    a = c;
    if (n < c)
        n = a + b;
    return n;
}
int g(int c)
{
    int n = 0;
    int a = c;
    if (n < f(c))
        n = a + b;
    return n;
}
int main()
{
    int i = 1;
    int b = g(i);
    cout << a + b + i << "\n";
    return 0;
}
```

Exercício R5.10. Vimos três espécies de variáveis em C++: variáveis globais, variáveis de parâmetro e variáveis locais. Classifique as variáveis do exercício anterior de acordo com estas categorias.

Exercício R5.11. Use o processo de refinamentos sucessivos para descrever o processo de preparar ovos mexidos. Discuta o que você faria se não encontrasse ovos no refrigerador. Produza uma árvore de chamadas.

Exercício R5.12. Quantos parâmetros possui a função a seguir? Quantos valores de retorno ela possui? *Dica*: Os conceitos C++ de "parâmetro" e "valor de retorno" não são os mesmos que os conceitos intuitivos de "entrada" e "saída".

```
void average(double& avg)
{
    cout << "Please enter two numbers: ";
    double x;
    double y;
    cin >> x >> y;
    avg = (x + y) / 2;
}
```

Exercício R5.13. Qual é a diferença entre uma função e um procedimento? Uma função e um programa? O procedimento `main` e um programa?

Exercício R5.14. Realize uma inspeção na função `int_name` com as seguintes entradas:

(a) `5`
(b) `12`
(c) `21`
(d) `321`
(e) `1024`
(f) `11954`
(g) `0`
(h) `-2`

Exercício R5.15. Que pré-condições as seguintes funções da biblioteca padrão C++ possuem?

(a) `sqrt`
(b) `tan`
(c) `log`
(d) `exp`
(e) `pow`
(f) `fabs`

Exercício R5.16. Quando uma função é chamada com parâmetros que violam sua pré-condição, ela pode terminar ou falhar com segurança. Forneça dois exemplos de funções de biblioteca (C++ padrão ou funções de bibliotecas usadas neste livro) que falham com segurança quando chamadas com parâmetros inválidos e forneça dois exemplos de funções de biblioteca que terminam.

Exercício R5.17. Considere a seguinte função:

```
int f(int n)
{
    if (n <= 1) return 1;
    if (n % 2 == 0) /* n é par */
        return f(n / 2);
    else return f(3 * n + 1);
}
```

Realize inspeções da computações `f(1)`, `f(2)`, `f(3)`, `f(4)`, `f(5)`, `f(6)`, `f(7)`, `f(8)`, `f(9)` e `f(10)`. Você consegue conjeturar sobre qual valor esta função fornece para um n arbitrário?

Você pode *provar* que a função sempre termina? Se sim, por favor conte para este autor. Na época desta escrita, este é um problema insolúvel em matemática, algumas vezes chamado de "problema $3n + 1$" ou o "problema Collatz".

Exercício R5.18. Considere o seguinte procedimento que foi feito para intercambiar os valores de dois inteiros:

```
void false_swap1(int& a, int& b)
{
    a = b;
    b = a;
}
int main()
{
    int x = 3;
    int y = 4;
    false_swap1(x, y);
    cout << x << " " << y << "\n";
    return 0;
}
```

Por que o procedimento não intercambia os conteúdos de x e y? Como você pode rescrever o procedimento para funcionar corretamente?

Exercício R5.19. Considere o seguinte procedimento que foi feito para intercambiar os valores de dois inteiros:

```
void false_swap2(int a, int b)
{
    int temp = a;
    a = b;
    b = temp;
}
int main()
{
    int x = 3;
    int y = 4;
    false_swap2(x, y);
    cout << x << " " << y << "\n";
    return 0;
}
```

Por que o procedimento não intercambia os conteúdos de x e y? Como você pode reescrever o procedimento para funcionar corretamente?

Exercício R5.20. Prove que o seguinte procedimento intercambia dois inteiros sem necessitar uma variável temporária!

```
void tricky_swap(int& a, int& b)
{
    a = a - b;
    b = a + b;
    a = b - a;
}
```

Exercícios de programação

Exercício P5.1. Melhore o programa que calcula saldos bancários, solicitando ao usuário o saldo inicial e a taxa de juros. Após imprima o saldo após 10, 20 e 30 anos.

Exercício P5.2. Escreva um procedimento void sort2(int& a, int& b) que intercambia os valores de a e b se a é maior do que b e, caso contrário, deixa a e b inalterados. Por exemplo,

```
              int u = 2;
              int v = 3;
              int w = 4;
              int x = 1;
              sort2(u, v); /* u ainda é 2, v ainda é 3 */
              sort2(w, x); /* w agora é 1, x agora é 4 */
```

Exercício P5.3. Escreva um procedimento `sort3(int& a, int& b, int& c)` que intercambia suas três entradas para colocá-las em ordem crescente. Por exemplo,

```
              int v = 3;
              int w = 4;
              int x = 1;
              sort3(v, w, x); /* v agora é 1, w agora é 3, x agora é 4 */
```

Dica: Use `sort2` do exercício anterior.

Exercício P5.4. Melhore a função `int_name` de modo que funcione corretamente para valores ≤ 10.000.000.

Exercício P5.5. Melhore a função `int_name` de modo que funcione corretamente para valores negativos e zero. *Cuidado:* certifique-se de que sua função melhorada não imprima 20 como `"twenty zero"`.

Exercício P5.6. Para alguns valores (por exemplo, 20), a função `int_name` retorna um *string* com um espaço na frente (`"twenty "`). Conserte esse defeito e certifique-se de que espaços sejam inseridos somente quando necessário. *Dica:* Existem duas maneiras de realizar isto. Ambas asseguram que espaços antecedentes nunca sejam inseridos ou removem espaços antecedentes do resultado antes de retorná-lo.

Exercício P5.7. Escreva funções

```
       double sphere_volume(double r); /* volume da esfera */
       double sphere_surface(double r); /* superfície da esfera */
       double cylinder_volume(double r, double h); /*volume do cilindro */
       double cylinder_surface(double r, double h); /* superfície do cilindro */
       double cone_volume(double r, double h); /* volume do cone */
       double cone_surface(double r, double h); /* superfície do cone */
```

que calculam o volume e área de superfície de uma esfera com raio `r`, um cilindro com uma base circular com raio `r` e altura `h` e um cone com uma base circular de raio `r` e altura `h`. Após escreva um programa que solicita ao usuário valores de `r` e `h`, chama as seis funções e imprime os resultados.

Exercício P5.8. Escreva funções

```
           double perimeter(Circle c); /* perímetro do círculo*/
           double area(Circle c); /* área do círculo */
```

que calculam a área e o perímetro do círculo `c`. Use estas funções em um programa gráfico que solicita ao usuário que especifique um círculo. Então exiba mensagens com o perímetro e a área do círculo.

Exercício P5.9. Escreva uma função

```
       double distance(Point p, Point q)
```

que calcula a distância entre dois pontos. Escreva um programa de teste que solicita ao usuário que selecione dois pontos. Então exiba a distância entre eles.

Exercício P5.10. Escreva uma função

```
       bool is_inside(Point p, Circle c) /* está dentro */
```

que testa se um ponto está dentro de um círculo (você precisa calcular a distância entre `p` e o centro do círculo e compará-la com o raio). Escreva um

Exercício P5.11.

programa de teste que pede para o usuário clicar o centro do círculo, depois solicita o raio e então pede ao usuário para clicar qualquer ponto na tela. Exiba uma mensagem que indica se o usuário clicou dentro do círculo.

Escreva uma função

```
double get_double(string prompt)
```

que exibe o *string*, seguido de um espaço, lê um número em ponto flutuante e o retorna (em outras palavras, escreva uma versão para console de `cwin.get_double`.) Aqui está um exemplo de uso:

```
salary = get_double("Por favor forneça seu salário:");
perc_raise =
    get_double("Que percentual de aumento você gostaria?");
```

Se ocorrer um erro de entrada, aborte o programa chamando `exit(1)`. (Você vai ver no Capítulo 6 como melhorar este comportamento).

Exercício P5.12. Escreva funções

```
display_H(Point p);
display_E(Point p);
display_L(Point p);
display_O(Point p);
```

que mostra as letras H, E, L, O na janela gráfica onde o ponto p é o canto superior esquerdo da letra. Ajuste a letra em um quadrado 1 x 1. Após chame as funções para desenhar as palavras "HELLO" e "HOLE" na janela gráfica. Desenhe linhas e círculos. Não use a classe `Mensagem`. Não use `cout`.

Exercício P5.13. *Anos bissextos.* Escreva a função predicado

```
bool leap_year(int year) /* ano bissexto */
```

que testa se um ano é um ano bissexto, isto é, um ano com 366 dias. Anos bissextos são necessários para manter o calendário sincronizado com o sol, por que a terra se move ao redor do sol uma vez a cada 365.25 dias. Na verdade, este cálculo não é inteiramente preciso, e, para todas as datas após 1582 se aplica a *correção Gregoriana*. Usualmente anos divisíveis por 4 são bissextos, como por exemplo 1996. Entretanto, anos que são divisíveis por 100 (por exemplo, 1900) não são bissextos; porém, anos que são divisíveis por 400 são anos bissextos (por exemplo, 2000).

Exercício P5.14. *Datas Julianas.* Suponha que você deseja saber há quantos dias nasceu Colombo. É tedioso calcular isto a mão, uma vez que os meses possuem diferentes durações e porque você tem que se preocupar com anos bissextos. Muitas pessoas, tais como astrônomos, que lidam muito com datas, se cansaram de lidar com as loucuras do calendário e costumam representar dias em uma maneira completamente diferente: o denominado número de dia Juliano. Este valor é definido como o número de dias transcorridos desde 01 de janeiro de 4713 A.C. Uma referência conveniente é que 9 de outubro de 1995 é o dia Juliano 2.450.000.

Aqui está um algoritmo para calcular o número do dia Juliano. Configure `jd`, `jm`, `jy` como sendo o dia, o mês e o ano. Se o ano é negativo, adicione 1 a `jy` (não existe um ano 0. O ano 1 A.C. foi imediatamente seguido do ano 1 D.C.). Se o mês é maior do que fevereiro, adicione 1 a `jm`. Senão, adicione 13 a `jm` e subtraia 1 de `jy`. Então calcule

```
long jul = floor(365.25 * jy) + floor(30.6001 * jm) + d
    + 1720995.0
```

Armazenamos o resultado em uma variável do tipo `long`; inteiros simples podem não ter dígitos suficientes para guardar o valor. Se a data era anterior a 15 de outubro de 1582, retorne este valor. Caso contrário, realize a seguinte correção:

```
int ja = 0.01 * jy;
jul = jul + 2 - ja + 0.25 * ja;
```

Agora escreva uma função

```
long julian(int year, int month, int day)
```

que converte uma data para um número Juliano. Use esta função em um programa que solicita ao usuário uma data do passado e após imprima quantos dias são transcorridos até a data do dia atual.

Exercício P5.15. Escreva um procedimento

```
void jul_to_date(long jul, int& year, int& month, int& day)
```

que executa a conversão inversa, de dias Julianos para datas. Aqui está um algoritmo. Iniciando com 15 de outubro de 1582 (dia Juliano número 2.299.161), aplique a correção

```
long jalpha = ((jul - 1867216) - 0.25) / 36524.25;
jul = jul + 1 + jalpha - 0.25 * jalpha;
```

Então calcule

```
long jb = jul + 1524;
long jc = 6680.0 + (jb - 2439870 - 122.1)/365.25;
long jd = 365 * jc + (0.25 * jc);
int je = (jb - jd)/30.6001;
```

O dia, mês e ano são calculados como

```
day = jb - jd - (long)(30.6001 * je);
month = je - 1;
year = (int)(jc - 4715);
```

Se o mês é maior do que 12, subtraia 12. Se o mês é maior do que 2, subtraia 1 do ano. Se o ano não é positivo, subtraia 1.

Use a função para escrever o seguinte programa. Solicite ao usuário uma data e um número n.

Após imprima a data que é anterior em n dias em relação à data digitada. Você pode usar este programa para encontrar o dia exato de 100.000 dias atrás. A computação é simples. Primeiro converta a data de entrada em um dia Juliano, usando a função do exercício anterior, depois subtraia n e após converta de volta usando `jul_to_date`.

Exercício P5.16. No exercício P4.12 foi solicitado a você escrever um programa para converter um número para sua representação em números Romanos. Naquele momento, você não sabia como colocar em evidência o código comum, e, como conseqüência, o programa resultante era bastante longo. Rescreva aquele programa implementando e usando a seguinte função:

```
string roman_digit(int n, string one, string five,
    string ten)
```

Esta função traduz um dígito, usando o string especificado para os valores de um, cinco e dez. Você pode chamar a função como segue:

```
roman_ones = roman_digit(n % 10, "I", "V", "X");
n = n / 10;
```

```
roman_tens = roman_digit(n % 10, "X", "L", "C");
...
```

Exercício P5.17. Escreva um programa que converte um número Romano tal como MCM-LXXVIII para sua representação como número decimal. *Dica*: Primeiro escreva uma função que forneça o valor numérico de cada uma das letras. Depois converta um *string* como segue: examine os *dois* primeiros caracteres; se o primeiro tem um valor maior do que o segundo, então simplesmente converta o primeiro, chame novamente a função de conversão para o *substring* iniciando com o segundo caractere e adicione ambos os valores. Se o primeiro possui um valor menor do que o segundo, calcule a diferença e adicione a ela a conversão do restante. Este algoritmo converte números Romanos "fajutos", tais como "IC". Merece crédito extra se você conseguir modificar o programa para processar somente números Romanos genuínos.

Exercício P5.18. Escreva procedimentos para rotacionar e escalonar um ponto.

```
void rotate(Point& p, double angle);
void scale(Point& p, double scale);
```

Aqui estão as equações para as transformações. Se *p* é o ponto original, α o ângulo da rotação e *q* o ponto após a rotação, então

$$q_x = p_x \cos\alpha + p_y \sen\alpha$$
$$q_y = -p_x \sen\alpha + p_y \cos\alpha$$

Se *p* é o ponto original, *s* o fator de escala e *q* o ponto após escalonar, então

$$q_x = sp_x$$
$$q_y = sp_y$$

Entretanto, note que suas funções necessitam *substituir* o ponto por sua imagem após a rotação ou escalonamento. Agora escreva o seguinte programa gráfico. Inicie com o ponto (5,5). *Rotacione-o* cinco vezes por 10 graus e então escalone-o cinco vezes em 0.95. Após, inicie com o ponto (−5,−5). Repita o seguinte cinco vezes.

```
rotate(b, 10 * PI / 180);
scale(b, 0.95);
```

Isto é, intercale a rotação e o escalonamento cinco vezes.

Exercício P5.19. *Códigos de Barras Postais*. Para agilizar a classificação das cartas, o Serviço Postal dos Estados Unidos encoraja as grandes companhias que enviam grandes volumes de cartas a usar um código de barras que indica o código de endereçamento postal ZIP (ver Figura 12).

```
**************    ECRLOT  **  CO57

CODE C671RTS2
JOHN DOE                       CO57
1009 FRANKLIN BLVD
SUNNYVALE    CA 95014 – 5143
```

Barras delimitadoras

Dígito 1 Dígito 2 Dígito 3 Dígito 4 Dígito 5 Dígito de Controle

Figura 12
Um código de barras postal.

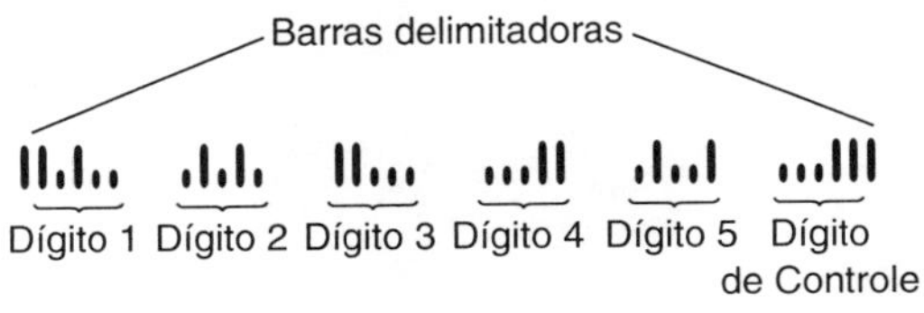

Figura 13
Codificação para códigos de barras de cinco dígitos.

O esquema de codificação para um ZIP de cinco dígitos é mostrado na Figura 13. Existem barras delimitadoras com a altura total em cada lado. Os cinco dígitos codificados são seguidos por um dígito de controle, o qual é calculado como segue: adicione todos os dígitos e escolha o dígito de controle que torne a soma múltipla de 10. Por exemplo, o código 95014 tem uma soma de 19, de modo que o dígito de controle é 1, para fazer a soma igual a 20.

Cada dígito do código e o dígito de controle são codificados de acordo com a seguinte Tabela, onde 0 indica meia barra e 1 uma barra inteira.

	7	4	2	1	0
1	0	0	0	1	1
2	0	0	1	0	1
3	0	0	1	1	0
4	0	1	0	0	1
5	0	1	0	1	0
6	0	1	1	0	0
7	1	0	0	0	1
8	1	0	0	1	0
9	1	0	1	0	0
0	1	1	0	0	0

Note que eles representam todas as combinações de duas barras inteiras e três meias barras. O dígito pode ser facilmente calculado a partir do código de barras, usando os pesos de colunas 7, 4, 2, 1, 0. Por exemplo, 01100 é $0 \times 7 + 1 \times 4 + 1 \times 2 + 0 \times 1 \times 0 \times 0 = 6$. A única exceção é 0, que pode resultar em 11 de acordo com a fórmula de pesos.

Escreva um programa que solicite a um usuário um código postal e imprima o código de barras. Use : para meia barra e | para barra inteira. Por exemplo, 95014 se torna

||:|:::|:|:||:::::||:|::|:::|||

Exercício P5.20. Escreva um programa que exibe o código de barras, usando barras de verdade, em sua tela gráfica *Dica:* Escreva funções `half_bar(Point start)` e `full_bar(Point start)`.

Exercício P5.21. Escreva um programa que leia um código de barras (com : indicando meia barra e | indicando barra inteira) e imprima o código postal que ele representa. Imprima uma mensagem de erro se o código de barras não estiver correto.

Exercício P5.22. Escreva um programa que imprima instruções para obter um café, perguntando ao usuário sempre que uma decisão deva ser tomada. Decomponha cada tarefa em um procedimento, como por exemplo:

```
void brew_coffee()
{
    cout << "Adicione água à cafeteira.\n";
    cout << "Coloque um filtro na cafeteira.\n";
    grind_coffee();
    cout << "Coloque o café no filtro.\n";
    ...
}
```

Capítulo 6

Classes

Objetivos do capítulo

- Tornar-se apto a implementar suas próprias classes
- Dominar a separação entre interface e implementação
- Entender o conceito de encapsulamento
- Projetar e implementar funções-membro de acesso e modificadoras
- Entender a construção de objetos
- Aprender como distribuir um programa em múltiplos arquivos fonte

No Capítulo 3 você aprendeu como usar objetos de classes existentes. Até agora você tem usado registros de empregados e formas gráficas em muitos programas. Relembre como objetos diferem de tipos de dados numéricos. Objetos são construídos através da especificação de parâmetros de construção, tais como

```
Employee harry("Hacker, Harry",35000);
```

Para usar objetos, seja para saber o seu estado ou para modificá-los, você aplica *funções-membro* com a notação ponto.

```
harry.set_salary(38000);
cout << harry.get_name();
```

Neste capítulo você vai aprender como projetar as suas próprias classes e funções membro. À medida que você aprende a mecânica de definição de classes, construtores e funções membro, vai aprender como descobrir classes úteis que auxiliam a resolver problemas de programação.

Conteúdo do capítulo

6.1   Descobrindo classes 206
    Erro freqüente 6.1: Misturar entrada
    `>> e`getline *207*
6.2   Interfaces 209
    Sintaxe 6.1: Definição de classe 210

Erro freqüente 6.2: Esquecer um ponto-e-vírgula 211
6.3   Encapsulamento 212
6.4   Funções-membro 214
    Sintaxe 6.2: Definição de função-membro 215

Erro freqüente 6.3: Correção de const *216*

6.5 Construtores *Default* 217

Sintaxe 6.3: Definição de construtor 218

Fato histórico 6.1: Produtividade de programadores 220

6.6 Construtores com parâmetros 221

Erro freqüente 6.4: Esquecer de inicializar todos os campos em um construtor 222

Erro freqüente 6.5: Tentar restaurar um objeto chamando um construtor 222

Tópico avançado 6.1: Chamando construtores a partir de construtores 223

Sintaxe 6.4: Construtor com lista de inicialização de campos 223

Tópico avançado 6.2: Sobrecarga 224

6.7 Acessando campos de dados 225

6.8 Comparando funções-membro com funções não-membro 226

Dica de qualidade 6.1: Leiaute de arquivo 228

6.9 Compilação separada 228

Fato histórico 6.2: Programação — arte ou ciência? 232

6.1 Descobrindo classes

Se você se descobrir definindo diversas variáveis relacionadas e todas se referem ao mesmo conceito, pare de codificar e pense sobre este conceito por um momento. Então defina uma classe que abstraia o conceito e contenha estas variáveis como campos de dados.

Suponha que você leia informações sobre computadores. Cada registro de informação contém o nome do modelo, o preço e uma pontuação entre 0 e 100. Aqui estão alguns exemplos de dados:

```
ACMA P600
995
75
Alaris Nx686
798
57
AMAX Powerstation 600
999
75
AMS Infogold P600
795
69
AST Premmia
2080
80
AustEm 600
1499
95
Blackship NX-600
695
60
Kompac 690
598
60
```

Você está tentando descobrir a "melhor pechincha do mercado": o produto para o qual a relação custo-benefício é a maior. O programa a seguir encontra essa informação para você.

Arquivo bestval.cpp

```
1    #include <iostream>
2    #include <string>
```

```
3
4    using namespace std;
5
6    int main()
7    {
8       string best_name = "";
9       double best_price = 1;
10      int best_score = 0;
11
12      bool more = true;
13      while (more)
14      {
15         string next_name;
16         double next_price;
17         int next_score;
18
19         cout << "Por favor digite o nome do modelo: ";
20         getline(cin, next_name);
21         cout << "Por favor digite o preço: ";
22         cin >> next_price;
23         cout << "Por favor digite a pontuação: ";
24         cin >> next_score;
25         string remainder; /* leitura do restante da linha */
26         getline(cin, remainder);
27
28         if (next_score / next_price > best_score / best_price)
29         {
30            best_name = next_name;
31            best_score = next_score;
32            best_price = next_price;
33         }
34
35         cout << "Mais dados? (s/n) ";
36         string answer;
37         getline(cin, answer);
38         if (answer != "s") more = false;
39      }
40
41      cout << "A melhor avaliação é " << best_name
42         << " Preço: " << best_price
43         << " Escore: " << best_score << "\n";
44
45      return 0;
46   }
```

Preste atenção especial aos dois conjuntos de variáveis: best_name, best_price, best_score e next_name, next_price, next_score. O fato de você ter dois conjuntos destas variáveis sugere que um conceito comum está à espreita logo abaixo da superfície.

Cada um destes dois conjuntos de variáveis descreve um *produto*. Um deles descreve o melhor produto e o outro o próximo produto a ser lido. Nas seções seguintes iremos desenvolver uma classe Product para simplificar este programa.

⊗ Erro Freqüente   6.1

Misturar Entrada >> *e* getline

É complicado misturar entradas com >> e getline. Veja como um produto está sendo lido pelo programa bestval.cpp:

```
cout << "Por favor digite o nome do modelo: ";
getline(cin, next_name);
cout << "Por favor digite o preço: ";
cin >> next_price;
cout << "Por favor digite a pontuação: ";
cin >> next_score;
```

    A função `getline` lê uma linha de entrada completa, incluindo o caractere de nova linha no final. Ela coloca todos os caracteres, exceto o caractere de nova linha, no *string* `next_name`.

    O operador `>>` lê todos os espaços em branco (isto é, espaços, tabulações e novas linhas) até que atinja um número. Então ele lê apenas os caracteres daquele número. Ele não consome o caractere seguinte ao número, geralmente um caractere de nova linha. Isto é um problema quando se chama `getline` imediatamente após uma chamada de `>>`. Nestes casos, a chamada de `getline` lê somente o caractere de nova linha, considerando-o como o final de uma linha vazia.

    Talvez um exemplo torne isto mais claro. Considere as primeiras linhas de entrada da descrição de produto. Chamar `getline` consome os caracteres hachuriados.

$$\text{cin} = \boxed{A\ C\ M\ A\ \ P\ 6\ 0\ 0\ \backslash n\ 9\ 9\ 5\ \backslash n\ 7\ 5\ \backslash n\ y\ \backslash n}$$

    Após a chamada de `getline`, a primeira linha foi completamente lida, incluindo o caractere de nova linha no final. A seguir, a chamada de `cin >> next_price` faz a leitura dos dígitos.

$$\text{cin} = \boxed{9\ 9\ 5\ \backslash n\ 7\ 5\ \backslash n\ y\ \backslash n}$$

    Após a chamada de `cin >> next_price`, os dígitos do número foram lidos, mas o caractere de nova linha permanece no *stream* de entrada. Isso não é um problema para a próxima chamada de `cin >> next_score`. Essa chamada primeiro ignora todos os espaços em branco precedentes, incluindo o caractere de nova linha, e então lê o próximo número.

$$\text{cin} = \boxed{\backslash n\ 7\ 5\ \backslash n\ y\ \backslash n}$$

    Ela novamente deixa o caractere de nova linha no *stream* de entrada, porque os operadores `>>` nunca lêem mais caracteres do que os absolutamente necessários. Agora temos um problema. A próxima chamada a `getline` lê uma linha em branco.

$$\text{cin} = \boxed{\backslash n\ y\ \backslash n}$$

    Esta chamada ocorre no seguinte contexto:

```
cout << "Mais dados? (s/n) ";
string answer;
getline(cin, answer);
if (answer != "s") more = false;
```

Isso faz a leitura somente do caractere de nova linha e atribui a `answer` o *string* vazio!

$$\text{cin} = \boxed{y\ \backslash n}$$

    O *string* vazio não é o *string* `"s"`, e assim `more` é configurado como `false`, e o laço termina.

    Isso é um problema sempre que uma entrada com o operador `>>` é seguida por uma chamada de `getline`. A intenção, naturalmente, é ignorar o restante da linha atual e fazer com que ge-

▼   tline leia a próxima linha. Esse objetivo é atingido com os comandos a seguir, que devem ser inseridos após a última chamada do operador >>:

▼   ```
    string remainder; /* leitura do restante da linha */
    getline(cin, remainder);
    ```

▼   ```
    /* agora você está apto a chamar novamente getline */
    ```

6.2 Interfaces

Para definir uma classe, precisamos primeiro especificar uma *interface*. A interface da classe Product consiste de todas as funções que queremos aplicar a objetos do tipo produto. Examinando o programa na seção anterior, precisamos estar aptos a realizar o seguinte:

- Criar um novo objeto produto.
- Ler um objeto produto.
- Comparar dois produtos e decidir qual é o melhor.
- Imprimir um produto.

A interface é especificada na *definição da classe*, resumida na Sintaxe 6.1. Aqui está a sintaxe C++ para a parte da interface da definição da classe Product:

```
class Product
{
public:
    Product();
    void read();
    bool is_better_than(Product b) const;
    void print() const;
private:
```
detalhes de implementação—ver Seção 6.3
```
};
```

Uma interface é formada por três partes. Primeiro relacionamos os *construtores*: as funções que são usadas para inicializar novos objetos. Construtores sempre possuem o mesmo nome da classe.

A classe Product tem um construtor sem parâmetros. Tal construtor é chamado de *construtor default*. Ele é usado quando você define um objeto sem parâmetros de construção, como este:

```
Product best; /* usa um construtor default Product() */
```

Como regra geral, cada classe deve ter um construtor *default*. Todas as classes usadas neste livro possuem.

A seguir relacionamos as *funções modificadoras*. Uma modificação é uma operação que altera o objeto. A classe Product possui uma única função modificadora: read. Após você chamar

```
p.read();
```

o conteúdo de p terá sido alterado.

Finalmente, relacionamos as *funções de acesso*. Funções de acesso somente consultam o objeto para obter alguma informação, sem o modificar. A classe Product possui duas funções de acesso: is_better_than e print. Aplicar uma destas funções a um objeto produto não modifica o objeto. Em C++, operações de acesso são marcadas como const. Note a posição da palavra chave const: após o parêntese de encerramento da lista de parâmetros, mas antes do ponto-e-vírgula que termina a declaração da função. Veja o Erro Freqüente 6.3 para saber a importância da palavra-chave const.

> **Sintaxe 6.1 : Definição de Classe**
>
> ```
> class Class_name
> {
> public:
>         declarações de construtores
>         declarações de funções-membro
> private:
>         campos de dados
> };
> ```
>
> **Exemplo:**
>
> ```
> class Point
> {
> public:
>     Point (double xval, double yval);
>     void move(double dx, double dy);
>     double get_x() const;
>     double get_y() const;
> private:
>     double x;
>     double y;
> };
> ```
>
> **Finalidade:**
>
> Definir uma interface e campos de dados de uma classe.

Agora sabemos *o que* um objeto `Product` pode fazer, mas não *como* ele faz. Naturalmente, para usar objetos em nossos programas, somente necessitamos usar a interface. Para permitir a qualquer função acessar as funções da interface, elas são colocadas na seção `public` da definição da classe.

Como veremos na próxima seção, as variáveis usadas na implementação serão colocadas na seção `private`, que as torna inacessíveis aos usuários dos objetos.

A Figura 1 mostra a interface da classe `Product`. As funções modificadoras são mostradas com setas apontando os dados privativos para indicar que elas modificam os dados. As funções de acesso são mostradas com setas no outro sentido para indicar que elas somente lêem os dados.

Agora que você tem uma interface, coloque-a a trabalhar para simplificar o programa da seção anterior.

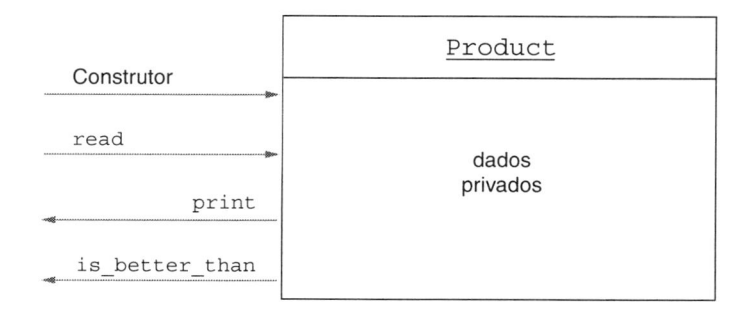

Figura 1

A interface da classe `Product`.

Arquivo product1.cpp

```cpp
1   /*
2      Este programa é compilado sem erros, mas não pode ser executado.
3      Ver product2.cpp para o programa completo.
4   */
5
6   #include <iostream>
7   #include <string>
8
9   using namespace std;
10
11  class Product
12  {
13  public:
14     Product();
15
16     void read();
17
18     bool is_better_than(Product b) const;
19     void print() const;
20  private:
21  };
22
23  int main()
24  {
25     Product best;
26
27     bool more = true;
28     while (more)
29     {
30        Product next;
31        next.read();
32        if (next.is_better_than(best)) best = next;
33
34        cout << "Mais dados? (s/n) ";
35        string answer;
36        getline(cin, answer);
37        if (answer != "s") more = false;
38     }
39
40     cout << "A melhor avaliação é ";
41     best.print();
42
43     return 0;
44  }
```

Você concordaria que esse programa é muito mais fácil de ler do que a primeira versão? Transformar `Product` em uma classe realmente vale a pena.

Entretanto, esse programa ainda não pode ser executado. A definição da interface da classe somente declara os construtores e funções-membro. O código real para estas funções deve ser fornecido separadamente. Você vai ver como na Seção 6.3.

⊗ Erro Freqüente   6.2

Esquecer um Ponto-e-Vírgula

Chaves { } são comuns em código C++ e usualmente você não coloca um ponto-e-vírgula após a chave de fechamento. Entretanto, definições de classes sempre terminam com } ; . Um erro comum é esquecer tal ponto-e-vírgula:

```
        class Product
        {
        public:
            . . .
        private:
            . . .
        } /* esqueceu ponto-e-vírgula */
        int main()
        {
            Product best; /* muitos compiladores acusam um erro nesta linha */
            . . .
        }
```

▼ Este erro pode ser extremamente confuso para muitos compiladores. Existe sintaxe, agora obsoleta mas suportada para fins de compatibilidade com código antigo, para definir tipos de classes e variáveis deste tipo simultaneamente. Como o compilador não sabe que você não usa construções obsoletas, ele tenta analisar o código de forma errada e por fim reporta um erro. Infelizmente, ele pode reportar o erro *várias linhas depois* da linha na qual você esqueceu o ponto-e-vírgula.

▼ Se o compilador reporta erros bizarros em linhas que você tem certeza estarem corretas, verifique se cada definição de `class` precedente é terminada por um ponto-e-vírgula.

6.3 Encapsulamento

Cada objeto `Product` deve armazenar o nome, o preço e a pontuação do produto. Estes itens de dados são definidos na seção privativa da definição da classe.

```
class Product
{
public:
    Product();

    void read();

    bool is_better_than(Product b) const;
    void print() const;
private:
    string name;
    double price;
    int score;
};
```

Cada objeto produto tem um campo de nome, um campo de preço e um campo de pontuação (ver Figura 2).

Entretanto, existe uma armadilha. Visto que os campos são definidos para serem privativos, somente os construtores e as funções-membro da classe podem acessá-los. Você não pode acessar os campos diretamente:

```
int main()
{
    . . .
    cout << best.name; /* Erro – use print() em vez disso */
    . . .
}
```

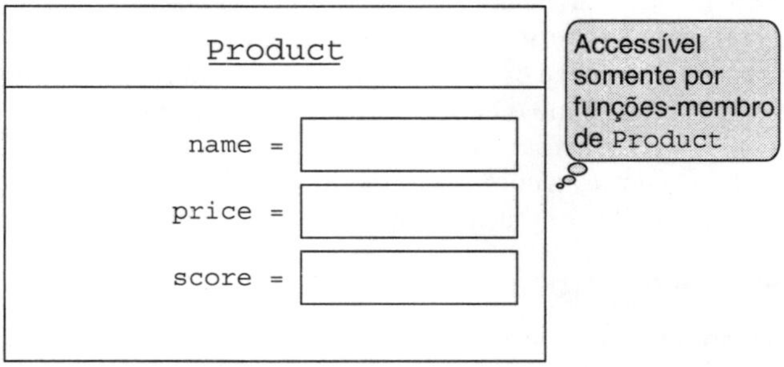

```
                Product

            name  = [       ]

            price = [       ]

            score = [       ]
```
> Accessível somente por funções-membro de Product

Figura 2
Encapsulamento.

Todos os acessos a dados devem ocorrer através da interface pública. Assim, os campos de dados de um objeto são efetivamente ocultados do programador. O ato de ocultar dados é chamado de *encapsulamento*.

Embora seja teoricamente possível em C++ deixar campos de dados sem encapsulamento (colocando-os na seção pública), isto é incomum na prática. Vamos sempre tornar todos os campos de dados privativos neste livro.

A classe Product é tão simples que não é óbvio quais benefícios obtemos com o encapsulamento. O principal benefício do mecanismo de encapsulamento é a garantia de que os dados do objeto não podem ser colocados acidentalmente em um estado incorreto. Para entender melhor o benefício, considere a classe Time:

```
class Time
{
public:
    Time();
    Time(int hrs, int min, int sec);

    void add_seconds(long s);

    int get_seconds() const;
    int get_minutes() const;
    int get_hours() const;
    long seconds_from() const;
private:
    . . . /* representação oculta de dados */
};
```

Devido ao fato dos campos de dados serem privativos, existem apenas três funções que podem alterar estes campos: os dois construtores e a função modificadora add_seconds. As quatro funções de acesso não podem modificar os campos, pois elas são declaradas como const.

Suponha que programadores pudessem acessar os campos de dados da classe Time diretamente. Isto poderia abrir a possibilidade de um tipo de erro, mais exatamente, a criação de horários inválidos:

```
Time liftoff(19, 30, 0);
. . .
/* parece que a decolagem está sendo retardada por mais seis horas */
/* não compila, mas suponha que sim */
liftoff.hours = liftoff.hours + 6;
```

À primeira vista, parece não haver nada de errado com este código. Mas se você olhar cuidadosamente, liftoff era 19:30:00 antes do horário ser modificado. Assim, seria 25:30:00 após o incremento — um horário inválido.

Felizmente, esse erro não pode ocorrer com a classe `Time`. O construtor que cria um horário a partir de três inteiros verifica se os parâmetros de construção indicam um horário válido. Se não, uma mensagem de erro é exibida e o programa termina. O construtor `Time()` configura um objeto de horário como sendo o horário atual, o qual é sempre válido, e a função `add_seconds` conhece a duração de um dia e sempre produz um resultado válido. Uma vez que nenhuma outra função pode fazer confusão com os campos de dados privativos, podemos *garantir* que todos os horários são sempre válidos, graças ao mecanismo de encapsulamento.

6.4 Funções-membro

Cada função-membro que é anunciada na interface da classe deve ser implementada separadamente. Aqui está um exemplo: a função `read` da classe `Product`.

```
class Product
{
public:
    Product();

    void read();

    bool is_better_than(Product b) const;
    void print() const;
private:
    string name;
    double price;
    int score;
};

void Product::read()
{
    cout << "Por favor digite o nome do modelo: "
    getline(cin, name);
    cout << "Por favor digite o preço: ";
    cin >> price;
    cout << "Por favor digite a pontuação: ";
    cin >> score;
    string remainder; /* leitura do restante da linha */
    getline(cin, remainder);
}
```

O prefixo `Product::` torna claro que estamos definindo a função `read` da classe `Product`. Em C++ é perfeitamente legal ter funções `read` também em outras classes e é importante especificar exatamente qual função `read` nós estamos definindo. Veja a Sintaxe 6.2. Você usa a sintaxe *Class_name*`::read()` somente quando define uma função e não quando a chama.

Quando você chama a função membro `read`, a chamada tem a forma *objeto*`.read()`.

Ao definir uma função membro de acesso, você deve fornecer a palavra chave `const` após o parênteses de fechamento da lista de parâmetros. Por exemplo, a chamada `a.is_better_than(b)` somente inspeciona o objeto, sem modificá-lo. Portanto, `is_better_than` é uma função de acesso que deve ser marcada como `const`:

```
bool Product::is_better_than(Product b) const
{
    if (b.price == 0) return false;
    if (price == 0) return true;
    return score / price > b.score / b.price;
}

void Product::print() const
{
    cout << name
        << " Preço: " << price
        << " Pontuação: " << score << "\n";
}
```

Sintaxe 6.2 : Definição de Função-membro

```
return_type Class_name::function_name(parameter₁, parameter₂, . . ., parameterₙ) [const] opt
{
            statements
}
```

Exemplo:

```
void Point::move(double dx, double dy)
{
      x = x + dx;
      y = y + dy;
}
double Point::get_x() const
{
      return x;
}
```

Finalidade:

Fornecer a implementação de uma função-membro.

Sempre que você se refere a um campo de dado, tal como `name` ou `price`, em uma função-membro, ele indica aquele campo de dado *do objeto para o qual a função membro foi chamada*. Por exemplo, quando chamada com

```
best.print();
```

a função `Product::print()` imprime `best.name`, `best.score` e `best.price` (veja a Figura 3).

O código para uma função-membro não menciona de forma alguma o objeto ao qual a função-membro é aplicada. Ele é chamado de *parâmetro implícito* de uma função-membro.
Você pode visualizar o código da função `print` assim:

```
void Product::print() const
{
   cout << parâmetro_implícito.name
      << " Preço: " << parâmetro_implícito.price
      << " Pontuação: " << parâmetro_implícito.score << "\n";
}
```

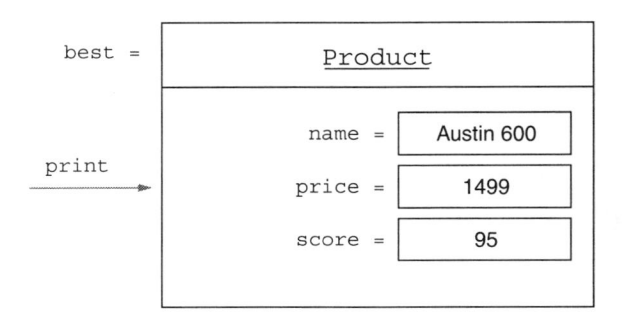

best =	Product	
	name =	Austin 600
print →	price =	1499
	score =	95

Figura 3

A chamada da função-membro `best.print()`.

Em contraste, um parâmetro que é explicitamente mencionado em uma definição de função, tal como o parâmetro b da função `is_better_than`, é denominado de *parâmetro explícito*. Cada função-membro possui exatamente um parâmetro implícito e zero ou mais parâmetros explícitos.

Por exemplo, a função `is_better_than` possui um parâmetro implícito e um parâmetro explícito. Na chamada

```
if (next.is_better_than(best))
```

`next` é o parâmetro implícito e `best` é o parâmetro explícito (ver Figura 4). Novamente, você pode achar útil visualizar o código de `Product::is_better_than` da seguinte maneira:

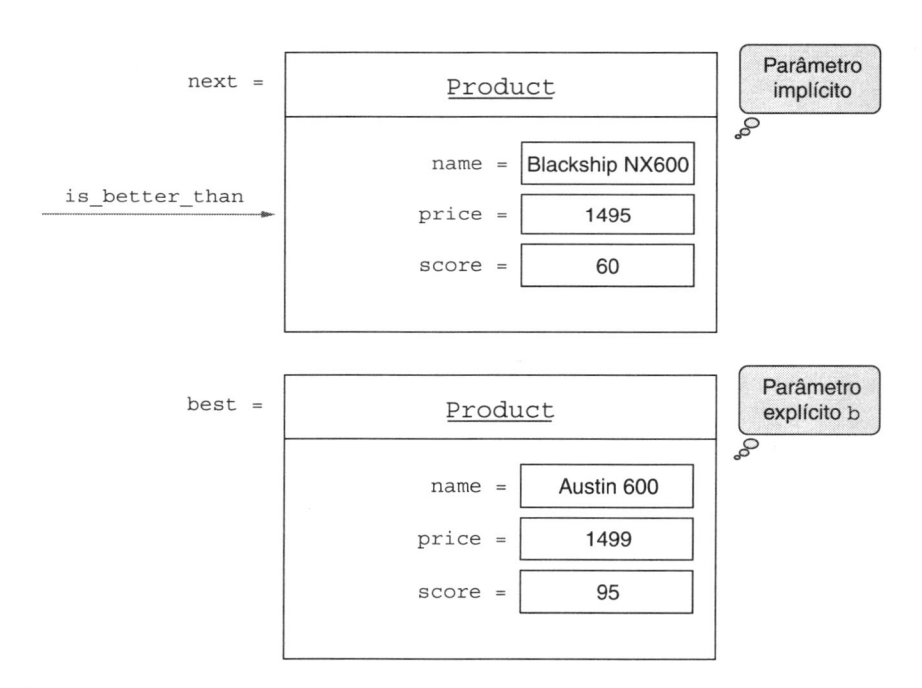

```
bool Product::is_better_than(Product b) const
{
    if (b.price == 0) return false;
    if (parâmetro_implícito.price == 0) return true;
    return parâmetro_implícito.score / parâmetro_implícito.price
        > b.score / b.price;
}
```

Figura 4
Parâmetros implícitos e explícitos da chamada `next.is_better_than(best)`.

Erro Freqüente 6.3

Correção de `const`

Você deve declarar todas as funções de acesso em C++ com a palavra chave `const` (relembre que uma função de acesso é uma função-membro que não modifica seu parâmetro implícito). Por exemplo,

```
class Product
{
```

```
            . . .
        void print() const;
            . . .
    };
```

Se você falhar em seguir esta regra, você constrói uma classe que outros programadores não podem reutilizar. Por exemplo, suponha que `Product::print` não foi declarada `const` e outro programador usou a classe `Product` para construir uma classe `Order`.

```
    class Order
    {
    public:
            . . .
        void print() const;
    private:
        string customer;
        Product article;
            . . .
    };
    void Order::print() const
    {
        cout << customer << "\n";
        article.print(); /* Erro se Product::print não é const */
            . . .
    }
```

O compilador se recusa a compilar a expressão `article.print()`. Por quê? Porque `article` é um objeto da classe `Product`, `Product::print` não é marcada como `const` e o compilador suspeita que a chamada `article.print()` pode modificar `article`. Mas `article` é um campo de dado de `Order` e `Order::print` promete não modificar quaisquer campos de dados do pedido. O programador da classe `Order` usa `const` corretamente e deve confiar que todos os programadores façam o mesmo.

Se você escreve um programa com outros membros da equipe que usam `const` corretamente, é muito importante que você faça bem a sua parte. Você deve, portanto, adquirir o hábito de usar a palavra chave `const` para todas as funções-membro que não modificam seu parâmetro implícito.

6.5 Construtores *default*

Aqui está somente mais uma questão sobre a classe `Product`. Necessitamos definir o construtor *default*.

O código para um construtor configura todos os campos de dados do objeto. *A finalidade de um construtor é inicializar os campos de dados de um objeto.*

```
    Product::Product()
    {
        price = 1;
        score = 0;
    }
```

Note o nome curioso da função construtor: `Product::Product`. O `Product::` indica que vamos definir uma função membro da classe `Product`. O segundo `Product` é o nome da função-membro. Construtores sempre possuem o mesmo nome de sua classe (ver Sintaxe 6.3).

Sintaxe 6.3 : Definição de Construtor

```
Class_name::Class_name(parameter₁, parameter₂, . . ., parameterₙ)
{
            statements
}
```

Exemplo:

```
Point::Point(double xval, double yval)
                {
                        x = xval; y = yval;
                }
```

Finalidade:

Fornecer a implementação de um construtor.

A maioria dos construtores *default* configura todos os campos de dados com um valor *default*. O construtor *default* de `Product` configura a pontuação como 0 e o preço como 1 (para evitar divisão por zero). O nome do produto é automaticamente configurado como um *string* vazio, como será sucintamente explicado. Nem todos os construtores atuam assim. Por exemplo, o construtor *default* de `Time` configura o objeto de horário com o valor da hora atual.

No código do construtor *default*, você necessita se preocupar apenas com a inicialização de campos de dados *numéricos*. Por exemplo, na classe `Product` você deve configurar `price` e `score` com um valor, porque tipos numéricos não são classes e não possuem construtores. Mas o campo `name` é automaticamente configurado como um *string* vazio pelo construtor *default* da classe `string`. Em geral, todos os campos de dados do tipo classe são automaticamente construídos quando um objeto é criado, mas os campos numéricos devem ser configurados pelos construtores da classe. Agora temos todas as peças para a versão do programa de comparação de produtos que usa a classe `Product`. Aqui está o programa:

Arquivo product2.cpp

```
1    #include <iostream>
2    #include <string>
3
4    using namespace std;
5
6    class Product
7    {
8    public:
9       /**
10         Constrói um produto com pontuação 0 e preço 1.
11      */
12      Product();
13
14      /**
15         Lê um objeto produto.
16      */
17      void read();
18
19      /**
20         Compara dois objetos produto.
```

```
21          @param b o objeto a ser comparado com este objeto
22          @return true se este objeto é melhor do que b
23      */
24      bool is_better_than(Product b) const;
25
26      /**
27          Imprime o objeto produto.
28      */
29      void print() const;
30 private:
31      string name;
32      double price;
33      int score;
34 };
35
36 Product::Product()
37 {
38      price = 1;
39      score = 0;
40 }
41
42 void Product::read()
43 {
44      cout << "Por favor digite o nome do modelo: ";
45      getline(cin, name);
46      cout << "Por favor digite o preço: ";
47      cin >> price;
48      cout << "Por favor digite a pontuação: ";
49      cin >> score;
50      string remainder; /* leitura do restante da linha */
51      getline(cin, remainder);
52 }
53
54 bool Product::is_better_than(Product b) const
55 {
56      if (b.price == 0) return false;
57      if (price == 0) return true;
58      return score / price > b.score / b.price;
59 }
60
61 void Product::print() const
62 {
63      cout << name
64          << " Preço: " << price
65          << " Pontuação: " << score << "\n";
66 }
67
68 int main()
69 {
70      Product best;
71
72      bool more = true;
73      while (more)
74      {
75          Product next;
76          next.read();
77          if (next.is_better_than(best)) best = next;
78
79          cout << "Mais dados? (s/n) ";
```

```
80          string answer;
81          getline(cin, answer);
82          if (answer != "s") more = false;
83      }
84
85      cout << "A melhor avaliação é ";
86      best.print();
87
88      return 0;
89  }
```

Fato Histórico   6.1

Produtividade de Programadores

Se você conversar com seus colegas de curso de programação, vai descobrir que alguns deles consistentemente completam suas tarefas mais rapidamente que outros. Talvez eles tenham mais experiência. Entretanto, mesmo ao comparar programadores com a mesma experiência educacional, grandes variações de competência são rotineiramente observadas e quantificadas. Não é incomum que o melhor programador em uma equipe seja de cinco a dez vezes mais produtivo que os piores, usando qualquer uma dentre as várias medidas de produtividade [1].

Isto é uma inacreditável variação de performance entre profissionais treinados. Em uma maratona, o melhor competidor não irá ser cinco ou dez vezes mais veloz que o mais lento. Gerentes de desenvolvimento de *software* estão intensamente cientes dessas disparidades. A solução óbvia, naturalmente, é empregar apenas os melhores programadores, mas mesmo em períodos de recessão na economia, a demanda por bons programadores supera em muito a oferta.

Felizmente para todos nós, situar-se entre os melhores não é necessariamente uma questão de capacidade intelectual natural. Bom julgamento, experiência, amplo conhecimento, atenção a detalhes e planejamento superior são pelo menos tão importantes quanto o brilho intelectual. Essas habilidades podem ser adquiridas por indivíduos que estão verdadeiramente interessados em se aprimorar.

Mesmo os programadores mais talentosos pode lidar somente com uma quantidade finita de detalhes em um dado período de tempo. Suponha que um programador possa implementar e depurar um procedimento a cada duas horas ou 100 procedimentos mensais (essa é uma estimativa generosa, poucos programadores são tão produtivos). Se uma tarefa exige 10.000 procedimentos (o que é típico em um programa de tamanho médio), então um único programador necessitaria 100 meses para completar a tarefa. Um projeto assim seria expresso como um projeto "100 homens-mês".

Mas, como Brooks explica em seu famoso livro [2], o conceito "homem-mês" é um mito. Não se pode trocar meses por programadores. Cem programadores não podem terminar a tarefa em um mês. De fato, 10 programadores provavelmente não poderiam terminar em 10 meses. Antes de tudo, 10 programadores precisam aprender a respeito do projeto antes que se tornem produtivos. Sempre que ocorrer um problema com um determinado procedimento, o autor e seus usuários necessitam se reunir e discutir a respeito, usando tempo de todos eles. Um erro em um procedimento pode tornar impacientes todos os seus usuários, até que seja corrigido.

É difícil estimar todos esses atrasos. Eles são uma razão pela qual *software* freqüentemente é liberado mais tarde do que originalmente prometido. O que um gerente faz quando os atrasos se acumulam? Como Brooks salienta, adicionar mais força de trabalho vai tornar mais atrasado um projeto em atraso, por que pessoas produtivas vão ter que parar de trabalhar para treinar novas pessoas.

Você vai vivenciar esses problemas quando trabalhar em seu primeiro projeto em equipe com outros estudantes. Esteja preparado para uma queda de produtividade notável e cuide de estabelecer um amplo tempo a mais para comunicação com a equipe.

Não existe, entretanto, alternativa para o trabalho em equipe. Os projetos mais importantes e lucrativos transcendem à habilidade de um único indivíduo. Aprender a trabalhar bem em equipe é tão importante para a sua educação quanto é tornar-se um programador competente.

6.6 Construtores com parâmetros

A classe `Product` da seção precedente possui apenas um construtor — o construtor *default*. Em contraste, a classe `Employee` possui dois construtores:

```
class Employee
{
public:
    Employee();
    Employee(string employee_name, double initial_salary);

    void set_salary(double new_salary);

    string get_name() const;
    double get_salary() const;
private:
    string name;
    double salary;
};
```

Ambos os construtores possuem o mesmo nome da classe, `Employee`. Mas o construtor *default* não possui parâmetros, enquanto que o segundo construtor possui um parâmetro `string` e um `double`.

Sempre que duas funções têm o mesmo nome mas se distinguem pelos tipos de seus parâmetros, o nome da função é *sobrecarregado* (veja o Tópico Avançado 6.2 para mais informações sobre sobrecarga em C++).

Aqui está a implementação do construtor que cria um objeto empregado a partir de um *string* de nome e um salário inicial.

```
Employee::Employee(string employee_name, double initial_salary)
{
    name = employee_name;
    salary = initial_salary;
}
```

Essa é uma situação direta; o construtor simplesmente configura todos os campos de dados. Algumas vezes um construtor se torna mais complexo porque um dos campos de dados é por sua vez um objeto de uma outra classe que possui o seu próprio construtor.

Para ver como lidar com esta situação, suponha que a classe `Employee` armazena o horário de trabalho estabelecido para o empregado:

```
class Employee
{
public:
    Employee(string employee_name, double initial_salary,
        int arrive_hour, int leave_hour);
    . . .
private:
    string name;
    double salary;
    Time arrive;
    Time leave;
};
```

Esse construtor deve configurar os campos `name`, `salary`, `arrive` e `leave`. Uma vez que os dois últimos campos são objetos de uma classe, eles devem ser inicializados com objetos:

```
Employee::Employee(string employee_name, double initial_salary,
    int arrive_hour, int leave_hour)
{
    name = employee_name;
    salary = initial_salary;
```

```
        arrive = Time(arrive_hour, 0, 0);
        leave = Time(leave_hour, 0, 0);
}
```

A classe Employee da biblioteca deste livro na realidade não armazena o horário de trabalho. Isto é somente uma ilustração para mostrar como construir um campo de dado que, por sua vez, é um objeto de uma classe.

⊗ Erro Freqüente 6.4

Esquecer de Inicializar todos os Campos em um Construtor

Assim como é um erro comum esquecer a inicialização de uma variável, é fácil esquecer os campos de dados. Cada construtor precisa assegurar que todos os campos de dados são configurados com valores apropriados.

Aqui está uma variação da classe Employee. O construtor recebe o nome do empregado. O usuário da classe deve chamar explicitamente set_salary para configurar o salário.

```
class Employee
{
public:
    Employee(string n);
    void set_salary(double s);
    double get_salary() const;
        . . .
private:
    string name;
    double salary;
};
Employee::Employee(string n)
{
    name = n;
    /* oops—salário não inicializado */
}
```

Se alguém chama get_salary antes que set_salary tenha sido chamada, um salário aleatório será devolvido. O remédio é simples: apenas configure salary com 0 no construtor.

⊗ Erro Freqüente 6.5

Tentar Restaurar um Objeto Chamando um Construtor

O construtor é invocado somente quando um objeto é criado inicialmente. Você não pode chamar o construtor para restaurar um objeto:

```
Time homework_due(19, 0, 0);
    . . .
homework_due.Time(); /* Erro */
```

É verdade que o construtor *default* configura um *novo* objeto horário com o horário atual, mas você não pode invocar um construtor para um objeto *existente*.

O remédio é simples: crie um novo objeto horário e sobrescreva o atual.

```
homework_due = Time(); /* OK */
```

Tópico Avançado 6.1

Chamando Construtores a partir de Construtores

Considere novamente a variante da classe `Employee` com campos de horário de trabalho do tipo `Time`. Existe uma lamentável ineficiência no construtor:

```
Employee::Employee(string employee_name, double initial_salary,
    int arrive_hour, int leave_hour)
{
    name = employee_name;
    salary = initial_salary;
    arrive = Time(arrive_hour, 0, 0);
    leave = Time(leave_hour, 0, 0);
}
```

Antes que o código do construtor inicie a execução, os construtores *default* são automaticamente invocados para todos os campos de dados que são objetos. Em particular, os campos `arrive` e `leave` são inicializados com o horário atual pelo construtor *default* da classe `Time`. Imediatamente após isto, estes valores são sobrescritos com os objetos `Time(arrive_hour, 0, 0)` e `Time(leave_hour, 0, 0)`.

Poderia ser mais eficiente construir os campos `arrive` e `leave` diretamente com os valores corretos, o que é conseguido como segue, na forma descrita na Sintaxe 6.4.

Sintaxe 6.4 : Construtor com Lista de Inicialização de Campos

Class_name::*Class_name*(*parameters*)
    : *field$_1$*(*expressions*), . . ., *field$_n$*(*expressions*)
{
    statements
}

Exemplo:

```
Point::Point(double xval, double yval)
    : x(xval), y(yval)
{
}
```

Finalidade:

Fornecer uma implementação de um construtor, inicializando campos de dados antes do corpo do construtor.

```
Employee::Employee(string employee_name, double initial_salary,
     int arrive_hour, int leave_hour)
   : arrive(arrive_hour, 0, 0),
     leave(leave_hour, 0, 0)
{
   name = employee_name;
   salary = initial_salary;
}
```

Muitas pessoas acham esta sintaxe confusa e você pode preferir não usá-la. O preço que você paga é a inicialização ineficiente, primeiro com o construtor *default* e depois com o valor inicial real. Note, entretanto, que esta sintaxe é necessária para construir objetos que não possuem um construtor *default*.

Tópico Avançado 6.2

Sobrecarga

Quando o mesmo nome de função é usado para mais de uma função, então o nome é *sobrecarregado*. Em C++ você pode sobrecarregar nomes de função, desde que providencie tipos diferentes de parâmetros. Por exemplo, você pode definir duas funções, ambas denominadas `print`, uma para imprimir um registro de empregado e uma para imprimir um objeto horário:

```
void print(Employee e) /* ... */
void print(Time t) /* ... */
```

Quando a função `print` é chamada,

```
print(x);
```

o compilador examina o tipo de x. Se x é um objeto `Employee`, a primeira função é chamada. Se x é um objeto `Time`, a segunda função é chamada. Se x não é nenhum desses, o compilador gera um erro.

Não usamos o recurso de sobrecarga neste livro. Em vez disso, demos a cada função um nome diferente, tal como `print_employee` ou `print_time`. Entretanto, não temos esta chance com construtores. C++ exige que o nome de um construtor seja igual ao nome da classe. Se uma classe possui mais de um construtor, então o nome deve ser sobrecarregado.

Além da sobrecarga de nomes, C++ também suporta *sobrecarga de operadores*. Você pode definir novos significados para os operadores C++ familiares, tais como +, == e <<, desde que um dos argumentos seja um objeto de alguma classe. Por exemplo, podemos sobrecarregar o operador > para testar se um produto é melhor do que um outro. Então o teste

```
if (next.is_better_than(best)) ...
```

poderia ser escrito como

```
if (next > best) ...
```

Para ensinar ao compilador este novo significado do operador >, necessitamos implementar uma função denominada `operator>` com dois parâmetros do tipo `Product`. Simplesmente substitua `is_better_than` por `operator>`.

```
bool Product::operator>(Product b) const
{
   if (b.price == 0) return false;
```

```
            if (price == 0) return true;
            return score / price > b.score / b.price;
    }
```

Sobrecarga de operadores pode tornar programas mais fáceis de ler. Veja o capítulo 17 para mais informações.

6.7 Acessando campos de dados

Somente funções-membro de uma classe têm permissão de acessar os campos de dados privativos de objetos daquela classe. Todas as outras funções — isto é, funções-membro de outras classes e funções que não são funções-membro de qualquer classe — devem ir através da interface pública da classe.

Por exemplo, a função `raise_salary` do capítulo 5 não pode ler e alterar o campo `salary` diretamente:

```
void raise_salary(Employee& e, double percent)
{
    e.salary = e.salary * (1 + percent / 100); /* Erro */
}
```

Em vez disso, ela deve usar as funções `get_salary` e `set_salary`:

```
void raise_salary(Employee& e, double percent)
{
    double new_salary = e.get_salary()
        * (1 + percent / 100);
    e.set_salary(new_salary);
}
```

Essas duas funções-membro são extremamente simples:

```
double Employee::get_salary() const
{
    return salary;
}
void Employee::set_salary(double new_salary) const
{
    salary = new_salary;
}
```

Em suas próprias classes, você não deve escrever automaticamente funções de acesso para todos os campos de dados. Quanto menos detalhes de implementação você revelar, maior flexibilidade você terá para melhorar a classe. Considere, por exemplo, a classe `Product`. Não há necessidade de fornecer funções tais como `get_score` ou `set_price`. Além disso, se você tem uma função `get_`, não se sinta obrigado a implementar uma função `set_` correspondente. Por exemplo, a classe `Time` possui uma função `get_minutes`, mas não uma função `set_minutes`.

Considere novamente as funções `get_salary` e `set_salary` da classe `Employee`. Elas simplesmente obtém e configuram o campo `salary`. Entretanto, você não deve assumir que todas as funções com os prefixos `get` e `set` seguem esse padrão. Por exemplo, nossa classe `Time` possui três funções de acesso `get_hours`, `get_minutes` e `get_seconds`, mas ela não usa os campos de dados correspondentes `hours`, `minutes` e `seconds`. Em seu lugar, existe um único campo de dado:

```
    int time_in_secs;
```

O campo armazena o número de segundos a partir da meia-noite (00:00:00). O construtor estabelece este valor a partir dos parâmetros de construção:

```
Time::Time(int hour, int min, int sec)
{
    time_in_secs = 60 * 60 * hour + 60 * min + sec;
}
```

As funções de acesso calculam as horas, minutos e segundos. Por exemplo,

```
int Time::get_minutes() const
{
    return (time_in_secs / 60) % 60;
}
```

Esta representação interna foi escolhida por que ela torna trivial implementar as funções `add_seconds` e `seconds_from`:

```
int Time::seconds_from(Time t) const
{
    return time_in_secs - t.time_in_secs;
}
```

Naturalmente, a representação de dados é um detalhe interno de implementação da classe que é invisível ao usuário da classe.

6.8 Comparando funções-membro com funções não-membro

Considere novamente a função `raise_salary` do Capítulo 5.

```
void raise_salary(Employee& e, double percent)
{
    double new_salary = e.get_salary()
        * (1 + percent / 100);
    e.set_salary(new_salary);
}
```

Essa função não é uma função-membro da classe `Employee`. Ela não é uma função-membro de nenhuma classe, na realidade. Assim, a notação ponto não é usada quando a função é chamada. Existem dois argumentos explícitos e nenhum argumento implícito.

```
raise_salary(harry, 7); /* aumenta o salário de Harry em 7 por cento */
```

Vamos transformar a `raise_salary` em uma função membro:

```
class Employee
{
public:
    void raise_salary(double percent);
    . . .
};

void Employee::raise_salary(double percent)
{
    salary = salary * (1 + percent / 100);
}
```

Agora a função deve ser chamada com a notação ponto:

```
harry.raise_salary(7); /* aumenta o salário de Harry em 7 por cento */
```

Qual destas duas soluções é melhor? Depende do *proprietário* da classe. Se você está projetando uma classe, você deve criar operações úteis como funções-membro. Entretanto, se você está usando uma classe projetada por alguém, então você não deve adicionar suas próprias funções-membro. O autor da classe que você está usando pode melhorar a classe e periodicamente fornecer a você uma nova versão do código. Poderia ser um aborrecimento se você tivesse que ficar adicionando suas próprias alterações de volta na definição de classe cada vez que isso ocorresse.

Dentro de `main` ou outra função não-membro, é fácil diferenciar entre chamadas de função-membro e outras chamadas de função. Funções-membro são invocadas usando a notação ponto; funções não-membro não possuem um *"objeto"* as precedendo. Dentro de funções-membro, entretanto, isto não é tão simples. Uma função-membro pode invocar outra função-membro em seu parâmetro implícito. Suponha que adicionamos a função-membro `print` à classe `Employee`:

```
class Employee
{
public:
    void print() const;
    . . .
};

void Employee::print() const
{
    cout << "Name: " << get_name()
        << "Salary: " << get_salary()
        << "\n";
}
```

Agora considere a chamada `harry.print()`, com parâmetro implícito `harry`. A chamada `get_name()` dentro da função `Employee::print` realmente significa `harry.get_name()`. Novamente, você pode achar útil visualizar a função da seguinte forma:

```
void Employee::print() const
{
    cout << "Nome: " << implicit_parameter.get_name()
        << "Salário: " << implicit_parameter.get_salary()
        << "\n";
}
```

Nessa situação simples poderíamos, sem problema, ter acessado os campos de dados `name` e `salary` diretamente da função `Employee::print`. Em situações mais complexas é muito comum uma função-membro chamar outra.

Se você encontrar uma chamada de função sem a notação ponto dentro de uma função-membro, você primeiro precisa verificar se esta função é realmente uma outra função-membro da mesma classe. Se sim, isto significa "chamar esta função-membro com o mesmo parâmetro implícito".

Se você comparar as versões membro e não-membro de `raise_salary`, você pode ver uma diferença importante. A uma função-membro é permitido modificar o campo de dado `salary` do objeto `Employee`, mesmo que ele não tenha sido definido como um parâmetro de referência.

Relembre que, em caso de omissão, parâmetros de função são parâmetros por valor, os quais a função não pode modificar. Você deve fornecer um símbolo & para indicar que um parâmetro é um parâmetro por referência, o qual pode ser modificado pela função. Por exemplo, o primeiro parâmetro da versão não membro de `raise_salary` é um parâmetro por referência (`Employee&`), porque a função `raise_salary` altera o registro de empregado.

A situação é exatamente oposta para o parâmetro implícito de funções membro. Em caso de omissão, o parâmetro implícito *pode* ser modificado. Somente se uma função membro é marcada como `const` o parâmetro *default* deve ser mantido inalterado.

A seguinte tabela resume estas diferenças.

	Parâmetro explícito	Parâmetro implícito
Parâmetro por Valor (não alterado)	*Default* Exemplo: `void print(Employee)`	Usar `const` Exemplo: `void Employee::print() const`
Parâmetro por Referência (pode ser alterado)	Usar `&` Exemplo: `void raiseSalary(Employee& e, double p)`	*Default* Exemplo: `void Employee::raiseSalary(double p)`

Dica de Qualidade 6.1

Leiaute de Arquivo

Até agora você aprendeu poucos recursos de C++, dentre todos que podem ocorrer em um arquivo fonte C++.

Mantenha limpos os seus arquivos fonte e organize os itens dentro deles na seguinte ordem:

- Arquivos-fonte incluídos
- Constantes
- Classes
- Variáveis globais (se houver)
- Funções

As funções-membro podem vir em qualquer ordem. Se você ordenar as funções não-membro de modo que cada função seja definida antes de ser usada, então a `main` vem por último. Se você preferir uma ordem diferente, use declarações de função (ver Tópico Avançado 5.1).

6.9 Compilação separada

Ao escrever e compilar pequenos programas, você pode colocar seu código em um único arquivo fonte. Quando seus programas se tornam maiores ou você trabalha com uma equipe, a situação muda. Você vai querer particionar o seu código em arquivos-fonte separados. Existem duas razões pelas quais este particionamento se torna necessário. Primeiro, porque demora para compilar um arquivo e parece tolice esperar que o compilador fique traduzindo código que não se alterou. Se o seu código estiver distribuído em vários arquivos-fonte, então somente aqueles arquivos que você alterou necessitam ser recompilados. A segunda razão se torna aparente quando você trabalha com outros programadores em uma equipe. Seria bastante difícil para vários programadores editar simultaneamente um único arquivo-fonte. Portanto, o código do programa é particionado de modo que cada programador somente é responsável por um conjunto separado de arquivos. Se o seu programa é composto por múltiplos arquivos, alguns destes arquivos irão definir os tipos de dados ou funções que são necessárias em outros arquivos. Deve existir um caminho de comunicação entre arquivos. Em C++, esta comunicação ocorre através da inclusão de arquivos de cabeçalho. Um arquivo de cabeçalho contém:

- definições de constantes
- definições de classes
- declarações de funções não-membro
- declarações de variáveis globais

O arquivo-fonte contém

- definições de funções-membro
- definições de funções não-membro
- definições de variáveis globais

Permita-nos considerar inicialmente um caso simples. Vamos criar um conjunto de dois arquivos, `product.h` e `product.cpp`, que contém a interface e a implementação da classe `Product`.

O arquivo de cabeçalho contém a definição da classe. Ele também inclui todos os cabeçalhos que são necessários para definir a classe. Por exemplo, a classe `Product` é definida em termos da classe `string`. Portanto, você deve incluir o cabeçalho `<string>` também. Cada vez que você inclui um cabeçalho proveniente da biblioteca padrão, você também deve incluir o comando

```
using namespace std;
```

Arquivo product.h

```
1    #ifndef PRODUCT_H
2    #define PRODUCT_H
3
4    #include <string>
5
6    using namespace std;
7
8    class Product
9    {
10   public:
11      /**
12         Constrói um produto com pontuação 0 e preço 1.
13      */
14      Product();
15
16      /**
17         Leitura deste objeto produto.
18      */
19      void read();
20
21      /**
22         Compara dois objetos produto.
23         @param b o objeto a ser comparado com este objeto
24         @return true se este objeto é melhor do que b
25      */
26      bool is_better_than(Product b) const;
27
28      /**
29         Imprime este objeto produto.
30      */
31      void print() const;
32   private:
33      string name;
34      double price;
35      int score;
36   };
37
38   #endif
```

Observe este estranho conjunto de diretivas de pré-processamento que envolve o arquivo.

```
#ifndef PRODUCT_H
#define PRODUCT_H
. . .
#endif
```

Essas diretivas são uma proteção contra inclusões múltiplas. Suponha que um arquivo inclua product.h e outro arquivo de cabeçalho, que por sua vez inclui product.h. Então o compilador vê a definição da classe duas vezes e ele reclama a respeito de duas classes com o mesmo nome (lamentavelmente, ele não verifica se as definições são idênticas).

O arquivo-fonte simplesmente contém as definições das funções-membro. Note que o arquivo-fonte inclui seu próprio arquivo de cabeçalho.

Arquivo product.cpp

```
1    #include <iostream>
2    #include "product.h"
3
4    using namespace std;
5
6    Product::Product()
7    {
8       price = 1;
9       score = 0;
10   }
11
12   void Product::read()
13   {
14      cout << "Por favor digite o nome do modelo: ";
15      getline(cin, name);
16      cout << "Por favor digite o preço: ";
17      cin >> price;
18      cout << "Por favor digite a pontuação: ";
19      cin >> score;
20      string remainder; /* leitura do restante da linha */
21      getline(cin, remainder);
22   }
23
24   bool Product::is_better_than(Product b) const
25   {
26      if (b.price == 0) return false;
27      if (price == 0) return true;
28      return score / price > b.score / b.price;
29   }
30
31   void Product::print() const
32   {
33      cout << name
34         << " Preço: " << price
35         << " Pontuação: " << score << "\n";
36   }
```

Note que os comentários da função estão no arquivo de cabeçalho, uma vez que eles são parte da interface e não da implementação.

O arquivo `product.cpp` *não* contém uma função `main`. Existem muitos programas potenciais que podem fazer uso da classe `Product`. Cada um destes programas irá necessitar fornecer a sua própria função `main`, bem como outras funções e classes.

Aqui está um programa de teste simples que coloca em uso a classe `Product`. Seu arquivo-fonte inclui o arquivo de cabeçalho `product.h`.

Arquivo prodtest.cpp

```
1    #include <iostream>
2    #include "product.h"
3
4    int main()
5    {
6       Product best;
7
8       bool more = true;
9       while (more)
10      {
11         Product next;
12         next.read();
```

```
13          if (next.is_better_than(best)) best = next;
14
15          cout << "Mais dados? (s/n) ";
16          string answer;
17          getline(cin, answer);
18          if (answer != "s") more = false;
19      }
20
21      cout << "A melhor avaliação é ";
22      best.print();
23
24      return 0;
25  }
```

Para construir o programa completo, você precisa compilar ambos os arquivos-fonte `prodtest.cpp` e `product.cpp`. Os detalhes dependem de seu computador. Por exemplo, com o compilador Gnu, você usa os comandos

```
g++ -c product.cpp
g++ -c prodtest.cpp
g++ -o prodtest product.o prodtest.o
```

Os dois primeiros comandos traduzem os arquivos-fonte em arquivos-objeto que contêm as instruções de máquina correspondentes ao código C++. O terceiro comando faz a ligação dos arquivos-objeto, bem como o código da biblioteca padrão exigido, para formar um programa executável.

Você acabou de ver o caso mais simples e comum de projeto de cabeçalhos e arquivos-fonte. Existem alguns poucos detalhes técnicos adicionais que você precisa saber.

Coloque constantes compartilhadas no arquivo de cabeçalho. Por exemplo,

Arquivo product.h

```
1   const int MAX_SCORE = 100;
2   . . .
```

Para compartilhar uma função não-membro, coloque a definição da função em um arquivo-fonte e um protótipo da função no arquivo de cabeçalho correspondente.

Arquivo rand.h

```
1   void rand_seed();
2   int rand_int(int a, int b);
```

Arquivo rand.cpp

```
1   #include "rand.h"
2
3   void rand_seed()
4   {
5       int seed = static_cast<int>(time(0));
6       srand(seed);
7   }
8
9   int rand_int(int a, int b)
10  {
11      return a + rand() % (b - a + 1);
12  }
```

Finalmente, algumas vezes pode ser necessário compartilhar uma variável global entre arquivos-fonte. Por exemplo, a biblioteca gráfica deste livro define um objeto global `cwin`. Ele é declarado em um arquivo de cabeçalho como

```
extern GraphicWindow cwin;
```

O arquivo fonte correspondente contém a definição

```
GraphicWindow cwin;
```

A palavra-chave `extern` é exigida para distinguir a declaração da definição.

Fato Histórico 6.2

Programação — Arte ou Ciência?

Existe uma longa discussão sobre a disciplina de computação ser uma ciência ou não. O campo é chamado de "ciência da computação", mas isto não significa muito. Possivelmente, exceto para bibliotecários e sociólogos, poucas pessoas acreditam que a ciência da biblioteconomia e ciências sociais são atividades científicas. Uma disciplina científica visa a descoberta de certos princípios fundamentais ditados por leis da natureza. Ela opera com base em *métodos científicos*: colocando hipóteses e as testando com experimentos que podem ser repetidos por outros que trabalham no campo. Por exemplo, um físico pode ter uma teoria sobre a formação de partículas nucleares e tenta comprovar ou invalidar esta teoria conduzindo experimentos em um acelerador de partículas. Se um experimento não pode ser comprovado, tal como a pesquisa sobre "fusão a frio" da University of Utah, no início da década de 1990, então a teoria morre de morte súbita. Alguns programadores, na verdade, fazem experimentos. Eles experimentam vários métodos para computar certos resultados, ou para configurar sistemas de computação e medem as diferenças de desempenho. Entretanto, seu alvo não é a descoberta de leis da natureza.

Alguns cientistas de computação descobrem princípios fundamentais. Uma classe de resultados fundamentais, por exemplo, afirma que é impossível escrever certos tipos de programas de computador, não importando quão poderoso é o equipamento de computação. Por exemplo, é impossível escrever um programa que receba como entrada dois arquivos de programas C++ e como sua saída imprima se estes dois programas sempre computam os mesmos resultados. Tal programa poderia ser bastante conveniente para atribuir notas a trabalhos de estudantes, mas ninguém, não importa quão esperto seja, irá algum dia escrever um que funcione para todos os arquivos de entrada. Porém, a maioria dos programadores escrevem programas, em vez de pesquisar os limites da computação.

Algumas pessoas vêem a programação como uma *arte* ou *artesanato*. Um programador que escreve código elegante, que seja fácil de entender e que executa com eficiência ótima, pode, contudo, ser considerado um bom artífice. Chamar isso de arte é talvez exagerado, porque uma obra de arte exige um público que a aprecie, enquanto que o código de um programa é geralmente ocultado do usuário do programa.

Outros consideram a computação uma *disciplina de engenharia*. Assim como a engenharia mecânica é baseada nos princípios matemáticos fundamentais da estática, a computação possui certos fundamentos matemáticos. Contudo, existe mais em engenharia mecânica do que matemática, tal como conhecimento de materiais e planejamento de projetos. O mesmo é verdadeiro para a computação. Em um aspecto um pouco preocupante, a computação não possui a mesma sustentação de outras disciplinas de engenharia. Existe pouca concordância sobre o que constitui a conduta profissional no campo da computação. Diferente do cientista, cuja principal responsabilidade é a pesquisa em busca da verdade, o engenheiro deve lutar pelas demandas conflitantes por qualidade, segurança e economia. Disciplinas de engenharia possuem organizações profissionais que impõem a seus membros padrões de conduta. O campo da computação é tão novo que em muitos casos não conhecemos o método correto para realizar certas tarefas. Isto dificulta o estabelecimento de padrões profissionais.

O que você pensa? A partir de sua experiência limitada, você considera a disciplina de computação uma arte, uma ciência ou uma atividade de engenharia?

Resumo do capítulo

1. Classes representam *conceitos*, sejam derivados do problema que o programa se propõe a resolver ou representando uma construção que é útil para a computação.
2. Cada classe possui uma *interface* pública: uma coleção de *funções-membro* através das quais os objetos da classe podem ser manipulados.
3. Cada classe possui uma *implementação* privativa: campos de dados que armazenam o estado de um objeto. Ao manter a implementação privativa, a protegemos de ser acidentalmente corrompida. Além disso, a implementação pode ser alterada facilmente sem afetar os usuários da classe.
4. Uma função-membro modificadora muda o estado do objeto sobre o qual ela opera. Uma função-membro de acesso não modifica o objeto. Em C++, funções de acesso devem ser marcadas com `const`.
5. Um construtor é usado para inicializar objetos quando eles são criados. Um construtor sem parâmetros é chamado de construtor *default*.
6. O código de programas complexos é distribuído em múltiplos arquivos. Arquivos de cabeçalho contém as definições de classes e declarações de constantes, funções e variáveis compartilhadas. Arquivos-fonte contém as implementações de funções.

Leitura complementar

[1] W.H. Sackmann, W.J. Erikson, e E.E. Grant, "Exploratory Experimental Studies Comparing Online e Offline Programming Performance", *Communications of the ACM*, vol. 11, no. 1 (January 1968), pp. 3–11.

[2] F. Brooks, *The Mythical Man-Month*, Addison-Wesley, 1975.

Exercícios de revisão

Exercício R6.1. Liste todas as classes que usamos até aqui neste livro. Classifique-as como

- Entidades do mundo real
- Abstrações matemáticas
- Serviços do sistema

Exercício R6.2. O que é uma interface de uma classe? O que é a *implementação* de uma classe?

Exercício R6.3. O que é uma função-membro, e como ela difere de uma função não-membro?

Exercício R6.4. O que é uma função modificadora? O que é uma função de acesso?

Exercício R6.5. O que acontece se você esquecer o `const` em uma função de acesso? O que acontece se você acidentalmente coloca um `const` em uma função modificadora?

Exercício R6.6. O que é um parâmetro implícito? Como ele difere de um parâmetro explícito?

Exercício R6.7. Quantos parâmetros implícitos pode ter uma função-membro? Quantos parâmetros implícitos pode ter uma função não-membro? Quantos parâmetros explícitos pode ter uma função?

Exercício R6.8. O que é um construtor?

Exercício R6.9. O que é um construtor *default*? Qual é a conseqüência se uma classe não possui um construtor *default*?

Exercício R6.10. Quantos construtores uma classe pode ter? Você pode ter uma classe sem construtores? Se uma classe possui mais de um construtor, qual deles é chamado?

Exercício R6.11. Como você pode definir uma variável-objeto que não é inicializada com um construtor?

Exercício R6.12. Como são declaradas as funções-membro? Como elas são definidas?

Exercício R6.13. O que é encapsulamento? Por que ele é útil?

Exercício R6.14. Campos de dados são ocultos na seção privativa de uma classe, mas eles não estão muito bem escondidos. Qualquer um pode ler a seção privativa. Explique até que ponto a palavra chave `private` esconde os membros privativos de uma classe.

Exercício R6.15. Você pode ler e escrever o campo `salary` (salario) da classe `Employee` (Empregado) com a função de acesso `get_salary` (obter_salario) e a função de alteração `set_salary` (atribuir_salario). Cada campo de dado de uma classe deve ter funções de acesso e de alteração associadas? Explique por quê sim e por quê não.

Exercício R6.16. Que alterações na classe `Product` seriam necessárias se você quisesse transformar `is_better_than` em uma função não-membro ? (*Dica*: Você poderia ter que introduzir funções de acesso adicionais). Escreva a definição de classe da classe `Product` alterada, as definições das novas funções membro e a definição da função `is_better_than` alterada.

Exercício R6.17. Que alterações na classe `Product` seriam necessárias se você quisesse transformar a função `read` em uma função não-membro ? (*Dica*: Você poderia precisar ler o nome, o preço e a pontuação e após construir um produto com estas propriedades). Escreva a definição da classe resultante da alteração da classe `Product`, a definição do novo construtor e a definição da função `read` alterada.

Exercício R6.18. Em uma função não-membro, é fácil diferenciar entre chamadas a funções-membro e chamadas a funções não-membro. Como você as distingue? Porque não é fácil para funções que são chamadas a partir de uma função-membro?

Exercício R6.19. Como você indica se o parâmetro implícito é passado por valor ou por referência? Como você indica se um parâmetro explícito é passado por valor ou por referência?

Exercícios de programação

Exercício P6.1. Implemente todas as funções-membro da seguinte classe:

```
class Person
{
public:
    Person();
    Person(string pname, int page);
    void get_name() const;
    void get_age() const;
private:
    string name;
    int age; /* 0 se desconhecido */
};
```

Exercício P6.2. Implemente uma classe `PEmployee` que é como a classe `Employee`, exceto por armazenar um objeto do tipo `Person`, como o desenvolvido no exercício anterior.

```
class PEmployee
{
public:
    PEmployee();
    PEmployee(string employee_name, double initial_salary);
    void set_salary(double new_salary);
    double get_salary() const;
    string get_name() const;
private:
    Person person_data;
    double salary;
};
```

Exercício P6.3. Implemente uma classe `Address` (Endereco). Um endereço possui uma rua, um número e um número de apartamento opcional, uma cidade, um estado e um código postal. Forneça dois construtores: um com número de apartamento e outro sem. Forneça uma função `print` que imprima o endereço com a rua em uma linha e a cidade, o estado e o código postal na linha seguinte. Forneça uma função membro `comes_before` (vem_antes) que testa se um endereço vem antes de outro quando os endereços são comparados por código postal.

Exercício P6.4. Implemente uma classe `Account` (Conta). Uma conta possui um saldo, funções que depositam e retiram dinheiro e uma função para informar o saldo atual. Cobre uma multa de $5 se é feita uma tentativa de retirar mais dinheiro que o disponível na conta.

Exercício P6.5. Melhore a classe `Account` do exercício anterior para calcular juros sobre o saldo atual. A seguir use a classe `Account` para implementar o problema do início deste livro: uma conta possui um saldo inicial de $10.000, e 6% de juro anual, composto mensalmente até que o investimento dobre.

Exercício P6.6. Implemente uma classe `Bank` (Banco). Este banco possui dois objetos, `checking` (conta_corrente) e `savings` (conta_poupança), do tipo `Account` (Conta) que foi desenvolvido no exercício anterior. Implemente quatro funções membro:

```
deposit(double amount, string account) // depósito
withdraw(double amount, string account) // retirada
transfer(double amount, string account) // transferência
print_balances() // imprimir saldo
```

Aqui o *string* account é `"S"` ou `"C"`. Para o depósito ou retirada, ele indica qual conta é afetada. Para uma transferência, ele indica a conta da qual o dinheiro é retirado; o dinheiro é automaticamente transferido para a outra conta.

Exercício P6.7. Implemente uma classe `Rectangle` (Retangulo) que funciona da mesma maneira que outras classes gráficas como `Circle` (Círculo) ou `Line` (Linha). Um retângulo é construído a partir de dois vértices. Os lados do retângulo são paralelos aos eixos coordenados:

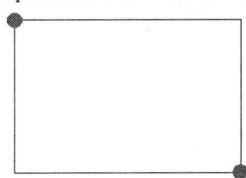

Você ainda não sabe como definir um operador << para desenhar um retângulo. Em vez disso, defina uma função membro plot (desenhar). Forneça uma função move (mover). Fique atento à const. Após, escreva um programa exemplo que constrói e exibe alguns retângulos.

Exercício P6.8. Melhore a classe Rectangle do exercício anterior adicionando as funções-membro perimeter e area, que calculam o perímetro e a área do retângulo.

Exercício P6.9. Implemente uma classe Triangle (Triangulo) que funciona da mesma maneira que outras classes gráficas como Circle (Circulo) ou Line (Linha). Um triângulo é construído a partir de três vértices. Você ainda não sabe como definir um operador << para desenhar um triângulo. Em vez disso, defina uma função membro plot. Forneça uma função move. Fique atento à const. Após, escreva um programa exemplo que constrói e exibe alguns triângulos.

Exercício P6.10. Melhore a classe Triangle do exercício anterior adicionando as funções-membro perimeter e area, que calculam o perímetro e a área do triângulo.

Exercício P6.11. Implemente uma classe SodaCan (LataRefri) com funções get_surface_area() (obter_area_da_superficie) e get_volume() (obter_volume). No construtor, forneça a altura e o raio da lata.

Exercício P6.12. Implemente uma classe Car (Carro) com as seguintes propriedades: um carro possui um certo consumo de combustível (medido em milhas/galão ou litros/km — escolha um) e um certo volume de combustível no tanque. O consumo é especificado no construtor e o nível inicial de combustível é 0. Forneça uma função drive (dirigir) que simula dirigir o carro por uma certa distância, reduzindo o nível de combustível no tanque, e funções get_gas (obter_comb), que retorna o nível atual de combustível e add_gas (abastecer), para abastecer. Exemplo de uso:

```
Car my_beemer(29); // 29 milhas por galão
my_beemer.add_gas(20); // abastecer 20 galões
my_beemer.drive(100); // dirigir 100 milhas
cout << my_beemer.get_gas() << "\n"; // imprimir combustível restante
```

Exercício P6.13. Implemente uma classe Student (Estudante). Para a finalidade deste exercício, um estudante possui um nome e um escore total de exames. Forneça um construtor apropriado e funções get_name() (obter_nome), add_quiz(int score) (adicionar_exame), get_total_score() (obter_escore_total) e get_average_score() (obter_escore_medio). Para calcular este último, você também precisa armazenar o número de exames que o estudante realizou.

Exercício P6.14. Modifique a classe Student do exercício anterior para calcular as médias das notas do semestre. Funções-membro são necessárias para adicionar uma nota e obter a média atual. Especifique notas como elementos de uma classe Grade. Forneça um construtor que construa a nota a partir de um *string* tal como "B+". Você também vai precisar uma função que traduza notas para seus valores numéricos (por exemplo, "B+" torna-se 3.3).

Exercício P6.15. Defina uma classe Country (Pais) que armazena o nome do país, sua população e sua área. Usando esta classe, escreva um programa que leia um conjunto de países e imprima

- O país com a maior área.
- O país com a maior população.
- O país com a maior densidade populacional (pessoas por quilômetro quadrado).

Exercício P6.16. Projete uma classe House (Casa) que define uma casa em uma rua. Uma casa possui um número e uma posição (x, y), onde x e y são números entre −10 e 10.
A principal função membro é plot, que desenha a casa.

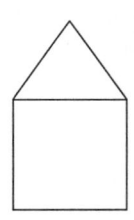

A seguir, projete uma classe Street (Rua) que contém diversas casas igualmente espaçadas. Um objeto do tipo Street armazena a primeira casa, a última casa (que pode estar em qualquer lugar na tela) e a quantidade de casas na rua. A função Street::plot necessita criar os objetos casa intermediários durante a execução, porque você ainda não sabe como armazenar um número arbitrário de objetos.

Use estas classes em um programa gráfico no qual o usuário clica com o *mouse* nas posições da primeira e da última casa e após informa os números da primeira e da última casa e a quantidade de casas na rua. Após, a rua completa é desenhada.

Exercício P6.17. Projete uma classe Message (Mensagem) que modela uma mensagem de correio eletrônico. Uma mensagem possui um destinatário, um remetente e o texto da mensagem. Forneça as seguintes funções-membro:

- Um construtor que recebe o remetente e o destinatário e insere o horário atual.
- Uma função-membro append (anexar) que anexa uma linha de texto ao corpo da mensagem.
- Uma função-membro to_string(para_string) que transforma a mensagem em um *string* longo como o seguinte: "De: Harry Hacker\n Para: Rudolf Reindeer\n ..."
- Uma função-membro print (imprimir) que imprime o texto da mensagem. *Dica*: Use to_string.

Escreva um programa que usa esta classe para criar e imprimir uma mensagem.

Exercício P6.18. Projete uma classe Mailbox (Caixa_Postal) que armazena mensagens eletrônicas usando a classe Message do exercício anterior. Você ainda não sabe como armazenar uma seqüência de mensagens. Em vez disso use a abordagem "força bruta": a caixa postal contém um *string* bem longo, resultante da concatenação de todas as mensagens. Você pode saber onde inicia uma mensagem procurando por um De: no início de uma linha. Isto pode parecer uma estratégia burra, mas, surpreendentemente, muitos sistemas de correio eletrônico fazem justamente isto.

Implemente as seguintes funções membro:

```
void Mailbox::add_message(Message m); // adicionar_mensagem
Message Mailbox::get_message(int i) const; //obter_mensagem
void remove_message(int i) const; // remover_mensagem
```

O que você fará se no corpo de uma mensagem tiver uma linha iniciando com "De: "?

Neste caso a função `to_string` da classe `Message` poderia na realidade inserir um > antes de `De:` de modo que seja lido `>De:`. Novamente, isto parece burrice, mas é uma estratégia usada por sistemas reais de correio eletrônico. Merece crédito extra se você implementar esta melhoria.

Exercício P6.19. Projete uma classe `Cannonball (Bala_de_Canhao)` que modela uma bala de canhão que é disparada no ar. Uma bala possui:

- Uma posição em coordenadas x e y.
- Uma velocidade em x e y.

Forneça as seguintes funções-membro:

- Um construtor com um peso e uma posição x (a posição y é inicialmente 0).
- Uma função-membro `move(double sec)` (mover) que move a bala para a próxima posição (primeiro calcule a distância percorrida em `sec` segundos, usando as velocidades atuais e as posições x e y atualizadas; após atualize a velocidade y levando em conta a aceleração gravitacional de -9.81 m/s^2; a velocidade em x não se modifica).
- A função-membro `plot (desenhar)` que desenha a posição atual da bala de canhão
- A função-membro `shoot (disparar)` cujos parâmetros são o ângulo α e a velocidade inicial v (calcule a velocidade em x como $v \cos \alpha$ e a velocidade em y como $v \sin \alpha$; após fique chamando `move` com um intervalo de tempo de 0.1 segundos, até que a posição x seja 0; chamar `plot` após cada movimento).

Use esta classe em um programa que pede ao usuário para fornecer o ângulo inicial e a velocidade inicial. A seguir, chame `shoot`.

Capítulo 7

Fluxo de Controle Avançado

Objetivos do capítulo

- Reconhecer o ordenamento correto de decisões em desvios múltiplos
- Programar condições usando operadores e variáveis booleanas
- Entender desvios e laços aninhados
- Tornar-se apto a programar laços com os comandos `for` e `do/while`
- Aprender como processar entradas de caracteres, palavras e linhas
- Aprender como ler dados de entrada de um arquivo através de redirecionamento
- Implementar aproximações e simulações

No Capítulo 4, você foi apresentado a desvios, laços e variáveis booleanas. Neste capítulo, você vai estudar construções mais complexas de controle de fluxo, tais como desvios aninhados e tipos de laços alternados. Você vai aprender a aplicar essas técnicas em situações práticas de programação, para processar arquivos de texto e para implementar simulações.

Conteúdo do capítulo

7.1 Alternativas múltiplas 240
  Tópico avançado 7.1: O comando `switch` 243
  Dica de produtividade 7.1: Copiar e colar no editor 244
  Erro freqüente 7.1: O problema do `else` pendente 244
  Erro freqüente 7.2: Esquecer de configurar uma variável em alguns desvios 246

7.2 Desvios aninhados 247
  Dica de qualidade 7.1: Prepare casos de teste antecipadamente 248

  Dica de produtividade 7.2: Faça um planejamento e reserve tempo para problemas inesperados 250

7.3 Operações booleanas 250
  Erro freqüente 7.3: Vários operadores relacionais 253
  Erro freqüente 7.4: Confundir condições `&&` e `||` 254

7.4 A lei de De Morgan 254
  Fato histórico 7.1: Inteligência artificial 255

7.5 O laço `for` 256
  Sintaxe 7.1: Comando `for` 257

Dica de qualidade 7.2:
Use laços `for` somente para
seu objetivo pretendido **259**

Dica de qualidade 7.3: Não use `!=` para
testar o fim de um intervalo **259**

Erro freqüente 7.5: Esquecer um ponto-
e-vírgula **260**

Dica de qualidade 7.4: Limites simétricos
e assimétricos **261**

Dica de qualidade 7.5:
Contar iterações **261**

7.6   O laço `do` **262**

Sintaxe 7.2: Comando `do/while` **262**

Fato histórico 7.2: Código espaguete **263**

7.7   Laços aninhados **266**

7.8   Processando entrada de texto **269**

Dica de produtividade 7.3:
Redirecionamento de entrada e saída **271**

Tópico avançado 7.2: Pipes **271**

Erro freqüente 7.6: Subestimar o
tamanho de um conjunto de dados **273**

7.9   Simulações **274**

7.1 Alternativas múltiplas

Considere um programa que solicita ao usuário para especificar uma moeda. O usuário digita "dime" ou "nickel", por exemplo, e o programa imprime o valor da moeda.

Arquivo coins5.cpp

```
1   #include <iostream>
2   #include <string>
3
4   using namespace std;
5
6   int main()
7   {
8      cout << "Digite o nome da moeda: ";
9      string name;
10     cin >> name;
11     double value = 0;
12
13     if (name == "penny")
14        value = 0.01;
15     else if (name == "nickel")
16        value = 0.05;
17     else if (name == "dime")
18        value = 0.10;
19     else if (name == "quarter")
20        value = 0.25;
21     else
22        cout << name << "não é um nome válido de moeda\n";
23     cout << "Valor = " << value << "\n";
24
25     return 0;
26  }
```

Esse código faz a distinção de cinco casos: o nome pode ser `"penny"`, `"nickel"`, `"dime"` ou `"quarter"`, ou algo mais. Assim que um dos quatro primeiros testes tem sucesso, a variável apropriada é atualizada e nenhum teste posterior é tentado. Se nenhum dos quatro casos se aplica, uma mensagem de erro é impressa. A Figura 1 mostra o fluxograma para este comando de vários desvios.

Neste exemplo, a ordem dos testes não era importante. Agora considere um teste no qual a ordem é importante. O programa a seguir solicita um valor para descrever a magnitude de um terremoto na escala Richter e imprime uma descrição do impacto provável do terremoto. A escala Rich-

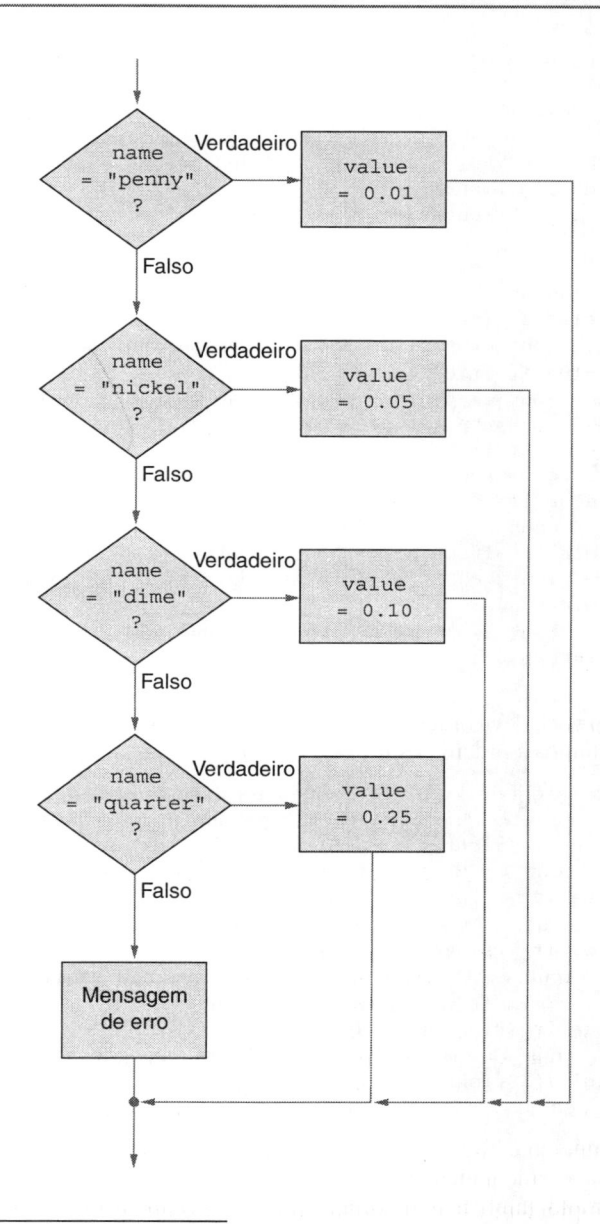

```
                    ┌─────────┐  Verdadeiro  ┌──────────┐
                    │  name   │─────────────▶│  value   │
                    │="penny" │              │  = 0.01  │
                    │    ?    │              └──────────┘
                    └────┬────┘
                         │ Falso
                         ▼
                    ┌─────────┐  Verdadeiro  ┌──────────┐
                    │  name   │─────────────▶│  value   │
                    │="nickel"│              │  = 0.05  │
                    │    ?    │              └──────────┘
                    └────┬────┘
                         │ Falso
                         ▼
                    ┌─────────┐  Verdadeiro  ┌──────────┐
                    │  name   │─────────────▶│  value   │
                    │ ="dime" │              │  = 0.10  │
                    │    ?    │              └──────────┘
                    └────┬────┘
                         │ Falso
                         ▼
                    ┌─────────┐  Verdadeiro  ┌──────────┐
                    │  name   │─────────────▶│  value   │
                    │="quarter"│             │  = 0.25  │
                    │    ?    │              └──────────┘
                    └────┬────┘
                         │ Falso
                         ▼
                    ┌──────────┐
                    │ Mensagem │
                    │ de erro  │
                    └────┬─────┘
                         ▼
```

Figura 1
Alternativas múltiplas.

ter é uma medida de intensidade de um terremoto. Cada variação de um grau na escala, por exemplo de 6.0 a 7.0, significa um aumento de dez vezes na intensidade do terremoto. O terremoto de Loma Prieta de 1989, que danificou a Bay Bridge de São Francisco e destruiu muitos prédios em várias cidades da região da baía, foi classificado como 7.1 na escala Richter.

Arquivo richter.cpp

```
1    #include <iostream>
2    #include <string>
3
```

```cpp
 4    using namespace std;
 5
 6    int main()
 7    {
 8       cout << "Digite a magnitude na escala Richter: ";
 9       double richter;
10       cin >> richter;
11
12       if (richter >= 8.0)
13          cout << "A maioria das estruturas cai\n";
14       else if (richter >= 7.0)
15          cout << "Muitos prédios são destruídos\n";
16       else if (richter >= 6.0)
17          cout << "Muitos prédios são bastante danificados "
18               << "e alguns desmoronam\n";
19       else if (richter >= 4.5)
20          cout << "Danos a prédios mal construídos\n";
21       else if (richter >= 3.5)
22          cout << "Percebido por muitas pessoas, sem destruição\n";
23       else if (richter >= 0)
24          cout << "Geralmente não percebido por pessoas\n";
25       else
26          cout << "Números negativos não são válidos\n";
27       return 0;
28    }
```

Neste caso você deve ordenar as condições e testar primeiro os maiores pontos de corte. Suponha que invertamos a ordem dos testes:

```cpp
if (richter >= 0) /* Testes em ordem errada */
   cout << "Geralmente não percebido por pessoas\n";
else if (richter >= 3.5)
   cout << "Percebido por muitas pessoas, sem destruição\n";
else if (richter >= 4.5)
   cout << "Danos a prédios mal construídos\n";
else if (richter >= 6.0)
   cout << "Muitos prédios são bastante danificados "
        << "e alguns desmoronam\n";
else if (richter >= 7.0)
   cout << "Muitos prédios são destruídos\n";
else if (richter >= 8.0)
   cout << "A maioria das estruturas cai\n";
```

Isso não funciona. Todos os valores positivos de `richter` recaem no primeiro caso e os outros testes nunca serão tentados.

Neste exemplo, também é importante que usemos um teste if/else/else, não apenas vários comandos if independentes. Considere esta seqüência de testes independentes:

```cpp
if (richter >= 8.0) /* Não usa else */
   cout << "A maioria das estruturas cai\n";
if (richter >= 7.0)
   cout << "Muitos prédios são destruídos\n";
if (richter >= 6.0)
   cout << "Muitos prédios são bastante danificados "
        << "e alguns desmoronam\n";
if (richter >= 4.5)
   cout << "Danos a prédios mal construídos\n";
if (richter >= 3.5)
   cout << "Percebido por muitas pessoas, sem destruição\n";
if (richter >= 0)
   cout << "Geralmente não percebido por pessoas\n";
```

Agora as alternativas não são mais exclusivas. Se `richter` é 5.0, então os últimos *três* testes se aplicam e três mensagens são impressas.

Tópico Avançado 7.1

O Comando `switch`

Uma seqüência de `if/else/else` que compara um *único valor inteiro* com várias alternativas *constantes* pode ser implementada como um comando `switch`. Por exemplo,

```
int digit;
...
switch(digit)
{
    case 1: digit_name = "um"; break;
    case 2: digit_name = "dois"; break;
    case 3: digit_name = "três"; break;
    case 4: digit_name = "quatro"; break;
    case 5: digit_name = "cinco"; break;
    case 6: digit_name = "seis"; break;
    case 7: digit_name = "sete"; break;
    case 8: digit_name = "oito"; break;
    case 9: digit_name = "nove"; break;
    default: digit_name = ""; break;
}
```

Isto é uma abreviatura para:

```
int digit;
if (digit == 1) digit_name = "um";
else if (digit == 2) digit_name = "dois";
else if (digit == 3) digit_name = "três";
else if (digit == 4) digit_name = "quatro";
else if (digit == 5) digit_name = "cinco";
else if (digit == 6) digit_name = "seis";
else if (digit == 7) digit_name = "sete";
else if (digit == 8) digit_name = "oito";
else if (digit == 9) digit_name = "nove";
else digit_name = "";
```

Bem, não é apenas uma abreviatura. Ela tem uma vantagem — é óbvio que todos os desvios testam o *mesmo* valor, mais exatamente, `digit` — mas o comando `switch` pode ser aplicado somente em circunstâncias restritas.

Os casos de teste devem ser constantes e eles devem ser inteiros. Você não pode usar

```
switch(name)
{
    case "penny": value = 0.01; break; /* Erro */
    ...
}
```

Existe uma razão para essas limitações. O compilador pode gerar código de teste eficiente (usando as assim chamadas tabelas de desvio ou pesquisas binárias) somente na situação que é permitida em um comando `switch`. Naturalmente, compiladores modernos ficarão felizes por realizar a mesma otimização para uma seqüência de alternativas de um comando `if/else/else`, de modo que a necessidade de se usar o `switch` em grande parte desapareceu.

Deixamos de usar o comando `switch` neste livro por uma razão diferente. Cada desvio do `switch` deve ser terminado por uma instrução `break`. Se o `break` for esquecido, a execução *cai* no próximo desvio, e assim por diante, até que finalmente um `break` ou o fim do `switch` é alcansado. Existem alguns poucos casos nos quais isto é realmente útil, mas eles são raros. Peter van der Linden [1, p. 38] descreve uma análise dos comandos `switch` no pré-processador do compilador de C da Sun. Dos 244 comandos `switch`, cada qual com uma média de 7 casos, somente 3% usavam o comportamento de cair para o próximo desvio. Isto é, o padrão — cair no próximo caso a menos que seja interrompido por um `break` — é *incorreto em 97% do tempo.* Esquecer de digitar o `break` é um erro extremamente comum e produz código errado.

Deixamos a seu critério usar o comando `switch` em seu próprio código, ou não. De qualquer modo, você precisa de um conhecimento teórico do `switch` para o caso de encontrá-lo no código de outros programadores.

Dica de Produtividade 7.1

Copiar e Colar no Editor

Quando você vê código como

```
if (richter >= 8.0)
   cout << "A maioria das estruturas cai\n";
else if (richter >= 7.0)
   cout << "Muitos prédios são destruídos\n";
else if (richter >= 6.0)
   cout << "Muitos prédios são bastante danificados e alguns desmoronam\n";
else if (richter >= 4.5)
   cout << "Danos a prédios mal construídos\n";
else if (richter >= 3.5)
   cout << "Percebido por muitas pessoas, sem destruição\n";
```

você deve pensar em "copiar e colar".

Crie um gabarito

```
else if (richter >= )
   cout << "";
```

e o copie. Isto é usualmente feito selecionando com o *mouse* e após selecionando o Editar e o Copiar na barra de menu (se você seguir a Dica de Produtividade 3.1, você é esperto e usa o teclado). Pressione Shift + ↓ para salientar uma linha inteira, e então Ctrl + C para copiá-la. A seguir, cole-a várias vezes (Ctrl + V) e complete o texto na cópia. Naturalmente, seu editor pode usar comandos diferentes, mas o conceito é o mesmo.

A habilidade de copiar e colar é sempre útil quando você tem código de um exemplo ou outro projeto que é similar às suas atuais necessidades. Copiar, colar e modificar, é mais rápido do que digitar tudo a partir do zero. Você também reduz suas chances de cometer erros de digitação.

Erro Freqüente 7.1

O Problema do `else` Pendente

Quando um comando `if` é aninhado dentro de outro comando `if`, o seguinte erro pode acontecer:

```
double shipping_charge = 5.00; /* $5 dentro dos USA continental */
if (country == "USA")
   if (state == "HI")
```

```
            shipping_charge = 10.00; /* Havai é mais caro */
        else /* Armadilha! */
            shipping_charge = 20.00; /* assim como cargas internacionais */
```

O nível de endentação parece sugerir que o `else` é agrupado com o teste `country == "USA"`. Infelizmente, este não é o caso. O compilador ignora toda a endentação e segue a regra que um `else` sempre pertence ao `if` mais próximo. Isto é, na realidade o código é

```
double shipping_charge = 5.00; /* $5 dentro dos USA continental */
if (country == "USA")
    if (state == "HI")
        shipping_charge = 10.00; /* Havai é mais caro */
    else /* Armadilha! */
        shipping_charge = 20.00;
```

Isso não é o que você queria. Você queria agrupar o `else` com o primeiro `if`. Para isso, você deve usar chaves.

```
double shipping_charge = 5.00; /* $5 dentro dos USA continental */
if (country == "USA")
{
    if (state == "HI")
        shipping_charge = 10.00; /* Havai é mais caro */
}
else
    shipping_charge = 20.00; /* assim como cargas internacionais */
```

Para evitar ter que pensar sobre os pares de `else`, recomendamos que você *sempre* use um conjunto de chaves quando o corpo de um `if` contém outro `if`. No exemplo seguinte, as chaves não são estritamente necessárias, mas elas ajudam a tornar o código mais claro:

```
double shipping_charge = 20.00; /* $20 para cargas para o exterior */
if (country == "USA")
{
    if (state == "HI")
        shipping_charge = 10.00; /* Havai é mais caro */
    else
        shipping_charge = 5.00; /* $5 dentro dos USA continental*/
}
```

O `else` ambíguo é denominado de `else` *pendente*, e ele é um erro de sintaxe tão freqüente que alguns projetistas de linguagens de programação desenvolveram uma sintaxe aperfeiçoada para evitá-lo.

Por exemplo, Algol 68 usa a construção

```
if condition then statement else statement fi;
```

A parte `else` é opcional, mas desde que o final do comando `if` seja claramente marcado, o agrupamento não possui ambigüidade se existem dois `if` e somente um `else`. Aqui estão dois possíveis casos:

```
if c1 then if c2 then s1 else s2 fi fi;
```

```
if c1 then if c2 then s1 fi else s2 fi;
```

A propósito, `fi` é `if` escrito ao contrário. Outras linguagens usam `endif`, que possui o mesmo objetivo mas é menos divertido.

⊗ Erro Freqüente 7.2

Esquecer de Configurar Uma Variável em Alguns Desvios

Considere o seguinte código:

```
double shipping_charge;

if (country == "USA")
{
    if (state == "HI")
        shipping_charge = 10.00;
    else if (state == "AK")
        shipping_charge = 8.00;
}
else
    shipping_charge = 20.00;
```

A variável `shipping_charge` é declarada, mas deixada indefinida por que seu valor depende de várias circunstâncias. Ela é então configurada nos vários desvios dos comandos `if`. Entretanto, se a encomenda deve ser despachada dentro dos Estados Unidos para um estado que não seja o Havaí ou Alasca, então o valor do frete não é configurado.

Existem dois remédios. Naturalmente, podemos verificar todos os desvios dos comandos `if` para nos assegurar que cada um deles configura a variável. Neste exemplo, devemos adicionar um caso:

```
if (country == "USA")
{
    if (state == "HI")
        shipping_charge = 10.00;
    else if (state == "AK")
        shipping_charge = 8.00;
    else
        shipping_charge = 5.00; /* dentro continental dos USA */
}
else
    shipping_charge = 20.00;
```

O caminho mais seguro é inicializar a variável com o valor mais provável e então ter este valor sobrescrito nas situações mais improváveis:

```
double shipping_charge = 5.00; /** dentro continental dos USA */

if (country == "USA")
{
    if (state == "HI")
        shipping_charge = 10.00;
    else if (state == "AK")
        shipping_charge = 8.00;
}
else
    shipping_charge = 20.00;
```

Isso é levemente menos eficiente, mas agora asseguramos que a variável nunca é deixada sem inicialização.

7.2 Desvios aninhados

Nos Estados Unidos, diferentes alíquotas de imposto de renda são usadas, dependendo do estado civil do contribuinte. Existem duas principais tabelas de impostos, para contribuintes casados e solteiros. Contribuintes casados colocam juntas as suas rendas e pagam os impostos sobre o total (na verdade, existem duas outras tabelas, "cabeça do casal" e "casados que declaram em separado", que vamos ignorar por simplicidade). A Tabela 1 fornece o cálculo da alíquota para cada uma das faixas de tributação, usando os valores da declaração de imposto de renda de 1992.

Agora calcule os impostos devidos, dado um tipo de contribuinte e uma estimativa de renda. O ponto principal é que existem dois *níveis* de tomada de decisão. Primeiro, você deve desviar para o tipo do contribuinte. Após, para cada tipo de contribuinte, você deve ter outro desvio para a faixa de renda.

Arquivo tax.cpp

```
1    #include <iostream>
2    #include <string>
3
4    using namespace std;
5
6    int main()
7    {
8        const double SINGLE_LEVEL1 = 21450.00;
9        const double SINGLE_LEVEL2 = 51900.00;
10
11       const double SINGLE_TAX1 = 3217.50;
12       const double SINGLE_TAX2 = 11743.50;
13
14       const double MARRIED_LEVEL1 = 35800.00;
15       const double MARRIED_LEVEL2 = 86500.00;
16
```

Tabela 1
Tabela de alíquotas do imposto de renda

Se seu estado civil é solteiro e se a renda tributável é acima de	mas não acima de	o imposto é	da quantia acima de
$0	$21.450	15%	$0
$21.450	$51.900	$3.217,50 + 28%	$21.450
$51.900		$11.743,50 + 31%	$51.900

Se seu estado civil é casado e se a renda tributável é acima de	mas não acima de	o imposto é	da quantia acima de
$0	$35.800	15%	$0
$35.800	$86.500	$5.370,00 + 28%	$35.800
$86.500		$19.566,00 + 31%	$86.500

```cpp
17       const double MARRIED_TAX1 = 5370.00;
18       const double MARRIED_TAX2 = 19566.00;
19
20       const double RATE1 = 0.15;
21       const double RATE2 = 0.28;
22       const double RATE3 = 0.31;
23
24       double income;
25       double tax;
26
27       cout << "Por favor digite a sua renda: ";
28       cin >> income;
29
30       cout << "Por favor digite s para solteiro, c para casado: ";
31       string marital_status;
32       cin >> marital_status;
33
34       if (marital_status == "s")
35       {
36          if (income <= SINGLE_LEVEL1)
37             tax = RATE1 * income;
38          else if (income <= SINGLE_LEVEL2)
39             tax = SINGLE_TAX1
40                + RATE2 * (income - SINGLE_LEVEL1);
41          else
42             tax = SINGLE_TAX2
43                + RATE3 * (income - SINGLE_LEVEL2);
44       }
45       else
46       {
47          if (income <= MARRIED_LEVEL1)
48             tax = RATE1 * income;
49          else if (income <= MARRIED_LEVEL2)
50             tax = MARRIED_TAX1
51                + RATE2 * (income - MARRIED_LEVEL1);
52          else
53             tax = MARRIED_TAX2
54                + RATE3 * (income - MARRIED_LEVEL2);
55       }
56       cout << "O imposto é $" << tax << "\n";
57       return 0;
58    }
```

O processo de decisão em dois níveis é refletido em dois níveis de comandos if. Dizemos que o teste da renda é *aninhado* dentro do teste de tipo de contribuinte (ver o fluxograma na Figura 2). Na teoria, o aninhamento pode ir além de dois níveis. Um processo de decisão de três níveis (primeiro por estado, depois por tipo e depois por faixa de renda) exige três níveis de aninhamento.

Dica de Qualidade 7.1

Prepare Casos de Teste Antecipadamente

Considere como testar o programa de cálculo de impostos. Naturalmente, você não pode testar todas as entradas possíveis de tipo de contribuinte e faixa de renda. Mesmo que você pudesse, não existiria mérito em tentar todos eles. Se o programa calcula corretamente uma ou duas quantidades de impostos em um dado grupo, então temos uma boa razão para acreditar que todas as quantidades estarão corretas. Queremos atingir uma *cobertura* completa de todos os casos.

Existem duas possibilidades para o tipo de contribuinte e três grupos de impostos para cada tipo. Isso cria seis casos de teste. A seguir, queremos testar algumas *condições de erro*, tais como renda negativa.

Isso cria sete casos de teste. Para os primeiros seis casos, você necessita calcular manualmente a resposta que você espera. Para o último restante, você precisa saber que resposta ao erro você espera. Escreva os casos de teste e então inicie a codificação.

Devemos realmente testar sete entradas para este simples programa? Você certamente deve. Além disso, se você encontra um erro no programa que não estava coberto por um dos casos de teste, crie um outro caso de teste e adicione à sua coleção. Depois de você corrigir os enganos conhecidos, *execute novamente todos os casos de teste*. A experiência tem mostrado que os casos que você tentou corrigir há pouco provavelmente estão funcionando agora, mas que erros que você corrigiu duas ou três iterações atrás têm uma boa chance de voltar! Se você constatar que um erro fica retornando, isto normalmente é um sinal confiável que você não entendeu completamente alguma misteriosa interação entre recursos de seu programa.

É sempre uma boa idéia projetar casos de teste *antes* de iniciar a codificação. Existem duas razões para isso. Trabalhar com casos de teste proporciona um melhor entendimento do algoritmo que você está interessado em programar. Além disso, tem sido observado que programadores instintivamente se esquivam de testar partes frágeis de seu código. Isso parece difícil de acreditar, mas você algumas vezes vai observá-lo em seu próprio trabalho. Observe alguém mais testar o seu programa. Existirão vezes em que essa pessoa vai fornecer alguma entrada que vai deixá-lo nervoso porque você não está certo de que seu programa pode tratá-la, e você nunca se atreveu a testá-la por sua conta. Esse é um fenômeno bem conhecido, e criar um plano de teste antes de escrever o código oferece alguma proteção.

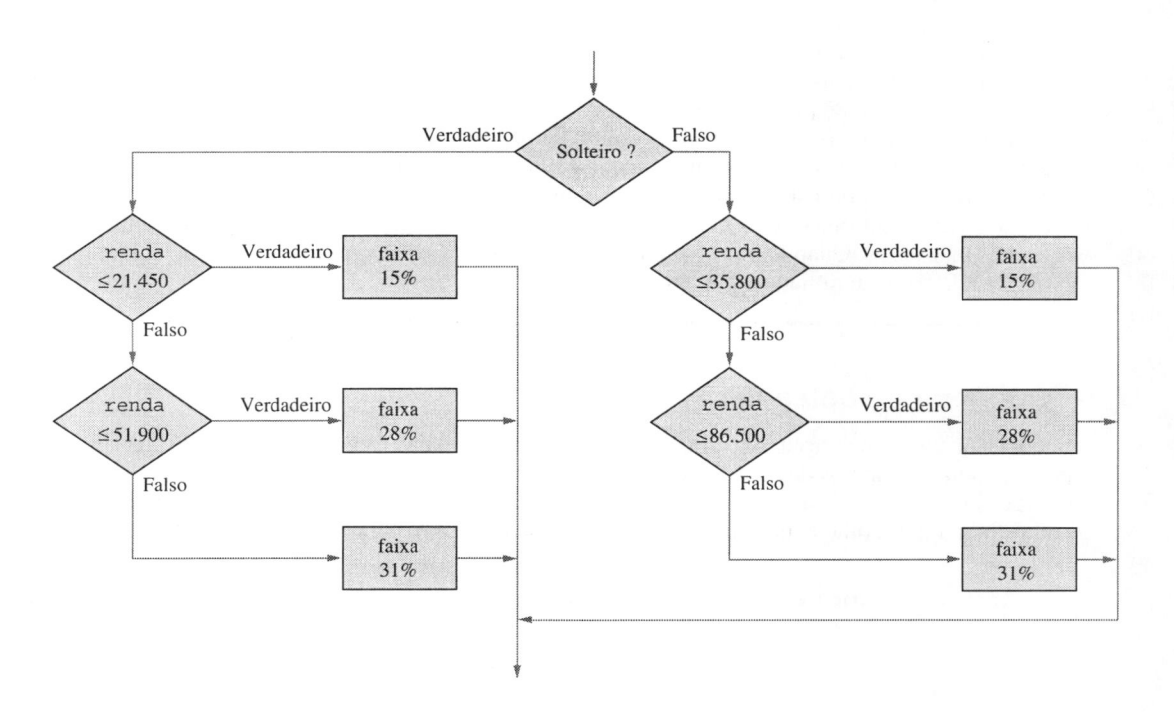

Figura 2

Cálculo do imposto de renda.

Dica de Produtividade 7.2

Faça um Planejamento e Reserve Tempo para Problemas Inesperados

Software comercial é notório por ser liberado mais tarde do que o prometido. Por exemplo, a Microsoft originalmente prometeu que o sucessor de seu sistema operacional Windows 3 estaria disponível no início de 1992, depois no final de 1994 e então em março de 1995; finalmente ele foi liberado em agosto de 1995. Algumas das promessas iniciais podem não ter sido realistas. Era interesse da Microsoft deixar possíveis clientes na expectativa da iminente disponibilidade do produto. Caso os consumidores soubessem a verdadeira data da liberação, eles poderiam ter mudado para um produto diferente neste meio tempo. Indiscutivelmente, a Microsoft não havia previsto a total complexidade das tarefas as quais se impunha, antes de resolvê-las. A Microsoft pode atrasar a liberação de seus produtos, mas é provável que você não possa. Como um estudante ou um programador, é esperado que você gerencie de forma inteligente o seu tempo e termine seus encargos no prazo.

Você pode provavelmente fazer exercícios simples de programação na noite anterior ao prazo final, mas uma tarefa que parece duas vezes mais difícil pode muito bem tomar quatro vezes mais tempo, porque mais coisas erradas podem ocorrer. Você deve, portanto, fazer um planejamento sempre que iniciar um projeto de programação.

Primeiro, estime de forma realista quanto tempo você vai levar para

- Projetar a lógica do programa
- Desenvolver casos de teste
- Digitar o programa e corrigir erros sintáticos
- Testar e depurar o programa

Por exemplo, para o programa de imposto de renda, eu poderia estimar 30 minutos para o projeto, porque ele já está quase pronto; 30 minutos para os casos de teste; uma hora para entrada de dados e correção de erros sintáticos; e duas horas para teste e depuração. Se eu trabalhar duas horas por dia neste projeto, ele me tomará dois dias.

Então pense nas coisas que podem dar errado. O seu computador pode estragar. O laboratório pode estar lotado. Você pode ficar perplexo com o sistema de computação (essa é uma preocupação importante para iniciantes. É *muito* comum perder um dia em um problema trivial somente por que leva tempo para localizar uma pessoa que conhece o comando mágico para resolvê-lo). Como uma regra de ouro, dobre a sua estimativa de tempo. Isto é, você deve iniciar quatro dias, e não dois dias, antes do prazo final. Se nada de errado acontecer, ótimo; você está com seu programa pronto dois dias mais cedo. Quando o problema inevitável ocorrer, você tem uma reserva de tempo que o protegerá de constrangimentos e fracassos.

7.3 Operações booleanas

Suponha que você quer testar se o prazo de entrega de seu trabalho é agora mesmo. Você precisa comparar as horas e minutos de dois objetos `Time` (para simplificar, ignore o campo de segundos), `now` (agora) e `homework_due` (`prazo_entrega_trabalho`). O teste tem sucesso somente se ambos os campos coincidem. Em C++, usamos o operador && para combinar condições de teste.

Arquivo hwdue1.cpp

```
1    #include <iostream>
2
3    using namespace std;
4
5    #include "ccc_time.h"
6
```

```
7   int main()
8   {
9      cout <<
10        "Digite o prazo final do trabalho (horas, minutos): ";
11     int hours;
12     int minutes;
13     cin >> hours >> minutes;
14     Time homework_due(hours, minutes, 0);
15     Time now;
16
17     if (now.get_hours() == homework_due.get_hours() &&
18          now.get_minutes() == homework_due.get_minutes())
19        cout << "O prazo de entrega do trabalho é agora!\n";
20     else
21        cout << "O prazo de entrega do trabalho não é agora!\n";
22
23     return 0;
24  }
```

A condição do teste tem duas partes, combinadas pelo operador &&. Se as horas são iguais *e* os minutos são iguais, então o prazo é agora. Se qualquer um dos campos não coincidir, então o teste falha.

O operador && combina vários testes em um novo teste que tem sucesso somente se todas as condições são verdadeiras. Um operador que combina condições de teste é denominado de *operador lógico*.

O operador lógico || também combina duas ou mais condições. O teste resultante tem sucesso se pelo menos uma das condições é verdadeira.

Por exemplo, no seguinte teste testamos se uma encomenda é despachada para o Alasca ou para o Havaí.

```
if (state == "HI" || state == "AK")
    shipping_charge = 10.00;
```

A Figura 3 mostra fluxogramas para estes exemplos.

Você pode combinar ambos os tipos de operadores lógicos em um teste. Aqui você testa se seu trabalho já passou do prazo. Este é o caso em que já passou da hora de entrega *ou* ainda está naquela hora *e* passou do minuto.

Arquivo hwdue2.cpp

```
1   #include <iostream>
2
3   using namespace std;
4
5   #include "ccc_time.h"
6
7   int main()
8   {
9      cout <<
10        "Digite o prazo final do trabalho (horas, minutos): ";
11     int hours;
12     int minutes;
13     cin >> hours >> minutes;
14     Time homework_due(hours, minutes, 0);
15     Time now;
16
17     if (now.get_hours() < homework_due.get_hours() ||
18          (now.get_hours() == homework_due.get_hours() &&
19          now.get_minutes() <= homework_due.get_minutes()))
20        cout << "Ainda há tempo para você terminar o trabalho.\n";
```

Figura 3

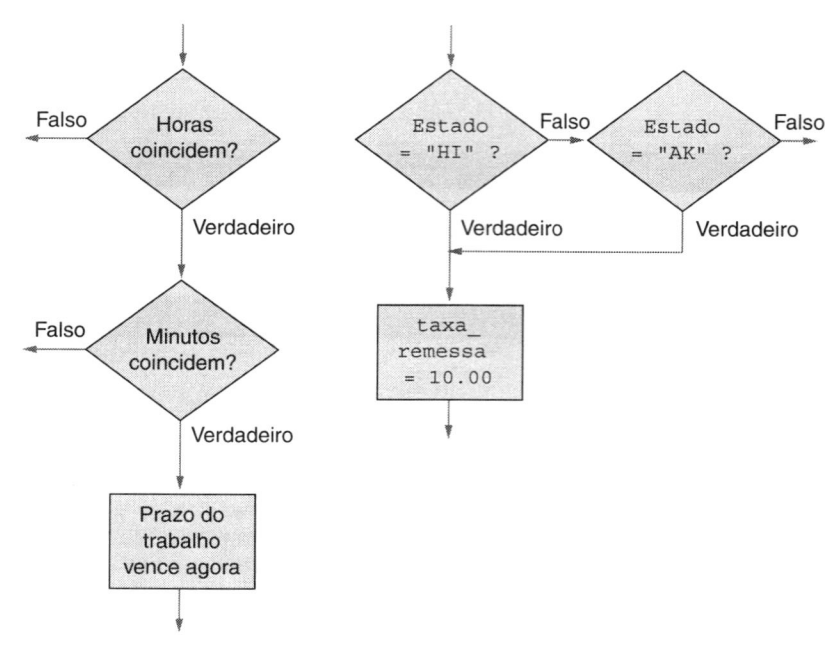

Fluxogramas para combinações `and` e `or`.

```
21      else
22          cout << "O prazo do trabalho já esgotou.\n";
23
24      return 0;
25  }
```

Os operadores `&&` e `||` são avaliados usando a *avaliação preguiçosa*. Em outras palavras, expressões lógicas são avaliadas da esquerda para a direita, e a avaliação termina tão logo o valor verdade seja determinado. Quando um *or* é avaliado e a primeira condição é verdadeira, a segunda condição não é avaliada, porque não importa qual seja o resultado do segundo teste. Aqui está um exemplo:

```
double area;
cin >> area;

if (cin.fail() || area < 0) cout << "Erro de entrada.\n";
```

Se a operação de entrada falha, o teste `area < 0` não é avaliado, o que não faz diferença, porque `area` é então um valor aleatório. Aqui está outro exemplo do benefício da avaliação preguiçosa:

```
if (r >= 0 && -b / 2 + sqrt(r) >= 0) ...
```

Se `r` é negativo, então a primeira condição é falsa e portanto o comando combinado é falso, não importando qual seja o resultado do segundo teste. O segundo teste nunca é avaliado para `r` negativo, e assim não há risco de calcular a raiz quadrada de um número negativo.

Algumas vezes você precisa *inverter* uma condição com o operador lógico `not`. Por exemplo, Você pode querer realizar uma certa ação somente se `cin` não está em estado falho:

```
cin >> n;

if (!cin.fail()) quarters = quarters + n;
```

O operador ! atua sobre uma única condição e a avalia como true se esta condição é falsa e como false se a condição é verdadeira.

Aqui está um resumo das três operações lógicas:

A	B	A && B
true	true	true
true	false	false
false	qualquer	false

A	B	A || B
true	qualquer	true
false	true	true
false	false	false

A	!A
true	false
false	true

⊗ Erro Freqüente 7.3

Vários Operadores Relacionais

Considere a expressão

```
if (-0.5 <= x <= 0.5) /* Erro */
```

Isso parece exatamente o teste matemático $-0.5 \le x \ge 0.5$. Infelizmente, não é.

Vamos dissecar a expressão -0.5 <= x <= 0.5. A primeira metade, -0.5 <= x, é um teste com resultado true ou false, dependendo do valor de x. O resultado deste (true ou false) é então comparado com 0.5. Isso parece não fazer sentido. Pode alguém comparar valores verdade e números em ponto flutuante? É true maior do que 0.5 ou não? Infelizmente, para permanecer compatível com a linguagem C, C++ converte false para 0 e true para 1. Portanto, você deve tomar cuidado para não misturar expressões lógicas e aritméticas em seus programas. Em vez disso, use *e* lógico para combinar dois testes separados:

```
if (-0.5 <= x && x <= 0.5) ...
```

Um outro erro comum, dentro do mesmo assunto, é escrever

```
if (x && y > 0) ... /* Erro */
```

em vez de

```
if (x > 0 && y > 0) ...
```

Infelizmente, o compilador não vai emitir uma mensagem de erro. Em vez disso, ele vai fazer a conversão oposta, convertendo x para true ou false. Zero é convertido para false, e qualquer valor diferente de zero é convertido para true. Se x é diferente de zero, então ele testa se y é maior do que 0, e finalmente ele avalia o && destes dois valores verdade. Naturalmente, esta avaliação não faz sentido.

⊗ Erro Freqüente 7.4

Confundir Condições && e ||

É um erro surpreendentemente comum confundir condições *e* e *ou*. Um valor está entre 0 e 100 se ele é pelo menos zero *e* no máximo 100. Ele está fora deste intervalo se ele é menor do que 0 *ou* maior do que 100. Não existe uma regra de ouro; você apenas deve raciocinar cuidadosamente.

Freqüentemente *e* e *ou* estão claramente explicitados, não sendo difícil implementá-los. Mas algumas vezes o enunciado não é tão explícito. É bastante comum que condições individuais sejam escrupulosamente colocadas separadas em uma lista de itens, porém com pouca indicação de como elas devem ser combinadas. As instruções para a declaração do imposto de renda de 1992 dizem que você pode utilizar o estado de solteiro se qualquer uma das seguintes for verdadeira:

- Você nunca casou.
- Você estava legalmente separado ou divorciado em 31 de dezembro de 1992.
- Você estava viúvo antes de 1 de janeiro de 1992 e não casou novamente em 1992.

Uma vez que o teste tem sucesso se *qualquer uma* das condições for verdadeira, então você deve combinar as condições com *ou*. Em outra parte, as mesmas instruções estabelecem que você deve usar o estado mais vantajoso de casado com declaração conjunta se todas as cinco condições são verdadeiras:

- Seu cônjuge faleceu em 1990 ou 1991 e você não casou novamente em 1992.
- Você tem uma criança que você declara como seu dependente.
- Esta criança viveu em sua casa durante todo o ano de 1992.
- Você pagou metade do custo de manutenção da casa para esta criança.
- Você registrou (ou poderia ter registrado) uma devolução conjunta com seu cônjuge no ano de seu falecimento.

Como todas as condições devem ser verdadeiras para o teste ter sucesso, você deve combiná-las com *e*.

7.4 A Lei de De Morgan

Suponha que queremos cobrar um valor mais alto de remessa, se a remessa não for feita dentro do território continental dos Estados Unidos.

```
if (!(country == "USA"
      && state != "AK"
      && state != "HI"))
   shipping_charge = 20.00;
```

Este teste é um pouco mais complicado e você deve raciocinar cuidadosamente a respeito da lógica. Quando *não* é verdade que o país é USA e o estado não é Alasca e o estado não é o Havaí, então cobre $20.00. Como? Não é verdade que algumas pessoas não ficarão confusas com este código.

O computador não se importa, mas humanos geralmente passam dificuldades para compreender condições lógicas com operadores de negação aplicados a expressões *e/ou*. A Lei de De Morgan, assim denominada por causa do logicista Augustus De Morgan (1806–1871), pode ser usada para simplificar estas expressões booleanas. A Lei de De Morgan possui duas formas, uma para a negação de uma expressão *e* e uma para a negação de uma expressão *ou*:

!(A && B)   é o mesmo que   !A || !B
!(A || B)   é o mesmo que   !A && !B

Preste atenção especial ao fato de que os operadores *e* e *ou* são invertidos quando a negação é colocada para dentro. Por exemplo, a negação de "O estado é Alasca ou ele é Havaí",

```
!(state == "AK" || state == "HI")
```

é "o estado não é Alasca e não é Havaí":

```
!(state == "AK") && !(state == "HI")
```

Isto é, naturalmente, o mesmo que

```
state != "AK" && state != "HI"
```

Agora aplique a lei para o nosso cálculo do valor da remessa:

```
!(country == "USA"
     && state != "AK"
     && state != "HI")
```

é equivalente a

```
!(country == "USA")
    || !(state != "AK")
    || !(state != "HI")
```

que permite o teste mais simples

```
country != "USA"
    || state == "AK"
    || state == "HI"
```

Para simplificar condições com negações de expressões *e* e *ou*, geralmente é uma boa idéia aplicar a Lei de De Morgan para mover as negações para o nível mais interno.

Fato Histórico 7.1

Inteligência Artificial

Quando se usa um programa de computador sofisticado tal como um pacote de preparação da declaração do imposto de renda, se fica inclinado a atribuir alguma inteligência ao computador. O computador faz perguntas que fazem sentido e faz cálculos que consideramos um desafio mental. Afinal, se fazer a nossa declaração fosse fácil, não necessitaríamos de um computador para fazê-la por nós.

Como programadores, no entanto, sabemos que toda esta aparente inteligência é uma ilusão. Programadores humanos cuidadosamente "treinaram" o *software* em todos os cenários possíveis, e ele simplesmente repete as ações e decisões que foram programadas dentro dele.

Seria possível escrever programas de computador que fossem genuinamente inteligentes em algum sentido ? Desde os primeiros dias da computação, havia uma sensação de que o cérebro humano poderia ser nada além de um imenso computador e que poderia ser bem viável programar computadores para imitar alguns processos do pensamento humano. Uma pesquisa séria em *inteligência artificial* (IA) começou em meados da década de 1950 e os primeiros vinte anos trouxeram alguns sucessos impressionantes. Programas que jogam xadrez — com certeza uma atividade que parece requerer poderes intelectuais notáveis — se tornaram tão bons que eles rotineiramente vencem todos, exceto os melhores jogadores humanos. Em 1975, um programa de *sistema especialista* chamado Mycin ganhou fama por ser melhor no diagnóstico de meningite em pacientes do que um médico mediano. Programas de *prova de teorema* produziram provas matemáticas logicamente corretas. *Software* de *reconhecimento óptico de caracteres* pode ler páginas de um *scanner*, reconhecer as formas dos caracteres, incluindo aqueles que estão borrados ou manchados e reconstruir o texto do documento original, restaurando inclusive fontes e leiaute.

Entretanto, também aconteceram sérios revezes. Desde o princípio, um dos objetivos declarados da comunidade de IA era produzir *software* que pudesse traduzir texto de uma língua para outra, por exemplo de inglês para russo. Tal empreitada mostrou ser enormemente complicada. A linguagem humana parece ser muito mais sutil e entrelaçada com a experiência humana do que foi originalmente imaginado. Mesmo as ferramentas de verificação gramatical que vêm com muitos processadores de texto hoje em dia são mais uma pilhada do que uma ferramenta útil, e analisar a gramática é apenas a primeira etapa na tradução de frases.

De 1982 a 1992, o governo japonês investiu em um gigantesco projeto de pesquisa, financiado com mais de 40 bilhões de ienes. Ele era conhecido como o *Projeto de Quinta Geração*. Seu objetivo era desenvolver *hardware* e *software* novos para melhorar enormemente o desempenho de *software* de sistemas especialistas. De início, o projeto gerou em outros países medo de que a indústria de computadores japonesa estava para se tornar a líder imbatível na área. Entretanto, os resultados finais foram desapontadores e pouco contribuíram para trazer para o mercado aplicações de inteligência artificial.

Programas de inteligência artificial de sucesso, tais como programas que jogam xadrez, na verdade não imitam o raciocínio humano. Eles são apenas muito rápidos em explorar muitos cenários e foram ajustados para reconhecer aqueles casos que não justificam mais investigação. Uma exceção interessante são as *redes neurais*: simulações rudimentares das células neurônios nos cérebros de animais e seres humanos. Células adequadamente interconectadas parecem ser capazes de "aprender". Por exemplo, se formas de letras são apresentadas a uma rede de células, ela pode ser treinada para identificá-las. Após um longo período de treinamento, a rede pode reconhecer letras, mesmo se elas estiverem inclinadas, distorcidas ou borradas.

Um projeto em IA que despertou muito interesse é o projeto CYC (de en*cyc*lopedia), por Douglas Lenat e outros na MCC em Austin, Texas. Esse projeto está tentando codificar as suposições implícitas subjacentes à fala e escrita humanas. Os membros da equipe começaram analisando artigos de notícias e perguntaram a si mesmos que fatos não mencionados eram necessários para realmente entender as frases. Por exemplo, considere a frase "*Last fall she enrolled in Michigan State*".* O leitor automaticamente imagina que "*fall*", neste contexto, não tem relação com cair mas se refere à estação do ano. Embora exista um estado chamado Michigan, aqui "Michigan State" se refere à universidade. A *priori*, um programa de computador não tem nenhum destes conhecimentos. O objetivo do projeto CYC é extrair e armazenar os fatos necessários — isto é, (1) as pessoas se matriculam em universidades; (2) Michigan é um estado; (3) muitos estados têm universidades chamadas de X State University, freqüentemente abreviado como X State; (4) a maioria das pessoas se matriculam em uma universidade no outono. Em 1995, o projeto havia codificado cerca de 100.000 conceitos de senso comum e cerca de um milhão de fatos de conhecimento relacionados a eles. Mesmo esta enorme quantidade de dados não provou ser suficiente para aplicações úteis. Ainda está para ser visto se o projeto CYC algum dia levará ao sucesso ou se tornará um outro custoso fracasso da IA.

7.5 O Laço for

De longe, o laço mais comum possui a forma

```
i = inicial;
while (i <= final)
{
    . . .
    i++;
}
```

Visto ser muito comum este laço, existe uma forma especial para ele (ver Sintaxe 7.1) que amplifica o padrão:

```
for (i = inicial; i <= final; i++)
{
    . . .
}
```

---

* N. de R.: "No outono, ela matriculou-se na Michigan State."

> **Sintaxe 7.1 : Comando** `for`
>
> ```
> for (initialization_statement; condition; update_expres-
> sion) statement
> ```
>
> Exemplo:
>
> ```
> for (int i = 1; i <= 10; i++) soma = soma + i;
> ```
>
> Finalidade:
>
> Executar o comando de inicialização. Enquanto a condição permanecer verdadeira, executar o comando e a expressão de atualização.

Neste caso, a variável `i` deve ter sido definida fora do laço `for`. Você também pode definir a variável no cabeçalho do laço. Ela então persiste até que o laço termine.

```
for (int i = 1; i <= 10; i++)
{
    cout << "Oi, Mundo\n";
} // aqui, i não está mais definida
```

Uma importante função matemática é o *fatorial*. A expressão $n!$ (lê-se fatorial de n) é definida como sendo o produto $1 \times 2 \times 3 \times \ldots \times n$. Também, por convenção, $0! = 1$. Fatoriais para números negativos não são definidos. Aqui estão os primeiros valores da função fatorial:

n	$n!$
0	1
1	1
2	2
3	6
4	24
5	120
6	720
7	5040
8	40320

Como você pode ver, estes valores se tornam grandes muito rapidamente. A função fatorial é interessante porque ela descreve de quantas maneiras se pode misturar ou *permutar n* objetos distintos. Por exemplo, existem 3! = 6 arranjos das letras no *string* `"rum"`: exatamente `mur`, `mru`, `umr`, `urm`, `rmu`, e o próprio `rum`. Existem 24 permutações do *string* `"drum"`.

O seguinte programa calcula o fatorial de um número dado como entrada, usando um laço `for`.

Arquivo forfac.cpp

```
1    #include <iostream>
2
3    using namespace std;
4
5    int main()
6    {
7        cout << "Por favor digite um número:   ";
```

```
8      int n;
9      cin >> n;
10     int product = 1;
11     for (int i = 1; i <= n; i++)
12     {
13        product = product * i;
14     }
15     cout << n << "! = " << product << "\n";
16     return 0;
17  }
```

A Figura 4 mostra o fluxograma correspondente.

Os três elementos no cabeçalho do `for` podem conter quaisquer três expressões. Podemos contar em ordem descendente ao invés de ascendente:

```
for (int n = 10; n >= 0; n--)
{
   cout << n << "\n";
}
```

O incremento ou decremento não precisa ser em passos de 1:

```
for (x = -10; x <= 10; x = x + 0.5) . . .
```

É possível — mas um sinal de mau gosto inacreditável — colocar condições não relacionadas em um laço:

```
for (rate = 6; month--; cout >> balance) . . . /* mau gosto */
```

Não vamos sequer iniciar a decifrar o que isto pode significar. Você deve adotar laços `for` que inicializam, testam e atualizam uma única variável.

Se o corpo de um laço consiste de um único comando, você pode omitir as chaves. Por exemplo, você pode substituir

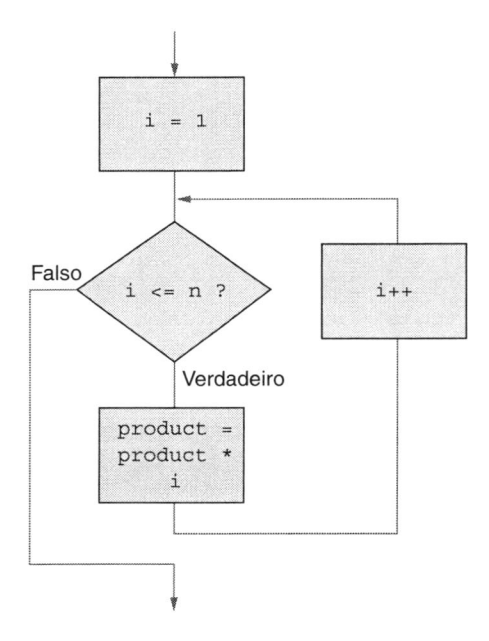

Figura 4

Fluxograma de um laço `for`.

```
for (int i = 1; i <= n; i++)
{
    product = product * i;
}
```

por

```
for (int i = 1; i <= n; i++)
    product = product * i;
```

🎗 Dica de Qualidade   7.2

Use Laços `for` *Somente para seu Objetivo Pretendido*

Um laço `for` é uma *expressão idiomática* para uma forma particular de um laço `while`. Um contador vai de um valor inicial até um valor final, com incremento constante:

```
for (i = inicial; i < (ou <=) final; i = i + incremento)
{
    . . .
    /* i, inicial, final, incremento não alterados aqui */
}
```

Se o seu laço não combina com este gabarito, não use a construção `for`. O compilador não vai evitar que você escreva laços `for` idiotas:

```
/* mau estilo — expressões no cabeçalho não relacionadas */
for (cout << "Entradas: "; cin >> x; sum = sum + x)
    count++;
for (i = 0; i < s.length(); i++)
{
    /* mau estilo — modifica contador dentro do laço */
    if (s.substr(i, 1) == ".") i++;
    count++;
}
```

Esses laços vão funcionar, mas eles são de um mau estilo completo. Use um laço `while` para iterações que não se enquadram no padrão do `for`.

🎗 Dica de Qualidade   7.3

Não Use `!=` *para Testar o fim de um Intervalo*

Aqui está um laço com um perigo oculto:

```
for (i = 1; i != nyear; i++)
{
    . . .
}
```

O teste `i != nyear` é uma idéia pobre. O que poderia acontecer se `nyear` fosse negativo?

Obviamente, `nyear` nunca deve ser negativo, porque não faz sentido ter um número negativo de anos — mas o impossível e impensável acontece com uma regularidade preocupante.

Se `nyear` é negativo, o teste `i != nyear` nunca é verdadeiro, por que `i` inicia em 1 e aumenta a cada passo. O programa fica preso em um laço infinito. O remédio é simples. Teste

```
for (i = 0; i < nyear; i++) . . .
```

Para valores em ponto flutuante existe uma outra razão para não usar o operador !=: por causa de erros de arredondamento, o ponto exato de término pode não ser nunca atingido.

Obviamente, você nunca escreveria

```
for (rate = 5; rate != 10; rate = rate + 0.3333333) . . .
```

por que parece altamente improvável que `rate` seria 10 exatamente após 15 passos. Mas o mesmo problema pode acontecer para o aparentemente inocente

```
for (rate = 5; rate != 10; rate = rate + 0.1) . . .
```

O número 0.1 é representável de forma exata no sistema decimal, mas computadores representam números em ponto flutuante em binário. Existe um pequeno erro em qualquer representação binária finita de 1/10, assim como existe um pequeno erro em uma representação decimal 0.3333333 de 1/3. Talvez `rate` seja exatamente 10 após 50 passos; talvez não seja por uma ínfima quantidade. Não há por que arriscar. Simplesmente use < em vez de !=:

```
for (rate = 5; rate < 10; rate = rate + 0.1) . . .
```

Erro Freqüente 7.5

Esquecer um Ponto-e-Vírgula

De vez em quando acontece que todo o trabalho de um laço seja feito no cabeçalho do laço. Este código procura a posição do primeiro ponto em um nome de arquivo:

```
string filename; /* p. ex., hello.cpp */
string name;
. . .
for (i = 0; filename.substr(i, 1) != "."; i++)
    ;
name = filename.substr(0, i); /* p. ex., hello */
```

O corpo do laço `for` é completamente vazio, contendo apenas um comando vazio terminado por um ponto-e-vírgula.

Não estamos defendendo esta estratégia. Este laço não funciona corretamente se `filename` por acaso não contém um ponto. Este laço anêmico é sinal de tratamento de erros pobre. Se você executa um laço sem um corpo, é importante que você realmente se certifique que o ponto-e-vírgula não seja esquecido. Se o ponto-e-vírgula for acidentalmente omitido, então o código

```
for (i = 0; filename.substr(i, 1) != "."; i++)
name = filename.substr(0, i); /* p. ex., hello */
```

repete o comando `name = filename.substr(0, i)` até que um ponto seja encontrado e então ele não executa o laço novamente (se `filename` é `"hello.cpp"`, a última atribuição para `name` é `"hell"`).

Para tornar o ponto-e-vírgula realmente em destaque, coloque-o sozinho em uma linha, como mostrado no primeiro exemplo.

Dica de Qualidade   7.4

Limites Simétricos e Assimétricos

É fácil escrever um laço com i variando de 1 a n.

```
for (i = 1; i <= n; i++) . . .
```

Os valores para i são limitados pela relação 1 ≤ i ≤ n. Visto que existem ≤ em ambos os limites, os limites são chamados de *simétricos*.

Ao percorrer caracteres em um *string*, os limites são *assimétricos*.

```
for (i = 0; i < s.length(); i++) . . .
```

Os valores para i são limitados por 0 ≤ i < s.length(), com um ≤ à esquerda e um < à direita. Isso é apropriado, por que s.length() não é uma posição válida.

Não é uma boa idéia forçar artificialmente a simetria:

```
for (i = 0; i <= s.length() - 1; i++) . . .
```

Isso é mais difícil de ler e entender.

Para cada laço, considere qual forma é mais natural, de acordo com as necessidades do problema, e use-a.

Dica de Qualidade   7.5

Contar Iterações

Encontrar os limites inferior e superior corretos para uma iteração pode ser confuso. Você deveria iniciar com 0? Você deveria usar <= b ou < b como uma condição de término?

Contar o número de iterações é um dispositivo bastante útil para entender melhor um laço. Contar é mais fácil em laços com limites assimétricos. O laço

```
for (i = a; i < b; i++) . . .
```

é executado b - a vezes. Por exemplo, o laço para percorrer os caracteres em um *string*,

```
for (i = 0; i < s.length(); i++) . . .
```

é executado s.length() vezes. Isso faz perfeito sentido, uma vez que existem s.length() caracteres em um *string*.

O laço com limites simétricos,

```
for (i = a; i <= b; i++)
```

é executado b - a + 1 vezes. Aquele "+1" é a fonte de muitos erros de programação. Por exemplo,

```
for (x = 0; x <= 10; x++)
```

é executado 11 vezes. Talvez seja isto o que você quer; se não, inicie com 1 ou use < 10.

Uma maneira de visualizar este erro "+1" é olhando para uma cerca. Uma cerca com dez seções (=) possui 11 postes (|).

|=|=|=|=|=|=|=|=|=|=|

Cada seção possui um poste à esquerda e existe um último poste à direita da última seção. Esquecer de contar o último valor é freqüentemente chamado de "erro do poste da cerca".

Se o incremento possui um valor c diferente de 1, então as contagens são

```
(b - a)/c para   o laço assimétrico
(b - a)/c + 1 para   o laço simétrico
```

Por exemplo, considere o laço

```
for (i = 10; i <= 40; i = i + 5)
```

Aqui a é 10, b é 40 e c é 5. Portanto, o laço é executado (40 – 10)/5 +1 = 7 vezes.

7.6 O Laço do

Algumas vezes você quer executar o corpo de um laço pelo menos uma vez e fazer o teste do laço após o corpo ter sido executado. O laço do/while (ver Sintaxe 7.2) serve para esta finalidade.

```
do
{
    statements
}
while (condition);
```

Sintaxe 7.2 : Comando do/while

do *statement* while (*condition*);

Exemplo:

do x = sqrt(x); while (x >= 10);

Finalidade:

Executar o comando, então testar a condição e repetir o comando enquanto a condição permanecer verdadeira.

Aqui está um exemplo de um laço assim. Os antigos gregos conheciam um algoritmo simples de aproximação para calcular raízes quadradas. O algoritmo inicia arbitrando um valor x que poderia estar um pouco próximo da raiz quadrada $\sqrt{a}$ desejada. O valor inicial não precisa estar muito próximo; $x = a$ é uma escolha perfeitamente adequada.

Agora considere as quantidades x e a/x. Se $x < \sqrt{a}$, então $a/x > a/\sqrt{a} = \sqrt{a}$. De modo similar, se $x > \sqrt{a}$, então $a/x < a/\sqrt{a}$. Isto é, $\sqrt{a}$ fica entre x e a/x. Use o *ponto médio* deste intervalo como sua estimativa refinada da raiz quadrada, como mostrado na Figura 5. Você portanto faz $x_{new} = (x + a/x)/2$ e repete o procedimento — isto é, calcular a média de x_{new} e a/x_{new}. Pare quando duas aproximações sucessivas diferem uma da outra por uma quantidade muito pequena, usando a função de comparação descrita no Erro Freqüente 4.2.

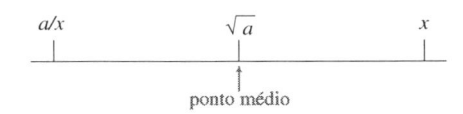

Figura 5
Aproximação da raiz quadrada.

O método converge muito rapidamente. Para calcular $\sqrt{400}$, somente dez passos são requeridos:

```
400
200.5
101.24750623441396
52.599110411804922
30.101900881222353
21.695049123587058
20.06621767747577
20.000109257780434
20.000000000298428
20
```

A função a seguir implementa o algoritmo:

Arquivo sqroot.cpp

```
1   #include <iostream>
2   #include <cmath>
3
4   using namespace std;
5
6   int main()
7   {
8      cout << "Por favor digite um número: ";
9      double a;
10     cin >> a;
11
12     const double EPSILON = 1E-14;
13     double xnew = a;
14     double xold;
15
16     do
17     {
18        xold = xnew;
19        xnew = (xold + a / xold) / 2;
20     }
21     while (fabs(xnew - xold) > EPSILON);
22
23     cout << "A raiz quadrada é " << xnew << "\n";
24     return 0;
25  }
```

Aqui, o laço do/while é uma boa escolha. Você quer entrar no laço pelo menos uma vez de modo que possa calcular a diferença entre duas aproximações (ver Figura 6).

Fato Histórico 7.2

Código Espaguete

Neste capítulo usamos fluxogramas para ilustrar o comportamento dos comandos de laço. Costumava ser bastante comum desenhar fluxogramas para cada função, conforme a teoria que fluxogramas são mais fáceis de ler e escrever do que o código real. Hoje em dia, fluxogramas não são mais usados rotineiramente para desenvolvimento e documentação de programas.

Fluxogramas possuem um defeito fatal. Enquanto é possível expressar os laços while, for e do/while com fluxogramas, também é possível desenhar fluxogramas que não podem ser programados com laços. Examine o diagrama da Figura 7.

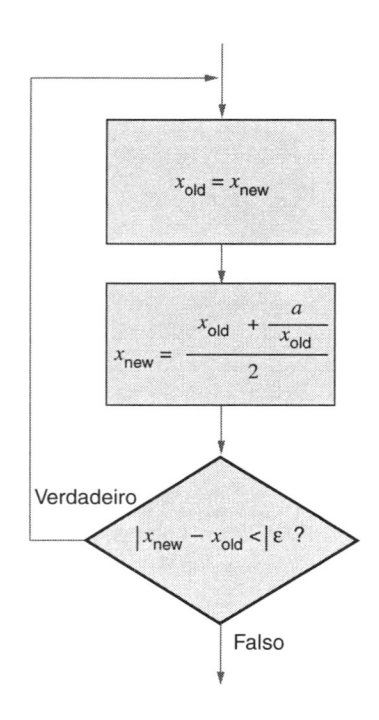

Figura 6
Fluxograma de um laço do.

A metade inferior é um laço do/while:

```
do
{
    xold = xnew;
    xnew = (xold + a / xold) / 2;
}
while (fabs(xnew - xold) > EPSILON);
```

O topo é um comando de entrada e uma atribuição:

```
cin >> a;
xold = a / 2;
```

Entretanto, agora devemos continuar no meio do laço, pulando o primeiro comando.

```
cin >> a;
xold = a / 2;
goto a;

do
{
    xold = xnew;
a:  xnew = (xold + a/xold) / 2;
}
while (fabs(xnew - xold) > EPSILON);
```

De fato, por que preocupar-se com o do/while? Aqui está uma interpretação fiel do fluxograma:

```
cin >> a;
xold = a / 2;
```

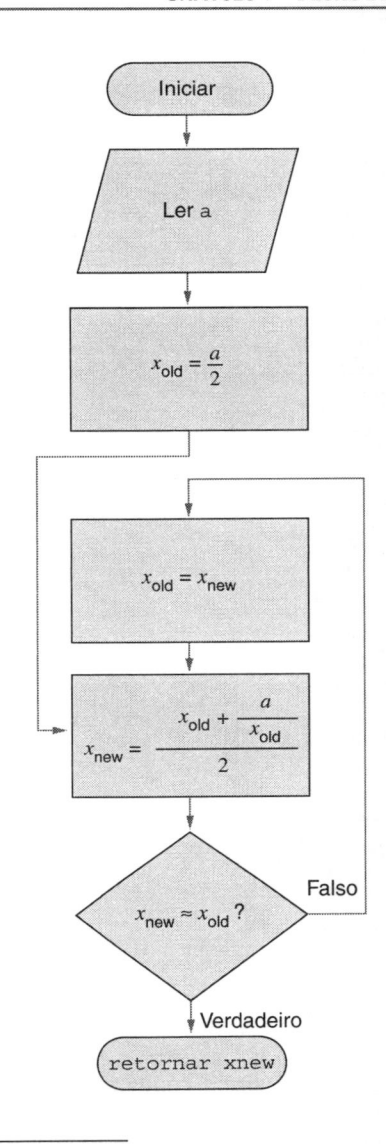

Figura 7

Fluxograma que não pode ser implementado com laços.

```
        goto a;
    b:  xold = xnew;
    a:  xnew = (xold + a/xold) / 2;
        if (fabs(xnew - xold) > EPSILON) goto b:
```

Esse fluxo de controle *não linear* torna-se extremamente difícil de ler e entender se você tem mais de um ou dois comandos `goto`. Visto que as linhas que denotam os comandos `goto` se entrelaçam para cima e para baixo em fluxogramas complexos, o código resultante é denominado de código espaguete. O laço `while` foi inventado para desembaraçar isto.

Nos anos 1960, o influente cientista da computação Edsger Dijkstra escreveu um famoso artigo, intitulado "Comandos Goto considerados perigosos" (*Goto statements considered harmful*)[2], no qual ele defendia o uso de laços em vez de saltos não estruturados. Inicialmente, muitos programadores que vinham usando `goto` há anos ficaram mortalmente ofendidos e desen-

```
if (c) a; else b;
```

	c?	
Sim		Não
a		b

```
while (c) a;
```

c?
a

```
do a; while (c);
```

a
c?

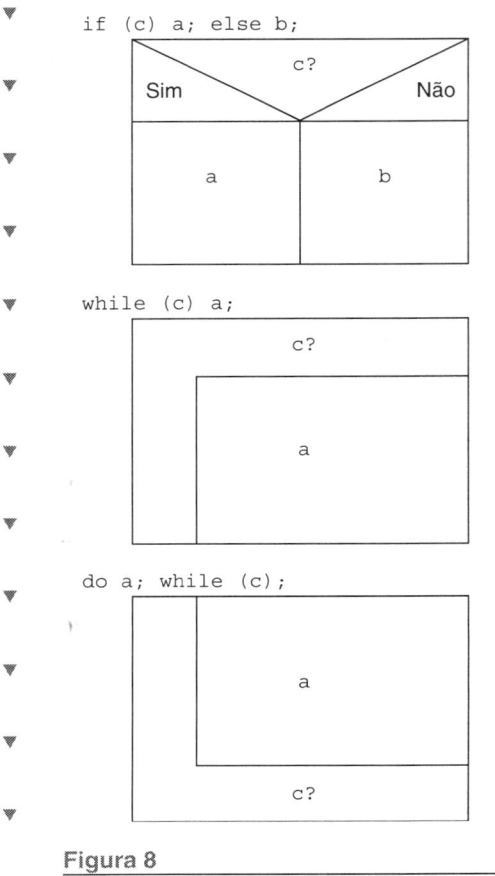

read a
xnew = a
xold = xnew
xnew = (xold + a / xold) / 2
xnew ≠ xold?
return xnew

Figura 8
Diagramas estruturados.

Figura 9
Diagrama estruturado para o laço da raiz quadrada.

cavaram exemplos onde o uso de `goto` conduz a código mais claro ou código mais rápido. Algumas linguagens começaram a oferecer formas mais fracas de `goto`, tal como o comando `break` discutido no Tópico Avançado 7.1, que são menos perigosas. Hoje em dia, a maioria dos cientistas da computação aceita os argumentos de Dijkstra e se dedicam a batalhas maiores do que a otimização de projetos de laços.

Se você gosta de desenhar figuras de seu código, você pode considerar os assim denominados *diagramas estruturados* (ver Figura 8). Eles evitam o problema dos fluxogramas e são diretamente traduzíveis para C++. A Figura 9 mostra um diagrama estruturados para o laço que calcula a raiz quadrada.

7.7 Laços aninhados

Nesta seção você vai ver como imprimir uma tabela que mostra o destino de um investimento de $10.000 em vários cenários de taxas de juros, se você mantiver o dinheiro por 5, 10, 15, 20, 25 e 30 anos (observe que o investimento cresce a quase $175.000 se você mantiver o dinheiro por 30 anos a 10% de taxa de juros!).

Naturalmente, a idéia básica é simples. Aqui está o pseudocódigo:

Imprime cabeçalho da tabela
```
for (rate = RATE_MIN; rate <= RATE_MAX; rate = rate + RATE_INCR)
{
    imprime linha da tabela
}
```

Como você imprime uma linha da tabela? Você precisa imprimir valores para 5, 10, ..., 30 anos. Lá estão novamente as reticências e, portanto, você precisa programar um laço.

Taxa	5 anos	10 anos	15 anos	20 anos	25 anos	30 anos
5,00	12762,82	16288,95	20789,28	26532,98	33863,55	43219,42
5,50	13069,60	17081,44	22324,76	29177,57	38133,92	49839,51
6,00	13382,26	17908,48	23965,58	32071,35	42918,71	57434,91
6,50	13700,87	18771,37	25718,41	35236,45	48276,99	66143,66
7,00	14025,52	19671,51	27590,32	38696,84	54274,33	76122,55
7,50	14356,29	20610,32	29588,77	42478,51	60983,40	87549,55
8,00	14693,28	21589,25	31721,69	46609,57	68484,75	100626,57
8,50	15036,57	22609,83	33997,43	51120,46	76867,62	115582,52
9,00	15386,24	23673,64	36424,82	56044,11	86230,81	132676,78
9,50	15742,39	24782,28	39013,22	61416,12	96683,64	152203,13
10,00	16105,10	25937,42	41772,48	67275,00	108347,06	174494,02

```
for (year = YEAR_MIN; year <= YEAR_MAX; year = year + YEAR_INCR)
{
    balance = future_value(initial_balance, rate, year);
    cout << setw(10) << balance;
}
```

esse laço imprime uma linha da tabela. Ele deve ser colocado dentro do laço anterior, produzindo dois *laços aninhados*.

A seguir, considere o cabeçalho da tabela. Você pode imprimir um *string* longo

`"Taxa 5 anos 10 anos 15 anos 20 anos 25 anos 30 anos"`

Entretanto, como o cabeçalho precisa mudar se você alterar a faixa de anos ou o incremento, você deve usar um laço:

```
cout << "Taxa ";
for (year = YEAR_MIN; year <= YEAR_MAX; year = year + YEAR_INCR)
{
    cout << setw(2) << year << " anos ";
}
```

Agora coloque tudo junto:

Arquivo table.cpp

```
1   #include <iostream>
2   #include <iomanip>
3   #include <cmath>
```

```cpp
 4
 5   using namespace std;
 6
 7   int main()
 8   {
 9      const double RATE_MIN = 5;
10      const double RATE_MAX = 10;
11      const double RATE_INCR = 0.5;
12      const int YEAR_MIN = 5;
13      const int YEAR_MAX = 30;
14      const int YEAR_INCR = 5;
15
16      /* imprime cabeçalho da tabela */
17
18      int year;
19      cout << "Taxa ";
20      for (year = YEAR_MIN; year <= YEAR_MAX;
21           year = year + YEAR_INCR)
22      {
23         cout << setw(2) << year << "  anos  ";
24      }
25      cout << "\n";
26
27      cout << fixed << setprecision(2);
28
29      double rate;
30      double initial_balance = 10000;
31      for (rate = RATE_MIN; rate <= RATE_MAX;
32           rate = rate + RATE_INCR)
33      {
34         /* imprime linha da tabela */
35         cout << setw(5) << rate;
36         for (year = YEAR_MIN; year <= YEAR_MAX;
37              year = year + YEAR_INCR)
38         {
39            double balance =
40               initial_balance * pow(1 + rate / 100, year);
41            cout << setw(10) << balance;
42         }
43         cout << "\n";
44      }
45
46      return 0;
47   }
```

Este programa contém um total de três laços `for`! O primeiro é inofensivo; apenas imprime seis colunas no cabeçalho da tabela. Os outros dois laços são mais interessantes. O laço que imprime uma única linha é aninhado no laço que percorre as taxas de juros. Existe um total de 11 taxas no laço mais externo ($11 = (10 - 5)/0.5 + 1$, ver Dica de Qualidade 7.5). Para cada taxa o programa imprime seis colunas de saldos no laço interno. Assim, um total de $11 \times 6 = 66$ saldos são impressos. Você coloca um laço após outro se todas as iterações do primeiro laço precisam ser realizadas antes da primeira iteração do segundo laço. Se o primeiro laço possui m iterações e o segundo laço possui n iterações, existe um total de $m + n$ iterações. Você aninha um laço dentro de outro se todos os casos do laço interno devem ser repetidos para cada iteração do laço externo. Isso fornece um total de $m \times n$ iterações. Algumas vezes o contador de iterações do laço interno depende do bloco externo. Como um exemplo, considere a tarefa de imprimir uma forma triangular como esta aqui:

```
[]
[] []
[] [] []
[] [] [] []
```

A primeira linha contém uma caixa, a segunda linha contém duas caixas e assim por diante. Para imprimir n linhas, use o laço

```
for (int i = 1; i <= n; i++)
{
    imprime linha do triângulo
}
```

Cada linha contém i caixas. Isto é, o seguinte laço imprime uma linha:

```
for (int j = 1; j <= i; j++)
    cout << "[]";
cout << "\n";
```

Colocando juntos os dois laços, temos

```
for (int i = 1; i <= n; i++)
{
    for (int j = 1; j <= i; j++)
        cout << "[]";
    cout << "\n";
}
```

Note como os limites do laço interno dependem do laço externo.
Aqui está o programa completo.

Arquivo triangle.cpp

```
1   #include <iostream>
2
3   using namespace std;
4
5   int main()
6   {
7       cout << "Digite o número de linhas: ";
8       int n;
9       cin >> n;
10
11      for (int i = 1; i <= n; i++)
12      {
13          for (int j = 1; j <= i; j++)
14              cout << "[]";
15          cout << "\n";
16      }
17
18      return 0;
19  }
```

7.8 Processando entrada de texto

No Capítulo 4, você aprendeu como processar dados de entrada que consistem de séries de valores numéricos. Entretanto, muitos programas úteis processam texto, e não números. Nesta seção você vai ver como escrever programas C++ que lêem texto como dados de entrada.

Ao processar entrada de texto, você precisa tomar decisões. A entrada é estruturada como uma seqüência de *caracteres*, *palavras* ou *linhas*? Aqui, uma palavra é qualquer seqüência de caracteres entre espaços em branco (espaços, tabulações ou nova linha). Suponha que você quer escrever um programa que conta ou analisa as palavras em um arquivo. Então você usa o laço

```
string word;
while (cin >> word)
{
    processar word
}
```

Aqui você tira vantagem do fato que a expressão `cin >> word` possui o valor `cin`. Você pode usar `cin` em um teste — isto é o mesmo que `!cin.fail()`.

Por exemplo, aqui está um programa que conta o número de palavras em um arquivo de entrada. Este programa é útil se você é um escritor que é pago por palavra.

Arquivo words.cpp

```
1   #include <iostream>
2   #include <string>
3
4   using namespace std;
5
6   int main()
7   {
8       int count = 0;
9       string word;
10      while (cin >> word)
11      {
12          count++;
13      }
14
15      cout << count << " palavras.\n";
16
17      return 0;
18  }
```

Por outro lado, algumas vezes não faz sentido processar a entrada uma palavra de cada vez. Por exemplo, você pode ter uma seqüência de nomes de empregados

```
Hacker, Harry J.
Tester, Tony
. . .
```

Você pode querer processar este arquivo uma linha de cada vez, usando a função `getline`.

```
string line;
while (getline(cin, line))
{
    processar line
}
```

Novamente, este laço tira vantagem do fato de a função `getline` retornar `cin`, e você pode testar se `cin` ainda não falhou. Finalmente, nem limites de palavras e linhas podem ser significativos para seu processamento. Neste caso, leia um caractere de entrada de cada vez. Use o laço

```
char ch;
while (cin.get(ch))
{
    processar ch
}
```

Aqui, `ch` é uma variável do tipo `char`, o tipo de dado caractere. Por exemplo, o laço a seguir conta quantas sentenças estão contidas em um arquivo de entrada:

```
         int sentences = 0;
         char ch;
         while (cin.get(ch))
         {
            if (ch == '.' || ch == '!' || ch == '?')
               sentences++;
         }
```

Note que caracteres constantes são delimitados por aspas simples (como em `' ! '`). Vamos discutir o tipo de dado `char` com maiores detalhes no capítulo 9.

Dica de Produtividade 7.3

Redirecionamento de Entrada e Saída

Considere o programa de contagem de palavras da Seção 7.8. Como você pode usá-lo? Você pode digitar o texto de entrada e no final da entrada o programa diria a você quantas palavras você digitou. Entretanto, nenhuma das palavras seria salva para a posteridade. Isso é verdadeiramente estúpido — você nunca iria querer usar um programa assim.

Esses programas não são destinados a entrada via teclado. O programa faz muito mais sentido se a entrada é lida de um *arquivo*. As interfaces de linha de comando da maioria dos sistemas operacionais oferecem uma maneira de associar um arquivo com a entrada de um programa, como se todos os caracteres do arquivo tivessem sido realmente digitados por um usuário. Se você digitar

```
         words < article.txt
```

O programa de contar palavras é executado. Suas instruções de entrada não mais esperam entrada do teclado. Todos os comandos de entrada (>>, `getline`, `get`) obtêm sua entrada do arquivo `article.txt`.

Este mecanismo funciona para qualquer programa que leia a sua entrada através do *stream* padrão de entrada `cin`. Por *default*, `cin` é associado ao teclado, mas pode ser associado a qualquer arquivo pela especificação de redirecionamento da entrada na linha de comando.

Se você sempre executou o seu programa em um ambiente integrado, você precisa descobrir se o seu ambiente suporta ou não redirecionamento de entrada. Se não suportar, você precisa aprender como abrir uma janela de comando (freqüentemente denominada de *shell*) e executar o programa na janela de comando digitando seu nome e instruções de redirecionamento.

Você também pode redirecionar a saída. Neste programa, isto não é terrivelmente útil. Se você executar

```
         words < article.txt > output.txt
```

o arquivo `output.txt` conterá uma única linha, tal como "513 palavras". Entretanto, redirecionar a saída é obviamente útil para programas que produzem muita saída. Você pode imprimir o arquivo contendo a saída ou editá-lo antes de entregá-lo para avaliação.

Tópico Avançado 7.2

Pipes

A saída de um programa pode se tornar a entrada de um outro programa. Aqui está um programa simples que escreve cada palavra do arquivo de entrada em uma linha separada:

```
         #include <iostream>
         #include <string>
```

```
            using namespace std;

            int main()
            {
                string word;
                while (cin >> word)
                    cout << word << "\n";
                return 0;
            }
```

Vamos chamar este programa de *split*. Então

```
            split < article.txt
```

lista as palavras do arquivo `article.txt`, uma em cada linha. Isto não é muito excitante, mas se torna útil quando combinado com um outro programa: `sort`. Você ainda não aprendeu como escrever um programa que ordena *strings*, mas a maioria dos sistemas operacionais possui um programa de ordenação. Uma lista ordenada de palavras em um arquivo pode ser bastante útil — por exemplo, para criar um índice. Você pode ter as palavras não ordenadas em um arquivo temporário.

```
            split < article.txt > temp.txt
            sort < temp.txt > sorted.txt
```

Agora as palavras ordenadas estão no arquivo `sorted.txt`. Visto que esta operação é bastante comum, existe um atalho de linha de comando para ela.

```
            split < article.txt | sort > sorted.txt
```

O programa *split* é executado primeiro, lendo a entrada de `article.txt`. Sua saída se torna a entrada do programa de ordenação. A saída deste programa é salva no arquivo `sorted.txt`. O operador instrui o sistema operacional a construir um *pipe* ligando a saída do primeiro programa à entrada do segundo.

O arquivo `sorted.txt` possui um defeito. Provavelmente ele contém uma sucessão de palavras repetidas, como

            a
            a
            a
            an
            an
            anteater
            asia

Isto é fácil de corrigir com um outro programa que remove duplicatas *adjacentes*. Remover duplicatas em posições arbitrárias é bastante difícil, mas duplicatas adjacentes são fáceis de tratar:

```
            #include <iostream>
            #include <string>

            using namespace std;

            int main()
            {
                string last;
                string word;
                while (cin >> word)
                {
                    if (word != last)
                        cout << word << "\n";
                    last = word;
```

```
            }
    return 0;
}
```

Vamos chamar este programa de *unique*. A lista ordenada de palavras, com duplicatas removidas, é obtida com uma série de *pipes*

```
split < article.txt | sort | unique > sorted.txt
```

(Ver Figura 10).

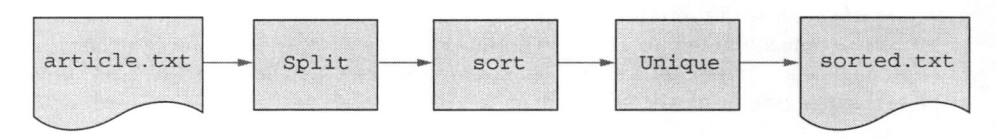

article.txt → Split → sort → Unique → sorted.txt

Figura 10
Uma série de *pipes*.

Redirecionamento e *pipes* tornam possível combinar programas simples para fazer um trabalho útil. O sistema operacional UNIX foi pioneiro nesta abordagem. UNIX possui dúzias de comandos que realizam tarefas comuns e são projetados para serem combinados uns com os outros.

⊗ Erro Freqüente   7.6

Subestimar o Tamanho de um Conjunto de Dados

É um erro comum de programação subestimar a quantidade de dados que o usuário irá despejar em um programa que não espera por isso. Um programa que foi projetado para tratar linhas de entrada de no máximo 255 caracteres, seguramente irá falhar quando o primeiro usuário executá-lo com um arquivo cujas linhas possuem 1.000 caracteres de comprimento. Seu editor de texto pode ou não estar apto a gerar linhas tão longas, mas é suficientemente fácil escrever um programa que produza saída com linhas muito longas. Este programa simplesmente não vai gravar um caractere de nova linha entre as saídas. A saída deste programa pode muito bem tornar-se a entrada de seu programa e você nunca deve assumir que as linhas de entrada são curtas.

Aqui está outro problema comum. Na Seção 7.8 escrevemos um programa que contava o número de palavras em um arquivo. Quantas palavras podem existir em um arquivo de entrada? Se você digitar manualmente um arquivo de testes, seguramente não mais dos que poucas dúzias. Se você usar um outro arquivo conveniente de seu disco, digamos, um arquivo `readme.txt` de algum pacote de *software*, podem existir alguns milhares de palavras. Se você alimentar o programa com o texto completo de *Alice no País das Maravilhas* ou *Guerra e Paz* (que estão disponíveis na Internet) você subitamente tem que contar algumas centenas de milhares de palavras.

Um artigo famoso [4] analisou como diversos programas UNIX reagiam quando eram alimentados com conjuntos de dados grandes ou aleatórios. Tristemente, cerca de um quarto deles não se comportou bem, terminando ou pendurando sem uma mensagem de erro razoável. Por exemplo, em algumas versões de UNIX o programa *tar* de *backup* de fita não consegue tratar nomes de arquivos que possuem mais de 100 caracteres, o que é uma limitação pouco razoável. Muitas destas deficiências são causadas por características da linguagem C que este livro elegantemente contorna com os tipos `string` e `vector`.

7.9 Simulações

Em uma simulação geramos eventos aleatórios e avaliamos seus resultados. Aqui está um problema típico que pode ser decidido executando uma simulação, o *experimento da agulha de Buffon*, criado pelo Conde Georges-Louis Leclerc de Buffon (1707–1788), um naturalista francês. Uma agulha de 1 polegada é largada sobre um papel pautado em linhas de 2 polegadas. Se a agulha cai sobre uma linha, contamos como *acerto*. Buffon conjeturou que o quociente tentativas/acertos se aproxima de π (ver Figura 11).

Agora, como você pode realizar este experimento em um computador? Você não deseja realmente construir um robô que atira agulhas no papel. A biblioteca C++ possui um *gerador de números aleatórios*, que produz números que aparentam ser completamente aleatórios. Chamar `rand()` fornece um inteiro aleatório entre 0 e RAND_MAX (que é uma constante dependente da implementação, geralmente 32767 ou 2147483647). A função `rand` é definida no cabeçalho `cstdlib`. O programa a seguir chama a função `rand` dez vezes.

Arquivo random.cpp

```
1   #include <iostream>
2   #include <cstdlib>
3
4   using namespace std;
5
6   int main()
7   {
8      int i;
9      for (i = 1; i <= 10; i++)
10     {
11        int r = rand();
12        cout << r << "\n";
13     }
14     return 0;
15  }
```

Aqui está a saída do programa:

```
41
18467
6334
26500
19169
15724
11478
```

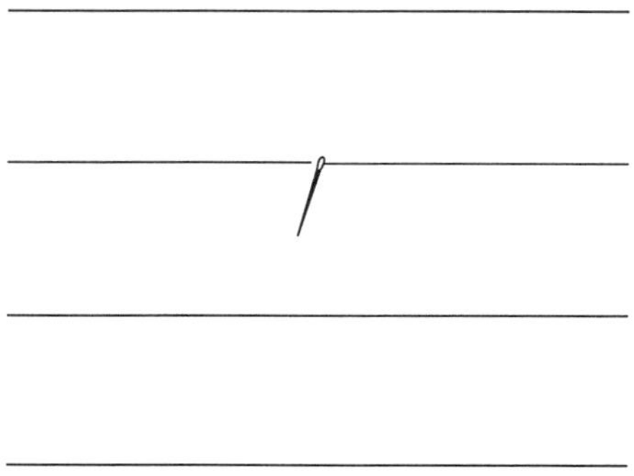

Figura 11

O experimento da agulha de Buffon.

```
29358
26962
24464
```

Na realidade, os números não são completamente aleatórios. Eles são gerados a partir de seqüências muito longas de números que não se repetem por muito tempo. Estas seqüências são realmente calculadas por fórmulas razoavelmente simples; elas apenas se comportam como números aleatórios. Por esta razão, eles são freqüentemente chamados de números *pseudo-aleatórios*. Como gerar boas seqüências de números que se comportam como verdadeiras seqüências aleatórias é um importante e bem estudado problema em ciência da computação. Não vamos mais investigar este assunto. Apenas use os números aleatórios produzidos pela `rand`.

Tente executar o programa novamente. Você vai obter *exatamente a mesma saída*! Isto confirma que os números aleatórios são gerados por fórmulas. Entretanto, ao executar simulações, você não vai querer sempre obter os mesmos resultados. Para contornar este problema, você precisa especificar uma *semente* para a seqüência de números aleatórios. Cada vez que você usa uma nova semente, o gerador de números aleatórios inicia a geração de uma nova seqüência. A semente é configurada com a função `srand`. Um valor simples para ser usado como semente é o número de segundos decorridos desde a meia-noite:

```
Time now;
int seed = now.seconds_from(Time(0, 0, 0));
srand(seed);
```

No programa abaixo, você vai encontrar a função `rand_seed` que se encarrega da mesma operação sem precisar da classe `Time` (ela usa a função padrão `time` definida no cabeçalho `ctime`). Simplesmente chame `rand_seed()` uma vez em seu programa, antes de gerar quaisquer números aleatórios. Assim, os números aleatórios serão diferentes em cada execução do programa.

Naturalmente, em aplicações reais, você precisa gerar números aleatórios em diferentes intervalos. Por exemplo, para simular o lançamento de um dado, você precisa números aleatórios entre 1 e 6. A seguinte função `rand_int` gera números aleatórios entre dois limites a e b, como segue. Como você sabe da Dica de Qualidade 7.5, existem b - a + 1 valores entre a e b, incluindo os próprios limites. Primeiro calcule `rand() % (b - a + 1)` para obter um valor aleatório entre 0 e b - a, após adicione este a a, obtendo um valor aleatório entre a e b:

```
int rand_int(int a, int b)
{
    return a + rand() % (b - a + 1);
}
```

Uma palavra de cautela: nem a função `rand_seed` nem a função `rand_int` são adequadas para aplicações sérias, tais como a geração de senhas. Mas elas vão funcionar bem para nossos propósitos. Por exemplo, aqui está um programa que simula o lançamento de um par de dados através da chamada de `rand_int(1, 6)`.

Arquivo dice.cpp

```
1    #include <iostream>
2    #include <string>
3    #include <cstdlib>
4    #include <ctime>
5
6    using namespace std;
7
8    /**
9       Configura a semente do gerador de números aleatórios.
10   */
11   void rand_seed()
12   {
13       int seed = static_cast<int>(time(0));
```

```
14      srand(seed);
15  }
16
17  /**
18      Calcula um inteiro aleatório em um intervalo.
19      @param a o limite inferior do intervalo
20      @param b o limite superior do intervalo
21      @return um inteiro aleatório x, a <= x e x <= b
22  */
23  int rand_int(int a, int b)
24  {
25      return a + rand() % (b - a + 1);
26  }
27
28  int main()
29  {
30      rand_seed();
31      int i;
32      for (i = 1; i <= 10; i++)
33      {
34          int d1 = rand_int(1, 6);
35          int d2 = rand_int(1, 6);
36          cout << d1 << " " << d2 << "\n";
37      }
38      cout << "\n";
39      return 0;
40  }
```

Aqui está um resultado típico:

```
5 1
2 1
1 2
5 1
1 2
6 4
4 4
6 1
6 3
5 2
```

Para executar o experimento da agulha de Buffon, você tem que trabalhar um pouco mais. Quando você lança um dado, uma das seis faces estará virada para cima. Ao atirar uma agulha, entretanto, existem muitos resultados possíveis.

Você deve gerar um número *aleatório em ponto flutuante*. Para gerar valores aleatórios em ponto flutuante, você usa uma abordagem diferente.

Primeiro, note que a quantidade `rand() * 1.0 / RAND_MAX` é um valor em ponto flutuante entre 0 e 1 (você tem que multiplicar por `1.0` para assegurar que um dos operandos do operador / é um valor em ponto flutuante. A divisão `rand() / RAND_MAX` seria uma divisão inteira — ver Erro Freqüente 2.2). Para gerar um valor aleatório em um intervalo diferente, você tem que fazer uma transformação simples:

```
double rand_double(double a, double b)
{
    return a + (b - a) * rand() * (1.0 / RAND_MAX);
}
```

Para o experimento da agulha de Buffon, você deve gerar dois números aleatórios: um para descrever a posição inicial e outro para descrever o ângulo da agulha com o eixo dos *x*. A seguir, você precisa testar se a agulha toca uma linha da pauta. Pare após 10.000 tentativas. Gere o ponto *inferior* da agulha. Sua coordenada *x* é irrelevante e você pode assumir que sua coordenada *y*, y_{low}, seja qualquer valor aleatório entre 0 e 2. O ângulo α entre a agulha e o eixo dos *x* pode ser qualquer valor entre –90 graus e 90 graus. A ponta superior da agulha possui coordenada *y*

$$y_{high} = y_{low} + \sin \alpha$$

A agulha fez um acerto se y_{high} é pelo menos 2, como mostrado na Figura 12.
Aqui está o programa que realiza a simulação do experimento da agulha.

Arquivo buffon.cpp

```
1    #include <iostream>
2    #include <cstdlib>
3    #include <cmath>
4    #include <ctime>
5
6    using namespace std;
7
8    /**
9        Configura a semente do gerador de números aleatórios.
10   */
11   void rand_seed()
12   {
13      int seed = static_cast<int>(time(0));
14      srand(seed);
15   }
16
17   /**
18       Calcula um número aleatório em ponto flutuante em um intervalo.
19       @param a o limite inferior do intervalo
20       @param b o limite superior do intervalo
21       @return um inteiro aleatório x, a <= x e x <= b
22   */
23   double rand_double(double a, double b)
24   {
25      return a + (b - a) * rand() * (1.0 / RAND_MAX);
26   }
27
28   /**
```

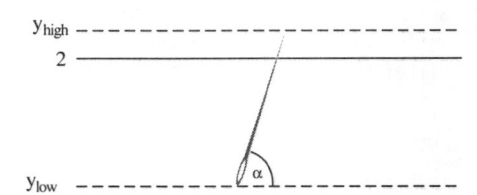

Figura 12

Um acerto no experimento da agulha de Buffon.

```
29      Converte um ângulo de graus para radianos.
30      @param alpha o ângulo em graus
31      @return o ângulo em radianos
32   */
33   double deg2rad(double alpha)
34   {
35      const double PI = 3.141592653589793;
36      return alpha * PI / 180;
37   }
38
39   int main()
40   {
41      int NTRIES = 10000;
42      int hits = 0;
43      rand_seed();
44      for (int i = 1; i <= NTRIES; i++)
45      {
46         double ylow = rand_double(0, 2);
47         double angle = rand_double(0, 180);
48         double yhigh = ylow + sin(deg2rad(angle));
49         if (yhigh >= 2) hits++;
50      }
51      cout << "Tentativas / Acertos = "
52         << NTRIES * (1.0 / hits) << "\n";
53      return 0;
54   }
```

Em um computador eu obtive o resultado 3.10 ao executar 10.000 iterações e 3.1429 ao executar 100.000 iterações.

O objetivo deste programa *não* é calcular π (afinal, necessitamos o valor de π na função `deg2rad`). Mais propriamente, o objetivo é mostrar como um experimento físico pode ser simulado no computador. Buffon teve que atirar fisicamente a agulha milhares de vezes e registrar os resultados, o que deve ter sido uma atividade bem massacrante. Nós temos o computador para executar o experimento rápida e precisamente.

Simulações são aplicações bastante comuns em computadores. Todas as simulações usam essencialmente o mesmo padrão de código deste exemplo: em um laço, um grande número de valores de exemplos são gerados. Os valores de certas observações são registrados para cada exemplo. Finalmente, quando a simulação é completada, as médias dos valores observados são impressas.

Um exemplo típico de uma simulação é modelar filas de clientes em um banco ou um supermercado. Em lugar de observar clientes reais, simula-se no computador sua chegada e suas transações no caixa ou guichê de saída. Pode-se tentar diferentes combinações de número de funcionários e leiaute do prédio no computador simplesmente fazendo alterações no programa. No mundo real, fazer tais alterações e medir seu efeito poderia ser impossível, ou pelo menos muito caro.

Resumo do capítulo

1. Várias condições podem ser combinadas para avaliar decisões complexas. O arranjo correto depende da lógica do problema a ser resolvido.
2. Combinações complexas de condições podem ser simplificadas armazenando resultados intermediários de condições em variáveis booleanas, ou pela aplicação da Lei de De Morgan.
3. Além do laço `while`, existem dois outros tipos de laços especializados, os laços `for` e `do`. O laço `for` é usado quando um valor varia de um ponto inicial a um ponto final com um incremento ou decremento constante. O laço `do` é apropriado quando o corpo do laço deve ser executado pelo menos uma vez.
4. Desvios e laços podem ser aninhados.
5. Você pode ler texto de entrada como palavras, linhas ou caracteres.

6. Use redirecionamento de entrada para ler a entrada de um arquivo. Use redirecionamento de saída para capturar a saída de um programa em um arquivo.
7. Em um programa de simulação, você usa o computador para simular uma atividade. Você pode introduzir aleatoriedade chamando um gerador de números aleatórios.

Leitura complementar

[1] Peter van der Linden, *Expert C Programming*, Prentice-Hall, 1994.
[2] E. W. Dijkstra, "Goto Statements Considered Harmful", *Communications of the ACM*, vol. 11, no. 3 (março de 1968), pp. 147–148.
[3] Barton P. Miller, Louis Fericksen, e Bryan So, "An Empirical Study of the Reliability of UNIX Utilities", *Communications of the ACM*, vol. 33, no. 12 (dezembro de 1990), pp. 32–44.
[4] Kai Lai Chung, *Elementary Probability Theory with Stochastic Processes*, Undergraduate Texts in Mathematics, Springer-Verlag, 1974.
[5] Rudolf Flesch, *How to Write Plain English*, Barnes & Noble Books, 1979.

Exercícios de revisão

Exercício R7.1. Explique a diferença entre um comando if/else/else e comandos if aninhados. Forneça um exemplo de cada.

Exercício R7.2. Forneça um exemplo de um comando if/else/else onde a ordem dos testes não importa. Forneça um exemplo onde a ordem dos testes importa.

Exercício R7.3. Complete a seguinte tabela verdade encontrando os valores verdade das expressões booleanas para todas as combinações de entradas booleanas p, q e r.

p	q	r	p && q || ! r	!(p && (q && !r))
falso	falso	falso		
falso	falso	falso		
falso	verdadeiro	falso		
... mais 5 combinações ...				

Exercício R7.4. Antes de implementar qualquer algoritmo complexo, é uma boa idéia entendê-lo e analisá-lo. O objetivo deste exercício é obter uma maior compreensão do problema do algoritmo de cálculo de impostos.

Algumas pessoas colocam objeções ao fato de as alíquotas de impostos aumentarem para rendas maiores, argumentando que para certos contribuintes é melhor *não* trabalhar muito para conseguir aumentos, uma vez que eles teriam que pagar uma alíquota mais alta e na realidade terminar com menos dinheiro após os impostos.

Você pode encontrar tal nível de renda? Se não, por quê? Outra característica da legislação de impostos é a *penalidade do casamento*. Sob certas circunstâncias, um casal paga impostos maiores do que a soma que dois parceiros pagariam se ambos fossem solteiros. Encontre exemplos de tais níveis de renda.

Exercício R7.5. Verdadeiro ou falso? A && B é o mesmo que B && A para quaisquer condições booleanas A e B.

Exercício R7.6. Explique a diferença entre

```
s = 0;
if (x > 0) s++;
if (y > 0) s++;
```

e
```
s = 0;
if (x > 0) s++;
else if (y > 0) s++;
```

Exercício R7.7. Use a Lei de De Morgan para simplificar as seguintes expressões booleanas.

(a) `!(x > 0 && y > 0)`
(b) `!(x != 0 || y != 0)`
(c) `!(country == "USA" && state != "HI" && state != "AK")`
(d) `!(x % 4 != 0 || !(x % 100 == 0 && x % 400 != 0))`

Exercício R7.8. Crie outro exemplo de código C++ que mostre o problema do `else` pendente, usando a seguinte afirmação. Um estudante com média (GPA) de pelo menos 1.5, mas menor do que 2, está em recuperação. Com menos de 1.5, o estudante está reprovado.

Exercício R7.9. Escreva código para testar se dois objetos do tipo `Line` parecem iguais quando exibidos em uma tela gráfica.

```
Line a;
Line b;
if (sua condição vai aqui)
    cwin << Message(Point(0, 0), "Eles parecem iguais!");
```

Dica: Se p e q são pontos, então `Line(p, q)` e `Line(q, p)` parecem iguais.

Exercício R7.10. Como você pode testar se dois objetos `t1` e `t2` do tipo `Time` representam o mesmo horário, sem comparar os valores de hora, minutos e segundos?

Exercício R7.11. Considere o seguinte teste para ver se um ponto se situa dentro de um retângulo.

```
Point p = cwin.get_mouse("Clique dentro do retângulo");
bool x_inside = false;
if (x1 <= p.get_x() && p.get_x() <= x2)
    x_inside = true;
bool y_inside = false;
if (y1 <= p.get_y() && p.get_y() <= y2)
    y_inside = true;
if (x_inside && y_inside)
    cwin << Message(p, "Parabéns!");
```

Reescreva este código para eliminar os valores explícitos `true` e `false`, configurando `x_inside` e `y_inside` como valores de expressões booleanas.

Exercício R7.12. Forneça um conjunto de casos de teste para o programa de imposto de renda da Seção 7.2. Calcule manualmente os resultados esperados.

Exercício R7.13. Quais comandos de laço C++ possui? Forneça regras simples sobre quando usar cada tipo de laço.

Exercício R7.14. O código a seguir é válido?

```
int i;
for (i = 0; i < 10; i++)
{
    int i;
    for (i = 0; i < 10; i++)
        cout << i;
    cout << "\n";
}
```

O que ele imprime? Está em bom estilo de codificação? Se não, como você poderia melhorá-lo?

Exercício R7.15. Quantas vezes os seguintes laços são executados? Assuma que i não é alterado no corpo do laço.

(a) `for (i = 1; i <= 10; i++) . . .`
(b) `for (i = 0; i < 10; i++) . . .`
(c) `for (i = 10; i > 0; i--) . . .`
(d) `for (i = -10; i <= 10; i++) . . .`
(e) `for (i = 10; i >= 0; i++) . . .`
(f) `for (i = -10; i <= 10; i = i + 2) . . .`
(g) `for (i = -10; i <= 10; i = i + 3) . . .`

Exercício R7.16. Escreva o seguinte laço `for` usando um laço `while`.

```
int i;
int s = 0;
for (i = 1; i <= 10; i++) s = s + i;
```

Exercício R7.17. Escreva o seguinte laço `do/while` usando um laço `while`.

```
int n;
cin >> n;
double x = 0;
double s;
do
{
    s = 1.0 / (1 + n * n);
    n++;
    x = x + s;
}
while (s > 0.01);
```

Exercício R7.18. Existem dois métodos para fornecer entrada para `cin`. Descreva ambos os métodos. Explique como o "fim de arquivo" é sinalizado em ambos os casos.

Exercício R7.19. Em Windows e UNIX, não existe um caractere especial de "fim de arquivo" armazenado em um arquivo. Verifique esta afirmativa produzindo um arquivo com uma quantidade conhecida de caracteres — por exemplo, um arquivo consistindo das seguintes três linhas

```
Oi
mundo
cruel
```

A seguir examine a listagem do diretório. Quantos caracteres contém o arquivo? Lembre de contar os caracteres de nova linha (em Windows, você vai se surpreender ao ver que o contador não é o que você esperava. Arquivos-texto em Windows armazenam cada nova linha como uma seqüência de dois caracteres. Os *streams* de entrada e saída automaticamente traduzem esta seqüência de retorna/nova linha usada por arquivos para o caractere `"\n"` usado por programas C++, de modo que você não precisa se preocupar com isso). Por que isto prova que não existe um caractere de "fim de arquivo"? Por que, apesar disso, você necessita digitar Ctrl + Z/Ctrl + D para finalizar a entrada via console?

Exercício R7.20. Existem três formas de entrada de texto: orientada a caracteres, orientada a palavras e orientada a linhas. Explique as diferenças entre elas, mostre como implementar em C++ cada uma delas e forneça regras simples sobre quando usar cada forma.

Exercício R7.21. Números negativos não possuem raiz quadrada. O que acontece dentro do algoritmo de raiz quadrada se a é negativo?

Exercício R7.22. Quais são os valores de s e n após os laços a seguir?

(a)
```
int s = 1;
int n = 1;
while (s < 10) s = s + n;
n++;
```

(b)
```
int s = 1;
int n;
for (n = 1; n < 5; n++) s = s + n;
```

(c)
```
int s = 1;
int n = 1;
do
{
  s = s + n;
  n++;
}
while (s < 10 * n);
```

Exercício R7.23. O que os laços a seguir imprimem? Forneça a resposta sem usar o computador.

(a)
```
int s = 1;
int n;
for (n = 1; n <= 5; n++)
{
  s = s + n;
  cout << s;
}
```

(b)
```
int s = 1;
int n;
for (n = 1; n <= 5; cout << s)
{
  n = n + 2;
  s = s + n;
}
```

(c)
```
int s = 1;
int n;
for (n = 1; n <= 5; n++)
{
  s = s + n;
  n++;
}
cout << s << " " << n;
```

Exercício R7.24. O que o segmento de programa a seguir imprime? Encontre as respostas à mão, sem usar o computador.

(a)
```
int i;
int n = 1;
```

```
        for (i = 2; i < 5; i++) n = n + i;
        cout << n;
        int i;
        double n = 1 / 2;
        for (i = 2; i <= 5; i++) n = n + 1.0 / i;
        cout << i;

   (b)  double x = 1;
        double y = 1;
        int i = 0;
        do
        {
          y = y / 2;
          x = x + y;
          i++;
        }
        while (x < 1.8);
        cout << i;

   (c)  double x = 1;
        double y = 1;
        int i = 0;
        while (y >= 1.5)
        {
          x = x / 2;
          y = x + y;
          i++;
        }
        cout << i;
```

Exercício R7.25. Forneça um exemplo de um laço `for` onde limites simétricos são mais naturais. Forneça um exemplo de um laço `for` onde limites assimétricos são mais naturais.

Exercício R7.26. O que são laços aninhados? Forneça um exemplo onde um laço aninhado é geralmente usado.

Exercício R7.27. Suponha que você não conhece o método de cálculo de raízes quadradas apresentado na Seção 7.6. Se você tivesse que calcular raízes quadradas manualmente, você provavelmente usaria um método de aproximação diferente. Por exemplo, suponha que você precisa calcular a raiz quadrada de 300. Você primeiro constataria que $17^2 = 289$ é menor do que 300 e $18^2 = 324$ é maior do que 300. Então você tentaria 17.1², 17.2², e assim por diante. Escreva pseudo-código para um algoritmo que usa esta estratégia. Seja preciso a respeito da progressão de um passo para outro e do critério de terminação.

Exercícios de programação

Exercício P7.1. Se você examinar as tabelas de impostos na Seção 7.2, você notará que as percentagens 15%, 28%, e 31% são idênticas para contribuintes casados e solteiros, mas os limites das faixas de renda são diferentes. Pessoas casadas pagam 15% sobre seus primeiros $35.800, então pagam 28% sobre os seguintes $50.700 e 31% sobre o restante. Pessoas solteiras pagam 15% sobre seus primeiros $21.450, então pagam 28% sobre os seguintes $30.450 e

31% sobre o restante. Escreva um programa de impostos com a seguinte lógica: configure as variáveis `cutoff15` e `cutoff28` que dependem do estado civil. Então tenha uma única fórmula que calcula o imposto, dependendo das rendas e das faixas de rendas. Verifique se seus resultados são idênticos aos do programa `tax.cpp`.

Exercício P7.2. Um ano com 366 dias é chamado de ano bissexto. Um ano é bissexto se ele for divisível por quatro (por exemplo, 1980), exceto que não é bissexto se for divisível por 100 (por exemplo, 1900); contudo, ele é um ano bissexto se for divisível por 400 (por exemplo, 2000). Não havia exceções antes da introdução do calendário Gregoriano, em 15 de outubro de 1582. Escreva um programa que solicita ao usuário um ano e calcula se este ano é um ano bissexto.

Exercício P7.3. Escreva um programa que solicita ao usuário para digitar um mês (1 janeiro, 2 fevereiro e assim por diante) e após imprime o número de dias do mês. Para fevereiro, imprima "28 ou 29 dias".

```
Digite um mês: 5
30 dias
```

Exercício P7.4. Os *números de Fibonacci* são definidos pela seqüência

$$f_1 = 1$$
$$f_2 = 1$$
$$f_n = f_{n-1} + f_{n-2}$$

Como no algoritmo para calcular a raiz quadrada de um número, reformule este como

```
fold1 = 1;
fold2 = 1;
fnew = fold1 + fold2;
```

Depois disso, descarte `fold2`, que não mais é necessário, e configure `fold2` como `fold1` e `fold1` como `fnew`. Repita `fnew` um número apropriado de vezes.

Implemente um programa que calcula os números de Fibonacci desta maneira.

Exercício P7.5. A série de *pipes* no Tópico Avançado 7.2 tem um último problema: o arquivo de saída contém versões da mesma palavra em maiúsculas e minúsculas, como em "The" e "the". Modifique o procedimento, seja alterando um dos programas, ou, no verdadeiro espírito do uso de *pipes*, escrevendo um outro programa curto e adicionando-o à série.

Exercício P7.6. *Índice de legibilidade de Flesch.* O seguinte índice [5] foi inventado por Flesch como uma ferramenta simples para aferir a legibilidade de um documento sem análise lingüística.

1. Conte todas as palavras em um arquivo. Uma *palavra* é qualquer seqüência de caracteres delimitada por espaço em branco, seja ou não uma palavra da língua inglesa.
2. Conte todas as sílabas em cada palavra. Para tornar isto mais simples, use as seguintes regras: Cada *grupo* de vogais adjacentes (a, e, i, o, u, y) conta como uma sílaba (por exemplo, o "ea" em "real" contribui com uma sílaba, mas o "e . . . a" em "regal" conta como duas sílabas). Entretanto, um "e" no final da palavra não conta como uma sílaba. Além disso, cada palavra possui pelo menos uma sílaba, mesmo que as regras anteriores tenham fornecido uma contagem de 0.

3. Conte todas as frases. Uma frase é terminada por um ponto, uma vírgula, um ponto-e-vírgula, um ponto de interrogação ou de exclamação.
4. O índice é calculado por arredondamento para o inteiro mais próximo.

$$\text{Índice} = 206{,}835 - 84{,}6 \times \frac{\text{Número de sílabas}}{\text{Número de palavras}} - 1{,}015 \times \frac{\text{Número de }]}{\text{Número de}}$$

Este índice é um número, geralmente entre 0 e 100, indicando quão difícil é a leitura to texto. Alguns exemplos de material aleatório de várias publicações são

Quadrinhos 95
Anúncios de propaganda 82
Sports Illustrated 65
Time 57
New York Times 39
Apólice de seguro de automóvel 10
Regulamento do imposto de renda −6

Traduzindo para níveis educacionais, os índices são

91–100	Aluno da 5ª série
81–90	Aluno da 6ª série
71–80	Aluno da 7ª série
66–70	Aluno da 8ª série
61–65	Aluno da 9ª série
51–60	Estudante do nível médio
31–50	Estudante de nível superior
0–30	Graduado
Menor do que 0	Graduado em Direito

O objetivo do índice é forçar autores a rescrever seu texto até que o índice seja suficientemente alto. Isso é obtido pela redução do tamanho das frases e removendo palavras longas. Por exemplo, a frase

> The following index was invented by Flesch as a simple tool to estimate the legibility of a document without linguistic analysis.

Pode ser reescrita como

> Flesch invented an index to check whether a document is easy to read. To compute the index, you need not look at the meaning of the words.

Seu livro [5] contém exemplos encantadores de tradução de regulamentos do governo para "Inglês puro".

Seu programa deve ler um arquivo de texto, uma palavra de cada vez, e calcular o índice de legibilidade.

Exercício P7.7. *Fatoração de inteiros.* Escreva um programa que solicita ao usuário um inteiro e então imprime todos os seus fatores. Por exemplo, quando o usuário fornece 150, o programa deve imprimir

2
3
5
5

Exercício P7.8. *Números primos.* Escreva um programa que solicita ao usuário um inteiro e então imprime todos os números primos até aquele inteiro. Por exemplo, quando o usuário fornece 20, o programa deve imprimir

```
 2
 3
 5
 7
11
13
17
19
```

Lembre que um número é primo se não é divisível por qualquer outro número, exceto por 1 e por ele mesmo.

Exercício P7.9. O mais conhecido método iterativo para calcular raízes é a *aproximação de Newton-Raphson*. Para encontrar o zero de uma função cuja derivada também é conhecida, calcule

$$x_{new} = x_{old} - f(x_{old})/f'(x_{old})$$

Este método na realidade leva ao mesmo algoritmo para encontrar raízes quadradas, usado no método grego clássico. Encontrar $\sqrt{a}$ é o mesmo que encontrar um zero da função $f(x) = x^2 - a$. Assim,

$$x_{new} = x_{old} - \frac{f(x_{old})}{f'(x_{old})} = x_{old} - \frac{x_{old}^2 - a}{2x_{old}}$$

Claramente este método pode ser generalizado para encontrar raízes cúbicas e raízes *n*-ésimas. Para este exercício, escreva um programa para calcular raízes *n*-ésimas de números em ponto flutuante. Solicite ao usuário os valores de *a* e *n*, e após obtenha $\sqrt[n]{a}$ calculando o zero da função $f(x) = x^n - a$.

Exercício P7.10. Escreva um programa que leia um arquivo da entrada padrão e reescreva o arquivo na saída padrão, substituindo todos os caracteres de tabulação \t pelo número de espaços *apropriado*. Crie uma constante para a distância entre colunas e a configure como 3, o valor usado neste livro para código de programas. Então, expanda as tabulações para o número de espaços necessários para mover para a próxima coluna de tabulação. *Isto pode ser menos do que três espaços.* Por exemplo, a linha

```
\t { \t n = 0 ; \n }
```

Deve ser convertida para

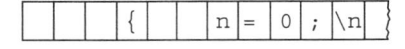

```
      {   n = 0 ; \n }
```

Exercício P7.11. Escreva um programa que leia séries de números em ponto flutuante e imprima

- O valor máximo
- O valor mínimo
- O valor médio

Exercício P7.12. *O jogo de Nim.* Este é um jogo muito conhecido, com diversas variantes. A variante a seguir possui uma interessante estratégia para vencer. Dois jogadores alternadamente pegam as pedras de uma pilha. Em cada jogada, um jogador escolhe quantas pedras pegar. O jogador deve pegar pelo menos uma e no máximo a metade das pedras. Então é a vez do outro jogador. O jogador que pegar a última pedra perde.

Você vai escrever um programa no qual o computador joga contra um oponente humano. Gere um número aleatório entre 0 e 100 para indicar o tamanho inicial da pilha. Gere um número aleatório entre 0 e 1 para decidir se o computador ou o humano inicia a primeira rodada. Gere um número aleatório entre 0 e 1 para decidir se o computador joga com *esperteza* ou *estupidez*. No modo estúpido o computador simplesmente pega um valor aleatório válido (entre 1 e *n*/2) da pilha sempre que é a sua vez de jogar. No modo esperto, o computador retira peças suficientes para tornar o tamanho da pilha uma potência de dois menos 1 — isto é, 3, 7, 15, 31 ou 63. Esta é sempre uma jogada válida, exceto se o tamanho da pilha é no momento um menos que uma potência de dois. Neste caso, o computador faz uma jogada aleatória válida.

Você vai perceber que o computador não pode ser derrotado no modo esperto quando ele inicia o jogo, a menos que o tamanho da pilha seja 15, 31, ou 63. Naturalmente, um jogador humano que jogue a primeira rodada e saiba a estratégia de vencer, pode ganhar do computador.

Exercício P7.13. O valor de e^x pode ser calculado como uma série de potências

$$e^x = \sum_{n=1}^{\infty} \frac{x^n}{n!} = 1 + x + \frac{x^2}{2!} + \frac{x^3}{3!} + \ldots$$

Escreva uma função `exponential(x)` que calcula e^x usando esta fórmula. Naturalmente, você não pode calcular como uma soma infinita. Apenas continue adicionando valores até que um determinado somatório (termo) seja menor que um certo limite. A cada passo, você precisa calcular o novo termo e adicioná-lo ao total. Não seria uma boa idéia calcular

```
summand = pow(x, n) / factorial(n)
```

Em vez disso, atualize o somatório a cada passo:

```
summand = summand * x / n;
```

Exercício P7.14. Programe a seguinte simulação: dardos são jogados em pontos aleatórios dentro de um quadrado com cantos (1, 1) e (–1, –1). Se o dardo aterriza dentro do círculo unitário (isto é, o círculo com centro (0, 0) e raio 1), é um acerto. Caso contrário, é um erro. Execute esta simulação e use-a para determinar o valor aproximado de π. Explique por que este método é melhor para estimar o valor de π do que o programa da agulha de Buffon.

Exercício P7.15. É fácil e divertido desenhar gráficos de curvas com a biblioteca gráfica de C++. Simplesmente desenhe 100 segmentos de linhas unindo os pontos $\bigl(x, f(x)\bigr)$ e $\bigl(x + d, f(x + d)\bigr)$, onde x varia de x_{min} até x_{max} e $d = (x_{max} - x_{min})/100$. Desenhe a curva $f(x) = x^3/100 - x + 10$, onde x varia de -10 a 10 desta maneira.

Exercício P7.16. Desenhe uma figura da "rosa de quatro folhas" cuja equação em coordenadas polares é $r = \cos 2\theta$, $0 \leq \theta \leq 2\pi$. Faça θ variar de 0 a 2π em 100 passos. Cada vez, calcule r e a seguir calcule as coordenadas (x, y) a partir de coordenadas polares usando a fórmula

$$x = r \cos\theta$$
$$y = r \operatorname{sen}\theta$$

Você merece crédito extra se conseguir variar o número de pétalas.

Capítulo 8

Teste e Depuração

Objetivos do capítulo

- Aprender como projetar testadores para testar componentes de seus programas isoladamente
- Entender os princípios da seleção e avaliação de casos de teste
- Ser capaz de usar asserções para documentar suposições feitas no programa
- Familiarizar-se com o depurador
- Aprender estratégias para uma depuração eficaz

Um programa complexo nunca funciona corretamente na primeira vez; ele precisa ser testado. É mais fácil testar um programa se ele foi projetado pensando no teste. Essa é uma prática comum em engenharia: em placas de circuito de televisores ou na fiação de um automóvel, você encontrará luzes e conectores de fios que não têm nenhuma finalidade direta para a TV ou carro, mas são colocados ali para a pessoa que faz manutenção, para o caso de algo sair errado. Na primeira parte deste capítulo, você irá aprender como aparelhar seus programas de uma maneira semelhante. Dá um pouco mais de trabalho no início, mas esse trabalho é amplamente recompensado pela redução nos tempos de depuração.

Na segunda parte deste capítulo, você aprenderá como executar o depurador para lidar com programas que não fazem a coisa certa.

Conteúdo do capítulo

- 8.1 Testes de unidade **290**
- 8.2 Selecionando casos de teste **294**
- 8.3 Avaliação de casos de teste **295**
   Dica de produtividade 8.1: Arquivos batch e scripts de shell **297**
- 8.4 Asserções **298**
- 8.5 Monitoramento de programas **298**
- 8.6 O depurador **299**

Fato histórico 8.1:
  O primeiro `Bug` **300**
Dica de produtividade 8.2:
  Inspecionando um objeto no depurador **307**
- 8.7 Estratégias **307**
- 8.8 Limitações do depurador **308**
  Fato histórico 8.2: Os incidentes com o Therac-25 **310**

8.1 Testes de Unidade

A mais importante ferramenta de teste é o teste de unidade de uma função ou procedimento. Para este teste, o procedimento é compilado fora do programa no qual ele será usado, junto com um *testador* que fornece argumentos para o procedimento.

Os argumentos de teste podem vir de uma de três fontes: dados de entrada do usuário, percorrendo um intervalo de valores em um laço e como valores aleatórios.

Aqui está um testador para a função `squareroot` do Capítulo 7:

Arquivo sqrtest1.cpp

```
1   #include <iostream>
2   #include <cmath>
3
4   using namespace std;
5
6   /**
7      Testa se dois números em ponto flutuante
8      são aproximadamente iguais.
9      @param x um número em ponto flutuante
10     @param y outro número em ponto flutuante
11     @return true se x e y são aproximadamente iguais
12  */
13  bool approx_equal(double x, double y)
14  {
15     const double EPSILON = 1E-14;
16     if (x == 0) return fabs(y) <= EPSILON;
17     if (y == 0) return fabs(x) <= EPSILON;
18     return fabs(x - y) / max(fabs(x), fabs(y)) <= EPSILON;
19  }
20
21  /* Função a ser testada */
22
23  /**
24     Calcula a raiz quadrada usando a fórmula de Heron.
25     @param a um inteiro ≥ 0
26     @return a raiz quadrada de a
27  */
28  double squareroot(double a)
29  {
30     if (a == 0) return 0;
31
32     double xnew = a;
33     double xold;
34
35     do
36     {
37        xold = xnew;
38        xnew = (xold + a / xold) / 2;
39     }
40     while (!approx_equal(xnew, xold));
41
42     return xnew;
43  }
44
45  /* Testador */
46
47  int main()
48  {
```

```
49      double x;
50      while (cin >> x)
51      {
52         double y = squareroot(x);
53         cout << "raiz quadrada de " << x << " = " << y << "\n";
54      }
55      return 0;
56   }
```

Quando você executa este testador, você precisa fornecer dados de entrada e forçar um fim de entrada quando tiver terminado, pressionando Ctrl + Z ou Ctrl + D (ver Seção 4.6). Você também pode armazenar os dados de teste em um arquivo e usar redirecionamento:

```
sqrtest1 < test1.in
```

Para cada caso de teste, o código do testador chama a função `squareroot` e imprime o resultado.

Então, você pode verificar manualmente os cálculos. Uma vez que você tenha confiança de que a função funciona corretamente, você pode inseri-la em seu programa.

Também é possível gerar casos de teste automaticamente. Se existem poucas entradas possíveis, é viável percorrer um número representativo delas com um laço:

Arquivo sqrtest2.cpp

```
1    #include <iostream>
2    #include <cmath>
3
4    using namespace std;
5
6    /**
7       Testa se dois número em ponto flutuante
8       são aproximadamente iguais.
9       @param x um número em ponto flutuante
10      @param y outro número em ponto flutuante
11      @return true se x e y são aproximadamente iguais
12   */
13   bool approx_equal(double x, double y)
14   {
15      const double EPSILON = 1E-14;
16      if (x == 0) return fabs(y) <= EPSILON;
17      if (y == 0) return fabs(x) <= EPSILON;
18      return fabs(x - y) / max(fabs(x), fabs(y)) <= EPSILON;
19   }
20
21   /* Função a ser testada */
22
23   /**
24      Calcula a raiz quadrada usando a fórmula de Heron.
25      @param a um inteiro ≥ 0
26      @return a raiz quadrada de a
27   */
28   double squareroot(double a)
29   {
30      if (a == 0) return 0;
31
32      double xnew = a;
33      double xold;
34
35      do
36      {
```

```
37          xold = xnew;
38          xnew = (xold + a / xold) / 2;
39       }
40       while (!approx_equal(xnew, xold));
41
42       return xnew;
43    }
44
45    /* Testador */
46
47    int main()
48    {
49       double x;
50       for (x = 0; x <= 10; x = x + 0.5)
51       {
52          double y = squareroot(x);
53          cout << "raiz quadrada de " << x << " = " << y << "\n";
54       }
55
56       return 0;
57    }
```

Observe que propositadamente testamos casos limite (zero) e números fracionários.

Infelizmente, este teste está restrito apenas a um pequeno subconjunto de valores. Para superar aquela limitação, a geração aleatória de casos de teste pode ser útil.

Arquivo sqrtest3.cpp

```
1     #include <iostream>
2     #include <cstdlib>
3     #include <cmath>
4     #include <ctime>
5
6     using namespace std;
7
8     /**
9        Configura a semente do gerador de números aleatórios.
10    */
11    void rand_seed()
12    {
13       int seed = static_cast<int>(time(0));
14       srand(seed);
15    }
16
17    /**
18       Calcula um número em ponto flutuante aleatório, em um intervalo.
19       @param a o limite inferior do intervalo
20       @param b o limite superior do intervalo
21       @return um número em ponto flutuante x,
22       a <= x and x <= b
23    */
24    double rand_double(double a, double b)
25    {
26       return a + (b - a) * rand() * (1.0 / RAND_MAX);
27    }
28
29    /**
30       Testa se dois números em ponto flutuante
31       são aproximadamente iguais.
32       @param x um número em ponto flutuante
```

```
33       @param y outro número em ponto flutuante
34       @return true se x e y são aproximadamente iguais
35  */
36  bool approx_equal(double x, double y)
37  {
38     const double EPSILON = 1E-14;
39     if (x == 0) return fabs(y) <= EPSILON;
40     if (y == 0) return fabs(x) <= EPSILON;
41     return fabs(x - y) / max(fabs(x), fabs(y)) <= EPSILON;
42  }
43
44  /* Função a ser testada */
45
46  /**
47     Calcula a raiz quadrada usando a fórmula de Heron.
48     @param a um inteiro ≥ 0
49     @return a raiz quadrada de a
50  */
51  double squareroot(double a)
52  {
53     if (a == 0) return 0;
54
55     double xnew = a;
56     double xold;
57
58     do
59     {
60        xold = xnew;
61        xnew = (xold + a / xold) / 2;
62     }
63     while (!approx_equal(xnew, xold));
64
65     return xnew;
66  }
67
68  /* Testador */
69
70  int main()
71  {
72     rand_seed();
73     int i;
74     for (i = 1; i <= 100; i++)
75     {
76        double x = rand_double(0, 1E6);
77        double y = squareroot(x);
78        cout << "raiz quadrada de " << x << " = " << y << "\n";
79     }
80
81     return 0;
82  }
```

Independentemente de como você gera os casos de teste, o aspecto importante é que você teste o procedimento cuidadosamente antes de colocá-lo dentro do programa. Se você alguma vez já montou um computador ou consertou um carro, provavelmente seguiu um processo similar. Em vez de simplesmente juntar todas as peças e esperar pelo melhor, provavelmente testou cada peça isoladamente. Leva um pouco mais de tempo, mas reduz enormemente a possibilidade de um fracasso completo quando as peças são colocadas juntas.

8.2 Selecionando casos de teste

Selecionar bons casos de teste é uma habilidade importante para depurar programas. Certamente, você quer testar seu programa com dados de entrada que um usuário típico poderia fornecer.

Você deve testar todos os recursos do programa. No programa que imprime números por extenso em inglês, você deve verificar casos de teste típicos, tais como 5, 19, 29, 1093, 1728, 30000. Estes testes são testes *positivos*. Eles consistem em dados de entrada válidos e você espera que o programa os trate corretamente.

A seguir, você deve incluir *casos limite*. Teste o que acontece se a entrada é 0 ou -1. Casos limite ainda são dados de entrada válidos, e você espera que o programa irá tratá-los corretamente, normalmente de alguma maneira trivial.

Finalmente, reuna casos de teste *negativos*. Estes são dados de entrada que você espera que o programa rejeite. Exemplos são dados de entrada no formato errado, tal como five.

Como você deve reunir estes casos? Isto é fácil para programas que obtêm todos os seus dados de entrada da entrada padrão. Simplesmente coloque cada caso de teste em um arquivo — digamos, test1.in, test2.in, test3.in. Estes arquivos contém os dados que você normalmente digitaria no teclado quando o programa é executado. Forneça os dados para o programa a ser testado usando o redirecionamento:

```
program < test1.in > test1.out
program < test2.in > test2.out
program < test3.in > test3.out
```

A seguir, estude os resultados produzidos para ver se eles estão corretos.

Manter um caso de teste em um arquivo é inteligente, porque você pode usá-lo para testar todas as versões do programa. Na verdade, é uma prática comum e muito útil fazer um arquivo de teste sempre que você encontra um erro no programa. Você pode usar aquele arquivo para verificar se sua correção do erro realmente funciona. Não o jogue fora; submeta-o para a próxima versão após aquela e a todas as versões subseqüentes. Uma coleção de casos de teste como esta é chamada de *bateria de testes*.

Você irá se surpreender com quão freqüentemente um erro eliminado irá reaparecer em uma versão futura. Este é um fenômeno conhecido como *ciclo*. Algumas vezes você não entende bem a razão para um erro e aplica uma correção rápida que parece funcionar. Mais tarde, você aplica uma correção rápida que resolve um segundo problema, mas faz o primeiro problema reaparecer. Certamente, sempre é melhor pensar em o que causa um erro e corrigir o mal em sua raiz, em vez de fazer uma seqüência de "remendos". Se você não conseguir fazer isto, no entanto, pelo menos terá uma avaliação honesta de quão bem o programa funciona. Mantendo todos os casos de teste antigos e testando os mesmos com cada nova versão, você obtém essa avaliação. O processo de testar em relação a um conjunto de falhas passadas é chamado de *teste de regressão*.

Testar a funcionalidade do programa sem considerar sua estrutura interna é chamado de *teste de caixa preta*. Esta é uma parte importante do teste, porque, afinal, os usuários de um programa não conhecem sua estrutura interna. Se um programa funciona perfeitamente para todos os dados de entrada positivos e termina com elegância para todos os negativos, então ele faz o seu trabalho.

Entretanto, é impossível assegurar absolutamente que um programa irá funcionar de forma correta com todos os dados de entrada, simplesmente fornecendo um número finito de casos de teste. Como o famoso cientista de computação Edsger Dijkstra destacou, testes podem somente mostrar a presença de erros — não sua ausência. Para adquirir mais confiança na corretude de um programa, é útil considerar sua estrutura interna. Estratégias de teste que examinam um programa por dentro são chamadas de *teste de caixa branca*. Fazer teste de unidade de cada procedimento e função é uma parte do teste de caixa branca.

Você quer ter certeza de que cada parte de seu programa é exercitada pelo menos uma vez por um de seus casos de teste. Isso é chamado de *teste de cobertura*. Se alguma parte do código nunca é executada por nenhum de seus casos de teste, você não tem maneira de saber se aquele código irá funcionar corretamente se ele alguma vez for executado em virtude de dados fornecidos pelo usuário. Isso significa que você precisa analisar cada desvio de if/else para ver se cada um deles é alcançado por algum caso de teste. Muitos desvios condicionais estão no código somente para tratar de dados de entrada estranhos e anormais, mas eles mesmo assim fazem alguma coisa. É um fenômeno comum que eles terminem fazendo algo incorreto, mas que estas falhas nunca sejam descobertas durante os testes porque ninguém forneceu aquelas entradas estranhas e anormais. É claro que estas falhas se tornam imediatamente aparentes quando o programa é liberado e o primeiro usuário digita um dado de entrada errado e se exaspera quando o programa não funciona. Uma bateria de testes deve assegurar que cada parte do código é coberta por algum dado de entrada. Por exemplo, ao testar a função int_name do Capítulo 5, você quer se assegurar de que cada comando if seja executado pelo menos para um caso de teste e que não seja executado para outro caso de teste. Por exemplo, você poderia testar com os dados de entrada 1234 e 1034 para ver o que acontece se o teste if (c >= 100) é executado e o que acontece quando ele é pulado.

É uma boa idéia escrever os primeiros casos de teste *antes* que o programa seja completamente escrito. Projetar uns poucos casos de teste pode lhe dar uma visão do que o programa deve fazer, o que é valioso para implementá-lo. Você também terá algo para jogar no programa quando ele for compilado com sucesso pela primeira vez. É claro que o conjunto inicial de casos de teste será aumentado à medida em que o processo de depuração progredir.

Programas modernos podem ser bastante difíceis de testar. Em um programa com uma interface gráfica com o usuário, este pode clicar aleatoriamente em botões com um *mouse* e fornecer dados de entrada em ordem aleatória. Programas que recebem seus dados através de uma conexão de rede precisam ser testados simulando atrasos e falhas ocasionais da rede. Tudo isso é muito mais difícil, já que você não pode simplesmente colocar dados digitados em um arquivo. Você não precisa se preocupar com essas complexidades neste curso e existem ferramentas para automatizar os testes nesses ambientes. Os princípios básicos de teste de regressão (nunca jogar fora um caso de teste) e cobertura completa (executar todo o código pelo menos uma vez) ainda são válidos.

8.3 Avaliação de casos de teste

Na última seção, nos preocupamos com como obter dados de *entrada* para teste. Agora, consideremos o que fazer em relação às *saídas*.

Como você sabe se a saída está correta? Algumas vezes, você pode verificar a saída calculando os valores corretos à mão. Por exemplo, para um programa de folha de pagamento, você pode calcular os impostos manualmente.

Às vezes uma computação requer muito trabalho e não é prático fazer os cálculos à mão. Este é o caso com muitos algoritmos de aproximação, que podem executar dezenas ou centenas de iterações antes que eles cheguem à resposta final. A função raiz quadrada da Seção 7.6 é um exemplo de uma destas aproximações.

Como podemos testar que a raiz quadrada funciona corretamente? Podemos fornecer dados de entrada de teste para os quais conhecemos a resposta, tais como 4 e 900 e também $\frac{25}{4}$, de modo que não restringimos os dados de entrada a inteiros.

Alternativamente, podemos escrever um programa testador que verifica se os valores de saída satisfazem a certas propriedades. Para o programa de raiz quadrada, podemos calcular a raiz quadrada, calcular o quadrado do resultado e verificar se obtemos o valor de entrada original:

Arquivo sqrtest4.cpp

```
1    #include <iostream>
2    #include <cstdlib>
3    #include <cmath>
4    #include <ctime>
5
6    using namespace std;
     ...
     /* o mesmo que sqrtest3.cpp */
     ...
68   /* Testador */
```

```
69
70   int main()
71   {
72      int i;
73      for (i = 1; i <= 100; i++)
74      {
75         double x = rand_double(0, 1E6);
76         double y = squareroot(x);
77         if (!approx_equal(y * y, x))
78            cout << "O teste falhou.";
79         else
80            cout << "O teste teve sucesso.";
81         cout << "raiz quadrada de " << x << " = " << y << "\n";
82      }
83
84      return 0;
85   }
```

Finalmente, pode existir uma maneira menos eficiente de calcular o mesmo valor que uma função produz. Podemos então executar um testador que calcule a função a ser testada, junto com o processo mais lento, e comparar as respostas. Por exemplo, $\sqrt{x} = x^{1/2}$, logo podemos usar a função mais lenta pow para gerar o mesmo valor. Um procedimento mais lento mas confiável como este é chamado de um *oráculo*.

Arquivo sqrtest5.cpp

```
1    #include <iostream>
2    #include <cstdlib>
3    #include <cmath>
4    #include <ctime>
5
6    using namespace std;
     ...
     /* o mesmo que sqrtest3.cpp */
     ...
68   /* Testador */
69
70   int main()
71   {
72      rand_seed();
73      int i;
74      for (i = 1; i <= 100; i++)
75      {
76         double x = rand_double(0, 1E6);
77         double y = squareroot(x);
78         if (!approx_equal(y, pow(x, 0.5)))
79            cout << "O teste falhou.";
80         else
81            cout << "O teste teve sucesso.";
82         cout << "raiz quadrada de " << x << " = " << y << "\n";
83      }
84
85      return 0;
86   }
```

Dica de Produtividade 8.1

Arquivos Batch e Scripts de Shell

Se você precisa executar as mesmas tarefas repetidamente na linha de comando, então vale a pena aprender a respeito dos recursos de automação oferecidos por seu sistema operacional.

No DOS, você usa arquivos *batch* para executar uma série de comandos automaticamente. Por exemplo, suponha que você precisa testar um programa com três arquivos de entrada:

```
programa < test1.in
programa < test2.in
programa < test3.in
```

Então você descobre um erro, corrige-o e executa os testes novamente. Agora você precisa digitar os três comandos mais uma vez. Deve haver uma maneira melhor. No DOS, coloque os comandos em um arquivo de texto e chame-o de `test.bat`. Depois, você simplesmente digita

```
test
```

e os três comandos no arquivo *batch* são executados automaticamente.

É fácil tornar o arquivo *batch* mais útil. Se você terminou um programa e começa a trabalhar no programa2, você naturalmente pode escrever um arquivo *batch* `test2.bat`, mas você pode fazer melhor do que isto. Forneça um *parâmetro* ao arquivo *batch* de teste. Isto é, chame-o com

```
test programa
```

ou

```
test programa2
```

Você precisa mudar o arquivo *batch* para fazer isto funcionar. Em um arquivo *batch*, `%1` indica o primeiro *string* que você digita após o nome do arquivo *batch*, `%2` o segundo *string*, e assim por diante:

Arquivo test.bat

```
1   %1 < test1.in
2   %1 < test2.in
3   %1 < test3.in
```

Mas, e se você tiver mais do que três arquivos de teste? Arquivos *batch* em DOS têm um laço `for` muito primitivo:

Arquivo test2.bat

```
1   for %%f in (test*.in) do %1 < %%f
```

Se você trabalha em um laboratório de computação, você irá querer um arquivo *batch* que copie todos os seus arquivos para um disquete quando estiver pronto para ir para casa. Coloque as seguintes linhas em um arquivo `gohome.bat`:

Arquivo gohome.bat

```
1   copy *.cpp a:
2   copy *.h a:
3   copy *.txt a:
4   copy *.in a:
```

Existem inúmeros usos para arquivos *batch* e vale a pena aprender mais a respeito deles. Arquivos *batch* são um recurso do sistema operacional DOS, não de C++. Em um sistema UNIX, *scripts de shell* são usados para o mesmo propósito.

8.4 Asserções

Abordamos asserções anteriormente, na Seção 5.13, mas este é um bom lugar para relembrá-lo mais uma vez de seu poder.

Programas freqüentemente contêm suposições implícitas. Por exemplo, denominadores precisam ser diferentes de zero; salários não devem ser negativos. Algumas vezes a força férrea da lógica assegura que estas condições sejam satisfeitas. Se você divide por 1 + x * x, então aquele valor nunca será zero e você não precisa se preocupar. Salários negativos, no entanto, não são necessariamente eliminados pela lógica, mas meramente por convenção. Com certeza ninguém jamais trabalharia por um salário negativo, mas um valor assim poderia surgir em um programa devido a um erro de dados de entrada ou de processamento. Na prática, o "impossível" acontece com uma regularidade desconcertante.

Asserções oferecem uma valiosa verificação de sanidade.

```
void raise_salary(Employee& e, double by)
{
    assert(e.get_salary() >= 0);
    assert(by >= -100);
    double new_salary = e.get_salary() * (1 + by / 100);
    e.set_salary(new_salary);
}
```

Se uma asserção não é satisfeita, o programa termina com uma mensagem de erro útil, que mostra o número da linha e o código da asserção que falhou:

```
assertion failure in file fincalc.cpp line 61: by >= -100
```

Esse é um poderoso sinal de que algo de errado aconteceu em algum outro lugar e que o programa precisa ser mais testado.

8.5 Monitoramento de programas

Às vezes, você executa um programa e não tem certeza de onde ele gasta seu tempo. Para obter um relatório do fluxo do programa, você pode inserir mensagens de monitoramento no início e na saída de cada procedimento:

```
string digit_name(int n)
{
    cout << "Entrando em digit_name\n";
    . . .
    cout << "Saindo de digit_name\n";
}
```

Também é útil imprimir os parâmetros de entrada quando um procedimento é chamado e imprimir os valores de retorno quando uma função termina:

```
string digit_name(int n)
{
    cout << "Entrando em digit_name. n = " << n << "\n";
    . . .
    cout << "Saindo de digit_name. Valor de retorno = "
         << s << "\n";
    return s;
}
```

Para obter um monitoramento adequado, você precisa localizar *cada* ponto de saída de uma função. Coloque uma mensagem de monitoramento antes de cada comando return e no fim da função.

Você não está limitado a mensagens de "entrar/sair". Você pode relatar seu progresso dentro de uma função:

```
        string int_name(int n)
        {
           ...
           cout << "Dentro de int_name. Milhares\n";
           ...
           cout << "Dentro de int_name. Centenas\n";
           ...
           cout << "Dentro de int_name. Dezenas\n";
           ...
           cout << "Dentro de int_name. Unidades\n");
           ...
        }
```

Aqui está um monitoramento de uma chamada a `int_name` e todas as funções que ela chama. O dado de entrada é n = 12305.

```
        Dentro de int_name. Milhares
        Entrando em int_name. n = 12
        Dentro de int_name. Dezenas
        Entrando em teen_name. n = 12
        Saindo de teen_name. Valor de retorno = twelve
        Saindo de int_name. Valor de retorno = twelve
        Dentro de int_name. Centenas
        Entrando em digit_name. n = 3
        Saindo de digit_name. Valor de retorno = three
        Dentro de int_name. Unidades
        Entrando em digit_name. n = 5
        Saindo de digit_name. Valor de retorno = five
        Saindo de int_name. Valor de retorno = twelve thousand three hundred five
```

Monitoramentos de programas podem ser úteis para analisar o comportamento de um programa, mas eles têm diversas desvantagens claras. Pode-se levar muito tempo para descobrir quais as mensagens de monitoramento a inserir. Se você insere mensagens demais, você produz uma torrente de saída que é difícil de analisar; se você insere muito poucas, pode não ter informações suficientes para encontrar a causa do erro. Quando tiver terminado de depurar o programa, você precisa remover todas as mensagens de monitoramento. Se você encontrar um outro erro, entretanto, precisa colocar os comandos de impressão de volta no lugar. Se você acha isto uma chatice, você não está sozinho. A maioria dos programadores profissionais usa um *depurador*, e não mensagens de monitoramento, para encontrar erros em seu código. O depurador é o assunto do resto deste capítulo.

8.6 O depurador

Como você sem dúvida já imaginou a esta altura, programas de computadores raramente rodam perfeitamente na primeira vez. Às vezes, pode ser bastante frustrante encontrar os erros, ou *bugs* como eles são chamados por programadores. É claro, você pode inserir mensagens de monitoramento para mostrar o fluxo do programa bem como os valores das principais variáveis, executar o programa e tentar analisar a impressão. Se a impressão não aponta claramente para o problema, você pode ter que acrescentar e remover comandos de impressão e executar o programa novamente; este pode ser um processo demorado.

Ambientes de desenvolvimento modernos contêm programas especiais, chamados *depuradores*, que ajudam a localizar erros deixando você acompanhar a execução de um programa. Você pode parar e reiniciar o seu programa e ver os conteúdos de variáveis sempre que o seu programa estiver parado temporariamente. A cada parada, você pode escolher quais variáveis inspecionar e quantos passos do programa executar até a próxima parada.

Algumas pessoas acham que depuradores são apenas uma ferramenta para tornar os programadores preguiçosos. Sabidamente, algumas pessoas escrevem programas às pressas e depois os consertam com o depurador, mas a maioria dos programadores faz um esforço honesto para escrever o melhor programa possível antes de tentar executá-lo através do depurador. Esses programadores descobrem que o depurador, embora mais conveniente do que comados de impressão, tem o seu custo. Leva tempo para configurar e executar uma sessão de depuração eficaz.

Em termos práticos, você não pode evitar o uso do depurador. Quanto maiores forem os seus programas, mais difícil fica para depurá-los simplesmente inserindo comandos de impressão. Você descobrirá que o tempo investido em aprender sobre o depurador é amplamente recompensado em sua carreira de programador.

Fato Histórico 8.1

O Primeiro Bug

Diz a lenda que o primeiro erro foi descoberto no Mark II, um enorme computador eletromecânico, na Universidade de Harvard. Ele realmente foi causado por um inseto (*bug*) — uma mariposa ficou presa em um relé de chaveamento.

Na verdade, lendo-se a anotação que o operador deixou no caderno de registro, junto à mariposa (ver Figura 1), parece que o termo "*bug*" já estava em uso corrente naquela época.

O pioneiro da ciência da computação, Maurice Wilkes, escreveu: "De alguma forma, na Moore School e após ela, sempre se supôs que não haveria nenhuma dificuldade especial em fazer programas corretos. Eu posso lembrar o instante exato em que ficou claro para mim que uma grande parte de minha vida futura seria gasta encontrando erros em meus próprios programas".

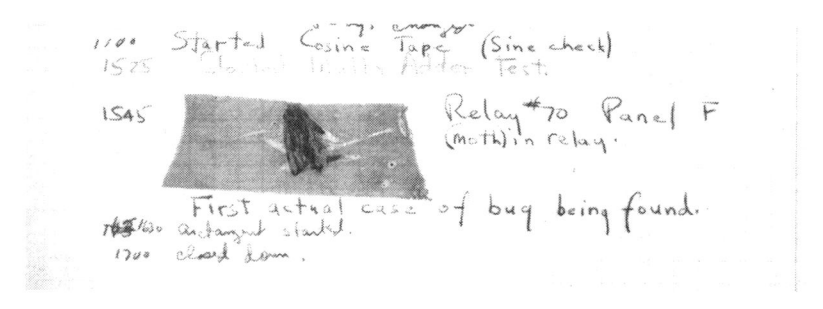

Figura 1
O primeiro bug.

8.6.1 Usando um depurador

Assim como os compiladores, depuradores variam enormemente de um sistema para outro. Em alguns sistemas eles são bastante primitivos e exigem que você memorize um pequeno conjunto de comandos enigmáticos; em outros, eles têm uma interface intuitiva, com janelas.

Você terá que descobrir como preparar um programa para depuração e como iniciar o depurador em seu sistema. Se você usa um ambiente de desenvolvimento integrado, que contém um editor, compilador e depurador, esta etapa normalmente é muito fácil. Você simplesmente constrói o programa da maneira usual e seleciona um comando de menu para iniciar a depuração. Em muitos sistemas UNIX, você deve construir manualmente uma versão de depuração de seu programa e invocar o depurador.

Uma vez que tenha iniciado o depurador, você pode ir muito longe com apenas três comandos de depuração: "execute até esta linha", "avance para a próxima linha" e "inspecione variável". Os nomes e teclas a pressionar ou cliques do *mouse* para esses comandos são amplamente diferentes entre depuradores, mas todos os depuradores suportam estes comandos básicos. Você pode descobrir como ou a partir da documentação ou de um manual do laboratório, ou perguntando a alguém que tenha usado o depurador antes.

O comando "execute até esta linha" é o mais importante. Muitos depuradores mostram a você o código-fonte do programa corrente em uma janela. Selecione uma linha com o *mouse* ou teclas de cursor. Então pressione uma tecla ou selecione um comando de menu para executar o programa até a linha selecionada. Em outros depuradores, você deve digitar um comando ou um número de linha. Em qualquer caso, o programa começa a ser executado e pára assim que ele atinge a linha que você selecionou (ver Figura 2). É claro que você pode ter selecionado uma linha que simplesmente não será alcançada durante uma execução do programa em particular. Então o programa termina da maneira normal. O simples fato do programa haver ou não alcançado uma linha em particular pode ser uma informação valiosa.

O comando "avance para a próxima linha" executa a linha corrente e pára na próxima linha do programa.

Uma vez que o programa tenha parado, você pode examinar os valores correntes das variáveis. Novamente, o método para selecionar as variáveis difere entre os depuradores. Em alguns depuradores você seleciona o nome da variável com o *mouse* ou as teclas de cursor e então emite um comando de menu tal como "inspecione variável". Em outros depuradores você precisa digitar o nome da variável em uma caixa de diálogo. Alguns depuradores mostram automaticamente os valores de todas as variáveis locais de uma função.

O depurador exibe o nome e o conteúdo da variável inspecionada (Figura 3). Se todas as variáveis contêm o que você esperava, você pode executar o programa até o próximo ponto em que você quer parar.

O programa também pára para ler dados, exatamente como ele faz quando você o executa sem o depurador. Simplesmente digite os dados de entrada da maneira normal, e o programa continuará a ser executado.

Finalmente, quando o programa terminar de ser executado, a sessão de depuração também é terminada. Você não pode mais inspecionar variáveis. Para executar o programa novamente, você pode ser capaz de reinicializar o depurador, ou você poderá precisar sair do programa depurador e começar de novo. Os detalhes dependem do depurador em particular.

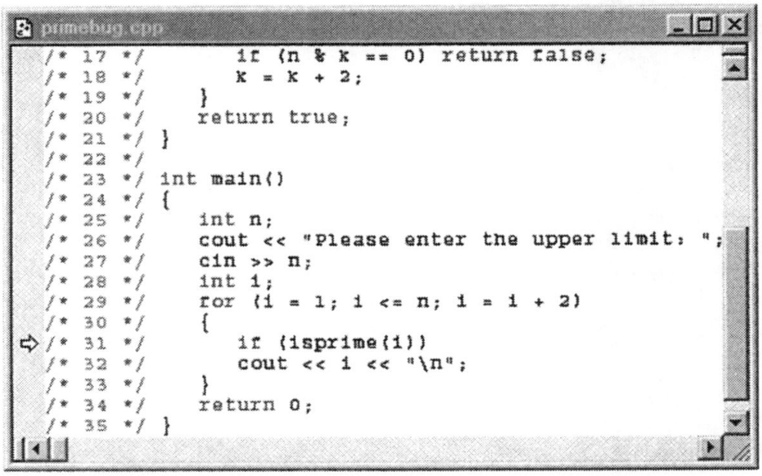

Figura 2

Depurador parado na linha selecionada.

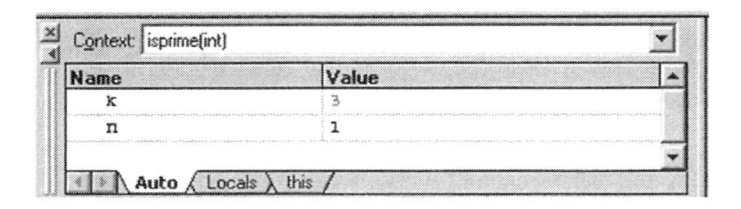

Figura 3
Inspecionando variáveis no depurador.

8.6.2 Um exemplo de sessão de depuração

Considere o programa a seguir, cujo propósito é calcular e imprimir todos os números primos até um número n. Um inteiro é definido como sendo primo se ele não é divisível exatamente por nenhum número, exceto 1 e ele mesmo. Também, os matemáticos julgam conveniente não chamar 1 de número primo. Portanto, os primeiros números primos são 2, 3, 5, 7, 11, 13, 17, 19.

Arquivo primebug.cpp

```
1   #include <iostream>
2
3   using namespace std;
4
5   /**
6      Testa se um inteiro é um número primo.
7      @param n qualquer inteiro positivo
8      @return true se n é um número primo
9   */
10  bool isprime(int n)
11  {
12     if (n == 2) return true;
13     if (n % 2 == 0) return false;
14     int k = 3;
15     while (k * k < n)
16     {
17        if (n % k == 0) return false;
18        k = k + 2;
19     }
20     return true;
21  }
22
23  int main()
24  {
25     int n;
26     cout << "Por favor, digite o limite superior: ";
27     cin >> n;
28     int i;
29     for (i = 1; i <= n; i = i + 2)
30     {
31        if (isprime(i))
32           cout << i << "\n";
33     }
34     return 0;
35  }
```

Quando você executa esse programa com um valor 10 como entrada, a saída é

```
1
3
5
7
9
```

Isso não é muito promissor; parece que o programa simplesmente imprime todos os números ímpares. Vamos descobrir o que ele faz de errado usando o depurador. Na verdade, para um programa simples como este, é fácil corrigir enganos simplesmente olhando a saída com falhas e o código do programa. Entretanto, queremos aprender a usar o depurador.

Vamos primeiro à linha 31. No caminho, o programa irá parar para ler o valor de entrada para n.

Forneça o valor de entrada 10.

```
23    int main()
24    {
25       int n;
26       cout << "Por favor, digite o limite superior: ";
27       cin >> n;
28       int i;
29       for (i = 1; i <= n; i = i + 2)
30       {
31          if (isprime(i))
32             cout << i << "\n";
33       }
34       return 0;
35    }
```

Comece investigando porquê o programa trata 1 como um primo. Vá para a linha 12.

```
10    bool isprime(int n)
11    {
12       if (n == 2) return true;
13       if (n % 2 == 0) return false;
14       int k = 3;
15       while (k * k < n)
16       {
17          if (n % k == 0) return false;
18          k = k + 2;
19       }
20       return true;
21    }
```

Convença a si mesmo de que o argumento de isprime atualmente é 1 inspecionando n. A seguir, execute o comando "execute até a próxima linha". Você observará que o programa vai para as linhas 13, 14 e 15, e então diretamente para a linha 20.

Inspecione o valor de k. Ele é 3 e portanto o laço while nunca foi iniciado. Parece que a função isprime precisa ser reescrita para tratar 1 como um caso especial.

A seguir, gostaríamos de saber porquê o programa não imprime 2 como um primo, muito embora a função isprime reconheça que 2 é um primo, embora todos os outros pares não o sejam. Vá novamente para a linha 10, a próxima chamada de isprime. Inspecione n; você observará que n é 3. Agora se torna claro: o laço for em main testa somente números ímpares. main deveria ou testar tanto números pares quanto ímpares ou, melhor ainda, simplesmente tratar 2 como um caso especial.

Finalmente, gostaríamos de descobrir porquê o programa acredita que 9 é um primo. Vá novamente para a linha 10 e inspecione n; ele deveria ser 5. Repita essa etapa duas vezes, até que n seja 9 (com alguns depuradores, você pode precisar ir da linha 10 para a linha 11 antes que você possa voltar para a linha 10). Agora use o comando "execute até a próxima linha" repetidamente. Você irá observar que o programa novamente salta além do laço while; inspecione k para descobrir porquê. Você descobrirá que k é 3. Olhe a condição no laço while. Ela testa se k * k < n. Agora, k * k é 9 e n também é 9, de modo que o teste falha. Na verdade, somente faz sentido testar divisores até $\sqrt{n}$; se n tem quaisquer divisores, exceto 1 e ele mesmo, pelo menos um deles deve ser menor do que $\sqrt{n}$. Entretanto, isto não é bem verdade; se n é um quadrado perfeito de um primo, então seu único divisor não trivial é *igual* a $\sqrt{n}$. Este é exatamente o caso para $9 = 3^2$.

Executando o depurador, descobrimos agora três erros no programa:

- isprime erroneamente considera que 1 é um primo.
- main não trata o valor 2.
- O teste em isprime deveria ser while(k * k <= n).

Aqui está o programa melhorado:

Arquivo goodprim.cpp

```
1   #include <iostream>
2
3   using namespace std;
4
5   /**
6      Testa se um inteiro é um primo.
7      @param n qualquer inteiro positivo
8      @return true se n é um número primo
9   */
10  bool isprime(int n)
11  {
12     if (n == 1) return false;
13     if (n == 2) return true;
14     if (n % 2 == 0) return false;
15     int k = 3;
16     while (k * k <= n)
17     {
18        if (n % k == 0) return false;
19        k = k + 2;
20     }
21     return true;
22  }
23
24  int main()
25  {
26     int n;
27     cout << "Por favor, digite o limite superior: ";
28     cin >> n;
29     int i;
30     if (n >= 2) cout << "2\n";
31     for (i = 3; i <= n; i = i + 2)
32     {
33        if (isprime(i))
34           cout << i << "\n";
35     }
36     return 0;
37  }
```

O programa agora está livre de erros? Essa não é uma pergunta que o depurador pode responder. Lembre: testar pode mostrar apenas a presença de erros, não a sua ausência.

8.6.3 Percorrendo um programa

Você aprendeu como executar um programa até que ele alcance um linha em particular. Variações desta estratégia freqüentemente são úteis.

Existem dois métodos para executar o programa no depurador. Você pode dizer a ele para executar até uma linha particular; então ele chega rapidamente naquela linha, mas você não sabe como ele chegou lá. Você também pode ir *passo-a-passo* com o comando "execute até a próxima linha". Então você sabe qual o fluxo do programa, mas pode levar muito tempo para passar através dele.

Na verdade, existem dois tipos de comandos passo-a-passo, freqüentemente chamados de "passar sobre" e "passar por". O comando "passar sobre" sempre vai para a próxima linha do programa. O comando "passar por" passa através de chamadas de funções. Por exemplo, suponha que a linha corrente é

```
r = future_value(balance, p, n);
cout << setw(10) << r;
```

Quando você "passa sobre" chamadas de função, você chega na próxima linha:

```
r = future_value(balance, p, n);
cout << setw(10) << r;
```

Entretanto, se você "passa por" chamadas de função, você vai para a primeira linha da função `future_value`.

```
double future_value(double initial_balance,
    double p, int n)
{
    double b = initial_balance * pow(1 + p / 100), n);
    return b;
}
```

Você deve passar por uma função para verificar se ela executa seu trabalho corretamente. Você deve passar sobre uma função se sabe que ela funciona corretamente.

Se você avança passo-a-passo além da última linha de uma função, seja com o comando "passar sobre" ou "passar por", você retorna à linha em que a função foi chamada.

Você não deve passar por funções do sistema, como `setw`. É fácil se perder dentro delas e não há nenhum benefício em passar pelo código do sistema. Se você se perder, existem três maneiras de sair. Você pode simplesmente optar por "passar sobre" até que esteja novamente em território familiar. Muitos depuradores têm um comando "executar até o retorno da função", que executa até o fim da função corrente, e então você pode selecionar "passar sobre" para sair da função. Finalmente, a maioria dos depuradores pode mostrar a você uma *pilha de chamadas*: uma listagem de todas as chamadas de função pendentes atualmente (ver Figura 4).

Selecionando uma outra função no meio da pilha de chamadas, você pode desviar para a linha de código contendo aquela chamada de função. Então, mova o cursor para a próxima linha e esco-

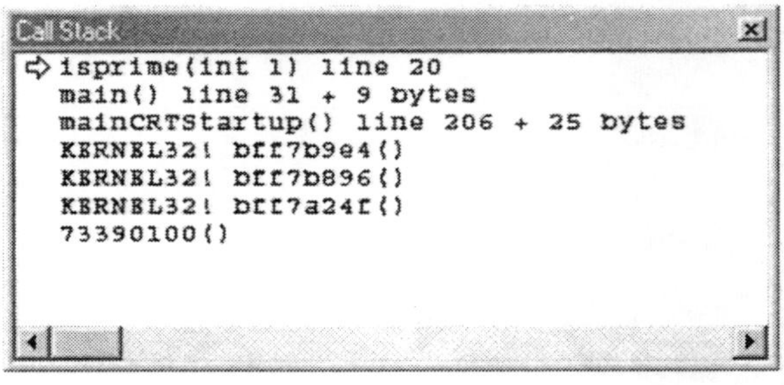

Figure 4

Exibição da pilha de chamadas.

lha "execute até esta linha". Desta maneira, você sai fora de qualquer labirinto de chamadas de função aninhadas.

As técnicas que você viu até agora permitem monitorar o andamento do programa através do código em vários incrementos. Todos os depuradores suportam uma segunda abordagem para navegação: você pode configurar os chamados *pontos de interrupção* no código. Pontos de interrupção são estabelecidos em linhas de código específicas, com um comando "adicione um ponto de interrupção aqui"; mais uma vez, o comando exato depende do depurador. Você pode configurar tantos pontos de interrupção quanto queira. Quando o programa alcança qualquer um deles, a execução pára e o ponto de interrupção que causa a parada é exibido.

Pontos de interrupção são particularmente úteis quando você sabe em que ponto seu programa começa a fazer a coisa errada. Você pode configurar um ponto de interrupção, fazer o programa ser executado em velocidade máxima até o ponto de interrupção, e então iniciar a monitorar lentamente para observar o comportamento do programa.

Alguns depuradores deixam você configurar pontos de interrupção *condicionais*. Um ponto de interrupção condicional faz o programa parar somente quando uma certa condição é satisfeita. Você pode parar em uma linha em particular somente se uma variável n chegou ao valor 0, ou se aquela linha tiver sido executada pela vigésima vez. Pontos de interrupção condicionais são um recurso avançado que pode ser indispensável em problemas de depuração complicados.

8.6.4 Inspecionando objetos

Você aprendeu como inspecionar variáveis no depurador com o comando "inspecionar".

O comando "inspecionar" funciona bem para mostrar valores numéricos. Quando inspecionando uma variável objeto, todos os campos são exibidos (ver Figura 5). Com alguns depuradores, você precisa "abrir" o objeto, usualmente clicando em um nodo de uma árvore.

Para inspecionar um objeto string, você precisa selecionar a variável de ponteiro que aponta para a seqüência de caracteres na memória em si. Aquela variável é chamada de _Ptr ou _str ou um nome similar, dependendo da implementação da biblioteca (ver Figura 6). Com alguns de-

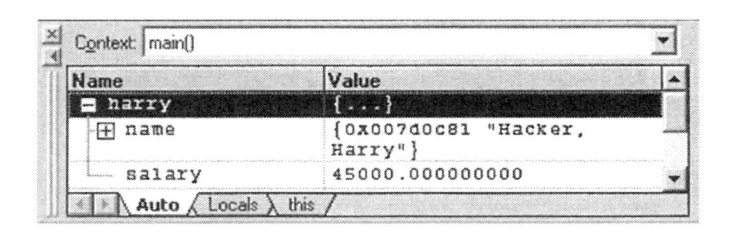

Figura 5
Inspecionando um objeto.

Figura 6
Inspecionando um *string*.

puradores, você pode precisar selecionar aquela variável para abri-la. O depurador também pode mostrar outros valores, tais como `npos` ou `allocator`, que você deve ignorar.

🔵 Dica de Produtividade 8.2

Inspecionando um Objeto no Depurador

Em C++ a expressão `*this` representa o parâmetro implícito de uma função-membro. Não discutimos esta notação, porque você não precisa dela para programar e porque ela requer conhecimento de ponteiros, que não são abordados até o Capítulo 10. Entretanto, inspecionar `*this` no depurador é um truque bem prático.

Quando você estiver monitorando dentro de uma função-membro, diga ao depurador que você quer inspecionar `*this`. Você verá todos os campos de dados do parâmetro implícito (ver Figura 7).

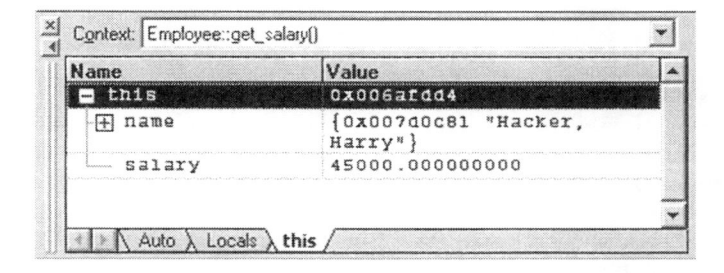

Figura 7
Exibição do parâmetro implícito.

8.7 Estratégias

Agora você conhece a mecânica de depuração, mas todo este conhecimento ainda pode deixá-lo desamparado ao disparar o depurador para examinar um programa com problemas. Existem várias estratégias que você pode usar para reconhecer erros e suas causas.

8.7.1 Reproduzir o erro

À medida em que você testa seu programa, você observa que seu programa às vezes faz algo errado. Ele fornece a saída errada, ele parece imprimir algo completamente aleatório, ele executa em um laço infinito ou ele termina anormalmente. Descubra exatamente como *reproduzir* este comportamento. Que números você digitou ? Onde você clicou com o *mouse* ?

Execute o programa novamente; digite exatamente as mesmas respostas e clique com o *mouse* nos mesmos lugares (ou tão próximo quanto você consiga chegar). O programa exibe o mesmo comportamento ? Se sim, então você está pronto para iniciar o depurador para estudar este problema particular. Depuradores são bons para analisar falhas particulares. Eles não são particularmente úteis para estudar um programa genericamente.

8.7.2 Dividir para conquistar

Agora que você tem uma falha particular, você quer chegar tão perto da falha quanto possível. Suponha que seu programa termina com uma divisão por 0. Como existem muitas operações de divisão em um programa típico, freqüentemente não é viável configurar pontos de interrupção para todas elas. Em vez disso, use a técnica de *dividir para conquistar*. Passe sobre os procedimentos em `main`, mas não entre dentro deles. Em algum momento, a falha vai acontecer novamente. Agora você sabe qual procedimento contém o erro: é o último procedimento que foi chamado a partir de `main` antes do programa terminar. Reinicie o depurador e volte para aquela linha em `main`, então entre naquele procedimento. Repita o processo.

Em algum momento, você terá identificado a linha que contém a divisão errada. Pode ser que seja completamente óbvio, pela observação do código, porque o denominador não está correto. Se não, você precisa encontrar o local onde ele é calculado. Infelizmente, você não pode *voltar* no depurador. Você precisa reiniciar o programa e ir até o ponto onde acontece o cálculo do denominador.

8.7.3 Saiba o que o seu programa deveria fazer

O depurador mostra a você o que o programa *faz*. Você deve saber o que o programa *deveria fazer*, ou você não conseguirá encontrar erros. Antes de monitorar um laço, pergunte a si mesmo quantas iterações você *espera* que o programa execute. Antes de inspecionar uma variável, pergunte a si mesmo o que você espera ver. Se você não tem idéia, reserve algum tempo e pense primeiro. Tenha uma calculadora à mão para fazer cálculos independentes. Quando você sabe qual deveria ser o valor, inspecione a variável. Esta é a hora da verdade. Se o programa ainda está no caminho certo, então aquele valor é o que você espera e você precisa procurar o erro mais adiante. Se o valor é diferente, você pode estar no caminho de algo. Verifique novamente seu cálculo. Se você está certo de que seu valor está correto, descubra porque seu programa produz um valor diferente.

Em muitos casos, erros de programas são resultado de erros simples, tais como condições de terminação de laços que estejam fora por um. Com bastante freqüência, no entanto, programas fazem cálculos errados. Talvez eles devessem somar dois números, mas por acidente o código foi escrito para subtrai-los. Ao contrário de seu instrutor de cálculo, programas não fazem nenhum esforço especial para garantir que tudo seja um simples inteiro. Você precisará fazer alguns cálculos com inteiros grandes ou desagradáveis números em ponto flutuante. Algumas vezes estes cálculos podem ser evitados se você simplesmente perguntar a si mesmo: "Este valor deveria ser positivo? Ele deveria ser maior do que aquele valor?" Então inspecione variáveis para confirmar aquelas teorias.

8.7.4 Examine todos os detalhes

Quando você depura um programa, você freqüentemente tem uma teoria sobre qual é o problema. Não obstante, mantenha sua mente aberta e olhe para todos os detalhes em sua volta. Que mensagens estranhas são exibidas ? Por que o programa executa uma outra ação inesperada ? Estes detalhes são importantes. Quando você executa uma sessão de depuração, você realmente é um detetive que precisa seguir todas as pistas disponíveis.

Se você observa uma outra falha no caminho para o problema que está para descobrir, não diga apenas "eu voltarei a ela mais tarde". Exatamente aquela falha pode ser a causa original de seu problema atual. É melhor tomar nota do problema atual, consertar o que você acabou de descobrir e então voltar para a missão original.

8.7.5 Entendendo cada erro antes de consertá-lo

Assim que você descobre que um laço faz iterações demais, é muito tentador aplicar um "remendo" e subtrair 1 de uma variável, de modo que o problema particular não apareça novamente. Um conserto rápido destes tem uma espantosa probabilidade de criar problema em algum outro lugar. Você realmente precisa ter uma compreensão detalhada de como o programa deve ser escrito antes de aplicar uma correção.

Ocasionalmente acontece que você encontra um erro após o outro e aplica correção após correção e o problema simplesmente muda de lugar. Isso usualmente é um sintoma de um problema maior com a lógica do programa. Existe pouco que você possa fazer com o depurador. Você precisa repensar o projeto do programa e reorganizá-lo.

8.8 Limitações do depurador

Um depurador é uma ferramenta, e como toda a ferramenta, você não pode esperar que ele seja bom em tudo. Eis aqui alguns problemas que você irá encontrar em seu uso do depurador.

8.8.1 Funções recursivas

Quando você configura um ponto de interrupção dentro de uma função que chama a si mesma, então o programa pára assim que a linha de programa é encontrada em *qualquer* chamada para a função. Suponha que você quer depurar a função `int_name`.

```
68    string int_name(int n)
69    {
70       int c = n;
71       string r;
72
73       if (c >= 1000)
74       {
75          r = int_name(c / 1000) + "thousand";
76          c = c % 1000;
77       }
78
79       if (c >= 100)
80       {
81          r = r + " " + digit_name(c / 100)
82             + "hundred";
83          c = c % 100;
84       }
85       ...
```

Suponha que você inspeciona `c` na linha 73 e seu valor é 23405. Diga ao depurador para executar até a linha 79; inspecione `c` novamente, seu valor é 23! Isto não faz sentido. A instrução `c = c % 1000` deveria ter atribuído 405 a `c`! Isto é um erro?

Não. O programa parou na primeira invocação de `int_name` que chegou na linha 79.

Você pode ver, pela pilha de chamadas, que duas chamadas para `int_name` estavam pendentes (ver Figura 8).

8.8.2 Variáveis em registradores

Você pode depurar funções recursivas com o depurador. Seja cuidadoso e observe a pilha de chamadas freqüentemente.

Algumas vezes, o compilador percebe que ele pode gerar código mais rápido mantendo uma variável em um registrador do processador em vez de reservar uma posição de memória para ela. Isto é comum para contadores de laços e outras variáveis inteiras de vida curta, mas é difícil no depurador. Pode acontecer que o depurador não consiga encontrar aquela variável, ou que ele exiba o valor errado para ela.

Não há muito que você possa fazer. Você pode tentar desativar todas as otimizações do compilador e compilar novamente. Você pode abrir uma janela especial para registradores que mostra o estado de todos os registradores do processador, mas esta é definitivamente uma técnica avançada.

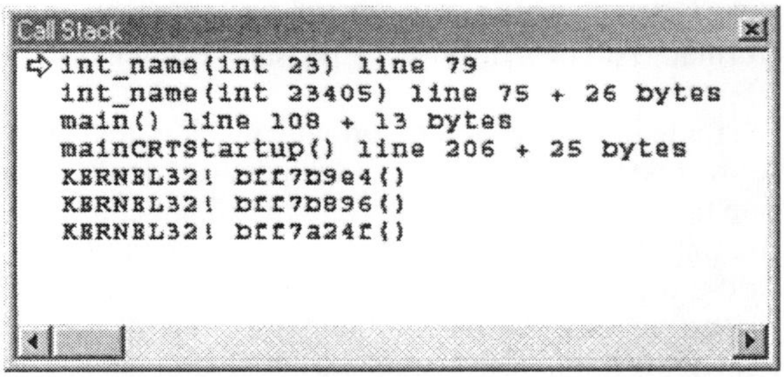

Figura 8

Exibição da pilha de chamadas durante chamadas recursivas.

8.8.3 Erros que desaparecem no depurador

Às vezes seu programa mostra um erro quando você o executa normalmente, mas o erro desaparece quando você executa o programa no depurador. Isto, obviamente, é extremamente perturbador.

A causa para tal comportamento estranho normalmente é uma variável não inicializada. Suponha que você esqueceu de inicializar um contador de laço `i` e você o usa.

```
int main()
{
   string s;
   . . .
   int i; /* Erro: esqueceu de inicializar */
   while (i < s.length())
   {
      string ch = s.substr(i, 1);
      . . .
   }
   . . .
}
```

Se por acaso `i` é zero, então o código será executado corretamente, mas se `i` é negativo, então a chamada para `s.substr(i, 1)` fará o programa terminar anormalmente. Existe uma probabilidade de que a variável `i` contenha um valor negativo quando o programa é executado sozinho, mas que seja zero quando o depurador o inicia (na verdade, existe pelo menos um depurador que se dá ao trabalho de zerar todas as áreas de memória do programa antes de iniciar a sessão de depuração, fazendo com isto que muitos erros desapareçam). Neste caso, você não pode usar o depurador para resolver o seu problema. Inspecione todas as variáveis manualmente e assegure que elas sejam inicializadas, ou volte a inserir comandos de impressão se você estiver desesperado.

Fato Histórico 8.2

Os Incidentes com o Therac-25

O Therac-25 é um dispositivo computadorizado que administra tratamento por radiação a pacientes de câncer (ver Figura 9). Entre junho de 1985 e janeiro de 1987, várias destas máquinas ministraram doses muito elevadas a pelo menos seis pacientes, matando alguns deles e incapacitando seriamente os outros.

As máquinas eram controladas por um programa de computador. Erros no programa eram diretamente responsáveis pelas doses elevadas. De acordo com [1], o programa foi escrito por um único programador, que já havia saído da empresa que produzia os equipamentos e não pôde ser localizado. Nenhum dos funcionários da empresa entrevistados sabia dizer qualquer coisa sobre o nível de instrução ou qualificações do programador.

A investigação pela Food and Drug Administration (FDA) do governo federal descobriu que o programa era pobremente documentado e que não havia nem um documento de especificação nem um plano de testes formal. (Isto deve fazer você pensar. Você tem um plano de testes formal para os seus programas ?)

As doses elevadas foram causadas por um projeto amadorístico do *software* que controlava simultaneamente diversos dispositivos, a saber: o teclado, o vídeo, a impressora e o dispositivo de radiação propriamente dito. A sincronização e o compartilhamento de dados entre as tarefas eram feitas de uma maneira improvisada, muito embora técnicas seguras de multitarefas fossem conhecidas naquela época. Se o programador tivesse recebido uma educação formal que envolvesse aquelas técnicas ou se esforçado em estudar a literatura, uma máquina mais segura poderia ter sido construída. Uma máquina assim provavelmente envolveria um sistema multitarefas comercial, que poderia ter exigido um computador mais caro.

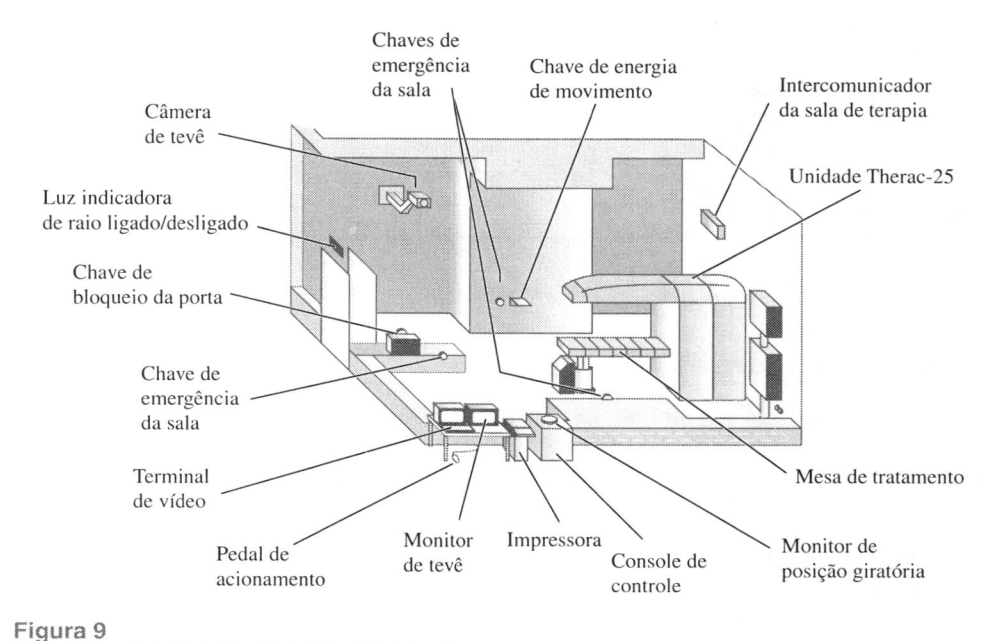

Figura 9
Instalação típica de um Therac-25.

As mesmas falhas estavam presentes no *software* que controlava o modelo anterior, o Therac-20, mas aquela máquina tinha bloqueios de *hardware* que impediam mecanicamente as doses elevadas. Os dispositivos de segurança em *hardware* foram removidos no Therac-25 e substituídos por verificações no *software*, possivelmente para reduzir custo.

Frank Houston, da FDA, escreveu em 1985 [1]: "Uma quantidade significativa de *software* para sistemas críticos para a vida vêm de pequenas empresas, especialmente na indústria de equipamentos médicos; empresas que se enquadram no perfil daquelas que resistem aos princípios tanto da segurança de sistemas quanto da engenharia de *software* ou os desconhecem".

A quem culpar? O programador? O gerente que não apenas falhou em assegurar que o programador estava capacitado para a tarefa mas também não insistiu em testes abrangentes? Os hospitais que instalaram o equipamento, ou a FDA, por não revisar o processo de projeto? Infelizmente, até hoje ainda não existem padrões estabelecidos para o que constitui um processo de projeto de *software* seguro.

Resumo do capítulo

1. Use *teste de unidade* para testar cada função importante isoladamente. Escreva um *testador* para fornecer dados de teste para a função que está sendo testada. Escolha casos de teste que cubram cada ramo de execução dentro da função.
2. Você pode depurar um programa inserindo impressões de monitoramento, mas isto se torna bastante monótono até mesmo para situações de depuração moderadamente complexas. Você deve aprender a usar o depurador.
3. Você pode fazer uso efetivo do depurador dominando apenas três comandos: "execute até esta linha", "avance para a próxima linha" e "inspecione variável". Os nomes ou combinações de teclas ou cliques de *mouse* para estes comandos diferem entre depuradores.

4. Use a técnica de "dividir para conquistar" para localizar o ponto de falha de um programa. Inspecione variáveis e compare seus verdadeiros conteúdos com os valores que você sabe que elas deveriam conter.
5. O depurador pode ser usado somente para analisar a presença de erros, não para mostrar que um programa não tem erros.

Leitura adicional

[1] Nancy G. Leveson e Clark S. Turner, "An Investigation of the Therac-25 Accidents", *IEEE Computer*, julho de 1993, pp. 18-41.

Exercícios de revisão

Exercício R8.1. Defina os termos *teste de unidade* e *testador*.

Exercício R8.2. Se você quer testar um programa que é formado por quatro procedimentos diferentes, um dos quais é `main`, de quantos testadores você precisa?

Exercício R8.3. O que é um oráculo?

Exercício R8.4. Defina os termos *teste de regressão* e *bateria de testes*.

Exercício R8.5. O que é o fenômeno de depuração conhecido como "ciclo"? O que você pode fazer para evitá-lo?

Exercício R8.6. A função arco seno é o inverso da função seno. Isto é, y = arco seno x se x = seno y. Ela somente é definida se $-1 \leq x \leq 1$. Suponha que você precisa escrever uma função em C++ para calcular o arco seno. Liste cinco casos de teste positivos com seus valores de retorno esperados e dois casos de teste negativos com seus resultados esperados.

Exercício R8.7. O que é um monitoramento de programa? Quando faz sentido usar um monitoramento de programa e quando faz mais sentido usar um depurador?

Exercício R8.8. Explique as diferenças entre estas operações de depurador:
- Avançar por uma função
- Avançar sobre uma função

Exercício R8.9. Explique as diferenças entre estas operações de depurador:
- Executar até a linha corrente
- Configurar um ponto de interrupção para a linha corrente

Exercício R8.10. Explique as diferenças entre estas operações de depurador:
- Inspecionar uma variável
- Observar uma variável

Exercício R8.11. O que é uma exibição de pilha de chamadas em um depurador? Descreva dois cenários de depuração nos quais a exibição da pilha de chamadas é útil.

Exercício R8.12. Explique em detalhes como inspecionar as informações armazenadas em um objeto `Point` em seu depurador.

Exercício R8.13. Explique em detalhes como inspecionar o *string* armazenado em um objeto `string` em seu depurador.

Exercício R8.14. Explique em detalhes como inspecionar um *string* armazenado em um objeto `Employee` em seu depurador.

Exercício R8.15. Explique a estratégia de "dividir para conquistar" para chegar perto de um erro no depurador.

Exercício R8.16. Verdadeiro ou falso:

(a) Se um programa passou em todos os testes da bateria de testes, ele não tem mais erros.

(b) Se um programa tem um erro, aquele erro sempre aparece quando o programa está sendo executado através do depurador.

(c) Se é provado que todas as funções em um programa estão corretas, então o programa não tem erros.

Exercícios de programação

Exercício P8.1. A função arco seno é o inverso da função seno. Isto é,

$$y = \text{arcsen } x$$

se

$$x = \text{sen } y$$

Por exemplo,

$$\text{arcsen}(0) = 0$$
$$\text{arcsen}(0,5) = \pi/6$$
$$\text{arcsen}(\sqrt{2}/2) = \pi/4$$
$$\text{arcsen}(\sqrt{3}/2) = \pi/3$$
$$\text{arcsen}(1) = \pi/2$$
$$\text{arcsen}(-1) = \pi/2$$

O arco seno é definido somente para valores entre −1 e 1. Esta função também é freqüentemente chamada de $\text{sen}^{-1} x$. Observe, entretanto, que isto não é exatamente o mesmo que $1/\text{sen} x$. Não existe função na biblioteca padrão de C++ para calcular o arco seno. Para este exercício, escreva uma função C++ que calcula o arco seno a partir de sua expansão por série de Taylor

$$\text{arcsen } x = x + x^3/3! + x^5 \cdot 3^2/5! + x^7 \cdot 3^2 \cdot 5^2/7! + x^9 \cdot 3^2 \cdot 5^2 \cdot 7^2/9! + \cdots$$

Você deve calcular a soma até que um novo termo seja $< 10^{-6}$. Esta função será usada em exercícios subseqüentes.

Exercício P8.2. Escreva um testador simples para a função `arcsen` que leia números em ponto flutuante de `cin` e calcule seus arco senos, até que o fim dos dados de entrada seja encontrado. Então execute aquele programa e verifique suas saídas comparando com a função arco seno de uma calculadora.

Exercício P8.3. Escreva um testador que gere automaticamente casos de teste para a função `arcsen`, a saber: números entre −1 e 1 com intervalos de 0.1.

Exercício P8.4. Escreva um testador que gere 10 números de ponto flutuante entre −1 e 1 e passe-os para `arcsen`.

Exercício P8.5. Escreva um testador que teste automaticamente a validade da função `arcsen` verificando se `sen(arcsen(x))` é aproximadamente igual a x. Teste com 100 valores de entrada aleatórios.

Exercício P8.6. A função arco seno pode ser calculada a partir da função arco tangente de acordo com a fórmula

$$\operatorname{arcsen} x = \operatorname{arctg}\left(x/\sqrt{1 - x^2}\right)$$

Use aquela expressão como um *oráculo* para testar se sua função arco seno funciona corretamente. Teste as duas funções com 100 valores de entrada aleatórios.

Exercício P8.7. O domínio da função arco seno é $-1 \leq x \leq 1$. Forneça uma asserção para sua função `arcsen` que verifique se o valor de entrada é válido. Teste sua função calculando `arcsen(1.1)`. O que acontece?

Exercício P8.8. Coloque mensagens de monitoramento dentro do laço da função arco seno que calcula a série de potências. Imprima o valor de `n`, do termo corrente e a aproximação do resultado corrente. Que saída de monitoramento você obtém quando calcula `arcsen(0.5)`?

Exercício P8.9. Adicione mensagens de monitoramento ao início e ao fim de todas as funções no programa que escreve os valores de números inteiros em inglês por extenso. Que saída de monitoramento você obtém quando converte o número 12.345?

Exercício P8.10. Adicione mensagens de monitoramento ao início e ao fim da função `isprime` no programa de números primos com erro. Coloque também uma mensagem de monitoramento como o primeiro comando do laço `while` na função `isprime`. Imprima valores relevantes, tais como parâmetros da função, valores de retorno e contadores de laço. Que monitoramento você obtém quando você calcula todos os primos até 20? As mensagens são suficientemente informativas para encontrar o erro?

Exercício P8.11. Execute um testador da função `arcsen` através do depurador. Passe por dentro do cálculo de `arcsen(0.5)`. Passe através do cálculo até que o termo x^7 tenha sido calculado e adicionado à soma. Qual é o valor do termo corrente e da soma neste ponto?

Exercício P8.12. Execute um testador da função `arcsen` através do depurador. Passe por dentro do cálculo de `arcsen(0.5)`. Passe através do cálculo até que o termo x^n tenha se tornado menor do que 10^{-6}. Então, inspecione n. Quão grande ele está?

Exercício P8.13. Considere a seguinte função com erro:

```
Employee read_employee()
{
    cout << "Por favor, digite o nome: ";
    string name;
    getline(cin, name);
    cout << "Por favor, digite o salário: ";
    double salary;
    cin >> salary;
    Employee r(name, salary);
    return r;
}
```

Quando você chama esta função uma vez, ela funciona bem. Quando você a chama novamente no mesmo programa, ela não irá retornar corretamente o registro do segundo funcionário. Escreva um testador que verifique o problema. Então passe através da função. Inspecione os valores do *string* `name` e do objeto `Employee r` após a segunda chamada. Que valores você obtém?

Capítulo 9

Vetores e *Arrays*

Objetivos do capítulo

- Familiarizar-se com o uso de vetores para coletar objetos
- Tornar-se apto a acessar os elementos de um vetor e redimensionar vetores
- Tornar-se apto a passar vetores para funções
- Aprender sobre algoritmos comuns para *arrays*
- Aprender como usar *arrays* unidimensionais e bidimensionais

Em muitos programas, você precisa coletar vários objetos do mesmo tipo. Em C++ padrão, a construção *vector* permite a você gerenciar de modo conveniente coleções que crescem automaticamente para qualquer tamanho desejado. Neste capítulo, você vai aprender sobre vetores e algoritmos comuns para vetores.

Os vetores padrão são construídos a partir da construção *array*, de mais baixo nível. A última parte deste capítulo mostra a você como trabalhar com *arrays*. *Arrays* bidimensionais são úteis para representar conjuntos de dados em forma de tabelas.

Conteúdo do capítulo

9.1 Usando vetores para coletar itens de dados **316**
    Sintaxe 9.1: Definição de variável vector **316**
    Sintaxe 9.2: Subscrito de vetor **318**
9.2 Subscritos de vetores **318**
    Erro freqüente 9.1: Erros de limites **321**
    Dica de produtividade 9.1: Inspecionando vetores no depurador **321**
    Dica de qualidade 9.1: Não combine acesso a vetor e incremento de índice **322**

Tópico avançado 9.1: Strings são vetores de caracteres **323**
Fato histórico 9.1: O verme da internet **323**
9.3 Vetores como parâmetros e valores de retorno **324**
    Tópico avançado 9.2: Passando vetores por referência constante **327**
9.4 Vetores paralelos **331**
    Dica de qualidade 9.2: Transforme vetores paralelos em vetores de objetos **334**

9.5   *Arrays* **335**

   Sintaxe 9.3: Definição da variável array **335**

   Sintaxe 9.4: Definição de array Bidimensional **342**

   Dica de qualidade 9.3: Dê nomes consistentes ao tamanho e à capacidade do array **345**

   Erro freqüente 9.2: Ponteiros de caracteres **345**

   Erro freqüente 9.3: Omitir o tamanho da coluna de um parâmetro array bidimensional **346**

   Fato histórico 9.2: Alfabetos internacionais **346**

9.1   Usando vetores para coletar itens de dados

Suponha que você escreva um programa que leia uma lista de valores de salários e imprima a lista, marcando o maior valor, como segue:

```
32000
54000
67500
29000
35000
80000
maior valor => 115000
44500
100000
65000
```

A fim de saber qual valor marcar como o maior, o programa primeiro precisa ler todos os valores. Mesmo assim, o último valor pode ser o maior deles.

Se você sabe que existem 10 entradas, então você pode armazená-las em dez variáveis `salary1`, `salary2`, `salary3`,..., `salary10`. Uma seqüência de variáveis assim não é muito prática de usar. Você teria que escrever um código considerável dez vezes, uma para cada variável. Também pode ser que existam centenas de funcionários na equipe.

Em C++ existe um modo melhor de implementar uma seqüência de itens de dados: a construção *vector*.

Um vetor (*vector*) é uma coleção de itens de dados do mesmo tipo. Cada elemento da coleção pode ser acessado separadamente. Aqui definimos um vetor de 10 salários de empregados:

```
vector<double> salaries(10);
```

Esta é a definição de uma variável `salaries` cujo tipo é `vector<double>`. Isto é, `salaries` armazena uma seqüência de valores `double`. O (10) indica que o vetor armazena 10 valores (ver Figura 1). Em geral, variáveis vetor são definidas como na Sintaxe 9.1.

Sintaxe 9.1 : Definição de Variável *Vector*

`vector<type_name> variable_name;`
`vector<type_name> variable_name(initial_size);`

Exemplo:

`vector<int> scores;`
`vector<Employee> staff(20);`

Finalidade:

Definir uma nova variável do tipo *vector* e opcionalmente fornecer um tamanho inicial.

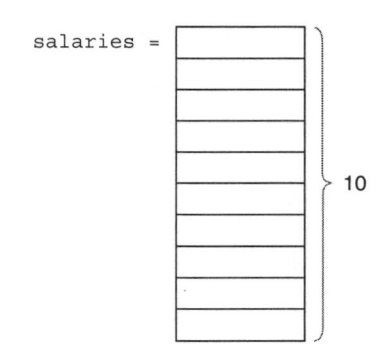

Figura 1
Vetor de `Salaries`.

Para colocar algum dado em `salaries`, você deve especificar qual célula no vetor você quer usar. Isto é feito com o operador `[]`:

```
salaries[4] = 35000;
```

Agora a célula com índice 4 de `salaries` está preenchida com 35000 (ver Figura 2).
Visto que `salaries` é um vetor de valores `double`, uma célula tal como `salaries[4]` pode ser usada da mesma maneira que uma variável do tipo `double`:

```
cout << salaries[4] << "\n";
```

Antes de continuar, você deve tomar cuidado com um desagradável detalhe dos vetores de C++. Se você olhar cuidadosamente a Figura 2, vai perceber que a *quinta* célula foi preenchida com dados quando nós alteramos `salaries[4]`. Infelizmente, em C++, as células dos vetores são numeradas *a partir de* 0. Isto é, as células válidas do vetor `salaries` são

```
salaries[0], a primeira célula
salaries[1], a segunda célula
salaries[2], a terceira célula
salaries[3], a quarta célula
salaries[4], a quinta célula
...
salaries[9], a décima célula
```

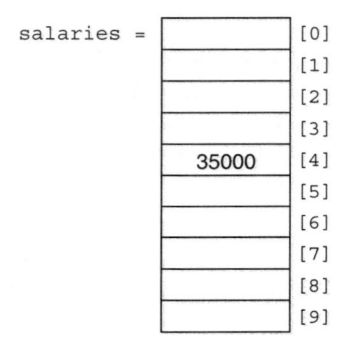

Figura 2
Célula de vetor preenchida com valor `double`.

"Antigamente" existia uma razão técnica para justificar que esta configuração era uma boa idéia. Devido ao fato de muitos programadores terem se habituado a usá-la, a construção vector a adotou. Ela é, no entanto, uma fonte de pesar para o iniciante.

O nome *vector* (vetor) é também algo fora do convencional. A maioria das linguagens de programação chama uma seqüência de valores de *array*. Entretanto, em C++ um *array* é uma construção de baixo nível que é descrita na Seção 9.5. O nome *vetor* vem da matemática. Você pode ter um vetor em um plano com coordenadas (*x, y*); um vetor no espaço com coordenadas (*x, y, z*); ou um vetor em um espaço com mais de três dimensões, caso este em que as coordenadas não mais são identificadas separadamente por letras, e sim por uma única letra com subscritos ($x_1, x_2, x_3, \ldots, x_{10}$). Em C++ isto pode ser implementado por um

```
vector<double> x(10);
```

Naturalmente, em C++ os subscritos variam de 0 a 9 e não de 1 a 10.

Não existe uma maneira fácil de escrever um subscrito x_4 na tela do computador, de modo que o operador colchete x[4] é usado em seu lugar. Um vetor de números em ponto flutuante realmente possui o mesmo significado que a construção matemática. Um vetor de empregados, por outro lado, não possui significado matemático; é somente uma seqüência de dados individuais de empregados, cada um dos quais pode ser acessado com o operador []. Em matemática, o subscrito i que seleciona um elemento de um vetor x_i é freqüentemente denominado de *índice*. Em C++ o valor i da expressão x[i] também é chamado de índice.

Agora você sabe como preencher um vetor com valores: preenchendo cada célula. Agora procure o salário mais alto.

```
double highest = salaries[0];
for (i = 1; i < 10; i++)
    if (salaries[i] > highest)
        highest = salaries[i];
```

A principal observação é que podemos usar uma variável indexada salaries[i] para analisar o conteúdo do vetor, um elemento de cada vez (ver Sintaxe 9.2).

Sintaxe 9.2 : Subscrito de Vetor

vector_expression[integer_expression]

Exemplo:

salaries[i + 1]

Finalidade:

Acessar um elemento em um vetor.

9.2 Subscritos de vetores

Um programa C++ acessa células de um vetor com o operador []. Lembre que o valor de i na expressão v[i] é chamado de índice ou subscrito. Este subscrito possui uma restrição importante: tentar acessar uma célula que não existe no vetor é um erro.

Por exemplo, se salaries contém 10 valores, então o comando

```
int i = 20;
cout << salaries[i];
```

é um erro. Não existe salaries[20]. O computador não detecta este erro. Geralmente é muito difícil para o compilador saber o conteúdo atual de salaries e i. Mesmo o programa em execução *não* gera mensagens de erro. Se você usa um índice errado, você silenciosamente lê ou sobrescreve outra posição de memória.

O erro de limite mais comum é o seguinte:

```
vector<double> salaries(10);
cout << salaries[10];
```

Não existe `salaries[10]` em um vetor com 10 elementos — os subscritos válidos são `salaries[0]` até `salaries[9]`.

Outro erro comum é esquecer o tamanho do vetor.

```
vector<double> salaries; /* nenhum tamanho foi dado */
salaries[0] = 35000;
```

Quando um vetor é definido sem o parâmetro de tamanho, ele fica vazio e não pode armazenar *nenhum* elemento.

Você pode saber o tamanho de um vetor chamando a função `size`. Por exemplo, o laço da seção anterior,

```
for (i = 1; i < 10; i++)
    if (salaries[i] > highest)
        highest = salaries[i];
```

pode ser escrito como

```
for (i = 1; i < salaries.size(); i++)
    if (salaries[i] > highest)
        highest = salaries[i];
```

Usar `size` é realmente uma idéia melhor do que usar o número 10. Se o programa for alterado, tal como para alocar espaço para 20 empregados no vetor `salaries`, o primeiro laço não mais seria correto, mas o segundo laço automaticamente continuaria válido. Este princípio é outra forma de evitar números mágicos, como discutido na Dica de Qualidade 2.3.

Note que `i` é um índice válido para o vetor `v` se $0 \leq i$ e $i < v.size()$. Portanto, o laço `for`

```
for (i = 0; i < v.size(); i++)
    fazer algo com v[i];
```

é extremamente comum para visitar todos os elementos de um vetor. A propósito, não o escreva como

```
for (i = 0; i <= v.size() - 1; i++)
```

A condição `i <= v.size() - 1` significa a mesma coisa que `i < v.size()`, porém é mais difícil de ler.

Freqüentemente é difícil saber inicialmente quantos elementos você precisa armazenar. Por exemplo, você pode querer armazenar todos os salários que são fornecidos no programa de tabela de salários. Você não tem idéia de quantos valores o usuário do programa vai fornecer. A função `push_back` permite que você inicie com um vetor vazio e aumente o vetor sempre que outro empregado for adicionado:

```
vector<double> salaries;
...
double s;
cin >> s;
...
salaries.push_back(s);
```

O comando `push_back` redimensiona o vector `salary` adicionando um elemento no seu fim; então, ele configura aquele elemento para `s`. O nome esquisito `push_back` indica que `s` é *empurrado (pushed)* para o *fim (back)* do vetor.

Embora seja inegavelmente conveniente aumentar um vetor sob demanda com `push_back`, isto também é ineficiente. Mais memória precisa ser encontrada para guardar o vetor maior e todos os elementos precisam ser copiados para o espaço maior. Se você já sabe quanto elementos você precisa em um vetor, você deve especificar aquele tamanho quando você o define e então preenchê-lo.

Uma outra função-membro, `pop_back`, remove o último elemento de um vetor, reduzindo seu tamanho em um.

```
vector<double> salaries(10);
. . .
salaries.pop_back(); /* Agora salaries tem tamanho 9 */
```

Observe que a função `pop_back` não retorna o elemento que está sendo removido. Se você quer saber o que é aquele elemento, você precisa capturá-lo antes.

```
double last = salaries[salaries.size() - 1];
salaries.pop_back(); /* remove last do vetor */
```

Se você está familiarizado com a estrutura de dados chamada de *pilha*, cuja operação pop retorna o valor do topo da pilha, isto não é muito intuitivo. Intuitivo ou não, os nomes `push_back` e `pop_back` fazem parte do padrão para C++. O padrão define muitas outras funções úteis para vetores; neste livro, usamos somente `push_back` e `pop_back`.

Agora, você tem todas as peças para implementar o programa delineado no início do capítulo. Este programa lê salários de funcionários e os exibe, marcando o salário mais alto.

Arquivo salvect.cpp

```
1   #include <iostream>
2   #include <vector>
3
4   using namespace std;
5
6   int main()
7   {
8       vector<double> salaries;
9       bool more = true;
10      while (more)
11      {
12         double s;
13         cout << "Por favor, digite um salário, 0 para sair: ";
14         cin >> s;
15         if (s == 0)
16            more = false;
17         else
18            salaries.push_back(s);
19      }
20
21      double highest = salaries[0];
22      int i;
23      for (i = 1; i < salaries.size(); i++)
24         if (salaries[i] > highest)
25            highest = salaries[i];
26
27      for (i = 0; i < salaries.size(); i++)
28      {
29         if (salaries[i] == highest)
30            cout << "maior valor => ";
31         cout << salaries[i] << "\n";
32      }
33
34      return 0;
35   }
```

Para simplificar, este programa armazena os valores dos salários em um `vector<double>`. Entretanto, é igualmente fácil usar vetores de objetos. Por exemplo, você cria um vetor de funcionários com uma definição como esta:

```
vector<Employee> staff(10);
```
Você adiciona elementos copiando objetos para as células do vetor:
```
staff[0] = Employee("Hacker, Harry", 35000.0);
```
Você pode acessar qualquer objeto `Employee` no vetor como `staff[i]`. Como o elemento do *array* é um objeto, você pode aplicar uma função membro a ele:
```
if (staff[i].get_salary() > 50000.0) ...
```

⊗ Erro Freqüente 9.1

Erros de Limites

O erro mais comum com vetores é acessar uma célula não existente.
```
vector<double> data(10);
data[10] = 5.4;
    /* Erro — data tem 10 elementos com subscritos 0 a 9 */
```
Se o seu programa acessa um vetor através de um subscrito fora dos limites, não é emitida mensagem de erro. Em vez disso, o programa irá silenciosamente (ou não tão silenciosamente) corromper um pouco de memória. Exceto para programas muito curtos, nos quais o problema pode passar despercebido, aquela corrupção irá fazer o programa agir estranhamente ou provocar uma morte horrível algumas instruções adiante. Estes são erros graves, que podem ser difíceis de detectar.

ⓠ Dica de Produtividade 9.1

Inspecionando Vetores no Depurador

Vetores são mais difíceis de inspecionar no depurador do que números ou objetos. Suponha que você está executando um programa e quer inspecionar o conteúdo de
```
vector<double> salaries;
```
Primeiro, você diz ao depurador para inspecionar a variável vetor `salaries`. Ele mostra a você os detalhes internos de um objeto. Você precisa encontrar o campo de dados que aponta para os elementos do vetor (normalmente chamado de `start` ou `_First` ou um nome parecido). Aquela variável é um ponteiro — você vai aprender mais sobre ponteiros no Capítulo 10.

Tente inspecionar aquela variável. Dependendo do seu depurador, você pode precisar clicar sobre ela ou selecioná-la e teclar *Enter*. Isto mostra a você o *primeiro* elemento no vetor. Então expanda o intervalo para exibir tantos elementos quantos você queira ver. Os comandos para fazer isto diferem enormemente entre depuradores. Em um depurador muito usado, você precisa clicar sobre o campo com o botão *direito* do mouse e selecionar *"Range"* (intervalo) no menu. Em outro depurador, você precisa digitar uma expressão tal como `start[0]@10` para ver 10 elementos. Você irá então obter uma exibição de todos os elementos que especificou (ver Figura 3).

Inspecionar vetores é uma habilidade de depuração importante. Leia a documentação do depurador, ou pergunte a alguém que saiba, tal como o auxiliar do seu laboratório ou instrutor, para mais detalhes.

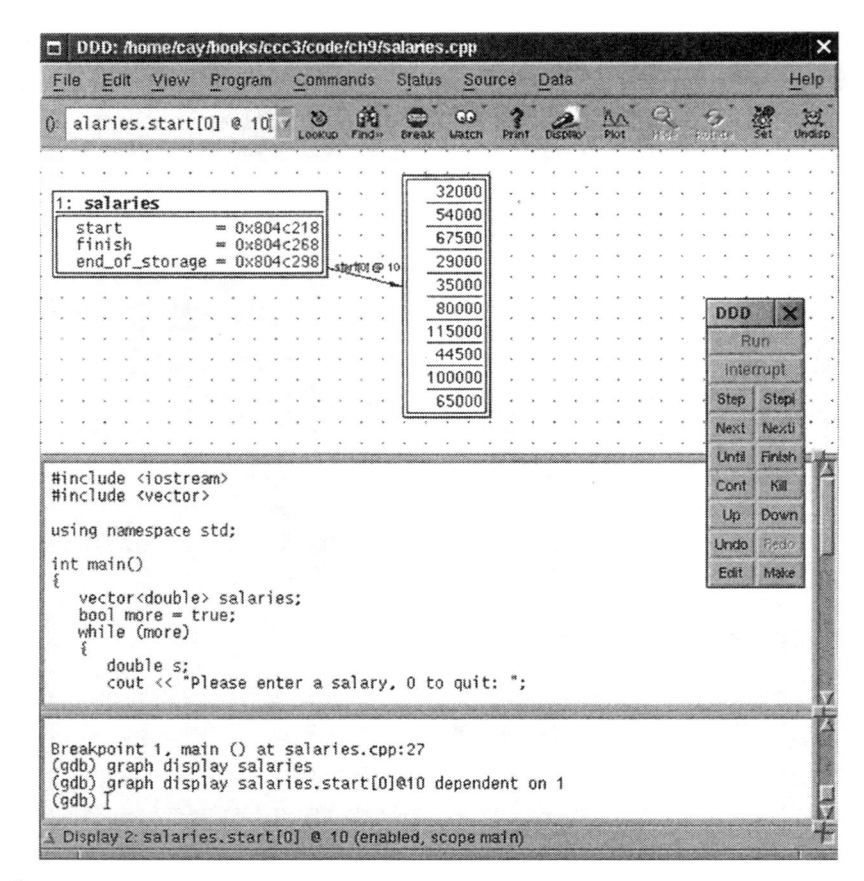

Figura 3
Exibição de elementos do vetor.

🎗 Dica de Qualidade 9.1

Não Combine Acesso a Vetor e Incremento de Índice

É possível incrementar uma variável que é usada como índice, por exemplo

```
x = v[i++];
```

Isso é uma abreviatura para

```
x = v[i];
i++;
```

Há vários anos, quando os compiladores não eram muito poderosos, a abreviatura `v[i++]` era útil, porque ela fazia o compilador gerar código mais rápido. Hoje em dia, o compilador gera o mesmo código eficiente para as duas versões. Portanto, você deve usar a segunda versão, que ela é mais clara e confunde menos.

Tópico Avançado 9.1

Strings São Vetores de Caracteres

Uma variável `string` é essencialmente um vetor de caracteres. C++ tem um tipo de dado básico `char` para indicar caracteres isolados. Por exemplo, o *string* `greeting` definido por

```
string greeting = "Hello";
```

pode ser considerado um vetor de cinco caracteres `'H'`, `'e'`, `'l'`, `'l'`, `'o'`. Observe que os valores do tipo `char` estão colocados entre apóstrofes. `'H'` indica o caractere isolado, `"H"` um *string* contendo um caractere. Um caractere isolado pode ser armazenado em um *byte*. Um *string*, mesmo se ele tiver comprimento 1, precisa armazenar tanto o conteúdo quanto o tamanho, o que requer diversos *bytes*.

Você pode modificar os caracteres em um *string*:

```
greeting[3] = 'p';
greeting[4] = '!';
```

Agora, o *string* é `"Help!"`. Naturalmente, o mesmo efeito pode ser obtido usando operações sobre *strings*, em vez de manipulação direta dos caracteres.

```
greeting = greeting.substr(0, 3) + "p!";
```

Manipular os caracteres diretamente é mais eficiente do que extrair *substrings* e concatenar *strings*. O operador `[]` é mais conveniente do que a função `substr` se você quer percorrer um *string* um caractere de cada vez. Por exemplo, a função a seguir faz uma cópia de um *string* e muda todos os caracteres para maiúsculas:

```
string uppercase(string s)
{
    string r = s;
    int i;
    for (i = 0; i < r.length(); i++)
        r[i] = toupper(r[i]);
    return r;
}
```

Por exemplo, `uppercase("Hello")` retorna o *string* `"HELLO"`. A função `toupper` está definida no cabeçalho `cctype`. Ela converte caracteres minúsculos para maiúsculos.

Fato Histórico 9.1

O Verme da Internet

Em novembro de 1988, um estudante da Cornell University lançou um assim denominado programa vírus que infectou cerca de 6.000 computadores conectados à Internet por todos os Estados Unidos. Dezenas de milhares de usuários de computadores ficaram impossibilitados de ler seu correio eletrônico ou até mesmo de usar seus computadores. Todas as principais universidades e muitas empresas de alta tecnologia foram afetadas (a Internet era muito menor do que é agora).

A espécie particular de vírus usada neste ataque é chamada de *verme* (*worm*). O programa do vírus passou de um computador na Internet para o próximo. O programa completo é bastante complexo; suas principais partes estão explicadas em [1]. Entretanto, um dos métodos usados no ata-

▼ que é de interesse aqui. O verme tentava se conectar ao programa `finger` de sua vítima remota. Algumas versões daquele programa sabidamente contêm código C medíocre que coloca caracteres em um *array* sem verificar se o *array* é extravasado. O programa do verme propositadamente preenchia o *array* de 512 caracteres com 536 *bytes*, substituindo o endereço de retorno da função que estava lendo o *string*. Quando aquela função terminava, ele não retornava ao seu invocador, mas ao código fornecido pelo verme. Aquele código era então executado com os mesmos privilégios de super usuário de `finger`, permitindo que o verme conseguisse entrar no sistema remoto.

▼ Se o programador que escreveu `finger` tivesse sido mais conscencioso, este ataque em particular não seria possível. Em C++, como em C, todos os programadores precisam ser muito cuidadosos para não ultrapassar os limites de *arrays*.

▼ Poder-se-ia perfeitamente especular o que levaria um programador habilidoso a gastar muitas semanas ou meses para planejar o ato anti-social de invadir milhares de computadores e incapacitá-los. Parece que a invasão foi plenamente intencionada pelo autor, mas a incapacitação dos computadores foi um efeito colateral da reinfecção contínua, e dos esforços do verme para evitar ser morto. Não ficou claro se o autor sabia que tais movimentos iriam emperrar as máquinas atacadas.

▼ Nos últimos anos, a novidade de cometer vandalismo nos computadores de outras pessoas perdeu o brilho e existem menos idiotas com habilidade de programação que escrevem novos vírus. Outros ataques por indivíduos com energia mais criminosa, cuja intenção tem sido roubar informações ou dinheiro, têm surgido. A referência [2] dá um relato muito interessante da descoberta e prisão de uma destas pessoas.

9.3 Vetores como parâmetros e valores de retorno

Funções e procedimentos freqüentemente têm vetores como parâmetros. Esta função calcula a média de um vetor de números em ponto flutuante:

Arquivo average.cpp

```
1    #include <iostream>
2    #include <vector>
3
4    using namespace std;
5
6    /**
7       Calcula a média de um vetor de valores em ponto flutuante.
8       @param v um vetor de valores em ponto flutuante
9       @return a média dos valores em v
10   */
11   double average(vector<double> v)
12   {
13      if (v.size() == 0) return 0;
14      double sum = 0;
15      for (int i = 0; i < v.size(); i++)
16         sum = sum + v[i];
17      return sum / v.size();
18   }
19
20   int main()
21   {
22      vector<double> salaries(5);
23      salaries[0] = 35000.0;
24      salaries[1] = 63000.0;
25      salaries[2] = 48000.0;
26      salaries[3] = 78000.0;
27      salaries[4] = 51500.0;
```

```
28
29      double avgsal = average(salaries);
30      cout << "O salário médio é " << avgsal << "\n";
31      return 0;
32   }
```

Para visitar cada elemento do vetor v, a função precisa determinar o tamanho de v. Ela inspeciona todos os elementos, com índices começando em 0 e indo até, mas não incluindo, v.size().

Uma função pode modificar um vetor. Dois tipos de modificações são comuns. Os elementos em um vetor podem ser rearranjados; por exemplo, um vetor pode ser ordenado:

```
void sort(vector<double>& v)
```

(você irá estudar algoritmos para ordenar um vetor no Capítulo 15).

Os elementos individuais de um vetor também podem ser modificados. O programa a seguir contém uma função

```
void raise_by_percent(vector<double>& v, double p)
```

que aumenta todos os valores no vetor pelo percentual dado.

Arquivo raisesal.cpp

```
1    #include <iostream>
2    #include <vector>
3
4    using namespace std;
5
6    /**
7       Aumenta todos os valores em um vetor pelo percentual dado.
8       @param v vetor de valores
9       @param p percentual de aumento dos valores
10   */
11   void raise_by_percent(vector<double>& v, double p)
12   {
13      for (int i = 0; i < v.size(); i++)
14         v[i] = v[i] * (1 + p / 100);
15   }
16
17   int main()
18   {
19      vector<double> salaries(5);
20      salaries[0] = 35000.0;
21      salaries[1] = 63000.0;
22      salaries[2] = 48000.0;
23      salaries[3] = 78000.0;
24      salaries[4] = 51500.0;
25
26      raise_by_percent(salaries, 4.5);
27
28      for (int i = 0; i < salaries.size(); i++)
29         cout << salaries[i] << "\n";
30
31      return 0;
32   }
```

Nos dois casos de modificação, o vetor precisa ser passado por referência (vector <double>&). Se um vetor é passado por valor e a função modifica o vetor, a modificação afeta somente a cópia local daquele valor, não o parâmetro de chamada. Isto é um erro de programação ou, se feito intencionalmente, é considerado mau estilo.

Uma função pode retornar um vetor. Isso é útil se uma função calcula um resultado que consiste em uma coleção de valores do mesmo tipo. Eis aqui uma função que coleta todos os valores que estão dentro de um certo intervalo:

Arquivo between.cpp

```
1   #include <iostream>
2   #include <vector>
3
4   using namespace std;
5
6   /**
7      Retorna todos os valores dentro de um intervalo.
8      @param v um vetor de números em ponto flutuante
9      @param low o limite inferior do intervalo
10     @param high o limite superior do intervalo
11     @return um vetor de valores de v no intervalo dado
12  */
13  vector<double> between(vector<double> v,
14     double low, double high)
15  {
16     vector<double> result;
17     for (int i = 0; i < v.size(); i++)
18        if (low <= v[i] && v[i] <= high)
19           result.push_back(v[i]);
20     return result;
21  }
22
23  int main()
24  {
25     vector<double> salaries(5);
26     salaries[0] = 35000.0;
27     salaries[1] = 63000.0;
28     salaries[2] = 48000.0;
29     salaries[3] = 78000.0;
30     salaries[4] = 51500.0;
31
32     vector<double> midrange_salaries
33        = between(salaries, 45000.0, 65000.0);
34
35     for (int i = 0; i < midrange_salaries.size(); i++)
36        cout << midrange_salaries[i] << "\n";
37
38     return 0;
39  }
```

Agora suponha que você quer saber *onde* estes valores ocorrem no vetor. Em vez de retornar os valores correspondentes, colete as posições de todos os valores correspondentes em um vetor de inteiros. Por exemplo, se salaries[1], salaries[2] e salaries[4] são valores que satisfazem o seu critério, você terminaria com um vetor contendo os inteiros 1, 2 e 4. Quando você sabe onde todos os correspondentes estão, pode imprimir somente aqueles:

Arquivo matches.cpp

```
1   #include <iostream>
2   #include <vector>
3
4   using namespace std;
5
```

```
 6    /**
 7       Retorna as posições de todos os valores dentro de um intervalo.
 8       @param v um vetor de números em ponto flutuante
 9       @param low o limite inferior do intervalo
10       @param high o limite superior do intervalo
11       @return um vetor de posições de valores no intervalo dado
12    */
13    vector<int> find_all_between(vector<double> v,
14       double low, double high)
15    {
16       vector<int> pos;
17       for (int i = 0; i < v.size(); i++)
18       {
19          if (low <= v[i] && v[i] <= high)
20             pos.push_back(i);
21       }
22       return pos;
23    }
24
25    int main()
26    {
27       vector<double> salaries(5);
28       salaries[0] = 35000.0;
29       salaries[1] = 63000.0;
30       salaries[2] = 48000.0;
31       salaries[3] = 78000.0;
32       salaries[4] = 51500.0;
33
34       vector<int> matches
35          = find_all_between(salaries, 45000.0, 65000.0);
36
37       for (int j = 0; j < matches.size(); j++)
38          cout << salaries[matches[j]] << "\n";
39       return 0;
40    }
```

Observe os subscritos aninhados, `salaries[matches[j]]`. Aqui, `matches[j]` é o subscrito do j-ésimo correspondente. Em nosso exemplo, `matches[0]` é 1, `matches[1]` é 2 e `matches[2]` é 4.

Portanto, `salaries[1]`, `salaries[2]` e `salaries[4]` são impressos.

Tópico Avançado 9.2

Passando Vetores por Referência Constante

Passar um vetor para uma função por valor, infelizmente é bastante ineficiente, porque a função precisa fazer uma cópia de todos os elementos. Como explicado no Tópico Avançado 5.2, o custo de uma cópia pode ser evitado usando uma referência constante.

```
double average(const vector<double>& v)
```

em vez de

```
double average(vector<double> v)
```

Essa é uma otimização útil que aumenta bastante o desempenho.

9.3.1 Removendo e inserindo elementos

Suponha que você queira *remover* um elemento de um vetor. Se os elementos no vetor não estão em nenhuma ordem particular, esta tarefa é fácil de cumprir. Simplesmente sobrescreva o elemento a ser removido com o *último* elemento do vetor, então reduza o tamanho do vetor (ver Figura 4).

Arquivo erase1.cpp

```
1    #include <iostream>
2    #include <string>
3    #include <vector>
4
5    using namespace std;
6
7    /**
8       Remove um elemento de um vetor não ordenado.
9       @param v um vetor
10      @param pos a posição do elemento a apagar
11   */
12   void erase(vector<string>& v, int pos)
13   {
14      int last_pos = v.size() - 1;
15      v[pos] = v[last_pos];
16      v.pop_back();
17   }
18
19   /**
20      Imprime todos os elementos de um vetor.
21      @param v o vetor a imprimir
22   */
23   void print(vector<string> v)
24   {
25      for (int i = 0; i < v.size(); i++)
26         cout << "[" << i << "] " << v[i] << "\n";
27   }
28
29   int main()
30   {
31      vector<string> staff(5);
32      staff[0] = "Hacker, Harry";
33      staff[1] = "Reindeer, Rudolf";
34      staff[2] = "Cracker, Carl";
```

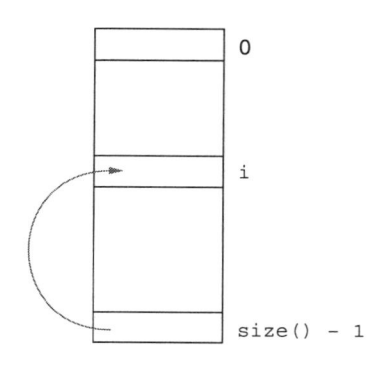

Figura 4

Removendo um elemento de um vetor não ordenado.

```
35      staff[3] = "Lam, Larry";
36      staff[4] = "Sandman, Susan";
37      print(staff);
38
39      int pos;
40      cout << "Remover qual elemento? ";
41      cin >> pos;
42
43      erase(staff, pos);
44      print(staff);
45      return 0;
46   }
```

A situação é mais complexa se a ordem dos elementos faz diferença. Então, você precisa mover todos os elementos acima do elemento a ser removido para baixo por uma célula, e então reduzir o tamanho do vetor (ver Figura 5).

Arquivo erase2.cpp

```
1    #include <iostream>
2    #include <string>
3    #include <vector>
4
5    using namespace std;
6
7    /**
8       Remove um elemento de um vetor ordenado.
9       @param v um vetor
10      @param pos a posição do elemento a apagar
11   */
12   void erase(vector<string>& v, int pos)
13   {
14      for (int i = pos; i < v.size() - 1; i++)
15         v[i] = v[i + 1];
16      v.pop_back();
17   }
18
19   /**
20      Imprime todos os elementos de um vetor.
21      @param v o vetor a imprimir
22   */
23   void print(vector<string> v)
24   {
```

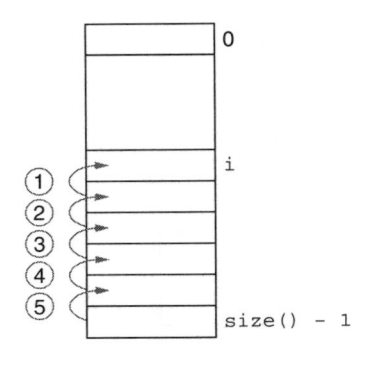

Figura 5

Removendo um elemento em um vetor ordenado.

```
25      for (int i = 0; i < v.size(); i++)
26         cout << "[" << i << "] " << v[i] << "\n";
27   }
28
29   int main()
30   {
31      vector<string> staff(5);
32      staff[0] = "Cracker, Carl";
33      staff[1] = "Hacker, Harry";
34      staff[2] = "Lam, Larry";
35      staff[3] = "Reindeer, Rudolf";
36      staff[4] = "Sandman, Susan";
37      print(staff);
38
39      int pos;
40      cout << "Remover qual elemento? ";
41      cin >> pos;
42
43      erase(staff, pos);
44      print(staff);
45      return 0;
46   }
```

Ao contrário, suponha que você queira inserir um elemento no meio de um vetor. Então, você precisa adicionar um novo elemento no fim do vetor e mover todos os elementos acima da posição de inserção para cima por uma célula. Observe que a ordem do movimento é diferente. Quando você remove um elemento, você primeiro move o próximo elemento para baixo, depois o que está depois daquele, até que você finalmente chega ao fim do vetor. Quando você insere um elemento, você começa no fim do vetor, move aquele elemento para cima, então vai para o que está antes daquele, até que você finalmente chega à posição de inserção (ver Figura 6).

Arquivo insert.cpp

```
1    #include <iostream>
2    #include <string>
3    #include <vector>
4
5    using namespace std;
6
7    /**
8       Insere um elemento em um vetor.
9       @param v um vetor
```

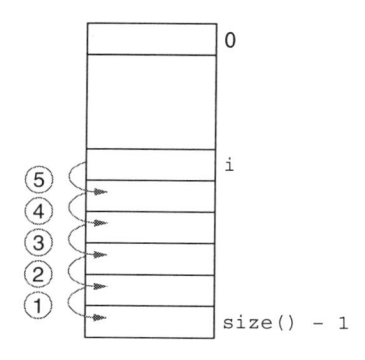

Figura 6

Inserindo um elemento em um vetor ordenado.

```
10      @param pos a posição antes da qual o elemento deve ser inserido
11      @param s o elemento a inserir
12   */
13   void insert(vector<string>& v, int pos, string s)
14   {
15      int last = v.size() - 1;
16      v.push_back(v[last]);
17      for (int i = last; i > pos; i--)
18         v[i] = v[i - 1];
19      v[pos] = s;
20   }
21
22   /**
23      Imprime todos os elementos de um vetor.
24      @param v o vetor a imprimir
25   */
26   void print(vector<string> v)
27   {
28      for (int i = 0; i < v.size(); i++)
29         cout << "[" << i << "] " << v[i] << "\n";
30   }
31
32   int main()
33   {
34      vector<string> staff(5);
35      staff[0] = "Cracker, Carl";
36      staff[1] = "Hacker, Harry";
37      staff[2] = "Lam, Larry";
38      staff[3] = "Reindeer, Rudolf";
39      staff[4] = "Sandman, Susan";
40      print(staff);
41
42      int pos;
43      cout << "Inserir antes de qual elemento? ";
44      cin >> pos;
45
46      insert(staff, pos, "New, Nina");
47      print(staff);
48      return 0;
49   }
```

9.4 Vetores paralelos

Suponha que você quer processar uma série de dados de produtos e então exibir as informações dos produtos, marcando o melhor valor (com a melhor relação pontuação/preço). Por exemplo,

```
ACMA P600 Preço: 995 Pontuação: 75
Alaris Nx686 Preço: 798 Pontuação: 57
AMAX Powerstation 600 Preço: 999 Pontuação: 75
AMS Infogold P600 Preço: 795 Pontuação: 69
AST Premmia Preço: 2080 Pontuação: 80
Austin 600 Preço: 1499 Pontuação: 95
melhor valor => Blackship NX-600 Preço: 598 Pontuação: 60
Kompac 690 Preço: 695 Pontuação: 60
```

Eis aqui um programa simples que lê os dados e exibe a lista, marcando o melhor valor.

Arquivo bestval1.cpp

```
1   #include <iostream>
2   #include <string>
```

```cpp
 3   #include <vector>
 4
 5   using namespace std;
 6
 7   int main()
 8   {
 9      vector<string> names;
10      vector<double> prices;
11      vector<int> scores;
12
13      double best_price = 1;
14      int best_score = 0;
15      int best_index = -1;
16
17      bool more = true;
18      while (more)
19      {
20         string next_name;
21         cout << "Por favor, digite o nome do modelo: ";
22         getline(cin, next_name);
23         names.push_back(next_name);
24         double next_price;
25         cout << "Por favor, digite o preço: ";
26         cin >> next_price;
27         prices.push_back(next_price);
28         int next_score;
29         cout << "Por favor, digite a pontuação: ";
30         cin >> next_score;
31         scores.push_back(next_score);
32         string remainder; /* lê o resto da linha */
33         getline(cin, remainder);
34
35         if (next_score / next_price > best_score / best_price)
36         {
37            best_index = names.size() - 1;
38            best_score = next_score;
39            best_price = next_price;
40         }
41
42         cout << "Mais dados? (s/n) ";
43         string answer;
44         getline(cin, answer);
45         if (answer != "s") more = false;
46      }
47
48      for (int i = 0; i < names.size(); i++)
49      {
50         if (i == best_index) cout << "melhor valor => ";
51         cout << names[i]
52            << " Preço: " << prices[i]
53            << " Pontuação: " << scores[i] << "\n";
54      }
55
56      return 0;
57   }
```

O problema com esse programa é que ele contém três vetores (names, prices, scores) do mesmo tamanho, nos quais a i-ésima *fatia* names[i], prices[i], scores[i], contém dados que precisam ser processados juntos. Esses vetores são chamados *vetores paralelos* (Figura 7).

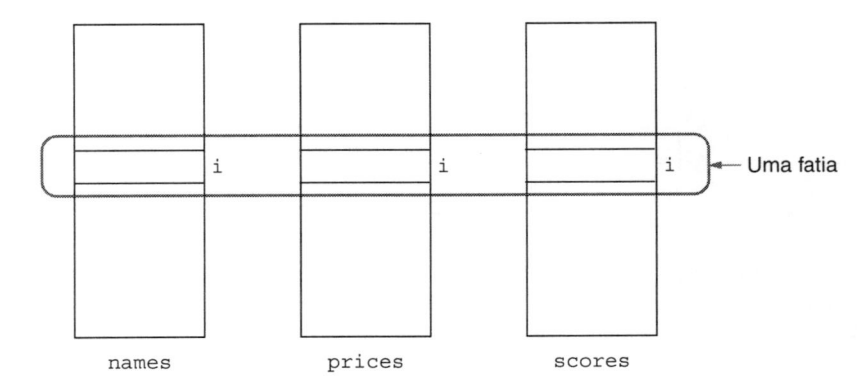

Figura 7
Vetores paralelos.

Vetores paralelos se tornam uma dor de cabeça em programas maiores. O programador precisa assegurar que os vetores sempre têm o mesmo tamanho e que cada fatia está preenchida com valores que realmente formam um conjunto. Ainda mais importante, qualquer função que opera sobre uma fatia precisa receber todos os vetores como parâmetros, o que é monótono de programar.

A solução é simples. Olhe para a fatia e descubra o *conceito* que ela representa. Então, transforme o conceito em uma classe. No exemplo, cada fatia contém um nome, um preço e uma pontuação, descrevendo um *produto*; transforme isto em uma classe.

```
class Product
{
public:
    . . .
private:
    string name;
    double price;
    int score;
};
```

Esta é, naturalmente, precisamente a classe `Product` que descobrimos no Capítulo 6. Você pode agora eliminar os vetores paralelos e substituí-los por um único vetor. Cada célula no vetor resultante corresponde a uma fatia no conjunto de vetores paralelos (ver Figura 8).

Aqui está a função `main` do programa revisado, que usa um único vetor de produtos.

Arquivo bestval2.cpp

```
73      ...
74      int main()
75      {
76         vector<Product> products;
77
78         Product best_product;
79         int best_index = -1;
80
81         bool more = true;
82         while (more)
83         {
84            Product next_product;
85            next_product.read();
86            products.push_back(next_product);
87
88            if (next_product.is_better_than(best_product))
```

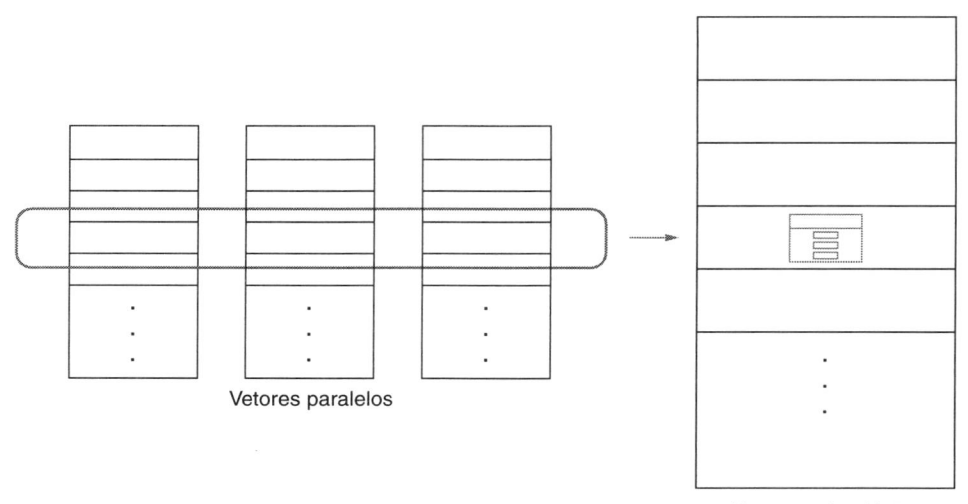

Figura 8
Eliminando vetores paralelos.

```
89          {
90              best_index = products.size() - 1;
91              best_product = next_product;
92          }
93
94          cout << "Mais dados? (s/n) ";
95          string answer;
96          getline(cin, answer);
97          if (answer != "s") more = false;
98      }
99
100     for (int i = 0; i < products.size(); i++)
101     {
102         if (i == best_index) cout << "melhor valor => ";
103         products[i].print();
104     }
105
106     return 0;
107 }
```

🎗 Dica de Qualidade 9.2

Transforme Vetores Paralelos em Vetores de Objetos

Se você se der conta de que está usando dois vetores que têm o mesmo tamanho, pergunte a você mesmo se não poderia substituí-los por um único vetor de um tipo de classe. Por exemplo,

```
vector<string> name;
vector<double> salary;
```

poderia se tornar

```
vector<Employee> staff;
```

▼ Vetores paralelos são um perigo, porque eles levam a um perigo maior, que são as variáveis globais. É monótono escrever funções que trabalham sobre um conjunto de vetores paralelos. Cada uma dessas funções precisaria de todos os vetores paralelos como parâmetros. Programadores que usam vetores paralelos ficam, portanto, tentados a tornar os vetores paralelos variáveis globais.

9.5 Arrays

Vetores são um mecanismo conveniente para coletar elementos do mesmo tipo. A qualquer momento você pode adicionar elementos à coleção e descobrir quais elementos estão atualmente armazenados na coleção. C++ tem um segundo mecanismo para coletar elementos do mesmo tipo, a saber, os *arrays*. Existem muitas similaridades entre *arrays* e vetores, mas existem também algumas diferenças significativas. *Arrays* são uma abstração de mais baixo nível do que vetores, de modo que eles são menos convenientes. Como você verá em breve, um *array* não pode ser redimensionado — você normalmente cria algum espaço extra em cada *array* e então você precisa lembrar quanto deste você realmente usou. Essas limitações tornam os *arrays* mais esquisitos para usar do que vetores, de modo que você pode perfeitamente se perguntar porquê deve aprender sobre eles. O motivo é que vetores são uma adição recente a C++, e muitos programas mais antigos usam *arrays* em vez deles. Para entender aqueles programas, você precisa um conhecimento prático de *arrays*. *Arrays* são também mais rápidos e mais eficientes do que vetores. Isto pode ser importante em algumas aplicações.

9.5.1 Definindo e usando *arrays*

Eis aqui a definição de um *array* de 10 números em ponto flutuante (ver Sintaxe 9.3):

```
double salaries[10];
```

Sintaxe 9.3 : Definição de Variável *Array*

```
type_name variable_name[size];
```

Exemplo:

```
int scores[20];
```

Finalidade:

Definir uma nova variável de um tipo *array*.

Isso é muito semelhante a um vetor

```
vector<double> salaries(10);
```

Tanto o *array* quanto o vetor têm 10 elementos, `salaries[0] ... salaries[9]`.

Ao contrário de um vetor, um *array* nunca pode mudar de tamanho. Isto é, o *array* `salaries` sempre terá exatamente 10 elementos. Você não pode usar `push_back` para adicionar mais elementos a ele. Além disso, o tamanho do *array* deve ser conhecido *quando o programa é compilado*. Ou seja, você não pode perguntar ao usuário quantos elementos são necessários e então alocar um número suficiente, como você poderia fazer com um vetor.

```
int n;
cin >> n;
double salaries[n]; /* NÃO! */
vector<double> salaries(n); /* OK */
```

Ao definir um array, você deve ter uma boa estimativa do número máximo de elementos que você precisa armazenar e estar preparado para ignorar qualquer um além do máximo. Naturalmente, pode perfeitamente acontecer que se queira armazenar mais do que 10 salários, de modo que usamos um tamanho maior:

```
const int SALARIES_CAPACITY = 100;
double salaries[SALARIES_CAPACITY];
```

Em uma execução normal do programa, menos do que o tamanho máximo será ocupado por elementos de verdade.

A constante `SALARIES_CAPACITY` dá a você apenas a *capacidade* do *array*; ela não diz a você quanto do *array* está realmente *utilizado*. Você precisa manter uma *variável associada* que conta quantos elementos estão realmente utilizados. Aqui, chamamos a variável associada de `salaries_size`. O laço a seguir coleta dados e preenche o *array* `salaries`.

```
int salaries_size = 0;
while (more && salaries_size < SALARIES_CAPACITY)
{
    cout << "Digite o salário, ou 0 para terminar: ";
    double x;
    cin >> x;
    if (cin.fail())
        more = false;
    else
    {
        salaries[salaries_size] = x;
        salaries_size++;
    }
}
```

No final deste laço, `salaries_size` contém o verdadeiro número de elementos no *array*. Observe que você precisa parar de aceitar dados de entrada se o tamanho do *array* atinge o tamanho máximo. O nome `salaries_size` foi escolhido para lembrar a você da chamada de função-membro `salaries.size()`, que você teria usado se `salaries` fosse um vetor. A diferença entre *arrays* e vetores é que você precisa atualizar manualmente a variável associada `salaries_size`, enquanto um vetor se lembra automaticamente de quantos elementos ele contém.

Eis aqui um laço que calcula o mais alto salário do *array*. Podemos inspecionar somente os elementos com índice menor do que `salaries_size`, pois os elementos restantes nunca foram configurados e seus conteúdos estão indefinidos.

```
double highest = 0;
if (salaries_size > 0)
{
    highest = salaries[0];
    int i;
    for (i = 1; i < salaries_size; i++)
        if (salaries[i] > highest)
            highest = salaries[i];
}
```

9.5.2 *Arrays* como parâmetros

Quando escreve uma função que tem um *array* como parâmetro, você coloca um `[ ]` vazio atrás do nome do parâmetro:

```
double maximum(double a[], int a_size);
```

Você também precisa passar o tamanho do *array* para a função, porque a função não tem outra maneira de descobrir o tamanho do *array* — não existe nenhuma função-membro `size()`:

```
double maximum(double a[], int a_size)
{
   if (a_size == 0) return 0;
   double highest = a[0];
   int i;
   for (i = 1; i < a_size; i++)
      if (a[i] > highest)
         highest = a[i];
   return highest;
}
```

Ao contrário de todos os outros parâmetros, *arrays* como parâmetros são *sempre passados por referência*. Funções podem modificar parâmetros *array* e aquelas modificações afetam o *array* que foi passado para a função. Você nunca usa um & quando define um parâmetro *array*. Por exemplo, a função a seguir atualiza todos os elementos no *array* s:

```
void raise_by_percent(double s[], double s_size, double p)
{
   int i;
   for (i = 0; i < s_size; i++)
      s[i] = s[i] * (1 + p / 100);
}
```

É considerado bom estilo adicionar a palavra-chave const sempre que uma função não modifique realmente um *array*:

```
double maximum(const double a[], int a_size)
```

Se uma função adiciona elementos a um *array*, você precisa passar três parâmetros para a função: o *array*, o tamanho máximo e o tamanho atual. O tamanho atual deve ser passado como um *parâmetro por referência* para que a função possa atualizá-lo. Aqui está um exemplo. A função a seguir lê dados de entrada para o *array* a (que tem uma capacidade de a_capacity) e atualiza a variável a_size de modo que ela contenha o tamanho final do *array* quando o fim dos dados de entrada tiver sido atingido. Observe que a função pára de ler no fim dos dados de entrada ou quando o *array* tiver sido completamente preenchido.

```
void read_data(double a[], int a_capacity, int& a_size)
{
   a_size = 0;
   while (a_size < a_capacity)
   {
      double x;
      cin >> x;
      if (cin.fail()) return;
      a[a_size] = x;
      a_size++;
   }
}
```

Embora *arrays* possam ser parâmetros de funções, eles não podem ser valores de retorno de funções. Se uma função calcula múltiplos valores (tal como a função between na Seção 9.3), o invocador da função deve fornecer um parâmetro *array* para guardar o resultado.

O programa a seguir lê valores de salários da entrada padrão, então imprime o salário máximo.

Arquivo salarray.cpp

```
1  #include <iostream>
2
3  using namespace std;
```

```cpp
4
5  /**
6     Lê dados para um array.
7     @param a o array a preencher
8     @param a_capacity o tamanho máximo de a
9     @param a_size preenchido com o tamanho de a após a leitura
10 */
11 void read_data(double a[], int a_capacity, int& a_size)
12 {
13    a_size = 0;
14    double x;
15    while (a_size < a_capacity && (cin >> x))
16    {
17       a[a_size] = x;
18       a_size++;
19    }
20 }
21
22 /**
23    Calcula o valor máximo em um array.
24    @param a o array
25    @param a_size a quantidade de valores em a
26 */
27 double maximum(const double a[], int a_size)
28 {
29    if (a_size == 0) return 0;
30    double highest = a[0];
31    for (int i = 1; i < a_size; i++)
32       if (a[i] > highest)
33          highest = a[i];
34    return highest;
35 }
36
37 int main()
38 {
39    const int SALARIES_CAPACITY = 100;
40    double salaries[SALARIES_CAPACITY];
41    int salaries_size = 0;
42
43    cout << "Por favor, digite todos os dados de salários: ";
44    read_data(salaries, SALARIES_CAPACITY, salaries_size);
45
46    if (salaries_size == SALARIES_CAPACITY && !cin.fail())
47       cout << "Desculpe, - dados em excesso ignorados\n";
48
49    double maxsal = maximum(salaries, salaries_size);
50    cout << "O salário máximo é " << maxsal << "\n";
51    return 0;
52 }
```

9.5.3 *Arrays* de caracteres

Assim como *arrays* são antecessores dos vetores, houve uma época em que C++ não tinha nenhuma classe `string`. Todo o processamento de *strings* era executado manipulando *arrays* do tipo `char`. O tipo `char` indica um caractere isolado. Constantes de caracteres individuais são delimitadas por apóstrofes; por exemplo,

```
char input = 'y';
```

Observe que `'y'` é um caractere isolado, o que é bastante diferente de `"y"`, um *string* contendo um único caractere. Cada caractere na verdade é codificado como um valor inteiro. Por exemplo, no esquema de codificação ASCII, que atualmente é usado na maioria dos computadores, o caractere `'y'` é codificado como o número 121 (naturalmente, você nunca deve usar estes verdadeiros códigos numéricos em seus programas).

Eis aqui uma definição de um *array* de caracteres que guarda o *string* `"Hello"`:

```
char greeting[6] = "Hello";
```

O *array* guarda seis caracteres, a saber `'H'`, `'e'`, `'l'`, `'l'`, `'o'` e um *terminador zero* `'\0'` (ver Figura 9). O terminador é um caractere que está codificado como o número zero — isto é diferente do caractere `'0'`, o caractere que representa o dígito zero (no esquema de codificação ASCII, o caractere que representa o dígito zero é codificado como o número 48).

Se você inicializa uma variável *array* de caracteres com um *array* de caracteres constante (tal como `"Hello"`), você não precisa especificar o tamanho da variável *array* de caracteres:

```
char greeting[] = "Hello";
    /* o mesmo que char greeting[6] */
```

O compilador conta os caracteres do inicializador (incluindo o terminador zero) e usa esta contagem como o tamanho para a variável *array*.

Um *array* de caracteres constante (como `"Hello"`) sempre tem um terminador zero. Quando você cria seus próprios *arrays* de caracteres, é muito importante que adicione o terminador zero — as funções para *strings* da biblioteca padrão dependem dele:

```
char mystring[5];
for (i = 0; i < 4; i++)
    mystring[i] = greeting[i];
mystring[4] = '\0'; /* adiciona o terminador zero*/
```

É um erro extremamente comum esquecer do espaço para este caractere. Você pode tornar este requisito de espaço adicional mais explícito se sempre criar *arrays* de caracteres com tamanho MAXLENGTH + 1:

```
const int MYSTRING_MAXLENGTH = 4;
char mystring[MYSTRING_MAXLENGTH + 1];
```

Aqui está uma implementação da função da biblioteca padrão `strlen` que calcula o tamanho de um *array* de caracteres. A função fica contando caracteres até encontrar um terminador zero.

```
int strlen(const char s[])
{
    int i = 0;
    while (s[i] != '\0')
        i++;
    return i;
}
```

greeting =

| H |
| e |
| l |
| l |
| o |
| \0 |

Figura 9

Um *array* de caracteres.

Como você pode imaginar, esta função irá se comportar mal se o terminador zero não estiver presente. Ela vai continuar procurando além do fim do *array* até que por acaso encontre um *byte* com valor zero.

Como o fim de um *array* de caracteres é marcado por um terminado zero, uma função que lê de um *array* de caracteres (tal como a função `strlen` acima) não precisa do tamanho do *array* como um parâmetro adicional. Entretanto, qualquer função que escreva em um *array* de caracteres precisa saber o tamanho máximo. Por exemplo, eis aqui uma função que acrescenta um *array* de caracteres a outro. A função lê do segundo *array* e pode determinar seu tamanho pelo terminador zero. Entretanto, a capacidade do primeiro *array*, ao qual mais caracteres são adicionados, deve ser especificada como um parâmetro extra. O valor `s_maxlength` especifica o tamanho máximo do *string* armazenado no *array*. É esperado que o *array* tenha um *byte* a mais para guardar o terminador zero.

Arquivo append.cpp

```
1   #include <iostream>
2
3   using namespace std;
4
5   /**
6      Acrescenta tanto quanto possível de um string a outro string.
7      @param s o string ao qual t é acrescentado
8      @param s_maxlength o tamanho máximo de s (sem contar o '\0')
9      @param t o string a acrescentar
10  */
11  void append(char s[], int s_maxlength, const char t[])
12  {
13     int i = strlen(s);
14     int j = 0;
15     /* acrescenta t a s */
16     while (t[j] != '\0' && i < s_maxlength)
17     {
18        s[i] = t[j];
19        i++;
20        j++;
21     }
22     /* acrescenta o terminador zero */
23     s[i] = '\0';
24  }
25
26  int main()
27  {
28     const int GREETING_MAXLENGTH = 10;
29     char greeting[GREETING_MAXLENGTH + 1] = "Hello";
30     char t[] = ", World!";
31     append(greeting, GREETING_MAXLENGTH, t);
32     cout << greeting << "\n";
33     return 0;
34  }
```

Se você executar este programa, descobrirá que ele imprime `Hello, Wor` — o máximo possível, porque o *array* de caracteres `greeting` pode guardar no máximo 10 caracteres. Com a classe `string` você nunca tem este problema, porque a classe encontra espaço de armazenamento suficiente para guardar todos os caracteres que são adicionados a um *string*.

Infelizmente, algumas das funções da biblioteca padrão não verificam se elas estão escrevendo além do fim de um *array* de caracteres. Por exemplo, a função padrão `strcat` funciona exatamente como a função `append` dada acima, exceto que ela não verifica se há espaço no *array* ao qual os caracteres são acrescentados. Portanto, a chamada a seguir vai levar a um desastre:

```
const int GREETING_MAXLENGTH = 10;
char greeting[GREETING_MAXLENGTH + 1] = "Hello";
char t[] = ", World!";
strcat(greeting, t); /* NÃO! */
```

Quatro caracteres a mais (`'l'`, `'d'`, `'!'`, e o terminador zero `'\0'`) serão escritos além do fim do *array* `greeting`, sobrescrevendo o que quer que possa estar armazenado lá. Este é um erro de programação excessivamente comum e perigoso. A biblioteca padrão tem uma segunda função, `strncat`, que é projetada para evitar este problema. Você especifica o número máximo de caracteres a copiar. Tristemente, ela não funciona muito bem. Se o número máximo foi atingido, nenhum terminador zero é fornecido, de modo que você precisa acrescentá-lo manualmente:

```
const int GREETING_MAXLENGTH = 10;
char greeting[GREETING_MAXLENGTH + 1] = "Hello";
char t[] = ", World!";
strncat(greeting, t, GREETING_MAXLENGTH - strlen(greeting));
greeting[GREETING_MAXLENGTH] = '\0';
```

Em geral, é melhor evitar o uso de *arrays* de caracteres — a classe `string` é mais segura e muito mais conveniente. Por exemplo, acrescentar um objeto *string* a outro é trivial:

```
string greeting = "Hello";
string t = ", World!";
greeting = greeting + t;
```

Entretanto, ocasionalmente você precisa converter um *string* para um *array* de caracteres porque você precisa chamar uma função que foi escrita antes da classe `string` ter sido inventada. Neste caso, use a função membro `c_str` da classe `string`. Por exemplo, o cabeçalho `cstdlib` declara uma útil função

```
int atoi(const char s[])
```

que converte um *array* de caracteres contendo dígitos para seu valor inteiro:

```
char year[] = "1999";
int y = atoi(year); /* agora y é o inteiro 1999 */
```

Inexplicavelmente, esta funcionalidade está faltando na classe `string`, e a função membro `c_str` provê um "plano alternativo":

```
string year = "1999";
int y = atoi(year.c_str());
```

(No Capítulo 12, você verá um outro método para converter *strings* em números).

9.5.4 *Arrays* bidimensionais

Vetores e *arrays* podem armazenar seqüências lineares de números. Acontece com freqüência de querermos armazenar coleções de números que têm um leiaute bidimensional. Por exemplo, na Seção 6.7 você viu um programa que produz uma tabela de saldos de contas, com taxas de juros variáveis ao longo de múltiplos anos, como mostrado adiante.

Um arranjo como este, consistindo de linhas e colunas de valores, é chamado um *array* bidimensional, ou uma *matriz*. C++ usa um *array* com dois subscritos para armazenar um *array* bidimensional:

```
const int BALANCES_ROWS = 11;
const int BALANCES_COLS = 6;
double balances[BALANCES_ROWS][BALANCES_COLS];
```

Exatamente como você especifica o tamanho de *arrays* quando você os define, você deve especificar quantas linhas e colunas você precisa. Neste caso, você pede 11 linhas e 6 colunas.

12762.82	16288.95	20789.28	26532.98	33863.55	43219.42
13069.60	17081.44	22324.76	29177.57	38133.92	49839.51
13382.26	17908.48	23965.58	32071.35	42918.71	57434.91
13700.87	18771.37	25718.41	35236.45	48276.99	66143.66
14025.52	19671.51	27590.32	38696.84	54274.33	76122.55
14356.29	20610.32	29588.77	42478.51	60983.40	87549.55
14693.28	21589.25	31721.69	46609.57	68484.75	100626.57
15036.57	22609.83	33997.43	51120.46	76867.62	115582.52
15386.24	23673.64	36424.82	56044.11	86230.81	132676.78
15742.39	24782.28	39013.22	61416.12	96683.64	152203.13
16105.10	25937.42	41772.48	67275.00	108347.06	174494.02

Para configurar qualquer elemento específico no *array* bidimensional, você precisa especificar dois subscritos em colchetes separados, para selecionar a linha e coluna, respectivamente (ver Sintaxe 9.4 e Figura 10):

```
balances[3][4] = future_value(10000, 6.5, 20);
```

Sintaxe 9.4 : Definição de *Array* Bidimensional

```
type_name variable_name[size1][size2];
```

Exemplo:

```
double monthly_sales[NREGIONS][12];
```

Finalidade:

Definir uma nova variável que é um *array* bidimensional.

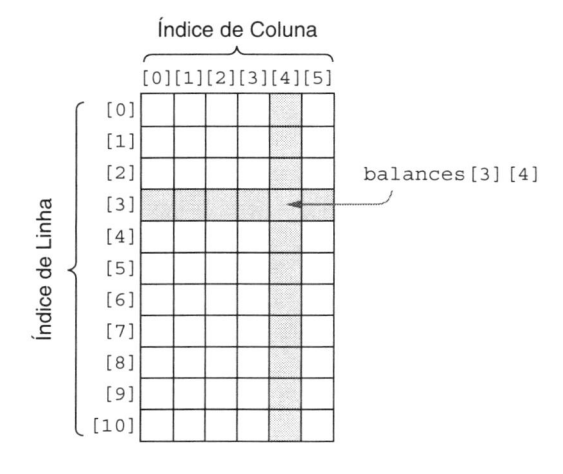

Figura 10
Acessando um elemento em um *array* bidimensional.

Assim como com *arrays* unidimensionais, você não pode mudar o tamanho de um *array* bidimensional depois que ele tenha sido definido.

Embora estes *arrays* pareçam ser bidimensionais, eles ainda são armazenados como uma seqüência de elementos na memória. A Figura 11 mostra como o *array* `balances` é armazenado, linha por linha. Por exemplo, para alcançar

```
balances[3][4]
```

o programa precisa primeiro saltar sobre as linhas 0, 1 e 2 e então localizar o deslocamento 4 na linha 3. O deslocamento a partir do início do *array* é

```
3 * BALANCES_COLS + 4
```

Quando passando um *array* bidimensional para uma função, você deve especificar o número de colunas *como uma constante* como o tipo do parâmetro. O número de linhas pode ser variável. Por exemplo,

```
void print_table(const double table[][BALANCES_COLS], int table_rows)
{
    const int WIDTH = 10;
    cout << fixed << setprecision(2);
    for (int i = 0; i < table_rows; i++)
    {
        for (int j = 0; j < BALANCES_COLS; j++)
            cout << setw(WIDTH) << table[i][j];
        cout << "\n";
    }
}
```

Essa função pode imprimir *arrays* bidimensionais com números arbitrários de linhas, mas as linhas devem ter 6 colunas. Você precisa escrever uma função diferente se você quer imprimir um *array* bidimensional com 7 colunas. O motivo é que o compilador precisa ser capaz de encontrar o elemento

```
table[i][j]
```

calculando o deslocamento

```
i * BALANCES_COLS + j
```

O compilador sabe que deve usar `BALANCES_COLS` como o número de colunas no cálculo de `table[i][j]` porque ele foi especificado na definição do parâmetro `table` como

```
double table[][BALANCES_COLS]
```

Se você quiser, também pode especificar o número de linhas:

```
void print_table(double table[BALANCES_ROWS][BALANCES_COLS])
```

Entretanto, o compilador ignora completamente o primeiro índice. Quando você acessa `table[i][j]`, ele não verifica se `i` é menor do que `BALANCES_ROWS`. Ele também não verifica

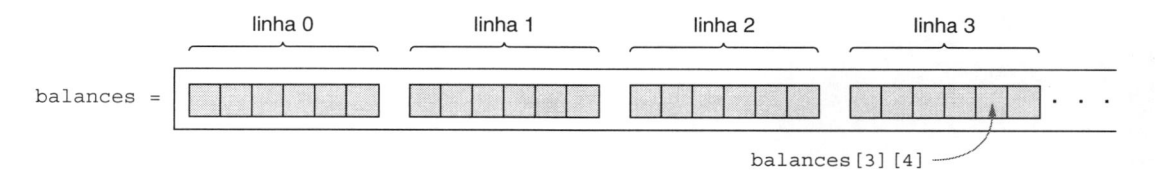

Figura 11

Um array bidimensional é armazenado como uma seqüência de linhas.

se j é válido. Ele simplesmente calcula o deslocamento i * BALANCE_COLS + j e localiza aquele elemento.

Eis aqui um programa completo que preenche um *array* bidimensional com dados e então exibe o conteúdo.

Arquivo matrix.cpp

```
1   #include <iostream>
2   #include <iomanip>
3   #include <cmath>
4
5   using namespace std;
6
7   const int BALANCES_ROWS = 11;
8   const int BALANCES_COLS = 6;
9
10  const double RATE_MIN = 5;
11  const double RATE_MAX = 10;
12  const double RATE_INCR =
13     (RATE_MAX - RATE_MIN) / (BALANCES_ROWS - 1);
14  const int YEAR_MIN = 5;
15  const int YEAR_MAX = 30;
16  const int YEAR_INCR =
17     (YEAR_MAX - YEAR_MIN) / (BALANCES_COLS - 1);
18
19
20  /**
21     Imprime uma tabela de saldos de contas.
22     @param a tabela a imprimir
23     @param table_rows o número de linhas na tabela.
24  */
25  void print_table(const double table[][BALANCES_COLS],
26     int table_rows)
27  {
28     const int WIDTH = 10;
29     cout << fixed << setprecision(2);
30     for (int i = 0; i < table_rows; i++)
31     {
32        for (int j = 0; j < BALANCES_COLS; j++)
33           cout << setw(WIDTH) << table[i][j];
34        cout << "\n";
35     }
36  }
37
38  /**
39     Calcula o valor de um investimento com juros compostos.
40     @param initial_balance o valor inicial do investimento
41     @param p a taxa de juros por período, em percentagem
42     @param n o número de períodos em que o investimento é mantido
43     @return o saldo após n períodos
44  */
45  double future_value(double initial_balance, double p, int n)
46  {
47     double b = initial_balance * pow(1 + p / 100, n);
48     return b;
49  }
50
51  int main()
52  {
```

```
53      double balances[BALANCES_ROWS][BALANCES_COLS];
54      for (int i = 0; i < BALANCES_ROWS; i++)
55         for (int j = 0; j < BALANCES_COLS; j++)
56            balances[i][j] = future_value(10000,
57               RATE_MIN + i * RATE_INCR,
58               YEAR_MIN + j * YEAR_INCR);
59
60      print_table(balances, BALANCES_ROWS);
61
62      return 0;
63   }
```

Dica de Qualidade   9.3

Dê Nomes Consistentes ao Tamanho e à Capacidade do Array

É uma boa idéia ter um esquema consistente para dar nomes ao tamanho e à capacidade do *array*. Nesta seção, você sempre acrescentou `_size` e `_CAPACITY` ao nome do *array*, para indicar o tamanho e a capacidade de um *array*:

```
const int A_CAPACITY = 20;
int a[A_CAPACITY];
int a_size = 0;
. . .
int x;
cin >> x;
a[a_size] = x;
a_size++;
```

Se você segue esta convenção para dar nomes ou uma semelhante a ela, você sempre sabe como perguntar sobre o tamanho e a capacidade de um *array*. Lembre-se de que você precisa passar o tamanho para todas as funções que lêem o *array* e tanto o tamanho quanto a capacidade para todas as funções que adicionam valores ao *array*.

Erro Freqüente   9.2

Ponteiros de Caracteres

O erro mais perigoso com *arrays* de caracteres é copiar um *string* para posições aleatórias da memória. Se você se limitar aos *arrays* de caracteres descritos nesta seção, isto não irá acontecer com você. Entretanto, se você der ouvidos a seus amigos que lhe dizem que você pode simplesmente usar um `char*` sempre que quiser armazenar um *array* de caracteres, você estará se metendo em encrenca. O código a seguir irá ser compilado sem erros, mas o programa resultante muito provavelmente vai terminar com erro imediatamente:

```
char* greeting;
strcat(greeting, "Hello"); /* NÃO! */
```

O tipo `char*` representa um *ponteiro* para um caractere, ou seja, a posição de um caractere na memória (você vai aprender mais sobre ponteiros no Capítulo 10). Como `greeting` nunca foi inicializado, ele aponta para uma posição aleatória. Em C++, *arrays* e ponteiros são intimamente relacionados, e em muitos casos não há distinção entre um *array* e um ponteiro para o primeiro elemento daquele *array*. Por esta razão, a função `strcat` está querendo receber um ponteiro como seu primeiro parâmetro. Naturalmente, a função supõe que a posição para a qual o ponteiro aponta está disponível para armazenar caracteres.

Quando a função começa a colocar caracteres em uma posição aleatória, existe uma boa probabilidade de que o sistema operacional perceba que a posição aleatória de memória não pertence ao programa. Nesse caso, o sistema operacional termina a execução do programa com extrema intolerância.

Entretanto, também é possível acontecer que a posição aleatória da memória esteja acessível ao programa. Nesse caso, algum outro dado, presumivelmente útil, será sobrescrito. Para evitar estes erros, não use ponteiros `char*`. Eles não são necessários para manipulação básica de *arrays* de caracteres. Em algum momento, no futuro, você poderá precisar trabalhar em um projeto que requeira conhecimento de ponteiros para caracteres. Neste momento, você irá precisar aprender sobre o relacionamento entre *arrays* e ponteiros em C e C++. Veja, por exemplo, [3] para mais informações.

⊗ Erro Freqüente 9.3

Omitir o Tamanho da Coluna de um Parâmetro Array Bidimensional

Ao passar um *array* unidimensional para uma função, você especifica o tamanho do *array* como um parâmetro separado:

```
double maximum(const double a[], int a_size)
```

Essa função pode calcular o máximo de *arrays* de qualquer tamanho. Entretanto, para *arrays* bidimensionais, você não pode simplesmente passar o número de linhas e colunas como parâmetros:

```
void print(const double table[][], int table_rows,
    int table_cols)  /* NÃO! */
```

Você precisa saber quantas colunas o *array* bidimensional tem e especificar o número de colunas existentes no parâmetro *array*. Este número deve ser uma constante:

```
const int TABLE_COLS = 6;
void print(const double table[][TABLE_COLS],
    int table_rows)  /* OK */
```

💬 Fato Histórico 9.2

Alfabetos Internacionais

O alfabeto inglês é bastante simples: *a* a *z* maiúsculas e minúsculas. Outras línguas européias têm acentos e caracteres especiais. Por exemplo, alemão tem três caracteres chamados de *umlaut* (ä, ö, ü) e um caractere *duplo-s* (ß). Estes não são enfeites opcionais; você não conseguiria escrever uma página de texto em alemão sem usar estes caracteres (ver Figura 12).

Isso traz um problema para usuários e projetistas de computadores. A codificação de caracteres americana padrão (chamada de ASCII, sigla de American Standard Code for Information Interchange) especifica 128 códigos: 52 caracteres para letras maiúsculas e minúsculas, 10 dígitos, 32 símbolos tipográficos e 34 caracteres de controle (tais como espaço, nova linha e 32 outros, para controlar impressoras e outros dispositivos). Os *umlaut* e o *duplo-s* não estão entre eles. Alguns sistemas de processamento de dados alemães substituem caracteres ASCII poucos usados pelas letras alemãs: [\ ] { | } ~ são substituídos por Ä Ö Ü ä ö ü ß. Embora a maioria das pessoas possa viver sem estes caracteres, programadores C++ definitivamente não podem. Outros esquemas de codificação tiram

Figura 12
O teclado alemão.

vantagem do fato de que um *byte* pode codificar 256 caracteres diferentes, dos quais somente 128 são padronizados pelo ASCII. Infelizmente, existem múltiplos padrões incompatíveis para tais codificações, o que resulta em uma certa irritação entre usuários europeus de computadores.

Muitos países simplesmente não usam o alfabeto romano. Letras russas, gregas, hebraicas, árabes e tailandesas, para mencionar apenas algumas, têm formas completamente diferentes (ver Figura 13). Para complicar, hebraico e árabe são escritos da direita para a esquerda. Cada um desses alfabetos tem entre 30 e 100 letras e os países que os usam estabeleceram padrões de codificação para eles.

Figura 13
Os caracteres tailandeses.

A situação é muito mais dramática em línguas que usam os caracteres chineses: os dialetos de chinês, japonês e coreano. Os caracteres chineses não são alfabéticos, mas *ideogramas* (ver Figura 14). Um caractere representa uma idéia ou coisa. A maioria das palavras são formadas por um, dois ou três destes ideogramas. Mais de 50.000 ideogramas são conhecidos, dos quais cerca de 20.000 estão em uso corrente. Portanto, dois *bytes* são necessários para codificá-los. China, Taiwan, Japão e Coréia têm padrões de codificação incompatíveis para eles (as escritas japonesa e coreana usam uma mistura de caracteres silábicos nativos e ideogramas chineses).

As inconsistências entre codificações de caracteres têm sido uma grande incomodação para a comunicação eletrônica internacional e para fabricantes de *software* que competem por um mercado global. Entre 1988 e 1991, um consórcio de fabricantes de *hardware* e *software* desenvolveu um esquema de codificação uniforme em 16 *bits* chamado *Unicode*, que é capaz de codificar texto em praticamente todas as línguas escritas do mundo [4]. Cerca de 28.000 caracteres estão codificados, incluindo 21.000 ideogramas chineses. Como um código de 16 *bits* pode incorporar 65.000 códigos, existe amplo espaço para expansão. Existem planos de adicionar códigos para línguas indígenas americanas e hieróglifos egípcios.

CLASSIC SOUPS

		Sm.	Lg.
清燉雞湯 57.	House Chicken Soup (Chicken, Celery, Potato, Onion, Carrot)	1.50	2.75
雞飯湯 58.	Chicken Rice Soup	1.85	3.25
雞麵湯 59.	Chicken Noodle Soup	1.85	3.25
廣東雲吞 60.	Cantonese Wonton Soup	1.50	2.75
蕃茄蛋 61.	Tomato Clear Egg Drop Soup	1.65	2.95
雲吞湯 62.	Regular Wonton Soup	1.10	2.10
酸辣湯 63.	Hot & Sour Soup	1.10	2.10
蛋花湯 64.	Egg Drop Soup	1.10	2.10
雲蛋湯 65.	Egg Drop Wonton Mix	1.10	2.10
豆腐菜湯 66.	Tofu Vegetable Soup	NA	3.50
雞玉米湯 67.	Chicken Corn Cream Soup	NA	3.50
蟹肉玉米湯 68.	Crab Meat Corn Cream Soup	NA	3.50
海鮮湯 69.	Seafood Soup	NA	3.50

Figura 14

Os caracteres chineses.

Resumo do capítulo

1. Use um vetor para coletar múltiplos valores do mesmo tipo. Valores individuais são acessados por um índice inteiro ou subscrito: `v[i]`. Valores válidos para o índice variam de 0 até um a menos do que o tamanho do *array*. Fornecer um índice inválido é um erro freqüente de programação, que tem sérias conseqüências.

2. Quando criando um vetor, você pode configurá-lo para um certo tamanho ou você pode começar com um vetor vazio. Use o procedimento `push_back` para adicionar mais elementos a um vetor. Use `pop_back` para reduzir o tamanho. Use a função `size` para obter o tamanho atual.

3. Vetores podem ser usados como parâmetros e valores de retorno de funções e procedimentos.

4. Ao inserir ou remover elementos no meio de um vetor, preste atenção à ordem na qual você move os elementos além do ponto de inserção ou remoção.
5. Evite vetores paralelos, substituindo-os por vetores de objetos.
6. *Arrays* são uma construção mais primitiva para coletar elementos do que vetores. Uma vez que o tamanho do *array* tenha sido configurado, ele não pode ser mudado.
7. *Arrays* de caracteres são *arrays* de valores do tipo caractere `char`.
8. Vetores formam uma seqüência linear unidimensional de valores. Matrizes formam um arranjo bidimensional em forma de tabela. Elementos individuais são acessados por subscritos duplos `m[i][j]`.

Leitura adicional

[1] Peter J. Denning, *Computers under Attack*, Addison-Wesley, 1990.
[2] Cliff Stoll, *The Cuckoo's Egg*, Doubleday, 1989.
[3] Cay Horstmann, *Mastering C++*, 2nd ed., John Wiley & Sons, 1995.
[4] The Unicode Consortium, *The Unicode Standard Worldwide Character Encoding*, Version 1.0, Addison-Wesley, 1991.

Exercícios de revisão

Exercício R9.1. Escreva código que preenche um vetor v com cada um dos conjuntos de valores abaixo

(a)	1	2	3	4	5	6	7	8	9	10
(b)	0	2	4	6	8	10	12	14	16	18	20
(c)	1	4	9	16	25	36	49	64	81	100
(d)	0	0	0	0	0	0	0	0	0	0
(e)	1	4	9	16	9	7	4	9	11

Exercício R9.2. Escreva um laço que preenche um vetor v com 10 números aleatórios entre 1 e 100. Escreva código para dois laços aninhados que preenchem v com 10 números aleatórios *diferentes* entre 1 e 100.

Exercício R9.3. Escreva código C++ para um laço que calcula simultaneamente tanto o máximo quanto o mínimo de um vetor.

Exercício R9.4. O que há de errado com o laço a seguir?

```
vector<int> v(10);
int i;
for (i = 1; i <= 10; i++) v[i] = i * i;
```

Explique duas maneiras de corrigir o erro.

Exercício R9.5. O que é um índice de *array*? Quais são os limites de um *array*? O que é um erro de limites?

Exercício R9.6. Escreva um programa que contém um erro de limites. Execute o programa. O que acontece em seu computador?

Exercício R9.7. Escreva um programa que preenche um vetor com os números 1, 4, 9, ..., 100. Compile-o e inicie o depurador. Depois que o vetor foi preenchido com três números, inspecione-o. Faça uma captura de tela da janela que mostra as 10 células do vetor.

Exercício R9.8. Escreva um laço que lê 10 números e um segundo laço que os exibe na ordem inversa à que foram digitados.

Exercício R9.9. Dê um exemplo de

(a) Uma função útil que tenha um vetor de inteiros como um parâmetro por valor

(b) Uma função útil que tenha um vetor de inteiros como um parâmetro por referência

(c) Uma função útil que tenha um vetor de inteiros como um valor de retorno

Descreva cada função; não as implemente.

Exercício R9.10. Uma função que tem um vetor como um parâmetro por referência pode mudar o vetor de duas maneiras. Ela pode mudar o conteúdo de elementos individuais do vetor ou ela pode rearranjar os elementos. Descreva duas funções úteis com parâmetros `vector<Product>&` que mudam um vetor de produtos das duas maneiras recém descritas.

Exercício R9.11. O que são vetores paralelos? Por que vetores paralelos são indicação de programação pobre? Como eles podem ser evitados?

Exercício R9.12. Projete uma classe `Staff` que armazena uma coleção de funcionários. Que funções-membro públicas você deve suportar? Que vantagens e desvantagens uma classe `Staff` tem em relação a um `vector<Employee>`?

Exercício R9.13. Suponha que v é um vetor *ordenado* de funcionários. Escreva pseudocódigo que descreve como um novo funcionário pode ser inserido em sua posição apropriada de modo que o vetor resultante permaneça ordenado.

Exercício R9.14. Em muitas linguagens de programação não é possível aumentar um vetor. Ou seja, não existe algo como `push_back` nessas linguagens. Escreva código que lê uma seqüência de números para um vetor usando `push_back`. Primeiro, crie um vetor de um tamanho razoável (digamos, 20). Use, também, uma variável inteira `length` que indica quão *cheio* o vetor está atualmente. Sempre que um novo elemento é lido, incremente `length`. Quando `length` atinge o *tamanho* do vetor (inicialmente 20), crie um novo vetor com o dobro do tamanho e copie todos os elementos existentes para o novo vetor. Escreva código C++ que execute esta tarefa.

Exercício R9.15. Como você executa as seguintes tarefas com vetores em C++?

(a) Testar se dois vetores contêm os mesmos elementos, na mesma ordem.

(b) Copiar um vetor para outro (*Dica*: você pode copiar mais de um elemento de cada vez).

(c) Preencher um vetor com zeros, sobrescrevendo todos os elementos nele.

(d) Remover todos os elementos de um vetor (*Dica*: você não precisa removê-los um por um).

Exercício R9.16. Verdadeiro ou falso?

(a) Todos os elementos de um vetor são do mesmo tipo.

(b) Subscritos de vetores devem ser inteiros.

(c) Vetores não podem conter *strings* como elementos.

(d) Vetores não podem usar *strings* como subscritos.

(e) Vetores paralelos devem ter tamanhos iguais.

(f) Matrizes sempre têm o mesmo número de linhas e colunas.

(g) Dois *arrays* paralelos podem ser substituídos por uma matriz.

(h) Elementos de colunas diferentes em uma matriz podem ter tipos diferentes.

Exercício R9.17. Verdadeiro ou falso?

(a) Todos os parâmetros vetores são parâmetros por referência.
(b) Uma função não pode retornar uma matriz.
(c) Um procedimento não pode mudar as dimensões de uma matriz que é passada por valor.
(d) Um procedimento não pode mudar o tamanho de um vetor que é passado por referência.
(e) Um procedimento somente pode reordenar os elementos de um vetor, não mudar os elementos.

Exercícios de programação

Exercício P9.1. Escreva uma função

```
double scalar_product(vector<double> a, vector<double> b)
```

que calcula o produto escalar de dois vetores. O produto escalar é

$$a_0 b_0 + a_1 b_1 + \cdots + a_{n-1} b_{n-1}$$

Exercício P9.2. Escreva um função que calcule a *soma alternada* de todos os elementos em um vetor. Por exemplo, se `alternating_sum` é chamada com um vetor contendo

1 4 9 16 9 7 4 9 11

então ela calcula

$$1 - 4 + 9 - 16 + 9 - 7 + 4 - 9 + 11 = -2$$

Exercício P9.3. Escreva um procedimento `reverse` que inverte a seqüência dos elementos em um vetor. Por exemplo, se `reverse` é chamado com um vetor contendo

1 4 9 16 9 7 4 9 11

então o vetor é mudado para

11 9 4 7 9 16 9 4 1

Exercício P9.4. Escreva uma função

```
vector<int> append(vector<int> a, vector<int> b)
```

que acrescenta um vetor após outro. Por exemplo, se a é

1 4 9 16

e b é

9 7 4 9 11

então `append` retorna o vetor

1 4 9 16 9 7 4 9 11

Exercício P9.5. Escreva uma função

```
vector<int> merge(vector<int> a, vector<int> b)
```

que intercala dois *arrays*, alternando elementos dos dois *arrays*. Se um *array* é mais curto do que o outro, então alterne enquanto você puder e depois acrescente os elementos restantes do *array* mais longo. Por exemplo, se a é e b é

        1 4 9 16

        9 7 4 9 11

então `merge` retorna o *array*

        1 9 4 7 9 4 16 9 11

Exercício P9.6. Escreva uma função

```
vector<int> merge_sorted(vector<int> a, vector<int> b)
```

que intercala dois *arrays ordenados*, produzindo um novo *array* ordenado. Mantenha um índice para cada *array*, indicando quanto dele já foi processado. A cada vez, acrescente o menor elemento não processado de qualquer um dos *arrays*, então avance o índice. Por exemplo,

se a é

        1 4 9 16

e b é

        4 7 9 9 11

então `merge_sorted` retorna o *array*

        1 4 4 7 9 9 9 11 16

Exercício P9.7. Escreva uma função predicado

```
bool equals(vector<int> a, vector<int> b)
```

que verifica se dois vetores têm os mesmos elementos na mesma ordem.

Exercício P9.8. Escreva uma função predicado

```
bool same_set(vector<int> a, vector<int> b)
```

que verifica se dois vetores têm os mesmos elementos em alguma ordem, ignorando multiplicidades. Por exemplo, os dois vetores

        1 4 9 16 9 7 4 9 11

e

        11 11 7 9 16 4 1

seriam considerados idênticos. Você provavelmente vai precisar de uma ou mais funções auxiliares.

Exercício P9.9. Escreva uma função predicado

```
bool same_elements(vector<int> a, vector<int> b)
```

que verifica se dois vetores têm os mesmos elementos em alguma ordem, com as mesmas multiplicidades. Por exemplo,

        1 4 9 16 9 7 4 9 11

e

        11 1 4 9 16 9 7 4 9

seriam considerados idênticos, mas

        1 4 9 16 9 7 4 9 11

e

11 11 7 9 16 4 1

não seriam. Você provavelmente vai precisar de uma ou mais funções auxiliares.

Exercício P9.10. Escreva uma função que remove duplicatas de um vetor. Por exemplo, se `remove_duplicates` é chamada com um vetor contendo

1 4 9 16 9 7 4 9 11

então o vetor é mudado para

1 4 9 16 7 11

Exercício P9.11. Um *polígono* é uma seqüência de linhas fechada. Para descrever um polígono, armazene a seqüência de seus vértices. Como o número de pontos é variável, use um vetor.

```
class Polygon
{
public:
    Polygon();
    void add_point(Point p);
    void plot() const;
private:
    vector<Point> corners;
};
```

Implemente essa classe e forneça um testador que desenhe um polígono tal como o seguinte:

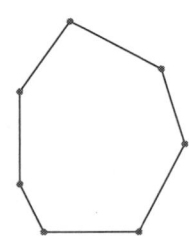

Exercício P9.12. Melhore a classe `Polygon` do Exercício P9.11 adicionando funções-membro

```
double Polygon::perimeter() const
```

e

```
double Polygon::area() const
```

que calculam o perímetro e a área de um polígono. Para calcular o perímetro, calcule a distância entre pontos (vértices) adjacentes e some as distâncias.

A área de um polígono com vértices $(x_0, y_0), \ldots, (x_{n-1}, y_{n-1})$ é

$$\frac{1}{2}|x_0 y_1 + x_1 y_2 + \cdots + x_{n-1} y_0 - y_0 x_1 - y_1 x_2 - \cdots - y_{n-1} x_0|$$

Como casos de teste, calcule o perímetro e a área de um retângulo e de um hexágono regular.

Exercício P9.13. Melhore a classe `Polygon` do Exercício P9.11 adicionando funções-membro

```
void Polygon::move(double dx, double dy);
void Polygon::scale(double factor);
```

O primeiro procedimento move todos os pontos de um polígono pelas quantidades especificadas nas direções *x* e *y*. O segundo procedimento faz um redimensionamento com o fator de escala dado e atualiza as coordenadas dos pontos do polígono adequadamente. *Dica*: Use a função membro `move` da classe `Point`. Para redimensionar um ponto, multiplique tanto a coordenada *x* quanto a *y* pelo fator de escala.

Exercício P9.14. Escreva um programa que pede ao usuário para digitar um número *n* e imprime todas as permutações da seqüência de números 1, 2, 3, . . ., *n*. Por exemplo, se *n* é 3, o programa deve imprimir

```
1   2   3
1   3   2
2   1   3
2   3   1
3   1   2
3   2   1
```

Dica: Escreva uma função

```
permutation_helper(vector<int> prefix, vector<int>
to_permute)
```

que calcula todas as permutações no *array* `to_permute` e imprime cada permutação, precedida de todos os números no *array* `prefix`. Por exemplo, se `prefix` contém o número 2 e `to_permute` os números 1 e 3, então `permutation_helper` imprime

```
2   1   3
2   3   1
```

A função `permutation_helper` faz o seguinte: se `to_permute` não tem nenhum elemento, imprime os elementos em `prefix`. Caso contrário, para cada elemento e em `to_permute`, ela faz um *array* `to_permute2` que é igual a `permute` exceto por e e um *array* `prefix2` consistindo em `prefix` e e. Então, chama `permutation_helper` com `prefix2` e `to_permute2`.

Exercício P9.15. Escreva um programa que produz 10 permutações aleatórias dos números 1 a 10. Para gerar uma permutação aleatória, você precisa preencher um vetor com os números 1 a 10 de modo que nenhum par de elementos do vetor tenha o mesmo conteúdo. Você poderia fazer isso pela força bruta, chamando `rand_int` até que ela produza um valor que ainda não está no vetor. Em vez disso, você deve implementar um método inteligente. Crie um segundo *array* e preencha-o com os números 1 a 10. Então, pegue um desses aleatoriamente, remova-o e o acrescente ao vetor de permutação. Repita 10 vezes.

Exercício P9.16. Escreva um procedimento

```
void bar_chart(vector<double> data)
```

que exibe um gráfico de barras dos valores em `data`. Você pode supor que todos os valores em `data` são positivos. *Dica*: Você precisa descobrir o valor máximo em `data`. Ajuste o sistema de coordenadas de modo que o intervalo em x seja igual ao número de barras e o intervalo em y vá de 0 ao máximo.

Exercício P9.17. Melhore o procedimento `bar_chart` do exercício precedente para funcionar corretamente quando `data` contém valores negativos.

Exercício P9.18. Escreva um procedimento

```
void pie_chart(vector<double> data)
```

que exibe um gráfico de torta dos valores em `data`. Você pode supor que todos os valores em `data` são positivos.

Exercício P9.19. Escreva um programa que imprima um extrato bancário. O programa lê uma seqüência de transações. Cada transação tem o formato

```
dia valor descrição
```

Por exemplo,

```
15 -224 Cheque 2140
16 1200 Depósito em Caixa Automático
```

Seu programa deve ler as descrições e então imprimir um extrato listando todos os depósitos, retiradas e o saldo diário para cada dia. Você deve então calcular os juros recebidos pela conta. Use tanto o método do *saldo diário mínimo* quanto o do *saldo diário médio* para calcular os juros, e imprima os dois valores. Use uma taxa de juros de 0,5% ao mês e suponha que o mês tem 30 dias. Você pode supor que os dados de entrada estão ordenados pela data. Você também pode supor que a primeira entrada é no formato

```
1 1143.24 Saldo Inicial
```

Exercício P9.20. Defina uma classe

```
class Staff
{
public:
    . . .
private:
    vector<Employee> members;
};
```

e implemente os procedimentos `find` e `raise_salary` para o tipo de dado `Staff`.

Exercício P9.21. Projete uma classe `Student`, ou use uma de um exercício anterior. Um estudante tem um nome e uma data de nascimento. Crie um vetor

```
vector<Student> friends;
```

Leia um conjunto de nomes e datas de nascimento de um arquivo ou digite-os, preenchendo assim o vetor `friends`. Então, imprima todos os amigos cujo aniversário cai no mês atual.

Exercício P9.22. Escreva um programa que jogue o jogo da velha (*tic-tac-toe*). O jogo da velha é jogado em uma grade 3 × 3 como em

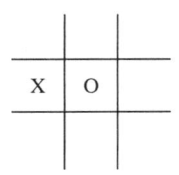

O jogo é jogado por dois jogadores, um de cada vez. O primeiro jogador marca jogadas com um círculo e o segundo com um X. O jogador que tiver formado uma seqüência horizontal vertical ou diagonal de três marcas, vence. Seu programa deve desenhar o tabuleiro do jogo, aceitar cliques do *mouse* em quadrados vazios, alternar os jogadores após cada jogada correta e anunciar o vencedor.

Exercício P9.23. *Quadrados Mágicos.* Uma matriz $n \times n$ que é preenchida com os números 1, 2, 3, . . . , n^2 é um quadrado mágico se a soma dos elementos em cada linha, cada coluna e nas duas diagonais é o mesmo valor. Por exemplo,

16	3	2	13
5	10	11	8
9	6	7	12
4	15	14	1

Escreva um programa que leia n^2 valores do teclado e teste se eles formam um quadrado mágico quando colocados em forma de matriz. Você precisa testar três características:

1. O usuário digitou n^2 números para algum n?
2. Cada um dos números 1, 2, . . . , n^2 ocorre exatamente uma vez nos dados de entrada do usuário?
3. Quando os números são colocados em um quadrado, as somas das linhas, das colunas e das diagonais são todas iguais?

Dica: Primeiro leia os números para um vetor. Se o tamanho daquele vetor é um quadrado, teste se todos os números entre 1 e n^2 estão presentes. Então, coloque os números em uma matriz e calcule as somas das linhas, colunas e diagonais.

Exercício P9.24. Implemente o seguinte algoritmo para construir quadrados mágicos $n \times n$; ele funciona somente se n é ímpar. Coloque um 1 no meio da linha inferior. Depois que k foi colocado no quadrado (i, j), coloque $k + 1$ no quadrado à direita e para baixo, fazendo a volta pelas bordas. Entretanto, se você atinge um quadrado que já foi preenchido, ou se você atinge o canto inferior direito, então, em vez disso, você precisa mover um quadrado para cima. Aqui está o quadrado 5 × 5 que você obtém se seguir este método:

11	18	25	2	9
10	12	19	21	3
4	6	13	20	22
23	5	7	14	16
17	24	1	8	15

Escreva um programa cuja entrada seja o número n e cuja saída seja o quadrado mágico de ordem n se n é ímpar.

Exercício P9.25. A tabela a seguir pode ser encontrada no catálogo telefônico da área "West Suburban Boston, Area Code 617, 1990–1991".

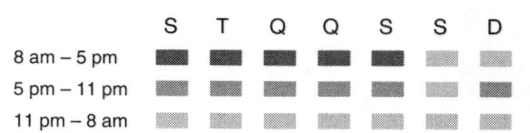

	S	T	Q	Q	S	S	D
8 am – 5 pm	■	■	■	■	■	▫	▫
5 pm – 11 pm	▪	▪	▪	▪	▪	▫	▪
11 pm – 8 am	▫	▫	▫	▫	▫	▫	▫

Discagem direta

Exemplo de tarifas A partir da cidade de Waltham para:	Faixas de milhagem Milhagem aérea	Dia de semana tarifa integral		Noturna desconto de 35%		Noturno e fim de semana desconto de 60%	
		Primeiro minuto	Cada minuto adicional	Primeiro minuto	Cada minuto adicional	Primeiro minuto	Cada minuto adicional
Sudbury	0–10	0,19	0,09	0,12	0,05	0,07	0,03
Framingham	11–14	0,26	0,12	0,16	0,07	0,10	0,04
Lowell	15–19	0,32	0,14	0,20	0,09	0,12	0,05
Brockton	20–25	0,38	0,15	0,24	0,09	0,15	0,06
Worcester	26–33	0,43	0,17	0,27	0,11	0,17	0,06
Rockport	34–43	0,48	0,19	0,31	0,12	0,19	0,07
Fall River	44–55	0,51	0,20	0,33	0,13	0,20	0,08
Falmouth	56–70	0,53	0,21	0,34	0,13	0,21	0,08
Hyannis	71–85	0,54	0,22	0,35	0,14	0,21	0,08

Escreva um programa que pede ao usuário:

- O destino do telefonema
- A hora de início
- A duração da chamada
- O dia da semana

O programa deve calcular e exibir o custo. Observe que a tarifa pode variar. Se a chamada inicia às 4:50 P.M. e termina às 5:10 P.M., então a metade dela cai na tarifa diurna e a metade dela na tarifa noturna.

Capítulo 10

Ponteiros

Objetivos do capítulo

- Aprender como declarar, inicializar e usar ponteiros
- Familiarizar-se com alocação e liberação dinâmicas de memória
- Usar ponteiros em situações de programação comuns que envolvem objetos opcionais e compartilhados
- Evitar os erros comuns de ponteiros pendentes e desperdícios de memória
- Entender o relacionamento entre *arrays* e ponteiros
- Ser capaz de converter entre objetos *string* e ponteiros de caracteres

Uma variável objeto *contém* um objeto, mas um ponteiro especifica *onde* um objeto está localizado. Em C++, ponteiros são importantes por diversas razões. Ponteiros podem fazer referência a objetos que são alocados *dinamicamente* sempre que eles são necessários. Ponteiros podem ser usados para *acesso compartilhado* a objetos. Além disso, como você verá no Capítulo 11, ponteiros são necessários para implementar *polimorfismo*, um importante conceito em programação orientada a objetos.

Em C++, existe um relacionamento profundo entre ponteiros e *arrays*. Você verá neste capítulo como esse relacionamento explica diversas propriedades especiais e limitações de *arrays*. Finalmente, verá como converter entre objetos `string` e ponteiros `char*`, o que é necessário quando se faz interfaces para código legado.

Conteúdo do capítulo

10.1 Ponteiros e alocação de memória 360

    Sintaxe 10.1: Expressão `new` **360**

    Sintaxe 10.2: Definição de variável ponteiro **361**

    Sintaxe 10.3: Dereferenciamento de ponteiro **362**

Erro freqüente 10.1: Confundir ponteiros com os dados para os quais eles apontam **362**

Erro freqüente 10.2: Declarar dois ponteiros na mesma linha **363**

Tópico avançado 10.1: O ponteiro `this` **363**

10.2   Liberando memória dinâmica 364

   Sintaxe 10.4: Expressão `delete` *365*

   Erro freqüente 10.3: Ponteiros pendentes 365

   Erro freqüente 10.4: Desperdícios de memória 366

   Tópico avançado 10.2: O operador endereço 366

10.3   Usos comuns para ponteiros 366

   Tópico avançado 10.3: Referências 371

10.4   *Arrays* e ponteiros 371

   Tópico avançado 10.4: Usando um ponteiro para percorrer um array 373

Dica de qualidade 10.1: Programe com clareza, não com esperteza 374

Erro freqüente 10.5: Confundir declarações de array e ponteiro 374

Erro freqüente 10.6: Retornar um ponteiro para um array local 375

Tópico avançado 10.5: Arrays alocados dinamicamente 376

10.5   Ponteiros para *strings* de caracteres 376

   Erro freqüente 10.7: Confundir ponteiros para caracteres e arrays 377

   Erro freqüente 10.8: Copiar ponteiros para caracteres 378

10.1   Ponteiros e alocação de memória

O ambiente de execução de C++ pode criar novos objetos para nós. Quando pedimos um

```
new Employee
```

então um *alocador de memória* encontra uma posição de memória para um novo objeto `Employee`. O alocador de memória mantém uma grande área de memória, chamada de *heap*, para esta finalidade. O *heap* é um estoque muito flexível para memória. Ele pode conter valores de qualquer tipo. Você também pode pedir

```
new Time
new Product
```

Ver Sintaxe 10.1.

Sintaxe 10.1 : Expressão `new`

`new type_name`
`new type_name(expression`$_1$`, expression`$_2$`, . . ., expression`$_n$`)`

Exemplo:

`new Time`
`new Employee("Lin, Lisa", 68000)`

Finalidade:

Alocar e construir um valor no *heap* e retornar um ponteiro para o valor.

Quando você aloca um novo objeto no *heap*, o alocador de memória diz a você onde o objeto está localizado, fornecendo a você o *endereço na memória* do objeto. Para manipular endereços de memória, você precisa aprender sobre um novo tipo de dado de C++: o *ponteiro*. Um ponteiro para um registro de funcionário,

```
Employee* boss;
```

contém a posição ou endereço de memória para um objeto `Employee`. Um ponteiro para um objeto `Time`,

```
Time* deadline;
```

armazena o endereço de memória para um objeto `Time`. Ver Sintaxe 10.2.

> **Sintaxe 10.2 : Definição de Variável Ponteiro**
>
> ```
> type_name* variable_name;
> type_name* variable_name = expression;
> ```
>
> Exemplo:
>
> ```
> Employee* boss;
> Product* p = new Product;
> ```
>
> Finalidade:
>
> Definir uma nova variável ponteiro e opcionalmente fornecer um valor inicial.

Os tipos `Employee*` e `Time*` indicam ponteiros para objetos Employee e Time. As variáveis `boss` e `deadline` dos tipos `Employee*` e `Time*` armazenam os endereços de memória de objetos `Employee` e `Time`. Entretanto, elas não podem armazenar verdadeiros objetos `Employee` e `Time` (ver Figura 1).

Quando você cria um novo objeto no *heap*, você normalmente quer inicializá-lo. Você pode fornecer parâmetros de construção, usando a sintaxe conhecida.

```
Employee* boss = new Employee("Lin, Lisa", 68000);
```

Quando você tem um ponteiro para um valor, você freqüentemente quer acessar o valor para o qual ele aponta. Esta ação — ir do ponteiro para o valor — é chamada *dereferenciar*. Em C++, o operador `*` é usado para indicar o valor associado com um ponteiro. Por exemplo, se `boss` é um `Employee*`, então `*boss` é um valor de Employee:

```
Employee* boss = . . .;
raise_salary(*boss, 10);
```

Suponha que você quer descobrir o nome do funcionário para o qual `boss` aponta:

```
Employee* boss = . . .;
string name = *boss.get_name(); // Erro
```

Infelizmente, isso é um erro de sintaxe. O operador ponto tem uma precedência mais alta do que o operador `*`. Isto é, o compilador pensa que você quer dizer

```
string name = *(boss.get_name()); // Erro
```

Entretanto, `boss` é um ponteiro, não um objeto. Você não pode aplicar o operador ponto (.) a um ponteiro, e o compilador reporta um erro. Em vez disso, você deve deixar claro que primeiro quer aplicar o operador `*` e então o ponto:

```
string name = (*boss).get_name(); // OK
```

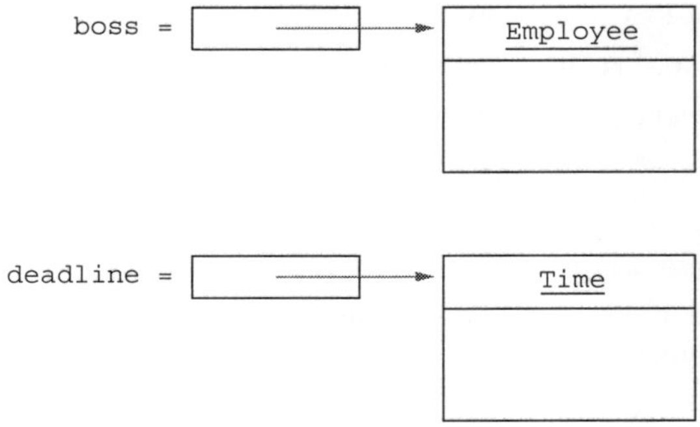

```
boss = [   ]——→ | Employee |
                |          |
                |          |


deadline = [   ]——→ | Time |
                    |      |
                    |      |
```

Figura 1

Ponteiros e os objetos para os quais eles apontam.

Como esta é uma situação muito comum, os projetistas de C++ oferecem um operador para abreviar a operação de "dereferenciar e acessar membro". Aquele operador é escrito -> e usualmente pronunciado como "seta".

```
string name = boss->get_name(); // OK
```

Formas de dereferenciar ponteiros e acessar membros através de ponteiros estão resumidas na Sintaxe 10.3.

> ### Sintaxe 10.3 : Dereferenciamento de Ponteiro
> ```
> *pointer_expression
> pointer_expression->class_member
> ```
> Exemplo:
> ```
> *boss
> boss->set_salary(70000)
> ```
> Finalidade:
> Acessar o objeto para o qual um ponteiro aponta.

Existe um valor especial, NULL, que pode ser usado para indicar um ponteiro que não aponta para lugar nenhum. Em vez de deixar variáveis ponteiro sem inicialização, você deve sempre configurar variáveis ponteiro como NULL quando você as define.

```
Employee* boss = NULL; // vai configurar mais tarde
. . .
if (boss != NULL) name = boss->get_name(); // OK
```

Você não pode dereferenciar o ponteiro NULL. Isto é, chamar *boss ou boss->get_name() é um erro enquanto boss é NULL.

```
Employee* boss = NULL;
string name = boss->get_name(); // NÃO!! Programa vai terminar com erro
```

A finalidade de um ponteiro NULL é testar que ele não aponta para nenhum objeto válido.

⊗ Erro Freqüente 10.1

Confundir Ponteiros com os Dados Para os Quais Eles Apontam

Um ponteiro é um endereço de memória — um número que diz onde um valor está localizado na memória. Você somente pode executar um pequeno número de operações sobre um ponteiro:

- atribuí-lo a uma variável ponteiro
- compará-lo com um outro ponteiro ou com o valor especial NULL
- dereferenciá-lo para acessar o valor para o qual ele aponta

Entretanto, é um erro comum confundir o ponteiro com o valor para o qual ele aponta:

```
Employee* boss = . . .;
raise_salary(boss, 10); // ERRO
```

Lembre-se de que o ponteiro boss somente descreve *onde* o objeto Employee está. Para realmente fazer referência ao objeto Employee, use *boss:

```
raise_salary(*boss, 10); // OK
```

Erro Freqüente 10.2

Declarar Dois Ponteiros na Mesma Linha

É válido em C++ definir múltiplas variáveis juntas na mesma linha, assim:

```
int i = 0, j = 1;
```

Este estilo *não* funciona com ponteiros:

```
Employee* p, q;
```

Por razões históricas, o * se associa somente com a primeira variável. Isto é, p é um ponteiro `Employee*`, e q é um objeto `Employee`. A solução é definir cada variável ponteiro separadamente:

```
Employee* p;
Employee* q;
```

Você verá alguns programadores agruparem o * com a variável:

```
Employee *p, *q;
```

Embora seja uma declaração válida, não use este estilo. Ele torna mais difícil saber que p e q são variáveis do tipo `Employee*`.

Tópico Avançado 10.1

O Ponteiro `this`

Cada função membro tem uma variável de parâmetro especial, chamada `this`, que é um ponteiro para o parâmetro implícito. Por exemplo, considere a função `Product::is_better_than` do Capítulo 6. Se você chama

```
next.is_better_than(best)
```

então o ponteiro `this` tem o tipo `Product*` e aponta para o objeto `next`.

Você pode usar o ponteiro `this` dentro da definição de um método. Por exemplo,

```
bool Product::is_better_than(Product b)
{
    if (b.price == 0) return false;
    if (this->price == 0) return true;
    return this->score / this->price > b.score / b.price;
}
```

Aqui, a expressão `this->price` se refere ao membro `price` do objeto para o qual `this` aponta, isto é, o membro `price` do parâmetro implícito, ou `next.price`. Entretanto, o ponteiro `this` não é necessário, já que, por convenção, a expressão `price` também se refere ao campo do parâmetro implícito. Não obstante, alguns programadores gostam de usar o ponteiro `this` para tornar explícito que `price` é um membro, e não uma variável.

Observe que `this` é um ponteiro, enquanto b é um objeto. Portanto, acessamos o membro `price` do parâmetro implícito como `this->price`, mas para o parâmetro explícito usamos `b.price`.

Muito ocasionalmente, uma função-membro precisa passar o parâmetro implícito completo para uma outra função. Como `this` é um ponteiro para o parâmetro implícito, `*this` é o verdadeiro parâmetro implícito. Por exemplo, suponha que alguém definiu uma função

```
void debug_print(string message, Product p)
```

▼ Então, o código para a função `is_better_than` poderia iniciar com estes comandos:
```
debug_print("Parâmetro implícito:", *this);
```
▼
```
debug_print("Parâmetro explícito:", b);
```

10.2 Liberando memória dinâmica

Quando você cria uma variável do tipo `Employee`, a memória para o objeto `Employee` é alocada na *pilha de execução*. Esta memória é liberada automaticamente quando o programa sai do bloco no qual a variável é alocada:

```
void f()
{
    Employee harry; // memória para employee alocada na pilha
    . . .
} // memória para employee liberada automaticamente
```

Valores que são alocados no *heap* não seguem este mecanismo automático de alocação. Você aloca valores no *heap* com `new`, e deve liberá-los usando o operador `delete`:

```
void g()
{
    Employee* boss;
    boss = new Employee(. . .);
        // memória para employee alocada no heap
    . . .
    delete boss; // memória para employee liberada manualmente
}
```

Na verdade, o exemplo precedente é um pouco mais complexo do que isto. Existem duas alocações: uma na pilha e uma no *heap*. A variável `boss` é alocada na pilha. Ela é do tipo `Employee*`; isto é, `boss` pode armazenar o endereço de um objeto `Employee`. Definir a variável ponteiro ainda não cria um objeto `Employee`. A próxima linha de código aloca um objeto `Employee` no *heap* e armazena seu endereço na variável ponteiro.

No fim do bloco, o espaço de armazenamento para a variável `boss` na pilha é automaticamente liberado. Liberar a variável ponteiro não libera automaticamente o objeto para o qual ela aponta. O endereço de memória é simplesmente esquecido (isto pode ser um problema — ver Erro Comum 10.4). Portanto, você precisa apagar manualmente o bloco de memória que armazena o objeto.

Observe que a variável ponteiro na pilha tem um *nome*, neste caso `boss`. Mas o objeto `Employee`, alocado no *heap* com `new Employee`, não tem nome! Ele pode ser alcançado somente através do ponteiro `boss`. Valores na pilha sempre têm nomes; valores no *heap* não têm.

Quando uma variável ponteiro é definida pela primeira vez, ela contém um endereço aleatório. Usar aquele endereço é um erro. Na prática, seu programa provavelmente irá terminar com erro ou misteriosamente se comportar erroneamente se você usar um ponteiro não inicializado:

```
Employee* boss;
string name = boss->get_name(); // NÃO!! boss contém um endereço aleatório
```

Você sempre deve inicializar um ponteiro de modo que ele aponte para um valor de verdade antes que você possa usá-lo:

```
Employee* boss = new Employee("Lin, Lisa", 68000);
string name = boss->get_name(); // OK
```

Depois que você apaga o valor associado a um ponteiro, você não pode mais usar aquele endereço! A área de armazenamento já pode ter sido atribuída novamente para um outro valor.

```
delete boss;
string name = boss->get_name(); // NÃO!! boss aponta para um elemento apagado
```

> **Sintaxe 10.4 : Expressão `delete`**
>
> `delete pointer_expression;`
>
> Exemplo:
>
> `delete boss;`
>
> Finalidade:
>
> Liberar um valor que está armazenado no *heap* e permitir que a memória seja novamente alocada.

Erro Freqüente 10.3

Ponteiros Pendentes

O erro mais comum com ponteiros é usar um ponteiro que ainda não foi inicializado, ou que já foi apagado. Um ponteiro assim é chamado de ponteiro *pendente*, porque ele aponta para algum lugar, mas não para um objeto válido. Você pode provocar sérios danos escrevendo na posição para a qual ele aponta. Até mesmo ler da posição pode fazer seu programa terminar com erro.

Um ponteiro não inicializado tem uma boa probabilidade de apontar para um endereço que não pertence ao seu programa. Na maioria dos sistemas operacionais, tentar acessar uma posição como esta provoca um erro, e o sistema operacional encerra o programa. Você pode ter visto isto acontecer a outros programas — uma caixa de diálogo com um ícone de bomba ou uma mensagem tal como "*general protection fault*" (falha de proteção genérica) ou "*segmentation fault*" (falha de segmentação) aparece e o programa é terminado.

Se um ponteiro pendente aponta para um endereço válido dentro do seu programa, então escrever nele vai danificar alguma parte do seu programa. Você irá mudar o valor de uma de suas variáveis, ou talvez danificar as estruturas de controle do *heap*, de modo que após diversas chamadas para new alguma coisa maluca acontece.

Quando seu programa termina com erro e você o reinicia, o problema pode não reaparecer, ou ele pode se manifestar de maneiras diferentes, porque o ponteiro aleatório agora é inicializado com um endereço aleatório diferente. Programar com ponteiros requer disciplina férrea, porque você pode criar sérios danos com ponteiros pendentes.

Sempre inicialize variáveis ponteiro. Se você não pode inicializá-las com o valor de retorno de new, então configure-as como NULL.

Nunca use um ponteiro que foi apagado. Algumas pessoas ajustam imediatamente qualquer ponteiro para NULL depois de apagá-lo. Isto certamente é útil:

```
delete first;
first = NULL;
```

Entretanto, não é uma solução completa.

```
second = first;
. . .
delete first;
first = NULL;
```

Você ainda precisa lembrar que `second` agora está pendente. Como você pode ver, você precisa manter controle cuidadoso de todos os ponteiros e os objetos correspondentes no *heap*, para evitar ponteiros pendentes.

Erro Freqüente 10.4

Desperdícios de Memória

O segundo erro mais comum com ponteiros é alocar memória no *heap* e nunca liberá-la. Um bloco de memória que nunca é liberado é chamado um *desperdício de memória*.

Se você aloca uns poucos blocos pequenos de memória e esquece de liberá-los, este não é um problema enorme. Quando o programa termina, toda a memória alocada é devolvida ao sistema operacional.

Mas se o seu programa é executado durante um tempo longo, ou se ele aloca muita quantidade de memória (talvez em um laço), então ele pode ficar sem memória. O esgotamento da memória vai fazer seu programa terminar com erro.

Em casos extremos, o computador pode "congelar" se o seu programa esgotou toda a memória disponível. Evitar desperdícios de memória é particularmente importante em programas que precisam ser executados por meses ou anos, sem serem reiniciados.

Mesmo se você escreve programas de vida curta, você deve transformar em um hábito evitar desperdícios de memória. Assegure-se de que cada chamada para o operador new tem uma chamada correspondente para o operador delete.

Tópico Avançado 10.2

O Operador Endereço

O operador new retorna o endereço na memória de um valor que está alocado no *heap*. Você pode também obter o endereço de uma variável local ou global, aplicando o operador endereço (&). Por exemplo,

```
Employee harry;
Employee* p = &harry;
```

Ver Figura 2. Entretanto, você não deve nunca apagar um endereço obtido do operador &. Fazer isto iria corromper o *heap*, levando a erros em chamadas subseqüentes para new.

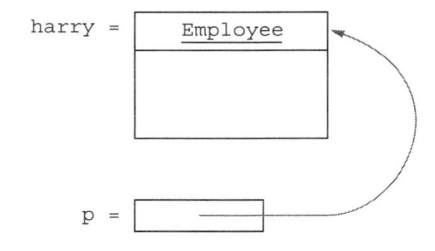

Figura 2
O operador endereço.

10.3 Usos comuns para ponteiros

Nas seções precedentes, você viu como definir variáveis ponteiro e como fazê-las apontar para valores alocados dinamicamente. Nesta seção, você vai aprender como ponteiros podem ser úteis para resolver problemas comuns de programação.

Em nosso primeiro exemplo, modelaremos uma classe `Department` que descreve um departamento em uma empresa ou universidade, tal como o Departamento de Expedição ou o Departamento de Ciência da Computação. Em nosso modelo, um departamento tem

- um nome do tipo `string` (tal como `"Expedição"`)
- uma recepcionista *opcional* do tipo `Employee`

Usaremos um ponteiro para modelar o fato de que a recepcionista é opcional:

```
class Department
{
    . . .
private:
    string name;
    Employee* receptionist;
};
```

Se um determinado departamento tem uma recepcionista, então o ponteiro irá ser ajustado para o endereço do objeto `Employee`. Caso contrário, o ponteiro será o valor especial `NULL`. No construtor, ajustamos o valor para NULL:

```
Department::Department(String n)
{
    name = n;
    receptionist = NULL;
}
```

A função `set_receptionist` ajusta o ponteiro para o endereço de um objeto `Employee`:

```
void Department::set_receptionist(Employee* r)
{
    receptionist = r;
}
```

A função `print` imprime ou o nome da recepcionista ou o *string* `"None"` (nenhuma).

```
void Department::print() const
{
    cout << "Name: " << name
        << "\nRecepcionista: ";
    if (receptionist == NULL)
        cout << "None";
    else
        cout << receptionist->get_name();
    cout << "\n";
}
```

Observe o uso do operador -> quando chamando a função `get_name`. Como `receptionist` é um ponteiro, e não um objeto, seria um erro usar o operador ponto.

Aqui aproveitamos ponteiros para modelar um relacionamento no qual um objeto pode se referir a 0 ou 1 ocorrência de um outro objeto. Sem ponteiros, teria sido mais difícil e menos eficiente expressar a natureza opcional do objeto `Employee`. Você poderia usar uma variável booleana e um objeto, assim:

```
class Department // modelada sem ponteiros
{
    . . .
private:
    string name;
    boolean has_receptionist;
    Employee receptionist;
};
```

Agora aqueles objetos departamento que não têm uma recepcionista ainda ocupam espaço de armazenamento para um objeto `Employee` não utilizado. Claramente, ponteiros oferecem uma solução melhor.

Um outro uso comum de ponteiros é no *compartilhamento*. Alguns departamentos podem ter uma recepcionista e uma secretária; em outros, uma pessoas desempenha as duas funções. Em vez de duplicar objetos, podemos usar ponteiros para compartilhar o objeto (ver Figura 3).

```
class Department
{
    ...
private:
    string name;
    Employee* receptionist;
    Employee* secretary;
};
```

O compartilhamento é particularmente importante quando mudanças no objeto precisam ser observadas por todos os usuários do objeto. Considere, por exemplo, a seguinte seqüência de código:

```
Employee* tina = new Employee("Tester, Tina", 50000);
Department qc("Quality Control");
qc.set_receptionist(tina);
qc.set_secretary(tina);
tina->set_salary(55000);
```

Agora existem três ponteiros para o objeto `Employee`: os ponteiros `tina`, `receptionist` e `secretary` no objeto `qc`. Quando aumenta o salário, o novo salário é ajustado no objeto compartilhado e o salário alterado é visível a partir de todos os três ponteiros.

Em contraste, poderíamos ter modelado o departamento com dois objetos `Employee`, assim:

```
class Department // modelado sem ponteiros
{
    ...
private:
    string name;
    Employee receptionist;
    Employee secretary;
};
```

Agora considere o código equivalente:

```
Employee tina("Tester, Tina", 50000);
Department qc("Quality Control");
qc.set_receptionist(tina);
qc.set_secretary(tina);
tina.set_salary(55000);
```

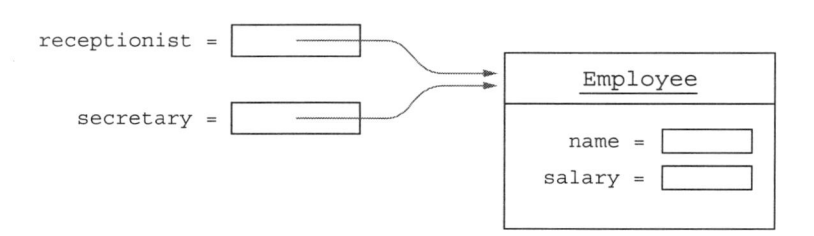

Figura 3

Dois ponteiros compartilham um objeto `Employee`.

O objeto departamento contém duas cópias do objeto `tina`. Quando aumenta o salário, as cópias não são afetadas (ver Figura 4).

Este exemplo mostra que ponteiros são muito úteis para modelar um relacionamento "$n : 1$", no qual diversas variáveis diferentes compartilham o mesmo objeto.

No Capítulo 11, você verá um outro uso de ponteiros, no qual um ponteiro pode fazer referência a objetos de tipos que variam. Esse fenômeno, chamado *polimorfismo*, é uma parte importante da programação orientada a objetos.

O programa a seguir dá uma implementação completa da classe `Department`. Observe como os ponteiros são usados para expressar objetos opcionais e compartilhados.

Arquivo department.cpp

```
1   #include <string>
2   #include <iostream>
3
4   using namespace std;
5
6   #include "ccc_empl.h"
7
8   /**
9      Um departamento em uma organização
10  */
11  class Department
12  {
13  public:
14     Department(string n);
15     void set_receptionist(Employee* e);
16     void set_secretary(Employee* e);
17     void print() const;
18  private:
```

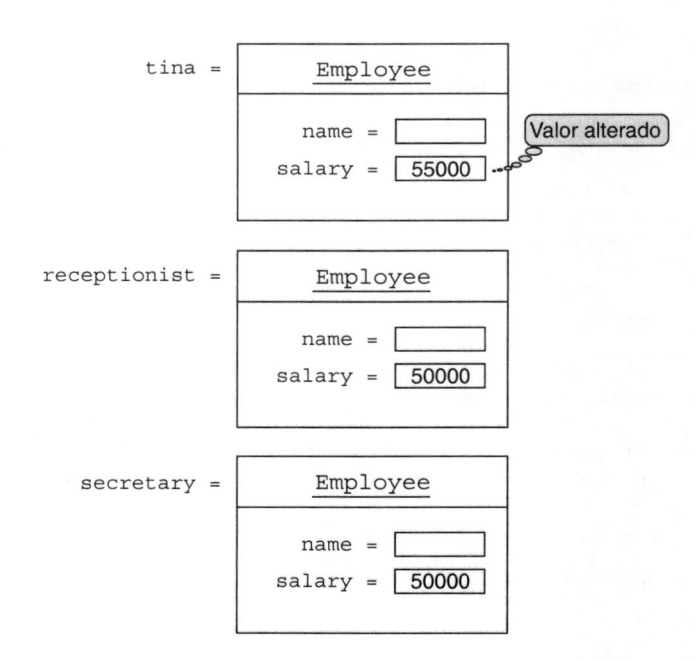

Figura 4

Três objetos `Employee` separados.

```cpp
19      string name;
20      Employee* receptionist;
21      Employee* secretary;
22   };
23
24   /**
25      Constrói um departamento com um nome dado.
26      @param n o nome do departamento
27   */
28   Department::Department(string n)
29   {
30      name = n;
31      receptionist = NULL;
32      secretary = NULL;
33   }
34
35   /**
36      Configura a recepcionista para este departamento.
37      @param e a recepcionista
38   */
39   void Department::set_receptionist(Employee* e)
40   {
41      receptionist = e;
42   }
43
44   /**
45      Configura a  secretária para este departamento.
46      @param e a secretária
47   */
48   void Department::set_secretary(Employee* e)
49   {
50      secretary = e;
51   }
52
53   /**
54      Imprime uma descrição deste departamento.
55   */
56   void Department::print() const
57   {
58      cout << "Name: " << name
59          << "\nReceptionist: ";
60      if (receptionist == NULL)
61         cout << "None";
62      else
63         cout << receptionist->get_name() << " "
64             << receptionist->get_salary();
65      cout << "\nSecretary: ";
66      if (secretary == NULL)
67         cout << "None";
68      else if (secretary == receptionist)
69         cout << "Same";
70      else
71         cout << secretary->get_name() << " "
72             << secretary->get_salary();
73      cout << "\n";
74   }
75
76   int main()
77   {
78      Department shipping("Shipping");
```

```
79      Department qc("Quality Control");
80      Employee* harry = new Employee("Hacker, Harry", 45000);
81      shipping.set_secretary(harry);
82      Employee* tina = new Employee("Tester, Tina", 50000);
83      qc.set_receptionist(tina);
84      qc.set_secretary(tina);
85      tina->set_salary(55000);
86      shipping.print();
87      qc.print();
88
89      return 0;
90   }
```

Tópico Avançado   10.3

Referências

Na Seção 5.8, você viu como usar *parâmetros por referência* em funções que modificam variáveis. Por exemplo, considere a função

```
void raise_salary(Employee& e, double by)
{
    double new_salary = e.get_salary() * (1 + by / 100);
    e.set_salary(new_salary);
}
```

Essa função modifica o primeiro parâmetro, mas não o segundo. Isto é, se você chama a função como

```
raise_salary(harry, percent);
```

então o valor de `harry` pode mudar, mas o valor de `percent` não é afetado.

Uma referência é um ponteiro disfarçado. A função recebe dois parâmetros: o endereço de um objeto `Employee` e uma cópia de um valor `double`. A função é logicamente equivalente a

```
void raise_salary(Employee* pe, double by)
{
    double new_salary = pe->get_salary() * (1 + by / 100);
    pe->set_salary(new_salary);
}
```

A chamada de função é equivalente à chamada

```
raise_salary(&harry, percent);
```

Isso é um exemplo de compartilhamento: a variável ponteiro na função modifica o objeto original, e não uma cópia.

Quando você usa referências, o compilador automaticamente passa endereços como parâmetros e dereferencia os parâmetros-ponteiro no corpo da função. Por esse motivo, referências são mais convenientes para o programador do que ponteiros explícitos.

10.4   *Arrays* e ponteiros

Existe uma conexão íntima entre *arrays* e ponteiros em C++. Considere esta declaração de um *array*:

```
int a[10];
```

O valor de a é um ponteiro para o primeiro elemento (ver Figura 5).

```
int* p = a; // agora p aponta para a[0]
```

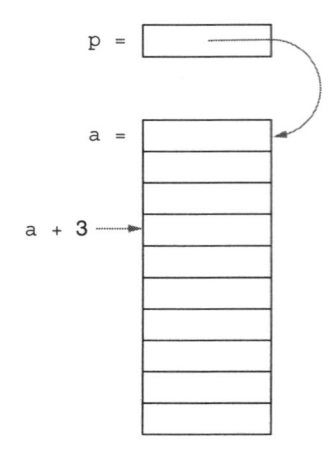

Figura 5
Ponteiros para um *array*.

Você pode dereferenciar a usando o operador *: o comando

```
*a = 12;
```

tem o mesmo efeito que o comando

```
a[0] = 12;
```

Além disso, ponteiros para *arrays* suportam *aritmética de ponteiros*. Você pode adicionar um deslocamento inteiro ao ponteiro para apontar para uma outra posição no *array*. Por exemplo,

```
a + 3
```

é um ponteiro para o elemento do *array* com índice 3. Dereferenciar aquele ponteiro leva ao elemento a[3]. Na verdade, para qualquer inteiro n, é verdadeiro que

```
a[n] == *(a + n)
```

Este relacionamento é chamado de *lei da dualidade array/ponteiro*.

Esta lei explica porque todos os *arrays* de C++ iniciam com um índice zero. O ponteiro a (ou a + 0) aponta para o primeiro elemento do *array*. Aquele elemento deve, portanto, ser a[0].

A conexão entre *arrays* e ponteiros se torna inclusive mais importante quando se considera *arrays* como parâmetros de funções. Considere a função `maximum` da Seção 9.5.2.

```
double maximum(const double a[], int a_size)
{
   if (a_size == 0) return 0;
   double highest = a[0];
   int i;
   for (i = 0; i < a_size; i++)
      if (a[i] > highest)
         highest = a[i];
   return highest;
}
```

Chame esta função com um *array* em particular:

```
double data[10];
. . . // inicializa data
double m = maximum(data, 10);
```

Observe o valor `data` que é passado para a função `maximum`. É na verdade um ponteiro para o primeiro elemento do *array*. Em outras palavras, a função `maximum` poderia também ter sido declarada como

```
double maximum(const double* a, int a_size)
{
    . . .
}
```

O modificador `const` indica que o ponteiro a somente pode ser usado para leitura, não para escrita.

A declaração de parâmetro do primeiro exemplo

```
const double a[]
```

é meramente uma outra maneira de declarar um parâmetro ponteiro. A declaração dá a ilusão de que um *array* inteiro é passado para a função, mas na verdade a função recebe somente o endereço de início do *array*.

É essencial que a função também saiba onde o *array* termina. O segundo parâmetro, `a_size`, indica o tamanho do *array* que começa em a.

Tópico Avançado   10.4

Usando um Ponteiro para Percorrer um Array

Agora que você sabe que o primeiro parâmetro da função `maximum` é um ponteiro, você pode implementar a função de uma maneira ligeiramente diferente. Em vez de incrementar um índice inteiro, você pode incrementar uma variável ponteiro para visitar todos os elementos do *array* em seqüência:

```
double maximum(const double* a, int a_size)
{
    if (a_size == 0) return 0;
    double highest = *a;
    const double* p = a + 1;
    int count = a_size - 1;
    while (count > 0)
    {
        if (*p > highest)
            highest = *p;
        p++;
        count--;
    }
    return highest;
}
```

Inicialmente, o ponteiro p aponta para o elemento a[1]. O incremento

```
p++;
```

o move para apontar para o próximo elemento (ver Figura 6).

É um pouquinho mais eficiente dereferenciar e incrementar um ponteiro do que acessar um elemento de *array* como a[i]. Por essa razão, alguns programadores usam rotineiramente ponteiros em vez de índices para acessar elementos de *arrays*. Entretanto, o ganho em eficiência é bastante insignificante e o código resultante é mais difícil de entender, de modo que isto não é recomendado (veja também a Dica de Qualidade 10.1.).

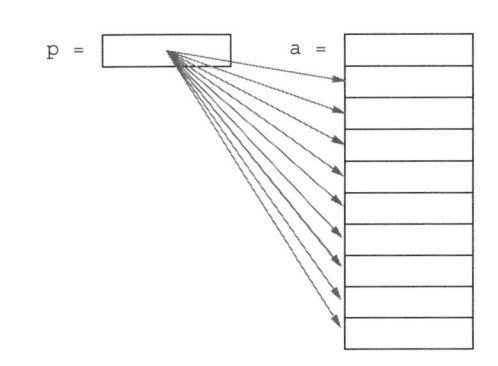

Figura 6
Uma variável ponteiro percorrendo os elementos de um *array*.

🎗 Dica de Qualidade   10.1

Programe com Clareza, não com Esperteza

Alguns programadores ficam muito orgulhosos de minimizar o número de instruções, mesmo se o código resultante é difícil de entender. Por exemplo, aqui está uma implementação válida da função `maximum`:

```
double maximum(const double* a, int a_size)
{
   if (a_size == 0) return 0;
   double highest = *a;
   while (--a_size > 0)
      if (*++a > highest)
         highest = *a;
   return highest;
}
```

Essa implementação usa dois truques. Primeiro, os parâmetros da função, `a` e `a_size`, são variáveis, e é válido modificá-los. Além disso, as expressões

```
--a_size
```

e

```
++a
```

significam "decremente ou incremente a variável e retorne o novo valor". Portanto, `*++a` é a posição para a qual `a` aponta após ela ter sido incrementada.

Por favor, não use esse estilo de programação. Seu trabalho como um programador não é impressionar outros programadores com sua esperteza, mas escrever código que seja fácil de entender e manter.

⊗ Erro Freqüente   10.5

Confundir Declarações de Array e Ponteiro

Pode ser difícil distinguir se uma declaração de variável em particular leva a uma variável ponteiro ou a uma variável *array*. Existem quatro casos:

```
int* p; // p é um ponteiro
int a[10]; // a é um array
int a[] = { 2, 3, 5, 7, 11, 13 }; // a é um array
void f(int a[]); // a é um ponteiro
```

No primeiro caso, você precisa inicializar p para apontar para algum lugar, antes que você o use.

Erro Freqüente   10.6

Retornar um Ponteiro Para um Array Local

Examine esta função, que tenta retornar um ponteiro para um *array* que contém dois elementos, o valor mínimo e o valor máximo de um *array*.

```
double* minmax(const double a[], int a_size)
{
    assert(a_size > 0);
    double result[2];
    result[0] = a[0]; /* result[0] é o mínimo */
    result[1] = a[0]; /* result[1] é o máximo */
    for (int i = 0; i < a_size; i++)
    {
        if (a[i] < result[0]) result[0] = a[i];
        if (a[i] > result[1]) result[1] = a[i];
    }
    return result; // ERRO!
}
```

A função devolve um ponteiro para o primeiro elemento do *array* `result`. Entretanto, aquele *array* é uma variável local da função `minmax`. A variável local não é mais válida quando a função termina, e os valores em breve serão sobrescritos por outras chamadas de função.

Infelizmente, o momento em que os valores são sobrescritos depende de vários fatores. Considere este teste da função `minmax` com erro:

```
double a[] = { 3, 5, 10, 2 };
double* mm = minmax(a, 4);
cout << mm[0] << " " << mm[1] << "\n";
```

Um compilador leva ao resultado esperado:

```
2 10
```

Entretanto, um outro compilador leva a:

```
1.78747e-307 10
```

Acontece que o outro compilador simplesmente escolheu uma implementação diferente da biblioteca `iostream`, que envolveu mais chamadas de funções, sobrescrevendo mais cedo, por isto, o valor de `result[0]`.

É possível contornar esta limitação, retornando um ponteiro para um *array* que está alocado no *heap*. Mas a melhor solução é evitar totalmente *arrays* e ponteiros e usar vetores em vez deles. Como você viu no Capítulo 9, uma função pode, com facilidade e segurança, receber e retornar objetos `vector<double>`:

```
vector<double> minmax(const vector<double>& a)
{
    assert (a.size() > 0);
    vector<double> result(2);
    result[0] = a[0]; /* result[0] é o mínimo */
```

```
        result[1] = a[0]; /* result[1] é o máximo */
        for (int i = 0; i < a.size(); i++)
        {
            if (a[i] < result[0]) result[0] = a[i];
            if (a[i] > result[1]) result[1] = a[i];
        }
        return result; // OK!
}
```

Tópico Avançado 10.5

Arrays Alocados Dinamicamente

Você pode alocar *arrays* de valores no *heap*. Por exemplo,

```
int staff_capacity = . . .;
Employee* staff = new Employee[staff_capacity];
```

O operador `new` aloca um *array* de n objetos do tipo `Employee`, cada um dos quais é construído com o construtor *default*. Ele retorna um ponteiro para o primeiro elemento do *array*. Devido à dualidade *array*/ponteiro, você pode acessar elementos do *array* com o operador `[]`: `staff[i]` é o elemento de `Employee` com deslocamento `i`.

Para liberar o *array*, você usa o operador `delete[]`.

```
delete[] staff;
```

É um erro liberar um *array* com o operador `delete` (sem os `[]`). Entretanto, o compilador não pode detectar este erro — ele não lembra se uma variável ponteiro aponta para um objeto simples ou para um *array* de objetos. Portanto, você precisa ser cuidadoso e lembrar quais variáveis ponteiro apontam para objetos individuais e quais variáveis ponteiro apontam para *arrays*.

Arrays no *heap* têm uma grande vantagem sobre variáveis *array*. Se você declara uma variável *array*, você deve especificar um tamanho fixo de *array* ao copilar o programa. Mas quando você aloca um *array* no *heap*, pode escolher um tamanho diferente para cada execução do programa.

Se depois você precisar de mais elementos, pode alocar um *array* maior no *heap*, copiar os elementos do *array* menor para o *array* maior e apagar o *array* menor:

```
int bigger_capacity = 2 * staff_capacity;
Employee* bigger = new Employee[bigger_capacity];
for (int i = 0; i < staff_capacity; i++)
    bigger[i] = staff[i];
delete[] staff;
staff = bigger;
staff_capacity = bigger_capacity;
```

Como você pode ver, *arrays* no *heap* são mais flexíveis do que variáveis *array*. Entretanto, você não deve usá-los em seus programas. Em vez deles, use objetos `vector`. Um `vector` contém um ponteiro para um *array* dinâmico e ele o administra automaticamente para você.

10.5 Ponteiros para *strings* de caracteres

C++ tem dois mecanismos para manipular *strings*. A classe `string` armazena uma seqüência arbitrária de caracteres e suporta muitas operações convenientes, tais como concatenação e comparação de *strings*. Entretanto, C++ também herda um nível mais primitivo de manipulação de *strings* da linguagem C, na qual *strings* são representados como *arrays* de valores `char`.

Embora não recomendemos que você use ponteiros caractere ou *arrays* em seus programas, você ocasionalmente precisa fazer interface com funções que recebem ou devolvem valores `char*`. Então, você precisa saber como converter entre ponteiros `char*` e objetos `string`.

Em particular, *strings* literais, tais como `"Harry"`, são na verdade armazenados dentro de *arrays* `char`, e não em objetos `string`. Quando você usa o *string* literal `"Harry"` em uma expressão, o compilador aloca um *array* de 6 caracteres (incluindo um terminador `'\0'` — veja Seção 9.5.3). O valor da expressão *string* é um ponteiro `char*` para a primeira letra. Por exemplo, o código

```
string name = "Harry";
```

é equivalente a

```
char* p = "Harry"; // p aponta para a letra 'H'
name = p;
```

A classe `string` tem um construtor `string(char*)` que você pode usar para converter qualquer ponteiro para caractere ou *array* para um objeto `string` seguro e conveniente. Esse construtor é chamado sempre que você inicializa uma variável `string` com um objeto `char*`, como no exemplo precedente.

Eis aqui um outro cenário típico. A função `tmpnam` da biblioteca padrão produz um *string* único que você pode usar como o nome de um arquivo temporário. Ela retorna um ponteiro `char*`:

```
char* p = tmpnam(NULL);
```

Simplesmente transforme o valor de retorno `char*` em um objeto `string`:

```
string name = p;
```

ou

```
string name(p);
```

Inversamente, algumas funções requerem um parâmetro do tipo `char*`. Então use a função membro `c_str` da classe `string` para obter um ponteiro `char*` que aponta para o primeiro caractere no objeto *string*.

Por exemplo, a função `tempnam` na biblioteca padrão, que também produz um nome para um arquivo temporário, deixa o invocador especificar um diretório (observe que os nomes de função `tmpnam` e `tempnam` são muito semelhantes e fáceis de confundir). A função `tempnam` espera um parâmetro `char*` para o nome do diretório. Portanto, você pode chamá-la como segue:

```
string dir = . . .;
char* p = tempnam(dir.c_str(), NULL);
```

Como você pode ver, você não precisa usar *arrays* de caracteres para fazer interface com funções que usam ponteiros `char*`. Simplesmente use objetos `string` e converta entre os tipos `string` e `char*` quando necessário.

⊗ Erro Freqüente 10.7

Confundir Ponteiros para Caracteres e Arrays

▼ Considere a declaração de ponteiro

```
char* p = "Harry";
```

▼ Observe que esta declaração é inteiramente diferente da declaração de *array*

```
char s[] = "Harry";
```

▼ A segunda declaração é apenas uma abreviatura para

```
char s[6] = { 'H', 'a', 'r', 'r', 'y', '\0' };
```

A variável p é um ponteiro que aponta para o primeiro caractere do *string*. Os caracteres do *string* são armazenados em outro lugar, não em p. Em contraste, a variável s é um *array* de seis caracteres. Talvez gerando confusão, quando usado dentro de uma expressão s indica um ponteiro para o primeiro caractere no *array*. Mas há uma importante diferença: p é uma *variável* ponteiro que você pode ajustar para uma outra posição de caractere. Mas o valor s é *constante* — ele sempre aponta para a mesma posição. Ver Figura 7.

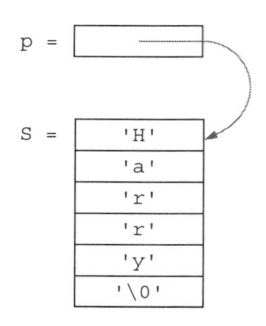

Figura 7
Ponteiros para caracteres e *arrays*.

Erro Freqüente 10.8

Copiar Ponteiros Para Caracteres

Existe uma diferença importante entre copiar objetos string e ponteiros do tipo char*. Considere este exemplo:

```
string s = "Harry";
string t = s;
t[0] = 'L'; // agora s é "Harry" e t é "Larry"
```

Depois de copiar s para t, o objeto string t contém uma cópia dos caracteres de s. Modificar t não tem nenhum efeito sobre s. Entretanto, copiar ponteiros para caracteres tem um efeito completamente diferente:

```
char* p = "Harry";
char* q = p;
q[0] = 'L'; // agora tanto p quanto q apontam para "Larry"
```

Depois de copiar p para q, a variável ponteiro q contém o mesmo endereço que p. A atribuição a q[0] sobrescreve a primeira letra no *string* para o qual tanto p quanto q apontam (ver Figura 8).

Observe que você não pode atribuir um *array* de caracteres a um outro. A atribuição a seguir é inválida:

```
char a[] = "Harry";
char b[6];
b = a; // ERRO
```

A biblioteca padrão fornece a função strcpy para copiar um *array* de caracteres para uma nova posição:

```
strcpy(b, a);
```

```
q = [    ]
p = [    ]
s = ['L']
    ['a']
    ['r']
    ['r']
    ['y']
    ['\0']
```

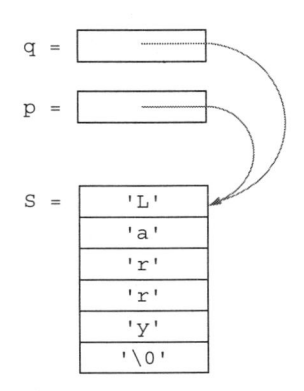

Figura 8
Dois ponteiros de caracteres para o mesmo *array* de caracteres.

O ponteiro de destino b deve apontar para um *array* com espaço suficiente nele. É um erro comum de principiante tentar copiar um *string* para um *array* de caracteres com espaço insuficiente. Existe uma função mais segura, `strncpy`, com um terceiro parâmetro que especifica o número máximo de caracteres a copiar:

```
strncpy(b, a, 5);
```

Um erro ainda pior é usar uma variável ponteiro não inicializada para o destino da cópia:

```
char* p;
strcpy(p, "Harry");
```

Esse não é um erro de sintaxe. A função `strcpy` espera dois ponteiros para caracteres. Entretanto, para onde o *string* é copiado? O endereço de destino p é um ponteiro não inicializado, apontando para uma posição aleatória. Os caracteres no *string* `"Harry"` agora são copiados para essa posição aleatória, sobrescrevendo o que quer que estivesse lá antes ou disparando uma exceção de processador que termina o programa.

Existe uma maneira mais fácil de evitar este erro. Pergunte a si mesmo: "De onde vem a memória para o *string* de destino?" *Arrays* de caracteres não aparecem num passe de mágica; você precisa alocá-los. O destino da cópia de *string* deve ser um *array* de caracteres de tamanho suficiente para acomodar todos os caracteres.

```
char buffer[100];
strcpy(buffer, "Harry"); // OK
```

Como você pode ver, manipulação de *strings* com *arrays* de caracteres e ponteiros é monótona e sujeita a erros. A classe `string` foi projetada para ser uma alternativa segura e conveniente. Por este motivo, recomendamos fortemente que você use a classe `string` em seu próprio código.

Resumo do capítulo

1. Um ponteiro indica a posição de um valor na memória.
2. O operador * localiza o valor para o qual um ponteiro aponta.
3. Encontrar o valor para o qual um ponteiro aponta é chamado de dereferenciar o ponteiro.
4. Use o operador -> para acessar um membro de dados ou uma função-membro através de um ponteiro para objeto.
5. O ponteiro NULL não aponta para nenhum objeto.

6. É um erro dereferenciar um ponteiro não inicializado ou o ponteiro NULL.
7. Você pode criar valores de qualquer tipo no *heap* com o operador new. Você deve liberá-los com o operador delete.
8. Ponteiros podem ser usados para modelar valores opcionais (usando um ponteiro NULL quando o valor não está presente).
9. Ponteiros podem ser usados para permitir acesso compartilhado a um valor comum.
10. O valor de uma variável *array* é um ponteiro para o primeiro elemento do *array*.
11. Aritmética de ponteiros significa adicionar um deslocamento inteiro a um ponteiro de *array*. O resultado é um ponteiro que salta sobre o número de elementos especificado.
12. A lei da dualidade *array*-ponteiro afirma que a[n] é idêntico a *(a + n), onde a é um ponteiro para um *array* e n é um deslocamento inteiro.
13. Quando passando um *array* para uma função, somente o endereço inicial é passado. A declaração de parâmetro type_name a[] é equivalente a type_name* a.
14. Funções de manipulação de *strings* em baixo nível usam ponteiros do tipo char*. Você pode construir variáveis string a partir de ponteiros char* e usar a função membro c_str para obter um ponteiro char* a partir de um objeto string.

Exercícios de revisão

Exercício R10.1. Encontre os erros no código a seguir. Nem todas as linhas contêm erros. Cada linha depende das linhas que a precedem. Procure por ponteiros não inicializados, ponteiros nulos, ponteiros para objetos apagados e confusão de ponteiros com objetos.

```
1   int* p = new int;
2   p = 5;
3   *p = *p + 5;
4   Employee e1 = new Employee("Hacker, Harry", 34000);
5   Employee e2;
6   e2->set_salary(38000);
7   delete e2;
8   Time* pnow = new Time();
9   Time* t1 = new Time(2, 0, 0);
10  cout << t1->seconds_from(pnow);
11  delete *t1;
12  cout << t1->get_seconds();
13  Employee* e3 = new Employee("Lin, Lisa", 68000);
14  cout << c.get_salary();
15  Time* t2 = new Time(1, 25, 0);
16  cout << *t2.get_minutes();
17  delete t2;
```

Exercício R10.2. Uma variável ponteiro pode conter um ponteiro para um objeto válido, um ponteiro para um objeto apagado, NULL, ou um valor aleatório. Escreva código que cria e ajusta quatro variáveis ponteiro, a, b, c e d, para mostrar cada uma destas possibilidades.

Exercício R10.3. O que acontece quando você dereferencia cada um dos quatro ponteiros criados no exercício anterior? Escreva um programa de teste se você não tiver certeza.

Exercício R10.4. O que acontece se você esquece de apagar um objeto que você obteve do *heap*? O que acontece se você o apaga duas vezes?

Exercício R10.5. O que é impresso pelo código a seguir?

```
Employee harry = Employee("Hacker, Harry", 35000);
Employee boss = harry;
```

```
Employee* pharry = new Employee("Hacker, Harry", 35000);
Employee* pboss = pharry;
boss.set_salary(45000);
(*pboss).set_salary(45000);
cout << harry.get_salary() << "\n";
cout << boss.get_salary() << "\n";
cout << pharry->get_salary() << "\n";
cout << pboss->get_salary() << "\n";
```

Exercício R10.6. Ponteiros são endereços e têm um valor numérico. Você pode imprimir o valor de um ponteiro com `cout << (unsigned long)(p)`. Escreva um programa para comparar p, p + 1, q e q + 1, onde p é um `int*` e q é um `double*`. Explique os resultados.

Exercício R10.7. No Capítulo 2, você viu que pode usar uma conversão `(int)` para converter um valor `double` para um inteiro. Explique por quê não faz sentido converter um ponteiro `double*` para um ponteiro `int*`. Por exemplo,

```
double values[] = { 2, 3, 5, 7, 11, 13 };
int* p = (int*)values; // porque isso não vai funcionar?
```

Exercício R10.8. Quais das atribuições a seguir são válidas em C++?

```
void f(int p[])
{
   int* q;
   const int* r;
   int s[10];
   p = q; // 1
   p = r; // 2
   p = s; // 3
   q = p; // 4
   q = r; // 5
   q = s; // 6
   r = p; // 7
   r = q; // 8
   r = s; // 9
   s = p; // 10
   s = q; // 11
   s = r; // 12
}
```

Exercício R10.9. Dadas as definições
```
double values[] = { 2, 3, 5, 7, 11, 13 };
double* p = values + 3;
```
explique os significados das expressões a seguir:

(a) `values[1]`
(b) `values + 1`
(c) `*(values + 1)`
(d) `p[1]`
(e) `p + 1`
(f) `p - values`

Exercício R10.10. Explique os significados das expressões a seguir:

(a) `"Harry" + 1`
(b) `*("Harry" + 2)`
(c) `"Harry"[3]`
(d) `[4]"Harry"`

Exercício R10.11. Como você pode implementar uma função `minmax` que calcula tanto o mínimo quanto o máximo valor em um *array* de inteiros e armazena o resultado em um *array* `int[2]`?

Exercício R10.12. Qual é a diferença entre as duas definições de variáveis a seguir?

(a) `char a[] = "Hello";`
(b) `char* b = "Hello";`

Exercício R10.13. Qual é a diferença entre as três definições de variáveis a seguir?

(a) `char* p = NULL;`
(b) `char* q = "";`
(c) `char r[] = { '\0' };`

Exercício R10.14. Considere este segmento de programa:

```
char a[] = "Mary had a little lamb";
char* p = a;
int count = 0;
while (*p != '\0')
{
   count++;
   while (*p != ' ' && *p != '\0') p++;
   while (*p == ' ') p++;
}
```

Qual é o valor de `count` no fim do laço `while` mais externo?

Exercício R10.15. Quais são as limitações das funções `strcat` e `strncat` quando comparadas ao operador + para concatenar objetos `string`?

Exercícios de programação

Exercício P10.1. Implemente uma classe `Person` com os seguintes campos:

- o nome
- um ponteiro para o melhor amigo(a) da pessoa (uma `Person*`)
- um contador de popularidade que indica quantas outras pessoas têm esta pessoa como seu melhor amigo

Escreva um programa que lê uma lista de nomes, aloca um `new Person` para cada um deles, e os armazena em um `vector<Person*>`. Então, pergunte o nome do melhor amigo para cada um dos objetos `Person`. Localize o objeto que coincide com o nome do amigo e chame um método `set_best_friend` para atualizar o ponteiro e o contador. Finalmente, imprima todos os objetos `Person`, listando o nome, melhor amigo e contador de popularidade para cada um.

Exercício P10.2. Implemente uma classe `Person` com dois campos `name` e `age`, e uma classe `Car` com três campos:

- o modelo
- um ponteiro para o proprietário (uma `Person*`)
- um ponteiro para o motorista (também uma `Person*`)

Escreva um programa que pede ao usuário para especificar pessoas e carros. Armazene-os em um `vector<Person*>` e um `vector<Car*>`. Percorra o vetor de objetos `Person` e incremente suas idades em um ano. Finalmente, percorra o vetor de carros e imprima o modelo do carro, o nome e idade do proprietário e o nome e a idade do motorista.

Exercício P10.3. Melhore a classe `Employee` para incluir um ponteiro para uma `BankAccount`. Leia dados de funcionários e seus salários. Armazene-os em um `vector<Employee>`. Para cada funcionário, aloque uma nova conta bancária no *heap*, exceto para dois funcionários consecutivos com o mesmo sobrenome, que devem compartilhar a mesma conta. Então percorra o vetor de funcionários e, para cada funcionário, deposite 1/12 de seu salário anual em sua conta bancária.

Depois disso, imprima todos os nomes e saldos de contas bancárias dos funcionários.

Exercício P10.4. Melhore o exercício anterior para apagar todos os objetos conta bancária. Assegure-se de que nenhum objeto seja apagado duas vezes.

Exercício P10.5. Escreva uma função que calcula o valor médio de um *array* de dados em ponto flutuante:

```
double average(double* a, int a_size)
```

Na função, use uma variável ponteiro, e não um índice inteiro, para percorrer os elementos do *array*.

Exercício P10.6. Escreva uma função que retorna um ponteiro para o valor máximo de um *array* de dados em ponto flutuante:

```
double* maximum(double a[], int a_size)
```

Se `a_size` é 0, retorne `NULL`.

Exercício P10.7. Escreva uma função que inverta a ordem dos elementos em um *array* de dados em ponto flutuante:

```
void reverse(double a[], int a_size)
```

Na função, use duas variáveis ponteiro, e não índices inteiros, para percorrer os elementos do array.

Exercício P10.8. Implemente a função `strncpy` da biblioteca padrão.

Exercício P10.9. Implemente a função da biblioteca padrão

```
int strspn(const char s[], const char t[])
```

que retorna o tamanho do prefixo de `s` consistindo de caracteres em `t` (em qualquer ordem).

Exercício P10.10. Escreva uma função

```
void reverse(char s[])
```

que inverte um *string* de caracteres. Por exemplo, `"Harry"` se transforma em `"yrraH"`.

Exercício P10.11. Usando as funções `strncpy` e `strncat`, implemente uma função

```
void concat(const char a[], const char b[], char result[],
    int result_maxlength)
```

que concatena os *strings* a e b ao *buffer* `result`. Assegure-se de não extravasar o resultado. Ele pode conter `result_maxlength` caracteres, sem contar o terminador `'\0'` (isto é, o *buffer* tem `result_maxlength` + 1 bytes disponíveis). Assegure-se de providenciar um terminador `'\0'`.

Exercício P10.12. Adicione um método

```
void Employee::format(char buffer[], int buffer_maxlength)
```

à classe `Employee`. O método deve preencher o `buffer` com o nome e o salário do funcionário. Assegure-se de não extravasar o *buffer*. Ele pode armazenar `buffer_maxlength` caracteres, sem contar o terminador `'\0'` (isto é, o *buffer* tem `buffer_maxlength + 1` bytes disponíveis). Assegure-se de providenciar um terminador `'\0'`.

Exercício P10.13. Escreva um programa que lê linhas de texto e acrescenta as mesmas a um `char buffer[1000]`. Pare depois de ler 1.000 caracteres. À medida em que você lê o texto, substitua todos os caracteres de nova linha `'\n'` por terminadores `'\0'`. Estabeleça um *array* `char* lines[100]`, de modo que os ponteiros naquele *array* apontem para os começos das linhas no texto. Se a entrada contiver mais linhas, considere apenas 100 linhas de texto. Então, exiba as linhas em ordem inversa, começando com a última linha de entrada.

Exercício P10.14. O programa precedente é limitado pelo fato de que ele pode manipular dados de entrada de 1.000 caracteres ou 100 linhas. Remova esta limitação da seguinte maneira: concatene os dados de entrada em um longo objeto `string`. Use o método `c_str` para obter um `char*` para o *buffer* de caracteres do *string*. Estabeleça os ponteiros para os inícios das linhas como um `vector<char*>`.

Exercício P10.15. O problema precedente demonstrou como usar as classes `string` e `vector` para implementar *arrays* redimensionáveis. Neste exercício, você deve implementar aquela capacidade manualmente. Aloque um *buffer* de 1.000 caracteres do *heap* (`new char[1000]`). Sempre que o *buffer* fica cheio, aloque um *buffer* com o dobro do tamanho, copie o conteúdo do *buffer* e apague o *buffer* antigo. Faça o mesmo para o *array* de ponteiros `char*` — inicie com um `new char*[100]` e vá duplicando o tamanho.

Capítulo 11

Herança

Objetivos do capítulo

- Entender os conceitos de herança e polimorfismo
- Aprender como a herança é uma ferramenta para reutilização de código
- Aprender como chamar construtores e funções-membro da classe base
- Entender a diferença entre vinculação estática e dinâmica
- Estar apto a implementar vinculação dinâmica com funções virtuais

Neste capítulo você vai aprender dois dos mais importantes conceitos da programação orientada a objetos: herança e polimorfismo. Através da herança, você vai se tornar apto a definir novas classes que são extensões de classes existentes. O polimorfismo permite a você tirar vantagem de atributos comuns entre classes relacionadas, fornecendo ao mesmo tempo a cada classe a flexibilidade para implementar um comportamento específico. Usando polimorfismo, é possível construir sistemas bastante flexíveis e extensíveis.

Conteúdo do capítulo

11.1 Classes derivadas 386
    Sintaxe 11.1: Definição de classe derivada **386**
    Erro freqüente 11.1: Herança privativa **391**

11.2 Chamada de construtor da classe base 391
    Sintaxe 11.2: Construtor com inicializador de classe base **392**

11.3 Chamada de funções-membro da classe base 392
    Erro freqüente 11.2: Tentar acessar campos privativos da classe base **396**

    Erro freqüente 11.3: Esquecer o nome da classe base **397**
    Tópico avançado 11.1: Acesso protegido **397**

11.4 Polimorfismo 398
    Sintaxe 11.3: Definição de função virtual **401**
    Erro freqüente 11.4: Desmembrar um objeto **404**
    Tópico avançado 11.2: Auto-chamadas virtuais **405**
    Fato histórico 11.1: Sistemas operacionais **406**

11.1 Classes derivadas

A herança é um mecanismo para melhorar classes existentes, que já funcionam. Se uma nova classe precisa ser implementada e uma classe representando um conceito mais geral já se encontra disponível, então a nova classe pode *herdar* da classe existente. Por exemplo, suponha que precisamos definir uma classe `Manager` (Gerente). Nós já temos uma classe `Employee` (Empregado), e um gerente é um caso especial de um empregado. Neste caso, faz sentido usar a construção de herança da linguagem. Aqui está a sintaxe para a definição de classe:

```
class Manager : public Employee
{
public:
    novas funções-membro
private:
    novos dados-membro
};
```

O símbolo : indica herança. A palavra-chave `public` é exigida por uma razão técnica (ver Erro Freqüente 11.1).

Na definição da classe `Manager` você especifica somente as novas funções-membro e os novos dados-membro. Todas as funções-membro e dados-membro da classe `Employee` são automaticamente herdados pela classe `Manager`. Por exemplo, a função `set_salary` automaticamente se aplica a gerentes:

```
Manager m;
m.set_salary(68000);
```

Um pouco mais de terminologia deve ser apresentada aqui. A classe existente, mais geral, é chamada de *classe base*. A classe mais especializada, que herda da classe base, é chamada de *classe derivada*. Em nosso exemplo, `Employee` é a classe base e `Manager` é a classe derivada. A forma geral da definição de uma classe derivada é mostrada na Sintaxe 11.1.

Sintaxe 11.1: Definição de Classe Derivada

```
class Derived_class_name : public Base_class_name
{
        características
};
```

Exemplo:

```
class Manager : public Employee
{
public:
        Manager(string name, double salary, string dept);
        string get_department() const;
private:
        string department;
};
```

Finalidade:

Definir uma classe que herda características de uma classe base.

A Figura 1 é um *diagrama de classes* mostrando o relacionamento entre estas classes. Nos capítulos anteriores, nossos diagramas focavam objetos individuais, desenhados como formas retangulares que continham compartimentos para o nome da classe e os dados-membro. Uma vez que a herança é um relacionamento entre classes, e não objetos, mostramos duas caixas simples ligadas por uma seta com ponteira vazada, que indica herança.

```
                    ┌─────────────┐
                    │  Employee   │
                    └─────────────┘
                           △
                           │
                    ┌─────────────┐
                    │   Manager   │
                    └─────────────┘
```

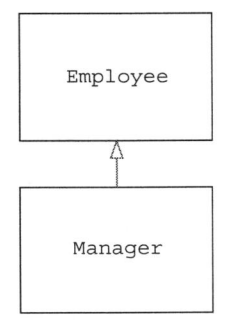

Figura 1
Um diagrama de herança.

Para melhor entender a mecânica da programação com herança, considere um problema de programação mais interessante: modelar um conjunto de relógios que exibem as horas em diferentes cidades.

Inicie com uma classe base `Clock` (`Relogio`) que pode fornecer a hora local atual. No construtor, você pode configurar o formato como "formato militar" (tal como `21:05`) ou formato "am/pm" (tal como `9:05 pm`). Então você chama as funções

```
int get_hours() const
int get_minutes() const
```

para obter as horas e minutos. No formato militar, as horas variam de 0 a 23. No formato "am/pm", as horas variam de 1 a 12. Você pode usar a função

```
bool is_military() const
```

para testar se o relógio usa o formato militar. Finalmente, a função

```
string get_location() const
```

retorna o *string* fixo `"Local"`. Mais tarde vamos redefini-la para retornar um *string* que indica a localização do relógio.

O programa a seguir demonstra a classe `Clock`. O programa constrói dois objetos `Clock` que exibem as horas em ambos os formatos. Se você executar o programa e aguardar um minuto antes de responder s ao *prompt*, você poderá ver que o relógio avança. Aqui está uma execução típica do programa:

```
Horário Militar: 21:05
Horário am/pm: 9:05
Tentar novamente (s/n)? s
Horário Militar: 21:06
Horário am/pm: 9:06
Tentar novamente (s/n)? n
```

Arquivo clocks1.cpp

```
1   #include <iostream>
2   #include <iomanip>
3   #include <string>
4
5   using namespace std;
6
7   #include "ccc_time.h"
8
9   class Clock
10  {
```

```cpp
11  public:
12      /**
13         Constrói um relógio que pode fornecer a hora local.
14         @param use_military true se o relógio usa formato militar
15      */
16      Clock(bool use_military);
17
18      /**
19         Obtém a localização deste relógio
20         @return nome da localidade
21      */
22      string get_location() const;
23
24      /**
25         Obtém as horas deste relógio
26         @return as horas, no formato militar ou am/pm
27      */
28      int get_hours() const;
29
30      /**
31         Obtém os minutos deste relógio.
32         @return os minutos
33      */
34      int get_minutes() const;
35
36      /**
37         Verifica se este relógio usa formato militar.
38         @return true se formato militar
39      */
40      bool is_military() const;
41  private:
42      bool military;
43  };
44
45  Clock::Clock(bool use_military)
46  {
47      military = use_military;
48  }
49
50  string Clock::get_location() const
51  {
52      return "Local";
53  }
54
55  int Clock::get_hours() const
56  {
57      Time now;
58      int hours = now.get_hours();
59      if (military) return hours;
60      if (hours == 0)
61         return 12;
62      else if (hours > 12)
63         return hours - 12;
64      else
65         return hours;
66  }
67
68  int Clock::get_minutes() const
```

```
69   {
70       Time now;
71       return now.get_minutes();
72   }
73
74   bool Clock::is_military() const
75   {
76       return military;
77   }
78
79   int main()
80   {
81       Clock clock1(true);
82       Clock clock2(false);
83
84       bool more = true;
85       while (more)
86       {
87           cout << "Horário Militar: "
88               << clock1.get_hours() << ":"
89               << setw(2) << setfill('0')
90               << clock1.get_minutes()
91               << setfill(' ') << "\n";
92           cout << "Horário am/pm: "
93               << clock2.get_hours() << ":"
94               << setw(2) << setfill('0')
95               << clock2.get_minutes()
96               << setfill(' ') << "\n";
97
98           cout << "Tentar novamente (s/n)? ";
99           string input;
100          getline(cin, input);
101          if (input != "s") more = false;
102      }
103      return 0;
104  }
```

Agora forme a classe derivada `TravelClock` (RelogioDeViagem) que pode mostrar o horário em outro lugar. Considere em quê os relógios de viagem são diferentes de objetos básicos `Clock`. Relógios de viagem armazenam o nome de cidades e eles mostram o horário nestas cidades. O horário é calculado a partir do horário local e adicionando a diferença de horário entre o horário local e o horário na outra localidade. Por exemplo, suponha que o horário local seja o Pacific Standard Time. Então você pode criar um relógio para viajar a New York como segue:

```
TravelClock clock(true, "New York", 3);
cout << "O horário em " << clock.get_location() << " é "
    << clock.get_hours() << ":" << clock.get_minutes();
```

O valor 3 no construtor indica o fato de que o horário em New York é 3 horas adiante do Pacific Standard Time.

Um objeto `TravelClock` difere de um objeto `Clock` de três maneiras:

- Seus objetos armazenam a localidade e a diferença de horário.
- A função `get_hours` do `TravelClock` adiciona a diferença de horário ao horário atual.
- A função `get_location` retorna a localidade real e não o string `"Local"`.

Quando a classe `TravelClock` herda da classe `Clock`, ela apenas necessita expressar estas três diferenças:

```
class TravelClock : public Clock
{
public:
    TravelClock(bool mil, string loc, int diff);
    int get_hours() const;
    string get_location() const;
private:
    string location;
    int time_difference;
};
```

A Figura 2 mostra o diagrama de herança.

A Figura 3 mostra o leiaute de um objeto `TravelClock`. Ele herda o campo de dados `military` do objeto base `Clock` e ele ganha dois campos adicionais: `location` e `time_difference`.

É importante notar que os dados-membro de uma classe base (tal como o campo `military` em nosso exemplo) estão presentes em cada objeto da classe derivada, mas eles não são acessíveis pelas funções-membro da classe derivada. Visto que estes campos são dados privativos da classe base, somente a classe base possui acesso a eles. A classe derivada não possui mais direitos de acesso que qualquer outra classe. Em particular, nenhuma das funções membro de `TravelClock` pode acessar o campo `military`.

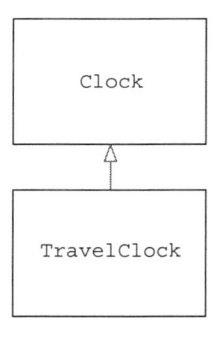

Figura 2
Diagrama de herança para relógios.

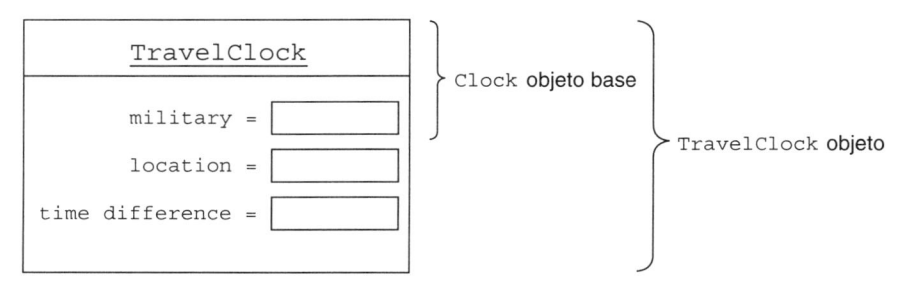

Figura 3
Leiaute de dados.

⊗ **Erro Freqüente   11.1**

Herança Privativa

É um erro freqüente esquecer a palavra-chave `public` que deve seguir os dois pontos após o nome da classe derivada.

```
class Manager : Employee /* Erro */
{
    ...
};
```

A definição de classe vai ser compilada sem erro. O `Manager` ainda herda de `Employee`, mas ele herda *privativamente*. Isto é, somente as funções-membro de `Manager` conseguem chamar as funções-membro de `Employee`. Sempre que você invocar uma função-membro de `Employee` para um objeto `Manager` em outro lugar, o compilador irá sinalizar isto como um erro:

```
int main()
{
    Manager m;
    ...
    m.set_salary(65000); /* Erro */
}
```

Esta herança privativa raramente é útil. Na verdade, ela viola em primeiro lugar o espírito de usar herança — mais especificamente, para criar objetos que são usáveis exatamente como os objetos da classe base. Você deve sempre usar herança pública e lembrar de colocar a palavra-chave `public` na definição de uma classe derivada.

11.2 Chamada de construtor da classe base

O construtor de uma classe derivada possui duas tarefas:

- Inicializar o objeto base
- Inicializar todos os dados-membro

A segunda tarefa é razoavelmente direta. A fim de evitar valores negativos no restante da computação da função `get_hours`, adicione 24 à diferença negativa de horários até que eles se tornem positivos.

```
TravelClock::TravelClock(bool mil, string loc, int diff)
/* incompleto */
{
    location = loc;
    time_difference = diff;
    while (time_difference < 0)
        time_difference = time_difference + 24;
}
```

A primeira tarefa não é tão simples. Você deve construir o objeto base e informá-lo se deve usar o horário militar. Entretanto, a classe base não possui uma função-membro para configurar o formato de relógio.

A única maneira de configurar este valor é através do construtor de `Clock`. Isto é, você deve de algum modo configurar o objeto base como `Clock(mil)`.

Essa é uma situação comum. Freqüentemente, um construtor de uma classe derivada deve invocar o construtor da classe base antes de inicializar os dados da classe derivada. Aqui está uma construção sintática especial para indicar a construção base:

```
TravelClock::TravelClock(bool mil, string loc, int diff)
   : Clock(mil)
{
   ...
}
```

A linha

```
   : Clock(mil)
```

significa: Chamar o construtor de `Clock` com o parâmetro `mil` antes de executar o código dentro de `{ }`. Os dois pontos supostamente devem fazer você lembrar da herança.

Em geral, a sintaxe para um construtor de classe derivada é mostrada na Sintaxe 11.2 (na realidade, como explicado no Tópico Avançado 6.1, a mesma sintaxe pode ser usada para invocar construtores de campos de dados, mas neste caso você coloca o nome do campo de dados, e não o nome da classe base, após os dois pontos. Neste livro, optamos por não usar esta sintaxe para inicializar campos de dados).

Sintaxe 11.2: Construtor com Inicializador de Classe Base

```
Derived_class_name::Derived_class_name(expressions)
      : Base_class_name(expressions)
{
      statements
}
```

Exemplo:

```
Manager::Manager(string name, double salary, string dept)
   : Employee(name, salary)
{
   department = dept;
}
```

Finalidade:

Fornecer a implementação de um construtor, inicializando a classe base antes do corpo do construtor da classe derivada.

Se você omitir um construtor de uma classe base, então o objeto base é construído com o construtor *default* de uma classe base. Entretanto, se a classe base não possui construtor *default* (tal como a classe `Clock`), então você tem que chamar explicitamente um construtor da classe base no construtor da classe derivada.

11.3 Chamada de funções-membro da classe base

Implemente a função `get_hours` da classe `TravelClock`. Para obter o valor da hora, você necessita

- Obter o valor da hora no horário local
- Ajustá-lo de acordo com a diferença de horário

Aqui está o pseudocódigo para a função.

```
int TravelClock::get_hours() const
{
   int h = valor da hora local;
   if (relógio usa o horário militar)
      return (h + time_difference) % 24;
   else
```

```
    {
        h = (h + time_difference) % 12;
        if (h == 0) return 12;
        else return h;
    }
}
```

Primeiro resolva como descobrir se o relógio usa o horário militar. Você não pode simplesmente acessar o campo `military` na classe base. Mesmo que seja verdade que cada objeto do tipo `TravelClock` herda o campo `military` da classe base `Clock`, o acesso a este campo não é permitido. Ele é privativo de `Clock` e somente acessível através das funções-membro de `Clock`.

Felizmente, a classe `Clock` possui uma função-membro, `is_military`, que informa o valor do indicador de `military`. Você pode chamar esta função-membro. Sobre qual objeto? O relógio que você está inspecionando no momento — isto é, o parâmetro implícito da função `TravelClock::get_hours`. Como você viu no Capítulo 6, se você invocar uma outra função-membro sobre o parâmetro implícito, você não precisa especificar o parâmetro, mas apenas escrever o nome da função-membro:

```
if (is_military()) ...
```

O compilador interpreta

```
is_military()
```

como

parâmetro_implícito.`is_military();`

Note que a função `is_military` é herdada de uma classe base, de modo que você pode chamá-la através do objeto parâmetro implícito de uma classe derivada.

Mas como você obtém o valor da hora local? Você pode perguntar à função `get_hours` da classe base. Portanto, você tem que invocar `get_hours`:

```
int TravelClock::get_hours() const
{
    int h = get_hours(); /* incompleto */
    ...
}
```

Mas isso não vai funcionar direito. Visto que o parâmetro implícito de `TravelClock::get_hours` é do tipo `TravelClock`, e existe uma função denominada `get_hours` na classe `TravelClock`, esta função será chamada — mas esta é justamente a função que você está escrevendo neste momento! A função poderia chamar a si mesma repetidamente e o programa poderia morrer em uma recursão infinita.

Em vez disso, você deve ser mais específico a respeito de qual função denominada `get_hours` você quer chamar. Você quer `Clock::get_hours`:

```
int TravelClock::get_hours() const
{
    int h = Clock::get_hours();
    ...
}
```

Esta versão da função membro `get_hours` está correta. Para obter as horas de um relógio de viagem, primeiro obtenha as horas do seu `Clock`, então adicione a diferença de horário.

Em geral, suponha `B::f` como sendo uma função da classe base. Então a classe derivada *D* pode fazer três tipos de ação:

- A classe derivada pode *estender* `B::f` fornecendo uma nova implementação `D::f` que chama `B::f`. Por exemplo, a função `TravelClock::get_hours` é uma extensão de `Clock::get_hours`.

- A classe derivada pode *substituir* B::f fornecendo uma nova implementação D::f que não é relacionada com B::f. Por exemplo, a função `TravelClock::get_location` (que retorna o campo `location`) é uma substituição de `Clock::get_location` (que somente retorna o *string* `"Local"`).
- A classe derivada pode *herdar* B::f, simplesmente não fornecendo uma implementação para *f*. Por exemplo, a classe `TravelClock` herda `Clock::get_minutes` e `Clock::is_military`.

Aqui está o programa completo que exibe um objeto `Clock` simples e dois objetos `TravelClock`. Como você pode ver, o código de `TravelClock` é bem curto. Este exemplo mostra como você usa a herança para adaptar código existente para uma nova finalidade.

Arquivo clocks2.cpp

```
1   #include <iostream>
2   #include <iomanip>
3   #include <string>
4
5   using namespace std;
6
7   #include "ccc_time.h"
8
9   class Clock
10  {
11  public:
12     /**
13        Constrói um relógio que pode fornecer a hora local.
14        @param use_military true se o relógio usa formato militar
15     */
16     Clock(bool use_military);
17
18     /**
19        Obtém a localidade deste relógio
20        @return nome da localidade
21     */
22     string get_location() const;
23
24     /**
25        Obtém as horas deste relógio
26        @return as horas, no formato militar ou am/pm
27     */
28     int get_hours() const;
29
30     /**
31        Obtém os minutos deste relógio.
32        @return os minutos
33     */
34     int get_minutes() const;
35
36     /**
37        Verifica se este relógio usa formato militar.
38        @return true se formato militar
39     */
40     bool is_military() const;
41  private:
42     bool military;
43  };
44
```

```cpp
45  Clock::Clock(bool use_military)
46  {
47     military = use_military;
48  }
49
50  string Clock::get_location() const
51  {
52     return "Local";
53  }
54
55  int Clock::get_hours() const
56  {
57     Time now;
58     int hours = now.get_hours();
59     if (military) return hours;
60     if (hours == 0)
61        return 12;
62     else if (hours > 12)
63        return hours - 12;
64     else
65        return hours;
66  }
67
68  int Clock::get_minutes() const
69  {
70     Time now;
71     return now.get_minutes();
72  }
73
74  bool Clock::is_military() const
75  {
76     return military;
77  }
78
79  class TravelClock : public Clock
80  {
81  public:
82     /**
83        Constrói um relógio de viagem que pode fornecer o horário
84        em uma determinada localidade.
85        @param mil true se o relógio usa formato militar
86        @param loc nome da localidade
87        @param diff a diferença de horário em relação ao horário local
88     */
89     TravelClock(bool mil, string loc, int diff);
90     string get_location() const;
91     int get_hours() const;
92  private:
93     string location;
94     int time_difference;
95  };
96
97  TravelClock::TravelClock(bool mil, string loc, int diff)
98        : Clock(mil)
99  {
100    location = loc;
101    time_difference = diff;
102    while (time_difference < 0)
103       time_difference = time_difference + 24;
```

```
104  }
105
106  string TravelClock::get_location() const
107  {
108     return location;
109  }
110
111  int TravelClock::get_hours() const
112  {
113     int h = Clock::get_hours();
114     if (is_military())
115        return (h + time_difference) % 24;
116     else
117     {
118        h = (h + time_difference) % 12;
119        if (h == 0) return 12;
120        else return h;
121     }
122  }
123
124  int main()
125  {
126     Clock clock1(true);
127     TravelClock clock2(true, "Roma", 9);
128     TravelClock clock3(false, "Tóquio", -7);
129
130     cout << "Horário em " << clock1.get_location() << ":"
131        << clock1.get_hours() << ":"
132        << setw(2) << setfill('0')
133        << clock1.get_minutes()
134        << setfill(' ') << "\n";
135     cout << "Horário em " << clock2.get_location() << ":"
136        << clock2.get_hours() << ":"
137        << setw(2) << setfill('0')
138        << clock2.get_minutes()
139        << setfill(' ') << "\n";
140     cout << "Horário em " << clock3.get_location() << ":"
141        << clock3.get_hours() << ":"
142        << setw(2) << setfill('0')
143        << clock3.get_minutes()
144        << setfill(' ') << "\n";
145     return 0;
146  }
```

Erro Freqüente 11.2

Tentar Acessar Campos Privativos da Classe Base

Uma classe derivada herda todos os campos de uma classe base. Entretanto, se os campos forem privativos, as funções da classe derivada não possuem direito de acesso a eles. Por exemplo, suponha que o salário de um gerente é calculado adicionando um bônus ao salário anual:

```
double Manager::get_salary() const
{
   return salary + bonus;
   /* Erro – salary é privativo de Employee */
}
```

A função `Manager::get_salary` não possui mais direito de acessar os campos privativos de `Employee` do que qualquer outra função. O remédio é usar a interface pública de uma classe-base:

```
double Manager::get_salary() const
{
    return Employee::get_salary() + bonus;
}
```

⊗ Erro Freqüente   11.3

Esquecer o Nome da Classe Base

Um erro comum ao estender a funcionalidade de uma função de uma classe base é esquecer do nome da classe base. Por exemplo, para calcular o salário de um gerente, obter o salário do objeto `Employee` subjacente e adicionar um bônus:

```
double Manager::get_salary() const
{
    double base_salary = get_salary();
    /* Erro – deve ser  Employee::get_salary() */
    return base_salary + bonus;
}
```

Aqui `get_salary()` se refere à função `get_salary` aplicada ao parâmetro implícito da função-membro. O parâmetro implícito é do tipo `Manager`, e existe uma função `Manager::get_salary`, de modo que esta função é chamada. Obviamente, isto é uma chamada recursiva à função que estamos escrevendo. Em vez disso, você deve ser preciso sobre qual função `get_salary` quer chamar. Neste caso, você precisa chamar `Employee::get_salary` explicitamente.

Sempre que você chama uma função de uma classe base a partir de uma função de mesmo nome de uma classe derivada, certifique-se de fornecer o nome completo da função, inclusive o nome da classe base.

🎓 Tópico Avançado   11.1

Acesso Protegido

Você passou por momentos de aflição ao tentar implementar a função-membro `get_hours` da classe `TravelClock`. Essa função-membro necessitava acessar o campo de dados `military` da classe base. Sua solução foi ter uma classe base que fornecesse uma função de acesso apropriada.

C++ oferece outra solução. A classe base pode declarar o campo de dados como protegido:

```
class Clock
{
    public:
        ...
    protected:
        bool military
};
```

Dados protegidos podem ser acessados pelas funções-membro de uma classe e todas as suas classes derivadas.

Por exemplo, `TravelClock` herda de `Clock`, e assim suas funções-membro podem acessar os campos de dados protegidos da classe `Clock`.

Alguns programadores gostam do recurso de acesso `protected` porque ele parece atingir um equilíbrio entre a proteção absoluta (tornar todos os dados-membro privativos) e nenhuma proteção (tonar todos os dados-membro públicos). Entretanto, a experiência tem mostrado que dados-membro protegidos são sujeitos ao mesmo tipo de problemas que dados-membro públicos. O projetista da classe base não possui controle sobre os autores de classes derivadas. Qualquer uma das funções-membro de uma classe derivada pode corromper os dados de uma classe base. Além disso, classes com dados-membro protegidos são difíceis de modificar. Mesmo se o autor de uma classe base quisesse alterar a implementação de dados, os dados-membro protegidos não poderiam ser alterados, porque alguém poderia ter escrito uma classe derivada cujo código dependa deles.

É melhor deixar todos os dados privativos. Se você quer garantir o acesso aos dados somente para as funções-membro de classes derivadas, considere tornar as funções de *acesso* protegidas.

11.4 Polimorfismo

Nas seções anteriores você viu um importante uso de herança: reutilizar código existente em um novo problema. Nesta seção você verá uma aplicação ainda mais poderosa de herança: modelar variações no comportamento de objetos.

Se você examinar o programa `main` do programa anterior, vai ver que existe uma razoável quantidade de código repetido. Seria melhor se todos os três relógios fossem colecionados em um *array* e se pudesse usar um laço para imprimir os valores dos relógios:

```
vector<Clock> clocks;
clocks[0] = Clock(true);
clocks[1] = TravelClock(true, "Roma", 9);
clocks[2] = TravelClock(false, "Tóquio", -7);
for (int i = 0; i < clocks.size(); i++)
{
    cout << "Horário em " << clocks[i].get_location() <<
        << clocks[i].get_hours() << ":"
        << setw(2) << setfill('0')
        << clocks[i].get_minutes()
        << setfill(' ') << "\n";
}
```

Infelizmente, isso não funciona. O vetor `clocks` armazena objetos do tipo `Clock`. O compilador entende que um `TravelClock` é um caso especial de um `Clock`. Portanto ele permite a atribuição de um relógio de viagem a um relógio:

```
clocks[1] = TravelClock(true, "Roma", 9);
```

Entretanto, um objeto `TravelClock` possui três campos de dados, enquanto que um objeto `Clock` possui apenas um campo, o indicador `military`. Não existe espaço para armazenar os dados da classe derivada. Estes dados simplesmente se desmembram quando você atribui um objeto da classe derivada a uma variável da classe base (ver Figura 4).

Se você executar o programa resultante, a saída será:

```
Horário em Local: 21:15
Horário em Local: 21:15
Horário em Local: 9:15
```

Este problema é bem típico de código que necessita manipular objetos de diferentes tipos de dados. Objetos da classe derivada são usualmente maiores que objetos da classe base, e objetos de diferentes classes derivadas possuem diferentes tamanhos. Um vetor de objetos não pode lidar com estas variações de tamanho.

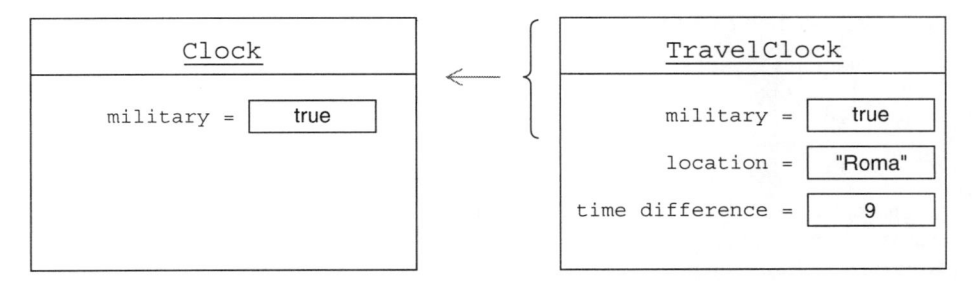

```
        Clock                              TravelClock
  military = [ true ]              military =     [ true ]
                                   location =    [ "Roma" ]
                              time difference =   [ 9 ]
```

Figura 4
Desmembrando dados da classe derivada.

Em vez disso, você precisa armazenar os objetos reais em algum lugar e reunir seus endereços em um vetor que armazena ponteiros (se você pulou o Capítulo 10, vai precisar retornar à Seção 10.1 para aprender sobre ponteiros. Você pode ler aquela seção independentemente do restante do Capítulo 10).

A Figura 5 mostra o *array* de ponteiros. A razão de usar ponteiros é simples: todos os ponteiros para os diversos objetos relógio possuem o mesmo tamanho — mais especificamente, o tamanho de um endereço de memória — mesmo que os objetos em si possam ter diferentes tamanhos.

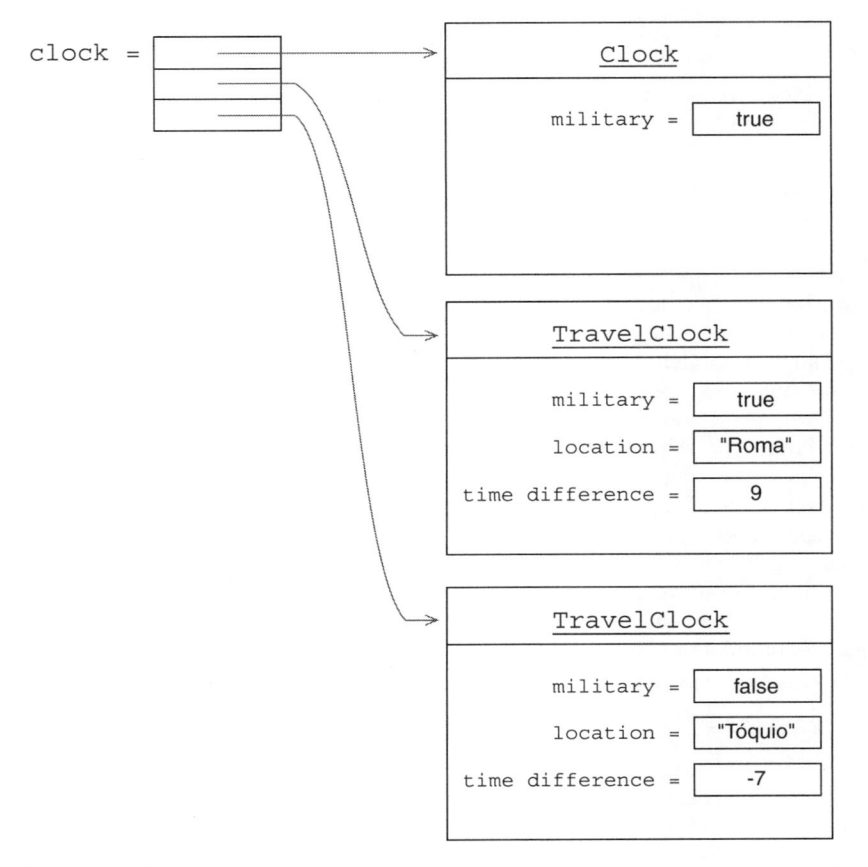

```
                                    Clock
clock = [ ]───────►          military = [ true ]


                                  TravelClock
        └──────────►          military =    [ true ]
                              location =    [ "Roma" ]
                         time difference =  [ 9 ]


                                  TravelClock
        └──────────►          military =    [ false ]
                              location =    [ "Tóquio" ]
                         time difference =  [ -7 ]
```

Figura 5
Um *array* polimórfico.

Aqui está o código para configurar o *array* de ponteiros:

```
vector<Clock*> clocks;
/* insere relógios */
clocks[0] = new Clock(true);
clocks[1] = new TravelClock(true, "Roma", 9);
clocks[2] = new TravelClock(false, "Tóquio", -7);
```

Como mostra o código salientado, você simplesmente declara o *array* para armazenar ponteiros e aloca objetos chamando `new`.

Note que as últimas duas atribuições atribuem um ponteiro da classe derivada do tipo `TravelClock*` para um ponteiro da classe base do tipo `Clock*`. Isto é perfeitamente legal. Um ponteiro é um endereço inicial de um objeto. Considerando que cada `TravelClock` é um caso especial de um `Clock`, o endereço inicial de um objeto `TravelClock` é, em particular, o endereço inicial de um objeto `Clock`. A atribuição inversa — de um ponteiro de uma classe-base para um ponteiro de uma classe derivada — é um erro.

Naturalmente, `clocks[i]` é um ponteiro para o `i`-ésimo objeto. Assim, o código para imprimir todos os relógios é

```
cout << "Horário em " << clocks[i]->get_location() <<
    << clocks[i]->get_hours() << ":"
    << setw(2) << setfill('0')
    << clocks[i]->get_minutes()
    << setfill(' ') << "\n";
```

Note o uso de operadores `->` visto que `clocks[i]` é um ponteiro.

Infelizmente, ainda resta um problema. A saída ainda é

```
Horário em Local: 21:15
Horário em Local: 21:15
Horário em Local: 9:15
```

Como você pode ver, nenhum código de relógio de viagem foi executado. O compilador gerou código somente para chamar as funções de `Clock`, e não as funções que são apropriadas para cada objeto.

Em defesa do compilador, ele realmente tomou a atitude correta. Uma chamada de uma função-membro é compilada como uma chamada a uma função particular. É trabalho do compilador encontrar a função apropriada que deveria ser chamada. Neste caso, o ponteiro `clocks[i]` aponta para o parâmetro implícito; ele é um ponteiro do tipo `Clock*`. Portanto, o compilador chama as funções membro de `Clock`.

Entretanto, neste caso você não quer na realidade uma simples chamada de função. Você quer primeiro determinar o tipo real do objeto para o qual `clocks[i]` aponta, que pode ser um objeto `Clock` ou um objeto `TravelClock`, e só então chamar as funções apropriadas. Isso também pode ser arranjado em C++. Você deve alertar o compilador de que a chamada da função deve ser precedida pela seleção da função apropriada, que pode ser uma função diferente para cada iteração do laço.

Tal combinação seleção/chamada é denominada de *vinculação dinâmica*. Em contraste, a chamada tradicional, que sempre invoca a mesma função, é denominada de *vinculação estática*. Para informar ao compilador C++ que uma função particular necessita ser vinculada dinamicamente, a função deve ser rotulada como `virtual`:

```
class Clock
{
public:
    Clock(bool use_military);
    virtual string get_location() const;
    virtual int get_hours() const;
    int get_minutes() const;
    bool is_military() const;
```

```
    private:
        ...
};
```

Sintaxe 11.3 : Definição de Função Virtual

```
class Class_name
{
    virtual return_type function_name(parameter₁, parameter₂, ..., parameterₙ);
        ...
};
```

Exemplo:

```
class Employee
{
public:
    virtual double get_salary();
        ...
};
```

Finalidade:

Definir uma função vinculada dinamicamente, que pode ser redefinida em classes derivadas. Quando a função é chamada, o tipo real do parâmetro implícito determina qual versão da função executar.

A palavra chave `virtual` deve ser usada em uma *classe base*. Todas as funções de mesmo nome e tipos de parâmetros em classes derivadas serão então automaticamente virtuais. Entretanto, é considerado de bom gosto fornecer a palavra chave `virtual` também para as funções de classes derivadas.

```
class TravelClock : public Clock
{
public:
    TravelClock(bool mil, string loc, int diff);
    virtual string get_location() const;
    virtual int get_hours() const;
private:
        ...
};
```

Você não fornece a palavra-chave `virtual` na definição da função:

```
string Clock::get_location() const /* sem palavra chave virtual */
{
    return "Local";
}
```

Sempre que uma função virtual é chamada, o compilador determina o tipo do parâmetro implícito daquela chamada particular durante a execução. A função apropriada para aquele objeto é então chamada. Por exemplo, quando a função `get_location` é declarada virtual, a chamada

```
clocks[i]->get_location();
```

sempre chama a função pertencente ao tipo real do objeto para o qual `clocks[i]` aponta — seja `Clock::get_location` ou `TravelClock::get_location`.

Somente funções-membro podem ser virtuais. Uma função-membro que não é rotulada como `virtual` é associada estaticamente. Isto é, o tipo do parâmetro implícito, como ele é conhecido durante a compilação, é usado para selecionar uma função e esta função é sempre chamada. Visto que a vinculação estática é menos complexa, ela é o *default* em C++. Você deve usar funções virtuais somente quando você necessita a flexibilidade da vinculação dinâmica durante a execução.

O vetor `clocks` coleciona uma mistura de dois tipos de relógio. Tal coleção é denominada *polimórfica* (literalmente, "de muitas formas"). Objetos em uma coleção polimórfica possuem alguns atributos em comum, mas não necessariamente são do mesmo tipo. A herança é usada para expressar esses atributos e as funções virtuais permitem variações no comportamento.

Funções virtuais fornecem a um programa uma grande flexibilidade. O laço de impressão descreve somente o mecanismo geral: "imprima a localidade, horas e minutos de cada relógio". Cada objeto sabe por si mesmo como realizar as tarefas específicas: "obter sua localidade" e "obter suas horas".

Usar funções virtuais torna os programas *facilmente extensíveis*. Suponha que você quer ter uma nova espécie de relógio para viagens espaciais. Tudo o que você precisa é definir uma nova classe `SpaceTravelClock` (RelogioDeViagemEspacial), com suas próprias funções `get_location` e `get_hours`. Então podemos preencher o *array* `clocks` com uma mistura de relógios comuns, relógios de viagem e relógios de viagens espaciais. O código que imprime todos os relógios não precisa ser alterado em nada! As chamadas às funções virtuais `get_location` e `get_hours` automaticamente selecionam as funções-membro corretas das novas classes definidas.

Aqui está o programa completo do relógio, usando funções virtuais. Quando você executar o programa, verá que os três ponteiros `Clock*` chamam as versões apropriadas das funções virtuais. Uma saída típica seria:

```
Horário em Local: 21:15
Horário em Roma: 6:15
Horário em Toquio: 2:15
```

Arquivo clocks3.cpp

```
1    #include <iostream>
2    #include <iomanip>
3    #include <string>
4    #include <vector>
5
6    using namespace std;
7
8    #include "ccc_time.h"
9
10   class Clock
11   {
12   public:
13      /**
14         Constrói um relógio que pode fornecer a hora local.
15         @param use_military true se o relógio usa formato militar
16      */
17      Clock(bool use_military);
18
19      /**
20         Obtém a localidade deste relógio
21         @return nome da localidade
22      */
23      virtual string get_location() const;
24
25      /**
26         Obtém as horas deste relógio
27         @return as horas, no formato militar ou am/pm
28      */
29      virtual int get_hours() const;
30
```

```cpp
31      /**
32          Obtém os minutos deste relógio.
33          @return os minutos
34      */
35      int get_minutes() const;
36
37      /**
38          Verifica se este relógio usa formato militar.
39          @return true se formato militar
40      */
41      bool is_military() const;
42   private:
43      bool military;
44   };
45
46   Clock::Clock(bool use_military)
47   {
48      military = use_military;
49   }
50
51   string Clock::get_location() const
52   {
53      return "Local";
54   }
55
56   int Clock::get_hours() const
57   {
58      Time now;
59      int hours = now.get_hours();
60      if (military) return hours;
61      if (hours == 0)
62         return 12;
63      else if (hours > 12)
64         return hours - 12;
65      else
66         return hours;
67   }
68
69   int Clock::get_minutes() const
70   {
71      Time now;
72      return now.get_minutes();
73   }
74
75   bool Clock::is_military() const
76   {
77      return military;
78   }
79
80   class TravelClock : public Clock
81   {
82   public:
83      /**
84          Constrói um relógio de viagem que pode fornecer o horário
85          em uma determinada localidade.
86          @param mil true se o relógio usa formato militar
87          @param loc nome da localidade
88          @param diff a diferença de horário em relação ao horário local
89      */
```

```cpp
 90      TravelClock(bool mil, string loc, int diff);
 91      string get_location() const;
 92      int get_hours() const;
 93   private:
 94      string location;
 95      int time_difference;
 96   };
 97
 98   TravelClock::TravelClock(bool mil, string loc, int diff)
 99      : Clock(mil)
100   {
101      location = loc;
102      time_difference = diff;
103      while (time_difference < 0)
104         time_difference = time_difference + 24;
105   }
106
107   string TravelClock::get_location() const
108   {
109      return location;
110   }
111
112   int TravelClock::get_hours() const
113   {
114      int h = Clock::get_hours();
115      if (is_military())
116         return (h + time_difference) % 24;
117      else
118      {
119         h = (h + time_difference) % 12;
120         if (h == 0) return 12;
121         else return h;
122      }
123   }
124
125   int main()
126   {
127      vector<Clock*> clocks(3);
128      clocks[0] = new Clock(true);
129      clocks[1] = new TravelClock(true, "Roma", 9);
130      clocks[2] = new TravelClock(false, "Tóquio", -7);
131
132      for (int i = 0; i < clocks.size(); i++)
133      {
134         cout << "Horário em " << clocks[i]->get_location() <<
135            << clocks[i]->get_hours() << ":"
136            << setw(2) << setfill('0')
137            << clocks[i]->get_minutes()
138            << setfill(' ') << "\n";
139      }
140      return 0;
141   }
```

⊗ Erro Freqüente   11.4

Desmembrar um Objeto

Em C++ é válido copiar um objeto de uma classe derivada em uma variável de uma classe base. Entretanto, qualquer informação da classe derivada é perdida no processo. Por exemplo, quando um objeto `Manager` é atribuído a uma variável do tipo `Employee`, resta somente a porção do empregado dos dados do gerente:

```
Manager m;
...
Employee e = m; /* armazena apenas os dados da classe Employee, base de m */
```

Qualquer informação que seja particular a gerentes é desmembrada, porque não caberia em uma variável do tipo `Employee`. Este desmembramento, no entanto, pode ser exatamente o que você quer. O código que usa a variável e pode não se importar com a parte `Manager` do objeto e somente necessita considerá-lo como um empregado.

Note que a atribuição inversa não é válida. Isto é, você não pode copiar um objeto de uma classe base em uma variável da classe derivada.

```
Employee e;
...
Manager m = e; /* Erro */
```

Tópico Avançado   11.2

Auto-chamadas Virtuais

Adicione a seguinte função `print` à classe `Clock`:

```
void Clock::print() const
{
    cout << "Horário em " << get_location() << ":"
         << get_hours() << ":"
         << setw(2) << setfill('0')
         << get_minutes()
         << setfill(' ') << "\n";
}
```

Não redefina a função `print` na classe `TravelClock`. Agora examine a chamada

```
TravelClock rome_clock(true, "Roma", 9);
rome_clock.print();
```

Qual função `get_location` e `get_hours` a função `print` chama? Se você examinar o código interno da função `Clock::print`, você poderá ver que estas funções são executadas sobre o objeto implícito.

```
void Clock::print() const
{
    cout << "Horário em " << parâmetro implícito.get_location() << ":"
         << parâmetro implícito.get_hours() << ":"
         << setw(2) << setfill('0')
         << parâmetro implícito.get_minutes()
         << setfill(' ') << "\n";
}
```

O parâmetro implícito em nossa chamada é `rome_clock`, um objeto do tipo `TravelClock`. Como as funções `get_location` e `get_hours` são virtuais, as versões da função de `TravelClock` são automaticamente chamadas. Isso acontece mesmo que a função `print` seja definida na classe `Clock`, a qual não conhece a classe `TravelClock`.

Como você pode ver, funções virtuais são um mecanismo muito poderoso. A classe `Clock` fornece uma função `print` que especifica a natureza comum da impressão, mais especificamente, imprimir a localidade e o horário. A determinação da localidade e do horário é feita pelas classes derivadas.

Fato Histórico   11.1

Sistemas Operacionais

Sem um sistema operacional, um computador não seria útil. No mínimo, você precisa de um sistema operacional para localizar arquivos e iniciar programas. Os programas que você executa precisam de serviços do sistema operacional para acessar dispositivos e para interagir com outros programas. Sistemas operacionais de grandes computadores necessitam fornecer mais serviços do que os de computadores pessoais.

Aqui estão alguns serviços típicos:

- *Carga de programas.* Cada sistema operacional fornece alguma maneira de disparar programas aplicativos. O usuário indica qual programa deve ser executado, geralmente digitando o nome do programa ou clicando em um ícone. O sistema operacional localiza o código do programa, carrega-o na memória e o inicia.

- *Gerência de arquivos.* Um dispositivo de memória tal como um disco rígido é, eletronicamente, simplesmente um dispositivo capaz de armazenar uma seqüência enorme de zeros e uns. É tarefa do sistema operacional trazer alguma estrutura para o leiaute de memória e organizá-la em arquivos, pastas e assim por diante. O sistema operacional também precisa impor alguma quantidade de segurança e redundância no sistema de arquivos, de modo que uma falta de energia não coloque em perigo o conteúdo de um disco rígido inteiro. Alguns sistemas operacionais trabalham melhor que outros neste assunto.

- *Memória virtual.* Memória é dispendiosa e poucos computadores possuem suficiente RAM para armazenar todos os programas e dados que um usuário quer executar simultaneamente. A maioria dos sistemas operacionais estende a memória disponível armazenando alguns dados no disco rígido. Os programas de aplicação desconhecem o que está acontecendo. Quando um programa acessa um item de dado que no momento não está na memória, o processador percebe isso e notifica o sistema operacional. O sistema operacional traz os dados necessários do disco rígido para a RAM, simultaneamente trocando por um bloco de memória que não foi recentemente acessado.

- *Tratando múltiplos usuários.* Os sistemas operacionais de computadores grandes e potentes permitem acesso simultâneo de vários usuários. Cada usuário é conectado ao computador por um terminal separado. O sistema operacional autentica usuários, verificando se eles possuem uma conta válida e a senha. Ele fornece a cada usuário uma *fatia* pequena de tempo de processador e então atende o próximo usuário.

- *Multitarefa.* Mesmo que você seja o único usuário de um computador, você pode querer executar várias aplicações — por exemplo, ler sua correspondência eletrônica em uma janela e executar o compilador C++ em outra janela. O sistema operacional é responsável pela divisão do tempo do processador entre as aplicações que você está executando, de modo que cada uma delas possa progredir.

- *Impressão.* O sistema operacional enfileira as requisições de impressão que são enviadas pelas diversas aplicações. Isto é necessário para assegurar que as páginas impressas não contenham uma mistura de palavras enviadas simultaneamente por programas separados.

- *Janelas.* Muitos sistemas operacionais apresentam aos seus usuários uma área de trabalho constituída de várias janelas. O sistema operacional gerencia a localização e a aparência das janelas; as aplicações são responsáveis pelo interior.

- *Fontes*. Para apresentar texto na tela e na impressora, os formatos dos caracteres devem ser definidos. Isso é especialmente importante para programas que podem exibir diversos estilos e tamanhos de tipos. Sistemas operacionais atuais contém um repositório central de fontes.
- *Comunicação entre programas*. O sistema operacional pode facilitar a transferência de informações entre programas. Esta transferência pode ocorrer através de *cortar* e *colar* ou por *comunicação entre processos*. Cortar e colar é uma transferência de dados iniciada pelo usuário, na qual ele copia dados de uma aplicação em uma área de transferência (freqüentemente chamada de "*clipboard*") gerenciada pelo sistema operacional e insere o conteúdo da área em outra aplicação. A comunicação entre processos é iniciada pelas aplicações que transferem dados sem envolvimento direto com o usuário.
- *Redes*. O sistema operacional fornece protocolos e serviços para permitir que aplicações alcancem informações de outros computadores anexados à rede.

Atualmente, os sistemas operacionais mais populares são Microsoft Windows, UNIX e suas variantes (como Linux) e o Macintosh OS.

Resumo do capítulo

1. Herança é um mecanismo para estender classes. Quando uma classe derivada herda de uma classe base, a classe derivada define somente os campos de dados e funções que são específicas dela.
2. Uma classe derivada herda de uma classe base todos os campos de dados e todas as funções que ela não redefine.
3. O construtor de uma classe derivada pode passar parâmetros para o construtor da classe base. Se nenhum parâmetro é passado explicitamente, o construtor *default* da classe base é invocado.
4. Uma classe derivada pode decidir substituir funções de uma classe base, seja redefinindo-as completamente ou as estendendo. Ao estender uma função em uma classe derivada, você explicitamente chama uma função da classe base.
5. Funções virtuais são vinculadas dinamicamente. Quando a função virtual é chamada, o tipo real do objeto do parâmetro implícito determina qual implementação da função virtual é invocada.
6. Em contraste, todas as outras chamadas de funções são vinculadas estaticamente. O compilador determina qual função é chamada, olhando apenas o tipo da variável do parâmetro implícito.
7. Polimorfismo (literalmente, "ter muitas formas") descreve um conjunto de objetos de diferentes classes com comportamento similar. A herança é usada para expressar atributos comuns entre as classes, e funções virtuais permitem variações no comportamento.

Exercícios de revisão

Exercício R11.1. Um sistema de simulação de tráfego orientado a objetos possui as seguintes classes:

```
Veiculo          Picape
Carro            VeiculoEsporteUtilitario
Caminhao         Minivan
Sedan            Bicicleta
Coupe            Motociclo
```

Desenhe um diagrama de herança para mostrar os relacionamentos entre essas classes.

Exercício R11.2. Qual relacionamento de herança você poderia estabelecer entre as seguintes classes?

```
Estudante
Professor
ProfessorAssistente
Empregado
Secretaria
ChefeDepartamento
Porteiro
PalestranteSeminario
Pessoa
Curso
Seminario
Aula
LaboratorioComputadores
```

Exercício R11.3. Considere as seguintes classes B e D:

```
class B
{
public:
    B();
    B(int n);
};

B::B()
{
    cout << "B::B()\n";
}

B::B(int n)
{
    cout << "B::B(" << n << ")\n";
}

class D : public B
{
public:
    D();
    D(int n);
private:
    B b;
};

D::D()
{
    cout << "D::D()\n";
}

D::D(int n) : B(n)
{
    b = B(-n); cout << "D::D("<< n <<")\n";
}
```

O que o programa a seguir imprime?

```
int main()
{
```

```
        D d(3);
        return 0;
}
```

Determine a resposta à mão, não compilando e executando o programa.

Exercício R11.4. O que o programa a seguir imprime?

```
class B
{
public:
    void print(int n) const;
};

void B::print(int n) const
{
    cout << n << "\n";
}

class D : public B
{
public:
    void print(int n) const;
};

void D::print(int n) const
{
    if (n <= 1) B::print(n);
    else if (n % 2 == 0) print(n / 2);
    else print(3 * n + 1);
}

int main()
{
    D d;
    d.print(3);
    return 0;
}
```

Determine a resposta à mão, não compilando e executando o programa.

Exercício R11.5. O que está errado no código a seguir?

```
class B
{
public:
    B();
    B(int n);
    void print() const;
private:
    int b;
};

B::B()
{
    b = 0;
}

B::B(int n)
{
    b = n;
}
```

```
void B::print() const
{
    cout << "B: " << b << "\n";
}

class D : public B
{
public:
    D();
    D(int n);
    void print() const;
};

D::D()
{
}
D::D(int n)
{
    b = n;
}
void D::print() const
{
    cout << "D: " << b << "\n";
}
```

Como você pode corrigir os erros?

Exercício R11.6. Suponha que a classe D herda de B. Quais das seguintes atribuições são válidas?

```
B b;
D d;
B* pb;
D* pd;
```

(a) b = d;
(b) d = b;
(c) pd = pb;
(d) pb = pd;
(e) d = pd;
(f) b = *pd;
(g) *pd = *pb;

Exercício R11.7. Quais das seguintes chamadas são vinculadas estaticamente e quais são vinculadas dinamicamente? O que o programa imprime?

```
class B
{
public:
    B();
    virtual void p() const;
    void q() const;
};

B::B()
void B::p() const
{
    cout << "B::p\n";
}
```

```
void B::q() const
{
    cout << "B::q\n";
}

class D : public B
{
public:
    D();
    virtual void p() const;
    void q() const;
};

D::D()
{
}
void D::p() const
{
    cout << "D::p\n";
}
void D::q() const
{
    cout << "D::q\n";
}

int main()
{
    B b;
    D d;
    B* pb = new B;
    B* pd = new D;
    D* pd2 = new D;

    b.p(); b.q();
    d.p(); d.q();
    pb->p(); pb->q();
    pd->p(); pd->q();
    pd2->p(); pd2->q();
    return 0;
}
```

Determine a resposta à mão, não compilando e executando o programa.

Exercício R11.8. Verdadeiro ou falso?

(a) Quando uma função-membro é invocada através de um ponteiro, ela é sempre vinculada estaticamente.

(b) Quando uma função-membro é invocada através de um objeto, ela é sempre vinculada estaticamente.

(c) Somente funções-membro podem ser vinculadas dinamicamente.

(d) Somente funções não-membro podem ser vinculadas estaticamente.

(e) Quando uma função é virtual em uma classe base, ela não pode ser tornada não virtual em uma classe derivada.

(f) Chamar uma função virtual é mais lento que chamar uma função não-virtual.

(g) Construtores podem ser virtuais.

(h) É uma boa prática de programação tornar todas as funções-membro virtuais.

Exercícios de programação

Exercício P11.1. Derive uma classe `Programador` de `Empregado` (`Employee`). Forneça um construtor `Programador (string nome, double salario)` que chama o construtor da classe-base. Forneça uma função `obter_nome` (`get_name`) que retorna o nome no formato `"Hacker, Harry (Programador)"`.

Exercício P11.2. Implemente uma classe-base `Pessoa`. Derive de `Pessoa` classes `Estudante` e `Instrutor`. Uma pessoa possui um nome e uma data de nascimento. Um estudante tem um curso e um instrutor tem um salário. Escreva a definição das classes, os construtores e as funções-membro `imprime()` (`print()`) para todas as classes.

Exercício P11.3. Derive uma classe `Gerente` (`Manager`) de `Empregado` (`Employee`). Adicione um campo de dados denominado `departamento`, do tipo `string`. Forneça uma função `imprime()` que imprime o nome do gerente, o departamento e o salário. Derive uma classe `Executivo` de `Gerente`. Forneça uma função `imprime()` que imprime o *string* Executivo, seguido das informações armazenadas no objeto base `Gerente`.

Exercício P11.4. Implemente uma classe base `Conta` e classes derivadas `Poupança` e `Especial`.
Em uma classe base, forneça funções-membro `deposito` e `retirada`. Forneça uma função `juro_diario` que calcula e adiciona o juro diário. Para os cálculos, assuma que cada mês possui 30 dias. Contas especiais rendem juros mensais de 3% sobre saldos superiores a $1.000. Contas de poupança rendem juros de 6% sobre o saldo total. Escreva um programa de teste que faz depósitos e retiradas durante um mês e calcula os juros diários.

Exercício P11.5. Meça a diferença de velocidade entre uma chamada vinculada estaticamente e uma chamada vinculada dinamicamente. Use a classe `Time` para medir o tempo gasto em um laço de chamadas de funções virtuais e outro laço de chamadas de funções regulares.

Exercício P11.6. Escreva uma classe base `Operario` e classes derivadas `OperarioDiarista` e `OperarioAssalariado`. Cada operário possui um nome e uma categoria de salário. Escreva uma função virtual `calcula_pagamento(int horas)` que calcula o pagamento semanal de cada operário. Um operário diarista é pago pelo salário-hora do número efetivo de horas trabalhadas, se `horas` é no máximo 40. Se o operário diarista trabalhar mais do que 40 horas, o excedente é pago como um salário-hora e meio. O operário assalariado é pago por um salário-hora de 40 horas, não importando o número efetivo de horas.

Exercício P11.7. Implemente uma classe base `Veiculo` e classes derivadas `Carro` e `Caminhao`. Um veículo possui uma posição na tela. Escreva funções virtuais `desenha` que desenham carros e caminhões como segue:

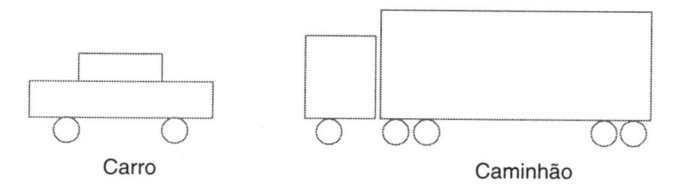

Carro   Caminhão

A seguir, preencha um vetor de ponteiros `Veiculo*` com uma mistura de carros e caminhões e desenhe todos eles.

Exercício P11.8. Implemente uma classe base `Compromisso` e classes derivadas `UmaVez`, `Diario`, `Semanal` e `Mensal`. Um compromisso possui uma descrição (por exemplo, "ir ao dentista"), uma data e um horário. Escreva uma função virtual `ocorre_em(int ano, int mes, int dia)` que verifica se um compromisso ocorre naquela data. Por exemplo, para um compromisso mensal, você deve verificar se o dia e o mês combinam. Então preencha um vetor `Compromisso*` com uma mistura de compromissos. Faça o usuário fornecer uma data e imprima todos os compromissos que ocorrem naquela data.

Exercício P11.9. Melhore a agenda de compromissos do exercício anterior. Forneça ao usuário a opção de adicionar novos compromissos. O usuário deve especificar o tipo de compromisso, a descrição, a data e o horário.

Exercício P11.10. Melhore a agenda de compromissos dos exercícios anteriores, permitindo ao usuário salvar os dados do compromisso em um arquivo e recarregar os dados a partir do arquivo. A parte de salvamento é direta: criar uma função `salva`. Salve o tipo, a descrição, a data e o horário. A parte de carga não é tão fácil. Você deve primeiro determinar o tipo de compromisso a ser carregado, criar um objeto daquele tipo com seu construtor *default*, e após chamar uma função virtual `carrega` para carregar o restante.

Exercício P11.11. Implemente uma classe base `Forma` e classes derivadas `Retangulo`, `Triangulo` e `Quadrado`. Derive `Quadrado` de `Retangulo`. Forneça funções virtuais `double area()` e `void desenha()`. Preencha um vetor de ponteiros `Forma*` com uma mistura de formas, desenhe todas elas e calcule a área total.

Exercício P11.12. Use o exercício anterior como base para um programa de desenho. Os usuários podem colocar várias formas na tela, clicando em um ícone de forma e então clicando a posição desejada na tela:

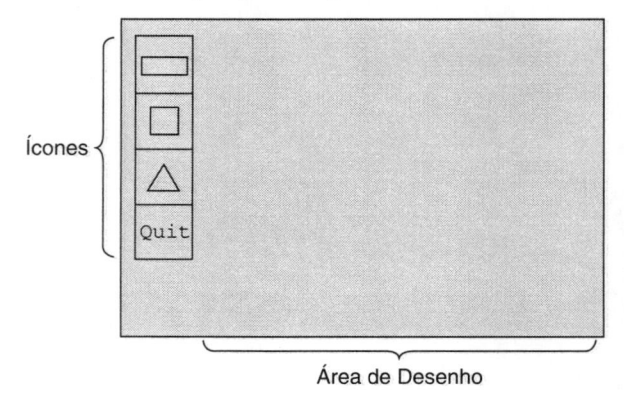

Dica: Forneça funções virtuais `cria_forma(Ponto p)` que retornam uma nova forma de tamanho *default* ancorada no ponto `p`.

Exercício P11.13. Estenda o programa do exercício anterior, adicionando outro tipo de forma: `Circulo`. Explique quais alterações você precisa fazer no programa para implementar esta extensão. Como as funções virtuais ajudam a tornar o programa facilmente extensível?

Exercício P11.14. Escreva uma classe-base `Grafico` que armazena um vetor de valores em ponto flutuante. Implemente classes derivadas, `GraficoTorta` e `GraficoBarra`, com uma função virtual `desenha` que pode desenhar os dados como um gráfico de torta e como um gráfico de barra.

Capítulo 12

Streams

Objetivos do capítulo

- Ser capaz de ler e escrever arquivos
- Converter entre *strings* e números usando *streams* de *strings*
- Aprender como processar a linha de comando
- Entender os conceitos de acesso seqüencial e aleatório
- Ser capaz de construir arquivos de banco de dados de acesso aleatório simples
- Aprender sobre criptografia

Todos os programas que você escreveu até agora leram seus dados de entrada do teclado e exibiram sua saída na tela. Entretanto, muitos programas práticos precisam ser capazes de usar arquivos em disco para ler dados de entrada e escrever a saída. Neste capítulo, você vai aprender como acessar arquivos a partir de programas C++.

A biblioteca de entrada/saída de C++ está organizada de uma maneira orientada a objetos, baseada no conceito de *streams*. Um *stream de entrada* é uma fonte de caracteres e um *stream de saída* é um destino para caracteres. *Streams* de arquivos são simplesmente uma subclasse de *streams*. Neste capítulo você aprenderá como usar *streams de strings* para reconhecer e formatar *strings* de caracteres.

Conteúdo do capítulo

12.1 Lendo e escrevendo arquivos de texto 416

12.2 A hierarquia de herança das classes *stream* 419

12.3 *Streams de strings* 421

12.4 Argumentos de linha de comando 425

Fato histórico 12.1: Algoritmos de criptografia ***428***

12.5 Acesso aleatório 430

Tópico avançado 12.1: Arquivos binários ***434***

Fato histórico 12.2: Bancos de dados e privacidade ***434***

12.1 Lendo e escrevendo arquivos de texto

Para acessar um arquivo em disco, você precisa abrir uma variável-arquivo. Variáveis-arquivo são variáveis do tipo `ifstream` (para entrada), `ofstream` (para saída) ou `fstream` (tanto para entrada quanto saída). Por exemplo,

```
ifstream input_data;
```

Você deve incluir o arquivo de cabeçalho `fstream` para usar variáveis-arquivo.

Para ler qualquer coisa de um arquivo, você precisa *abrir* o arquivo. Quando você abre um arquivo, você informa o nome do arquivo em disco. Suponha que você quer ler dados de um arquivo denominado `input.dat`, localizado no mesmo diretório que o programa. Então, você usa o comando a seguir para abrir o arquivo:

```
input_data.open("input.dat");
```

Essa chamada de procedimento associa a variável arquivo `input_data` com o arquivo em disco denominado `input.dat`. Ler do arquivo agora é completamente direto: você simplesmente usa as mesmas funções que você sempre usou.

```
int n;
double x;
input_data >> n >> x;
```

Você lê *strings* da mesma maneira:

```
string s;
input_data >> s; /* lê uma palavra */
getline(input_data, s); /* lê uma linha */
```

Você lê um caractere isolado com o método `get`:

```
char ch;
input_data.get(ch);
```

Se você lê um caractere e não gostou dele, você pode devolvê-lo com *unget*, de modo que a próxima operação de entrada possa lê-lo novamente. Entretanto, você pode devolver somente um caractere de cada vez. Isto é chamado de *olhar um caractere à frente:* no próximo caractere do *stream* de entrada você pode tomar uma decisão sobre o que você quer ler a seguir, mas não mais do que um caractere.

```
char ch;
input_data.get(ch);
if ('0' <= ch && ch <= '9') /* era um dígito */
{
    input_data.unget(); /* oops – não queria ler este */
    int n;
    input_data >> n; /* lê inteiro iniciando com ch */
}
```

Implementações mais antigas da biblioteca *stream* não possuem a função membro `unget`. Neste caso, você precisa lembrar o último caractere lido e chamar `input_data.put_back(ch)`.

A função `fail` diz a você se a entrada de dados falhou. Assim como para a entrada padrão, o arquivo pode estar em um estado de erro porque você alcançou o fim do arquivo ou devido a um erro de formatação. Ainda pode haver uma outra razão para um estado de erro: se você abre um arquivo e o nome é inválido, ou se não existe nenhum arquivo com aquele nome, então o arquivo também fica em um estado de erro. É uma boa idéia testar se ocorreu erro sempre que você abre um arquivo.

Quando você terminou de ler de um arquivo, você deve *fechar* o mesmo:

```
input_data.close();
```

Escrever em um arquivo também é simples. Você abre o arquivo para escrita:

```
ofstream output_data;
output_data.open("output.dat");
```

Agora você envia informações para o arquivo de saída da maneira usual.

```
output_data << n << " " << x << "\n";
```

Para escrever um único caractere, use

```
output_data.put(ch);
```

quando você terminou de gerar a saída, lembre-se de *fechar* o arquivo.

```
output_data.close();
```

Para abrir o mesmo arquivo tanto para leitura quanto para escrita, você usa uma variável `fstream`:

```
fstream datafile;
datafile.open("employee.dat");
```

Com implementações mais antigas da biblioteca *stream*, você pode ter que fornecer um segundo parâmetro de construção para abrir o arquivo tanto para entrada quanto para saída:

```
datafile.open("employee.dat", ios::in | ios::out);
```

O nome de arquivo que você fornece para o comando `open` pode ser uma constante *string*:

```
ifstream input_data;
input_data.open("input.dat");
```

Ele pode também ser uma variável *string* que contém o nome do arquivo fornecido pelo usuário do programa:

```
string input_name =
    cwin.get_string("Por favor, digite o nome do arquivo:");
ifstream input_data;
input_data.open(input_name);
```

Na verdade, muitos compiladores ainda não suportam parâmetros `string` para a função `open`. Se o seu não os suporta, use a função `c_str` para converter o parâmetro `string` para um *array* de caracteres.

```
input_data.open(input_name.c_str());
    /* use se open não funciona com parâmetro string */
```

Nomes de arquivo podem conter informações sobre o caminho do diretório, como em

```
~/homework/input.dat /* UNIX */
c:\homework\input.dat /* Windows */
```

Quando você especifica o nome do arquivo como uma constante *string* e o nome contém caracteres barra invertida (como em um nome de arquivo do Windows), você precisa fornecer cada barra invertida *duas vezes:*

```
input_data.open("c:\\homework\\input.dat");
```

Lembre-se de que uma barra invertida simples dentro de *strings* entre aspas é um *caractere de escape* que é combinado com um outro caractere para ter um significado especial, tal como um \n para indicar um caractere de nova linha. A combinação \\ indica uma única barra invertida. Quando o nome de arquivo é armazenado em uma variável *string* pelo usuário, o usuário não deve digitar duas vezes a barra invertida.

Dê uma olhada no programa `maxtemp.cpp` na Seção 4.6, que lê dados de temperatura e então exibe o valor mais alto. Aquele programa pede ao usuário para digitar todos os valores de dados. É claro que, se o usuário comete um único erro em um valor de dado, não há como voltar atrás. O usuário precisa então reiniciar o programa e digitar novamente todos os valores de dados. Faz mais sentido para o usuário colocar os valores de dados em um arquivo, usando um editor de texto, e então especificar o nome daquele arquivo quando os valores de dados devem ser usados.

Aqui está o programa modificado que incorpora esta melhoria. O programa pede ao usuário um nome de arquivo, abre uma variável-arquivo e passa esta variável para a função `read_data`. Dentro da função, usamos o conhecido operador `>>` para ler os valores de dados do arquivo de entrada.

Observe que o parâmetro `ifstream` da função `read_data` é passado por *referência*.

Ler de um arquivo modifica a variável arquivo. A variável arquivo monitora quantos caracteres foram lidos ou escritos até então. Qualquer operação de leitura ou escrita muda essas informações. Por essa razão, você deve sempre passar variáveis arquivo por referência.

Arquivo maxval1.cpp

```
1   #include <string>
2   #include <iostream>
3   #include <fstream>
4
5   using namespace std;
6
7   /**
8      Lê números de um arquivo e encontra o valor máximo.
9      @param in o stream de entrada de onde ler
10     @return o valor máximo ou 0 se o arquivo não contém nenhum número
11  */
12  double read_data(ifstream& in)
13  {
14     double highest;
15     double next;
16     if (in >> next)
17        highest = next;
18     else
19        return 0;
20
21     while (in >> next)
22     {
23        if (next > highest)
24           highest = next;
25     }
26
27     return highest;
28  }
29
30  int main()
31  {
32     string filename;
33     cout << "Por favor, digite o nome do arquivo: ";
34     cin >> filename;
35
36     ifstream infile;
37     infile.open(filename.c_str());
38
39     if (infile.fail())
40     {
41        cout << "Erro abrindo " << filename << "\n";
42        return 1;
43     }
```

```
44
45      double max = read_data(infile);
46      cout << "O valor máximo é " << max << "\n";
47
48      infile.close();
49      return 0;
50   }
```

12.2 A hierarquia de herança das classes *stream*

A biblioteca de entrada/saída de C++ consiste de diversas classes que são relacionadas por herança. As classes mais fundamentais são as classes `istream` e `ostream`. Um `istream` é uma fonte de *bytes*. As operações `get`, `getline` e `>>` estão definidas para objetos `istream`. A classe `ifstream` é derivada da classe `istream`. Portanto, ela automaticamente herda todas as operações de `istream`. Na Seção 12.3, você encontrará uma outra classe, `istringstream`, que também é derivada da classe `istream`. Ela também herda as operações de `istream`. Entretanto, a função `open` é uma função membro da classe `ifstream`, não da classe `istream`. Você somente pode abrir arquivos *streams*, não *streams* de entrada em geral ou *streams* de *strings*.

Similarmente, um `ostream` é um destino para *bytes*. Diversas formas do operador `<<` estão definidas para objetos `ostream`, para imprimir números, *strings* e outros tipos. A classe `ofstream` é derivada da classe `ostream` e herda os operadores `<<`.

Um `iostream` combina as capacidades de um `istream` e de um `ostream`, sendo derivada de ambas as classes (ver Figura 1). A classe `fstream` é derivada de `iostream` (observe que, por razões técnicas, `fstream` *não* é derivada de `ifstream` ou de `ofstream`, mesmo que fizesse sentido que ela fosse derivada).

Finalmente, os objetos padrão `cin` e `cout` pertencem a classes especializadas, dependentes de sistema, com nomes não padronizados (tais como `istream_with_assign` e `ostream_with_assign`, ou algo parecido). Muito embora você não conheça as classes exatas, você pode ter certeza de que `cin` pertence a uma classe que é derivada de `istream` e `cout` pertence a uma classe que é derivada de `ostream`.

Você deve tirar proveito dos relacionamentos de herança entre as classes *stream* sempre que você escreve funções com parâmetros *stream*. Considere a função `read_data` no programa de exemplo precedente. Ela é declarada como

```
double read_data(ifstream& in)
```

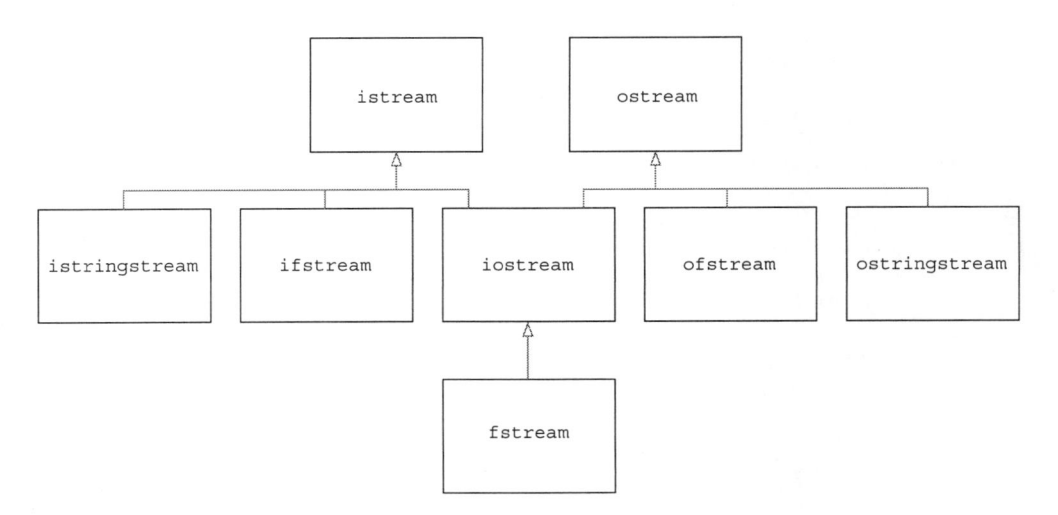

Figura 1

A hierarquia de herança das classes *stream*.

Entretanto, se você olhar dentro do código da função, verá que a função nunca requer que o parâmetro in seja um *stream* de arquivo. A função pode ler, igualmente bem, dados de qualquer objeto istream. Por esta razão, você deve declarar uma função como esta com um parâmetro do tipo istream, não ifstream:

```
double read_data(istream& in)
```

Agora você pode passar parâmetros de outros tipos que não ifstream, tais como o objeto cin (que pertence a uma classe derivada de istream, mas não a ifstream).

O exemplo de programa a seguir ilustra este conceito. Observe que a função read_data recebe um parâmetro istream. Na função main, o usuário do programa pode escolher entre fornecer os dados em um arquivo ou digitá-los manualmente. A função main então chama a função read_data de uma de duas maneiras, ou como

```
max = read_data(infile);
```

ou

```
max = read_data(cin);
```

Os objetos infile e cin pertencem a classes diferentes, mas as duas classes herdam de istream.

Como você já viu na seção precedente, o parâmetro *stream* deve ser passado por referência, pois a estrutura de dados *stream* é modificada quando você lê de um *stream*. Agora, existe uma segunda razão pela qual você deve usar chamada por referência. Se você tivesse usado chamada por valor,

```
double read_data(istream in) /* Erro! Faltando o & */
```

então o objeto parâmetro seria *desmembrado* quando copiado para o objeto parâmetro in (ver Erro Freqüente 11.4). Portanto, você precisa sempre usar chamada por referência com parâmetros *stream*.

Arquivo maxval2.cpp

```
1   #include <string>
2   #include <iostream>
3   #include <fstream>
4
5   using namespace std;
6
7   /**
8      Lê números de um arquivo e encontra o valor máximo.
9      @param in o stream de entrada de onde ler
10     @return o valor máximo ou 0 se o arquivo não contém nenhum número
11  */
12  double read_data(istream& in)
13  {
14     double highest;
15     double next;
16     if (in >> next)
17        highest = next;
18     else
19     return 0;
20
21     while (in >> next)
22     {
23        if (next > highest)
24           highest = next;
25     }
26
27     return highest;
```

```
28    }
29
30    int main()
31    {
32       double max;
33
34       string input;
35       cout << "Você quer ler de um arquivo? (s/n) ";
36       cin >> input;
37
38       if (input == "s")
39       {
40          string filename;
41          cout << "Por favor digite o nome do arquivo: ";
42          cin >> filename;
43
44          ifstream infile;
45          infile.open(filename.c_str());
46
47          if (infile.fail())
48          {
49             cout << "Erro abrindo " << filename << "\n";
50             return 1;
51          }
52
53          max = read_data(infile);
54          infile.close();
55       }
56       else
57          max = read_data(cin);
58
59       cout << "O valor máximo é " << max << "\n";
60
61       return 0;
62    }
```

12.3 Streams de strings

Na seção precedente, você viu como as classes `ifstream` e `ofstream` podem ser usadas para ler caracteres de um arquivo e escrever caracteres em um arquivo. Em outras palavras, você usa um arquivo *stream* se a origem ou o destino dos caracteres é um arquivo. Você pode usar outras classes *stream* para ler caracteres de uma fonte diferente ou enviá-los para um destino diferente.

A classe `istringstream` lê caracteres de um *string* e a classe `ostringstream` escreve caracteres em um *string*. Isto não parece muito excitante — já sabemos como acessar e alterar os caracteres de um *string*. Entretanto, as classes *stream* de *strings* têm a mesma *interface* que as outras classes *stream*. Em outras palavras, usando um `istringstream` você pode ler números que estão armazenados em um *string*, simplesmente usando o já conhecido operador `>>`. As classes *stream* de *strings* estão definidas no cabeçalho `sstream`.

Eis aqui um exemplo. O *string* `input` contém uma data e queremos separá-la em mês, dia e ano. Primeiro, construa um objeto `istringstream`. O parâmetro de construção é o *string* que contém os caracteres que queremos ler:

```
string input = "January 23, 1955";
istringstream instr(input);
```

A seguir, simplesmente use o operador `>>` para extrair o nome do mês, o dia, o separador vírgula e o ano:

```
string month;
```

```
int day;
string comma;
int year;
instr >> month >> day >> comma >> year;
```

Agora, `month` é `"January"`, `day` é 23 e `year` é 1955. Observe que este comando de entrada fornece `day` e `year` como *inteiros*. Se nós tivéssemos separado o *string* com `substr`, teríamos obtido somente *strings*, e não números.

Na verdade, converter *strings* que contêm dígitos para seus valores inteiros é uma operação tão comum que vale a pena escrever uma função auxiliar para esta finalidade:

```
int string_to_int(string s)
{
    istringstream instr(s);
    int n;
    instr >> n;
    return n;
}
```

Por exemplo, `string_to_int("1999")` é o *inteiro* 1999.

Escrevendo em *stream* de *strings*, você pode converter números para *strings*. Primeiro, construa um objeto `ostringstream`:

```
ostringstream outstr;
```

A seguir, use o operador `<<` para adicionar um número ao *stream*. O número é convertido em uma seqüência de caracteres:

```
outstr << setprecision(5) << sqrt(2);
```

Agora, o *stream* contém o *string* `"1.41421"`. Para obter aquele *string* do *stream*, chame a função membro `str`:

```
string output = outstr.str();
```

Você pode construir *strings* mais complexos da mesma maneira. Aqui construímos um *string* de data, a partir do dia, mês e ano:

```
string month = "January";
int day = 23;
int year = 1955;
ostringstream outstr;
outstr << month << " " << day << "," << year;
string output = outstr.str();
```

Agora, `output` é o *string* `"January 23, 1955"`. Observe que convertemos os inteiros `day` e `year` em um *string*. Novamente, converter um inteiro em um *string* é uma operação tão comum que vale a pena ter uma função auxiliar para ela:

```
string int_to_string(int n)
{
    ostringstream outstr;
    outstr << n;
    return outstr.str();
}
```

Por exemplo, `int_to_string(1955)` é o *string* `"1955"`.

Um uso muito comum de *streams* de *strings* é receber uma linha de dados de entrada de cada vez e então analisá-la em mais detalhes. Isto evita as complicações que decorrem da mistura de `>>` com `getline` que foram discutidas no Erro Comum 6.1. Simplesmente chame `getline` para ler da entrada uma linha de cada vez, e então leia itens das linhas de entrada usando *streams* de *strings*.

Eis aqui um exemplo. Você pede ao usuário uma hora e deseja aceitar dados de entrada tais como

```
21:30
9:30 pm
9 am
```

Isto é, a linha de entrada consiste de um número, talvez seguido por um sinal de dois pontos e outro número, talvez seguido por am ou pm. No procedimento `read_time` do programa a seguir, primeiro você lê uma linha de entrada inteira, então analisa o que o usuário digitou. O resultado é um par de inteiros, `hours` e `minutes`, ajustado para o horário militar (24 horas) se o usuário digitou "pm".

Na função `time_to_string`, os valores inteiros para horas e minutos são convertidos de volta para um *string*. Usando a função `int_to_string` mencionada anteriormente, os valores inteiros são convertidos para *strings*. Um separador : é acrescentado entre eles. Se o parâmetro `military` é falso, um *string* "am" ou "pm" é acrescentado.

Arquivo readtime.cpp

```
1   #include <string>
2   #include <iostream>
3   #include <sstream>
4
5   using namespace std;
6
7   /**
8      Converte um valor inteiro para um string, p. ex., 3 -> "3".
9      @param s um valor inteiro
10     @return o string equivalente
11  */
12  string int_to_string(int n)
13  {
14     ostringstream outstr;
15     outstr << n;
16     return outstr.str();
17  }
18
19  /**
20     Lê uma hora da entrada padrão, no formato hh:mm ou
21     hh:mm am ou hh:mm pm.
22     @param hours preenchido com as horas
23     @param minutes preenchido com os minutos
24  */
25  void read_time(int& hours, int& minutes)
26  {
27     string line;
28     getline(cin, line);
29     istringstream instr(line);
30
31     instr >> hours;
32
33     minutes = 0;
34
35     char ch;
36     instr.get(ch);
37
38     if (ch == ':')
39        instr >> minutes;
40     else
41        instr.unget();
```

```cpp
42  /*
43      use
44         instr.putback(ch);
45      se o seu compilador não suporta a função ANSI unget
46  */
47
48  string suffix;
49  instr >> suffix;
50
51  if (suffix == "pm")
52     hours = hours + 12;
53  }
54
55  /**
56      Calcula um string representando uma hora.
57      @param hours as horas (0 . . . 23)
58      @param minutes os minutos (0 . . . 59)
59      @param military verdadeiro para o formato militar,
60      falso para o formato am/pm
61  */
62  string time_to_string(int hours, int minutes, bool military)
63  {
64      string suffix;
65      if (!military)
66      {
67         if (hours < 12)
68            suffix = "am";
69         else
70         {
71            suffix = "pm";
72            hours = hours - 12;
73         }
74         if (hours == 0) hours = 12;
75      }
76      string result = int_to_string(hours) + ":";
77      if (minutes < 10) result = result + "0";
78      result = result + int_to_string(minutes);
79      if (!military)
80         result = result + " " + suffix;
81      return result;
82  }
83
84  int main()
85  {
86      cout << "Por favor, digite a hora: ";
87
88      int hours;
89      int minutes;
90
91      read_time(hours, minutes);
92
93      cout << "Hora militar: "
94         << time_to_string(hours, minutes, true) << "\n";
95      cout << "Usando am/pm: "
96         << time_to_string(hours, minutes, false) << "\n";
97
98      return 0;
99  }
```

12.4 Argumentos de linha de comando

Dependendo do sistema operacional e do sistema de desenvolvimento de C++ usado, existem métodos diferentes de iniciar um programa — por exemplo, selecionando "Run" no ambiente de compilação, clicando em um ícone, ou digitando o nome do programa em um *prompt* em uma janela de terminal ou de *shell*. O último método é denominado de "invocar o programa a partir da linha de comando". Quando você usa este método, você precisa, obviamente, digitar o nome do programa, mas também pode digitar informações adicionais que o programa pode usar. Estes *strings* adicionais são chamados de *argumentos de linha de comando*. Por exemplo, se você começa um programa com a linha de comando

```
prog -v input.dat
```

então o programa recebe dois argumentos de linha de comando: os *strings* `"-v"` e `"input.dat"`. Depende totalmente do programa o que fazer com estes *strings*. É comum interpretar *strings* que começam com um - como opções e outros *strings* como nomes de arquivos.

Somente programa executados no modo texto recebem argumentos de linha de comando; a biblioteca gráfica que acompanha este livro não os coleta.

Para receber argumentos de linha de comando, você precisa definir a função `main` de uma maneira diferente. Você define dois parâmetros: um inteiro e um com um tipo chamado `char*[]`, que indica um *array* de ponteiros para *arrays* de caracteres de C.

```
int main(int argc, char* argv[])
{
    ...
}
```

Aqui, `argc` é a quantidade de argumentos e `argv` contém os valores dos argumentos. Como eles são *arrays* de caracteres, você deve convertê-los para *strings* de C++. `string(argv[i])` é o `i-ésimo` argumento de linha de comando, pronto para ser usado em C++.

Em nosso exemplo, `argc` é 3 e `argv` contém os três *strings*

```
string(argv[0]): "prog"
string(argv[1]): "-v"
string(argv[2]): "input.dat"
```

Observe que `string(argv[0])` sempre é o nome do programa e que `argc` é sempre pelo menos 1. Escrevamos um programa que *criptografa* um arquivo — isto é, embaralha ele de modo que fique ilegível, exceto para aqueles que conhecem o método para decifrar e a palavra-chave secreta. Ignorando 2000 anos de progresso no campo da criptografia, usaremos um método conhecido por Júlio César. A pessoa que está criptografando algo escolhe uma *chave criptográfica*; aqui, a chave é um número entre 1 e 25 que indica o deslocamento a ser usado para criptografar cada letra. Por exemplo, se a chave é 3, substitua A por um D, B por um E e assim por diante (ver Figura 2). O programa recebe os seguintes argumentos de linha de comando:

Um indicador opcional `-d` para indicar decifrar em vez de criptografar
Uma chave de criptografia opcional, especificada com um indicador `-k`
O nome do arquivo de entrada
O nome do arquivo de saída

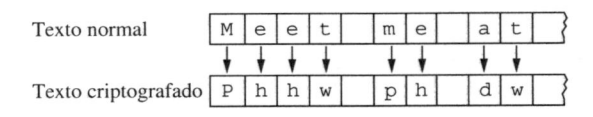

Texto normal	M	e	e	t		m	e		a	t	
Texto criptografado	P	h	h	w		p	h		d	w	

Figura 2

Cifra de César.

Se nenhuma chave é especificada, então 3 é usado. Por exemplo,

```
caesar input.txt encrypt.txt
```

criptografa o arquivo `input.txt` com uma chave igual a 3 e coloca o resultado em encrypt.txt.

```
caesar -d -k11 encrypt.txt output.txt
```

decifra o arquivo `encrypt.txt` com uma chave igual a 11 e coloca o resultado em output.txt.

Eis aqui o programa (veja a Seção 9.5.3 para revisar valores de caracteres inteiros).

Arquivo caesar.cpp

```
1    #include <iostream>
2    #include <fstream>
3    #include <string>
4    #include <sstream>
5
6    using namespace std;
7
8    /**
9       Imprime instruções de uso.
10      @param program_name o nome deste programa
11   */
12   void usage(string program_name)
13   {
14      cout << "Instruções de uso: " << program_name
15         << " [-d] [-kn] infile outfile\n";
16      exit(1);
17   }
18
19   /**
20      Imprime mensagem de erro na abertura do arquivo.
21      @param filename o nome do arquivo que não pode ser aberto
22   */
23   void open_file_error(string filename)
24   {
25      cout << "Erro abrindo o arquivo " << filename << "\n";
26      exit(1);
27   }
28
29   /**
30      Calcula o resto correto para dividendos negativos.
31      @param a um inteiro
32      @param n um inteiro > 0
33      @return o resto r matematicamente correto, de forma que
34         a - r é divisível por n e 0 <= r < n
35   */
36   int remainder(int a, int n)
37   {
38      if (a >= 0)
39         return a % n;
40      else
41         return n - 1 - (-a - 1) % n;
42   }
43
44   /**
45      Criptografa um caractere usando a cifra de César.
46      @param ch o caractere a criptografar
```

```
47        @param k a chave de criptografia
48        @return o caractere criptografado
49     */
50     char encrypt(char ch, int k)
51     {
52        const int NLETTER = 'Z' - 'A' + 1;
53        if ('A' <= ch && ch <= 'Z')
54           return static_cast<char>(
55              'A' + remainder(ch - 'A' + k, NLETTER));
56        if ('a' <= ch && ch <= 'z')
57           return static_cast<char>(
58              'a' + remainder(ch - 'a' + k, NLETTER));
59        return ch;
60     }
61
62     /**
63        Criptografa um stream usando a cifra de César.
64        @param in o stream de onde ler
65        @param out o stream onde escrever
66        @param k a chave de criptografia
67     */
68     void encrypt_file(istream& in, ostream& out, int k)
69     {
70        char ch;
71        while (in.get(ch))
72           out.put(encrypt(ch, k));
73     }
74
75     /**
76        Converte um string para um inteiro, p. ex., "3" -> 3.
77        @param s um string representando um inteiro
78        @return o inteiro equivalente
79     */
80     int string_to_int(string s)
81     {
82        istringstream instr(s);
83        int n;
84        instr >> n;
85        return n;
86     }
87
88     int main(int argc, char* argv[])
89     {
90        bool decrypt = false;
91        int key = 3;
92        int nfile = 0; /* o número de arquivos especificado */
93        ifstream infile;
94        ofstream outfile;
95
96        if (argc < 3 || argc > 5) usage(string(argv[0]));
97
98        int i;
99        for (i = 1; i < argc; i++)
100       {
101          string arg = string(argv[i]);
102          if (arg.length() >= 2 && arg[0] == '-')
103          /* é uma opção de linha de comando */
104          {
105             char option = arg[1];
```

```
106        if (option == 'd')
107            decrypt = true;
108        else if (option == 'k')
109            key = string_to_int(arg.substr(2, arg.length() - 2));
110     }
111     else
112     {
113        nfile++;
114        if (nfile == 1)
115        {
116            infile.open(arg.c_str());
117            if (infile.fail()) open_file_error(arg);
118        }
119        else if (nfile == 2)
120        {
121            outfile.open(arg.c_str());
122            if (outfile.fail()) open_file_error(arg);
123        }
124     }
125  }
126
127  if(nfile != 2) usage(string(argv[0]));
128
129  if (decrypt) key = -key;
130
131  encrypt_file(infile, outfile, key);
132  infile.close();
133  outfile.close();
134  return 0;
135 }
```

Fato Histórico 12.1

Algoritmos de Criptografia

Os exercícios no fim deste capítulo fornecem alguns algoritmos para criptografar texto. Não use nenhum destes métodos para mandar mensagens secretas para quem você ama. Qualquer criptógrafo experimentado pode *quebrar* estes esquemas em muito pouco tempo — isto é, reconstruir o texto original sem conhecer a palavra-chave secreta.

Em 1978, Ron Rivest, Adi Shamir e Leonard Adleman apresentaram um método de criptografia muito mais poderoso. O método é chamado de *criptografia RSA*, devido aos sobrenomes dos seus inventores. O esquema exato é muito complicado para ser apresentado aqui, mas na verdade não é difícil de entender. Você pode encontrar os detalhes em [1].

O RSA é um método de criptografia notável. Existem duas chaves: uma pública e uma privada (ver Figura 3). Você pode imprimir a chave pública em seu cartão de visitas (ou em seu bloco de assinatura de *e-mail*) e fornecer para qualquer pessoa. Então, qualquer um pode enviar a você mensagens que somente você pode decifrar. Muito embora todo mundo conheça a chave pública, e mesmo se eles interceptarem todas as mensagens que chegam para você, eles não podem quebrar o esquema e ler mesmo as mensagens. Em 1994, centenas de pesquisadores, colaborando através da Internet, quebraram uma mensagem RSA criptografada com uma chave de 129 dígitos. Mensagens criptografadas com uma chave de 230 dígitos ou mais são consideradas seguras.

Os inventores do algoritmo obtiveram uma *patente* para ele. Isso significa que qualquer pessoa que o utilize precisa obter uma licença dos inventores. Eles deram permissão para a maioria dos usos sem fins comerciais, mas se você implementa RSA em um produto que você vende, precisa obter a permissão e provavelmente pagar alguma quantia em dinheiro.

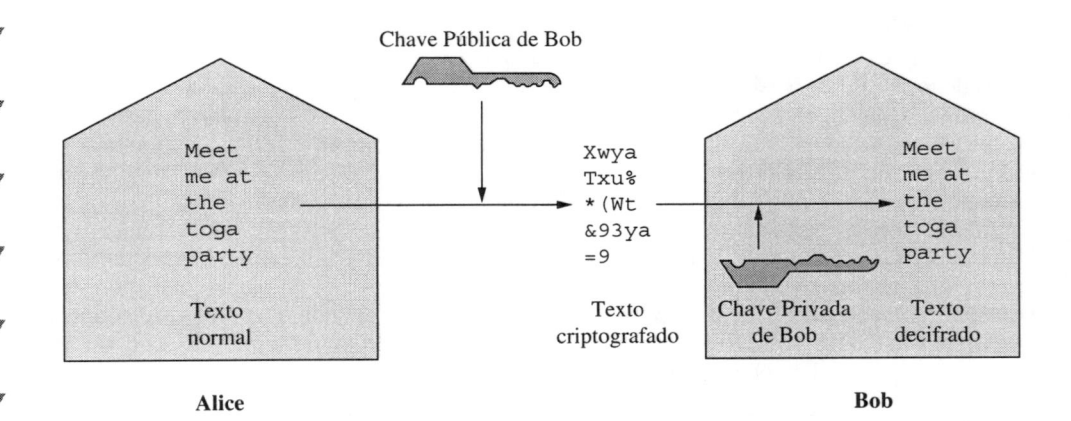

Figura 3

Criptografia de chave pública.

Uma patente é um acordo que a sociedade faz com um inventor. Por um período de 17 anos depois que a patente foi concedida (ou 20 anos após a data de registro) o inventor tem um direito exclusivo sobre sua comercialização, pode cobrar *royalties* de outros que queiram fabricar a invenção e pode até mesmo impedir concorrentes de comercializá-lo, sem exceções. Em contrapartida, o inventor precisa tornar público o invento, de modo que outros possam aprender a partir dele, e deve abrir mão de quaisquer direitos sobre ele após o término do período de proteção. Parte-se da premissa de que, na ausência da lei de patentes, os inventores relutariam em se dar ao trabalho de inventar, ou eles tentariam esconder suas técnicas para evitar que outros copiassem seus dispositivos. A patente do RSA expirou em 20 de setembro de 2000.

O que você acha? As patentes são um acordo razoável? Sem dúvida, algumas empresas optaram por não implementar o RSA e, em vez disso, escolheram um método menos poderoso, porque elas não podiam ou não queriam pagar os *royalties*. Portanto, parece que a patente pode ter inibido, em vez de estimulado, o comércio. Se não houvesse proteção de patentes, teriam os inventores publicado o método de qualquer forma, dando assim o benefício à sociedade sem o custo do monopólio por 17 anos? Neste caso, a resposta é provavelmente sim; os inventores eram pesquisadores acadêmicos, que vivem de salários em vez de notas fiscais de venda e são usualmente recompensados por suas descobertas por um impulso em suas reputações e carreiras. Teriam seus seguidores sido tão ativos na descoberta (e registro de patentes) de melhorias? Não há como saber, é claro.

Será que um algoritmo é algo que pode ser patenteado, ou é um fato matemático que não pertence a ninguém? O escritório de patentes tomou a segunda atitude por muito tempo. Os inventores do RSA e muitos outros descreveram suas invenções em termos de dispositivos eletrônicos imaginários, em vez de algoritmos, para contornar esta restrição. Hoje em dia, o escritório de patentes concederá patentes de *software*.

Existe um outro aspecto fascinante na história do RSA. Um programador, Phil Zimmermann, desenvolveu um programa chamado PGP (sigla de *Pretty Good Privacy*) [2]. O PGP implementa RSA. Isto é, você pode usá-lo para gerar um par de chaves pública e privada, publicar a chave pública, receber mensagens criptografadas de outros que usam outra cópia do PGP e sua chave pública, e decifrá-las com sua chave privada. Muito embora a criptografia possa ser executada em qualquer computador pessoal, decifrar não é possível nem mesmo nos computadores mais poderosos. Você pode obter uma cópia do PGP na *Web*, do *site* http://web.mit.edu/network/pgp.html. Desde que seja para uso pessoal, não custa nada, cortesia de Phil Zimmermann e dos camaradas da RSA.

A existência do PGP incomoda muito o governo. Eles se preocupam que criminosos usem o pacote para se corresponder por correio eletrônico e a polícia não consiga interceptar estas "conversações". Governos estrangeiros podem enviar comunicações que a National Security Agency (a principal organização de espionagem eletrônica dos Estados Unidos) não pode decifrar. Na época em que escrevíamos isto, o governo estava tentando padronizar um esquema de criptografia dife-

▼ rente, denominado *Skipjack*, para o qual organizações governamentais mantêm uma chave para decifrar que — é claro — elas prometem não usar sem uma ordem judicial. Têm surgido propostas sérias de tornar ilegal o uso de qualquer outro mecanismo de criptografia nos Estados Unidos. Em determinada época, o governo cogitou de acusar o Sr. Zimmermann de violar uma outra lei, que proíbe a exportação não autorizada de munições, considerada crime, e define tecnologia de criptografia como "munições". Eles usaram o argumento de que, muito embora o Sr. Zimmermann nunca tenha exportado o programa, ele deveria ter sabido que ele se espalharia imediatamente através da Internet, assim que liberado nos Estados Unidos.

O que você acha? Ficará mais difícil de detectar e prender criminosos e terroristas quando a criptografia de correio eletrônico e conversações telefônicas estiver amplamente disponível? Deveria, portanto, o governo ter uma chave da porta dos fundos para qualquer método de criptografia legal? Ou isto é uma violação grosseira de nossas liberdades civis? Será que, até mesmo a esta altura, ainda é possível colocar o gênio de volta na garrafa?

12.5 Acesso aleatório

Considere um arquivo que contém um conjunto de dados de funcionários. Você quer dar um aumento a alguns destes empregados. É claro que você pode ler todos os dados para um *array*, atualizar a informação que foi alterada e salvar os dados na saída novamente. Se o conjunto de dados em um arquivo é muito grande, você pode acabar fazendo muitas leituras e escritas apenas para atualizar um punhado de registros. Seria melhor se você pudesse localizar as informações alteradas no arquivo e simplesmente substituí-las.

Isto é bastante diferente do acesso a arquivos que você programou até agora. Por enquanto, você leu de um arquivo um item de cada vez e escreveu em um arquivo um item de cada vez. Esta maneira de acessar é chamada de *acesso seqüencial*. Agora, gostaríamos de acessar posições específicas no arquivo e alterar somente aquelas posições. Esta forma de acesso é denominada de *acesso aleatório* (ver Figura 4). Não há nada de "aleatório" no acesso aleatório — a expressão apenas significa que você pode ler e modificar qualquer caractere armazenado em qualquer posição no arquivo.

Somente arquivos em disco suportam acesso aleatório; os *streams* `cin` e `cout`, que são vinculados ao teclado e ao monitor de vídeo, não suportam. Cada arquivo em disco tem duas posições especiais: a posição de leitura (*get*) e a posição de gravação (*put* - ver Figura 5). Normalmente, a posição de gravação está no fim do arquivo e qualquer dado de saída é acrescentado no fim. Entretanto, se você move a posição de gravação para o meio do arquivo, a saída sobrescreve o que já está lá. Normalmente, a posição de leitura inicia no começo do arquivo e é movida em direção ao fim à medida que você lê do arquivo. Entretanto, se você move a posição de leitura para uma outra posição, o próximo comando de leitura começa a ler dados de entrada naquela posição. É claro que você não pode mover a posição de leitura ou gravação além do último caractere atualmente existente no arquivo.

As chamadas de procedimento a seguir movem as posições de leitura e gravação para o caractere `n` a contar do início do arquivo `fs`.

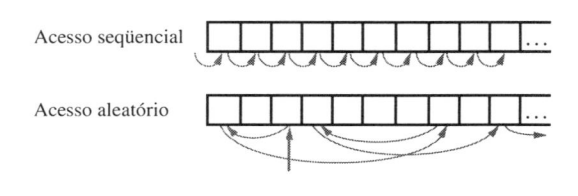

Figura 4

Acesso seqüencial e aleatório.

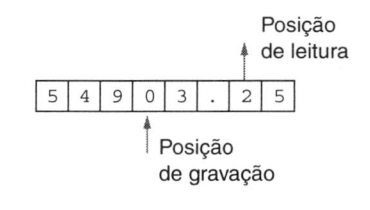

Figura 5

Posições de leitura e gravação.

```
fs.seekg(n, ios::beg);
fs.seekp(n, ios::beg);
```

Para mover para a posição que fica a `n` caracteres de distância do fim do arquivo ou da posição corrente, use `ios::end` ou `ios::cur`, respectivamente, em vez de `ios::beg`. Para determinar a posição corrente das posições de leitura e de gravação (a contar do início do arquivo), use

```
n = fs.tellg();
n = fs.tellp();
```

Como arquivos podem ser muito grandes, as posições em arquivos são inteiros `long`. Para descobrir o número de caracteres em um arquivo, mova a posição de leitura para o fim e então descubra a distância a partir do início do arquivo:

```
fs.seekg(0, ios::end);
long file_length = fs.tellg();
```

Se você quer manipular um conjunto de dados em um arquivo, você deve prestar atenção especial à formatação dos dados. Suponha que você recém armazenou os dados como texto:

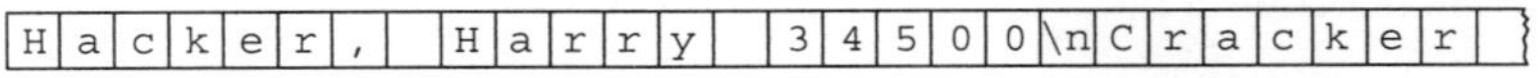
H a c k e r ,   H a r r y   3 4 5 0 0 \n C r a c k e r

Se o salário de Harry é aumentado em 5,5 por cento, o novo salário é \$36.397,50. Se ajustamos a posição de gravação para o primeiro caractere do valor antigo e simplesmente escrevemos o novo valor na saída, o resultado é

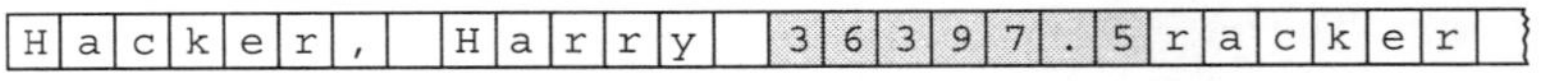
H a c k e r ,   H a r r y   3 6 3 9 7 . 5 r a c k e r

Isso não funciona muito bem. A atualização sobrescreve alguns caracteres no campo seguinte.

Para ser capaz de atualizar um arquivo, você precisa dar a cada campo um tamanho *fixo* que seja suficientemente grande. Como resultado, cada registro do arquivo tem o mesmo tamanho. Isto tem uma outra vantagem: fica então mais fácil de saltar para, digamos, o 50º registro, sem ter que ler da entrada os primeiros 49 registros. Como registros podem ser acessados aleatoriamente quando todos eles têm o mesmo tamanho, um arquivo com aquela estrutura é chamado de *arquivo de acesso aleatório* (ver Figura 6).

Para estruturar o arquivo de dados em nosso exemplo para acesso aleatório, configure os tamanhos de campo para as seguintes dimensões:

`name`: 30 caracteres
`salary`: 10 caracteres

O arquivo, então, fica parecido com o seguinte:

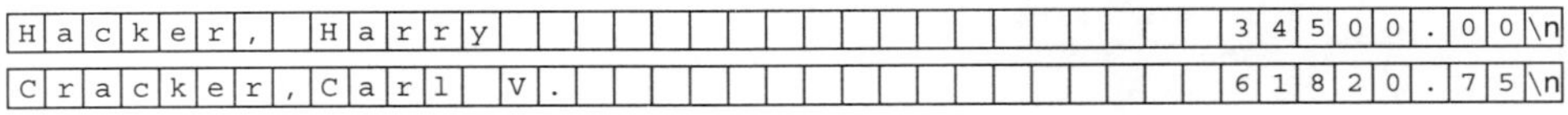
H a c k e r ,   H a r r y   3 4 5 0 0 . 0 0 \n
C r a c k e r , C a r l   V .   6 1 8 2 0 . 7 5 \n

Qual o tamanho de cada registro ? Parece que seria 30 + 10 = 40 caracteres de comprimento. Entretanto, você também precisa levar em conta o caractere de nova linha no fim de cada linha. In-

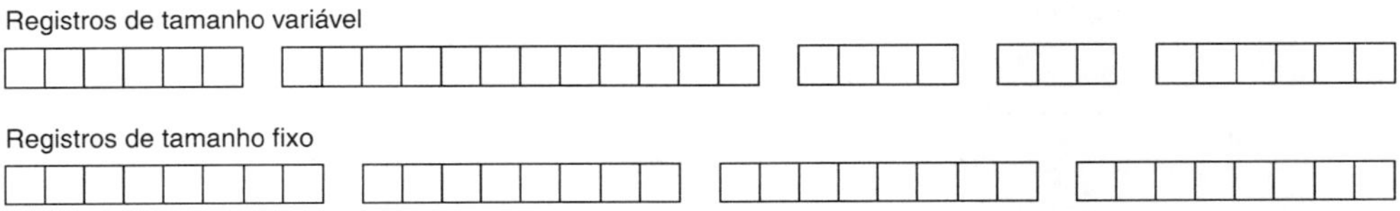
Registros de tamanho variável
Registros de tamanho fixo

Figura 6

Registros de tamanho variável e fixo.

felizmente, alguns sistemas operacionais — o Windows em particular — armazenam um indicador de nova linha como dois caracteres separados (um denominado *carriage return* e um denominado *line feed*). Nossos programas nunca vêem isto, porque as funções de entrada e saída automaticamente fazem a conversão entre os caracteres '\n' em *strings* e a seqüência de caracteres *carriage return/line feed* em arquivos. Quando se conta posições em um arquivo, no entanto, você precisa levar em conta os dois caracteres. Uma alternativa é simplesmente não separar linhas, mas apenas armazenar o conjunto de dados inteiro como uma enorme linha, mas então fica difícil de examinar o arquivo de dados com um editor de texto.

O fato de o indicador de nova linha poder ocupar um ou dois caracteres em disco, dependendo do sistema operacional, é uma chateação. Para escrever programas que funcionem em qualquer plataforma, você define uma constante NEWLINE_LENGTH e a configura para o valor apropriado para o sistema operacional:

```
const int NEWLINE_LENGTH = 1; /* ou 2 no Windows */
```

Agora que você já determinou o leiaute do arquivo, você pode implementar as suas funções para arquivo de acesso aleatório. O programa a seguir pede ao usuário para digitar a posição do registro que deveria ser atualizado, e o aumento do salário.

Arquivo database.cpp

```
1     #include <iostream>
2     #include <iomanip>
3     #include <fstream>
4     #include <sstream>
5
6     using namespace std;
7
8     #include "ccc_empl.h"
9
10    const int NEWLINE_LENGTH = 2; /* ou 1 no Unix */
11    const int RECORD_SIZE = 30 + 10 + NEWLINE_LENGTH;
12
13    /**
14       Converte um string em um valor de ponto flutuante, p. ex.,
15       "3.14" -> 3.14.
16       @param s um string representando um valor de ponto flutuante
17       @return o valor de ponto flutuante equivalente
18    */
19    double string_to_double(string s)
20    {
21       istringstream instr(s);
22       double x;
23       instr >> x;
24       return x;
25    }
26
27    /**
28       Aumenta o salário de um funcionário.
29       @param e funcionário que está ganhando aumento
30       @param percent a percentagem do aumento
31    */
32    void raise_salary(Employee& e, double percent)
33    {
34       double new_salary = e.get_salary() * (1 + percent / 100);
35       e.set_salary(new_salary);
36    }
```

```
37
38   /**
39       Lê um registro de funcionário de um arquivo.
40       @param e preenchido com os dados do funcionário
41       @param in o stream de onde ler
42   */
43   void read_employee(Employee& e, istream& in)
44   {
45       string line;
46       getline(in, line);
47       if (in.fail()) return;
48       string name = line.substr(0, 30);
49       double salary = string_to_double(line.substr(30, 10));
50       e = Employee(name, salary);
51   }
52
53   /**
54       Grava um registro de funcionário em um stream.
55       @param e os dados a gravar no registro de funcionário
56       @param out o stream onde se deve gravar
57   */
58   void write_employee(Employee e, ostream& out)
59   {
60       out << e.get_name()
61           << setw(10 + (30 - e.get_name().length()))
62           << fixed << setprecision(2)
63           << e.get_salary()
64           << "\n";
65   }
66
67   int main()
68   {
69       cout << "Por favor, digite o nome do arquivo: ";
70       string filename;
71       cin >> filename;
72       fstream fs;
73       fs.open(filename.c_str());
74       fs.seekg(0, ios::end); /* vai para o fim do arquivo */
75       int nrecord = fs.tellg() / RECORD_SIZE;
76
77       cout << "Por favor, digite o registro a atualizar: (0 - "
78           << nrecord - 1 << ") ";
79       int pos;
80       cin >> pos;
81
82       const double SALARY_CHANGE = 5.0;
83
84       Employee e;
85       fs.seekg(pos * RECORD_SIZE, ios::beg);
86       read_employee(e, fs);
87       raise_salary(e, SALARY_CHANGE);
88       fs.seekp(pos * RECORD_SIZE, ios::beg);
89       write_employee(e, fs);
90
91       fs.close();
92       return 0;
93   }
```

Tópico Avançado 12.1

Arquivos Binários

Quando um programa salva dados numéricos em disco com a operação <<, os dados são salvos em formato de texto. Por exemplo, o número em ponto flutuante 314.7 é salvo como `314.7` ou talvez `3.147E2`. Na verdade, é mais eficiente salvar o número no mesmo formato no qual ele é representado no computador: um conjunto de quatro *bytes*. Isso tem a vantagem adicional de que o número automaticamente ocupa um tamanho fixo no arquivo, tornando mais fácil o acesso aleatório.

Quando se está salvando grandes conjuntos de dados, faz muito sentido usar um formato binário. Não fizemos isso ainda neste livro, porque requer um pouco mais de conhecimento técnico de C++.

Uma outra desvantagem do formato binário é que ele torna *muito mais* difícil a depuração. Quando você olha para um arquivo de texto com um editor de texto, você pode ver exatamente o que está dentro. Para olhar dentro de um arquivo binário, ou fazer uma pequena modificação, você precisa de ferramentas especiais. Recomendamos usar arquivos de texto para salvar dados até que uma aplicação esteja completamente depurada. Se a eficiência adicional dos arquivos binários é crucial, então rescreva apenas os procedimentos de entrada/saída para mudar para o formato binário.

Fato Histórico 12.2

Bancos de Dados e Privacidade

A maioria das empresas usa computadores para manter enormes arquivos de dados de registros de clientes e outras informações comerciais. Programas especiais de banco de dados em C++ são usados para pesquisar e atualizar rapidamente aquelas informações. Isto soa como uma extensão direta das técnicas que aprendemos neste capítulo, mas manipular quantidades realmente enormes de dados exige habilidades especiais. Você provavelmente freqüentará um curso de programação de banco de dados como parte de sua educação em ciência da computação.

Bancos de dados não somente reduzem o custo de fazer negócios; eles melhoram a qualidade dos serviços que as empresas podem oferecer. Hoje em dia é praticamente inimaginável como era demorado retirar dinheiro de uma agência bancária ou fazer reservas de viagem.

Hoje a maioria dos bancos de dados é organizada de acordo com o *modelo relacional*. Suponha que uma empresa armazena seus pedidos e pagamentos. Eles provavelmente não irão repetir seu nome e endereço em todos os pedidos; isto ocuparia espaço desnecessário. Em vez disso, eles irão manter um arquivo com todos os nomes de seus clientes e identificar cada cliente por um número de cliente único. Somente esse número de cliente, e não as informações completas sobre o cliente, é mantido com um registro de pedido (ver Figura 7.)

Para imprimir uma fatura, o programa de banco de dados precisa emitir uma *consulta*, tanto para o arquivo de clientes quanto para o de pedidos, e retirar as informações necessárias (nome, endereço, artigos pedidos) de ambos.

Freqüentemente, consultas envolvem mais do que dois arquivos. Por exemplo, a empresa pode ter um arquivo de endereços de proprietários de carros e um arquivo de pessoas com bom histórico de pagamento e pode querer encontrar todos os seus clientes que fizeram um pedido no último mês, dirigem carro de luxo e pagam suas contas, para mandar a eles um outro catálogo. Este tipo de consulta, é claro, é muito mais rápida, se todos os arquivos de clientes usam a *mesma* chave, e esta é a razão pela qual tantas empresas nos Estados Unidos tentam coletar o número da seguridade social (*Social Security*) de seus clientes.

Pedidos de Clientes

Cliente nº: Nome

11439	Hacker, Harry

Pedido nº: Cliente nº: Item

59673	11439	DOS para Idiotas
59897	11439	Conceitos da Computação
61013	11439	Java Básico

Figura 7
Arquivos de bancos de dados relacionais.

A Lei de Seguridade Social de 1935 determinou que fosse atribuído a cada contribuinte um número da seguridade social para monitorar contribuições para o fundo de previdência social. Estes números têm um formato diferenciado, tal como 078-05-1120 (na verdade, este número particular não é um número de seguridade social pertencente a nenhuma pessoa). Ele era impresso em cartões que eram guardados nas carteiras nas décadas de 1940 e 1950. A Figura 8 mostra um cartão da seguridade social.

Embora não tenham sido originalmente imaginados para uso como um número de identificação universal, os números da seguridade social se tornaram exatamente isto nos últimos 60 anos. A receita federal e muitas outras agências governamentais são obrigadas a coletar os números, assim como o são os bancos (para declarar recebimentos de juros) e, é claro, os empregadores. Muitas outras organizações também acham conveniente usar o número.

Do ponto de vista técnico, números da seguridade social são um mau método para indexar um banco de dados. Existe o risco de haver dois registros com o mesmo número, porque muitos imigrantes ilegais usam números falsos. Nem todo mundo tem um número — em particular, clientes

```
         SOCIAL SECURITY

              078-05-1120
       THIS NUMBER HAS BEEN ESTABLISHED FOR
                JOHN DOE

         _____
                  SIGNATURE
```

Figura 8
Cartão de seguridade social.

▼ estrangeiros. Como não existe dígito de controle, um erro de digitação (tal como inverter dois dígitos) não pode ser detectado (números de cartões de crédito possuem dígitos de controle). Pela mesma razão, é fácil para qualquer um criar um número.

▼ Algumas pessoas estão muito preocupadas com o fato de que praticamente todas as organizações querem armazenar seu número de seguridade social. A menos que haja uma exigência legal, tal como para bancos, pode-se usualmente contestar isso ou levar nossos negócios para outro lugar. Mesmo quando uma organização é obrigada a coletar o número, tal como um empregador, pode-se insistir em que o número seja usado somente em documentação de impostos e seguridade social, não na frente de um cartão de identificação. Infelizmente, normalmente é exigido um esforço quase sobre-humano para escalar a pirâmide organizacional até encontrar alguém com a autoridade para processar documentação sem número de seguridade social ou para atribuir um outro número de identificação.

▼ O desconforto que muitas pessoas sentem sobre a colocação em computadores de suas informações pessoais é compreensível. Existe a possibilidade de que empresas e o governo possam unir múltiplos bancos de dados e derivar informações a nosso respeito que nós podemos desejar que eles não tivessem ou que simplesmente podem não ser verdadeiras. Uma seguradora pode negar cobertura, ou cobrar um prêmio mais alto, se ela descobre que você tem muitos parentes com uma certa doença. Você pode ter um emprego recusado devido a um relatório de crédito ou médico impreciso e você pode nem mesmo saber a razão. Esses são acontecimentos muito perturbadores que têm tido um impacto muito negativo sobre uma pequena, mas crescente, quantidade de pessoas.

▼ Veja [3] para mais informações.

Resumo do capítulo

1. Para ler ou gravar arquivos em disco, você precisa usar objetos do tipo `fstream`, `ifstream` ou `ofstream`. Quando abrindo o objeto arquivo, você fornece o nome do arquivo em disco. Quando você terminar de usar o arquivo, você deve fechar o objeto arquivo.
2. Para ler e gravar dados, use as operações `<<`, `>>`, `getline` e `fail` da mesma maneira que elas são usadas com `cin` e `cout`.
3. Use *streams de strings* para ler números que estão contidos em *strings*, ou para converter números para *strings*.
4. Programas que iniciam a partir da linha de comando podem recuperar o nome do programa e os argumentos de linha de comando no procedimento `main`.
5. Você pode acessar qualquer posição em um arquivo de acesso aleatório movendo o *ponteiro do arquivo* antes de uma operação de leitura ou de gravação. Isto é particularmente útil se todos os registros em um arquivo têm o mesmo tamanho.

Leitura adicional

[1] Bruce Schneier, *Applied Cryptography*, John Wiley & Sons, 1994.
[2] Philip R. Zimmermann, *The Official PGP User's Guide*, MIT Press, 1995.
[3] David F. Linowes, *Privacy in America*, University of Illinois Press, 1989.
[4] Abraham Sinkov, *Elementary Cryptanalysis*, Mathematical Association of America, 1966.
[5] Don Libes, *Obfuscated C and Other Mysteries*, John Wiley & Sons, 1993.

Exercícios de revisão

Exercício R12.1. Escreva código C++ para abrir um arquivo com o nome `Hello.txt`, armazenar a mensagem "Hello, World!" no arquivo e fechar o arquivo. Então, abra o mesmo arquivo novamente e leia a mensagem para uma variável *string*. Feche o arquivo novamente.

Exercício R12.2. Quando você abre um arquivo como um `ifstream`, como um `ofstream` ou como um `fstream`? Você poderia simplesmente abrir todos os arquivos como um `fstream`?

Exercício R12.3. O que acontece se você escreve em um arquivo que você recém abriu para leitura? Se você não sabe, tente fazê-lo.

Exercício R12.4. O que acontece se você tenta abrir um arquivo que não existe para leitura? O que acontece se você tenta abrir um arquivo que não existe para gravação?

Exercício R12.5. O que acontece se você tenta abrir um arquivo para gravação, mas o arquivo ou o dispositivo está protegido contra gravação (algumas vezes chamado de apenas para leitura)? Tente fazer isto com um programa de teste curto.

Exercício R12.6. Como você abre um arquivo cujo nome contém uma barra invertida, como `temp\output.dat` ou `c:\temp\output.dat`?

Exercício R12.7. Porque o parâmetro `ifstream` do procedimento `read_data` na Seção 12.2 é um parâmetro por referência e não um parâmetro por valor?

Exercício R12.8. Como você pode converter o *string* `"3.14"` para o número em ponto flutuante 3.14? Como você pode converter o número em ponto flutuante 3.14 para o *string* `"3.14"`?

Exercício R12.9. O que é uma linha de comando? Como um programa pode ler a sua linha de comando?

Exercício R12.10. Se um programa `woozle` é iniciado com o comando

```
woozle -DNAME=Piglet -I\eeyore -v heff.cpp a.cpp lump.cpp
```

qual é o valor de `argc` e quais são os valores de `string(argv[0])`, `string (argv[1])` e assim por diante?

Exercício R12.11. Como você pode quebrar a cifra de César? Isto é, como você pode ler uma carta que foi criptografada com a cifra de César, muito embora você não conheça a chave?

Exercício R12.12. Qual é a diferença entre acesso seqüencial e acesso aleatório?

Exercício R12.13. Qual é a diferença entre um arquivo de texto e um arquivo binário?

Exercício R12.14. Alguns sistemas operacionais, em particular o Windows, convertem um caractere `'\n'` em uma seqüência de dois caracteres (*carriage return/line feed*) sempre que estão gravando um arquivo e convertem a seqüência de dois caracteres de volta para uma nova linha quando lendo de volta o arquivo de texto. Normalmente, isto é transparente para o programador C++. Por que precisamos considerar esta questão no programa de banco de dados da Seção 12.5?

Exercício R12.15. O que são as posições de leitura (*get*) e gravação (*put*) em um arquivo? Como você as movimenta? Como você descobre suas posições atuais? Por que elas são inteiros `long`?

Exercício R12.16. Como você move a posição de leitura para o primeiro *byte* de um arquivo? Para o último *byte*? Exatamente para o meio do arquivo?

Exercício R12.17. O que acontece se você tenta mover a posição de leitura ou de gravação além do fim de um arquivo? O que acontece se você tenta mover a posição de leitura ou de gravação de `cin` ou `cout`? Tente fazê-lo e relate os resultados.

Exercícios de programação

Exercício P12.1. Escreva um programa que pede ao usuário um nome de arquivo e exibe o número de caracteres, palavras e linhas naquele arquivo. Faça então o programa pedir o nome do próximo arquivo. Quando o usuário digita um arquivo que não existe (tal como o *string* vazio), o programa deve terminar.

Exercício P12.2. *Cifra monoalfabética aleatória.* A cifra de César, deslocar todas as letras por um número fixo, é ridiculamente fácil de quebrar — simplesmente tente com as 25 chaves. Eis aqui uma idéia melhor. Como chave, não use números, mas sim palavras. Suponha que a palavra chave é FEATHER. Então, você inicialmente remove letras duplas, ficando com FEATHR, e acrescenta as outras letras do alfabeto em ordem inversa:

| F | E | A | T | H | R | Z | Y | X | W | V | U | S | Q | P | O | N | M | L | K | J | I | G | D | C | B |

Agora, criptografe as letras como segue:

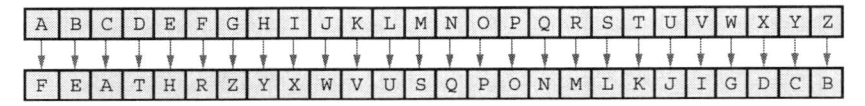

A	B	C	D	E	F	G	H	I	J	K	L	M	N	O	P	Q	R	S	T	U	V	W	X	Y	Z
F	E	A	T	H	R	Z	Y	X	W	V	U	S	Q	P	O	N	M	L	K	J	I	G	D	C	B

Escreva um programa que criptografe ou decifre um arquivo usando esta cifra. Por exemplo,

```
crypt -d -kFEATHER encrypt.txt output.txt
```

decifra um arquivo usando a palavra chave FEATHER. É um erro não fornecer uma palavra chave.

Exercício P12.3. *Freqüências das letras.* Se você criptografa um arquivo usando a cifra do exercício precedente, ele terá todas as suas letras embaralhadas e não parece existir nenhuma esperança de decifrá-lo sem conhecer a palavra-chave. Entretanto, alguém treinado em decifrar será capaz de quebrar esta cifra quase instantaneamente. As freqüências médias de ocorrência das letras em textos em inglês são bem conhecidas. A letra mais comum é E, que ocorre cerca de 13% das vezes. Aqui estão as freqüências médias das letras (ver [4]).

A	8%	H	4%	O	7%	U	3%
B	<1%	I	7%	P	3%	V	<1%
C	3%	J	<1%	Q	<1%	W	2%
D	4%	K	<1%	R	8%	X	<1%
E	13%	L	4%	S	6%	Y	2%
F	3%	M	3%	T	9%	Z	<1%
G	2%	N	8%				

Escreva um programa que lê um arquivo de entrada e exibe as freqüências de ocorrência das letras naquele arquivo. Uma ferramenta como esta ajudará um quebrador de códigos. Se as letras mais freqüentes em um arquivo criptografado são H e K, então existe uma excelente probabilidade de que elas sejam as criptografias para E e T.

Exercício P12.4. *Cifra de Vigenère.* O problema com uma cifra monoalfabética é que ela pode ser facilmente quebrada pela análise de freqüência. A assim chamada cifra de Vigenère supera este problema codificando uma letra de acordo com diversas cifragens de letras, dependendo de sua posição no documento de entrada. Escolha uma palavra-chave, por exemplo TIGER. Então, codifique a primeira letra do texto de entrada assim:

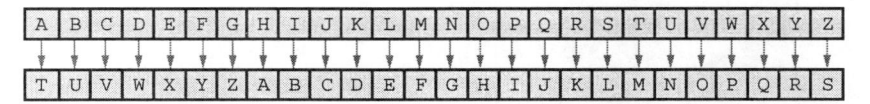

A	B	C	D	E	F	G	H	I	J	K	L	M	N	O	P	Q	R	S	T	U	V	W	X	Y	Z
T	U	V	W	X	Y	Z	A	B	C	D	E	F	G	H	I	J	K	L	M	N	O	P	Q	R	S

O alfabeto codificado é simplesmente o alfabeto normal deslocado para começar em T, a primeira letra da palavra chave TIGER. A segunda letra é criptografada de acordo com o mapa a seguir.

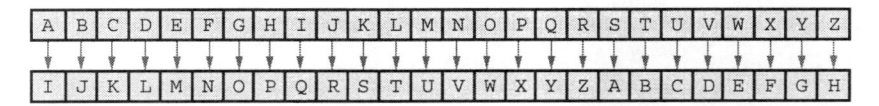

A	B	C	D	E	F	G	H	I	J	K	L	M	N	O	P	Q	R	S	T	U	V	W	X	Y	Z
I	J	K	L	M	N	O	P	Q	R	S	T	U	V	W	X	Y	Z	A	B	C	D	E	F	G	H

A terceira, quarta e quinta letras no texto de entrada são criptografadas usando as seqüências alfabéticas começando com os caracteres G, E e R, e assim por diante. Como a chave tem somente cinco letras de comprimento, a sexta letra do texto de entrada é criptografada da mesma maneira que a primeira.

Escreva um programa que criptografa ou decifra um texto de entrada de acordo com esta cifra.

Exercício P12.5. *Cifra Playfair.* Uma outra maneira de atrapalhar uma simples análise de freqüências de letras de um texto criptografado é criptografar *pares* de letras juntos. Um esquema simples para fazer isto é a cifra Playfair. Você pega uma palavra-chave e remove letras duplicadas dela. Então, você preenche com a palavra-chave e as demais letras um quadrado 5 × 5 (como só existem 25 quadros, I e J são consideradas a mesma letra).

Eis aqui um arranjo como este usando a palavra-chave PLAYFAIR.

```
P L A Y F
I R C D E
G H K M N
O Q R S T
U V W X Z
```

Para criptografar um par de letras, digamos AM, Olhe para o retângulo com vértices A e M:

```
P L A Y F
I R C D E
G H K M N
O Q R S T
U V W X Z
```

A codificação deste par é formada olhando para os dois outros vértices do retângulo, neste caso, YK. Se acontecer de as duas letras estarem na mesma linha ou coluna, como GO, simplesmente inverta as duas letras. A decifragem é feita da mesma maneira.

Escreva um programa que criptografe ou decifre um texto de entrada de acordo com esta cifra.

Exercício P12.6. *Junk mail.* Escreva um programa que leia dois arquivos: um *gabarito* e um *banco de dados*.

O arquivo gabarito contém texto e marcas. As marcas têm o formato |1| |2| |3| ... e precisam ser substituídas pelo primeiro, segundo, terceiro, ... campo no registro corrente do banco de dados.

Um banco de dados típico se parece com isto:

```
Mr.|Harry|Hacker|1105 Torre Ave.|Cupertino|CA|95014
Dr.|John|Lee|702 Ninth Street Apt. 4|San Jose|CA|95109
Miss|Evelyn|Garcia|1101 S. University Place|Ann Arbor|MI|48105
```

E aqui está uma forma típica de carta:

```
Para:
|1|  |2|  |3|
|4|
|5|, |6|  |7|

Prezado |1|  |3|:

Você e a família |3| podem ser os felizes ganhadores
de $10.000.000 no concurso de compiladores C++! ...
```

Exercício P12.7. O programa na Seção 12.5 localiza apenas um registro e atualiza o salário. Escreva um programa que aumenta ou reduz os salários de todos os funcionários por um percentual dado.

Exercício P12.8. O programa na Seção 12.5 pede ao usuário para especificar o número do registro. Na maior parte dos casos, o usuário não tem como saber o número do registro. Escreva um programa que pede ao usuário o nome de um funcionário, encontra o registro com aquele nome e exibe o registro. Então, o programa deve dar ao usuário as seguintes opções:

- Alterar o salário deste registro.
- Visualizar o registro seguinte.
- Encontrar um outro funcionário.
- Sair.

Exercício P12.9. Para encontrar um funcionário em particular em um arquivo de banco de dados, o programa precisa pesquisar um registro de cada vez. Se os registros estiverem *ordenados*, existe uma maneira mais rápida. Conte o número de registros no arquivo, dividindo o tamanho do arquivo pelo tamanho de cada registro. Configure uma variável `first` como 1, `last` como nrecords. Calcule `mid = (first + last)/2`. Leia o registro na posição `mid`. Talvez você tenha sorte e realmente encontre o registro que você queria. Se foi assim, imprima-o e termine. Senão, o nome no registro está antes ou depois do nome que você está procurando? Ajuste `last` para `mid - 1` ou `first` para `mid + 1` e repita a pesquisa. Este método de pesquisa é chamado de *pesquisa binária*, e é muito mais rápido do que uma pesquisa seqüencial através de todos os registros. Implemente este método de pesquisa.

Exercício P12.10. É desagradável ter que usar a constante `NEWLINE_LENGTH`. É preciso lembrar de mudar a constante quando se porta o programa de banco de dados de UNIX para DOS. Implemente a seguinte estratégia, que evita o problema. Escreva uma função

```
int newline_length(fstream& fs)
```

Lembre-se da posição de leitura atual. Reposicione-a no início do arquivo. Fique chamando `tellg` e lendo caracteres. Quando o caractere é um `"\n"`, verifique se a posição de leitura pula em 1 ou 2. Retorne aquele valor. Se você não encontra uma nova linha no arquivo inteiro, então retorne 0. Antes de sair, restaure a posição de leitura para seu valor original.

Escreva esta função e coloque-a dentro do programa de banco de dados.

Exercício P12.11. Escreva um programa que mantém um banco de dados de funcionários em um arquivo de acesso aleatório. Implemente funções para adicionar e remover funcionários. Você não precisa manter os funcionários ordenados. Para remover um funcionário, simplesmente preencha o registro inteiro com espaços. Ao adicionar um funcionário, tente adicioná-lo em um destes espaços vazios antes de acrescentá-lo no fim do arquivo.

Exercício P12.12. Escreva um programa que manipula três arquivos de banco de dados. O primeiro arquivo contém os nomes e números de telefone de um grupo de pessoas. O segundo arquivo contém os nomes e números de seguridade social de um grupo de pessoas. O terceiro arquivo contém os números de seguridade social e salários anuais de um grupo de pessoas. Os grupos de pessoas devem se sobrepor, mas não precisam ser completamente idênticos. Seu programa deve pedir ao usuário um número de telefone e então imprimir o nome, número de seguridade social e renda anual, se você puder determinar esta informação.

Exercício P12.13. Escreva um programa que imprime um relatório de conceitos de alunos. Existe um arquivo, `classes.txt`, que contém os nomes de todas as disciplinas lecionadas na escola, como em

Arquivo classes.txt

```
1    CSC1
2    CSC2
3    CSC46
4    CSC151
5    MTH121
6    ...
```

Para cada disciplina, existe um arquivo com números de alunos e conceitos:

Arquivo csc2.txt

```
1    11234 A-
2    12547 B
3    16753 B+
4    21886 C
5    ...
```

Escreva um programa que pede um número de identificação de estudante e imprime um relatório de conceitos para esse aluno, pesquisando todos os arquivos de disciplinas. Eis aqui um exemplo de relatório

```
Código do estudante 16753
CSC2 B+
MTH121 C+
CHN1 A
PHY50 A
```

Exercício P12.14. Um banco mantém todas as contas bancárias em um arquivo de acesso aleatório no qual cada linha tem o formato

Número_da_conta saldo

Escreva um programa que simula uma máquina de caixa automática. Um usuário pode depositar dinheiro em uma conta especificando o número da conta e o valor, retirar dinheiro, consultar o saldo da conta, ou transferir dinheiro de uma conta para outra.

Exercício P12.15. Escreva um programa `copyfile` que copia um arquivo para outro. Os nomes dos arquivos são especificados na linha de comando. Por exemplo,

```
copyfile report.txt report.sav
```

Exercício P12.16. Escreva um programa que *concatena* os conteúdos de diversos arquivos em um só arquivo. Por exemplo,

```
catfiles capitulo1.txt capitulo2.txt capitulo3.txt livro.txt
```

cria um arquivo longo, `livro.txt`, que contém o conteúdo dos arquivos `capitulo1.txt`, `capitulo2.txt` e `capitulo3.txt`. O arquivo de destino é sempre o último arquivo especificado na linha de comando.

Exercício P12.17. Escreva um programa `find` que pesquisa todos os arquivos especificados na linha de comando e imprime todas as linhas contendo uma palavra chave. Por exemplo, se você chamar

```
find Tim report.txt address.txt homework.cpp
```

então o programa poderia imprimir

```
report.txt: discutí os resultados de minha reunião com
Tim T
address.txt: Torrey, Tim|11801 Trenton Court|Dallas|TX
address.txt: Walters, Winnie|59 Timothy Circle|
Detroit|MI
homework.cpp: Time now;
```

A palavra-chave sempre é o primeiro argumento da linha de comando.

Exercício P12.18. Escreva um programa que verifique a grafia de todas as palavras em um arquivo. Ele deve ler cada palavra de um arquivo e verificar se ela está contida em uma lista de palavras. Uma lista de palavras está disponível na maioria dos sistemas UNIX no arquivo `/usr/dict/words` (se você não tem acesso a um sistema UNIX, seu instrutor deve ser capaz de conseguir uma cópia). O programa deve imprimir todas as palavras que ele não consegue encontrar na lista de palavras.

Exercício P12.19. Escreva um programa que abre um arquivo para leitura e escrita, e substitui cada linha por seu inverso. Por exemplo, se você executar

```
reverse hello.cpp
```

então o conteúdo de `hello.cpp` é mudado para

```
>maertsoi< edulcni#
;dts ecapseman gnisu
()niam tni
{
;"n\!dlrow, olleH" << tuoc
;0 nruter
}
```

Obviamente, se você executar `reverse` duas vezes sobre o mesmo arquivo, então o arquivo original é exibido.

Exercício P12.20. O exercício precedente mostra uma limitação do programa `hello.cpp`. Se você inverte cada uma das linhas, ele não é mais um programa C++ válido. Você pode achar que isto não tem muita importância, mas existem pessoas que tentam arduamente escrever programas que possam ser embaralhados de várias maneiras. Por exemplo, um vencedor do *Obfuscated C Contest* (Concurso de C Obscuro) de 1989 escreveu um programa que pode ser invertido e ainda assim faz algo útil. O vencedor do grande prêmio do concurso de 1990 escreveu um programa C que pode ser ordenado! A versão não ordenada resolve uma equação diferencial, enquanto a versão na qual as linhas estão em ordem alfabética imprime números de Fibonacci. Veja [5] para um interessante relato destes concursos.

Sua tarefa é escrever um programa C++ que se transforma em um outro programa C++ válido quando você inverte cada linha.

Capítulo 13

Projeto Orientado a Objetos

Objetivos do capítulo

- Aprender sobre o ciclo de vida do *software*
- Aprender como descobrir classes e funções-membro
- Entender os conceitos de coesão e acoplamento
- Aprender o método do cartão CRC
- Entender diagramas de classes UML
- Aprender como usar projeto orientado a objetos para construir programas complexos
- Estudar exemplos do processo de projeto orientado a objetos

Para implementar com sucesso um sistema de *software*, seja ele tão simples quanto seu próximo projeto da escola ou tão complexo quanto o próximo sistema de monitoração de tráfego aéreo, alguma quantidade de planejamento, projeto e teste é exigida. Na realidade, para projetos maiores, a quantidade de tempo gasto no planejamento é muito maior do que a quantidade de tempo gasto na programação e teste.

Se você descobre que, em sua tarefa escolar, a maior parte de seu tempo é gasta na frente do computador, introduzindo código e consertando erros, você está provavelmente gastando mais tempo em sua tarefa do que deveria. Você poderia reduzir o tempo total, gastando mais tempo na fase de planejamento e projeto. Este capítulo informa a você como abordar estas tarefas de forma sistemática.

Conteúdo do capítulo

13.1 O ciclo de vida do *software* 446
    Fato histórico 13.1: Programação extrema 449
13.2 Cartões CRC 450
13.3 Coesão 452
13.4 Acoplamento 453
    Dica de qualidade 13.1: Consistência 454
13.5 Relacionamentos entre classes 455
    Tópico avançado 13.1: Atributos e funções-membro em diagramas UML 457

Tópico avançado 13.2: Associação, agregação e composição **458**

13.6   Implementando associações **459**

13.7   Exemplo: Imprimindo uma fatura **460**

Erro freqüente 13.1: Ordenando definições de classes **470**

13.8   Exemplo: Um jogo educacional **472**

13.1   O ciclo de vida do *software*

Nesta seção vamos discutir o *ciclo de vida do software:* as atividades que se realizam entre o momento em que o programa de *software* é inicialmente concebido e o momento em que ele finalmente é aposentado.

Muitos engenheiros de *software* particionam o processo de desenvolvimento nas cinco fases seguintes:

- análise
- projeto
- implementação
- testes
- liberação

Na fase *de análise*, você decide *o que* o projeto pretende realizar; você não pensa sobre *como* o programa vai realizar as suas tarefas. A saída da fase de análise é um *documento de requisitos*, o qual descreve com detalhes completos o que o programa vai estar apto a fazer quando estiver pronto. Parte deste documento de requisitos pode ser um manual de usuário que informa ao usuário como operar o programa para obter os benefícios prometidos. Outra parte estabelece critérios de desempenho — quantas entradas o programa deve estar apto a tratar e em quanto tempo, ou quais são as necessidades máximas de memória e armazenamento em disco.

Na fase de projeto, você desenvolve um plano sobre como você vai implementar o sistema. Você descobre as estruturas que apoiam o problema a ser resolvido. Quando você usa projeto orientado a objetos, você decide que classes precisa e quais são as suas funções-membro mais importantes. A saída desta fase é uma descrição das classes e funções-membro, com diagramas que mostram os relacionamentos entre as classes.

Na fase de *implementação*, você escreve e compila código de programa para implementar as classes e funções-membro que foram descobertas na fase de projeto. A saída desta fase é o programa terminado.

Na fase de *testes*, você executa testes para verificar se o programa funciona corretamente. A saída desta fase é um relatório descrevendo os testes que você realizou e os seus resultados.

Na fase de *liberação*, os usuários do programa o instalam e o utilizam para sua finalidade pretendida.

Durante a gerência de um grande projeto de *software*, não é óbvio como organizar estas fases. Um gerente precisa saber quando parar de analisar e começar a projetar, quando parar de codificar e começar a testar e assim por diante. *Processos formais* têm sido estabelecidos para auxiliar o gerenciamento de projetos de *software*. Um processo formal identifica as atividades e os resultados das diferentes fases e fornece diretrizes sobre como realizar estas fases e como passar de uma fase para a seguinte.

Quando processos formais de desenvolvimento foram inicialmente estabelecidos, no início da década de 1970, engenheiros de *software* possuíam um modelo visual muito simples destas fases. Eles postulavam que uma fase deveria ser completamente executada, sua saída deveria fluir para a fase seguinte, e a fase seguinte teria início. Este modelo é denominado de *modelo em cascata* de desenvolvimento de *software* (ver Figura 1).

Em um mundo ideal, o modelo em cascata é bastante atraente: você descobre o que fazer; descobre como fazer; você faz; verifica se fez certo; e então você entrega o produto ao cliente. Porém, quando aplicado rigorosamente, o modelo em cascata simplesmente não funciona.

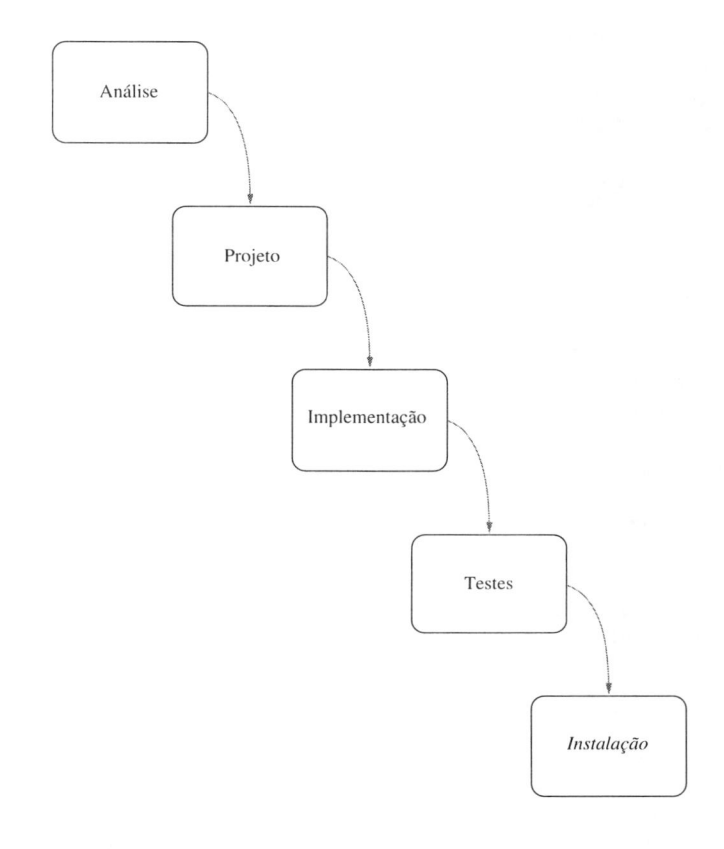

Figura 1
O modelo em cascata.

Era muito difícil conseguir uma especificação de requisitos perfeita. Era muito comum descobrir na fase de projeto que os requisitos não eram consistentes ou que uma pequena modificação nos requisitos poderia conduzir a um sistema que seria mais fácil de projetar e mais útil para o cliente, mas a fase de análise estava encerrada, de modo que os projetistas não tinham escolha — eles precisavam considerar os requisitos existentes, erros e tudo o mais. Este problema poderia se repetir durante a implementação. Os projetistas poderiam ter pensado que eles sabiam como resolver o problema tão eficientemente quanto possível, mas quando o projeto estava realmente implementado, ocorria que o programa resultante não era tão rápido quanto os projetistas haviam imaginado.

A próxima transição é uma com a qual você certamente está familiarizado. Quando o programa era entregue ao departamento de certificação de qualidade para testes, eram encontrados muitos erros que seriam melhor corrigidos em uma nova implementação, ou talvez projetando novamente o programa, mas o modelo em cascata não permitia isso. Finalmente, quando os clientes recebiam o produto acabado, freqüentemente não ficavam completamente satisfeitos. Mesmo que os clientes normalmente fossem bastante envolvidos na fase de análise, muitas vezes eles próprios não estavam completamente seguros do que necessitavam. Afinal, pode ser muito difícil descrever como você quer usar um produto que nunca viu antes. Mas quando os clientes iniciavam a utilização do programa, começavam a imaginar o que teriam desejado. Naturalmente, era muito tarde, e eles tinham que conviver com aquilo que receberam.

Ter algum nível de iteração é claramente necessário. Simplesmente deve existir um mecanismo para lidar com erros da fase anterior. O modelo em espiral, proposto por Barry Boehm em 1988, particiona o processo de desenvolvimento em várias fases (ver Figura 2). As fases iniciais são focadas na construção de *protótipos*. Um protótipo é um pequeno sistema que mostra alguns aspectos do sistema final. Considerando que protótipos modelam somente uma parte do sistema e não precisam enfrentar abusos de clientes, eles podem ser implementados rapidamente. É comum construir um *protótipo de interface com o usuário* que mostra a interface do usuário em ação. Isto dá cedo ao cliente uma chance de se familiarizar com o sistema e sugerir melhorias antes que a análise esteja completa. Outros protótipos podem ser construídos para validar interfaces com sistemas externos, para testar desempenho e assim por diante. Lições aprendidas a partir do desenvolvimento de um protótipo podem ser aplicadas na próxima iteração da espiral.

Pela construção e realimentação com repetidas tentativas, um processo de desenvolvimento que segue o modelo em espiral possui uma grande chance de fornecer um sistema satisfatório. Contudo, também existe um perigo. Se os engenheiros acreditam que eles não têm que fazer um bom trabalho porque eles podem sempre fazer uma outra iteração, então existirão muitas iterações e o projeto vai levar muito tempo para ficar pronto.

A Figura 3 (de [1]) mostra níveis de atividade no "Rational Unified Process", uma metodologia de processo de desenvolvimento bastante usada, criada pelos inventores da notação UML, que você viu no Capítulo 11. Você pode ver que é um processo complexo de desenvolvimento, envolvendo várias iterações.

Em seu primeiro curso de programação, você não vai desenvolver sistemas que sejam tão complexos que você precise usar uma metodologia completa para resolver seus trabalhos acadêmicos. Esta introdução ao processo de desenvolvimento deve, entretanto, mostrar que o desenvolvimento bem sucedido de *software* envolve mais do que apenas codificação. No restante deste capítulo, vamos examinar mais a fundo a fase de projeto do processo de desenvolvimento de *software*.

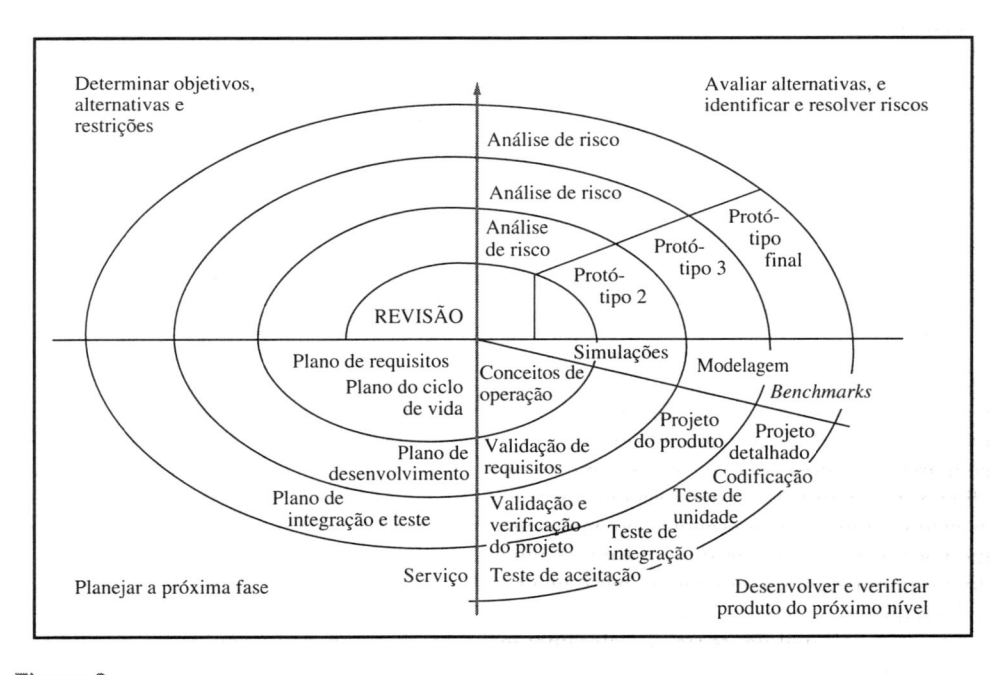

Figura 2

O modelo em espiral.

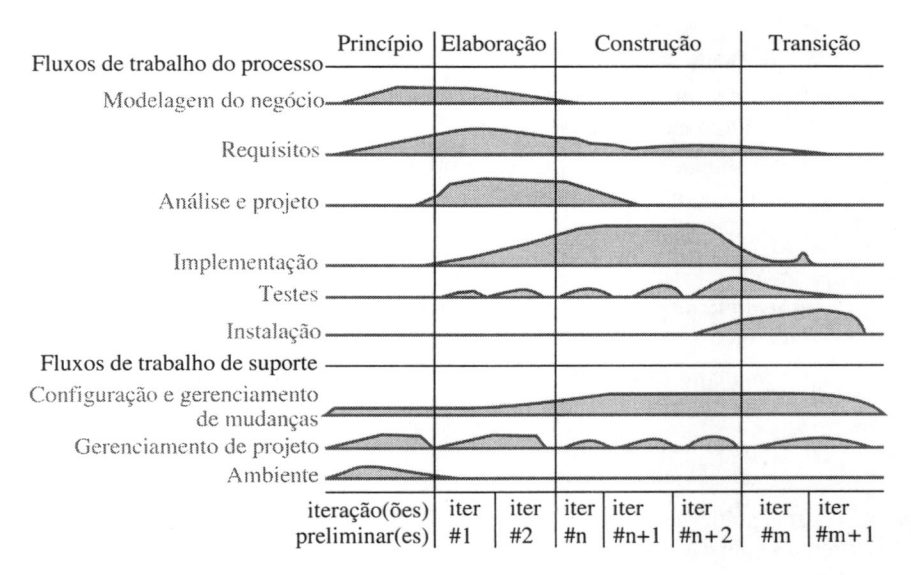

Figura 3
Níveis de atividade na metodologia Rational Unified Process.

📝 Fato Histórico   13.1

Programação Extrema

Mesmo processos de desenvolvimento complexos com muitas iterações nem sempre atingem o sucesso. Na verdade, existem relatos de falhas espetaculares. Equipes de projeto mal sucedidas seguiram as normas da metodologia escolhida por elas. Elas produziram resmas de documentação de análise e projeto. Infelizmente, é muito difícil para gerentes de projeto distinguir entre bons e maus projetos. Quando se descobre que um projeto ingênuo não pode ser implementado, muito tempo é perdido, freqüentemente surpreendendo bastante os gerentes que confiaram no processo formal.

Em 1999, Kent Beck publicou um livro influente [2] sobre *programação extrema*, uma metodologia de desenvolvimento que luta pela simplicidade, eliminando a maior parte dos armadilhas formais de uma metodologia de desenvolvimento tradicional e que se concentra em um conjunto de *práticas*:

- *Programação em dupla:* colocar programadores juntos em pares e exigir que cada par escreva código em um único computador (você pode tentar fazer isso — muitos programadores acharam surpreendentemente efetivo ter um par de mãos e dois pares de olhos no computador).

- *Planejamento realista:* clientes devem tomar decisões de negócio, programadores devem tomar decisões técnicas. Atualize os planos quando eles conflitam com a realidade.

- *Pequenas versões:* libere rapidamente um sistema útil, e após atualize as versões em um ciclo bastante curto.

- *Metáforas:* todos os programadores devem ter uma história simples compartilhada que explique o sistema em desenvolvimento.

- *Simplicidade:* projete tudo para ser tão simples quanto possível em lugar de se preparar para uma complexidade futura.

- *Testes:* programadores e clientes devem escrever casos de teste. O sistema é continuamente testado.
- *Refazer:* programadores devem reestruturar continuamente o sistema para melhorar o código e eliminar duplicação.
- *Propriedade coletiva:* todos os programadores devem ter permissão para modificar todo o código quando necessário.
- *Integração contínua:* sempre que uma tarefa é completada, construa todo o sistema e teste-o.
- *Semana de 40 horas:* não esconda cronogramas irreais com explosões de esforço heróico.
- *Cliente no local:* um cliente real do sistema deve estar acessível aos membros da equipe durante todo o tempo.
- *Padrões de codificação:* programadores devem seguir padrões que enfatizem código auto-documentável.

Muitas destas práticas são de senso comum. Beck afirma que o valor da abordagem de programação extrema se deve à sinergia destas práticas — a soma é maior que as partes.

A programação extrema é controvertida — não está inteiramente comprovado que este conjunto de práticas em si irá consistentemente produzir bons resultados. Para muitos projetos, a melhor política de gerência pode ser combinar boas práticas com um processo de desenvolvimento que não sobrecarregue desenvolvedores com atividades desnecessárias.

13.2 Cartões CRC

Na fase de projeto de desenvolvimento de *software*, sua tarefa é descobrir estruturas que tornem possível implementar um conjunto de tarefas em um computador. Quando você usa o processo de projeto orientado a objetos, você realiza as seguintes tarefas:

1. Descobrir classes.
2. Determinar as responsabilidades de cada classe.
3. Descrever os relacionamentos entre classes.

Uma classe representa algum conceito útil. Você viu algumas classes para entidades concretas como produtos, círculos e relógios. Outras classes representam conceitos abstratos como *streams* e *strings*. Uma regra simples para encontrar classes é buscar substantivos na descrição das tarefas.

Por exemplo, suponha que seu trabalho é imprimir uma fatura tal como aquela da Figura 4. Classes óbvias que vêm em mente são Fatura, Item e Cliente. É uma boa idéia manter uma lista de classes candidatas em um quadro branco ou folha de papel. Como resultado de sua explosão de idéias, simplesmente registre em uma lista todas as idéias para classes. Você sempre pode riscar aquelas que não seriam úteis. Uma vez que um conjunto de classes tenha sido identificado, você precisa definir o comportamento de cada classe. Isto é, você precisa determinar quais funções-membro cada objeto precisa ter, para resolver o problema de programação. Uma regra simples para encontrar estes métodos é buscar verbos na descrição da tarefa e então combinar os verbos com os objetos apropriados. Por exemplo, no programa da fatura, algumas classes precisam calcular a quantidade devida. Agora, você precisa imaginar qual classe é responsável por este método. Clientes calculam o que eles devem? Faturas totalizam a quantidade devida? Os itens individuais totalizam a si mesmos? A melhor escolha é fazer "calcular a quantidade devida" responsabilidade da classe `Fatura`.

Uma excelente maneira de realizar esta tarefa é o método do cartão CRC. "CRC" é um acrônimo para "classes", "responsabilidades" e "colaboradores". Em sua forma mais simples, o método funciona como segue. Use um cartão indexador para cada classe (ver Figura 5). Enquanto você pensa sobre verbos que indicam funções-membro na descrição da tarefa, você pega o cartão da

FATURA

Eletrodomésticos SAM
Rua Principal, 100
Anytown, CA 98765

Item	Qt	Preço	Total
Torradeira	3	$29.95	$89.85
Secador de cabelo	1	$24.95	$24.95
Aspirador de carro	2	$19.99	$39.98

QUANTIDADE DEVIDA: $154.78

Figura 4
Uma fatura.

Classe: Fatura
Responsabilidades: calcular quantidade devida
Colaboradores: Item

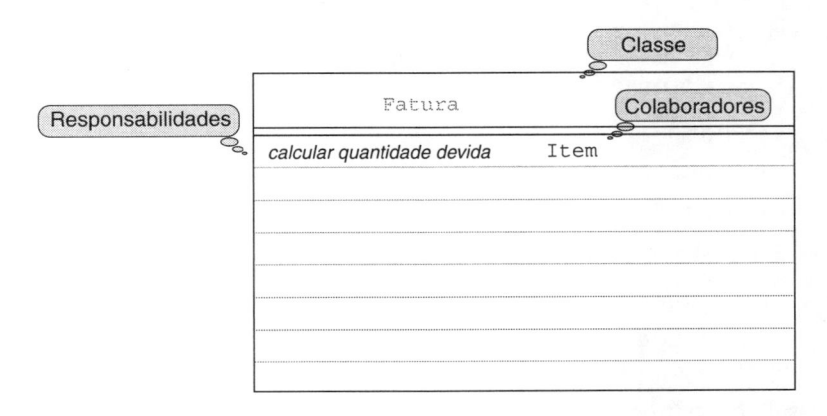

Figura 5
Um cartão CRC.

classe que você imagina ser a responsável e escreve esta responsabilidade no cartão. Para cada responsabilidade, você registra que outras classes são necessárias para realizar isto. Essas classes são os colaboradores.

Por exemplo, suponha que você decida que uma fatura deve calcular a quantidade devida. Então você escreve "calcular quantidade devida" no lado esquerdo de um cartão índice com o título `Fatura`.

Se uma classe puder realizar sozinha esta responsabilidade, não faça mais nada. Mas se a classe necessita a ajuda de outras classes, você escreve o nomes destes colaboradores no lado direito do cartão. Para calcular o total, a fatura precisa perguntar a cada item o seu preço total. Portanto, a classe `Item` é um colaborador.

Este é um bom momento para procurar o cartão indexador da classe `Item`. Ele possui uma função-membro "obter o preço total"? Se não, adicione uma.

Como você sabe se está no caminho certo? Para cada responsabilidade, pergunte a si mesmo como isto realmente pode ser feito, usando apenas as responsabilidades escritas nos vários cartões. Muitas pessoas acham útil agrupar os cartões em uma mesa de modo que os colaboradores fiquem próximos uns dos outros, e simular tarefas movimentando um marcador (como uma moeda), de um cartão para o seguinte, para indicar qual objeto está ativo no momento.

Tenha em mente que as responsabilidades que você lista no cartão CRC são de alto nível. Algumas vezes, uma única responsabilidade pode precisar de duas ou mais funções-membro para realizá-la. Alguns pesquisadores dizem que um cartão CRC deve ter não mais do que três responsabilidades distintas.

O método do cartão CRC é informal de propósito, de modo que você possa ser criativo e descobrir classes e suas propriedades. Não receie riscar, mover, particionar ou mesclar responsabilidades. Rasgue cartões se eles se tornarem muito confusos. Este é um processo informal.

Você está pronto quando percorreu todas as principais tarefas e se convenceu de que todas elas podem ser resolvidas com as classes e as responsabilidades que você descobriu.

13.3 Coesão

Você usou um bom número de classes nos capítulos anteriores e provavelmente você mesmo projetou algumas classes como parte de suas tarefas de programação. Projetar uma classe pode ser um desafio — nem sempre é fácil dizer como começar ou se o resultado é de boa qualidade.

Estudantes que possuem experiência anterior em estilo de programação não orientada a objetos estão habituados a programar *funções*. Uma função realiza uma ação. Na programação orientada a objetos, entretanto, cada função pertence a uma classe. Classes são coleções de objetos e objetos não são ações — eles são entidades. Assim, você tem que iniciar a atividade de programação identificando os objetos e as classes a que eles pertencem. Lembre da regra de ouro da Seção 13.2: nomes de classes devem ser substantivos e os nomes das funções-membro devem ser verbos.

O que torna uma classe boa? O mais importante, é que uma classe deve representar *um único conceito*. Algumas das classes que você viu representam conceitos da matemática ou física:

- `Ponto`
- `Circulo`
- `Hora`

Outras classes são abstrações de entidades da vida real.

- `Produto`
- `Empregado`

Para estas classes, as propriedades de um objeto típico são fáceis de entender. Um objeto `Circulo` possui um centro e um raio. Dado um objeto `Empregado`, você pode aumentar o salário. Geralmente, conceitos de uma parte do universo que são de interesse em nosso programa, tal como uma ciência, um negócio ou um jogo, geram boas classes. O nome de tal classe deve ser um substantivo que descreve o conceito.

O que poderia não ser uma boa classe? Se você não consegue dizer, a partir do nome de uma classe, o que um objeto daquela classe supostamente deve fazer, provavelmente você não está no caminho certo. Por exemplo, um trabalho de casa pode solicitar a você um programa que imprima contracheques de pagamento. Suponha que você inicia projetando uma classe `ProgramaDeContracheque`. O que poderia um objeto desta classe fazer?

Um objeto desta classe teria que fazer tudo o que o trabalho de casa precisar fazer. Isto não simplifica nada. Uma classe melhor seria `Contracheque`. Assim o seu programa pode manipular um ou mais objetos `Contracheque`.

Outro erro comum cometido particularmente por estudantes que estão acostumados a escrever programas que consistem de funções, é transformar uma ação numa classe. Por exemplo, se a sua tarefa de programação é calcular um contracheque, você pode pensar em escrever uma classe `CalcularContracheque`.

Mas você pode visualizar um objeto "CalcularContracheque"? O fato de "CalcularContracheque" não ser um substantivo indica a você que está no caminho errado. Por outro lado, uma classe `Contracheque` intuitivamente faz sentido. A palavra "Contracheque" é um substantivo. Você pode visualizar um objeto Contracheque. Você pode então pensar sobre funções-membro úteis da classe `Contracheque`, tais como `calcular_pagto_liquido`, que auxiliem você a resolver a tarefa.

Vamos retornar à observação de que uma classe deve representar um único conceito. As funções-membro e constantes que a interface pública expõe devem ser *coesas*. Isto é, todas as características da interface devem ser estreitamente relacionadas ao conceito que a classe representa.

Se você descobrir que a interface pública de uma classe se refere a vários conceitos, então isto é um bom sinal de que pode ser hora de separar classes. Considere, por exemplo, a interface pública de uma classe `Carteira`:

```
class Carteira
{
public:
    Carteira();
    void adicionar_nickels(int quant);
    void adicionar_dimes(int quant);
    void adicionar_quarters(int quant);
    double obter_total() const;
private:
    ...
};
```

Existem na verdade dois conceitos aqui: uma carteira que guarda moedas e calcula o seu total e as moedas individuais, cada uma com seu nome e valor. Poderia fazer mais sentido ter uma classe separada `Moeda`. Cada moeda poderia ser responsável por saber seu nome e valor.

```
class Moeda
{
public:
    Moeda(double v, string n);
    double obter_valor() const;
private:
    ...
};
```

Então a classe `Carteira` pode ser simplificada:

```
class Carteira
{
public:
    Carteira();
    void Adicionar(Moeda c);
    double obter_total() const;
private:
    ...
};
```

Essa é claramente uma solução melhor, porque ela separa os conceitos de carteira e de moedas. Cada uma das classes resultantes é mais coesa do que a classe `Carteira` original era.

13.4 Acoplamento

Muitas classes necessitam outras classes para realizar o seu trabalho. Por exemplo, a classe reestruturada `Carteira` da seção anterior depende da classe `Moeda`. Em geral, uma classe depende de outra se suas funções-membro usam um objeto de outra classe de alguma maneira.

Em particular, a coluna "colaboradores" dos cartões CRC diz a você quais classes dependem de uma outra.

No Capítulo 11, você viu a notação UML para herança. Em um diagrama de classes UML, você indica dependência de uma maneira similar, com uma linha tracejada com uma seta de ponta aberta que aponta a classe dependente. A Figura 6 mostra um diagrama de classes que indica que a classe `Carteira` depende da classe `Moeda`.

Note que a classe `Moeda` *não* depende da classe `Carteira`. Moedas não têm idéia de que estão sendo coletadas em carteiras e elas podem realizar o seu trabalho sem nunca chamar qualquer função membro da classe `Carteira`.

Se muitas classes de um programa dependem uma da outra, então dizemos que o *acoplamento* entre classes é alto. Ao contrário, se existem poucas dependências entre classes, dizemos que o acoplamento é baixo (ver Figura 7).

Por que o acoplamento importa? Se a classe `Moeda` mudar na próxima versão do programa, todas as classes que dependem dela podem ser afetadas. Se a mudança for drástica, todas as classes acopladas devem ser atualizadas. Além disso, se você quiser usar a classe em outro programa, você tem que levar junto todas as classes das quais ela depende. Assim, geralmente você deseja reduzir o acoplamento desnecessário entre classes.

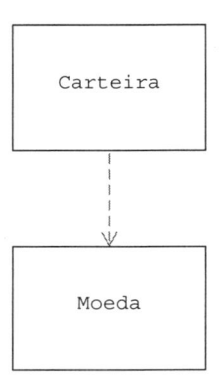

```
        ┌──────────────┐
        │   Carteira   │
        └──────────────┘
               ╎
               ╎
               V
        ┌──────────────┐
        │    Moeda     │
        └──────────────┘
```

Figura 6
Relacionamento de dependência entre as classes `carteira` e `moeda`.

🎗 Dica de Qualidade   13.1

Consistência

Nas seções anteriores, você aprendeu dois critérios que são usados para analisar a qualidade da interface pública de uma classe. Você deve maximizar a coesão e remover acoplamentos desnecessários.

Existe um outro critério ao qual você deve prestar atenção — consistência. Quando você tem um conjunto de funções-membro, siga um esquema consistente para seus nomes e parâmetros. Isto é simplesmente um sinal de bom artesanato. Infelizmente, você pode encontrar um grande número de inconsistências na biblioteca padrão. Aqui está um exemplo. Para configurar a precisão de um *stream* de saída, você deve usar o manipulador `setprecision`:

```
cout << setprecision(2);
```

Para configurar a largura do campo, você chama

```
cout << setw(8);
```

Por que não `setwidth`? E por que a configuração de precisão persiste até que você a altere, enquanto que a largura reverte cada vez para 0? Qual a razão da inconsistência? Poderia ter sido uma questão fácil fornecer um manipulador `setwidth` que espelhasse exatamente o `setpre-`

Acoplamento baixo

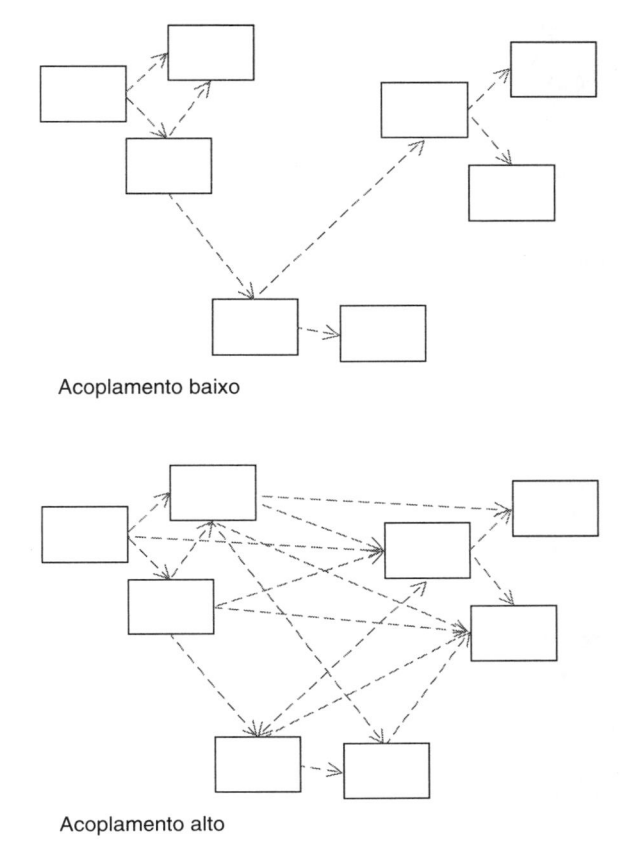

Acoplamento alto

Figura 7
Acoplamento alto e baixo entre classes.

▼ cision. Provavelmente não existe uma boa razão pela qual os projetistas da biblioteca de C++ tomaram essas decisões. Apenas aconteceu e ninguém reclamou para que isto fosse corrigido.

▼ Inconsistências tais como essas não são um defeito fatal, mas elas são um aborrecimento, particularmente porque elas podem ser facilmente evitadas. Ao projetar as suas próprias classes, você deve fazer esforços para periodicamente inspecioná-las quanto à consistência.

▼

13.5 Relacionamentos entre classes

Ao projetar um programa é útil documentar os relacionamentos entre classes. Isso ajuda você de várias maneiras. Por exemplo, se você descobre classes com comportamento em comum, você pode economizar esforços colocando o comportamento comum em uma classe base. Se você sabe que algumas classes *não* estão relacionadas entre si, você pode atribuir a diferentes programadores a implementação de cada uma delas, sem se preocupar que uma delas tenha que esperar pela outra.

Você viu o relacionamento de herança entre classes no Capítulo 11. A herança é um relacionamento muito importante entre classes, mas, como se pode ver, não é o único relacionamento útil entre classes e ele pode ser super utilizado.

A herança é um relacionamento entre uma classe mais geral (a classe base) e uma classe mais especializada (a classe derivada). Este relacionamento é muitas vezes descrito como um relacionamento *é-um*. Cada caminhão é um veículo. Cada conta de poupança é uma conta bancária. Cada quadrado é um retângulo (com largura e altura iguais).

Entretanto, algumas vezes há abuso de herança. Por exemplo, considere uma classe `Pneu` que descreve um pneu de carro. Deveria a classe `Pneu` ser uma classe derivada da classe `Circulo`? Isso parece conveniente. Provavelmente existem várias funções-membro úteis na classe `Circulo` — por exemplo, a classe `Pneu` pode herdar funções-membro que calculam o raio, o perímetro e o ponto central. Tudo isto poderia ser vantajoso para desenhar formas de pneus. Porém, embora isto possa ser conveniente para o programador, este arranjo não faz sentido conceitualmente. Não é verdade que cada pneu seja um círculo. Pneus são componentes de carros, enquanto que círculos são objetos geométricos.

Existe um relacionamento entre pneus e círculos, contudo. Um pneu *possui* um círculo como seu limite. C++ nos permite modelar este relacionamento, também. Use um campo de dado:

```
class Pneu
{
    ...
private:
    string range;
    Circulo boundary;
};
```

O termo técnico para este relacionamento é *associação*. Cada objeto `Pneu` é associado com um objeto `Circulo`.

Aqui está outro exemplo. Suponha que você está projetando um programa que produz a simulação gráfica de tráfego em uma estrada. Seu programa modela carros, caminhões e outros veículos.

Cada carro *é* um veículo. Cada carro *possui* um pneu (na verdade, ele possui quatro e, se você contar o estepe, cinco). Assim, você deve usar a herança a partir de `Veiculo` e a associação de objetos `Pneu`:

```
class Carro: public Veiculo
{
    ...
private:
    vector<Pneu> pneus;
};
```

Na notação UML, a associação é indicada por uma linha sólida e com uma seta aberta na ponta. A Figura 8 mostra um diagrama de classes com um relacionamento de herança e um de associação.

Uma classe é associada com outra se você pode *navegar* de objetos de uma classe para objetos de outra classe. Por exemplo, dado um objeto `Carro`, você pode navegar para os objetos `Pneu`, simplesmente acessando o campo de dados `pneus`. Quando uma classe possui um campo de dados cujo tipo é outra classe, então as duas classes são associadas.

O relacionamento de associação é relacionado ao relacionamento de *dependência*, que você viu na seção anterior. Relembre que uma classe depende de outra se uma de suas funções-membro usa um objeto de outra classe de alguma maneira. A associação é uma forma mais forte de dependência. Se uma classe é associada com outra, ela também depende da outra classe.

Entretanto, o inverso não é verdadeiro. Se uma classe é associada com outra, objetos da classe podem localizar objetos da classe associada, geralmente porque eles armazenam campos de dados do tipo associado. Se uma classe depende de outra, ela possui contato com objetos de outra classe de alguma maneira, não necessariamente através de navegação. Por exemplo, a classe `Carteira` depende da classe `Moeda`, mas não necessariamente é associada com ela. Dado um objeto `Carteira`, você não necessariamente precisa navegar pelos objetos `Moeda`. É inteiramente possível que a função-membro `adicionar` simplesmente adicione o valor da moeda ao total, sem armazenar qualquer objeto `Moeda` real.

Como você viu na seção anterior, a notação UML para dependência é uma linha tracejada com uma seta com ponta aberta que aponta para a classe dependente.

```
        ┌─────────┐
        │ Veiculo │
        └─────────┘
             △
             │
        ┌─────────┐
        │  Carro  │
        └─────────┘
             │
             ▽
        ┌─────────┐
        │  Pneu   │
        └─────────┘
```

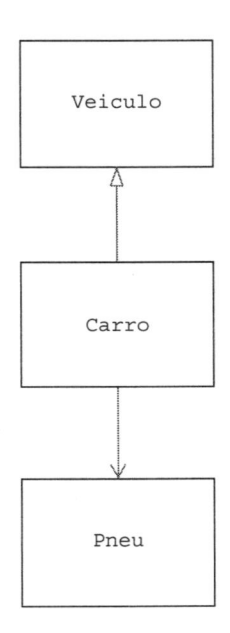

Figura 8
Notação UML para herança e associação.

As setas na notação UML podem se tornar confusas. A tabela abaixo mostra os três símbolos de relacionamentos em UML que usamos neste livro.

Relacionamento	Símbolo	Estilo da Linha	Ponta da seta
Herança	———▷	Sólida	Fechada
Associação	———>	Sólida	Aberta
Dependência	- - - - ->	Tracejada	Aberta

Tópico Avançado 13.1

Atributos e Funções-Membro em Diagramas UML

Algumas vezes é útil indicar atributos de classes e funções-membro em um diagrama de classes. Um atributo é uma propriedade externamente observável que objetos de uma classe possuem. Por exemplo, `nome` e `preco` podem ser atributos da classe `Produto`. Geralmente, atributos correspondem a campos de dados. Mas eles não necessariamente tem que ser — uma classe pode ter uma maneira diferente de organizar seus dados. Considere a classe `Time` da biblioteca deste livro. Conceitualmente, ela possui os atributos `seconds`, `minutes` e `hours`, mas ela na realidade não armazena os minutos e horas em dados-membro separados. Em vez disso, ela armazena o número de segundos desde a meia noite e calcula os minutos e as horas a partir destes.

Você pode indicar atributos e funções-membro em um diagrama de classes dividindo o retângulo de uma classe em três compartimentos, com o nome da classe no topo, atributos no meio e funções-membro em baixo (ver Figura 9). Você não precisa listar *todos* os atributos e funções-membro em um diagrama particular. Somente liste aqueles que são úteis para entender o que você quer salientar neste diagrama particular.

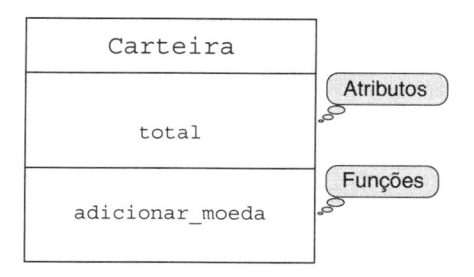

```
                    ┌─────────────────────┐
                    │      Carteira       │
                    ├─────────────────────┤──( Atributos )
                    │       total         │
                    ├─────────────────────┤──( Funções )
                    │  adicionar_moeda    │
                    └─────────────────────┘
```

Figura 9
Atributos e funções-membro em um diagrama de classes.

Além disso, não liste um atributo que você também desenhou como uma associação. Se você indica por associação o fato que um `Veiculo` possui objetos `Pneu`, não adicione um atributo `pneus`.

Tópico Avançado 13.2

Associação, Agregação e Composição

O relacionamento de associação é o relacionamento mais complexo na notação UML. Ele é também o menos padronizado. Ao ler outros livros e ver diagramas de classes produzidos por colegas programadores, você pode encontrar diferentes notações para o relacionamento de associação.

O relacionamento de associação que usamos neste livro é chamado de associação dirigida. Ele implica que você pode navegar de uma classe para outra, mas não no sentido inverso. Por exemplo, dado um objeto `Veiculo`, você pode navegar para objetos `Pneu`. Mas se você tem um objeto `Pneu`, então não existe nenhuma indicação de a qual veículo ele pertence.

Naturalmente, um objeto `Pneu` pode conter um ponteiro de volta para o objeto `Veiculo`, de modo que você pode navegar de um pneu para o veículo ao qual ele pertence. Neste caso, a associação é *bidirecional*. Para veículos e pneus, esta é uma implementação indesejável. Mas considere o exemplo de objetos `Empregado` e `Empresa`. A empresa pode manter uma lista de empregados que trabalham para ela e cada objeto empregado pode conter um apontador para o atual empregador.

De acordo com o padrão UML, uma associação bidirecional é desenhada com uma linha sólida *sem* seta na ponta (ver Figura 10 para esta e outras variações da notação de associação). Mas alguns projetistas interpretam uma associação sem setas nas pontas como uma associação "não decidida", na qual ainda não é conhecida a direção em que a navegação pode ocorrer.

Alguns projetistas gostam de adicionar *ornamentos* aos relacionamentos de associação. Uma associação pode ter um nome, papéis ou multiplicidades. Um nome descreve a natureza do relacionamento. Adornos de papéis expressam papéis específicos que as classes associadas possuem uma em relação à outra. Multiplicidades determinam quantos objetos podem ser alcançados ao navegar pelo relacionamento de associação.

O exemplo da Figura 10 expressa o fato de que cada pneu é associado com 0 ou 1 veículo, enquanto que cada veículo pode possuir 4 ou mais pneus.

Agregação é uma forma mais forte de associação. Uma classe agrega outra se existe um relacionamento "todo-parte" entre as classes. Por exemplo, a classe `Empresa` pode agregar a classe `Empregado` porque uma empresa (o "todo") é feita de pessoas (as "partes"), mais precisamente, seus empregados e fornecedores. Mas uma classe `ContaBancaria` não agrega uma classe `Pessoa`, mesmo que seja possível navegar de um objeto cliente do banco para um objeto pessoa — o titular da conta. Conceitualmente, uma pessoa não faz parte de uma conta bancária.

Figura 10
Variações da notação de associação.

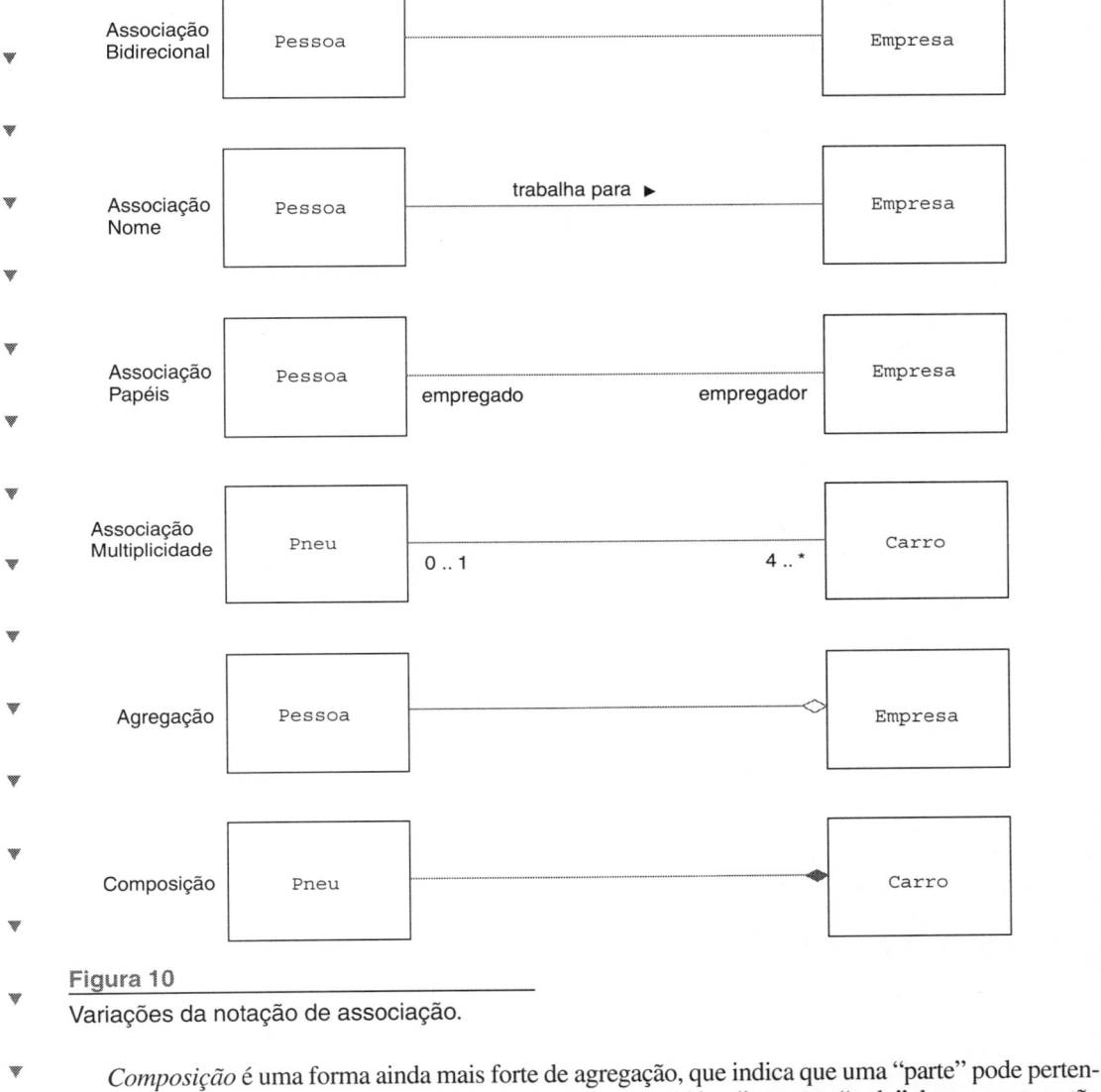

Associação Bidirecional	Pessoa —————— Empresa	
Associação Nome	Pessoa — trabalha para ▶ — Empresa	
Associação Papéis	Pessoa — empregado ———— empregador — Empresa	
Associação Multiplicidade	Pneu — 0..1 ———— 4..* — Carro	
Agregação	Pessoa ————◇ Empresa	
Composição	Pneu ————◆ Carro	

Composição é uma forma ainda mais forte de agregação, que indica que uma "parte" pode pertencer somente a um "todo" em um dado momento do tempo. Além disso, se o "todo" desaparecer, então a "parte" deve desaparecer também. Por exemplo, um pneu pode pertencer a somente um veículo de cada vez, mas um empregado pode trabalhar para duas empresas separadas ao mesmo tempo.

Francamente, as diferenças entre associação, agregação e composição são sutis e podem se tornar confusas mesmo para os mais experientes projetistas. Se você achar que as distinções são úteis, para qualquer propósito, use-as. Mas não perca o sono ponderando as diferenças entre estes conceitos.

13.6 Implementando associações

Associações entre classes são usualmente implementadas como campos de dados. Por exemplo, se a classe `Empresa` é associada com a classe `Empregado`, a empresa precisa armazenar um ou mais objetos ou ponteiros `Empregado`.

Ao implementar a associação, você precisa fazer duas escolhas importantes.

Você deve armazenar um único `Empregado` ou um vetor de objetos `Empregado`? Você deve armazenar objetos ou ponteiros?

Para responder estas questões, formule a você mesmo duas perguntas. Primeiro, qual é a *multiplicidade* da associação. As três escolhas mais comuns são

- 1: muitos (por exemplo, cada empresa possui muitos empregados)
- 1: 1 (por exemplo, cada conta bancária possui um dono)
- 1: 0 ou 1 (por exemplo, cada departamento possui 0 ou 1 recepcionista)

Para um relacionamento "1: muitos", você precisa usar um vetor (ou alguma outra estrutura de dados – ver Capítulo 16).

A seguir, você precisa perguntar se você vai armazenar objetos ou ponteiros. Você deve usar ponteiros em três circunstâncias:

- Para um relacionamento "1: 0 ou 1" (ver Capítulo 10)
- Para compartilhar objetos (ver Capítulo 10)
- Para polimorfismo, para se referir a um objeto que pode pertencer a uma classe base ou derivada (ver Capítulo 11)

Considere alguns poucos exemplos. Um objeto `ContaBancaria` é associado com um objeto `Pessoa`, o titular da conta. Suponha que em sua aplicação uma conta possui apenas o titular (na vida real, existem contas com diversos donos, mas vamos ignorar esta complexidade por agora). Você deve armazenar um objeto `Pessoa`, ou um ponteiro do tipo `Pessoa*`? Visto que várias contas bancárias podem compartilhar o mesmo titular, faz sentido usar um ponteiro:

```
class ContaBancaria
{
    ...
private:
    Pessoa* titular;
};
```

Por outro lado, considere uma classe `Veiculo` que é associada com a classe `Pneu`. Um veículo possui diversos pneus, de modo que você pode usar um vetor para armazená-los. Você deve armazenar ponteiros ou objetos? Um pneu em particular pode ser parte de um único veículo, de modo que você pode armazenar objetos.

```
class Veiculo
{
    ...
private:
    vector<Pneu> pneus;
};
```

13.7 Exemplo: imprimindo uma fatura

Neste capítulo, discutimos um processo de desenvolvimento de cinco partes que recomendamos que você siga:

1. Coletar requisitos.
2. Usar cartões CRC para encontrar classes, responsabilidades e colaboradores.
3. Usar diagramas UML para registrar relacionamentos entre classes.
4. Documentar classes e funções-membro.
5. Implementar seu programa.

Este processo é particularmente bem adequado para programadores iniciantes. Não existem muitas notações para aprender. Os diagramas de classes são simples de desenhar. Os resultados da fase de projeto são imediatamente úteis para a fase de implementação. Naturalmente, à medida que os seus projetos se tornarem mais complexos, você vai querer aprender mais sobre métodos formais de projeto. Existem muitas técnicas que descrevem cenários de objetos, seqüenciamento de chamadas, estruturas de programas grandes e assim por diante, que podem ser bastante benéficas mesmo para projetos relativamente simples. O livro [1] fornece uma boa visão geral destas técnicas.

Nesta seção, vamos percorrer a técnica de projeto orientado a objetos com um exemplo muito simples. Neste caso, a metodologia é certamente demasiada, mas é uma boa introdução à mecânica de cada passo. Você irá então estar melhor preparado para o exemplo mais complexo que segue.

À medida que você lê como se desdobra a solução do problema de programação, por favor esteja ciente de que esta solução é apenas uma das muitas abordagens razoáveis. É uma boa idéia desenvolver uma solução alternativa para cada um dos passos e comparar a sua versão com os resultados que são apresentados aqui.

13.7.1 Requisitos

A tarefa deste programa é imprimir uma fatura. Uma fatura descreve os custos de um conjunto de produtos em certas quantidades (complexidades tais como datas, impostos e números da fatura e dos clientes são omitidos). O programa simplesmente imprime o endereço de cobrança, todas as linhas de itens e a quantidade devida. Cada linha de item contém a descrição e preço unitário de um produto, a quantidade pedida e o valor devido.

```
                      F A T U R A
Eletrodomésticos Sam
Rua Principal, 100
Anytown, CA 98765

Descrição                    Preço    Qt    Total
Torradeira                   29.95    3     89.85
Secador de cabelo            24.95    1     24.95
Aspirador de carro           19.99    2     39.98

VALOR DEVIDO: $154.78
```

Além disso, por interesse em simplicidade, nenhuma interface de usuário é requerida. Simplesmente use um testador para adicionar itens à fatura e a seguir imprimi-la.

13.7.2 Cartões CRC

Primeiro, você precisa descobrir classes. Classes correspondem a substantivos na descrição do problema. Neste problema, é bastante óbvio que os substantivos são:

```
Fatura
Endereço
Item
Produto
Descrição
Preço
Quantidade
Total
Valor devido
```

(Naturalmente, `Torradeira` não conta – ela é uma descrição de um objeto `Item` e portanto é um valor de dado, e não o nome de uma classe).

A descrição do produto e o preço são campos da classe `Produto`. E quanto à quantidade? A quantidade não é um atributo de um `Produto`. Assim como na fatura impressa, vamos ter uma classe `Item` que registra o produto e a quantidade (tal como "3 torradeiras"). O total e a quantidade devida são calculados – e não armazenados em algum lugar. Assim, eles não sobrecarregam as classes.

Depois desse processo de eliminação, restam quatro candidatos para classes:

```
Fatura
Endereço
Item
Produto
```

Cada um deles representa um conceito útil, de modo que transforme-os em classes.

A finalidade do programa é imprimir uma fatura. Registre esta responsabilidade em um cartão CRC:

Fatura	
Imprimir a fatura	

Como uma fatura se imprime? Ela deve imprimir o endereço de cobrança, imprimir todos os itens e então adicionar a quantidade devida. Como pode uma fatura imprimir um endereço? Ela não pode – esta é na verdade uma responsabilidade da classe Endereco. Isso nos leva a um segundo cartão CRC:

Endereço	
Imprimir o endereço	

De modo similar, imprimir um item é responsabilidade da classe Item.

A função-membro print da classe Fatura chama as funções-membro print das classes Endereco e Item. Sempre que uma função-membro usa outra classe, você lista que outra classe é um colaborador. Em outras palavras, Endereco e Item são colaboradores de Fatura:

Fatura	
Imprimir a fatura	Endereço
	Item

Ao formatar a fatura, a fatura também precisa calcular a quantidade devida. Para obter esta quantidade, ela deve perguntar a cada item sobre o preço total do item.

Como um item obtém este total? Ele deve perguntar ao produto o preço unitário e então multiplicá-lo pela quantidade. Isto é, a classe `Produto` deve revelar o preço unitário e é uma colaboradora da classe `Item`.

`Produto`	
Imprimir a descrição	
Obter preço unitário	

`Item`	
Imprimir o item	`Produto`
Obter o preço total	

Finalmente, a fatura dever ser preenchida com produtos e quantidades, de modo que faça sentido imprimir o resultado. Isto também é responsabilidade da classe `Fatura`.

`Fatura`	
Imprimir a fatura	`Endereço`
Acrescentar produto e quantidade	`Item`
	`Produto`

Agora, você tem um conjunto de cartões CRC que completam o processo de cartão CRC.

13.7.3 Diagramas UML

Você obtém os relacionamentos de dependência a partir da coluna de colaborações dos cartões CRC. Cada classe depende das classes com as quais ela colabora. Em nosso exemplo, a classe `Fatura` (`Invoice`) colabora com as classes `Endereco` (`Address`), `Item` (`Item`) e `Produto` (`Product`). A classe `Item` colabora com a classe `Produto`.

Agora pergunte a você mesmo quais destas dependências realmente são associações. Como uma fatura sabe a respeito de objetos endereço, item e produto com as quais ela colabora? Um objeto fatura deve armazenar um endereço e os itens quando ele imprime a fatura. Mas um objeto fatura não necessita armazenar um objeto produto ao adicionar um produto. O produto é transformado em um item e então é responsabilidade do item armazená-lo. Portanto, uma classe `Fatura` é associada com a classe `Endereco` e a classe `Item`, mas não com a classe `Produto`. Você não pode navegar diretamente de uma fatura para um produto. Uma fatura não armazena produtos diretamente – eles são armazenados em objetos `Item`. A classe `Item` é associada com a classe `Produto`.

Não existe herança no exemplo que é desenvolvido nesta seção.

A Figura 11 mostra os relacionamentos de classe entre as classes da fatura.

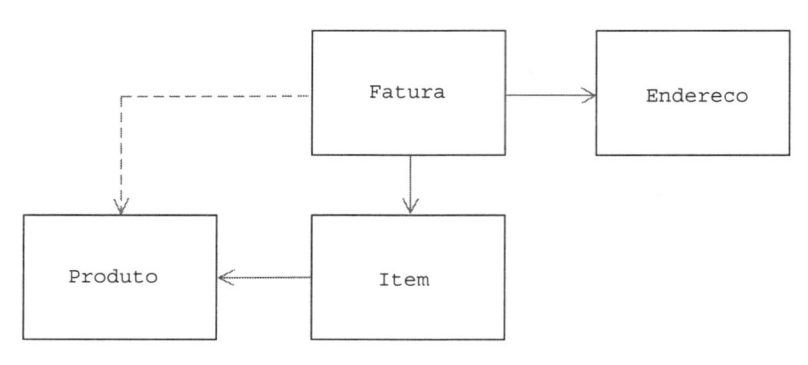

Figura 11
Os relacionamentos entre as classes `Fatura`.

13.7.4 Comentários de classes e funções

O último passo desta fase de projeto é escrever a documentação das classes descobertas e suas funções-membro. Simplesmente escreva os comentários para as classes que você descobriu.

Para as funções-membro, você terá que trabalhar um pouco mais. Os cartões CRC somente contêm as funções-membro em uma descrição de alto nível. Você precisa conseguir parâmetros e tipos de retorno razoáveis.

Aqui está a documentação para as classes da fatura.

```
/**
    Descreve uma fatura para um conjunto de produtos adquiridos.
*/
class Invoice
{
public:
    /**
        Adiciona nesta fatura a cobrança de um produto.
        @param p o produto que o cliente pediu
        @param quantity a quantidade do produto
    */
    void add(Product p, int quantity);
    /**
        Imprime o produto
    */
    void print() const;
};
/**
    Descreve a quantidade de um artigo a comprar e seu preço.
*/
```

```cpp
class Item
{
public:
    /**
        Calcula o custo total deste item.
        @return o preço total
    */
    double get_total_price() const;

    /**
        Imprime este item.
    */
    void print() const;
};

/**
    Descreve um produto com uma descrição e um preço.
*/
class Product
{
public:
    /**
        Obtém a descrição do produto.
        @return a descrição
    */
    string get_description() const;

    /**
        Obtém o preço do produto.
        @return o preço unitário
    */
    double get_price() const;
};

/**
    Descreve um endereço para remessa.
*/
class Address
{
public:
    /**
        Imprime o endereço.
    */
    void print() const;
};
```

Você pode a seguir executar um programa de extração de comentários para obter uma versão agradavelmente formatada de sua documentação em formato HTML (ver Figura 12). Um destes programas é doxygen; ver a página WEB associada a este livro para mais informações.

Esta abordagem para documentar as suas classes possui diversas vantagens. Você pode compartilhar a documentação com outros, se você trabalha em equipe. Você pode usar um formato que é imediatamente útil – arquivos C++ que você pode levar para a fase de implementação. E, mais importante, você fornece comentários para as principais funções-membro – uma tarefa que programadores menos preparados deixam por último e freqüentemente negligenciam por falta de tempo.

13.7.5 Implementação

Finalmente, você está pronto para implementar as classes.

Você já possui as assinaturas das funções-membro e comentários do passo anterior. Agora examine as classes associadas no diagrama UML para adicionar campos de dados. Inicie com a classe Fatura. Uma fatura é associada com Endereco e Item. Cada fatura possui um endereço pa-

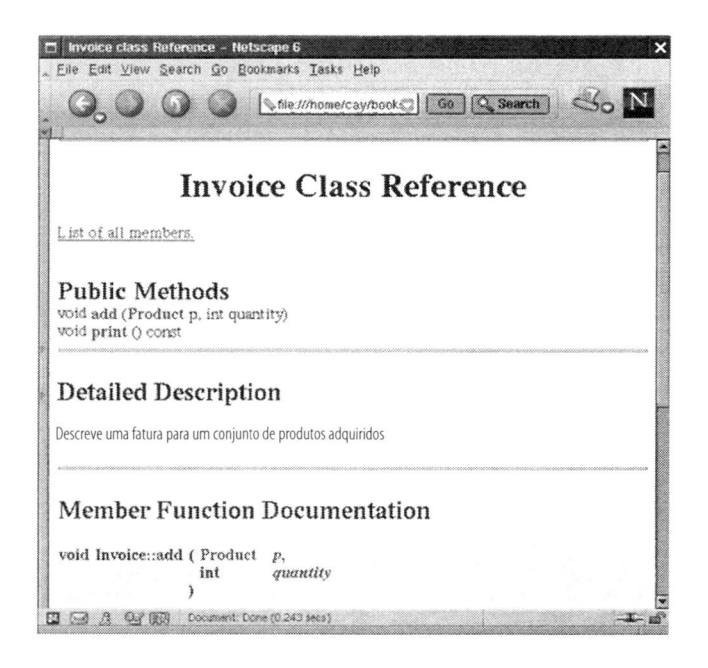

Figura 12
A documentação da classe em formato HTML.

ra remessa, mas pode ter vários itens. Para armazenar diversos objetos `Item`, você usa um vetor. Agora você tem os campos de dados da classe `Fatura`:

```
class Invoice
{
   ...
private:
   Address billing_address;
   vector<Item> items;
};
```

Como você pode ver no diagrama UML, a classe `Item` é associada com um produto. Além disso, você precisa armazenar a quantidade do produto, o que conduz aos seguintes campos de dados:

```
class Item
{
   ...
private:
   Product prod;
   int quantity;
};
```

As funções-membro em si agora são bastante fáceis. Aqui está um exemplo típico. Você já sabe o que a função-membro `get_total_price` da classe `Item` precisa – obter o preço unitário do produto e multiplicá-lo pela quantidade.

```
double Item::getTotalPrice()
{
   return prod.get_price() * quantity;
}
```

As outras funções-membro são igualmente diretas e não serão discutidas em detalhe.

Finalmente, você precisa fornecer construtores, uma outra tarefa rotineira. Aqui está o programa completo. É uma boa prática percorrer em detalhe todo o programa e ver a correspondência entre as classes e funções-membro e os cartões CRC e o diagrama UML.

Arquivo invoice.cpp

```
1    #include <iostream>
2    #include <string>
3    #include <vector>
4
5    using namespace std;
6
7    /**
8       Descreve um produto com uma descrição e um preço.
9    */
10   class Product
11   {
12   public:
13     Product();
14     Product(string d, double p);
15     /**
16        Obtém a descrição do produto.
17        @return a descrição
18     */
19     string get_description() const;
20
21     /**
22        Obtém o preço do produto.
23        @return o preço unitário
24     */
25     double get_price() const;
26
27   private:
28     string description;
29     double price;
30   };
31
32   Product::Product()
33   {
34     price = 0;
35   }
36
37   Product::Product(string d, double p)
38   {
39     description = d;
40     price = p;
41   }
42
43   string Product::get_description() const
44   {
45     return description;
46   }
47
48   double Product::get_price() const
49   {
50     return price;
51   }
52
53   /**
```

```cpp
54      Descreve a quantidade de um artigo a comprar e seu preço.
55   */
56   class Item
57   {
58   public:
59     Item();
60     Item(Product p, int q);
61     /**
62        Calcula o custo total deste item.
63        @return o preço total
64     */
65     double get_total_price() const;
66
67     /**
68        Imprime este item.
69     */
70     void print() const;
71   private:
72     Product prod;
73     int quantity;
74   };
75
76
77   Item::Item()
78   {
79     quantity = 0;
80   }
81
82   Item::Item(Product p, int q)
83   {
84     prod = p;
85     quantity = q;
86   }
87
88   double Item::get_total_price() const
89   {
90     return prod.get_price() * quantity;
91   }
92
93   void Item::print() const
94   {
95     const int COLUMN_WIDTH = 30;
96     string description = prod.get_description();
97
98     cout << description;
99
100    // completa com espaços para preencher coluna
101
102    int pad = COLUMN_WIDTH - description.length();
103    for (int i = 1; i <= pad; i++)
104       cout << " ";
105
106    cout << prod.get_price()
107        << " " << quantity
108        << " " << get_total_price() << "\n";
109  }
110
111  /**
112     Descreve um endereço para remessa.
```

```
113  */
114  class Address
115  {
116  public:
117    Address();
118    Address(string n, string s,
119      string c, string st, string z);
120    /**
121      Imprime o endereço.
122    */
123    void print() const;
124  private:
125    string name;
126    string street;
127    string city;
128    string state;
129    string zip;
130  };
131
132  Address::Address() {}
133
134  Address::Address(string n, string s,
135    string c, string st, string z)
136  {
137    name = n;
138    street = s;
139    city = c;
140    state = st;
141    zip = z;
142  }
143
144  void Address::print() const
145  {
146    cout << name << "\n" << street << "\n"
147      << city << ", " << state << " " << zip << "\n";
148  }
149
150  /**
151    Descreve uma fatura para um conjunto de produtos adquiridos.
152  */
153  class Invoice
154  {
155  public:
156    Invoice(Address a);
157    /**
158      Adiciona nesta fatura a cobrança de um produto.
159      @param p o produto que o cliente pediu
160      @param quantity a quantidade do produto
161    */
162    void add(Product p, int quantity);
163    /**
164      Imprime o produto
165    */
166    void print() const;
167  private:
168    Address billing_address;
169    vector<Item> items;
170  };
171
```

```
172 Invoice::Invoice(Address a)
173 {
174   billing_address = a;
175 }
176
177 void Invoice::add(Product p, int q)
178 {
179   Item it(p, q);
180   items.push_back(it);
181 }
182
183 void Invoice::print() const
184 {
185   cout << "                    F A T U R A\n\n";
186   billing_address.print();
187   cout <<
188       "\n\nDescrição            Preço   Qt   Total\n";
189   for (int i = 0; i < items.size(); i++)
190      items[i].print();
191
192   double amount_due = 0;
193   for (int i = 0; i < items.size(); i++)
194      amount_due = amount_due + items[i].get_total_price();
195
196   cout << "\nVALOR DEVIDO: $" << amount_due;
197 }
198
199 int main()
200 {
201   Address sams_address("Eletrodomésticos Sam",
202       "Rua Principal, 100", "Anytown", "CA", "98765");
203
204   Invoice sams_invoice(sams_address);
205   sams_invoice.add(Product("Torradeira", 29.95), 3);
206   sams_invoice.add(Product("Secador de cabelo", 24.95), 1);
207   sams_invoice.add(Product("Aspirador de carro", 19.99), 2);
208
209   sams_invoice.print();
210   return 0;
211 }
```

⊗ Erro Freqüente   13.1

Ordenando Definições de Classes

Quando você escreve um programa que contém diversas classes, deve ser cuidadoso com a ordem na qual o compilador vê as suas definições.

Considere as classes do exemplo da fatura.

- Invoice possui campos do tipo Address e vector<Item>. Portanto, Address e Item devem ser definidas antes de Invoice.

- Item possui um campo do tipo Product. Portanto, Product deve ser definida antes de Item.

Aqui estão duas possíveis maneiras nas quais você pode ordenar as classes:

```
        Produto
        Item
        Endereco
        Fatura
```

ou

```
        Endereco
        Produto
        Item
        Fatura
```

Qualquer ordenamento acima é adequado.

Este simples mecanismo de ordenamento pode ser partido se uma classe declara um ponteiro para outra classe. Considere este exemplo:

```
class Pessoa
{
    ...
private:
    ContaBancaria conta_aposentadoria; // ERRO
};
class ContaBancaria
{
    ...
private:
    Pessoa* titular;
};
```

Esta ordem de definição não está correta. Visto que objetos `Pessoa` contém objetos `ContaBancaria`, o compilador precisa saber o leiaute dos dados da classe `ContaBancaria` para que façam sentido na classe `Pessoa`.

Por outro lado, um objeto `ContaBancaria` contém apenas um ponteiro para a classe `Pessoa`. Tão logo o compilador sabe que `Pessoa` é uma classe, ele pode alocar espaço para o ponteiro (ponteiros para objetos de qualquer classe possuem tamanho fixo). Para informar ao compilador que `Pessoa` é uma classe que será definida mais tarde, você usa a *definição* de classe:

```
class Pessoa;
```

Portanto, o ordenamento correto é:

```
class Pessoa; // declaração
class ContaBancaria {... }; // definição
class Pessoa {... }; // definição
```

Em geral, siga estas duas regras:

- Se uma classe declara um campo de outra classe, o compilador deve ter visto antes a sua *definição*.
- Se uma classe declara um ponteiro para outra classe, então o compilador deve ter visto antes a sua *declaração* ou *definição*.

13.8 Exemplo: um jogo educacional

Este exemplo usa a biblioteca gráfica opcional que é descrita no Capítulo 3.

13.8.1 Requisitos

Sua tarefa é escrever um programa de jogos que ensina sua irmãzinha como ver as horas em um relógio (ver Figura 13). O jogo deve fazer o seguinte: gerar aleatoriamente um horário, desenhar o mostrador do relógio com aquele horário e pedir ao jogador que digite o horário. O jogador possui duas chances antes que o jogo exiba o horário correto. Sempre que o jogador fornece a resposta certa, o escore aumenta 1 ponto. Existem quatro níveis de dificuldade. O nível 1 ensina horas cheias, o nível 2 ensina intervalos de 15 minutos e o nível 4 exibe todos os horários. Quando o jogador alcançar o escore de 5 pontos em um nível, o jogo avança para o próximo nível.

No início, o jogo pergunta o nome do jogador e o nível inicial desejado. Após cada jogada, o jogador é indagado se ele ou ela deseja jogar mais. O jogo termina quando o jogador decide desistir.

13.8.2 Cartões CRC

Que classes você pode encontrar? Você precisa olhar os substantivos na descrição do problema; aqui estão vários:

```
Jogador
Relogio
Horario
Nivel
Jogo
Jogada
```

Note que nem todos os substantivos que você encontrou fazem objetos úteis. Por exemplo, o `Nivel` é somente um inteiro entre 1 e 4; ele na realidade não faz nada. Neste momento, o melhor

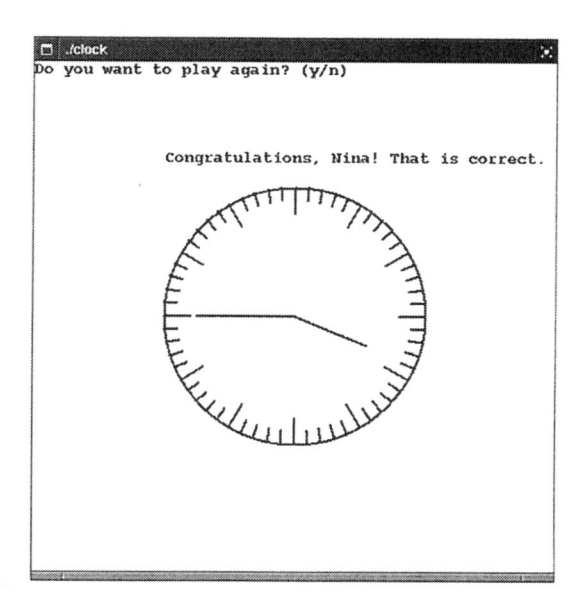

Figura 13
A tela de exibição do programa do relógio.

a fazer é deixá-lo na lista de possíveis classes e abandoná-lo mais tarde se acontecer de ele não ter qualquer ação útil.

Inicie com uma classe simples: a classe `Relogio`. O objeto relógio tem uma responsabilidade importante: desenhar o mostrador do relógio.

Relógio (clock)
desenhar

Quando um relógio se desenha, ele deve desenhar os ponteiros das horas e dos minutos para mostrar a hora atual. Para obter as horas e minutos do horário atual, ele deve colaborar com a classe `Time`.

Como o relógio sabe que horas são? Você precisa dizer a ele:

Relógio (clock)	
desenhar	Horario
configurar horário	

A seguir, pegue a classe `Time`. Você precisa obter as horas e minutos de um dado horário e estar apto a informar quando dois horários são iguais.

Horário (Time)
obter horas e minutos
verificar se igual a outro
objeto `Horario`

Agora examine o jogador. Um jogador tem um nome, um nível e um escore. Cada vez que o jogador fornece a resposta correta, o escore deve ser incrementado.

Jogador (Player)
incrementar escore

A cada cinco incrementos de escore, o nível também é incrementado. Deixe que a função *incrementar escore* cuide disso. Naturalmente, você deve descobrir qual é o nível atual.

Jogador (Player)
incrementar escore
obter nível

Agora você tem uma situação razoavelmente comum. Você tem uma confusão de classes, cada uma das quais parece fazer coisas interessantes, mas você não sabe como elas irão trabalhar juntas.

Um bom plano é introduzir uma classe que represente o programa completo – em nosso caso, o jogo:

Jogo (Game)
jogar

Diferentemente das funções descobertas previamente, não é de todo óbvio como esta função funciona. Você deve usar o processo de refinamentos sucessivos, que discutimos no Capítulo 5.

O que significa jogar o jogo? O jogo inicia perguntando o nome do jogador e o nível. Então o jogador faz uma jogada, o jogo pergunta se o jogador deseja jogar novamente e assim por diante.

Jogar o jogo:
> *Ler informações do jogador*
> do
> {
> > *fazer uma jogada*
> > *perguntar se o jogador quer jogar novamente*

```
}
while (jogador quiser jogar novamente);
```

Duas novas ações são requeridas: obter informações do jogador e fazer uma jogada. Adicione *ler informações do jogador* à classe `Jogo`:

Jogo (Game)
Jogar
ler informações do jogador

Agora, e sobre *fazer uma jogada*? Deveria a classe `Jogo` ou a classe `Jogador` implementar esta função? O que está envolvido em fazer uma jogada? Você deve criar um horário, dependendo do nível selecionado. Você deve desenhar o relógio, pedir os dados de entrada, verificar se a entrada está correta, jogar de novo se não estiver e incrementar o escore do jogador se estiver.

A responsabilidade pode ser atribuída a qualquer lado. Nesta discussão, deixe a classe `Jogo` cuidar de fazer uma jogada. Ela informa o jogador sobre o progresso do jogo, o que faz da classe `Jogador` uma colaboradora. Note que o jogo deve desenhar o mostrador do relógio ao fazer uma jogada, de modo que `Relogio` é um colaborador. Além disso, o jogo gera objetos `Time`, o que torna `Time` um outro colaborador.

Jogo (Game)	
jogar	jogar
ler informações do jogador	Relogio
fazer jogada	Horario

Até agora, não existe necessidade das classes `Jogada` e `Nivel` que havíamos anotado na tentativa de descobrir classes, de modo que não vamos implementá-las.

13.8.3 Diagramas UML

A partir das colunas de colaboradores dos cartões CRC, você pode determinar que a classe `Jogo` usa as classes `Jogador`, `Relogio` e `Time`, e a classe `Relogio` usa a classe `Time`.

A seguir, pergunte-se se qualquer uma destas dependências são realmente associações. Você pode navegar de um objeto `Jogo` para um objeto `Jogador`? Ou as funções-membro de `Jogo` somente usam variáveis locais ou parâmetros do tipo `Jogador`? Uma vez que o mesmo objeto jogador deve ser usado durante várias jogadas, pode-se apenas construir objetos locais jogador em cada jogada. Isto é, deve haver um objeto `Jogador` que persiste durante o tempo de vida do jogo. Pode-se pensar que este objeto `Jogador` poderia ser passado como parâmetro para a função *fazer uma jogada*, mas isto parece distante. Faz muito mais sentido para o objeto `Jogo` ter um campo de dado do tipo `Jogador`, para inicializar este objeto na função *ler informações do jogador*, e fazer com que a função *fazer uma jogada* modifique seu estado. Assim, você pode concluir que a classe `Jogador` é associada com a classe `Jogo`.

Por outro lado, não existe uma necessidade premente para que as classes `Relogio` e `Time` sejam associadas com a classe `Jogo`. A função *fazer uma jogada* pode construir objetos locais `Relogio` e `Time`.

Visto que o cartão CRC do `Relogio` mostra uma função *configurar horário*, você pode concluir que a classe `Time` é associada com a classe `Relogio`.

A Figura 14 mostra o diagrama UML das classes do jogo do relógio.

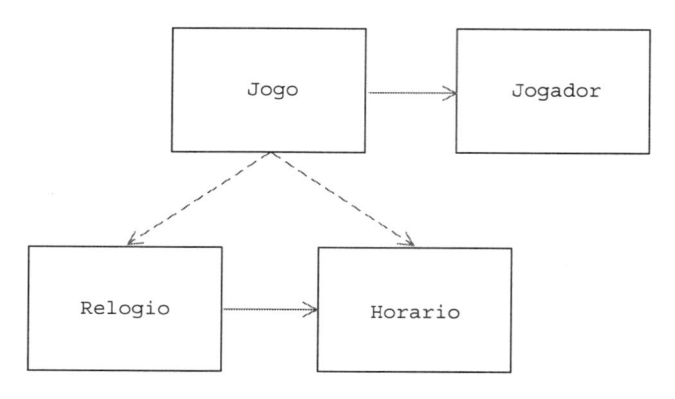

Figura 14

Os relacionamentos entre as classes do jogo do relógio.

13.8.4 Comentários de classes e funções.

Traduzir as responsabilidades a partir dos cartões CRC para funções-membro é direto. A seguir estão as classes `Relogio`, `Jogador` e `Jogo` comentadas.

```
/**
    Um relógio que pode desenhar seu mostrador.
*/
class Clock
{
public:
    /**
        Configura o horário atual.
        @param t o horário a ser configurado
    */
    void set_time(Time t);

    /**
        Desenha o mostrador do relógio, com marcas de tempo e ponteiros.
    */
    void draw() const;
};

/**
    O jogador do jogo do relógio.
*/
class Player
{
public:
    /**
        Incrementa o escore. Move para próximo nível, se atual foi concluído.
    */
```

```cpp
        void increment_score();

        /**
            Obtém o nível atual
            @return o nível
        */
        int get_level() const;
};

/**
    O jogo do relógio.
*/
class Game
{
public:
    /**
        Joga o jogo, enquanto o jogador quiser continuar.
    */
    void play();

    /**
        Lê o nome e o nível do jogador.
    */
    void read_player_information();

    /**
        Faz uma rodada, com até duas tentativas.
    */
    void play_round();
};
```

Agora retorne à classe `Time`. Você vai precisar a seguinte funcionalidade:

- Obter as horas e minutos de um objeto `Time`.
- Verificar se dois objetos `Time` são idênticos.

Esta classe parece ser similar à classe `Time` que faz parte da biblioteca deste livro (ver Capítulo 3). Em vez de reinventar a roda, determine se você pode usar esta classe.

Se você quer usar a classe `Time` existente, você deve também especificar segundos, mas também pode configurar segundos como 0. Para ver se dois horários são idênticos, verifique se existe uma diferença de zero segundos do primeiro para o segundo horário, isto é, teste se `time1.seconds_from(time2)` é 0. Assim, para alívio de todos, você pode usar a classe da biblioteca e não precisa escrever uma nova.

Agora você estabeleceu um conjunto de classes com interfaces razoavelmente completas. O projeto está completo? Na prática, esta nunca é uma questão fácil de responder. É bastante comum constatar, durante a fase de implementação, que uma determinada tarefa não pode ser realizada com as funções da interface. Assim, é preciso retornar e revisar as classes e interfaces.

13.8.5 Implementação

Inicie com a classe `Relogio`. O relógio deve lembrar o horário que foi estabelecido com `set_time(configurar_horario)` para que ele possa desenhar o mostrador do relógio. Ele também deve lembrar onde desenhar o relógio. Armazene o horário atual, o ponto central e o raio da face do relógio.

```cpp
class Clock
{
    ...
private:
    Time current_time;
    Point center;
    double radius;
};
```

A função `set_time` é direta:

```
void Clock::set_time(Time t)
{
    current_time = t;
}
```

A função `draw` (desenhar) é mais complexa. Use o processo de refinamentos sucessivos para simplificá-la.

Desenhar o relógio:

Desenhar um círculo
Desenhar as marcas de horas
Desenhar as marcas de minutos
Desenhar o ponteiro das horas
Desenhar o ponteiro dos minutos

Você precisa de uma função para desenhar uma marca e de uma função para desenhar um ponteiro. Cada uma destas funções recebe dois parâmetros: o ângulo do segmento de reta e seu tamanho. Para maior conveniência, o ângulo é medido no sentido horário, em múltiplos de seis graus (o ângulo entre duas marcas de minutos adjacentes), iniciando na posição 12 do relógio.

```
void Clock::draw_tick(double angle, double length) const
{
    double alpha = PI / 2 - 6 * angle * PI / 180;
    Point from(
        center.get_x() + cos(alpha) * radius * (1 - length),
        center.get_y() + sin(alpha) * radius * (1 - length));
    Point to(center.get_x() + cos(alpha) * radius,
        center.get_y() + sin(alpha) * radius);
    cwin << Line(from, to);
}

void Clock::draw_hand(double angle, double length) const
{
    double alpha = PI / 2 - 6 * angle * PI / 180;
    Point from = center;
    Point to(center.get_x() + cos(alpha) * radius * length,
        center.get_y() + sin(alpha) * radius * length);
    cwin << Line(from, to);
}
```

Então, a função para desenhar o mostrador do relógio se torna relativamente simples:

```
void Clock::draw() const
{
    cwin << Circle(center, radius);
    const double HOUR_TICK_LENGTH = 0.2;
    const double MINUTE_TICK_LENGTH = 0.1;
    const double HOUR_HAND_LENGTH = 0.6;
    const double MINUTE_HAND_LENGTH = 0.75;
    for (int i = 0; i < 12; i++)
    {
        draw_tick(i * 5, HOUR_TICK_LENGTH);
        for (int j = 1; j <= 4; j++)
            draw_tick(i * 5 + j, MINUTE_TICK_LENGTH);
    }
    draw_hand(current_time.get_minutes(), MINUTE_HAND_LENGTH);
    draw_hand((current_time.get_hours() +
```

```
            current_time.get_minutes() / 60.0) * 5,
        HOUR_HAND_LENGTH);
}
```

A função `draw` ilustra um ponto importante. O projeto orientado a objetos não substitui o processo de refinamentos sucessivos. É bastante comum ter funções-membro que são complexas e necessitam ser refinadas posteriormente. Como as funções auxiliares `draw_tick` (desenhar_marcador) e `draw_hand` (desenhar_ponteiro) são feitas somente para serem chamadas por `draw`, elas devem ser colocadas na seção privativa da classe.

O construtor `Clock` constrói um relógio a partir de um centro e de um raio dados:

```
Clock::Clock(Point c, double r)
{
    center = c;
    radius = r;
}
```

Agora vamos ver a classe `Jogador`. Um jogador precisa armazenar o nível e o escore atual:

```
class Player
{
    ...
private:
    int level;
    int score;
};
```

O construtor e a função `get_level` (obter_nivel) são diretas – veja o código no final desta seção.

A função `increment_score` (incrementar_escore) é mais interessante. Obviamente, ela incrementa o escore. Quando o escore se torna um múltiplo de cinco e o nível é menor do que quatro, o nível também é incrementado:

```
void Player::increment_score()
{
    score++;
    if (score % 5 == 0 and level < 4)
        level++;
}
```

A última classe a considerar é a classe `Jogo`. Que campos de dados o jogo precisa? Ele precisa de um jogador. E sobre o relógio e o horário? Cada jogada gera um novo horário aleatório e o horário não é necessário para outras funções. Portanto, não faça o relógio e o tempo serem campos de dados da classe `Jogo`. Eles serão apenas variáveis locais da função `play_round` (fazer_jogada).

Você já viu o pseudocódigo para o procedimento `play` (jogar). Aqui está o código C++ completo:

```
void Game::play()
{
    rand_seed();
    read_player_information();
    string response;
    do
    {
        play_round();
        response = cwin.get_string(
            "Você quer jogar novamente?(s/n)");
    }
    while (response == "s");
}
```

A função `read_player_information` (`ler_informacao_jogador`) é direta:

```cpp
void Game::read_player_information()
{
    string name = cwin.get_string("Qual é seu nome?");
    int initial_level;
    do
    {
        initial_level = cwin.get_int(
            "Em que nivel você deseja iniciar? (1-4)");
    }
    while (initial_level < 1 || initial_level > 4);
    player = Player(name, initial_level);
}
```

Não inesperadamente, a função `play_round` (`fazer_jogada`) é a mais difícil. Aqui está um refinamento:

Fazer uma jogada:

Criar um horário aleatório
Mostrar o horário
Obter uma tentativa
`if` (*tentativa não correta*)
   Obter uma tentativa
`if` (*tentativa é correta*)
{
   cumprimentar o jogador
   incrementar o escore
}
`else`
   fornecer a resposta correta

O *horário aleatório* depende do nível. Se o nível é 1, então o horário deve ser uma hora cheia – isto é, um múltiplo de 60. Se o nível é 2, então o número de minutos é um múltiplo de 15. Se o nível é 3, então o número de minutos é um múltiplo de 5. Se nenhum dos anteriores, pode ser qualquer número.

```cpp
Time Game::random_time()
{
    int level = player.get_level();

    int minutes;
    if (level == 1) minutes = 0;
    else if (level == 2) minutes = 15 * rand_int(0, 3);
    else if (level == 3) minutes = 5 * rand_int(0, 11);
    else minutes = rand_int(0, 59);
    int hours = rand_int(1, 12);
    return Time(hours, minutes, 0);
}
```

Visto que *obter uma tentativa* ocorre duas vezes, faça dela uma função separada:

```cpp
Time Game::get_guess()
{
    int hours;
    do
    {
        hours = cwin.get_int("Por favor digite as horas: (1-12)");
    }
```

```
        while (hours < 1 || hours > 12);
        int minutes;
        do
        {
            minutes = cwin.get_int("Por favor digite os minutos: (0-59)");
        }
        while (minutes < 0 || minutes > 59);

        return Time(hours, minutes, 0);
    }
```

Você agora está apto a implementar a função `play_round`.

```
    void Game::play_round()
    {
        cwin.clear();
        Time t = random_time();
        const double CLOCK_RADIUS = 5;
        Clock clock(Point(0, 0), CLOCK_RADIUS);
        clock.set_time(t);
        clock.draw();

        Time guess = get_guess();
        if (t.seconds_from(guess) != 0)
            guess = get_guess();

        string text;
        if (t.seconds_from(guess) == 0)
        {
            text = "Parabéns, " + player.get_name()
                + "! Resposta correta.";
            player.increment_score();
        }
        else
            text = "Desculpe, " + player.get_name()
                + "! A resposta não está correta.";

        cwin <<
            Message(Point(-CLOCK_RADIUS, CLOCK_RADIUS + 1), text);
    }
```

Existe, no entanto, um pequeno problema. Queremos ser amáveis e cumprimentar o jogador pelo nome:

```
        Parabéns, Susana! Resposta correta.
```

Entretanto, se você olhar a classe `Jogador`, não vai encontrar uma função `get_name` (obter_nome). Isso foi um deslize; é fácil de remediar:

```
    class Player
    {
    public:
        ...
        /**
            Obtém o nome do jogador.
            @return o nome
        */
        string get_name() const;
        ...
    };
    string Player::get_name() const
    {
        return name;
    }
```

Ao projetar uma coleção de classes que colaboram entre si, como você está fazendo para implementar este jogo, é bastante comum descobrir imperfeições em algumas classes. Isto não é um problema. Revisitar uma classe para adicionar mais funções-membro é perfeitamente aceitável. O programa `main` é agora bem curto. Você precisa criar um objeto `Jogo` e chamar `play`:

```
int ccc_win_main()
{
   Game clock_game;
   clock_game.play();

   return 0;
}
```

Isso é realmente decepcionante após o complicado desenvolvimento das classes e funções-membro. Como verificação de consistência, escreva uma árvore de chamadas que mostra como o programa se desenrola. Não liste construtores ou funções de acesso muito simples, tais como `get_minutes` (obter_minutos).

```
main
    ├── Game::play
    │     ├── Game::get_player_information
    │     └── Game::play_round
    │            ├── Game::random_time
    │            ├── Clock::set_time
    │            ├── Clock::draw
    │            ├── Game::get_guess
    │            └── Player::increment_score
```

Este exemplo mostra o poder dos métodos de encontrar objetos e refinamentos sucessivos. Isto também mostra que projetar e implementar mesmo um programa moderadamente complexo exige bastante trabalho.

Aqui está o programa completo – o mais longo programa que desenvolvemos neste livro:

Arquivo clock.cpp

```
1    #include <cstdlib>
2    #include <cmath>
3    #include <ctime>
4
5    using namespace std;
6
7    #include "ccc_win.h"
8    #include "ccc_time.h"
9
10   const double PI = 3.141592653589793;
11
12   /**
13      Um relógio que pode desenhar seu mostrador.
14   */
15   class Clock
16   {
17   public:
18      /**
19         Constrói um relógio a partir de um centro e um raio dados.
20         @param c o centro do relógio
21         @param r o raio do relógio
22      */
23      Clock(Point c, double r);
24
25      /**
```

```
26        Configura o horário atual.
27        @param t o horário a ser configurado
28     */
29     void set_time(Time t);
30
31     /**
32        Desenha o mostrador do relógio, com marcas e ponteiros.
33     */
34     void draw() const;
35  private:
36     /**
37        Desenha uma marca (marca de hora ou minuto).
38        @param angle o ângulo em minutos (0...59, 0 = topo)
39        @param length o tamanho da marca
40     */
41     void draw_tick(double angle, double length) const;
42
43     /**
44        Desenha um ponteiro, iniciando do centro.
45        @param angle o ângulo em minutos (0...59, 0 = topo)
46        @param length o tamanho do ponteiro
47     */
48     void draw_hand(double angle, double length) const;
49
50     Time current_time;
51     Point center;
52     double radius;
53  };
54
55  /**
56     O jogador do jogo do relógio.
57  */
58  class Player
59  {
60  public:
61     /**
62        Constrói um jogador sem nome, nível 1 e escore 0.
63     */
64     Player();
65
66     /**
67        Constrói um jogador, com um dado nome e nível.
68        @param player_name o nome do jogador
69        @param initial_level o nível do jogador (1...4)
70     */
71     Player(string player_name, int initial_level);
72
73     /**
74        Incrementa o escore. Move para próximo nível se nível
75        atual foi completado.
76     */
77     void increment_score();
78
79     /**
80        Obtém o nível atual
81        @return o nível
82     */
83     int get_level() const;
84
```

```
85   /**
86       Obtém o nome do jogador.
87       @return o nome
88   */
89   string get_name() const;
90 private:
91   string name;
92   int score;
93   int level;
94 };
95
96 /**
97    O jogo do relógio.
98 */
99 class Game
100 {
101 public:
102   /**
103       Constrói o jogo, com um jogador default.
104   */
105   Game();
106
107   /**
108       Joga o jogo, enquanto o jogador quiser continuar.
109   */
110   void play();
111
112   /**
113       Lê o nome e o nível do jogador.
114   */
115   void read_player_information();
116
117   /**
118       Faz uma rodada, com até duas tentativas.
119   */
120   void play_round();
121 private:
122   /**
123       Cria um horário aleatório, dependendo do nível.
124       @return o horário aleatório
125   */
126   Time random_time();
127
128   /**
129       Obtém do usuário um horário.
130       @return o horário tentado pelo usuário
131   */
132   Time get_guess();
133
134   Player player;
135 };
136
137 /**
138    Configura uma semente para o gerador de números aleatórios.
139 */
140 void rand_seed()
141 {
142   int seed = static_cast<int>(time(0));
143   srand(verd);
```

```
144 }
145
146 /**
147    Retorna um inteiro aleatório em um intervalo.
148    @param a o limite inferior do intervalo
149    @param b o limite superior do intervalo
150    @return um número aleatório x, a <= x e x <= b
151 */
152 int rand_int(int a, int b)
153 {
154    return a + rand() % (b - a + 1);
155 }
156
157 Clock::Clock(Point c, double r)
158 {
159    center = c;
160    radius = r;
161 }
162
163 void Clock::set_time(Time t)
164 {
165    current_time = t;
166 }
167
168 void Clock::draw_tick(double angle, double length) const
169 {
170    double alpha = PI / 2 - 6 * angle * PI / 180;
171    Point from(
172       center.get_x() + cos(alpha) * radius * (1 - length),
173       center.get_y() + sin(alpha) * radius * (1 - length));
174    Point to(center.get_x() + cos(alpha) * radius,
175       center.get_y() + sin(alpha) * radius);
176    cwin << Line(from, to);
177 }
178
179 void Clock::draw_hand(double angle, double length) const
180 {
181    double alpha = PI / 2 - 6 * angle * PI / 180;
182    Point from = center;
183    Point to(center.get_x() + cos(alpha) * radius * length,
184       center.get_y() + sin(alpha) * radius * length);
185    cwin << Line(from, to);
186 }
187
188 void Clock::draw() const
189 {
190    cwin << Circulo(center, radius);
191    const double HOUR_TICK_LENGTH = 0.2;
192    const double MINUTE_TICK_LENGTH = 0.1;
193    const double HOUR_HAND_LENGTH = 0.6;
194    const double MINUTE_HAND_LENGTH = 0.75;
195    for (int i = 0; i < 12; i++)
196    {
197       draw_tick(i * 5, HOUR_TICK_LENGTH);
198       int j;
199       for (j = 1; j <= 4; j++)
200          draw_tick(i * 5 + j, MINUTE_TICK_LENGTH);
201    }
202    draw_hand(current_time.get_minutes(), MINUTE_HAND_LENGTH);
```

```cpp
203    draw_hand((current_time.get_hours() +
204       current_time.get_minutes() / 60.0) * 5, HOUR_HAND_LENGTH);
205 }
206
207 Player::Player()
208 {
209   level = 1;
210   score = 0;
211 }
212
213 Player::Player(string player_name, int initial_level)
214 {
215   name = player_name;
216   level = initial_level;
217   score = 0;
218 }
219
220 int Player::get_level() const
221 {
222   return level;
223 }
224
225 string Player::get_name() const
226 {
227   return name;
228 }
229
230 void Player::increment_score()
231 {
232   score++;
233   if (score % 5 == 0 && level < 4)
234      level++;
235 }
236
237 Game::Game()
238 {
239 }
240
241 void Game::play()
242 {
243   rand_seed();
244   read_player_information();
245   string response;
246   do
247   {
248      play_round();
249      response = cwin.get_string(
250         "Você quer jogar novamente?(s/n)");
251   }
252   while (response == "s");
253 }
254
255 void Game::read_player_information()
256 {
257   string name = cwin.get_string("Qual é seu nome?");
258   int initial_level;
259   do
260   {
261      initial_level = cwin.get_int(
```

```cpp
262                "Em que nível você deseja iniciar? (1-4)");
263    }
264    while (initial_level < 1 || initial_level > 4);
265    player = Player(name, initial_level);
266 }
267
268 Time Game::random_time()
269 {
270    int level = player.get_level();
271    int minutes;
272    if (level == 1) minutes = 0;
273    else if (level == 2) minutes = 15 * rand_int(0, 3);
274    else if (level == 3) minutes = 5 * rand_int(0, 11);
275    else minutes = rand_int(0, 59);
276    int hours = rand_int(1, 12);
277    return Time(hours, minutes, 0);
278 }
279
280 Time Game::get_guess()
281 {
282    int hours;
283    do
284    {
285       hours = cwin.get_int("Por favor digite as horas: (1-12)");
286    }
287    while (hours < 1 || hours > 12);
288    int minutes;
289    do
290    {
291       minutes = cwin.get_int("Por favor digite os minutos: (0-59)");
292    }
293    while (minutes < 0 || minutes > 59);
294
295    return Time(hours, minutes, 0);
296 }
297
298 void Game::play_round()
299 {
300    cwin.clear();
301    Time t = random_time();
302    const double CLOCK_RADIUS = 5;
303    Clock clock(Point(0, 0), CLOCK_RADIUS);
304    clock.set_time(t);
305    clock.draw();
306
307    Time guess = get_guess();
308    if (t.seconds_from(guess) != 0)
309       guess = get_guess();
310
311    string text;
312    if (t.seconds_from(guess) == 0)
313    {
314       text = "Parabéns, " + player.get_name()
315          + "! Resposta correta.";
316       player.increment_score();
317    }
318    else
319       text = "Desculpe, " + player.get_name()
320          + "! A resposta não está correta.";
```

```
321    cwin << Message(Point(-CLOCK_RADIUS, CLOCK_RADIUS + 1), text);
322  }
323
324  int ccc_win_main()
325  {
326     Game clock_game;
327     clock_game.play();
328
329     return 0;
330  }
```

Resumo do capítulo

1. O ciclo de vida do *software* compreende todas as atividades, da análise inicial até a obsolescência.
2. Um processo formal para desenvolvimento de *software* descreve as fases do processo de desenvolvimento e fornece orientações sobre como realizar estas fases.
3. O modelo em cascata de desenvolvimento de *software* descreve um processo seqüencial de análise, projeto, implementação, testes e liberação.
4. O modelo em espiral de desenvolvimento de *software* descreve um processo interativo, no qual o projeto e a implementação são repetidos.
5. Programação extrema é uma metodologia de desenvolvimento que esforça-se pela simplicidade, através da remoção da estrutura formal e focalizando nas melhores práticas.
6. Em projeto orientado a objetos, você descobre classes, determina as responsabilidades das classes e descreve o relacionamentos entre classes.
7. O cartão CRC descreve uma classe, suas responsabilidades e suas classes colaboradoras.
8. Uma classe deve representar um único conceito do domínio do problema, tal como um negócio, uma ciência ou matemática.
9. A interface pública de uma classe é coesa se todas as sua características são relacionadas ao conceito que a classe representa.
10. Uma classe depende de outra classe se ela usa objetos desta outra classe.
11. É uma boa prática minimizar o acoplamento (isto é, dependência) entre classes.
12. A herança (o relacionamento "é-um") é as vezes usado de maneira não apropriada, quando um relacionamento "tem-um" poderia ser mais apropriado.
13. Uma classe é associada com outra classe se você pode navegar de seus objetos para objetos de outra classe, geralmente seguindo os campos de dados.
14. Você precisa estar apto a distinguir as notações UML para herança, associação e dependência.
15. Você pode usar comentários de documentação (com o corpo de cada função deixado em branco) para formalmente registrar o comportamento das classes e funções-membro que você descobriu.

Leitura complementar

[1] Grady Booch, James Rumbaugh, e Ivar Jacobson, *The Unified Modeling Language User Guide*, Addison-Wesley, 1999.

[2] Kent Beck, *Extreme Programming Explained*, Addison-Wesley, 1999.

Exercícios de revisão

Exercício R13.1. O que é o ciclo de vida do *software*?

Exercício R13.2. Explique o processo de projeto orientado a objetos.

Exercício R13.3. Forneça uma regra prática para encontrar classes ao projetar um programa.

Exercício R13.4. Forneça uma regra prática para encontrar funções-membro ao projetar um programa.

Exercício R13.5. Após descobrir uma função, por que é importante identificar o objeto que é *responsável* por realizar a ação?

Exercício R13.6. Considere a seguinte descrição de problema:

> Usuários colocam moedas em uma máquina de vendas e selecionam um produto pressionando um botão. Se as moedas inseridas são suficientes para cobrir o preço de venda do produto, o produto é liberado e o troco é dado. Caso contrário, as moedas inseridas são devolvidas ao usuário.

Que classes você deve usar para implementar este problema?

Exercício R13.7. Considere a seguinte descrição de problema:

> Empregados recebem seus contracheques quinzenalmente. Eles são pagos pelo seu salário-hora para cada hora trabalhada; entretanto, se eles trabalharam mais do que 40 horas por semana, eles recebem um pagamento pelas horas extras de 150% de seu salário-hora normal.

Que classes você deve usar para implementar este problema?

Exercício R13.8. Considere a seguinte descrição de problema:

> Clientes compram produtos de uma loja. Faturas são geradas para listar os itens e as quantidades solicitadas, pagamentos recebidos e quantias ainda devidas. Produtos são remetidos para o endereço de entrega do cliente e faturas são enviadas para o endereço de pagamento.

Que classes você deve usar para implementar este problema?

Exercício R13.9. Suponha que uma máquina de vendas contém produtos e usuários inserem moedas para comprar produtos. Desenhe um diagrama UML mostrando as dependências entre as classes `MaquinaDeVendas`, `Moeda` e `Produto`.

Exercício R13.10. Que relacionamento é apropriado entre as seguintes classes: associação, herança ou nenhum?

(a) `Universidade - Aluno`
(b) `Aluno - ProfessorAssistente`
(c) `Aluno - Calouro`
(d) `Aluno - Professor`
(e) `Carro - Porta`
(f) `Caminhao - Veiculo`
(g) `Trafego - Semaforo`
(h) `Semaforo - Cor`

Exercício R13.11. Todo BMW é um carro. Deveria uma classe `BMW` herdar da classe `Carro`? BMW é um fabricante de automóveis. Isso significa que a classe `BMW` deveria herdar da classe `FabricanteDeCarro`?

Exercício R13.12. Alguns livros sobre programação orientada a objetos recomendam derivar a classe `Circulo` da classe `Ponto`. Neste caso, a classe `Circulo` herda a função `set_location(configurar_posicao)` da classe base `Ponto`. Explique por que a função `set_location` não precisa ser redefinida na classe derivada. Por que, apesar disso, não é uma boa idéia fazer `Circulo` herdar de `Ponto`? Ao contrário, poder-se-ia derivar `Ponto` de `Circulo` para atender a regra "é-um"? Seria isso uma boa idéia?

Exercícios de programação

Exercício P13.1. Escreva um programa que implementa um jogo diferente, para ensinar aritmética para seu irmãozinho. O programa testa adição e subtração. No nível 1, ele testa somente adição de números menores do que 10 cuja soma é menor do que 10. No nível 2, ele testa adição de números arbitrários de um dígito. No nível 3 ele testa subtração de números de um dígito com uma diferença não negativa. Gere problemas aleatórios e obtenha a entrada do usuário. O jogador tem até duas tentativas de resposta por problema. Como no jogo do relógio, avance de um nível para o seguinte quando o jogador atingir um escore de cinco pontos.

Exercício P13.2. Escreva um jogo de carros de choque com as seguintes regras. Carros de choque são localizados em pontos (x, y) de uma grade, onde x e y são inteiros entre -10 e 10. Um carro de choque inicia se movendo em uma direção aleatória, para a esquerda, direita, acima ou abaixo. Se ele alcançar o limite de sua pista (isto é, x ou y é 10 ou -10), então ele inverte a direção. Se ele está quase batendo em outro carro de choque, ele inverte a direção. Modele uma pista com dois carros de choque. Faça cada um deles se mover 100 vezes, alternando entre os dois carros. Exiba os movimentos em uma tela gráfica. Use pelo menos duas classes em seu programa. Não devem ser usadas variáveis globais.

Exercício P13.3. No programa do jogo do relógio, colocamos a função `play_round` (fazer_jogada) na classe `Jogo`. Esta escolha foi de certa forma arbitrária. Modifique o programa do relógio de modo que a classe `Jogador` seja responsável por `play_round`.

Exercício P13.4. Escreva um programa que possa ser usado para projetar uma cena suburbana, com casas, ruas e carros. Usuários podem adicionar a uma rua casas e carros de várias cores. Projete uma interface de usuário que confirme os requisitos, use cartões CRC para descobrir classes e métodos, providencie diagramas UML e implemente seu programa.

Exercício P13.5. Projete um sistema de correio eletrônico bem simples. Uma mensagem tem um destinatário, um remetente e um texto de mensagem. Uma caixa postal pode armazenar mensagens. Forneça várias caixas postais para diferentes usuários e uma interface de usuário para usuários se conectarem, enviarem mensagens para outros usuários, lerem suas próprias mensagens e se desconectarem. Siga o processo de projeto descrito neste capítulo.

Exercício P13.6. Escreva um programa que permita a um instrutor manter um livro de notas. Cada aluno recebe pontos por exames, trabalhos extra-classe e testes. As escalas de pontuação convertem o total de pontos de cada categoria em conceitos (p. ex., 100–94 = A, 93–91 = A–, 90–88 = B+, etc.). Para determinar o conceito final, os conceitos das categorias são convertidos em valores numéricos (A = 4,0; A– = 3,7; B+ = 3,3; etc.). Esses valores são ponderados de acordo com um conjunto de pesos (p. ex., exames 40%, trabalhos 35%, testes 25%) e o valor numérico resultante é novamente convertido para um conceito. Projete uma interface de usuário que confirme os requisitos, use cartões CRC para descobrir classes e métodos, providencie diagramas UML e implemente seu programa.

Exercício P13.7. Escreva um programa que simule uma máquina de vendas. Produtos podem ser comprados inserindo o número correto de moedas na máquina. Um usuário seleciona um produto de uma lista de produtos disponíveis, adiciona moedas e recebe o produto ou as moedas de volta, se um valor insuficiente foi fornecido ou o produto está esgotado. Produtos podem ser reco-

Exercício P13.8. locados no estoque e o dinheiro pode ser retirado por um operador. Siga o processo de projeto descrito neste capítulo.

Exercício P13.8. Escreva um programa para projetar uma agenda de compromissos. Um compromisso inclui o dia do compromisso, o horário inicial, o horário final e uma descrição; por exemplo,

```
2003/10/1 17:30 18:30 Dentista
2003/10/2 08:30 10:10 Aula de INF108
```

Forneça uma interface de usuário para adicionar compromissos, remover compromissos cancelados e imprimir uma lista de compromissos para um determinado dia. Siga o processo de projeto descrito neste capítulo.

Exercício P13.9. *Reserva de assentos.* Escreva um programa para reservar assentos em um avião.

Suponha que o avião possui 20 assentos na primeira classe (5 linhas de 4 poltronas cada, separadas por um corredor) e 180 assentos na classe econômica (30 linhas de 6 poltronas cada, separadas por um corredor). Seu programa deve ter três comandos: adicionar passageiros, mostrar lugares e fim. Quando passageiros são adicionados, perguntar a classe (primeira ou econômica), o número de passageiros que viajam juntos (1 ou 2 na primeira classe; 1 a 3 na econômica) e preferência de poltrona (janela ou corredor na primeira classe, janela, centro ou corredor na econômica). A seguir, tente encontrar uma combinação que sirva e reserve os assentos. Se não existir uma combinação, imprima uma mensagem. Sua interface de usuário pode ser baseada em texto ou gráfica. Siga o processo de projeto descrito neste capítulo.

Exercício P13.10. Escreva um jogo da velha que permite a um jogador humano jogar contra o computador. Seu programa pode jogar várias rodadas contra um oponente humano, e ele irá aprender. Quando for a vez do computador, o computador seleciona aleatoriamente um campo vazio, exceto que ele nunca irá escolher uma combinação perdedora. Para este objetivo, seu programa deve manter um *array* de combinações perdedoras. Sempre que um humano vencer, a combinação anterior é armazenada como perdedora. Por exemplo, suponha que X = computador e O = humano. Suponha que a combinação atual é

O	X	X
	O	

Agora é a vez do humano, que irá obviamente escolher

O	X	X
	O	
		O

O computador pode então lembrar da combinação anterior

O	X	X
	O	

como uma combinação perdedora. Como resultado, o computador nunca mais vai escolher esta combinação a partir de

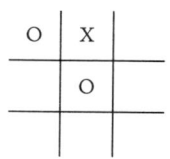

```
 O | X |
---+---+---
   | O |
---+---+---
   |   |
```

ou

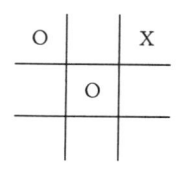

```
 O |   | X
---+---+---
   | O |
---+---+---
   |   |
```

Descubra classes e forneça um diagrama UML antes de você começar a programar.

Capítulo 14

Recursividade

Objetivos do capítulo

- Aprender sobre o método de recursividade
- Entender o relacionamento entre recursividade e iteração
- Analisar problemas que são muito mais fáceis de resolver por recursividade do que por iteração
- Aprender a "pensar recursivamente"
- Ser capaz de usar funções auxiliares recursivas
- Entender quando o uso da recursividade afeta a eficiência de um algoritmo

O método de recursividade é uma técnica poderosa para dividir problemas computacionais complexos em outros mais simples. O termo "recursividade" se refere ao fato de que a mesma computação recorre, ou ocorre repetidamente, à medida em que o problema é resolvido. Recursividade é freqüentemente a maneira mais natural de pensar em um problema e existem alguns cálculos que são muito difíceis de executar sem recursividade. Este capítulo mostra tanto exemplos de recursividade simples quanto complexos e ensina a você como "pensar recursivamente".

Conteúdo do capítulo

14.1 Números triangulares 494
   Erro freqüente 14.1: Recursividade infinita **496**

14.2 Permutações 497
   Erro freqüente 14.2: Monitorar através de funções recursivas **501**

14.3 Pensando recursivamente 502

14.4 Funções auxiliares recursivas 505

14.5 Recursividade mútua 506

14.6 A eficiência da recursividade 510
   Fato histórico 14.1: Os limites da computação **514**

14.1 Números triangulares

Neste exemplo, examinaremos formas de triângulos tais como esta:

```
[]
[] []
[] [] []
```

Imagine que você queira calcular a área de um triângulo de largura *n*, supondo que cada quadrado [] tem área 1. Este valor às vezes é chamado de *n-ésimo número triangular*. Por exemplo, como você pode notar olhando o triângulo acima, o terceiro número triangular é 6.

Você pode saber que existe uma fórmula muito simples para calcular estes números, mas por enquanto você deve fingir que não sabe a respeito dela. O propósito final desta seção não é calcular números triangulares, mas aprender sobre o conceito de recursividade em uma situação simples.

Aqui está o esboço da classe que iremos desenvolver:

```
class Triangle
{
public:
    Triangle(int w);
    int get_area() const;
private:
    int width;
};
Triangle::Triangle(int w)
{
    width = w;
}
```

Se a largura do triângulo é 1, então o triângulo consiste de um único quadrado, e sua área é 1. Cuide primeiro deste caso.

```
int Triangle::get_area()
{
    if (width == 1) return 1;
    ...
}
```

Para tratar do caso genérico, considere este desenho.

```
[]
[] []
[] [] []
[] [] [] []
```

Imagine que você conhecesse a área do triângulo menor, em cinza. Então você poderia facilmente calcular a área do triângulo maior como

```
smaller_area + width
```

Como você pode obter a área menor? Faça um triângulo menor e pergunte a ele!

```
Triangle smaller_triangle(width - 1);
int smaller_area = smaller_triangle.get_area();
```

Agora podemos completar a função `get_area`:

```
int Triangle::get_area() const
{
    if (width == 1) return 1;
    Triangle smaller_triangle(width - 1);
    int smaller_area = smaller_triangle.get_area();
    return smaller_area + width;
}
```

Eis aqui uma ilustração do que acontece quando calculamos a área de um triângulo com largura 4.

- A função `get_area` cria um triângulo menor, de largura 3.
  - Ela chama `get_area` para aquele triângulo.
    - Aquela função cria um triângulo menor, de largura 2.
      - Ela chama `get_area` para aquele triângulo.
        - Aquela função cria um triângulo menor, de largura 1.
        - Ela chama `get_area` para aquele triângulo.
          - Aquela função retorna 1.
      - A função retorna `smaller_area + width = 1 + 2 = 3`.
    - A função retorna `smaller_area + width = 3 + 3 = 6`.
- A função retorna `smaller_area + width = 6 + 4 = 10`.

Esta solução tem um aspecto notável. Para resolver o problema da área para um triângulo de uma largura dada, usamos o fato de que podemos resolver o mesmo problema para uma largura menor. Isto é chamado de uma solução *recursiva*.

O esquema de chamada de uma função recursiva parece complicado e o segredo para projetar com sucesso uma função recursiva é *não pensar sobre isto*. Em vez disso, dê mais uma olhada na função `get_area` e observe quão razoável ela é. Se a largura é 1, então é claro que a área é 1. A próxima parte é tão razoável quanto a primeira. Calcule a área do triângulo menor *e não pense sobre por quê isto funciona*. Então a área do triângulo maior é claramente a soma da área menor e da largura.

Existem dois requisitos básicos para garantir que a recursividade tenha sucesso:

- Cada chamada recursiva deve simplificar a computação de alguma maneira.
- Devem existir casos especiais para tratar diretamente as computações mais simples.

A função `get_area` chama a si mesma novamente com valores de largura cada vez menores. Em algum momento, a largura deve chegar a 1, e aí existe um caso especial para calcular a área de um triângulo com largura 1. Portanto, a função `get_area` sempre tem sucesso.

Na verdade, você deve ser cuidadoso. O que acontece quando você chama `get_area` para um triângulo com largura −1? Ela calcula a área de um triângulo com largura −2, que calcula a área de um triângulo com largura −3, e assim por diante. Para evitar isto, a função `get_area` deveria retornar 0 se a largura é ≤ 0.

Recursividade não é realmente necessária para calcular os números triangulares. A área de um triângulo é igual à soma

```
1 + 2 + 3 + ... + width
```

É claro, podemos programar um simples laço:

```
double area = 0;
for (int i = 1; i <= width; i++)
   area = area + i;
```

Muitas recursividades simples podem ser calculadas como laços. Entretanto, laços equivalentes para recursividades mais complexas – tais como a do nosso próximo exemplo – podem ser complexos.

Na verdade, neste caso, você nem mesmo precisa de um laço para calcular a resposta. A soma dos *n* primeiros inteiros pode ser calculada como

$$1 + 2 + \cdots + n = n \times (n+1)/2$$

Assim, a área é igual a

```
width * (width + 1) / 2
```

Portanto, nem recursividade nem um laço são necessários para resolver este problema. A solução recursiva tinha por objetivo um "aquecimento" para a próxima seção.

Arquivo triangle.cpp

```
1    #include <iostream>
2
3    using namespace std;
4
5    /**
6       Uma classe que descreve formas triangulares como esta:
7       []
8       [] []
9       [] [] []
10      ...
11   */
12   class Triangle
13   {
14   public:
15      Triangle(int w);
16      int get_area() const;
17   private:
18      int width;
19   };
20
21   /**
22      Constrói um triângulo com uma largura dada.
23      @param w a largura da base do triângulo
24   */
25   Triangle::Triangle(int w)
26   {
27      width = w;
28   }
29
30   /**
31      Calcula a área da forma triangular.
32      @return a área
33   */
34   int Triangle::get_area() const
35   {
36      if (width <= 0) return 0;
37      if (width == 1) return 1;
38      Triangle smaller_triangle(width - 1);
39      int smaller_area = smaller_triangle.get_area();
40      return smaller_area + width;
41   }
42
43   int main()
44   {
45      Triangle t(4);
46      cout << "Área: " << t.get_area() << "\n";
47      return 0;
48   }
```

⊗ Erro Freqüente 14.1

Recursividade Infinita

Um erro de programação comum é uma recursividade infinita: uma função chamando a si mesma continuamente, sem perspectiva de terminar. O computador precisa de alguma quantidade de memória para contabilizar cada chamada. Após um determinado número de chamadas, toda a memó-

▼ ria que está disponível para esta finalidade é exaurida. Seu programa é terminado com uma mensagem de erro do tipo *"stack fault"* (erro na pilha).

▼ A recursividade infinita acontece porque os valores dos parâmetros não se tornam mais simples ou porque está faltando um caso especial de término. Por exemplo, imagine que a função `get_area` calcule a área de um triângulo com largura 0. Se não houvesse o teste especial, a função
▼ teria construído triângulos com larguras –1, –2, –3, e assim por diante.

14.2 Permutações

Agora, considere um exemplo mais complexo de recursividade, que seria difícil de programar com um laço simples. Projetaremos uma função que lista todas as *permutações* de um *string*. Uma permutação é simplesmente uma reordenação das letras. Por exemplo, o *string* `"uva"` tem seis permutações (incluindo o próprio *string* original):

```
"uva"
"uav"
"vua"
"vau"
"auv"
"avu"
```

Se o *string* tem *n* letras, então o *número* de permutações é dado pela função fatorial:

$n! = 1 \times 2 \times 3 \times \ldots \times n$

Por exemplo, $3! = 1 \times 2 \times 3 = 6$, e existem seis permutações do *string* de três caracteres `"uva"`.

No Capítulo 7, você viu um programa que usa um laço `for` para calcular a função fatorial. Agora, desenvolva uma solução recursiva.

Olhe a tabela de fatoriais na seção 7.5. A última entrada é

$8! = 1 \times 2 \times 3 \times 4 \times 5 \times 6 \times 7 \times 8 = 40.320$

Agora suponha que você precise calcular 9! com uma calculadora. É claro que você não precisa calcular

$1 \times 2 \times 3 \times 4 \times 5 \times 6 \times 7 \times 8 \times 9$

Em vez disso, simplesmente pegue o último valor conhecido e multiplique-o por 9:

$9! = 40.320 \times 9 = 362.880$

Em outras palavras, é uma tarefa mais fácil calcular $n!$ se você já conhece $(n-1)!$, pois

$n! = (n-1)! \times n$

Como sempre, quando você resolve um problema reduzindo-o a um problema mais simples, você precisa tratar separadamente os casos mais fundamentais. É claro,

$2! = 1 \times 2 = 2$

Você consegue ir mais longe? Quando pensa em 1! ou mesmo 0!, você se depara com perguntas um tanto metafísicas. O que é o produto de um único número? Nenhum número? Em vez de filosofar, os matemáticos tendem a adotar uma abordagem muito mercenária. É hábito definir que

$1! = 1$

porque isto faz a equação

$2! = 1! \times 2$

funcionar. Também, faz sentido pensar que existe apenas uma permutação de um *string* de um único caractere, tal como "a", já que sempre incluímos a permutação "faça nada" em nossa contagem. Pela mesma razão, os matemáticos definem que

0! = 1

Em C++, você pode portanto implementar uma função recursiva `factorial` como segue.

```
int factorial(int n)
{
    if (n == 0) return 1;
    int smaller_factorial = factorial(n - 1);
    int result = smaller_factorial * n;
    return result;
}
```

É claro, esta função somente conta quantas permutações existem. Agora, considere um problema mais desafiador, o de efetivamente listar as permutações. Desenvolveremos uma função

```
vector<string> generate_permutations(string word)
```

que gera todas as permutações de uma palavra.

Eis aqui como você usaria a função. O código a seguir exibe todas as permutações do *string* "uva":

```
vector<string> v = generate_permutations("uva");
for (int i = 0; i < v.size(); i++)
    cout << v[i] << "\n";
```

Agora, você precisa de uma maneira de gerar as permutações recursivamente. Considere o *string* "uva" e simplifique o problema. Primeiro, gere todas as permutações que começam com a letra 'u', depois todas as que começam com 'v' e finalmente aquelas que começam com 'a'. Como você gera as permutações que começam com 'u'? Você precisa saber as permutações do *substring* "va". Mas este é o mesmo problema – gerar todas as permutações – com um dado de entrada mais simples, a saber o *string* mais curto "va". Usando a recursividade, são geradas as permutações do *substring* "va". Você irá obter os *strings*

```
"va"
"av"
```

Para cada resultado do problema mais simples, adicione a letra 'u' na frente. Agora, você tem todas as permutações de "uva" que começam com 'u', que são:

```
"uva"
"uav"
```

A seguir, volte sua atenção para as permutações de "uva" que começam com 'v'. Você precisa criar as permutações das letras restantes, "ua", que são:

```
"ua"
"au"
```

Adicione a letra 'v' à frente dos *strings* e obtenha

```
"vua"
"vau"
```

Gere as permutações que começam com 'a' da mesma maneira.

Esta é a idéia. Para executá-la, você deve implementar um laço que itera através das posições de caracteres da palavra. Cada iteração do laço cria uma palavra mais curta que omite a posição corrente:

```
vector<string> generate_permutations(string word)
{
```

```
        vector<string> result;
        ...
        for (int i = 0; i < word.length(); i++)
        {
            string shorter_word = word.substr(0, i)
            + word.substr(i + 1, word.length() - i - 1);
            ...
        }
        return result;
    }
```

A próxima etapa é calcular as permutações da palavra mais curta.

```
        vector<string> shorter_permutations
            = generate_permutations(shorter_word);
```

Para cada uma das permutações mais curtas, adicione a letra omitida:

```
        for (int j = 0; j < shorter_permutations.size(); j++)
        {
            string longer_word = word[i] + shorter_permutations[j];
            result.push_back(longer_word);
        }
```

O algoritmo de geração de permutações é recursivo – ele usa o fato de que podemos gerar as permutações de palavras mais curtas. Quando termina a recursividade? Você deve criar um ponto de parada, como um caso especial para tratar palavras de tamanho 1. Uma palavra de tamanho 1 tem uma única permutação, que é ela mesma. Aqui está o código adicional para tratar de uma palavra de tamanho 1.

```
        vector<string> generate_permutations(string word)
        {
            vector<string> result;
            if (word.length() == 1)
            {
                result.push_back(word);
                return result;
            }
            ...
        }
```

Eis aqui o programa completo.

Arquivo permute.cpp

```
1    #include <iostream>
2    #include <string>
3    #include <vector>
4
5    using namespace std;
6
7    /**
8       Calcula n!
9       @param n um inteiro não negativo
10      @return n! = 1 * 2 * 3 * ... * n
11   */
12   int factorial(int n)
13   {
14       if (n == 0) return 1;
15       int smaller_factorial = factorial(n - 1);
16       int result = smaller_factorial * n;
17       return result;
```

```cpp
18   }
19
20   /**
21      Gera todas as permutações dos caracteres em um string.
22      @param word um string
23      @return um vetor que é preenchido com todas as permutações
24      da palavra
25   */
26   vector<string> generate_permutations(string word)
27   {
28      vector<string> result;
29      if (word.length() == 1)
30      {
31         result.push_back(word);
32         return result;
33      }
34
35      for (int i = 0; i < word.length(); i++)
36      {
37         string shorter_word = word.substr(0, i)
38            + word.substr(i + 1, word.length() - i - 1);
39         vector<string> shorter_permutations
40            = generate_permutations(shorter_word);
41         for (int j = 0; j < shorter_permutations.size(); j++)
42         {
43            string longer_word = word[i] + shorter_permutations[j];
44            result.push_back(longer_word);
45         }
46      }
47      return result;
48   }
49
50   int main()
51   {
52      cout << "Digite um string: ";
53      string input;
54      getline(cin, input);
55      cout << "Existem " << factorial(input.length())
56         << " permutações.\n";
57      vector<string> v = generate_permutations(input);
58      for (int i = 0; i < v.size(); i++)
59         cout << v[i] << "\n";
60      return 0;
61   }
```

Compare os algoritmos para calcular a área do triângulo, a função fatorial e as permutações de palavras. Todos funcionam sob o mesmo princípio. Quando trabalham com um dado de entrada mais complexo, primeiro resolvem o problema com um dado de entrada mais simples. Então, transformam o resultado mais simples no resultado para o dado de entrada mais complexo. Na verdade, não existe nenhuma complexidade particular por trás daquele processo, desde que você pense sobre a solução somente naquele nível. Entretanto, nos bastidores, a função que calcula o dado de entrada mais simples ainda chama uma outra função que trabalha sobre dados de entrada ainda mais simples, a qual chama ainda uma outra, e assim por diante, até que o dado de entrada de uma função seja tão simples que ela possa calcular os resultados sem ajuda adicional. É interessante pensar sobre esse processo, mas também pode confundir. O que importa é que você possa se concentrar no nível que interessa – montar uma solução a partir do problema um pouco mais simples, ignorando o fato de que ela também usa recursividade para obter seus resultados.

Erro Freqüente 14.2

Monitorar Através de Funções Recursivas

Depurar uma função recursiva pode ser um desafio significativo. Quando você configura um *breakpoint* em uma função recursiva, o programa pára assim que aquela linha do programa é encontrada em *qualquer chamada para a função recursiva*. Suponha que você queira depurar a função recursiva `get_area` da classe `Triangle`. Depure o programa com um dado de entrada igual a 4. Execute até o início da função `get_area` (Figura 1). Inspecione a variável de instância `width`. Ela é 4.

Remova o *breakpoint* e agora execute até o comando

```
return smaller_area + width;
```

Quando você inspeciona `width` novamente, seu valor é 2! Isto não faz sentido. Não havia nenhuma instrução que mudasse o valor de `width`! Será que isso é um erro do depurador?

Não. O programa parou na primeira chamada *recursiva* para `get_area` que chegou no comando `return`. Se você ficou confuso, olhe a *pilha de chamadas* (Figura 2). Você verá que existem três chamadas para `get_area` pendentes.

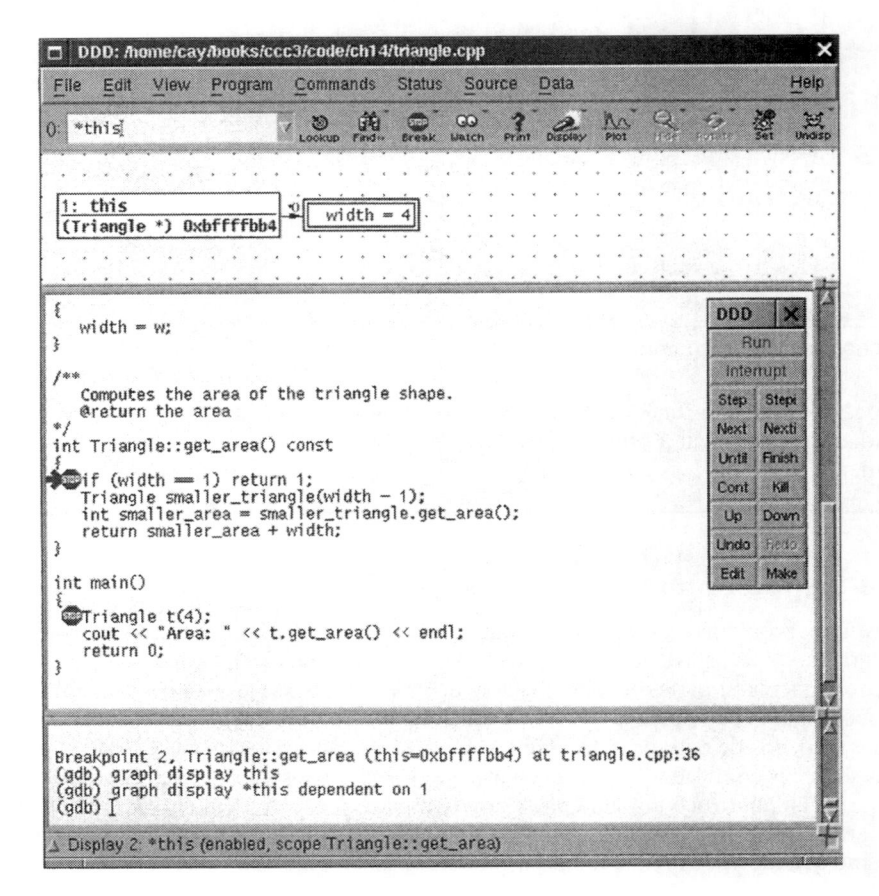

Figura 1

Depurando uma função recursiva.

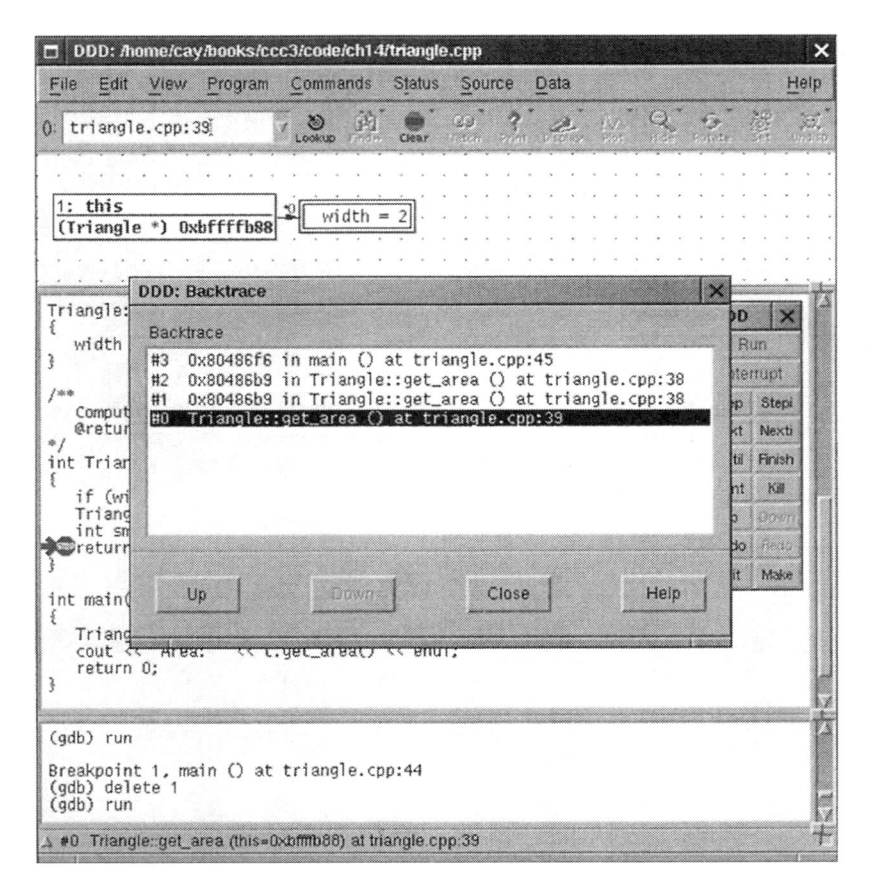

Figura 2
Exibição da pilha de chamadas.

Você pode depurar funções recursivas com o depurador. Você apenas precisa ser particularmente cuidadoso e observar a pilha de chamadas para entender em que chamada aninhada você está atualmente.

14.3 Pensando recursivamente

Resolver um problema recursivamente requer um estado de espírito diferente daquele para resolvê-lo programando laços. Na verdade, ajuda se você é, ou finge ser, um pouco preguiçoso e deixa outros fazerem a maior parte do trabalho para você. Se você precisa resolver um problema complexo, finja que "alguma outra pessoa" vai fazer a maior parte do trabalho pesado e resolva o problema para todos os dados de entrada mais simples. Então, você necessita apenas descobrir como transformar as soluções com dados de entrada mais simples em uma solução para o problema inteiro.

Esta seção dá a você um guia passo-a-passo para o método de recursividade. Para ilustrar as etapas, use o problema a seguir para testar se uma frase é um *palíndromo* – um *string* que é igual a si mesmo quando você inverte todos os caracteres. Exemplos típicos de palíndromos são

- rotor
- A man, a plan, a canal – Panama!
- Go hang a salami, I'm a lasagna hog

e, é claro, o mais antigo de todos os palíndromos:

- Madam, I'm Adam

Nosso objetivo é implementar uma função predicado

```
bool is_palindrome(string s)
```

Para simplificar, suponha por ora que o *string* tem somente duas letras minúsculas e nenhuma pontuação. O Exercício P14.12 pede que você generalize a função para *strings* quaisquer.

Etapa 1 Considere diversas maneiras de simplificar os dados de entrada. Mentalmente, defina um dado ou conjunto de dados de entrada para o problema que você quer resolver.

Pense em como você pode simplificar os dados de entrada de tal maneira que o mesmo problema possa ser aplicado a um dado de entrada mais simples.

Quando você pensa em dados de entrada mais simples, você pode querer remover apenas um pouco do dado de entrada original – talvez remover um ou dois caracteres de um *string*, ou remover uma pequena parte de uma figura geométrica. Mas, às vezes, é mais útil cortar os dados de entrada ao meio e então ver o que significa resolver o problema para as duas metades.

No problema de teste de palíndromo, o dado de entrada é o *string* que precisamos testar. Como você pode simplificar a entrada? Aqui estão diversas possibilidades:

- Remova o primeiro caractere.
- Remova o último caractere.
- Remova tanto o primeiro quanto o último caractere.
- Remova um caractere do meio.
- Corte o *string* em duas metades.

Estes dados de entrada mais simples são dados de entrada potenciais para o teste de palíndromo.

Etapa 2 Combine soluções com dados de entrada mais simples para formar uma solução do problema original.

Mentalmente, analise as soluções de seu problema para os dados de entrada mais simples que você descobriu na Etapa 1. Não se preocupe com *como* aquelas soluções são obtidas. Simplesmente tenha fé em que as soluções são fáceis de obter. Apenas diga a você mesmo: estes são dados de entrada mais simples, de modo que alguma outra pessoa vai resolver o problema para mim.

Agora, pense em como você pode transformar a solução para os dados de entrada mais simples em uma solução para os dados de entrada nos quais você está pensando atualmente. Talvez você precise adicionar uma pequena quantidade, relacionada à quantidade que você descartou para chegar no dado de entrada mais simples. Talvez você tenha cortado os dados de entrada originais em duas metades e tem agora as soluções para as duas metades. Então você pode precisar somar as duas soluções para chegar a uma solução para o todo.

Analise os métodos para simplificar os dados de entrada para o teste de palíndromo. Cortar o *string* ao meio não parece uma boa idéia. Se você corta

```
"rotor"
```

ao meio, você obtém dois *strings*:

```
"rot"
```

e

```
"or"
```

Nenhum deles é um palíndromo. Cortar o dado de entrada ao meio e testar se as metades são palíndromos parece ser um beco sem saída.

A simplificação mais promissora é remover o primeiro *e* o último caractere.

Remover o r do início e do fim de "rotor" leva a

"oto"

Suponha que você pode verificar que o *string* mais curto é um palíndromo. Então, *é claro*, o *string* original é um palíndromo – colocamos a mesma letra no início e no fim. Isto é extremamente promissor. Uma palavra é um palíndromo se

- A primeira e a última letra são iguais

e

- A palavra obtida removendo a primeira e a última letra é um palíndromo.

Mais uma vez, não se preocupe sobre como o teste funciona para o *string* mais curto. Ele simplesmente funciona.

Etapa 3 Encontre soluções para as entradas mais simples.

Uma computação recursiva fica simplificando continuamente seus dados de entrada. Em algum momento, ela chega a dados de entrada muito simples. Para assegurar que a recursividade chegue a um ponto final, você precisa tratar dos dados de entrada mais simples separadamente. Crie soluções especiais para eles. Isto usualmente é muito fácil.

Entretanto, às vezes você fica em dúvidas filosóficas ao tratar de dados de entrada *degenerados*: *strings* vazios, formas sem área, e assim por diante. Então você pode querer investigar um dado de entrada um pouco maior que seja reduzido para um destes dados de entrada triviais e ver que valor você deveria acrescentar aos dados de entrada degenerados de modo que o valor mais simples, quando usado de acordo com as regras que você descobriu na Etapa 2, leve à resposta correta.

Olhe para os *strings* mais simples para o teste de palíndromo:

- *Strings* com dois caracteres
- *Strings* com um único caractere
- O *string* vazio

Você não precisa criar uma solução especial para *strings* com dois caracteres. A Etapa 2 ainda se aplica àqueles *strings* – um ou ambos os caracteres são removidos. Mas você precisa se preocupar com os *strings* de tamanhos 0 e 1. Naqueles casos, a Etapa 2 não pode ser aplicada. Não existem dois caracteres para remover.

Um *string* com um único caractere, tal como "I", é um palíndromo.

O *string* vazio é um palíndromo – ele é o mesmo *string* quando você o lê de trás para a frente. Se você acha isto muito artificial, imagine um *string* "oo". De acordo com a regra descoberta na Etapa 2, este *string* é um palíndromo se o primeiro e o último caracteres daquele *string* são iguais e o restante – isto é, o *string* vazio – também é um palíndromo. Portanto, faz sentido considerar que o *string* vazio é um palíndromo.

Assim, todos os *strings* de tamanho 0 ou 1 são palíndromos.

Etapa 4 Implemente a solução combinando os casos simples e a etapa de redução.

Agora você está pronto para implementar a solução. Crie casos separados para os dados de entrada simples que você considerou na Etapa 3. Se o dado de entrada não é um dos casos mais simples, então implemente a lógica que você descobriu na Etapa 2.

O programa a seguir mostra a função `is_palindrome` completa.

Arquivo palindrome.cpp

```
1   #include <iostream>
2   #include <string>
3   #include <vector>
4
5   using namespace std;
```

```
 6
 7   /**
 8      Testa se um string é um palíndromo. Um palíndromo
 9      é igual ao seu inverso, por exemplo "rotor" ou "racecar".
10      @param s um string
11      @return true se s é um palíndromo
12   */
13   bool is_palindrome(string s)
14   {
15      // caso separado para os strings mais curtos
16      if (s.length() <= 1) return true;
17
18      // obtém o primeiro e o último caracteres, convertidos para minúsculas
19      char first = s[0];
20      char last = s[s.length() - 1];
21
22      if (first == last)
23      {
24         string shorter = s.substr(1, s.length() - 2);
25         return is_palindrome(shorter);
26      }
27      else
28         return false;
29   }
30
31   int main()
32   {
33      cout << "Digite um string: ";
34      string input;
35      getline(cin, input);
36      cout << input;
37      if (!is_palindrome(input)) cout << " não";
38      cout << " é um palíndromo\n";
39      return 0;
40   }
```

14.4 Funções auxiliares recursivas

Algumas vezes é mais fácil encontrar uma solução recursiva se você muda um pouco o problema original. Então, o problema original pode ser resolvido chamando uma função auxiliar recursiva.

Aqui está um exemplo típico. Considere o teste de palíndromo da sessão precedente. É um pouco ineficiente construir novos objetos `string` em todas as etapas. Agora considere a seguinte mudança no problema. Em vez de testar se a frase inteira é um palíndromo, verifique se um *substring* é um palíndromo:

```
/*
   Testa se um substring de um string é um palíndromo.
   @param s o string a testar
   @param start o índice do primeiro caractere do substring
   @param end o índice do último caractere do substring
   @return true se o substring é um palíndromo
*/
bool substring_is_palindrome(string s, int start, int end)
```

Esta função se mostra até mais fácil de implementar do que o teste original. Nas chamadas recursivas, simplesmente ajuste os parâmetros `start` e `end` para pular sobre pares de letras iguais. Não há necessidade de construir novos objetos `string` para representar os *strings* mais curtos.

```
bool substring_is_palindrome(string s, int start, int end)
{
   // caso separado para substrings de tamanhos 0 e 1
```

```
            if (start >= end) return true;

            if (s[start] == s[end])
                // testa substring que não contém a primeira e última letras
                return substring_is_palindrome(s, start + 1, end - 1);
            else
                return false;
        }
```

Você deve fornecer uma função para resolver o problema inteiro – o usuário de sua função não deve ter que saber a respeito do truque com as posições no *substring*. Simplesmente chame a função auxiliar com posições que testam o *string* inteiro:

```
        bool is_palindrome(string s)
        {
            return substring_is_palindrome(s, 0, s.length() - 1);
        }
```

Observe que a função `is_palindrome` *não* é recursiva. Ela apenas chama uma função auxiliar recursiva.

Use a técnica de funções auxiliares recursivas sempre que for mais fácil resolver um problema recursivo que é um pouco diferente do problema original.

14.5 Recursividade mútua

Nos exemplos precedentes, uma função chamou a si mesma para resolver um problema mais simples. Algumas vezes, um conjunto de funções que cooperam entre si chamam umas às outras de uma maneira recursiva. Nesta seção, vamos explorar uma situação típica de uma recursividade mútua como esta.

Desenvolveremos um programa que pode calcular os valores de expressões aritméticas tais como

```
        3 + 4 * 5
        (3 + 4) * 5
        1 - (2 - (3 - (4 - 5)))
```

Calcular uma expressão como esta é complicado pelo fato de que * e / se vinculam mais fortemente do que + e -, e que parênteses podem ser usados para agrupar subexpressões.

A Figura 3 mostra um conjunto de *diagramas de sintaxe* que descreve a sintaxe destas expressões.

Uma expressão pode ser um termo ou uma soma ou subtração de termos. Um termo pode ser um fator ou um produto ou quociente de fatores. Finalmente, um fator pode ser um número ou uma expressão colocada entre parênteses.

A Figura 4 mostra como as expressões 3 + 4 * 5 e (3 + 4) * 5 são derivadas do diagrama de sintaxe.

Porque os diagramas de sintaxe nos ajudam a calcular o valor da árvore? Se você olhar para as árvores de sintaxe, verá que elas representam precisamente quais operações devem ser executadas primeiro. Na primeira árvore, 4 e 5 devem ser multiplicados, e então o resultado deve ser adicionado do 3. Na segunda árvore, 3 e 4 devem ser somados e o resultado deve ser multiplicado por 5.

Para calcular o valor de uma expressão, implementamos três funções: `expression_value`, `term_value` e `factor_value`. A função `expression_value` chama primeiro `term_value` para obter o valor do primeiro termo da expressão. Então, ela verifica se o próximo caractere de entrada é um dos caracteres + ou -. Se for, ela chama `term_value` novamente e adiciona ou subtrai o valor retornado por ela.

```
        int expression_value()
        {
            int result = term_value();
            bool more = true;
            while (more)
            {
```

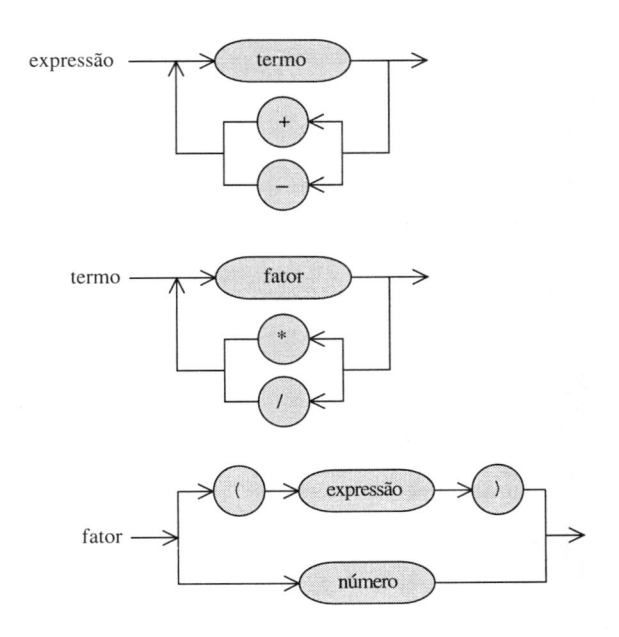

Figura 3
Diagramas de sintaxe para avaliar uma expressão.

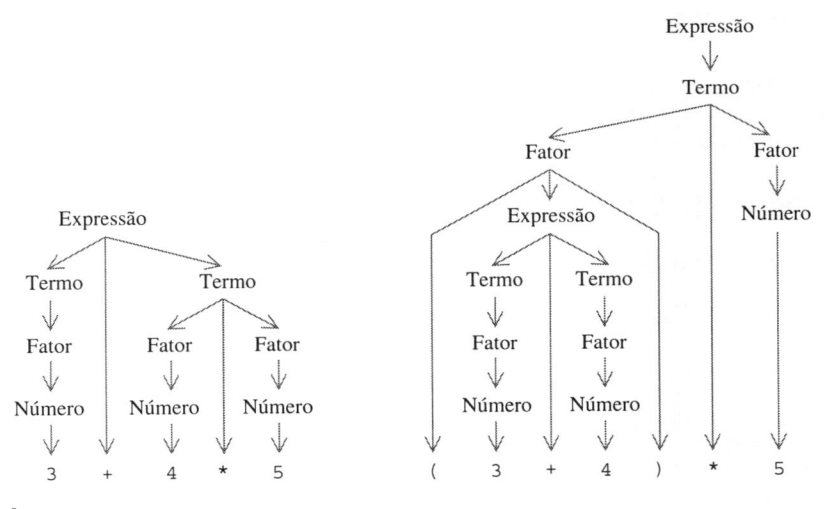

Figura 4
Árvores de sintaxe para duas expressões.

```
    char op = cin.peek();
    if (op == '+' || op == '-')
    {
        cin.get();
        int value = term_value();
        if (op == '+') result = result + value;
        else result = result - value;
    }
    else more = false;
}
return result;
}
```

Então, a função `term_value` chama `factor_value` da mesma maneira, multiplicando ou dividindo os valores dos fatores.

Finalmente, a função `factor_value` verifica se o próximo caractere de entrada é um ' (' ou um dígito. No último caso, o valor é simplesmente o valor do número. Entretanto, se a função encontra um parêntese, a função `factor_value` faz uma chamada recursiva a `expression_value`. Assim, as três funções são mutuamente recursivas.

```
int factor_value()
{
    int result = 0;
    char c = cin.peek();
    if (c == '(')
    {
        cin.get();
        result = expression_value();
        cin.get(); // lê ")"
    }
    else // monta o valor do número a partir dos dígitos
    {
        while (isdigit(c))
        {
            result = 10 * result + c - '0';
            cin.get();
            c = cin.peek();
        }
    }
    return result;
}
```

Como sempre com uma solução recursiva, você precisa assegurar que a recursividade termina. Nesta situação, isto é fácil de ver. Se `expression_value` chama a si mesma, a segunda chamada trabalha com uma expressão mais curta do que a expressão original. A cada chamada recursiva, pelo menos alguns dos caracteres da entrada são consumidos, de modo que em algum momento a recursividade deve chegar ao fim.

Arquivo eval.cpp

```
1   #include <iostream>
2   #include <cctype>
3
4   using namespace std;
5
6   int term_value();
7   int factor_value();
8
9   /**
10     Avalia a próxima expressão encontrada em cin.
11     @return o valor da expressão
12  */
13  int expression_value()
14  {
15      int result = term_value();
16      bool more = true;
17      while (more)
18      {
19          char op = cin.peek();
20          if (op == '+' || op == '-')
21          {
22              cin.get();
23              int value = term_value();
24              if (op == '+') result = result + value;
```

```cpp
25         else result = result - value;
26      }
27      else more = false;
28   }
29   return result;
30 }
31
32 /**
33    Avalia o próximo termo encontrado em cin.
34    @return o valor do termo.
35 */
36 int term_value()
37 {
38    int result = factor_value();
39    bool more = true;
40    while (more)
41    {
42       char op = cin.peek();
43       if (op == '*' || op == '/')
44       {
45          cin.get();
46          int value = factor_value();
47          if (op == '*') result = result * value;
48          else result = result / value;
49       }
50       else more = false;
51    }
52    return result;
53 }
54
55 /**
56    Avalia o próximo fator encontrado em cin.
57    @return o valor do fator.
58 */
59 int factor_value()
60 {
61    int result = 0;
62    char c = cin.peek();
63    if (c == '(')
64    {
65       cin.get();
66       result = expression_value();
67       cin.get(); // lê ")"
68    }
69    else // monta o valor do número a partir dos dígitos
70    {
71       while (isdigit(c))
72       {
73          result = 10 * result + c - '0';
74          cin.get();
75          c = cin.peek();
76       }
77    }
78    return result;
79 }
80
81 int main()
82 {
83    cout << "Digite uma expressão: ";
84    cout << expression_value() << "\n";
85    return 0;
86 }
```

14.6 A eficiência da recursividade

Como você viu neste capítulo, a recursividade pode ser uma ferramenta poderosa para implementar algoritmos complexos. Por outro lado, a recursividade pode levar a algoritmos que apresentam baixo desempenho. Nesta seção, analisaremos a questão de quando a recursividade é benéfica e quando é ineficiente.

A seqüência de Fibonacci é uma seqüência de números definida pela equação

$$f_1 = 1$$
$$f_2 = 1$$
$$f_n = f_{n-1} + f_{n-2}$$

Isto é, cada valor da seqüência é a soma dos dois valores precedentes. Os primeiros dez termos da seqüência são

1, 1, 2, 3, 5, 8, 13, 21, 34, 55

É fácil estender esta seqüência indefinidamente. Apenas continue acrescentando a soma dos dois últimos valores da seqüência. Por exemplo, o próximo termo é 34 + 55 = 89.

Gostaríamos de escrever uma função que calcule f_n para qualquer valor de n. Suponha que traduzimos a definição diretamente para uma função recursiva:

Arquivo fibtest.cpp

```
1   #include <iostream>
2
3   using namespace std;
4
5   /**
6       Calcula um número de Fibonacci.
7       @param n um inteiro
8       @return o n-ésimo número de Fibonacci
9   */
10  int fib(int n)
11  {
12     if (n <= 2) return 1;
13     else return fib(n - 1) + fib(n - 2);
14  }
15
16  int main()
17  {
18     cout << "Digite n: ";
19     int n;
20     cin >> n;
21     int f = fib(n);
22     cout << "fib(" << n << ") = " << f << "\n";
23     return 0;
24  }
```

Isso certamente é simples e a função irá funcionar corretamente. Mas observe atentamente a saída à medida que você executa o programa de teste. Para valores de entrada pequenos, o programa é bastante rápido.

Mesmo para valores moderadamente grandes, no entanto, o programa faz pausas incrivelmente longas entre uma saída e outra. Tente alguns números entre 30 e 50 para ver esse efeito.

Isso não faz sentido. Munido de um lápis, papel e uma calculadora de bolso você poderia calcular esses números rapidamente, de modo que o computador não deveria levar tanto tempo para fazê-lo.

Para determinar qual é o problema, insira mensagens de monitoramento na função:

Arquivo fibtrace.cpp

```
1   #include <iostream>
2
3   using namespace std;
4
5   /**
6      Calcula um número de Fibonacci.
7      @param n um inteiro
8      @return o n-ésimo número de Fibonacci
9   */
10  int fib(int n)
11  {
12     cout << "Entrando em fib: n = " << n << "\n";
13     int f;
14     if (n <= 2) f = 1;
15     else f = fib(n - 1) + fib(n - 2);
16     cout << "Saindo de fib: n = " << n
17        << " valor de retorno = " << f << "\n";
18     return f;
19  }
20
21  int main()
22  {
23     cout << "Digite n: ";
24     int n;
25     cin >> n;
26     int f = fib(n);
27     cout << "fib(" << n << ") = " << f << "\n";
28     return 0;
29  }
```

A seguir está o monitoramento para calcular `fib(6)`. A Figura 5 mostra a árvore de chamadas.

```
Entrando em fib: n = 6
Entrando em fib: n = 5
Entrando em fib: n = 4
Entrando em fib: n = 3
Entrando em fib: n = 2
```

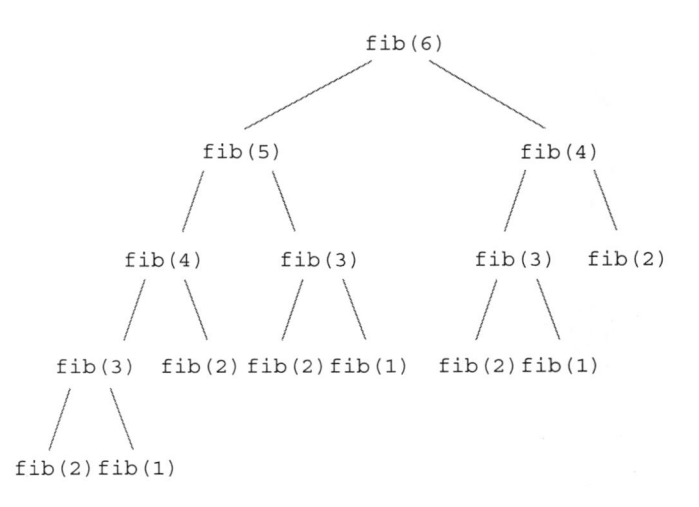

```
                          fib(6)
                         /      \
                    fib(5)       fib(4)
                   /     \       /     \
              fib(4)   fib(3) fib(3) fib(2)
              /    \    /   \   /   \
          fib(3) fib(2)fib(2)fib(1) fib(2)fib(1)
          /   \
      fib(2) fib(1)
```

Figura 5

Padrão de chamadas da função recursiva `fib`.

```
Saindo de fib: n = 2 valor de retorno = 1
Entrando em fib: n = 1
Saindo de fib: n = 1 valor de retorno = 1
Saindo de fib: n = 3 valor de retorno = 2
Entrando em fib: n = 2
Saindo de fib: n = 2 valor de retorno = 1
Saindo de fib: n = 4 valor de retorno = 3
Entrando em fib: n = 3
Entrando em fib: n = 2
Saindo de fib: n = 2 valor de retorno = 1
Entrando em fib: n = 1
Saindo de fib: n = 1 valor de retorno = 1
Saindo de fib: n = 3 valor de retorno = 2
Saindo de fib: n = 5 valor de retorno = 5
Entrando em fib: n = 4
Entrando em fib: n = 3
Entrando em fib: n = 2
Saindo de fib: n = 2 valor de retorno = 1
Entrando em fib: n = 1
Saindo de fib: n = 1 valor de retorno = 1
Saindo de fib: n = 3 valor de retorno = 2
Entrando em fib: n = 2
Saindo de fib: n = 2 valor de retorno = 1
Saindo de fib: n = 4 valor de retorno = 3
Saindo de fib: n = 6 valor de retorno = 8
```

Agora, está se tornando aparente por quê a função demora tanto tempo. Ela fica calculando os mesmos valores repetitivamente. Por exemplo, o cálculo de fib(6) chama fib(4) duas vezes e fib(3) três vezes. Isto é muito diferente do cálculo que você faria com lápis e papel. Lá, você simplesmente escreveria os valores à medida em que eles fossem calculados e somaria os dois últimos para obter o próximo até que você alcançasse o termo desejado; nenhum valor da seqüência jamais seria calculado duas vezes.

Se você imitasse o processo com lápis e papel, obteria o seguinte programa.

Arquivo fibloop.cpp

```
1   #include <iostream>
2
3   using namespace std;
4
5   /**
6      Calcula um número de Fibonacci.
7      @param n um inteiro
8      @return o n-ésimo número de Fibonacci
9   */
10  int fib(int n)
11  {
12     if (n <= 2) return 1;
13     int fold = 1;
14     int fold2 = 1;
15     int fnew;
16     for (int i = 3; i <= n; i++)
17     {
18        fnew = fold + fold2;
19        fold2 = fold;
20        fold = fnew;
21     }
```

```
22      return fnew;
23   }
24
25   int main()
26   {
27      cout << "Digite n: ";
28      int n;
29      cin >> n;
30      int f = fib(n);
31      cout << "fib(" << n << ") = " << f << "\n";
32      return 0;
33   }
```

Essa função é executada *muito* mais depressa do que a versão recursiva.

Neste exemplo da função fib, a solução recursiva foi fácil de programar porque ela seguiu exatamente a definição matemática, mas ela foi executada muito mais lentamente do que a solução iterativa, porque ela calculou muitos resultados intermediários múltiplas vezes.

Você sempre pode acelerar uma solução recursiva mudando-a para um laço? Freqüentemente, as soluções iterativa e recursiva têm essencialmente o mesmo desempenho. Por exemplo, eis aqui uma solução interativa para o teste de palíndromo.

```
public bool is_palindrome(string s)
{
    int start = 0;
    int end = text.length() - 1;
    while (start < end)
    {
        if (s[start] != s[end]) return false;
        start++;
        end--;
    }
    return true;
}
```

Esta solução mantém duas variáveis de índice: start e end. O primeiro índice inicia no começo do *string* e é avançado sempre que uma letra igual foi encontrada ou um caractere não letra foi ignorado. O segundo índice inicia no fim do *string* e se move em direção ao início. Quando as duas variáveis índice se encontram, então a iteração pára.

Tanto a iteração quanto a recursividade são executadas aproximadamente à mesma velocidade. Se um palíndromo tem *n* caracteres, a iteração executa o laço *n*/2 vezes. Similarmente, a solução recursiva chama a si mesma *n*/2 vezes, porque dois caracteres são removidos em cada etapa.

Em uma situação como esta, a solução iterativa tende a ser um pouco mais rápida, porque cada chamada recursiva consome uma certa quantidade de tempo do processador. A princípio, é possível para um compilador esperto evitar chamadas recursivas se elas seguem padrões simples, mas a maioria dos compiladores não faz isto. Deste ponto de vista, é preferível uma solução iterativa.

Existem muito poucos problemas que são dramaticamente mais fáceis de resolver recursivamente do que iterativamente. Por exemplo, não é tão óbvio como você pode criar uma solução não recursiva para gerar todas as permutações de um *string*. Como mostra o Exercício P14.11, é possível evitar a recursividade, mas a solução resultante é bastante complexa (e nenhum pouco mais rápida).

Freqüentemente, soluções recursivas são mais fáceis de entender e implementar corretamente do que as iterativas correspondentes. Existe uma certa elegância e economia de raciocínio nas soluções recursivas que as tornam mais atraentes. Como disse o cientista de computação (e criador do interpretador GhostScript para a linguagem de descrição de gráficos PostScript) L. Peter Deutsch: "Iterar é humano, usar recursividade é divino".

Fato Histórico 14.1

Os Limites da Computação

Alguma vez você já se perguntou como seu instrutor ou avaliador se assegura de que seu trabalho de casa de programação está correto? Muito provavelmente, eles dão uma olhada em sua solução e a executam com alguns dados de entrada de teste. Mas usualmente, eles têm uma solução correta disponível. Isto sugere que poderia haver uma maneira mais fácil. Talvez eles pudessem fornecer seu programa e o programa correto deles para um comparador de programas, um programa de computador que analisa os dois programas e determina se ambos calculam os mesmos resultados. É claro, sua solução e o programa que se sabe que está correto não precisam ser idênticos – o que importa é que eles produzam o mesmo resultado quando recebem os mesmos dados de entrada.

Como poderia um programa como esse funcionar? Bem, o compilador C++ sabe como ler um programa e fazer com que as classes, funções e comandos façam sentido. Portanto, parece plausível que alguém pudesse, com algum esforço, escrever um programa que lesse dois programas C++, analisasse o que eles fazem e determinasse se eles resolvem a mesma tarefa. É claro, um programa como esse seria muito atraente para instrutores, porque poderia automatizar o processo de avaliação. Assim, muito embora não exista um programa assim atualmente, poderia ser tentador tentar desenvolver um e vendê-lo para universidades no mundo inteiro.

Entretanto, antes que você comece a captar capital de investidores para tal empreendimento, você deve saber que cientistas de teoria da computação provaram que é impossível desenvolver tal programa, *não importa quão arduamente você tente*.

Existem alguns poucos destes problemas insolúveis. O primeiro deles, chamado de *halting problem* (problema da parada), foi descoberto pelo pesquisador britânico Alan Turing em 1936 (ver Figura 6). Como sua pesquisa aconteceu antes que o primeiro computador de verdade fosse construído, Turing precisou imaginar um dispositivo teórico, a *máquina de Turing,* para explicar como os computadores poderiam funcionar. A máquina de Turing consiste de uma longa fita magnética, uma cabeça de leitura/gravação e um programa que tem instruções numeradas no formato: "Se o símbolo corrente sob a cabeça é x, então substitua-o por y, mova a cabeça uma unidade para a esquerda ou direita, e continue com a instrução n" (ver Figura 7). Surpreendentemente, apenas com estas instruções, você pode programar tanto quanto com C++, muito embora seja incrivelmente monótono fazer isto. Cientistas de teoria da computação gostam de máquinas de Turing porque elas podem ser descritas usando nada mais do que as leis da matemática.

Expresso em termos de C++, o problema da parada afirma que: "É impossível escrever um programa com duas entradas, a saber o código fonte de um programa C++ qualquer, P e um *string* I, que decida se o programa P, quando executado com a entrada I, irá parar sem entrar em um laço infinito". É claro, para alguns tipos de programas e dados de entrada, é possível decidir se os programas param com os dados de entrada fornecidos. O problema da parada afirma que é impossível criar um único algoritmo de tomada de decisão que funcione com todos os programas e dados de entrada. Observe que você não pode simplesmente executar o programa P sobre os dados de entrada I para solucionar esta questão.

Se o programa fica sendo executado durante 1.000 dias, você não sabe se o programa está em um laço infinito. Pode ser que você precise apenas esperar mais um dia para que ele pare.

Um "verificador de parada" como este, se pudesse ser escrito, também poderia ser útil para avaliar trabalhos de casa.

Um instrutor poderia usá-lo para analisar trabalhos submetidos por estudantes para ver se eles entram em um laço infinito com um conjunto particular de dados de entrada, e então não verificá-los em mais nada. Entretanto, como Turing demonstrou, um programa como este não pode ser escrito. Seu argumento é engenhoso e bastante simples.

Suponha que um programa "verificador de parada" existisse. Vamos chamá-lo de H. A partir de H, desenvolveremos um outro programa, o programa "*killer*" (matador) K. K faz a seguinte computação. Sua entrada é um *string* contendo o código fonte para um programa R. Ele então aplica o verificador de parada sobre o programa de entrada R e o *string* de entrada R. Isto é, ele verifica se

Figura 6
Alan Turing.

Instrução número	Se o símbolo na fita é	Substitua por	Então, mova a cabeça para a	Então vá para instrução
1	0	2	direita	2
1	1	1	esquerda	4
2	0	0	direita	2
2	1	1	direita	2
2	B	0	esquerda	3
3	0	0	esquerda	3
3	1	1	esquerda	3
3	2	2	direita	1
4	1	1	direita	5
4	2	0	esquerda	4

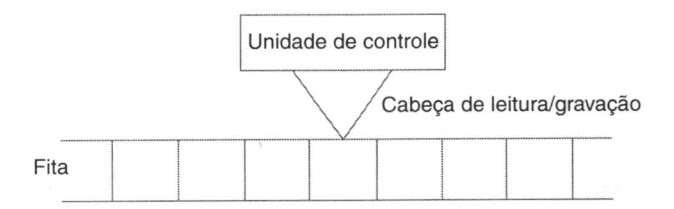

Figura 7
Uma máquina de Turing.

▼ o programa *R* pára se sua entrada é seu próprio código fonte. Soa estranho fornecer um programa como entrada a si mesmo, mas não é impossível.

▼ Por exemplo, o compilador C++ é escrito em C++, e você pode usá-lo para compilar a si mesmo. Ou, como um exemplo mais simples, você pode usar o programa de contagem de palavras do Capítulo 7 para contar as palavras em seu próprio código fonte.

▼ Quando *K* obtém a resposta de *H* dizendo que *R* pára quando aplicado a si mesmo, ele está programado para entrar em um laço infinito. Caso contrário, *K* termina. Em C++, o programa poderia ser parecido com este:

```
int main
{
    string r = lê entrada do programa;
    HaltChecker checker;
    if (checker.check(r, r))
        while (true) { } // laço infinito
    else
        return 0;
}
```

▼ Agora, pergunte a você mesmo: o que o verificador de parada responde quando perguntado se *K* pára quando recebe *K* como entrada? Talvez ele descubra que *K* entra em um laço infinito com uma entrada como esta. Mas, espere!

▼ Isto não pode estar certo! Isto significaria que `checker.check(r, r)` retorna `false` quando `r` é o código do programa *K*. Como você pode ver perfeitamente, neste caso a função `main` retorna, de modo que *K* não entrou em um laço infinito. Isso mostra que *K* precisa parar quando analisando a si mesmo, de modo que `checker.check(r, r)` deveria retornar `true`. Mas, então, a função `main` não termina – ela entra em um laço infinito. Isto mostra que é logicamente impossível implementar um programa que possa verificar se *todos* os programas param com uma determinada entrada.

▼ É grave saber que existem *limites* para a computação. Existem problemas que nenhum programa de computador, não importa quão engenhoso seja, pode resolver.

▼ Cientistas de teoria da computação estão trabalhando em outras pesquisas envolvendo a natureza da computação. Uma questão importante que permanece não resolvida até hoje trata de problemas que na prática consomem muito tempo para serem resolvidos. Pode ser que estes problemas sejam intrinsecamente difíceis, caso em que não faria sentido tentar procurar por algoritmos melhores. Tais pesquisas teóricas têm importantes aplicações práticas. Por exemplo, agora mesmo, ninguém sabe se os esquemas de criptografia mais comuns em uso atualmente poderiam ser quebrados pela descoberta de um novo algoritmo (ver Fato Histórico 12.1 para mais informações sobre algoritmos de criptografia).

▼ Saber que não existem algoritmos rápidos para quebrar um código em particular poderia nos fazer sentir mais à vontade sobre a segurança da criptografia.

Resumo do capítulo

1. Uma computação recursiva resolve um problema usando a solução do mesmo problema com dados de entrada mais simples.
2. Para uma recursividade terminar, devem existir casos especiais para os dados de entrada mais simples de todos.
3. Algumas vezes é mais fácil encontrar uma solução recursiva se você faz uma pequena mudança no problema original.
4. Em uma recursividade mútua, um conjunto de funções que cooperam entre si chama uma à outra repetidamente.
5. Ocasionalmente, uma solução recursiva é executada muito mais devagar do que a solução iterativa correspondente. Entretanto, na maioria dos casos, a solução recursiva é apenas levemente mais lenta.

6. Em muitos casos, uma solução recursiva é mais fácil de entender e implementar corretamente do que uma solução iterativa.

Exercícios de revisão

Exercício R14.1. Defina os termos

    (a) recursividade
    (b) iteração
    (c) recursividade infinita
    (d) recursividade indireta

Exercício R14.2. Esboce, mas não implemente, uma solução recursiva para encontrar o menor valor em um *array*.

Exercício R14.3. Esboce, mas não implemente, uma solução recursiva para ordenar um *array* de números. *Dica*: encontre primeiro o menor valor no *array*.

Exercício R14.4. Esboce, mas não implemente, uma solução recursiva para gerar todos os subconjuntos do conjunto $\{1, 2, \ldots, n\}$.

Exercício R14.5. O Exercício P14.11 mostra uma maneira iterativa de gerar todas as permutações da seqüência $(0, 1, \ldots, n - 1)$. Explique porque o algoritmo produz o resultado correto.

Exercício R14.6. Escreva uma definição recursiva de x^n, onde $x \geq 0$, similar à definição recursiva dos números de Fibonacci. *Dica*: como você calcula x^n a partir de x^{n-1}? Como a recursividade termina?

Exercício R14.7. Escreva uma definição recursiva de $n! = 1 \times 2 \times \ldots \times n$, similar à definição recursiva dos números de Fibonacci.

Exercício R14.8. Descubra com que freqüência a versão recursiva de `fib` chama a si mesma. Mantenha uma variável global `fib_count` e incremente-a em cada chamada de `fib`. Qual é a relação entre `fib(n)` e `fib_count`?

Exercício R14.9. Quantos movimentos são necessários para movimentar n no problema das "Torres de Hanói" do Exercício P14.13? *Dica*: Como explicado no exercício,

moves(1) = 1
moves(n) = 2 · moves(n – 1) + 1

Exercícios de programação

Exercício P14.1. Escreva uma função recursiva `void reverse()` que inverta uma frase. Por exemplo:

```
Sentence greeting = new Sentence("Hello!");
greeting.reverse();
cout << greeting.get_text() << "\n";
```

imprime o *string* `"!olleH"`. Implemente uma solução recursiva, removendo o primeiro caractere, invertendo uma frase que consiste no texto restante e combinando as duas.

Exercício P14.2. Refaça o Exercício P14.1 com uma função auxiliar recursiva que inverte um *substring* do texto da mensagem.

Exercício P14.3. Implemente a função `reverse` do Exercício P14.1 como uma iteração.

Exercício P14.4. Use recursividade para implementar uma função `bool find(string s, string t)` que testa se um *string* `t` está contido em um *string* `s`:

```
bool b = s.find("Mississippi!", "sip"); // retorna true
```

Dica: Se o texto começa com o *string* que você quer encontrar, então está feito. Se não, analise a frase que você obtém removendo o primeiro caractere.

Exercício P14.5. Use recursividade para implementar uma função `int index_of(string s, string t)` que retorna a posição inicial do primeiro *substring* do *string* s que seja igual a t.
Retorne −1 se t não é um *substring* de s. Por exemplo,

```
int n = s.index_of("Mississippi!", "sip"); // retorna 6
```

Dica: Este é um pouco mais complicado do que o problema precedente, porque você precisa manter controle de quão longe o *substring* encontrado está do início da frase. Torne aquele valor um parâmetro de uma função auxiliar.

Exercício P14.6. Usando recursividade, encontre o maior elemento em um *array*.

```
int maximum(vector<int> values)
```

Dica: Encontre o maior elemento no subconjunto que contém todos, exceto o último elemento. Então, compare aquele máximo com o valor do último elemento.

Exercício P14.7. Usando recursividade, calcule a soma de todos os valores em um *array*.

Exercício P14.8. Usando recursividade, calcule a área de um polígono. Recorte um triângulo e use o fato de que um triângulo com vértices (x_1, y_1), (x_2, y_2), (x_3, y_3) tem área $(x_1 y_2 + x_2 y_3 + x_3 y_1 - y_1 x_2 - y_2 x_3 - y_3 x_1)/2$.

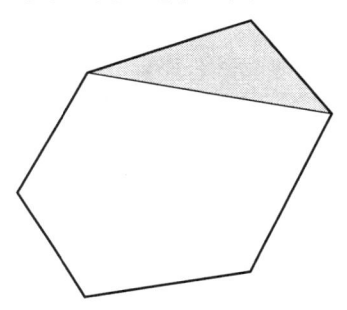

Exercício P14.9. Implemente uma função

```
vector<string> generate_substrings(string s)
```

que gera todos os *substrings* de um *string*. Por exemplo, os *substrings* do *string* `"rum"`
são os sete *strings*

```
"r", "ru", "rum", "u", "um", "m", ""
```

Dica: Primeiro enumere todos os *substrings* que começam com o primeiro caractere. Existem *n* deles se o *string* tem tamanho *n*. Então, enumere os *substrings* do *string* que você obtém removendo o primeiro caractere.

Exercício P14.10. Implemente uma função

```
vector<string> generate_subsets(string s)
```

que gera todos os subconjuntos dos caracteres de um *string*. Por exemplo, os subconjuntos de caracteres do *string* `"rum"` são os oito *strings*

```
"rum", "ru", "rm", "r", "um", "u", "m", ""
```

Observe que os subconjuntos não precisam ser *substrings* – por exemplo, "rm" não é um *substring* de "rum".

Exercício P14.11. O programa a seguir gera todas as permutações dos números 0, 1, 2, ..., n − 1, sem usar recursividade.

```cpp
using namespace std;

void swap(int& x, int& y)
{
    int temp = x;
    x = y;
    y = temp;
}

void reverse(vector<int>& a, int i, int j)
{
    while (i < j)
    {
        swap(a[i], a[j]); i++; j--;
    }
}

bool next_permutation(vector<int>& a)
{
    for (int i = a.size() - 1; i > 0; i--)
    {
        if (a[i - 1] < a[i])
        {
            int j = a.size() - 1;
            while (a[i - 1] > a[j]) j--;
            swap(a[i - 1], a[j]);
            reverse(a, i, a.size() - 1);
            return true;
        }
    }
    return false;
}

void print(const vector<int>& a)
{
    for (int i = 0; i < a.size(); i++)
        cout << a[i] << " ";
    cout << "\n";
}

int main()
{
    const int n = 4;
    vector<int> a(n);
    for (int i = 0; i < a.size(); i++) a[i] = i;
    print(a);
    while (next_permutation(a))
        print(a);
    return 0;
}
```

O algoritmo usa o fato de que o conjunto a ser permutado consiste em números distintos.

Assim, você não pode usar o mesmo algoritmo para calcular as permutações dos caracteres em um *string*. Entretanto, você pode usar esta técnica para obter todas as permutações das posições dos caracteres e então calcular um *string* cujo i-ésimo caractere é `s[a[i]]`. Use esta abordagem para implementar novamente a função `generate_permutations`, sem recursividade.

Exercício P14.12. Refine a função `is_palindrome` para trabalhar com *strings* arbitrários, ignorando caracteres que não sejam letras e a distinção entre letras maiúsculas e minúsculas. Por exemplo, se o *string* de entrada é

```
"Madam, I'm Adam!"
```

então você primeiro descartaria o último caractere, porque ele não é uma letra, e verificaria recursivamente se o *string* mais curto

```
"Madam, I'm Adam"
```

é um palíndromo.

Exercício P14.13. *Torres de Hanói*. Este é um quebra-cabeça bem conhecido. Uma pilha de discos de tamanho decrescente deve ser transportada do pino mais à esquerda para o pino mais à direita. O pino do meio pode ser usado como uma área de armazenamento temporário (ver Figura 8.) Um disco pode ser movido de cada vez, de qualquer pino para qualquer outro pino. Você pode colocar discos menores somente em cima de discos maiores, não ao contrário.

Escreva um programa que imprime os movimentos necessários para resolver o quebra-cabeça para *n* discos (pergunte ao usuário qual o valor de *n* no início do programa.) Imprima os movimentos no formato

```
Move disco do pino 1 para o pino 3
```

Dica: Escreva uma função auxiliar

```
void hanoi(int from, int to, int n)
```

que move os n discos superiores do pino `from` para o pino `to`. Então, descubra como você pode conseguir isto movendo primeiro a pilha dos n - 1 discos para o terceiro pino, movendo o n-ésimo disco para o destino e então movendo a pilha do terceiro pino para o pino de destino, desta vez usando o pino original como a área de armazenamento temporário. Pontos extra se você escrever um programa que realmente desenha os movimentos na tela gráfica!

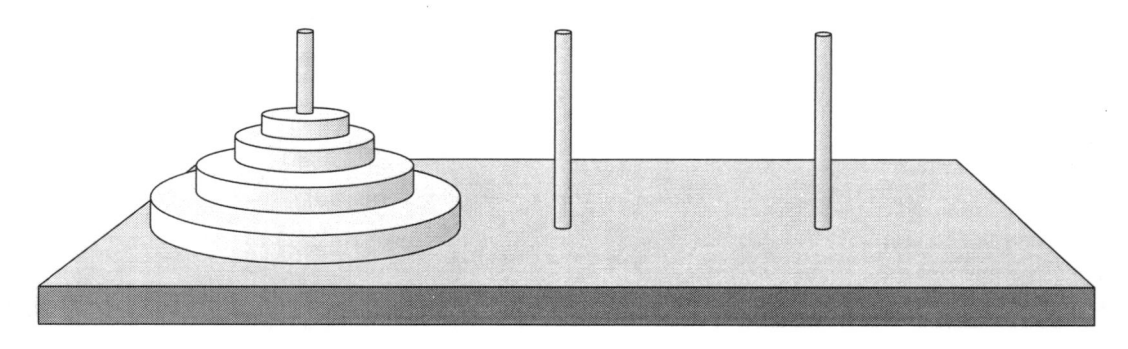

Figura 8

Torres de Hanói.

Capítulo 15

Classificação e Pesquisa

Objetivos do capítulo

- Comparar os algoritmos de classificação por seleção e classificação por intercalação
- Estudar os algoritmos de pesquisa linear e pesquisa binária
- Compreender que algoritmos para a mesma tarefa podem diferir enormemente em desempenho
- Entender a notação O-maiúsculo
- Aprender como estimar e comparar o desempenho de algoritmos
- Aprender como medir o tempo de execução de um programa

Uma das tarefas mais comuns em processamento de dados é classificar (ordenar). Por exemplo, uma lista de funcionários precisa ser impressa em ordem alfabética ou ordenada pelo salário. Você aprenderá diversos métodos de classificação neste capítulo e comparará seus desempenhos. Esta não é, de forma alguma, uma abordagem exaustiva do assunto classificação. Você irá visitar novamente este tópico mais adiante em seus estudos de ciência da computação. A referência [1] dá uma boa visão geral dos muitos métodos de classificação disponíveis.

Depois que uma seqüência de registros é ordenada, pode-se localizar rapidamente registros individuais. Você estudará o algoritmo de *pesquisa binária*, que executa esta pesquisa rápida.

Conteúdo do capítulo

- 15.1 Classificação por seleção 522
- 15.2 Avaliando o algoritmo de classificação por seleção 524
- 15.3 Analisando o desempenho do algoritmo de classificação por seleção 526
- 15.4 Classificação por intercalação 527
- 15.5 Analisando o algoritmo de classificação por intercalação 530

Fato histórico 15.1: Ada **533**
- 15.6 Pesquisando 534
- 15.7 Pesquisa binária 536
- 15.8 Pesquisando e classificando dados reais 539

Fato histórico 15.2: Catalogando sua coleção de gravatas **540**

15.1 Classificação por seleção

Para manter simples os exemplos, você irá primeiro aprender como ordenar um vetor de inteiros, antes de ir adiante para ordenar *strings* de dados de funcionários. Considere o vetor a a seguir:

| 11 | 9 | 17 | 5 | 12 |

Uma primeira etapa óbvia é encontrar o menor elemento. Neste caso, o menor elemento é 5, armazenado em a[3]. Você deve mover o 5 para o início do vetor. É claro, já existe um elemento armazenado em a[0], o valor 11. Portanto, você não pode simplesmente mover a[3] para a[0] sem antes mover o 11 para algum outro lugar. Você ainda não precisa saber onde 11 vai ficar no final, mas você sabe com certeza que ele não deverá estar em a[0]. Simplesmente tire ele do caminho *trocando-o* com a[3].

| 5 | 9 | 17 | 11 | 12 |

Agora, o primeiro elemento está no lugar certo. Na figura anterior, a retícula indica a parte do vetor que já está ordenada para distinguir do restante não ordenado.

A seguir, pegue o mínimo das células restantes a[1] ... a[4]. Aquele valor mínimo, 9, já está no lugar certo. Você não precisa fazer nada neste caso, simplesmente estenda a área ordenada uma célula para a direita:

| 5 | 9 | 17 | 11 | 12 |

Repita o processo. O valor mínimo da região não ordenada é 11, que precisa ser trocado com o primeiro valor da região não ordenada, 17.

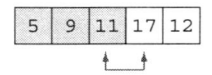

| 5 | 9 | 11 | 17 | 12 |

Agora, a região não ordenada tem apenas dois elementos; mantenha a mesma estratégia de sucesso.

| 5 | 9 | 11 | 12 | 17 |

O elemento mínimo é 12. Troque-o com o primeiro valor, 17.

Isto deixa você com uma região não processada de tamanho 1, mas é claro que uma região de tamanho 1 sempre está ordenada. Você terminou.

Agora, programe este algoritmo.

Arquivo selsort.cpp

```
1    #include <iostream>
2    #include <vector>
3    #include <cstdlib>
4    #include <ctime>
5
6    using namespace std;
7
8    /**
9       Troca de lugar dois inteiros.
10      @param x o primeiro inteiro a trocar
11      @param y o segundo inteiro a trocar
12   */
```

```
13   void swap(int& x, int& y)
14   {
15      int temp = x;
16      x = y;
17      y = temp;
18   }
19
20   /**
21      Obtém a posição do menor elemento em um intervalo de um vetor.
22      @param a o vetor
23      @param from o início do intervalo
24      @param to o fim do intervalo
25      @return a posição do menor elemento no
26      intervalo a[from]...a[to]
27   */
28   int min_position(vector<int>& a, int from, int to)
29   {
30      int min_pos = from;
31      int i;
32      for (i = from + 1; i <= to; i++)
33         if (a[i] < a[min_pos]) min_pos = i;
34      return min_pos;
35   }
36
37   /**
38      Classifica um vetor usando o algoritmo de classificação por seleção.
39      @param a o vetor a classificar
40   */
41   void selection_sort(vector<int>& a)
42   {
43      int next; /* a próxima posição a receber o valor mínimo */
44
45      for (next = 0; next < a.size() - 1; next++)
46      {
47         /* encontra a posição do valor mínimo */
48         int min_pos = min_position(a, next, a.size() - 1);
49         if (min_pos != next)
50            swap(a[min_pos], a[next]);
51      }
52   }
53
54   /**
55      Imprime todos os elementos de um vetor.
56      @param a o vetor a imprimir
57   */
58   void print(vector<int> a)
59   {
60      for (int i = 0; i < a.size(); i++)
61         cout << a[i] << " ";
62      cout << "\n";
63   }
64
65   /**
66      Configura a semente para o gerador de números aleatórios.
67   */
68   void rand_seed()
69   {
70      int seed = static_cast<int>(time(0));
```

```
71      srand(seed);
72    }
73
74    /**
75       Calcula um inteiro aleatório em um intervalo.
76       @param a o início do intervalo
77       @param b o fim do intervalo
78       @return um inteiro x, a <= x e x <= b
79    */
80    int rand_int(int a, int b)
81    {
82       return a + rand() % (b - a + 1);
83    }
84
85    int main()
86    {
87       rand_seed();
88       vector<int> v(20);
89       for (int i = 0; i < v.size(); i++)
90          v[i] = rand_int(1, 100);
91       print(v);
92       selection_sort(v);
93       print(v);
94       return 0;
95    }
```

O algoritmo classificará qualquer *array* de inteiros. Se velocidade não fosse uma preocupação para nós, ou se simplesmente não existisse um método de classificação melhor disponível, poderíamos parar a discussão sobre classificação aqui mesmo. Como mostrado na próxima seção, entretanto, este algoritmo, embora totalmente correto, mostra um desempenho decepcionante quando é executado sobre um conjunto de dados muito grande.

15.2 Avaliando o algoritmo de classificação por seleção

Para medir o desempenho de um programa, poder-se-ia simplesmente executá-lo e medir quanto tempo ele leva, usando um cronômetro. Entretanto, a maioria dos nossos programas é executada muito rapidamente, e não é fácil cronometrá-los com precisão desta maneira. Além disso, quando um programa leva um tempo significativo para ser executado, uma certa quantidade deste tempo pode simplesmente ser usada para carregar o programa do disco para a memória (pelo que ele não deveria ser penalizado) ou para enviar dados de saída para a tela (cuja velocidade depende do modelo do computador, mesmo para computadores com UCPs idênticas). Em vez disso, use a classe `Time`. Lembre-se de que

```
Time now;
```

ajusta `now` para a hora atual.

Eis aqui como usar o cronômetro para medir o desempenho do algoritmo de classificação.

```
int main()
{
   rand_seed();
   cout << "Digite o tamanho do vetor: ";
   int n;
   cin >> n;
   vector<int> v(n);
   for (int i = 0; i < v.size(); i++)
      v[i] = rand_int(1, 100);
   Time before;
```

```
            selection_sort(v);
            Time after;

            cout << "Tempo decorrido = " << after.seconds_from(before)
                 << " segundos\n";
            return 0;
      }
```

Medindo o tempo imediatamente antes da classificação e parando-o imediatamente após, você não conta o tempo que leva para inicializar o vetor ou o tempo durante o qual o programa espera que o usuário digite n.

Aqui estão os resultados de alguns exemplos de execução.

n	Segundos
10.000	4
20.000	14
30.000	30
40.000	54
50.000	86
60.000	124

Essas medidas foram obtidas em um processador Pentium III com uma freqüência de relógio de 750MHz, executando Linux. Em um outro computador, os números obtidos vão ser diferentes, mas a relação entre os números será a mesma. A Figura 1 mostra um gráfico das medições.

Como você pode ver, duplicar o tamanho do conjunto de dados mais do que duplica o tempo necessário para classificá-lo.

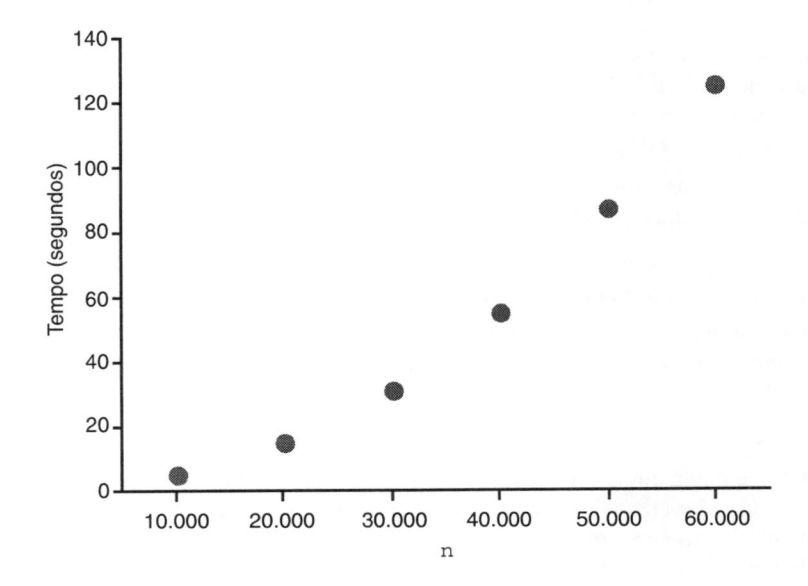

Figura 1

Tempo consumido pela classificação por seleção.

15.3 Analisando o desempenho do algoritmo de classificação por seleção

Contemos o número de operações que o programa precisa executar para classificar um *array* pelo algoritmo de classificação por seleção. Na verdade, não sabemos quantas operações de máquina são geradas para cada instrução C++ ou quais destas instruções são mais demoradas do que outras, mas podemos fazer uma simplificação. Simplesmente conte com que freqüência um elemento do *array* é *visitado*. Cada visita requer aproximadamente a mesma quantidade de trabalho por outras operações, tais como incrementar subscritos e comparar valores.

Seja n o tamanho do *array*. Primeiro, você precisa encontrar o menor de n números. Para conseguir isto, você precisa visitar n elementos do *array*. Então, troque os elementos, o que requer duas visitas. (Você pode argumentar que existe uma certa probabilidade de que você não precise trocar os valores. Isso é verdade, e se pode refinar a computação para refletir esta observação. Como veremos em breve, fazer isto não afetaria a conclusão geral.) Na próxima etapa, você precisa visitar somente $n - 1$ elementos para encontrar o mínimo e então visitar dois deles para trocá-los. Na etapa seguinte, $n - 2$ elementos são visitados para encontrar o mínimo. A última passagem visita dois elementos para encontrar o mínimo e requer duas visitas para trocar os elementos. Portanto, o número total de visitas é

$$n + 2 + (n-1) + 2 + \cdots + 2 = n + (n-1) + \cdots + 2 + (n-1) \cdot 2$$
$$= 2 + \cdots + (n-1) + n + (n-1) \cdot 2$$
$$= \frac{n(n+1)}{2} - 1 + (n-1) \cdot 2$$

porque

$$1 + 2 + \cdots + (n-1) + n = \frac{n(n+1)}{2}$$

Após multiplicar e agrupar os termos de n, você irá descobrir que o número de visitas é

$$\tfrac{1}{2}n^2 + \tfrac{5}{2}n - 3$$

Isso é uma equação do segundo grau em n. Isso explica porque o gráfico da Figura 1 se parece aproximadamente com uma parábola.

Agora simplifique ainda mais a análise. Quando você entra com um valor grande para n (por exemplo, 1.000 ou 2.000), então $\tfrac{1}{2}n^2$ é 500.000 ou 2.000.000. O termo menor, $\tfrac{5}{2}n - 3$, não contribui muito; é apenas 2.497 ou 4.997, uma gota d'água no balde, se comparado às centenas de milhares ou mesmo milhões de comparações especificadas pelo termo $\tfrac{1}{2}n^2$. Simplesmente ignore estes termos de baixo nível. A seguir, ignore o fator constante $\tfrac{1}{2}$. Você não precisa se interessar pela contagem real de visitas para um único n. Você precisa comparar as relações entre contagens para diferentes valores de n^2. Por exemplo, você pode dizer que classificar um *array* de 2.000 números requer quatro vezes mais visitas do que classificar um *array* de 1.000 números:

$$\left(\tfrac{1}{2} \times 2000^2\right) / \left(\tfrac{1}{2} \times 1000^2\right) = 4$$

O fator $\tfrac{1}{2}$ se anula em comparações deste tipo. Simplesmente diremos "O número de visitas é da ordem de n^2". Desta maneira, podemos facilmente ver que o número de comparações aumenta quatro vezes quando o tamanho do vetor duplica: $(2n)^2 = 4n^2$.

Para indicar que o número de visitas é da ordem de n^2, cientistas de computação freqüentemente usam a *notação O-maiúsculo*: o número de visitas é $O(n^2)$. Esta é uma abreviatura conveniente.

Para transformar uma expressão exata, como

$$\tfrac{1}{2}n^2 + \tfrac{5}{2}n - 3$$

para a notação O-maiúsculo, simplesmente localize o termo que aumenta mais rápido, n^2, e ignore o coeficiente constante $\frac{1}{2}$.

Você observou antes que o número exato de operações de máquina e o número exato de microssegundos que o computador gasta nelas, é aproximadamente proporcional ao número de visitas aos elementos. Talvez sejam necessárias cerca de 10 operações de máquina (incrementos, comparações, cargas e armazenamentos na memória) para cada visita a elemento. O número de operações de máquina, então, é aproximadamente $10 \times \frac{1}{2}n^2$. Novamente, não estamos interessados no coeficiente e podemos dizer que o número de operações de máquina e, portanto, o tempo despendido na classificação, é da ordem de n^2 ou $O(n^2)$. A má notícia é que duplicar o tamanho do vetor provoca um aumento de quatro vezes no tempo requerido para ordená-lo. Ordenar um vetor de 100.000 elementos, por exemplo, para criar uma lista telefônica, leva 10.000 vezes mais tempo do que ordenar 1.000 elementos. Se 1.000 elementos podem ser ordenados em 11 segundos (como no exemplo), então 100.000 elementos requerem mais de 30 horas. Isso é um problema. Você verá na próxima seção como se pode melhorar drasticamente o desempenho do processo de classificação escolhendo um algoritmo mais sofisticado.

15.4 Classificação por intercalação

Suponha que você tem um vetor de 10 inteiros. Tenha um pouco de pensamento positivo e deseje que a primeira metade do vetor já esteja perfeitamente ordenada e a segunda metade também o esteja, assim:

| 5 | 9 | 10 | 12 | 17 | | 1 | 8 | 11 | 20 | 32 |

Agora é uma tarefa simples *intercalar* os dois arrays ordenados em um array ordenado, simplesmente pegando um novo elemento do primeiro ou do segundo subvetor e escolhendo o menor dos elementos a cada vez:

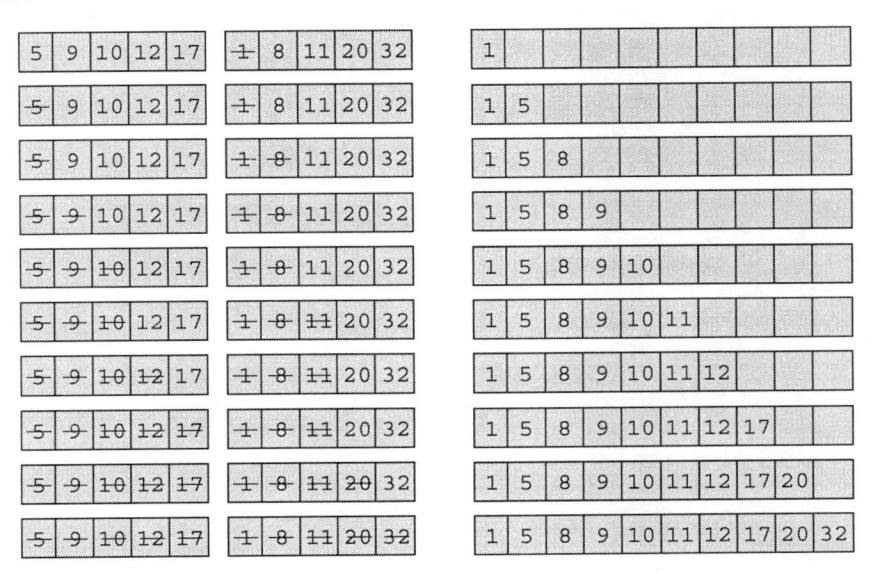

Na verdade, você provavelmente já executou esta intercalação antes, quando você e um amigo seu tiveram que ordenar uma pilha de papéis. Você e o amigo dividiram a pilha ao meio, cada um de vocês ordenou a sua metade e então vocês intercalaram os resultados juntos.

Isto tudo é muito bom, mas não parece resolver o problema para o computador. Ele ainda precisa ordenar a primeira e a segunda metades do *array*, porque ele não consegue pedir a alguns amigos para ajudá-lo. Como se vê, no entanto, se o computador continua dividindo o vetor em subvetores menores, ordenando cada metade e intercalando-os novamente em um só, ele executa muito menos etapas do que a classificação por seleção requer.

Escreva um programa que implemente esta idéia. Como você vai chamar o procedimento de classificação múltiplas vezes, para ordenar partes do *array*, você irá fornecer o intervalo dos elementos que você gostaria que fossem ordenados.

```
void merge_sort(vector<int>& a, int from, int to)
{
   if (from == to) return;
   int mid = (from + to) / 2;

   /* ordena a primeira e a segunda metades */
   merge_sort(a, from, mid);
   merge_sort(a, mid + 1, to);
   merge(a, from, mid, to);
}
```

O procedimento `merge` é um pouco longo, mas bastante direto – veja os detalhes na listagem de código a seguir.

Arquivo mergsort.cpp

```
1    #include <iostream>
2    #include <vector>
3    #include <cstdlib>
4    #include <ctime>
5
6    using namespace std;
7
8    /**
9       Intercala dois intervalos adjacentes em um vetor.
10      @param a o vetor com os elementos a intercalar
11      @param from o início do primeiro intervalo
12      @param mid o fim do primeiro intervalo
13      @param to o fim do segundo intervalo
14   */
15   void merge(vector<int>& a, int from, int mid, int to)
16   {
17      int n = to - from + 1; /* tamanho do intervalo a ser intercalado */
18      /* intercala as duas metades em um vetor temporário b */
19      vector<int> b(n);
20
21      int i1 = from;
22         /* próximo elemento a considerar na primeira metade */
23      int i2 = mid + 1;
24         /* próximo elemento a considerar na segunda metade */
25      int j = 0; /* próxima posição livre em b */
26
27      /*
28         Enquanto nem i1 nem i2 estão além do fim,
29         move o menor elemento para b
30      */
31      while (i1 <= mid && i2 <= to)
32      {
33         if (a[i1] < a[i2])
34         {
35            b[j] = a[i1];
36            i1++;
37         }
38         else
```

```cpp
39          {
40             b[j] = a[i2];
41             i2++;
42          }
43          j++;
44       }
45
46       /*
47          Observe que somente um dos dois laços while abaixo é executado.
48       */
49
50       /* Copia quaisquer elementos restantes da primeira metade */
51       while (i1 <= mid)
52       {
53          b[j] = a[i1];
54          i1++;
55          j++;
56       }
57       /* Copia quaisquer elementos restantes da segunda metade */
58       while (i2 <= to)
59       {
60          b[j] = a[i2];
61          i2++;
62          j++;
63       }
64
65       /* Copia de volta do vetor temporário */
66       for (j = 0; j < n; j++)
67          a[from + j] = b[j];
68    }
69
70    /**
71       Classifica os elementos em um intervalo de um vetor.
72       @param a o vetor com os elementos a ordenar
73       @param from início do intervalo a ordenar
74       @param to fim do intervalo a ordenar
75    */
76    void merge_sort(vector<int>& a, int from, int to)
77    {
78       if (from == to) return;
79       int mid = (from + to) / 2;
80       /* ordena a primeira e a segunda metades */
81       merge_sort(a, from, mid);
82       merge_sort(a, mid + 1, to);
83       merge(a, from, mid, to);
84    }
85
86    /**
87       Imprime todos os elementos de um vetor.
88       @param a o vetor a imprimir
89    */
90    void print(vector<int> a)
91    {
92       for (int i = 0; i < a.size(); i++)
93          cout << a[i] << " ";
94       cout << "\n";
95    }
96
97    /**
```

```
98         Configura a semente do gerador de números aleatórios.
99     */
100    void rand_seed()
101    {
102        int seed = static_cast<int>(time(0));
103        srand(seed);
104    }
105
106    /**
107        Calcula um inteiro aleatório em um intervalo.
108        @param a o início do intervalo
109        @param b o fim do intervalo
110        @return um inteiro aleatório x, a <= x e x <= b
111    */
112    int rand_int(int a, int b)
113    {
114        return a + rand() % (b - a + 1);
115    }
116
117    int main()
118    {
119        rand_seed();
120        vector<int> v(20);
121        for (int i = 0; i < v.size(); i++)
122            v[i] = rand_int(1, 100);
123        print(v);
124        merge_sort(v, 0, v.size() - 1);
125        print(v);
126        return 0;
127    }
```

15.5 Analisando o algoritmo de classificação por intercalação

Este algoritmo parece muito mais complicado do que o algoritmo de classificação por seleção e parece que ele pode muito bem demorar muito mais para executar estas subdivisões repetidas. Entretanto, os resultados de cronometragem para a classificação por intercalação são muito melhores do que aqueles para a classificação por seleção.

Classificar um *array* com 100.000 elementos leva menos de um segundo em nossa máquina de teste, enquanto a classificação por seleção leva 394 segundos.

Para estudar a relação entre o tamanho dos dados de entrada e o tempo de execução, você deve analisar conjuntos de dados muito maiores. Eis aqui uma tabela com as medições.

n	Classificação por intercalação (segundos)
1.000.000	6
2.000.000	12
3.000.000	18
4.000.000	24
5.000.000	31
6.000.000	38

A Figura 2 mostra uma representação gráfica desta relação. Observe que o gráfico não tem uma forma parabólica. Em vez disso, parece que o tempo de execução cresce aproximadamente linearmente com o tamanho do *array*.

Para entender por quê o algoritmo de classificação por intercalação é uma melhoria tão grande, estime o número de visitas a elementos do *array*. Primeiro, ataque o processo de intercalação que acontece após a primeira e a segunda metade terem sido ordenadas.

Cada etapa no processo de intercalação adiciona mais um elemento a b. Existem n elementos em b. Aquele elemento pode vir da primeira ou da segunda metade e, na maioria dos casos, os elementos das duas metades devem ser comparados para ver qual dos dois serve. Conte isto como 3 visitas (uma para b e uma para cada uma das duas metades de a) por elemento, ou 3n visitas no total. Então, você precisa copiar de volta de b para a, gerando mais 2n visitas, chegando a um total de 5n.

Se você representar $T(n)$ por o número de visitas requeridas para ordenar um intervalo de *n* elementos através do processo de classificação por intercalação, então você obtém

$$T(n) = T\left(\frac{n}{2}\right) + T\left(\frac{n}{2}\right) + 5n$$

porque são necessárias $T(n/2)$ visitas para ordenar cada metade. (Na verdade, se *n* não é par, então você tem um *subarray* de tamanho $(n-1)/2$ e um de tamanho $(n+1)/2$. Embora, como veremos, este detalhe não afete o resultado da computação, você pode supor, por ora, que *n* é uma potência de 2, digamos $n = 2^m$. Desta maneira, todos os *subarrays* podem ser divididos em duas partes iguais.)

Infelizmente, a fórmula

$$T(n) = 2T\left(\frac{n}{2}\right) + 5n$$

não diz claramente a você a relação entre *n* e $T(n)$. Para entender a relação, avalie $T(n/2)$, usando a mesma fórmula:

$$T\left(\frac{n}{2}\right) = 2T\left(\frac{n}{4}\right) + 5\frac{n}{2}$$

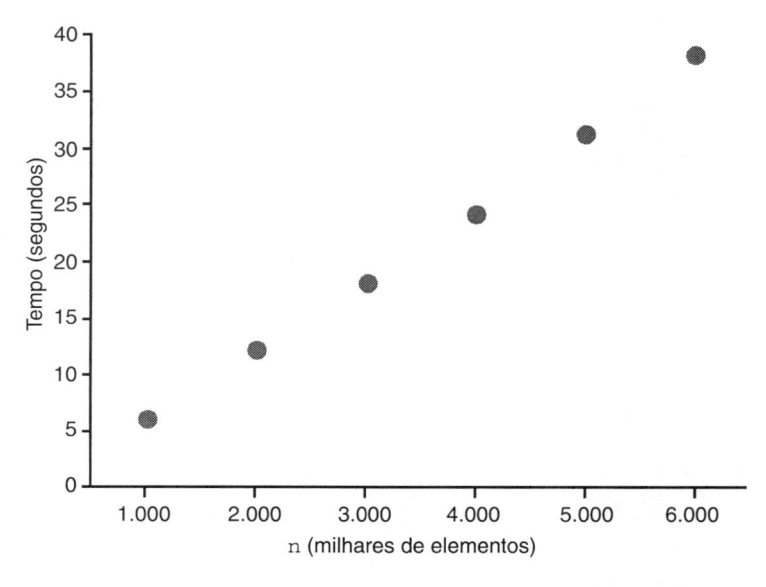

Figura 2
Cronometragem da classificação por intercalação.

Portanto

$$T(n) = 2 \times 2T\left(\frac{n}{4}\right) + 5n + 5n$$

Faça isto novamente:

$$T\left(\frac{n}{4}\right) = 2T\left(\frac{n}{8}\right) + 5\frac{n}{4}$$

conseqüentemente

$$T(n) = 2 \times 2 \times 2T\left(\frac{n}{8}\right) + 5n + 5n + 5n$$

Isto pode ser generalizado de 2, 4, 8, para quaisquer potências de 2:

$$T(n) = 2^k T\left(\frac{n}{2^k}\right) + 5nk$$

Lembre-se de que você supõe que $n = 2^m$; conseqüentemente, para $k = m$,

$$T(n) = 2^m T\left(\frac{n}{2^m}\right) + 5nm$$

$$= nT(1) + 5nm$$

$$= n + 5n\log_2 n$$

(Como $n = 2^m$, você tem $m = \log_2 n$.) Para estabelecer a ordem de crescimento, você descarta o termo de mais baixa ordem n e fica com $5n\log_2 n$. Descarte o fator constante 5. Também é hábito desprezar a base do logaritmo, porque todos os logaritmos estão relacionados por um fator constante. Por exemplo,

$$\log_2 x = \log_{10} x / \log_{10} 2 \approx \log_{10} x \times 3{,}32193$$

Consequentemente, dizemos que a classificação por intercalação é um algoritmo $O(n\log n)$.

Será que o algoritmo $O(n\log n)$ de classificação por intercalação é melhor que um algoritmo $O(n^2)$ de classificação por seleção? Você pode apostar que é. Lembre-se de que levou $100^2 = 10.000$ vezes mais tempo para ordenar 1.000.000 registros do que levou para ordenar 10.000 registros com o algoritmo $O(n^2)$. Com o algoritmo $O(n\log n)$, a relação é

$$\frac{1.000.000 \log 1.000.000}{10.000 \log 10.000} = 100\left(\frac{6}{4}\right) = 150$$

Suponha, por enquanto, que a classificação por intercalação leva o mesmo tempo que a classificação por seleção para ordenar um *array* de 10.000 inteiros, isso é, 4 segundos na máquina de teste. (Na verdade, ela é muito mais rápida do que isto.) Então, ela levaria cerca de 4×150 segundos, ou 10 minutos, para ordenar 1.000.000 de inteiros. Compare isto com a classificação por seleção, que levaria mais de 11 horas para a mesma tarefa. Como você pode ver, mesmo se você levar 11 horas para aprender sobre um algoritmo melhor, este tempo terá sido bem gasto.

Neste capítulo você apenas começou a arranhar a superfície deste interessante tópico. Existem muitos algoritmos de classificação, alguns com desempenho ainda melhor do que o algoritmo de classificação por intercalação, e a análise destes algoritmos pode ser um grande desafio. Você irá visitar novamente estas importantes questões em uma disciplina mais avançada do curso de ciência da computação.

Fato Histórico 15.1

Ada

No início dos anos 1970, o Departamento de Defesa dos EUA (DoD – *Department of Defense*) estava seriamente preocupado com o alto custo dos componentes de *software* de seus equipamentos bélicos. Era estimado que mais da metade do orçamento total do DoD era gasto no desenvolvimento deste *software para sistemas embarcados* – isto é, o *software* que está embutido em alguma máquina, tal como um avião ou míssil, para controlá-la. Um dos problemas observados era a grande variedade de linguagens de programação que eram usadas para produzir o *software*. Muitas destas linguagens, tais como TACPOL, CMS-2, SPL/1 e JOVIAL, eram virtualmente desconhecidas fora do setor de defesa.

Em 1976 foi pedido que uma comissão de cientistas da computação e representantes da indústria de defesa avaliasse as linguagens de programação existentes. A comissão deveria determinar se alguma delas poderia ser adotada como o padrão do DoD para toda a programação militar futura. Como era de se esperar, a comissão decidiu que uma nova linguagem precisaria ser criada.

Empresas contratadas foram então convidadas a submeter projetos para esta nova linguagem. Das 17 proponentes iniciais, 4 foram escolhidas para desenvolver suas linguagens. Para assegurar uma avaliação não tendenciosa, as linguagens receberam nomes de código: Red (da Intermetrics), Green (da CII Honeywell Bull), Blue (da Softech) e Yellow (da SRI International). Todas as quatro linguagens eram baseadas em Pascal.

A linguagem Green surgiu como a vencedora em 1979. Ela foi denominada de Ada, em homenagem a Ada Augusta, Condessa de Lovelace (1815–1852), uma patrocinadora de Charles Babbage, o pioneiro do século 19 que construiu diversas calculadoras mecânicas programáveis enormes (ver Figura 3). Ada Lovelace era uma das primeiras pessoas a imaginar o potencial de uma máqui-

Figura 3
A máquina diferencial de Babbage.

na como esta, não apenas para calcular tabelas matemáticas, mas também para o processamento de dados não numéricos. Ela é considerada como sendo a primeira programadora do mundo.

Em 1983 o padrão Ada foi finalizado. Além do costumeiro manual de referência ilegível que é *de rigueur* para a maioria dos padrões de linguagens, o padrão Ada tinha uma importante inovação: uma enorme *bateria de casos de teste de validação* pela qual um compilador deveria passar para receber o selo de conformidade com o padrão.

Devido a esta bateria de validação, compiladores Ada de diferentes fabricantes são altamente compatíveis uns com os outros. Em 1995, foi padronizada uma segunda geração de Ada, que suporta programação orientada a objetos e uma definição aprimorada da execução paralela de funções.

Ada não foi um sucesso imediato. Era uma linguagem complexa, cheia de todos os recursos imagináveis que foram considerados úteis para programação de sistemas embarcados. As versões iniciais de compiladores e sistemas de desenvolvimento eram lentas, não confiáveis e caras. A linguagem foi redondamente ridicularizada pelos acadêmicos como sendo um típico produto pretensioso do Departamento de Defesa. Fornecedores militares rotineiramente tentaram e obtiveram isenção do requisito de que eles deveriam usar Ada em seus projetos. Fora da indústria de defesa, poucas empresas usaram Ada.

Isto foi mudando lentamente. Ada agora está definitivamente adotada como a principal linguagem para *software* militar e encontrou aplicação em outros grandes projetos.

Pensando bem, muitas das críticas levantadas contra Ada são tendenciosas. C++ se tornou uma linguagem tão complexa e difícil de compilar quanto ela, mas Ada tem um padrão mais rigidamente definido e uma interação mais limpa entre as construções da linguagem. Ada estava à frente de seu tempo em imaginar que uma linguagem de programação moderna requer um maior número de recursos nativos, para evitar que os programadores tenham de reinventar estes mecanismos.

15.6 Pesquisando

Suponha que você precisa encontrar o número do telefone de seu amigo. Você procura seu nome na lista telefônica e naturalmente você pode encontrá-lo rapidamente, porque a lista telefônica está em ordem alfabética. Muito provavelmente, você nunca pensou em quão importante é que a lista telefônica esteja ordenada. Para ver isto, pense no seguinte problema: suponha que você tem um número de telefone e você precisa saber a quem ele pertence. Você poderia, é claro, telefonar para aquele número, mas suponha que ninguém atenda no outro lado da linha, ou que você simplesmente escute uma gravação. Você poderia olhar na lista telefônica, um número de cada vez, até que você o encontrasse. Isso, obviamente seria uma quantidade de trabalho enorme e você precisaria estar desesperado para tentar fazê-lo.

Esta difícil experiência mostra a diferença entre uma pesquisa em um conjunto de dados não ordenados e uma pesquisa em um conjunto de dados ordenados. As próximas duas seções analisarão a diferença formalmente.

Se você quer encontrar um número em uma seqüência de valores que ocorre em uma ordem arbitrária, não há nada que possa fazer para acelerar a pesquisa. Você precisa simplesmente procurar em todos os elementos até que tenha encontrado o que quer ou até que chegue ao fim. Isso é chamado de uma *pesquisa linear* ou *seqüencial*.

Eis aqui um procedimento que executa uma pesquisa linear em um vetor v de inteiros, procurando pelo valor a. O procedimento então retorna o índice do correspondente, ou −1 se a não ocorre em v.

Arquivo lsearch.cpp

```
1    #include <iostream>
2    #include <vector>
3    #include <cstdlib>
4    #include <ctime>
```

```cpp
 5
 6  using namespace std;
 7
 8  /**
 9     Encontra um elemento em um vetor.
10     @param v o vetor com os elementos a pesquisar
11     @param a o valor a ser procurado
12     @return o índice do primeiro correspondente, ou -1 se não encontrado
13  */
14  int linear_search(vector<int> v, int a)
15  {
16     for (int i = 0; i < v.size(); i++)
17     {
18        if (v[i] == a)
19           return i;
20     }
21     return -1;
22  }
23
24  /**
25     Imprime todos os elementos de um vetor.
26     @param a o vetor a imprimir
27  */
28  void print(vector<int> a)
29  {
30     for (int i = 0; i < a.size(); i++)
31        cout << a[i] << " ";
32     cout << "\n";
33  }
34
35  /**
36     Configura a semente do gerador de números aleatórios.
37  */
38  void rand_seed()
39  {
40     int seed = static_cast<int>(time(0));
41     srand(seed);
42  }
43
44  /**
45     Calcula um inteiro aleatório em um intervalo.
46     @param a o início do intervalo
47     @param b o fim do intervalo
48     @return um inteiro aleatório x, a <= x e x <= b
49  */
50  int rand_int(int a, int b)
51  {
52     return a + rand() % (b - a + 1);
53  }
54
55  int main()
56  {
57     rand_seed();
58     vector<int> v(20);
59     for (int i = 0; i < v.size(); i++)
60        v[i] = rand_int(1, 100);
61     print(v);
62     cout << "Digite o número a ser procurado: ";
63     int n;
```

```
64        cin >> n;
65        int j = linear_search(v, n);
66        cout << "Encontrado na posição " << j << "\n";
67        return 0;
68    }
```

Quanto tempo leva a pesquisa linear? Se você supõe que o elemento a está presente no vetor v, então a pesquisa média visita *n*/2 elementos. Se ele não está presente, então todos os *n* elementos devem ser inspecionados para verificar a ausência. De qualquer maneira, a pesquisa linear é um algoritmo $O(n)$.

15.7 Pesquisa binária

Agora pesquise um item em uma seqüência de dados que tenha sido ordenada previamente. É claro, você ainda poderia fazer a pesquisa linear, mas acontece que você pode fazer muito melhor do que isto.

Considere o seguinte exemplo: O conjunto de dados é

v[0]	v[1]	v[2]	v[3]	v[4]	v[5]	v[6]	v[7]
14	43	76	100	115	290	400	511

e você quer ver se o valor 123 está no conjunto de dados. O último ponto na primeira metade do conjunto de dados, v[3], é 100. Ele é menor do que o valor que você está procurando; conseqüentemente, você deve procurar na segunda metade do conjunto de dados por um correspondente, isto é, na seqüência

v[4]	v[5]	v[6]	v[7]
115	290	400	511

Agora, o último valor da primeira metade desta seqüência é 290; conseqüentemente, o valor deve estar localizado na seqüência

v[4]	v[5]
115	290

O último valor da primeira metade desta seqüência muito curta é 115, que é menor do que o valor que você está procurando, de modo que você deve procurar na segunda metade:

v[5]
290

É trivial ver que você não tem um correspondente, porque $123 \neq 290$. Se você quisesse inserir 123 na seqüência, você necessitaria inseri-lo imediatamente antes de v[5].

Este processo de pesquisa é chamado uma *pesquisa binária*, porque o tamanho da pesquisa é cortado pela metade em cada etapa. Este corte na metade somente funciona porque você sabe que a seqüência de valores está ordenada.

A função a seguir implementa uma pesquisa binária em um *array* de inteiros ordenado. Ela retorna a posição do valor correspondente se a pesquisa tem sucesso, ou −1 se a não é encontrado em v:

```
int binary_search(vector<int> v, int from, int to, int a)
{
   if (from > to)
```

```
        return -1;
    int mid = (from + to) / 2;
    if (v[mid] == a)
        return mid;
    else if (v[mid] < a)
        return binary_search(v, mid + 1, to, a);
    else
        return binary_search(v, from, mid - 1, a);
}
```

Agora, determine o número de visitas a elementos do *array* necessárias para executar uma pesquisa. Use a mesma técnica que na análise da classificação por intercalação e observe que

$$T(n) = T\left(\frac{n}{2}\right) + 1$$

já que você olha para o elemento do meio, o que conta como uma comparação, e então pesquisa no *subarray* da esquerda ou da direita. Usando a mesma equação,

$$T\left(\frac{n}{2}\right) = T\left(\frac{n}{4}\right) + 1$$

e substituindo-a na equação original, você obtém

$$T(n) = T\left(\frac{n}{4}\right) + 2$$

Isto pode ser generalizado para

$$T(n) = T\left(\frac{n}{2^k}\right) + k$$

Como na análise da classificação por intercalação, você faz a suposição simplificadora de que n é uma potência de 2, $n = 2^m$, onde $m = \log_2 n$. Então, você obtém

$$T(n) = 1 + \log_2 n$$

Portanto, a pesquisa binária é um algoritmo $O(\log n)$.

Este resultado faz sentido intuitivamente. Suponha que n é 100. Então, após cada pesquisa, o tamanho do intervalo de pesquisa é cortado pela metade, para 50, 25, 12, 6, 3 e 1. Após sete comparações terminamos. Isto está de acordo com nossa fórmula, já que $\log_2 100 \approx 6,64386$, e com certeza a próxima potência de 2 é $2^7 = 128$.

Já que a pesquisa binária é tão mais rápida do que a pesquisa linear, vale a pena ordenar um *array* primeiro e, então, usar uma pesquisa binária? Depende. Se você pesquisa no *array* somente uma vez, então é mais eficiente você pagar por uma pesquisa linear $O(n)$ do que por uma classificação $O(n \log n)$ e uma pesquisa binária $O(\log n)$. Mas, se fazemos diversas pesquisas no mesmo *array*, então a classificação definitivamente vale a pena.

Aqui está um programa completo que demonstra o algoritmo de pesquisa binária.

Arquivo bsearch.cpp

```
1    #include <iostream>
2    #include <vector>
3    #include <cstdlib>
4    #include <ctime>
5
6    using namespace std;
7
```

```cpp
 8   /**
 9      Encontra um elemento em um vetor ordenado.
10      @param v o vetor ordenado, com os elementos a pesquisar
11      @param from o início do intervalo a pesquisar
12      @param to o fim do intervalo a pesquisar
13      @param a o valor a pesquisar
14      @return o índice do primeiro correspondente, ou -1 se não encontrado
15   */
16   int binary_search(vector<int> v, int from, int to, int a)
17   {
18      if (from > to)
19         return -1;
20      int mid = (from + to) / 2;
21      if (v[mid] == a)
22         return mid;
23      else if (v[mid] < a)
24         return binary_search(v, mid + 1, to, a);
25      else
26         return binary_search(v, from, mid - 1, a);
27   }
28
29   /**
30      Imprime todos os elementos em um vetor.
31      @param a o vetor a imprimir
32   */
33   void print(vector<int> a)
34   {
35      for (int i = 0; i < a.size(); i++)
36         cout << a[i] << " ";
37      cout << "\n";
38   }
39
40   /**
41      Configura a semente do gerador de números aleatórios.
42   */
43   void rand_seed()
44   {
45      int seed = static_cast<int>(time(0));
46      srand(seed);
47   }
48
49   /**
50      Calcula um inteiro aleatório em um intervalo.
51      @param a o início do intervalo
52      @param b o fim do intervalo
53      @return um inteiro aleatório x, a <= x e x <= b
54   */
55   int rand_int(int a, int b)
56   {
57      return a + rand() % (b - a + 1);
58   }
59
60   int main()
61   {
62      rand_seed();
63      vector<int> v(20);
64      v[0] = 1;
65      for (int i = 1; i < v.size(); i++)
66         v[i] = v[i - 1] + rand_int(1, 10);
```

```
67
68      print(v);
69      cout << "Digite o número a ser procurado: ";
70      int n;
71      cin >> n;
72      int j = binary_search(v, 0, v.size() - 1, n);
73      cout << "Encontrado na posição " << j << "\n";
74      return 0;
75   }
```

15.8 Pesquisa e classificação de dados reais

Neste capítulo, você viu como pesquisar e classificar vetores de inteiros. É claro, em programação real raramente há necessidade de pesquisar em uma coleção de inteiros.

Entretanto, os procedimentos podem ser facilmente modificados para pesquisar em dados reais. Eis aqui um procedimento que aplica o algoritmo de pesquisa binária para encontrar um funcionário pelo nome. É claro, precisamos supor que o vetor está ordenado atualmente pelo campo de nome!

Arquivo esearch.cpp

```
1    #include <iostream>
2    #include <vector>
3
4    using namespace std;
5
6    #include "ccc_empl.h"
7
8    /**
9       Encontra um funcionário em um vetor ordenado.
10      @param v o vetor ordenado com os funcionários a pesquisar
11      @param from o início do intervalo a pesquisar
12      @param to o fim do intervalo a pesquisar
13      @param n o nome do funcionário a ser procurado
14      @return o índice do primeiro correspondente, ou -1 se não encontrado
15   */
16   int binary_search(vector<Employee> v, int from, int to, string n)
17   {
18      if (from > to)
19         return -1;
20      int mid = (from + to) / 2;
21      if (v[mid].get_name() == n)
22         return mid;
23      else if (v[mid].get_name() < n)
24         return binary_search(v, mid + 1, to, n);
25      else
26         return binary_search(v, from, mid - 1, n);
27   }
28
29   int main()
30   {
31      vector<Employee> staff(5);
32      staff[0] = Employee("Cracker, Carl", 48000.0);
33      staff[1] = Employee("Hacker, Harry", 35000.0);
34      staff[2] = Employee("Lam, Larry", 78000.0);
35      staff[3] = Employee("Reindeer, Rudolf", 63000.0);
36      staff[4] = Employee("Sandman, Susan", 51500.0);
37
38      cout << "Digite o nome do funcionário a ser procurado: ";
```

```
39      string name;
40      getline(cin, name);
41
42      int i = binary_search(staff, 0, staff.size() - 1, name);
43
44      if (i >= 0)
45         cout << staff[i].get_name() << " "
46            << staff[i].get_salary() << "\n";
47      else
48         cout << "Não encontrado.\n";
49
50      return 0;
51   }
```

Fato Histórico   15.2

Catalogando sua Coleção de Gravatas

Pessoas e empresas usam computadores para organizar praticamente todos os aspectos de suas vidas. No todo, computadores são tremendamente bons para coletar e analisar dados. Na verdade, o poder oferecido por computadores e seu *software* torna-os soluções sedutoras para praticamente qualquer problema organizacional. É fácil perder a noção do fato de que usar um computador nem sempre é a melhor solução para um problema.

John Bear [2] descreve um usuário de computador caseiro que escreveu para ele para descrever como ele usa um computador pessoal. Este usuário cataloga sua coleção de gravatas, colocando descrições das gravatas em um banco de dados e gerando relatórios que listam as mesmas por cor, preço ou estilo. Esperamos que esta pessoa tivesse um outro uso para justificar a compra de um equipamento que vale vários milhares de dólares, mas aquela aplicação lhe era tão cara que ele quis compartilhá-la. Talvez não surpreendentemente, poucos outros usuários compartilham tal excitação, e você não encontra as prateleiras de sua loja de *software* abarrotadas de *software* para catalogação de gravatas.

O fenômeno de usar tecnologia para satisfazer a si mesmo está bastante difundido. Nos anos 1990, diversas grandes corporações mostraram grande entusiasmo em usar redes de computadores para despachar filmes para espectadores caseiros sob demanda. Com a tecnologia disponível naquela época, esta era uma maneira muito cara de levar um filme até a casa de uma pessoa. Conexões de rede rápidas e novos equipamentos de recepção são necessários. Parece ser muito trabalho apenas para eliminar a viagem até a loja da locadora de vídeos. Com certeza, os experimentos de campo iniciais foram sóbrios. Nestes experimentos, as linhas e computadores da rede eram simulados por funcionários colocando fitas em aparelhos de vídeo remotos. Poucos clientes estavam dispostos a pagar o preço suficiente por este serviço para bancar os gigantescos investimentos necessários. Em algum ponto no futuro, pode se tornar bem econômico enviar filmes através de redes de computadores, mas hoje os aparelhos de vídeo baratos e filmes para alugar fazem um trabalho adequado a um custo aceitável.

Durante a "bolha da Internet" de 2000, centenas de empresas foram fundadas na perspectiva de que a Internet tornasse tecnologicamente possível encomendar itens tais como mantimentos e comida para animais domésticos a partir de um computador caseiro, e portanto as lojas tradicionais seriam substituídas por lojas na Web. Novamente, a viabilidade tecnológica não assegurou o sucesso econômico. Enviar mantimentos e comida para animais domésticos por caminhão para as residências não era economicamente viável e poucos clientes estavam dispostos a pagar pela conveniência adicional.

Na ocasião em que isto está sendo escrito, muitas escolas elementares estão gastando recursos tremendos para trazer computadores e a Internet para a sala de aula. Certamente, é fácil entender porque professores, administradores de escolas, pais e políticos estão a favor de computadores na sala de aula. O conhecimento de computadores não é absolutamente essencial para os jovens no novo milênio? Ele não é particularmente importante para dar a estudantes de baixa renda, cujos

▼ pais podem não ser capazes de pagar por um computador caseiro, a oportunidade de dominar habilidades com o computador? Entretanto, as escolas descobriram que computadores são enormemente caros. O custo inicial de comprar o equipamento, embora substancial quando comparado com o custo de livros e outros materiais de ensino, não está além do orçamento da maioria das escolas. Entretanto, o *custo total de propriedade* – isto é, o custo inicial mais o custo de manter os computadores em condições de funcionamento e de atualizá-los quando eles se tornam ultrapassados – é surpreendente. As escolas foram confrontadas por escolhas difíceis – deveriam elas demitir bibliotecárias e instrutores de arte para contratar mais técnicos em computação, ou deveriam deixar os caros equipamentos se tornarem inúteis? Surpreendentemente, muitas escolas estavam tão entusiasmadas com a nova onda, que elas nunca avaliaram a relação custo/benefício a não ser depois que os computadores chegaram.

Como programadores de computadores, é nosso desejo programar tudo. Como profissionais de computação, no entanto, devemos a nossos empregadores e clientes entender seu processo de trabalho e fornecer computadores e *software* somente quando eles adicionam mais valor do que custo.

Resumo do capítulo

1. Algoritmos que executam a mesma tarefa podem ter diferenças significativas no desempenho. Você analisou dois algoritmos de classificação: classificação por seleção e classificação por intercalação. Ambos rearranjam um *array* em ordem classificada, mas a classificação por intercalação é muito mais rápida sobre conjuntos de dados grandes.
2. Cientistas de computação usam a notação O-maiúsculo para dar descrições aproximadas da eficiência de algoritmos. Na notação O-maiúsculo somente o termo que aumenta mais rápido é importante; fatores constantes são ignorados. A classificação por seleção é um algoritmo $O(n^2)$; a classificação por intercalação é um algoritmo $O(n \log n)$.
3. Pesquisar um valor em um conjunto de dados não ordenados requer $O(n)$ etapas. Se o conjunto de dados está ordenado, a pesquisa binária pode encontrá-lo em $O(\log n)$ etapas.

Leitura adicional

[1] Robert Sedgewick, *Algorithms in C++*, 3a ed., Addison-Wesley, 1999.
[2] John Bear, *Computer Wimp*, Ten Speed Press, 1983.
[3] Donald E. Knuth, *The Art of Computer Programming, Vol. 1: Fundamental Algorithms*, Addison-Wesley, 1973.

Exercícios de revisão

Exercício R15.1. *Prevenindo erros por-um.* Quando escrevendo o algoritmo de classificação por seleção da Seção 15.1, um programador precisa fazer as opções usuais entre < e <=, a.size() e a.size() - 1, e next e next + 1. Isto é solo fértil para erros por-um. Faça inspeções do código do algoritmo com *arrays* de tamanhos 0, 1, 2 e 3 e verifique cuidadosamente se todos os valores de índices estão corretos.

Exercício R15.2. Qual é a diferença entre pesquisa e classificação?

Exercício R15.3. Para as expressões a seguir, qual é a ordem de crescimento de cada uma?

(a) $n^2 + 2n + 1$
(b) $n^{10} + 9n^9 + 20n^8 + 145n^7$

(c) $(n+1)^4$

(d) $(n^2+n)^2$

(e) $n + 0{,}001n^3$

(f) $n^3 - 1000n^2 + 10^9$

(g) $n + \log n$

(h) $n^2 + n\log n$

(i) $2^n + n^2$

(j) $(n^3 + 2n)/(n^2 + 0{,}75)$

Exercício R15.4. Você determinou que o número exato de visitas no algoritmo de classificação por seleção é

$$T(n) = \tfrac{1}{2}n^2 + \tfrac{5}{2}n - 3$$

Você então caracterizou esta função como tendo um crescimento $O(n^2)$. Calcule as relações exatas entre

$$T(2.000)/T(1.000)$$
$$T(5.000)/T(1.000)$$
$$T(10.000)/T(1.000)$$

e compare-as com

$$f(2.000)/f(1.000)$$
$$f(5.000)/f(1.000)$$
$$f(10.000)/f(1.000)$$

onde $f(n) = n^2$.

Exercício R15.5. Suponha que o algoritmo A leva cinco segundos para tratar um conjunto de dados de 1.000 registros. Se o algoritmo A é um algoritmo $O(n)$, quanto tempo ele levará para tratar de um conjunto de dados de 2.000 registros? E de 10.000 registros?

Exercício R15.6. Suponha que um algoritmo leva cinco segundos para tratar um conjunto de dados de 1.000 registros. Preencha a tabela a seguir, que mostra o crescimento aproximado dos tempos de execução dependendo da complexidade do algoritmo.

	$O(n)$	$O(n^2)$	$O(n^3)$	$O(n\log n)$	$O(2^n)$
1.000	5	5	5	5	5
2.000					
3.000		45			
10.000					

Por exemplo, como $3000^2/1000^2=9$, o algoritmo $O(n^2)$ levaria nove vezes mais tempo, ou 45 segundos, para tratar de um conjunto de dados de 3.000 registros.

Exercício R15.7. Ordene as taxas de crescimento a seguir, do crescimento mais lento para o crescimento mais rápido.

$$O(n)$$
$$O(n^3)$$
$$O(n^n)$$
$$O(\log n)$$
$$O(n^2 \log n)$$
$$O(n \log n)$$
$$O(2^n)$$
$$O(\sqrt{n})$$
$$O(n\sqrt{n})$$
$$O(n^{\log n})$$

Exercício R15.8. Qual é a ordem de complexidade do algoritmo padrão para encontrar o valor mínimo de um *array*? Para encontrar tanto o mínimo quanto o máximo?

Exercício R15.9. Qual é a ordem de complexidade da função a seguir?

```
int count(vector<int> a, int c)
{
    int i;
    int count = 0;

    for (i = 0; i < a.size(); i++)
    {
        if (a[i] == c) count++;
    }
    return count;
}
```

Exercício R15.10. Sua tarefa é remover todas as duplicatas de um *array*. Por exemplo, se o *array* contém os valores

    4 7 11 4 9 5 11 7 3 5

então o *array* deve ser mudado para

    4 7 11 9 5 3

Eis aqui um algoritmo simples. Examine `a[i]`. Conte quantas vezes ele ocorre em `a`. Se a contagem é maior do que 1, remova-o. Qual é a ordem de complexidade deste algoritmo?

Exercício R15.11. Considere o seguinte algoritmo para remover todas as duplicatas de um *array*. Ordene o *array*. Para cada elemento no *array*, examine seus dois vizinhos para decidir se ele está presente mais de uma vez. Se estiver, remova-o. Este é um algoritmo mais rápido do que aquele no exercício anterior?

Exercício R15.12. Desenvolva um algoritmo rápido para remover duplicatas de um *array* se o *array* resultante deve ter a mesma ordenação que o *array* original.

Exercício R15.13. Considere o seguinte algoritmo de classificação. Para ordenar a, crie um segundo *array* b, do mesmo tamanho. Então, insira elementos de a em b, mantendo b ordenado. Para cada elemento, chame a função de pesquisa binária do Exercício P15.7 para determinar onde ele precisa ser inserido. Para inserir um elemento no meio de um *array*, você precisa mover para cima todos os elementos acima do local de inserção.

Este é um algoritmo eficiente? Estime o número de visitas a elementos de *array* no processo de classificação. Suponha que, em média, a metade dos elementos de b precisam ser movidos para inserir um novo elemento.

Exercício R15.14. Faça uma inspeção da classificação por seleção com os seguintes conjuntos de dados.

(a) 4   7   11   4   9   5   11   7   3   5
(b) −7   6   8   7   5   9   0   11   10   5   8

Exercício R15.15. Faça uma inspeção da classificação por intercalação com os seguintes conjuntos de dados.

(a) 5   11   7   3   5   4   7   11   4   9
(b) 9   0   11   10   5   8   −7   6   8   7   5

Exercício R15.16. Faça uma inspeção do seguinte:

(a) Pesquisa linear, procurando 7 em   −7   1   3   3   4   7   11   13
(b) Pesquisa binária, procurando 8 em   −7   2   2   3   4   7   8   11   13
(c) Pesquisa binária, procurando 8 em   −7   1   2   3   5   7   10   13

Exercícios de programação

Exercício P15.1. Modifique o algoritmo de classificação por seleção para ordenar um vetor de inteiros em ordem decrescente.

Exercício P15.2. Modifique o algoritmo de classificação por seleção para ordenar um vetor de funcionários pelo salário.

Exercício P15.3. Escreva um programa que gera a tabela com os tempos de execução de alguns exemplos de classificação por seleção automaticamente. O programa deve pedir o menor e o maior valor de n e o número de medições e então criar todos os exemplos de execução.

Exercício P15.4. Modifique o algoritmo de classificação por intercalação para ordenar um vetor de funcionários por salário.

Exercício P15.5. Escreva um programa de procura de telefone. Leia um conjunto de dados de 1.000 nomes e números de telefone de um arquivo que contém os números em ordem aleatória. Faça procuras por nome e também procuras reversas, por número de telefone. Use uma pesquisa binária para as duas procuras.

Exercício P15.6. Modifique o algoritmo de pesquisa binária de modo que você possa pesquisar os registros armazenados em um *arquivo de banco de dados* sem realmente ler os mesmos para um vetor. Use o banco de dados de funcionários da Seção 12.5, ordene-o por nome de produto, e faça procuras por produtos.

Exercício P15.7. Considere a função de pesquisa binária na Seção 15.7. Se nenhum correspondente é encontrado, a função retorna −1. Modifique a função de modo que ela retorne um valor `bool` indicando se foi encontrado um correspondente. Adicione um parâmetro por referência m, que é ajustado para a posição do correspondente se a pesquisa teve sucesso. Se a não foi encontrado, em vez disso ajuste m para o índice do próximo valor maior, ou para `a.size()` se a é maior do que todos os elementos do vetor.

Exercício P15.8. Use a modificação do algoritmo de pesquisa binária do exercício anterior para ordenar um *array*. Crie um segundo *array* do mesmo tamanho do *array* a ser ordenado. Para cada elemento no primeiro *array*, chame a pesquisa binária sobre o segundo *array* para descobrir onde o novo elemento deve ser inserido. Então, mova todos os elementos acima do ponto de inserção para cima por uma célula e insira o novo elemento. Assim, o segundo *array* é mantido sempre ordenado. Implemente este algoritmo e meça seu desempenho.

Exercício P15.9. Implemente o procedimento `merge_sort` sem recursividade, sendo o tamanho do vetor uma potência de 2. Primeiro, intercale regiões adjacentes de tamanho 1, depois regiões adjacentes de tamanho 2, depois regiões adjacentes de tamanho 4, e assim por diante.

Exercício P15.10. Implemente o procedimento `merge_sort` sem recursividade, sendo o tamanho do vetor um número qualquer. *Dica*: Continue intercalando áreas adjacentes cujo tamanho é uma potência de 2, e preste atenção especial para a última área no *array*.

Exercício P15.11. Crie uma *animação gráfica* da classificação por seleção, como segue: Preencha um *array* com um conjunto de números aleatórios entre 1 e 100. Configure o sistema de coordenadas da janela para `a.size()` por 100. Desenhe cada elemento do *array* como um bastão, como na Figura 4. Sempre que você altera o *array*, limpe a tela e desenhe novamente.

Exercício P15.12. Crie uma animação gráfica da classificação por intercalação.

Exercício P15.13. Crie uma animação gráfica da pesquisa binária. Destaque o elemento que está sendo inspecionado a cada momento.

Exercício P15.14. Escreva um programa que mantém uma agenda de compromissos. Crie uma classe `Appointment` que armazena uma descrição do compromisso, o dia do compromisso, a hora de início e a hora de fim. Seu programa deve manter os compromissos em um vetor ordenado. Os usuários podem adicionar compromissos e imprimir todos os compromissos para um determinado dia. Quando um novo compromisso é adicionado, use pesquisa binária para descobrir onde ele deve ser inserido no vetor. Não o adicione se ele conflita com um outro compromisso.

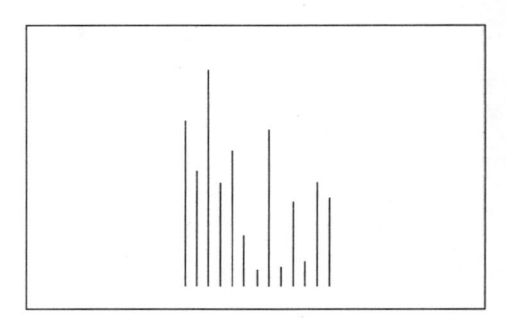

Figura 4
Animação gráfica.

Capítulo 16

Uma Introdução a Estruturas de Dados

Objetivos do capítulo

- Ser capaz de escrever programas com listas e iteradores padrão
- Entender as vantagens e desvantagens da estrutura de dados lista
- Ser capaz de implementar listas encadeadas
- Aprender sobre pilhas e filas
- Familiarizar-se com contêineres comuns e algoritmos da biblioteca padrão de gabaritos (*Standard Template Library*)

Até este ponto, temos usado a construção `vector` como um mecanismo genérico para coletar valores. Entretanto, cientistas de computação desenvolveram muitas estruturas de dados diferentes, que têm características de desempenho variáveis. Neste capítulo, você aprenderá sobre a lista encadeada, uma estrutura de dados que permite a você adicionar e remover valores de forma eficiente, sem mover nenhum valor existente. Você também vai aprender sobre estruturas de dados e algoritmos da biblioteca padrão de gabaritos (*Standard Template Library* – STL), que é uma parte importante do padrão C++.

Conteúdo do capítulo

16.1 Listas encadeadas 548
16.2 Implementando listas encadeadas 551
Fato histórico 16.1: Coleta de lixo 563
16.3 Pilhas e filas 563
16.4 Outros contêineres padrão 566
Tópico avançado 16.1: Definindo um ordenamento para elementos de um conjunto 567
16.5 Algoritmos padrão 567

16.1 Listas encadeadas

Imagine um programa que mantém um vetor de registros de funcionários, ordenados pelo sobrenome. Quando um novo funcionário é contratado, é preciso inserir um registro no vetor. A menos que o nome do novo funcionário comece com Z, ele precisa ser inserido no meio do vetor; então, muitos outros registros de funcionários precisam ser movidos para baixo (ver Figura 6 no Capítulo 9). Ao contrário, se um funcionário deixa a empresa, o buraco na seqüência precisa ser preenchido movendo todos os registros de funcionários que vinham depois dele (ver Figura 5 no Capítulo 9).

Em uma aplicação realista, registros de funcionários contêm o nome, o salário, o endereço e o ramal telefônico do funcionário e outras informações. Estes conjuntos de dados podem ser bastante volumosos. Quando um registro de funcionário é movido, todos aqueles dados precisam ser copiados da antiga posição para a nova posição. Mover um grande número de registros de funcionários pode envolver uma quantidade substancial de tempo do computador.

Vetores e *arrays* armazenam uma seqüência de valores em um longo bloco de memória. Uma outra estrutura de contêiner, uma *lista encadeada*, usa uma estratégia diferente. Cada valor é armazenado em seu próprio bloco de memória, junto com as localizações dos blocos vizinhos na seqüência (ver Figura 1). Agora, é uma tarefa fácil adicionar um outro valor à seqüência ou remover um valor da seqüência, sem mover os outros (ver Figuras 2 e 3).

A biblioteca padrão C++ tem uma implementação da estrutura de contêiner lista encadeada.

Nesta seção, você aprenderá como usar a estrutura padrão lista encadeada. Mais tarde, você irá olhar "por trás dos bastidores" e descobrir como implementar listas encadeadas. (A lista encadeada da biblioteca padrão C++ tem *links* (elos de ligação) indo nas duas direções. Uma lista como esta é freqüentemente chamada de lista *duplamente encadeada*. Uma lista *simplesmente encadeada* não tem os *links* para os elementos predecessores.)

Construir uma lista é muito parecido com construir um vetor. Assim como `vector`, a `list` padrão é um *gabarito*: você pode declarar listas para diferentes tipos. Por exemplo, para criar uma lista de *strings*, defina um objeto do tipo `list<string>`. Então você pode usar a função `push_back` para adicionar *strings* à lista. O segmento de código a seguir define uma lista de *strings*, `staff`, e adiciona quatro *strings* a ela:

```
list<string> staff;

staff.push_back("Cracker, Carl");
staff.push_back("Hacker, Harry");
staff.push_back("Lam, Larry");
staff.push_back("Sandman, Susan");
```

Esse código se parece exatamente com o código que você usaria para construir um vetor de *strings*. Existe, no entanto, uma importante diferença. Suponha que você quer acessar o quarto elemento na lista. Você não pode fazer referência direta a `staff[3]`. Como os valores não estão armazenados em um bloco contíguo na memória, não existe uma maneira rápida de acessar o quarto elemento. Em vez disso, você precisa visitar um elemento de cada vez, começando no início da lista e então prosseguindo para o próximo elemento.

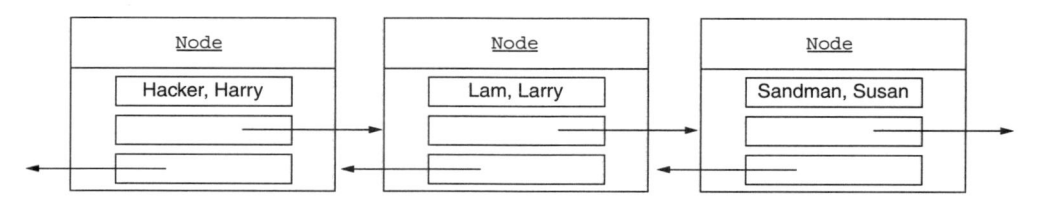

Figura 1

Uma lista encadeada.

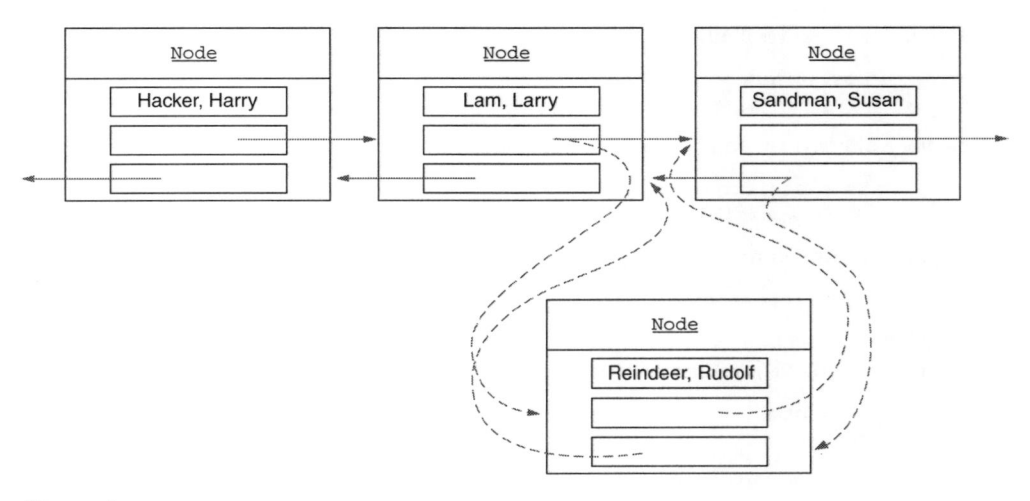

Figura 2
Adicionando um nodo a uma lista encadeada.

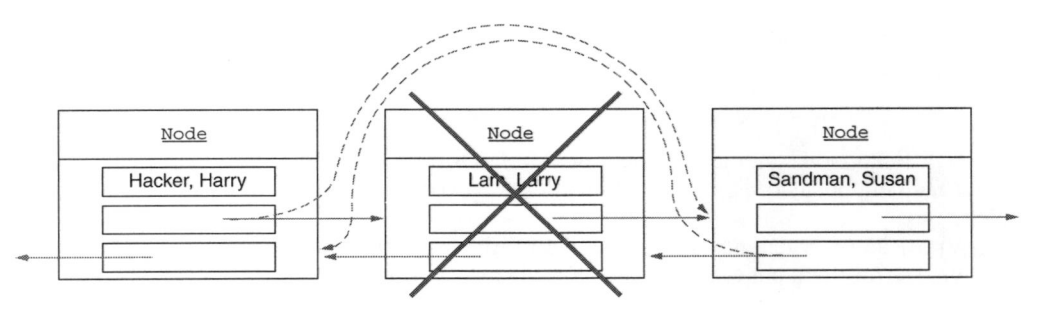

Figura 3
Removendo um nodo de uma lista encadeada.

Para visitar um elemento, você precisa usar um *iterador de lista*. Um iterador marca uma *posição* na lista. Para obter um iterador que marca a posição inicial na lista, você define uma variável iterador, então chama a função `begin` da classe `list` para obter a posição inicial:

```
list<string>::iterator pos;
pos = staff.begin();
```

Para mover o iterador para a próxima posição, use o operador ++:

```
pos++;
```

Para movê-lo para a quarta posição, incremente-o mais duas vezes. Você também pode mover o iterador para trás, com o operador --:

```
pos--;
```

Você pode conseguir o valor que está armazenado na posição com o operador *:

```
string value = *pos;
```

Você deve ter o cuidado de distinguir entre o iterador `pos`, que representa uma posição na lista, e o valor `*pos`, que representa o valor que está armazenado na lista.

Por exemplo, se você altera `*pos`, então atualiza o conteúdo na lista:

```
*pos = "Van Dyck, Vicki";
     /* o valor da lista naquela posição é alterado */
```

Se você altera `pos`, então simplesmente altera a posição corrente.

```
pos = staff.begin();
     /* a posição está novamente no início da lista */
```

Para inserir um outro *string* antes da posição do iterador, use a função `insert`:

```
staff.insert(pos, "Reindeer, Rudolph");
```

A função `insert` insere o novo elemento *antes* da posição do iterador, em vez de após ele. Essa convenção torna fácil inserir um novo elemento antes do primeiro valor da lista:

```
pos = staff.begin();
staff.insert(pos, "Bourbon, Bruce");
```

Isso levanta a questão de como você insere um valor após o fim da lista. Cada lista tem uma *posição final* que não corresponde a nenhum valor na lista, mas que aponta além do fim da lista. A função `end` retorna aquela posição:

```
pos = staff.end(); /* aponta além do fim da lista */
staff.insert(pos, "Yaglov, Yvonne");
     /* insere além do fim da lista */
```

é um erro calcular

```
string value = *staff.end(); /* ERRO */
```

A posição `end` não aponta para nenhum valor, de forma que você não pode examinar o valor naquela posição. Este erro é equivalente ao erro de acessar `s[10]` em um vetor com 10 elementos.

A posição `end` tem uma outra finalidade útil: ela é o ponto de parada para percorrer a lista. O código a seguir itera por todos os elementos da lista e os imprime:

```
pos = staff.begin();
while (pos != staff.end())
{
    cout << *pos << "\n";
    pos++;
}
```

O percurso pode ser descrito de forma mais concisa com um laço `for`:

```
for (pos = staff.begin(); pos != staff.end(); pos++)
    cout << *pos << "\n";
```

É claro, isto parece muito semelhante ao laço `for` típico para percorrer um vetor:

```
for (i = 0; i < s.size(); i++)
    cout << s[i] << "\n";
```

Finalmente, para remover um elemento de uma lista, você move um iterador para a posição que você quer remover, então chama a função `erase`. O código a seguir apaga o segundo elemento da lista:

```
pos = staff.begin();
pos++;
staff.erase(pos);
```

Aqui está um exemplo de programa curto que adiciona elementos a uma lista, insere e apaga elementos da lista, e finalmente percorre a lista resultante.

Arquivo list1.cpp

```
1    #include <string>
2    #include <list>
3    #include <iostream>
4
5    using namespace std;
6
7    int main()
8    {
9       list<string> staff;
10
11      staff.push_back("Cracker, Carl");
12      staff.push_back("Hacker, Harry");
13      staff.push_back("Lam, Larry");
14      staff.push_back("Sandman, Susan");
15
16      /* adiciona um valor na quarta posição */
17
18      list<string>::iterator pos;
19      pos = staff.begin();
20      pos++;
21      pos++;
22      pos++;
23
24      staff.insert(pos, "Reindeer, Rudolf");
25
26      /* remove o valor na segunda posição */
27
28      pos = staff.begin();
29      pos++;
30
31      staff.erase(pos);
32
33      /* imprime todos os valores */
34
35      for (pos = staff.begin(); pos != staff.end(); pos++)
36         cout << *pos << "\n";
37
38      return 0;
39   }
```

Agora você sabe como colocar listas encadeadas a funcionar. Entretanto, como a implementação da classe list é escondida de você, você precisou acreditar que os valores da lista estão realmente armazenados em blocos de memória separados e que as operações insert e erase são mais rápidas do que as operações equivalentes para vetores. Na próxima seção, você irá aprender como as classes list e iterator podem ser implementadas, e vai entender como as operações de lista podem atualizar uma lista sem mover os valores armazenados de um lado para outro.

16.2 Implementando listas encadeadas

Voltemo-nos agora para a implementação de uma lista encadeada. Nesta seção, iniciaremos com uma lista encadeada de *strings*. No Capítulo 17, você verá como usar gabaritos para implementar listas encadeadas que podem guardar valores de quaisquer tipos, e como usar classes aninhadas e operadores sobrecarregados para implementar iteradores que se comportam exatamente como aqueles da biblioteca padrão de C++.

16.2.1 As classes para listas, nodos e iteradores

A classe `list` da biblioteca padrão define muitas funções-membro úteis. Para simplificar, estudaremos somente a implementação daquelas mais úteis: `push_back`, `insert`, `erase` e as operações de iteradores. Chamamos nossa classe de `List`, com um L maiúsculo, para diferenciá-la do gabarito de classe padrão `list`.

Uma lista encadeada armazena cada valor em um objeto separado, chamado de *nodo*. Um objeto nodo guarda um valor, junto com ponteiros para os nodos anterior e próximo:

```cpp
class Node
{
public:
    Node(string s);
private:
    string data;
    Node* previous;
    Node* next;
friend class List;
friend class Iterator;
};
```

Observe as declarações `friend`. Elas indicam que as funções membro de `List` e `Iterator` têm permissão para inspecionar e modificar os membros de dados da classe `Node`, que iremos escrever agora.

Uma classe não deve conceder amizade (declarar como `friend`) a outra classe gratuitamente, porque isto quebra a proteção por privacidade. Neste caso, no entanto, faz sentido, pois as funções `List` e `Iterator` fazem todo o trabalho necessário e a classe nodo é apenas um artifício de implementação que é invisível para os usuários da classe `List`. Observe que nenhum código, além das funções-membro das classes `List` e `Iterator`, pode acessar os campos de nodos, de modo que a integridade dos dados ainda está garantida.

Um objeto `List` guarda as posições do primeiro e último nodos na lista:

```cpp
class List
{
public:
    List();
    void push_back(string s);
    void insert(Iterator pos, string s);
    Iterator erase(Iterator pos);
    Iterator begin();
    Iterator end();
private:
    Node* first;
    Node* last;
};
```

Se a lista está vazia, então os ponteiros `first` e `last` são NULL. Observe que um objeto `List` não armazena dados; ele apenas sabe onde encontrar os objetos nodo que armazenam o conteúdo da lista. Finalmente, um *iterador* indica uma posição na lista. Ele guarda um ponteiro para a lista para a qual ele aponta e um ponteiro para o nodo que indica sua posição corrente. Por enquanto, usamos funções-membro `get`, `next` e `equals` em vez dos operadores `*`, `++` e `==`. Por exemplo, chamaremos `pos.next()` em vez de `pos++`. Você verá no Capítulo 17 como habilitar o uso de operadores.

```cpp
class Iterator
{
public:
    Iterator();
    string get() const;
```

```
        void next();
        void previous();
        bool equals(Iterator b) const;
    private:
        Node* position;
        Node* last;
    friend class List;
    };
```

Se o iterador aponta além do fim da lista, então o ponteiro `position` é NULL. O objeto iterador também armazena um ponteiro para o último elemento da lista, de modo que o método `previous` pode mover o iterador de volta da posição além do fim para o último elemento da lista. (Esta é apenas uma das possíveis opções para implementar a posição além do fim. Uma outra opção seria armazenar um nodo vazio de verdade no fim da lista. Algumas implementações da classe padrão `list` fazem exatamente isto.)

16.2.2 Implementando iteradores

Iteradores são criados pelas funções membro `begin` e `end` da classe `List`. A função `begin` cria um iterador cujo ponteiro `position` aponta para o primeiro nodo na lista. A função `end` cria um iterador cujo ponteiro `position` é NULL.

```
Iterator List::begin()
{
    Iterator iter;
    iter.position = first;
    iter.last = last;
    return iter;
}

Iterator List::end()
{
    Iterator iter;
    iter.position = NULL;
    iter.last = last;
    return iter;
}
```

A função `next` (que é equivalente ao operador ++) avança o iterador para a próxima posição. Esta é uma operação muito comum em uma lista encadeada; vamos estudá-la em detalhe.

O ponteiro `position` aponta para o nodo corrente na lista. Aquele nodo tem um campo `next`. Como `position` é um ponteiro para nodo, o campo `next` no nodo para o qual `position` aponta é referido como

```
position->next
```

Aquele campo `next` é, ele mesmo, um ponteiro, apontando para o próximo nodo na lista encadeada (ver Figura 4). Para fazer `position` apontar para aquele próximo nodo, escreva

```
position = position->next;
```

Entretanto, você pode avaliar `position->next` somente se `position` não é NULL, porque é um erro dereferenciar um ponteiro NULL. Isto é, é ilegal avançar o iterador uma vez que ele esteja na posição além do fim.

Eis aqui o código completo para a função `next`:

```
void Iterator::next()
{
    assert(position != NULL);
    position = position->next;
}
```

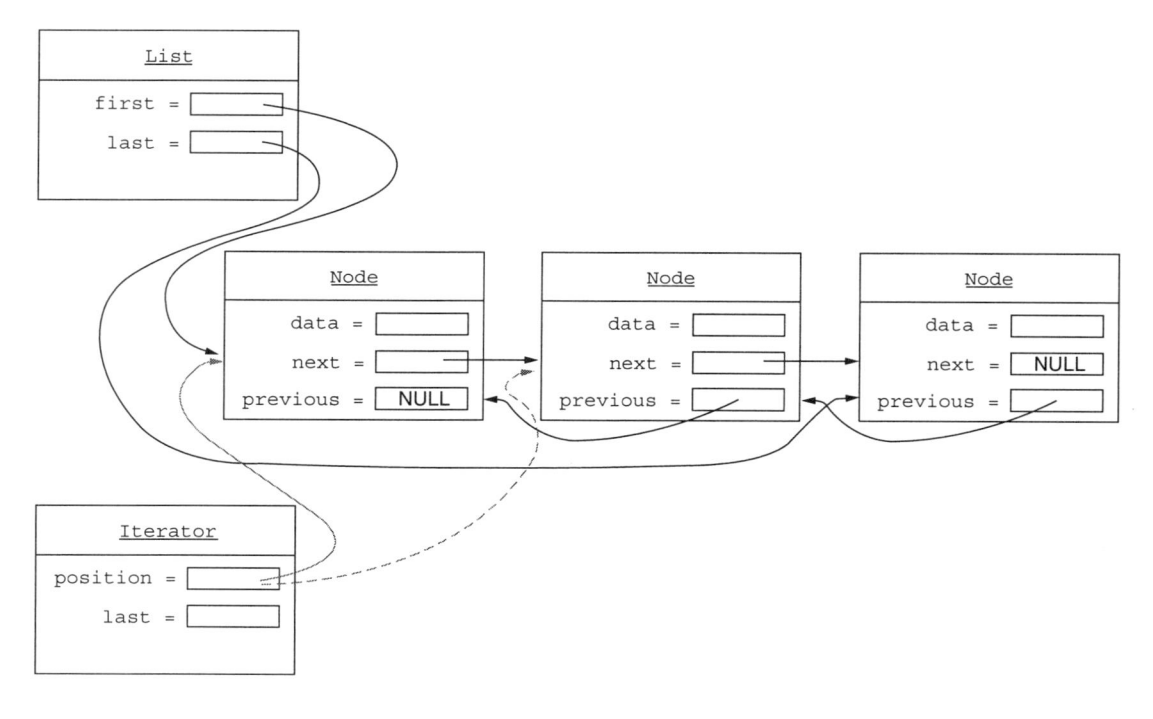

Figura 4
Avançando um iterador.

A função `previous` (que é equivalente ao operador --) é um pouco mais complexa. No caso comum, você move a posição para trás com a instrução

```
position = position->previous;
```

Entretanto, se o iterador está atualmente além do fim, então você precisa fazer ele apontar para o último elemento na lista. Também, quando o iterador aponta para o primeiro elemento na lista, é ilegal movê-lo mais para trás. O primeiro elemento na lista pode ser reconhecido pelo fato de que seu ponteiro `previous` é NULL:

```
void Iterator::previous()
{
    if (position == NULL)
        position = last;
    else
        position = position->previous;
    assert(position != NULL);
}
```

A função `get` (que é equivalente ao operador `*`) simplesmente retorna o valor `data` do nodo para o qual `position` aponta – isto é, `position->data`. É ilegal chamar `get` se o iterador aponta além do fim da lista:

```
string Iterator::get() const
{
    assert(position != NULL);
    return position->data;
}
```

Finalmente, a função `equals` (que é equivalente ao operador `==`) compara dois ponteiros position:

```
bool Iterator::equals(Iterator b) const
{
    return position == b.position;
}
```

16.2.3 Implementando inserção e remoção

Na última seção você viu como implementar os iteradores que percorrem uma lista existente. Agora você verá como construir listas adicionando e removendo elementos, etapa por etapa.

Primeiro, estude a função `push_back`. Ela acrescenta um elemento ao fim da lista (ver Figura 5). Crie um novo nodo:

```
Node* newnode = new Node(s);
```

Este novo nodo deve ser integrado à lista após o nodo para o qual o ponteiro `last` aponta. Isto é, o campo `next` do último nodo (que atualmente é `NULL`) deve ser atualizado para `newnode`. Também, o campo `previous` do novo nodo precisa apontar para o que costumava ser o último nodo:

```
newnode->previous = last;    ①

last->next = newnode;    ②
```

Finalmente, você deve atualizar o ponteiro `last` para refletir que o novo nodo agora é o último nodo na lista:

```
last = newnode;    ③
```

Entretanto, existe um caso especial quando `last` é `NULL`, o que pode acontecer somente quando a lista está vazia. Após a chamada a `push_back`, a lista tem um único nodo – a saber, newnode. Neste caso, tanto `first` quanto `last` devem ser apontados para newnode:

```
void List::push_back(string s)
{
    Node* newnode = new Node(s);
    if (last == NULL) /* a lista está vazia */
    {
        first = newnode;
        last = newnode;
    }
}
```

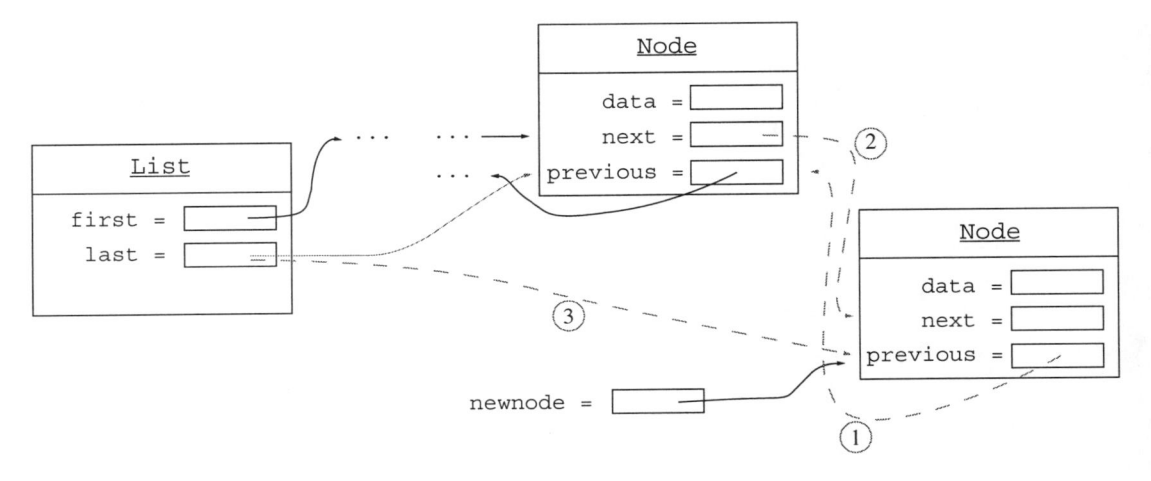

Figura 5

Acrescentando um nodo no fim de uma lista encadeada.

```
        else
        {
           newnode->previous = last;
           last->next = newnode;
           last = newnode;
        }
    }
```

Inserir um elemento no meio de uma lista encadeada é um pouco mais difícil, porque os ponteiros dos nodos nos *dois* nodos em torno do novo nodo precisam ser atualizados. A declaração de função é

```
        void List::insert(Iterator iter, string s)
```

Isto é, um novo nodo contendo s é inserido antes da `iter.position` (ver Figura 6).

Dê nomes aos nodos em torno. Chame de `before` o nodo antes da posição de inserção e de `after` o nodo após aquela. Isto é,

```
        Node* after = iter.position;
        Node* before = after->previous;
```

O que acontece se `after` é NULL? Afinal, é ilegal aplicar `->` a um ponteiro NULL. Nesta situação, você está inserindo após o fim da lista. Simplesmente chame `push_back` para tratar aquele caso separadamente. Caso contrário, você precisa inserir `newnode` entre `before` e `after`:

```
        newnode->previous = before;    ①
        newnode->next = after;         ②
```

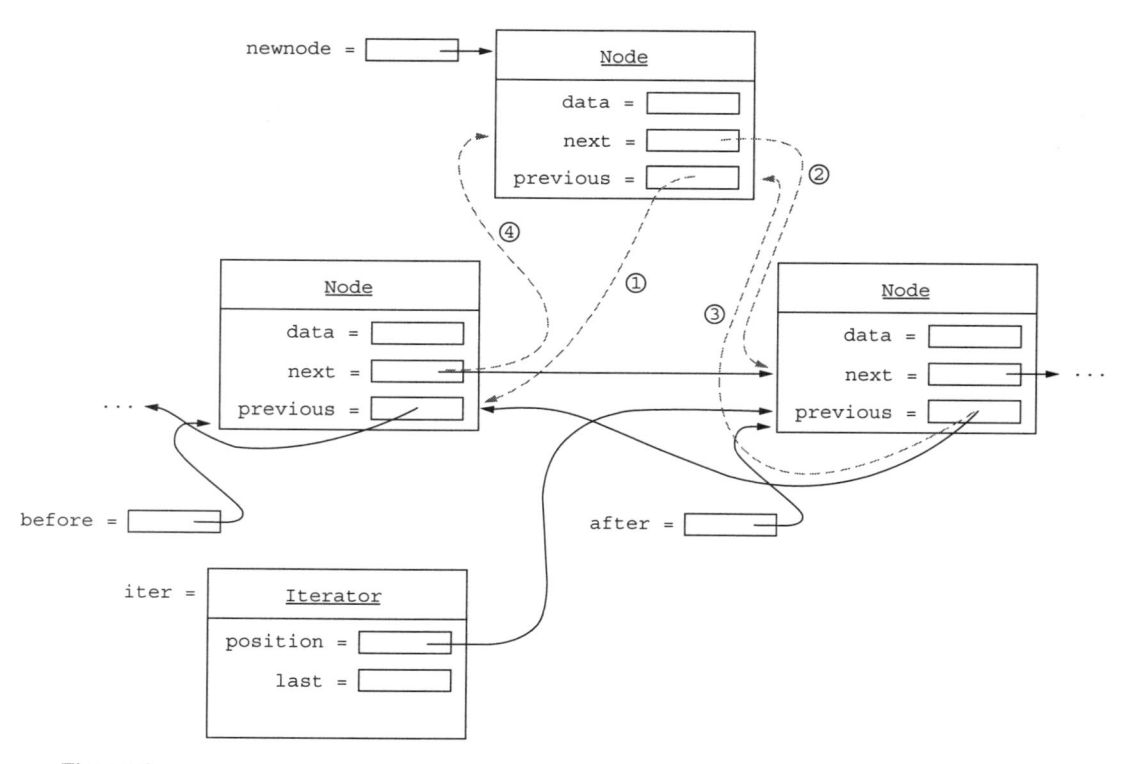

Figura 6
Inserindo um nodo em uma lista encadeada.

Você também precisa atualizar os nodos de before e after para apontar para o novo nodo:

```
after->previous = newnode;   ③

before->next = newnode; /* se before != NULL */   ④
```

Entretanto, você precisa ser cuidadoso. Você sabe que after não é NULL, mas é possível que before seja NULL. Neste caso, você está inserindo no início da lista e precisa ajustar first:

```
if (before = NULL) /* inserção no início */
    first = newnode;
else
    before->next = newnode;
```

Aqui está o código completo para a função insert:

```
void List::insert(Iterator iter, string s)
{
    if (iter.position == NULL)
    {
        push_back(s);
        return;
    }

    Node* after = iter.position;
    Node* before = after->previous;
    Node* newnode = new Node(s);
    newnode->previous = before;
    newnode->next = after;
    after->previous = newnode;
    if (before == NULL) /* inserção no início */
        first = newnode;
    else
        before->next = newnode;
}
```

Finalmente, olhe para a implementação da função erase:

```
Iterator List::erase(Iterator iter)
```

Você quer remover o nodo para o qual iter.position aponta. É ilegal apagar a posição além do fim, portanto assegure-se de que iter.position realmente aponta para um elemento da lista:

```
assert(iter.position != NULL);
```

Como antes, dê nomes ao nodo a ser removido, o nodo antes dele e o nodo após ele:

```
Node* remove = iter.position;
Node* before = remove->previous;
Node* after = remove->next;
```

Você precisa atualizar os ponteiros next e previous dos nodos before e after para contornarem o nodo que deve ser removido (ver Figura 7).

```
before->next = after; /* se before != NULL */   ①

after->previous = before; /* se after != NULL */   ②
```

Entretanto, como antes, você precisa estar preparado para a possibilidade de before, after, ou ambos serem NULL. Se before é NULL, você está apagando o primeiro elemento na lista. Ele não tem predecessor para atualizar, mas você precisa mudar o ponteiro first da lista. Ao contrário, se after é NULL, você está apagando o último elemento da lista e deve atualizar o ponteiro last da lista:

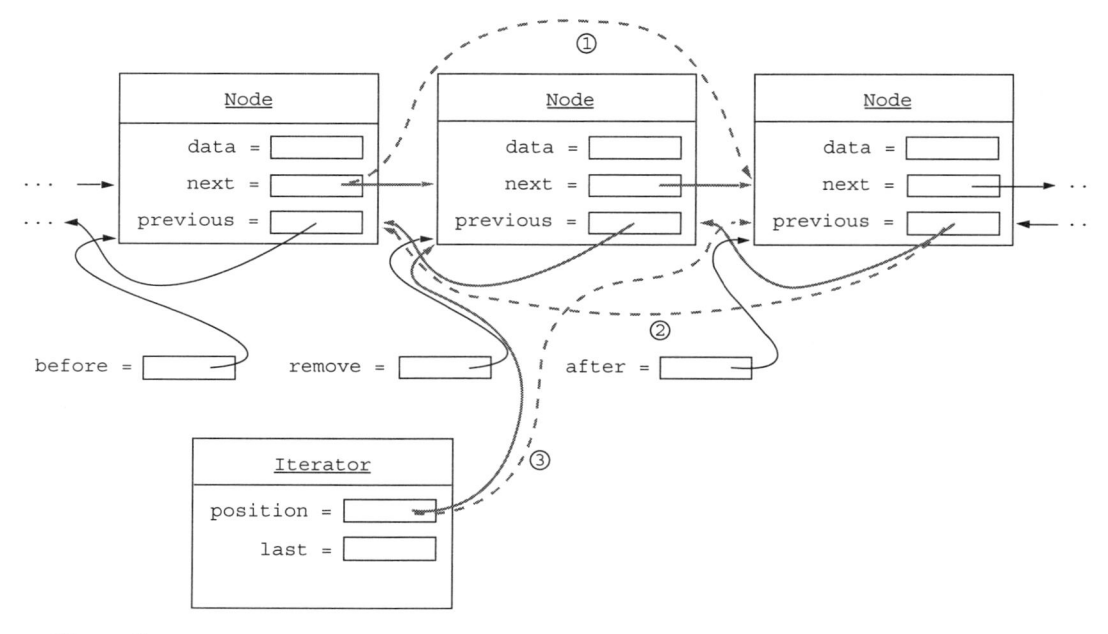

```
                              ①
   ┌──────────────┐    ┌──────────────┐    ┌──────────────┐
   │    Node      │    │    Node      │    │    Node      │
   │ data = ▭     │    │ data = ▭     │    │ data = ▭     │
...│ next = ▭─────┼───▸│ next = ▭─────┼───▸│ next = ▭─────┼─ ..
...│ previous = ▭ │◂───┼─ previous = ▭│◂───┼─ previous = ▭│◂─ ..
   └──────────────┘    └──────────────┘    └──────────────┘

                              ②
   before = ▭        remove = ▭        after = ▭

              ┌──────────────┐
              │   Iterator   │
              │ position = ▭ │
              │   last = ▭   │
              └──────────────┘    ③
```

Figura 7

Removendo um nodo de uma lista encadeada.

```
if (remove == first)
    first = after;
else
    before->next = after;
if (remove == last)
    last = before;
else
    after->previous = before;
```

Você precisa ajustar a posição do iterador de modo que ele não mais aponte para o elemento removido.

```
iter.position = after;   ③
```

Finalmente, você precisa lembrar de reciclar o nodo removido:

```
delete remove;
```

Aqui está a função `erase` completa.

```
Iterator List::erase(Iterator i)
{
    Iterator iter = i;
    assert(iter.position != NULL);
    Node* remove = iter.position;
    Node* before = remove->previous;
    Node* after = remove->next;
    if (remove == first)
        first = after;
    else
        before->next = after;
    if (remove == last)
        last = before;
    else
```

```
            after->previous = before;
        iter.position = after;
        delete remove;
        return iter;
    }
```

Implementar estas operações com listas encadeadas é razoavelmente complexo. Também é sujeito a erros. Se você comete um engano e direciona mal algum dos ponteiros, você pode obter erros sutis. Por exemplo, se você comete um engano com um ponteiro `previous`, você pode nunca percebê-lo até que você percorra a lista do fim para o início. Se um nodo foi apagado, então aquela mesma área de memória pode ser novamente alocada mais tarde para uma finalidade diferente, e se você manteve um ponteiro para ele, seguir aquele ponteiro para um nodo inválido levará a um desastre. Você precisa ter um cuidado especial quando implementar quaisquer operações que manipulam os ponteiros do nodo diretamente.

Aqui está um programa que põe em uso nossa lista encadeada e demonstra as operações `insert` e `erase`.

Arquivo list2.cpp

```
1   #include <string>
2   #include <iostream>
3   #include <cassert>
4
5   using namespace std;
6
7   class List;
8   class Iterator;
9
10  class Node
11  {
12  public:
13     /*
14         Constrói um nodo com um valor de dado fornecido.
15         @param s o dado a armazenar neste nodo
16     */
17     Node(string s);
18  private:
19     string data;
20     Node* previous;
21     Node* next;
22  friend class List;
23  friend class Iterator;
24  };
25
26  class List
27  {
28  public:
29     /**
30         Constrói uma lista vazia.
31     */
32     List();
33     /**
34        Acrescenta um elemento à lista.
35        @param s o valor a acrescentar
36     */
37     void push_back(string s);
38     /**
39        Insere um elemento na lista.
40        @param iter a posição antes da qual inserir
```

```
41          @param s o valor a inserir
42       */
43       void insert(Iterator iter, string s);
44       /**
45          Remove um elemento da lista.
46          @param i a posição a remover
47          @return um iterador apontando para o elemento após
48          o elemento apagado
49       */
50       Iterator erase(Iterator i);
51       /**
52          Obtém a posição inicial da lista.
53          @return um iterador apontando para o início da lista
54       */
55       Iterator begin();
56       /**
57          Obtém a posição após o fim da lista.
58          @return um iterador apontando para após o fim da lista
59       */
60       Iterator end();
61    private:
62       Node* first;
63       Node* last;
64    };
65
66    class Iterator
67    {
68    public:
69       /**
70          Constrói um iterador que não aponta para nenhuma lista.
71       */
72       Iterator();
73       /**
74          Examina o valor em uma posição.
75          @return o valor do nodo para o qual o iterador aponta
76       */
77       string get() const;
78       /**
79          Avança o iterador para o próximo nodo.
80       */
81       void next();
82       /**
83          Move o iterador para o nodo anterior.
84       */
85       void previous();
86       /**
87          Compara dois iteradores.
88          @param b o iterador a comparar com este iterador
89          @return true se este iterador e b são iguais
90       */
91       bool equals(Iterator b) const;
92    private:
93       Node* position;
94       Node* last;
95    friend class List;
96    };
97
98    Node::Node(string s)
99    {
```

```
100     data = s;
101     previous = NULL;
102     next = NULL;
103 }
104
105 List::List()
106 {
107     first = NULL;
108     last = NULL;
109 }
110
111 void List::push_back(string s)
112 {
113     Node* newnode = new Node(s);
114     if (last == NULL) /* a lista está vazia */
115     {
116        first = newnode;
117        last = newnode;
118     }
119     else
120     {
121        newnode->previous = last;
122        last->next = newnode;
123        last = newnode;
124     }
125 }
126
127 void List::insert(Iterator iter, string s)
128 {
129     if (iter.position == NULL)
130     {
131        push_back(s);
132        return;
133     }
134
135     Node* after = iter.position;
136     Node* before = after->previous;
137     Node* newnode = new Node(s);
138     newnode->previous = before;
139     newnode->next = after;
140     after->previous = newnode;
141     if (before == NULL) /* inserção no início */
142        first = newnode;
143     else
144        before->next = newnode;
145 }
146
147 Iterator List::erase(Iterator i)
148 {
149     Iterator iter = i;
150     assert(iter.position != NULL);
151     Node* remove = iter.position;
152     Node* before = remove->previous;
153     Node* after = remove->next;
154     if (remove == first)
155        first = after;
156     else
157        before->next = after;
158     if (remove == last)
```

```cpp
159        last = before;
160     else
161        after->previous = before;
162     iter.position = after;
163     delete remove;
164     return iter;
165 }
166
167 Iterator List::begin()
168 {
169     Iterator iter;
170     iter.position = first;
171     iter.last = last;
172     return iter;
173 }
174
175 Iterator List::end()
176 {
177     Iterator iter;
178     iter.position = NULL;
179     iter.last = last;
180     return iter;
181 }
182
183 Iterator::Iterator()
184 {
185     position = NULL;
186     last = NULL;
187 }
188
189 string Iterator::get() const
190 {
191     assert(position != NULL);
192     return position->data;
193 }
194
195 void Iterator::next()
196 {
197     assert(position != NULL);
198     position = position->next;
199 }
200
201 void Iterator::previous()
202 {
203     if (position == NULL)
204        position = last;
205     else
206        position = position->previous;
207     assert(position != NULL);
208 }
209
210 bool Iterator::equals(Iterator b) const
211 {
212     return position == b.position;
213 }
214
215 int main()
216 {
217     List staff;
```

```
218
219     staff.push_back("Cracker, Carl");
220     staff.push_back("Hacker, Harry");
221     staff.push_back("Lam, Larry");
222     staff.push_back("Sandman, Susan");
223
224     /* adiciona um valor na quarta posição */
225
226     Iterator pos;
227     pos = staff.begin();
228     pos.next();
229     pos.next();
230     pos.next();
231
232     staff.insert(pos, "Reindeer, Rudolf");
233
234     /* remove o valor na segunda posição */
235
236     pos = staff.begin();
237     pos.next();
238
239     staff.erase(pos);
240
241     /* imprime todos os valores */
242
243     for (pos = staff.begin(); !pos.equals(staff.end()); pos.next())
244        cout << pos.get() << "\n";
245
246     return 0;
247  }
```

Fato Histórico 16.1

Coleta de Lixo

Administrar a memória do *heap* é uma atividade monótona e sujeita a erros. Você tem que alocar memória (por exemplo, para os nodos de uma lista) quando você precisa dela. Isto normalmente não é um problema. O problema é que você precisa se lembrar de se livrar dela novamente quando você não precisa mais dela. Se você nunca apaga a memória do *heap* e o seu programa é executado por um longo tempo, ele irá exaurir toda a memória disponível. Se você a apaga cedo demais e continua a usá-la, seu programa vai terminar com erro ou agir estranhamente.

Erros de alocação do *heap* estão entre os erros mais insidiosos em programas C++. Eles são bastante comuns, mas extremamente demorados e difíceis para detectar. Muitas linguagens modernas, mas infelizmente não C++, oferecem uma melhor maneira: *coleta de lixo*. Um coletor de lixo identifica periodicamente quais objetos do *heap* ainda estão apontados por algum ponteiro e recupera aqueles que não estão mais em uso. Existe um problema com a coleta de lixo: é lenta. Ela leva tempo para monitorar todos os ponteiros e as posições para as quais eles apontam. Entretanto, algoritmos de coleta de lixo têm melhorado nos últimos anos e o custo agora é tolerável para muitas aplicações.

16.3 Pilhas e filas

Nesta seção, você irá considerar dois tipos de dados comuns que permitem inserção e remoção de itens somente nas extremidades, não no meio. Uma *pilha* deixa você inserir e remover elementos somente em uma extremidade, tradicionalmente chamada de *topo* da pilha. Para visualizar uma pilha, pense em uma pilha de livros (ver Figura 8).

Novos itens podem ser adicionados ao topo da pilha. Itens são removidos do topo da pilha também. Portanto, eles são removidos na ordem inversa à ordem em que eles foram adicionados, também chamada de ordem *last in, first out* (último a entrar, primeiro a sair) ou *LIFO*. Por exemplo, se você insere os *strings* `"Tom"`, `"Dick"` e `"Harry"` em uma pilha, e então os remove, então você irá primeiro ver `"Harry"`, depois `"Dick"` e finalmente `"Tom"`.

Tradicionalmente, as operações de adição e remoção são chamadas `push` e `pop`. Para obter uma pilha na biblioteca padrão de C++, você usa o gabarito `stack`:

```
stack<string> s;
s.push("Tom");
s.push("Dick");
s.push("Harry");
while (s.size() > 0)
{
    cout << s.top() << "\n";
    s.pop();
}
```

Uma *fila* é similar a uma a pilha, exceto que você adiciona itens a uma das extremidades da fila (o *fim*) e os remove da outra extremidade da fila (o *início*). Para visualizar uma fila, simplesmente pense em pessoas em fila (ver Figura 9). Pessoas entram no fim da fila e esperam até que elas tenham chegado ao início da fila. Filas armazenam itens de uma maneira *first in, first out* (primeiro a entrar, primeiro a sair) ou *FIFO*. Itens são removidos na mesma ordem em que eles foram adicionados.

Existem muitos usos para filas em ciência da computação. Por exemplo, considere uma impressora que recebe pedidos para imprimir documentos de múltiplas origens, seja diversos computadores ou apenas diversas aplicações que imprimem ao mesmo tempo em um computador. Se cada uma das aplicações envia dados de impressão para a impressora ao mesmo tempo, então as saídas impressas serão embaralhadas. Em vez disso, cada aplicação coloca todos os dados que precisam ser enviados para a impressora em um arquivo e insere aquele arquivo na *fila de impressão*. Quando a impressora terminou de imprimir um arquivo, ela busca o próximo da fila. Portanto, trabalhos de impressão são impressos usando a regra de primeiro a entrar, primeiro a sair, que é uma solução satisfatória para usuários da impressora compartilhada.

O gabarito padrão `queue` implementa uma fila em C++. Por exemplo,

```
queue<string> q;
q.push("Tom");
q.push("Dick");
q.push("Harry");
```

Figura 8

Uma pilha de livros.

Figura 9
Uma fila.

```
    while (q.size() > 0)
    {
        cout << q.front() << "\n";
        q.pop();
    }
```

O programa a seguir demonstra os comportamentos FIFO e LIFO de filas e pilhas.

Arquivo fifolifo.cpp

```
1   #include <iostream>
2   #include <string>
3   #include <queue>
4   #include <stack>
5
6   using namespace std;
7
8   int main()
9   {
10      cout << "Ordem FIFO:\n";
11
12      queue<string> q;
13      q.push("Tom");
14      q.push("Dick");
15      q.push("Harry");
16
17      stack<string> s;
18      while (q.size() > 0)
19      {
20          string name = q.front();
21          q.pop();
22          cout << name << "\n";
```

```
23          s.push(name);
24       }
25
26       cout << "Ordem LIFO:\n";
27
28       while (s.size() > 0)
29       {
30          cout << s.top() << "\n";
31          s.pop();
32       }
33
34       return 0;
35    }
```

16.4 Outros contêineres padrão

Agora você já viu as classes padrão `vector`, `list`, `stack` e `queue`. A biblioteca padrão contém diversos outros contêineres úteis. O `set` (conjunto) de C++ sempre mantém seus elementos ordenados, não importa em que ordem você os insira.

Por exemplo, considere o código a seguir, que insere *strings* em ordem aleatória.
Quando se percorre o conjunto, os elementos estão automaticamente ordenados!

```
set<string> s;

s.insert("Tom");
s.insert("Dick");
s.insert("Harry");

set<string>::iterator p;
for (p = s.begin(); p != s.end(); p++)
   cout << *p << "\n";
```

Esse código exibe os *strings* em ordem alfabética: Dick, Harry e Tom.

A estrutura de dados `set` consegue este efeito mantendo os valores em uma estrutura de dados especial em forma de árvore. Cada vez que um elemento é inserido, a árvore é reorganizada. Isso se mostra muito mais rápido do que manter os valores em um vetor ou uma lista encadeada. Você aprenderá mais sobre estas úteis estruturas de dados em uma disciplina mais avançada sobre estruturas de dados.

Como um conjunto matemático, o `set` em C++ ignora duplicatas. Se você insere um elemento que já está presente no conjunto, então a segunda inserção não tem efeito. Se você deseja ser capaz de manter controle de múltiplas ocorrências de valores idênticos, use um `multiset` em vez de `set`. A função `count` retorna o número de vezes que um elemento está contido no `set` ou `multiset`.

Por exemplo,

```
set<string> s;

s.insert("Tom");
s.insert("Tom");
cout << s.count() << "\n"; /* exibe 1 */

multiset<string> m;

m.insert("Tom");
m.insert("Tom");
cout << m.count() << "\n"; /* exibe 2 */
```

Uma outra estrutura de dados útil é o *map* (às vezes chamado de *array* associativo). Um mapeamento é semelhante a um vetor, mas você pode usar um outro tipo de dados para os índices! Aqui está um exemplo:

```
map<string, double> scores;

scores["Tom"] = 90;
scores["Dick"] = 86;
scores["Harry"] = 100;
```

Tópico Avançado   16.1
Definindo um Ordenamento para Elementos de um Conjunto

Quando você usa um `set`, os elementos que você coloca dentro do conjunto devem ser capazes de ser *ordenados*. Suponha que você queira construir um `set<Employee>`. O compilador irá reclamar que ele não sabe como comparar dois funcionários.

Para resolver este problema, você pode sobrecarregar o operador `<` para objetos `Employee`:

```
bool operator<(Employee a, Employee b)
{
    return a.get_name() < b.get_name();
}
```

Este operador `<` compara funcionários pelo nome. Você aprenderá mais a respeito de sobrecarga de operadores no Capítulo 17.

16.5 Algoritmos padrão

Você já viu como iterar através de uma lista encadeada usando um iterador. Você pode usar a mesma técnica para percorrer um vetor:

```
vector<double> data;
. . .
double sum = 0;
vector<double>::iterator p;
for (p = data.begin(); p != data.end(); p++)
    sum = sum + *p;
```

Isto não parece muito emocionante isoladamente, já que não oferece nenhuma vantagem sobre usar uma variável como índice:

```
for (i = 0; i < data.size(); i++)
    sum = sum + data[i];
```

Entretanto, ter o mesmo estilo de programação para tipos diferentes de contêineres tem uma vantagem significativa; é possível fornecer *funções genéricas* que executam uma tarefa com os elementos em *qualquer* contêiner que usa iteradores. Por exemplo, a biblioteca padrão de C++ tem uma função `accumulate` que pode calcular a soma de um vetor ou de uma lista.

```
vector<double> data;
double vsum = 0;
accumulate(data.begin(), data.end(), vsum);
/* agora, vsum contém a soma dos elementos no vetor */
list<double> salaries;
double lsum = 0;
accumulate(data.begin(), data.end(), lsum);
/* agora, lsum contém a soma dos elementos na lista */
```

Aqui está um outro exemplo. Suponha que você quer encontrar um nome particular em uma lista encadeada. É claro, você pode codificar a pesquisa à mão:

```
list<string>::iterator it = staff.begin();
while (it != staff.end() && *it != name)
    it++;
```

Mas a biblioteca padrão oferece a você uma maneira mais fácil, usando o algoritmo `find`:

```
list<string>::iterator it =
    find(staff.begin(), staff.end(), name);
```

O algoritmo `find` retorna o segundo iterador (isto é, após o fim do intervalo de pesquisa), se a pesquisa falhou.

Existem dúzias de outras funções na biblioteca padrão que funcionam de uma maneira similar. Aqui está uma lista das mais úteis. Exceto as três últimas, todas elas funcionam com todas as estruturas de dados; a última requer um `vector`.

- `for_each` aplica uma função a cada elemento
- `find` localiza o primeiro elemento igual a um objeto dado, `find_if` localiza o primeiro elemento que satisfaz uma condição
- `count` conta os elementos iguais a um objeto dado, `count_if` conta o número de elementos que satisfazem uma condição
- `equal` testa se contêineres têm os mesmos elementos, na mesma ordem
- `copy` copia elementos de um contêiner para outro (possivelmente de um tipo diferente)
- `replace/replace_if` substitui todos os elementos correspondentes por um novo
- `fill` sobrescreve um intervalo com um novo valor
- `remove/remove_if` remove todos os valores correspondentes
- `unique` remove valores idênticos adjacentes
- `min_element`, `max_element` encontra o maior e o menor elementos
- `next_permutation` rearranja os elementos; chamando-a *n*! vezes, passa por todas as permutações
- `sort` classifica os elementos; `stable_sort` tem desempenho melhor se o contêiner já estiver quase ordenado.
- `random_shuffle` rearranja os elementos aleatoriamente
- `nth_element` encontra o *n*-ésimo elemento, na média em tempo linear, sem ordenar o contêiner. Isto é muito útil para obter a mediana ou o segundo menor/maior elemento.

Como você pode ver, a biblioteca padrão oferece uma abundância de estruturas de dados e algoritmos prontos para uso e completamente depurados. Antes de escrever um monte de código do zero, é uma boa idéia verificar se a biblioteca padrão já não tem o que você precisa. Veja [1, parte III], para uma descrição abrangente da biblioteca padrão.

Resumo do capítulo

1. Listas encadeadas permitem inserção e remoção mais rápidas no meio de um conjunto de dados do que vetores.
2. Você pode inspecionar e editar uma lista encadeada com um iterador. Um iterador aponta para um nodo em uma lista encadeada.
3. Os nodos de uma lista encadeada são obtidos do *heap*. Eles são alocados com o operador `new` e reciclados com o operador `delete`.

4. Os nodos de uma lista encadeada são conectados por ponteiros. Cada nodo contém um ponteiro que é NULL ou especifica a localização do nodo sucessor.
5. Uma pilha é um contêiner com recuperação "último a entrar, primeiro a sair".
6. Uma fila é um contêiner de itens com recuperação "primeiro a entrar, primeiro a sair".
7. O gabarito set de C++ padrão armazena valores em ordem de classificação.
8. O gabarito map de C++ é similar a um vetor. Ele armazena valores para valores de índice dados. Entretanto, os valores de índices não estão restritos a inteiros.
9. A biblioteca padrão contêm uma abundância de algoritmos que podem executar tanto operações simples quanto complexas sobre múltiplas estruturas de dados.

Leitura adicional

[1] Bjarne Stroustrup, *The C++ Programming Language, 3rd ed.*, Addison-Wesley, 1997.

Exercícios de revisão

Exercício R16.1. Se uma lista tem *n* elementos, quantas posições válidas existem para inserção de um novo elemento? Para apagar um elemento?

Exercício R16.2. O que acontece se você continua avançando um iterador além do fim da lista? Antes do início da lista? O que acontece se você examina o valor em um iterador que está além do fim? Apaga a posição após o fim? Todas estas são operações ilegais, é claro. O que faz a implementação de listas de seu compilador nestes casos?

Exercício R16.3. Escreva uma função que imprime todos os valores em uma lista encadeada, começando a partir do fim da lista.

Exercício R16.4. O código a seguir edita uma lista encadeada consistindo de três nodos.

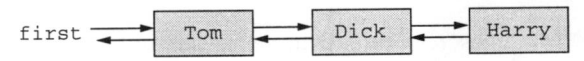

```
first <-> Tom <-> Dick <-> Harry
```

Desenhe um diagrama mostrando como eles estão encadeados após o código a seguir ser executado.

```
Node* p1 = first->next;
Node* p2 = first;
while (p2->next != NULL) p2 = p2->next;
first->next = p2;
p2->next = p1;
p1->next = NULL;
p2->previous = first;
p1->previous = p2;
last = p1;
```

Exercício R16.5. Explique o que o código a seguir imprime.

```
list<string> staff;
list<string>::iterator p = staff.begin();
staff.insert(p, "Hacker, Harry");
p = staff.begin();
staff.insert(p, "Lam, Larry");
p++;
staff.insert(p, "Cracker, Carl");
for (p = staff.begin(); p != staff.end(); p++)
    cout << *p << "\n";
```

Exercício R16.6. O procedimento `insert` da Seção 16.2 insere um novo elemento antes da posição do iterador. Para entender a atualização dos nodos, desenhe diagramas dos nodos antes e depois para os quatro cenários seguintes.

(a) A lista está completamente vazia.
(b) A lista não está vazia e o iterador está no início da lista.
(c) A lista não está vazia e o iterador está no fim da lista.
(d) A lista não está vazia e o iterador está no meio da lista.

Exercício R16.7. Que vantagem as listas têm sobre vetores? Que desvantagens elas têm?

Exercício R16.8. Suponha que você precisou organizar uma coleção de números de telefone para uma divisão da empresa. Atualmente existem cerca de 6.000 funcionários e você sabe que a central telefônica pode manejar no máximo 10.000 números de telefone. Você espera diversas centenas de pesquisas na coleção a cada dia. Você usaria um vetor ou uma lista encadeada para armazenar as informações?

Exercício R16.9. Suponha que você precisa manter uma agenda de compromissos. Você usaria uma lista encadeada ou um vetor de objetos `Appointment`?

Exercício R16.10. Suponha que você escreve um programa que modela um baralho de cartas. As cartas são apanhadas do topo do baralho e distribuídas aos jogadores. À medida que as cartas são devolvidas ao baralho, elas são colocadas em baixo do baralho. Você armazenaria as cartas em uma pilha ou uma fila?

Exercício R16.11. Suponha que os *strings* `"A"` a `"Z"` são inseridos em uma pilha. Depois, eles são retirados da pilha e inseridos em uma segunda pilha. Finalmente, eles são retirados da segunda pilha e impressos. Em que ordem os *strings* são impressos?

Exercícios de programação

Exercício P16.1. Escreva uma lista encadeada de inteiros modificando as classes `Node`, `List` e `Iterator` da Seção 16.2 para guardar inteiros em vez de *strings*.

Exercício P16.2. Escreva uma função-membro `List::reverse()` que inverte os nodos em uma lista.

Exercício P16.3. Escreva uma função

```
void downsize(List& staff)
```

que remove todos os valores duplicados de uma lista encadeada.

Exercício P16.4. Escreva uma função `maximum` que calcula o maior elemento em uma lista.

Exercício P16.5. Repita o exercício anterior usando um algoritmo da biblioteca padrão C++.

Exercício P16.6. Escreva uma função `print` para exibir uma lista encadeada na tela gráfica. Desenhe cada elemento da lista como uma caixa e indique os *links* com setas.

Exercício P16.7. Escreva uma função-membro `List::push_front()` que adiciona um valor ao início de uma lista.

Exercício P16.8. Escreva uma função-membro `List::get_size()` que calcula o número de elementos na lista, contando os elementos até que o fim da lista seja alcançado.

Exercício P16.9. Adicione um campo `size` à classe `List`. Modifique as funções `insert` e `erase` para atualizarem o campo `size` de modo que ele sempre contenha o tamanho correto. Modifique a função `get_size()` do exercício anterior para tirar vantagem deste campo de dado.

Exercício P16.10. Escreva uma função `sort` que classifica os elementos de uma lista encadeada (sem copiá-los para um vetor).

Exercício P16.11. Escreva uma classe `Polynomial` que armazena um polinômio tal como

$$p(x) = 5x^{10} + 9x^7 - x - 10$$

Armazene-o como uma lista encadeada de termos. Um termo contém o coeficiente e a potência de x. Por exemplo, você armazenaria $p(x)$ como

$$(5,10),(9,7),(-1,1),(-10,0)$$

Forneça funções-membro para somar, multiplicar e imprimir polinômios. Forneça um construtor que crie um polinômio a partir de um único termo. Por exemplo, o polinômio p pode ser construído como

```
Polynomial p(Term(-10, 0));
p.add(Polynomial(Term(-1, 1)));
p.add(Polynomial(Term(9, 7)));
p.add(Polynomial(Term(5, 10)));
```

Depois, calcule $p(x) \times p(x)$.

```
Polynomial q = p.multiply(p);
q.print();
```

Exercício P16.12. Implemente novamente a classe `Polynomial` do exercício anterior, usando um `map<int, double>` para armazenar os coeficientes.

Exercício P16.13. Projete uma estrutura `Set` que pode guardar um conjunto de inteiros. Oculte a implementação privada: uma lista encadeada de inteiros. Forneça as seguintes funções-membro:

Um construtor que cria um conjunto vazio

```
is_element(int x) retorna true se x está presente
insert(int x) para inserir x se ele não está presente
erase(int x) para apagar x se ele está presente
```

Iteradores para percorrer o conjunto

Exercício P16.14. Melhore a classe `Set` do exercício anterior. Escreva funções

```
Set set_union(Set a, Set b)
Set intersection(Set a, Set b)
```

que calculam os conjuntos união e interseção dos conjuntos a e b. (Não chame a primeira função de `union` – esta é uma palavra reservada em C++.) É claro, você deve usar somente a interface pública da classe `Set`.

Exercício P16.15. Implemente o *crivo de Eratóstenes:* um método para calcular números primos, conhecidos pelos gregos antigos. Escolha um inteiro n. Este método irá calcular todos os números primos até n. Primeiro, insira todos os números de 1 a n em um conjunto. Então, apague todos os múltiplos de 2 (exceto 2); isto é, 4, 6, 8, 10, 12, ... Apague todos os múltiplos de 3, isto é, 6, 9, 12, 15, ... Vá até $\sqrt{n}$. Os números restantes são todos primos. Use a classe `Set` do exercício P16.13. É claro, você deve usar somente a interface pública da classe.

Exercício P16.16. Implemente novamente o exercício anterior, usando set<int> da biblioteca padrão de C++.

Exercício P16.17. Implemente uma classe Stack, usando uma lista encadeada de *strings*. Forneça operações push, pop e top, exatamente como no gabarito padrão stack.

Exercício P16.18. Demonstre o algoritmo next_permutation da biblioteca padrão. Preencha um vetor v com os números 1, 2, 3 e 4, chame

```
next_permutation(v.begin(), v.end())
```

e imprima os conteúdo do vetor. Repita até que todas as permutações tenham sido exibidas.

Exercício P16.19. Demonstre o algoritmo random_shuffle da biblioteca padrão. Preencha um vetor com os números 1, 2, 3 e 4, chame

```
random_shuffle(v.begin(), v.end())
```

e imprima o conteúdo do vetor. Repita 10 vezes.

Capítulo 17

Tópicos Avançados em C++

Objetivos do capítulo

- Aprender sobre sobrecarga de operadores
- Aprender como gerenciar automaticamente a memória dinâmica
- Entender classes aninhadas
- Definir e usar ambientes de nomes
- Ser capaz de implementar gabaritos (*templates*)
- Familiarizar-se com o tratamento de exceções

Este capítulo introduz vários tópicos avançados em C++ que são particularmente úteis para programadores que desenvolvem bibliotecas que são usadas por outros programadores. Você vai aprender como definir o significado de operadores (tais como ++ ou <) quando eles são aplicados a objetos e como construir gabaritos de classes que podem ser instanciados com parâmetros de tipos. Mais tópicos técnicos incluem o gerenciamento automático da memória e tratamento de exceções. Finalmente, você vai ver como evitar conflitos pelo uso de classes aninhadas e ambientes de nomes.

Usando estas técnicas, você vai entender como gabaritos padrão C++, tais como vector<T>, realmente funcionam e você vai ser capaz de transformar a classe List do capítulo anterior em um gabarito que é bastante similar ao gabarito list<T> padrão.

Conteúdo do capítulo

17.1 Sobrecarga de operadores 574
    Sintaxe 17.1: Definição de operador sobrecarregado **574**
    Dica de qualidade 17.1: Sobrecarregue operadores somente para tornar os programas mais fáceis de ler **579**

17.2 Gerenciamento automático de memória 580
    Sintaxe 17.2: Definição de destrutor **581**

Erro freqüente 17.1: Definir um destrutor sem as outras duas funções dos "três grandes" **589**
Erro freqüente 17.2: Confundir destruição e remoção **590**

17.3 Gabaritos 590
    Sintaxe 17.3: Definição de classe gabarito **592**
    Sintaxe 17.4: Definição de gabarito de função-membro **594**

17.4 Classes aninhadas e ambientes de nomes 600

Sintaxe 17.5: Definição de classe aninhada 600

Sintaxe 17.6: Definição de ambiente de nomes 602

Sintaxe 17.7: Apelido de ambiente de nomes 603

Dica de qualidade 17.2: Use nomes não ambíguos para ambientes de nomes 603

17.5 Tratamento de exceções 604

Sintaxe 17.8: Disparar uma exceção 605

Sintaxe 17.9: Bloco try 606

Sintaxe 17.10: Especificação de exceção 610

Dica de qualidade 17.3: Use exceções para casos excepcionais 610

Dica de qualidade 17.4: Disparar uma exceção não é desonroso 610

Fato histórico 17.1: O incidente do foguete Ariane 611

17.1 Sobrecarga de operadores

Os iteradores da classe padrão `list` usam operadores `++`, `*` e `==`. No Capítulo 16, você não sabia como definir o significado de operadores que são aplicados sobre objetos, de modo que você os implementou como funções-membro `next`, `get` e `equals`. Dar um novo significado a um operador é chamado de *sobrecarga de operadores*. Por exemplo, o operador `++` está sempre definido para números, mas não para objetos. Para defini-lo para objetos da classe `Iterator`, você precisa sobrecarregá-lo.

17.1.1 Funções operador

Em C++, você sobrecarrega um operador definindo uma função cujo nome é `operator` seguido do símbolo do operador, como mostrado na Sintaxe 17.1. Por exemplo, suponha que você quer definir a *diferença* entre dois objetos `Time` como o número de segundos entre eles. A seguinte função `operator-` deixa você fazer isto:

```
int operator-(Time a, Time b)
{
    return a.seconds_from(b);
}
```

Sintaxe 17.1: Definição de Operador Sobrecarregado

```
return_type operatoroperator_symbol(parameters)
{
        statements
}
```

Exemplo:

```
int operator-(Time a, Time b)
{
    return a.seconds_from(b);
}
```

Finalidade:

Fornecer uma implementação de um operador sobrecarregado.

Então, você pode usar simplesmente o operador – em vez de chamar `seconds_from`:

```
Time now;
Time morning(9, 0, 0);
int seconds_elapsed = now - morning;
```

Note que a função `operator-` não é uma função-membro. Ela é uma função não-membro com dois parâmetros. Como alternativa, você pode implementar a função operador como uma função-membro com um parâmetro explícito; veja a Seção 17.1.5.

Você pode usar o operador + para *adicionar* dois horários? Naturalmente que sim, simplesmente definindo uma `operator+(Time a, Time b)`. Mas isto não significa que você deve. Um objeto `Time` representa um *instante no tempo* e não uma duração. Por exemplo, 3 P.M. significa "um determinado horário durante a tarde", o que é bem diferente de "3 horas" ou "15 horas". Não faz nenhum sentido adicionar dois instantes de tempo (por exemplo, o que seria 3 P.M. + 1 P.M.? 4 P.M.? E que tal 3 P.M. + 1 A.M.?).

Entretanto, faz sentido adicionar um número de segundos a um objeto `Time`, resultando em um novo `Time`. Aqui está um operador + sobrecarregado para esta tarefa.

```
Time operator+(Time a, int sec)
{
    Time r = a;
    r.add_seconds(sec);
    return r;
}
```

Por exemplo:

```
Time now;
Time later = now + 60; /* 60 segundos mais tarde */
```

17.1.2 Sobrecarregar operadores de comparação

Um operador sobrecarregado muito comum é o operador ==, para comparar dois valores. Dois valores `Time` são iguais se a diferença de segundos entre eles for igual a zero. Portanto, você pode definir

```
bool operator==(Time a, Time b)
{
    return a.seconds_from(b) == 0;
}
```

Para completar, é uma boa idéia também definir um operador !=:

```
bool operator!=(Time a, Time b)
{
    return a.seconds_from(b) != 0;
}
```

Se você quiser inserir objetos `Time` em um contêiner padrão C++ `set` ou `map`, você precisa definir o operador <:

```
bool operator<(Time a, Time b)
{
    return a.seconds_from(b) < 0;
}
```

17.1.3 Entrada e saída

Você pode querer imprimir um objeto `Time` com a familiar notação <<. Este operador recebe um parâmetro do tipo `ostream&` (porque imprimir modifica o *stream*) e, naturalmente, o horário a ser impresso.

```
ostream& operator<<(ostream& out, Time a)
{
    out << a.get_hours() << ":"
        << setw(2) << setfill('0')
        << a.get_minutes() << ":"
        << setw(2) << a.get_seconds() << setfill(' ');
```

```
            return out;
    }
```

O operador `<<` retorna o *stream* `out`. Isso é que permite o *encadeamento* do operador `<<`. Por exemplo,

```
    cout << now << "\n";
```

na realidade significa

```
    (cout << now) << "\n";
```

que é

```
    operator<<(cout, now) << "\n";
```

A chamada ao operador `operator<<(cout, now)` imprime o horário `now` e então retorna `cout`. A seguir `cout << "\n"` imprime uma nova linha.

Você também pode definir um `operator>>` para ler um objeto `Time` de um *stream* de entrada. Por simplicidade, assuma que o valor `Time` é digitado como três inteiros separados, como em

```
    9 15 00
```

Aqui está a definição do operador `>>`:

```
    istream& operator>>(istream& in, Time& a)
    {
        int hours;
        int minutes;
        int seconds;
        in >> hours >> minutes >> seconds;
        a = Time(hours, minutes, seconds);
        return in;
    }
```

Você pode usar a técnica descrita na Seção 12.2 para ler em outros formatos de entrada. Note que o operador `>>` retorna o *stream* de entrada, assim como o operador `<<`. Entretanto, diferentemente do operador `<<`, o operador `>>` deve ter um parâmetro do tipo `Time&`. O parâmetro é modificado quando a entrada é preenchida.

Sobrecarga básica de operadores é relativamente simples e muitas pessoas acham divertida. Entretanto, não a use em demasia. Usar operadores inapropriados pode tornar programas mais difíceis de ler.

Aqui está um exemplo de programa que define diversos operadores sobrecarregados para a classe `Time`.

Arquivo overload.cpp

```
 1    #include <iostream>
 2    #include <iomanip>
 3
 4    using namespace std;
 5
 6    #include "ccc_time.h"
 7
 8    /**
 9        Calcula o número de segundos entre dois instantes de tempo.
10        @param a um instante no tempo
11        @param b outro instante no tempo
12        @return o número de segundos entre a e b
13    */
14    int operator-(Time a, Time b)
15    {
```

```cpp
16        return a.seconds_from(b);
17   }
18
19   /**
20       Calcula um instante no tempo que é um determinado número de segundos
         mais tarde.
21       @param a um instante no tempo
22       @param sec os segundos a adicionar
23       @return um ponto no tempo que é sec segundos mais tarde do que a
24   */
25   Time operator+(Time a, int sec)
26   {
27       Time r = a;
28       r.add_seconds(sec);
29       return r;
30   }
31
32   /**
33       Compara dois instantes no tempo.
34       @param a um instante no tempo
35       @param b outro instante no tempo
36       @return true se eles são iguais
37   */
38   bool operator==(Time a, Time b)
39   {
40       return a.seconds_from(b) == 0;
41   }
42
43   /**
44       Compara dois instantes no tempo.
45       @param a um instante no tempo
46       @param b outro instante no tempo
47       @return true se eles são diferentes
48   */
49   bool operator!=(Time a, Time b)
50   {
51       return a.seconds_from(b) != 0;
52   }
53
54   /**
55       Imprime um objeto Time.
56       @param out um stream de saída
57       @param a um instante no tempo
58       @return out
59   */
60   ostream& operator<<(ostream& out, Time a)
61   {
62       out << a.get_hours() << ":"
63           << setw(2) << setfill('0')
64           << a.get_minutes() << ":"
65           << setw(2) << a.get_seconds() << setfill(' ');
66       return out;
67   }
68
69   int main()
70   {
71       Time now;
72       cout << "Agora é " << now << "\n";
73       Time later = now + 1000;
```

```
74        cout << "Mil segundos mais tarde é " << later << "\n";
75        Time now2;
76        if (now == now2)
77           cout << "Ainda é " << now2 << "\n";
78        if (now != now2)
79           cout << "Já é " << now2 << "\n";
80        cout << "Faltam " << later - now2
81           << " segundos para " << later << "\n";
82        return 0;
83     }
```

17.1.4 Sobrecarregar operadores de incremento e decremento

Agora que você viu o básico sobre sobrecarga, é hora de investigar algumas questões técnicas. Existe um problema com a sobrecarga de operadores ++ e --. Existem, na verdade, duas formas destes operadores: uma forma *pré-fixada*

```
++x;
```

e uma forma *pós-fixada*

```
x++;
```

Para números, ambas as formas possuem o mesmo efeito: elas incrementam x. Entretanto, elas retornam valores diferentes: ++x é avaliada como x após o incremento, mas x++ é avaliada como x antes do incremento. Você observa a diferença somente se você combina a expressão de incremento com outra expressão. Por exemplo,

```
int i = 0;
int j = 0;
vector<double> s(10);
double a = s[i++]; /* a é s[0], i é 1 */
double b = s[++j]; /* b é s[1], j é 1 */
```

Não recomendamos este estilo (ver Dica de Qualidade 9.1) – ele é confuso e uma fonte comum de erros de programação. Use ++ somente para incrementar uma variável e nunca use o valor de retorno. Então, não fará qualquer diferença se você usar x++ ou ++x.

Contudo, existem dois operadores separados ++ – a forma pré-fixada e a forma pós-fixada – e o compilador deve distinguir entre elas se forem sobrecarregadas. Para sobrecarregar a forma pré-fixada para objetos Time, para incrementar o objeto de um segundo, você define

```
void operator++(Time& a)
```

Para sobrecarregar a forma pós-fixada, você define

```
void operator++(Time& a, int dummy)
```

O parâmetro int dummy não é usado dentro da função; ele meramente serve para distinguir as duas funções operator++.

17.1.5 Operadores membro

Para nossa lista encadeada, nós queremos sobrecarregar operadores da classe Iterator. Estas funções devem acessar a parte interna da classe Iterator; isto é, elas devem ser funções-membro.

Funções operador podem ser funções-membro. Por exemplo, em vez de uma função

```
bool operator==(Iterator a, Iterator b)
```

vamos fornecer uma função-membro

```
bool Iterator::operator==(Iterator b) const
```

Observe que a forma de função-membro tem o operando esquerdo do operador como o parâmetro implícito e o operando direito como parâmetro explícito. Se o operador é unário, então a função-membro não tem nenhum parâmetro explícito:

```
string Iterator::operator*() const
```

A exceção é a forma pós-fixada do operador ++, que ainda possui um parâmetro fictício inteiro:

```
void Iterator::operator++(int dummy)
```

Depois de toda esta preparação, a implementação real dos operadores ++, *, ==, e != para iteradores é de certa forma decepcionante. Você simplesmente muda `next`, `get` e `equals` para `operator++`, `operator*` e `operator==`, e você está pronto. Bem, quase. Defina `operator!=` como sendo o oposto de `operator==`. Lembre de fornecer `int dummy` para `operator++`:

```
void Iterator::operator++(int dummy)
{
    assert(position != NULL);
    position = position->next;
}

string Iterator::operator*() const
{
    assert(position != NULL);
    return position->data;
}

bool Iterator::operator==(Iterator b) const
{
    return position == b.position;
}

bool Iterator::operator!=(Iterator b) const
{
    return !(*this == b); // chama operador==
}
```

Agora, os iteradores de lista do Capítulo 16 podem ser usados da mesma forma que os iteradores de lista padrão, com operadores ++, *, == e !=. Esta melhoria é uma parte da implementação de lista na Seção 17.3.

Dica de Qualidade 17.1

Sobrecarregue Operadores Somente para Tornar os Programas mais Fáceis de Ler

Alguns programadores estão tão enamorados com a sobrecarga de operadores que eles a utilizam de maneiras que tornam os programas difíceis de ler. Por exemplo, alguns programadores podem querer sobrecarregar a operação `push_back` (`inserir_no_fim`) de uma lista, de modo que você possa inserir um elemento em uma lista chamando

```
List staff;
staff += "Harry";
```

Talvez isto seja esperto, mas também pode ser enlouquecedor. É melhor sobrecarregar operadores para imitar usos existentes em matemática ou ciência da computação. Por exemplo, é razoável sobrecarregar + e * para complexos ou aritmética matricial, ou sobrecarregar ++ e * para criar operadores que se assemelham a ponteiros.

17.2 Gerenciamento automático de memória

Nesta seção, você vai examinar uma modificação da classe `Department` que foi originalmente apresentada no Capítulo 10. Por simplicidade, somente a recepcionista do departamento será modelada neste exemplo. Entretanto, vamos usar o ponto de vista que o objeto `Department` *possui* o objeto `Employee` que indica a recepcionista. Ao construir um objeto `Department` com um dado empregado, o construtor faz uma cópia do objeto.

```
class Department
{
    ...
private:
    string name;
    Employee* receptionist;
};

Department::Department(string n, Employee e)
{
    name = n;
    receptionist = new Employee(e.get_name(), e.get_salary());
}
```

Também existe um segundo construtor que constrói um departamento sem recepcionista.

```
Department::Department(string n)
{
    name = n;
    receptionist = NULL;
}
```

Use um ponteiro para o campo `receptionist` para modelar a multiplicidade "0 ou 1" do relacionamento entre as classes `Department` e `Employee`.

17.2.1 Destrutores

Quando um objeto `Department` não é mais necessário, sua memória é reutilizada. Entretanto, isto traz um problema. O objeto contém um ponteiro para um objeto `Employee` (ver Figura 1).

Se o objeto `Employee` não é removido, ocorre desperdício de memória. Quando o objeto `Department` não estiver mais disponível, não é mais possível localizar o ponteiro privativo para o `Employee` e a memória para o objeto `Employee` não pode ser reciclada.

A linguagem C++ possui um mecanismo especial para contornar este problema potencial. Você pode definir um *destrutor*, uma função que é sempre chamada quando um objeto está ficando fora do escopo. O destrutor da classe `Department` pode remover o ponteiro `receptionist`.

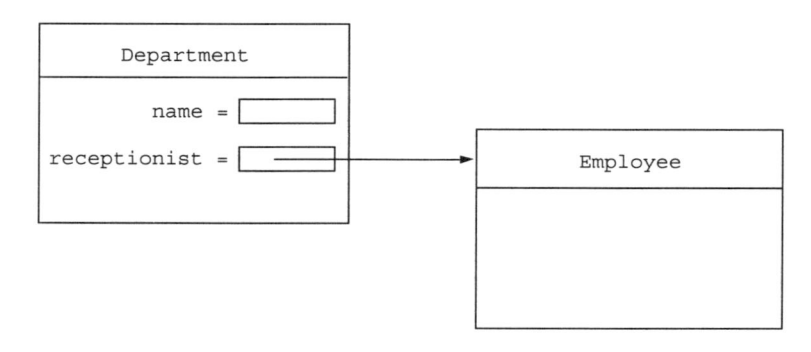

Figura 1
Um objeto Departamento.

Aqui está o código para o destrutor (ver Sintaxe 17.2). Note que o nome do destrutor é o nome da classe, prefixado pelo símbolo ~.

```
Department::~Department()
{
    delete receptionist;
}
```

Sintaxe 17.2: Definição de Destrutor

```
Class_name::~Class_name()
{
    statements
}
```

Exemplo:

```
Department::~Department()
{
    delete receptionist;
}
```

Finalidade

Fornecer uma implementação de um destrutor que é invocado sempre que um objeto sai do escopo.

O que poderia acontecer no caso em que `receptionist` é um ponteiro NULL? Chamar delete sobre um ponteiro NULL é seguro – ele simplesmente nada faz. Portanto, você não precisa de um caso especial para esta situação.

O destrutor é automaticamente invocado quando um objeto sai do escopo:

```
{
    Department dept;
    ...
} // dept.~Department() invocado automaticamente aqui
```

Destrutores também são invocados quando um objeto do *heap* é removido.

```
Department* p = new Department(...);
...
delete p; // p->~Department() invocado automaticamente aqui
```

Uma classe pode ter muitos construtores sobrecarregados, mas pode ter no máximo um destrutor sem parâmetros explícitos. Afinal, programadores não invocam explicitamente um destrutor. Você deve fornecer um destrutor sempre que alguma limpeza é requerida quando um objeto sai do escopo. Muito comumente, esta limpeza envolve reciclagem de memória dinâmica. Mas em algumas situações, um destrutor pode fechar um arquivo ou liberar algum outro recurso.

Os contêineres padrão (`vector`, `list` e assim por diante) fornecem destrutores que automaticamente reciclam a memória dinâmica que estas classes usam.

17.2.2 Sobrecarregar o operador de atribuição

Introduzir um destrutor resolve um problema importante. Objetos que não são mais usados não causam desperdício de memória. Entretanto, a solução não é perfeita. Considere a seguinte situação:

```
Department qc("Controle de Qualidade", Employee("Testador, Tina", 50000));
Department dept("Despacho", Employee("Hacker, Harry", 35000));
```

A primeira parte da Figura 2 mostra o leiaute de memória. Agora suponha que atribuímos um objeto `Department` a outro:

```
dept = qc;
```

Atribuir um objeto a outro atribui cada um dos campos de dados. Isto significa:

```
dept.name = qc.name
dept.receptionist = qc.receptionist
```

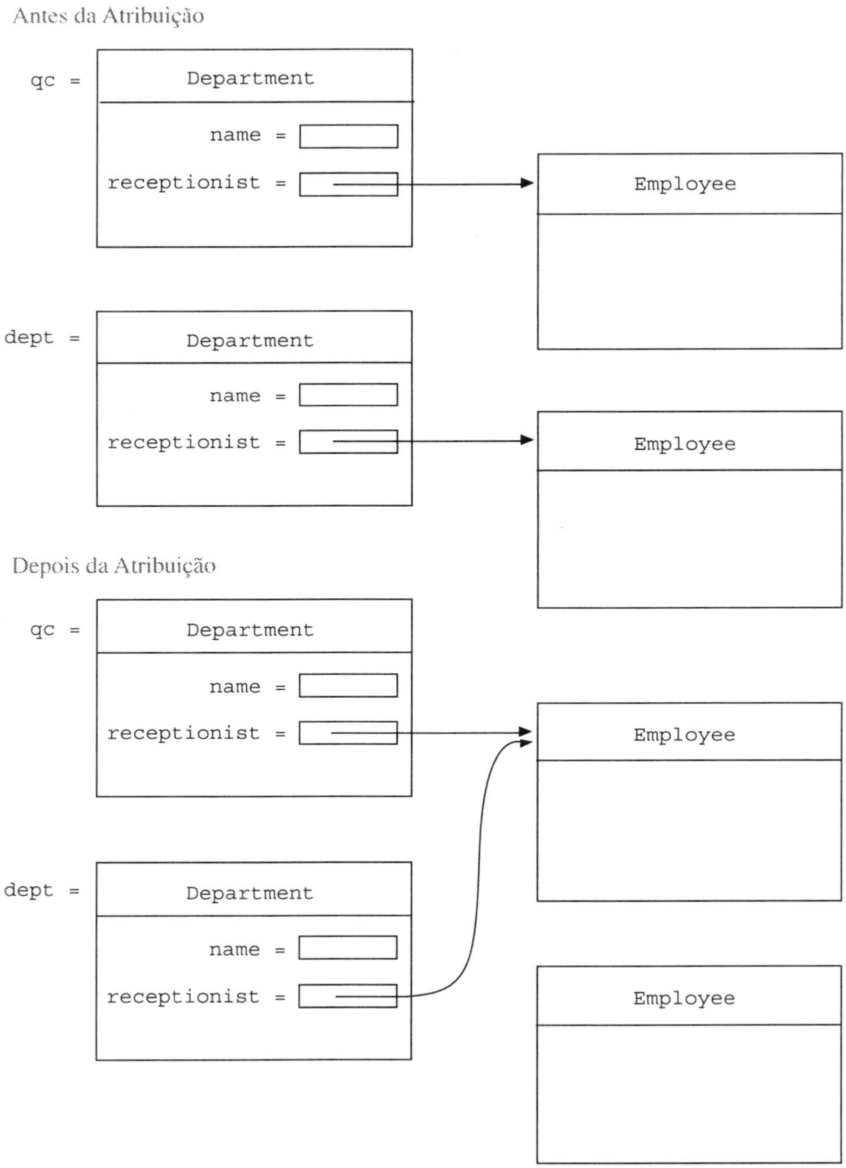

Figura 2
Atribuição sem um operador de atribuição sobrecarregado.

A segunda parte da Figura 2 mostra a situação após a atribuição. Você vai ver imediatamente um problema. A antiga recepcionista do objeto `dept` é agora órfã – outro desperdício de memória ocorreu.

Além disso, existe um problema mais sutil. Eventualmente, os objetos `dept` e `qc` ficarão fora de escopo. Seus destrutores serão invocados. Objetos são destruídos na ordem oposta à de construção. Isto é, `dept` é destruído primeiro. A primeira parte da Figura 3 mostra o que acontece no destrutor. O objeto `Employee` é removido. Note que o ponteiro `receptionist` no objeto `dept` aponta para o objeto `Employee` removido. Quando o objeto `qc` é destruído, o objeto `Employee` é removido duas vezes. Isto é um erro fatal, que irá comprometer a estrutura interna do *heap*.

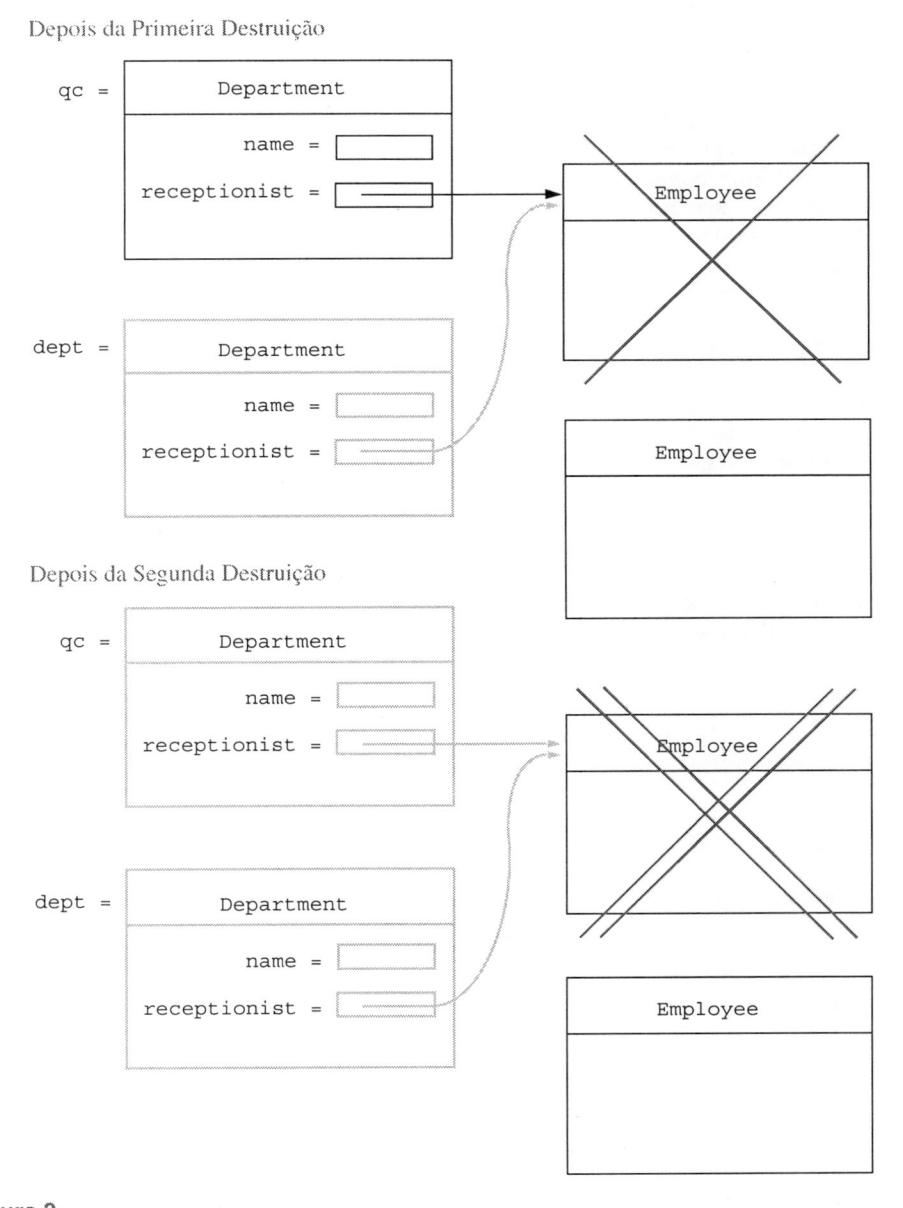

Figura 3

Dupla remoção de um objeto compartilhado.

O remédio é sobrecarregar o operador = para tornar segura a atribuição fazendo uma cópia do objeto `Employee`.

```
Department& Department::operator=(const Department& b)
{
    ...
    name = b.name;
    delete receptionist;
    if (b.receptionist == NULL)
        receptionist = NULL;
    else
        receptionist = new Employee(b.receptionist->get_name(),
            b.receptionist->get_salary());
    ...
}
```

O conceito básico na retaguarda do operador de atribuição é direto. O operador primeiro elimina a antiga recepcionista e após copia a recepcionista do objeto atribuído. No restante desta seção, vamos discutir vários pontos técnicos que você deve conhecer ao sobrecarregar o operador =.

Diferentemente da maioria dos operadores sobrecarregados, `operator=` deve ser uma função membro. É um erro de sintaxe definir como não membro o `operator=`.

A função `operator=` deve tomar cuidado para não realizar uma "auto-atribuição" destrutiva. Pode acontecer que um programador atribua um objeto a ele mesmo, por exemplo, em um contexto como

```
v[0] = v[i];
```

Onde `v` é um vetor de objetos e `i` pode ter o valor 0.

Entretanto, a função `operator=` primeiro remove a recepcionista. Se ambos os departamentos forem o mesmo objeto, então a recepcionista é eliminada e não estará mais disponível para cópia.

O teste

```
if (this != &b)
```

testa se os argumentos implícito e explícito possuem endereços diferentes e são, portanto, objetos lista diferentes. Portanto, uma função `operator=` deve incluir o teste quanto à auto-atribuição:

```
Department& Department::operator=(const Department& b)
{
    if (this != &b)
    {
        ...
    }
    ...
}
```

Algumas vezes, programadores encadeiam o operador =, como em:

```
z = y = x;
```

Para fazer funcionar este encadeamento uma função `operator=` deve sempre retornar `*this`, uma referência para o lado esquerdo da atribuição:

```
Department& Department::operator=(const Department& b)
{
    ...
    return *this;
}
```

Como o operador = é associativo à direita, a expressão

```
z = y = x;
```

é equivalente a

```
z = (y = x);
```

A expressão entre parênteses é executada primeiro. Ela se torna uma chamada de função

```
y.operator=(x);
```

Esta chamada de função retorna uma referência a y. A segunda atribuição é portanto a chamada

```
z.operator=(y);
```

O efeito geral é que o conteúdo de x é primeiro copiado em y e então em z.

Colocando tudo junto, temos o seguinte código para o operador de atribuição:

```cpp
Department& Department::operator=(const Department& b)
{
    if (this != &b)
    {
        name = b.name;
        delete receptionist;
        if (b.receptionist == NULL)
            receptionist = NULL;
        else
            receptionist = new Employee(b.receptionist->get_name(),
                b.receptionist->get_salary());
    }
    return *this;
}
```

Você deve sempre sobrecarregar o operador = se sua classe possui campos de dados que são ponteiros, e uma simples cópia de objetos conduz a perigosos ponteiros compartilhados.

17.2.3 Construtores de cópia

Considere a seguinte definição de uma variável `Department`:

```
Department dept = qc;
```

Mesmo que esta definição se assemelhe a uma atribuição, `operator=` não é invocado. A finalidade de `operator=` é configurar um objeto *existente* igual a outro objeto. Entretanto, o objeto `dept` ainda não foi construído. Isto é, o ponteiro `dept.receptionist` é configurado com um valor aleatório. Se você revisar o código da função `operator=`, vai notar que a primeira parte remove a antiga recepcionista. Seria fatal se `operator=` pudesse ser executado com um objeto não inicializado, visto que ele então poderia remover um ponteiro não inicializado, causando o término do programa ou corrupção do *heap*.

Em lugar disto, o compilador invoca outra função de gerenciamento de memória, o *construtor de cópia*. O construtor de cópia define como construir um objeto de uma classe como uma cópia de outro objeto da mesma classe.

Se você não define um construtor de cópia, então o compilador providencia uma versão que simplesmente constrói os campos de dados do novo objeto como cópias dos campos de dados correspondentes do objeto existente. Para a classe `Department`, a ação do construtor de cópia *default* seria

```
dept.name = qc.name;
dept.receptionist = qc.receptionist;
```

Entretanto, esta versão do construtor de cópia é inadequada. Ela pode levar ao mesmo tipo de erro que a versão *default* do operador de atribuição. Você deve definir o construtor de cópia para criar uma cópia da recepcionista.

Aqui está um construtor de cópia válido para a classe `Department`:

```cpp
Department::Department(const Department& b)
{
```

```
            name = b.name;
            if (b.receptionist == NULL)
               receptionist = NULL;
            else
               receptionist = new Employee(b.receptionist->get_name(),
                  b.receptionist->get_salary());
         }
```

O operador de atribuição, o construtor de cópia e o destrutor são coletivamente denominados de "os três grandes". Você deve implementá-los para todas as classes que gerenciam a memória *heap*. Como Marshall Cline [1] diz, "não é apenas um boa idéia, é a lei". Embora esta lei possa ser tão agradável quanto as leis de impostos, ela não é realmente tão difícil de cumprir. Defina as três funções com a seguinte lógica.

Destrutor
Libera toda a memória dinâmica que o objeto gerencia.

Construtor de Cópia
Inicializa o objeto como uma cópia do objeto parâmetro explícito.

Operador de Atribuição
Verifica se `this` == &b. *Se for, nada faz.*
Libera a memória dinâmica do objeto que não é mais necessária.
Configura o objeto como uma cópia do objeto parâmetro explícito.
Retorna `*this`

Note que você somente precisa se preocupar com "os três grandes" se sua classe gerencia a memória *heap*.

Se você usa classes de biblioteca, tais como `vector` ou `list`, não há nada com que se preocupar.

Estas classes já implementam "os três grandes" para você.

A seguir, está um programa que testa a classe `Department` com as funções "os três grandes" de gerenciamento de memória. Para fins de teste, as funções de gerenciamento de memória exibem mensagens de monitoramento. O programa imprime

```
         Construtor: [nome=Remessa,recepcionista=NULL]
         Construtor: [nome=Controle de Qualidade,recepcionista=Tester, Tina]
         Construtor de Cópia: [nome= Controle de Qualidade,recepcionista=Tester, Tina]
         Atribuição: [nome= Controle de Qualidade,recepcionista=Tester, Tina]
            = [nome=Remessa,recepcionista=NULL]
         Destrutor: [nome=Remessa,recepcionista=NULL]
         Destrutor: [nome= Controle de Qualidade,recepcionista=Tester, Tina]
         Destrutor: [nome=Remessa,recepcionista=NULL]
```

Como você pode ver, existem três chamadas de construtores e três chamadas dos destrutores correspondentes.

Arquivo department.cpp

```
1    #include <string>
2    #include <iostream>
3
4    using namespace std;
5
6    #include "ccc_empl.h"
7
8    /**
9       Um departamento em uma organização.
10   */
```

```
11   class Department
12   {
13   public:
14      Department(string n);
15      Department(string n, Employee e);
16      ~Department();
17      Department& operator=(const Department& b);
18      Department(const Department& b);
19      void print() const;
20   private:
21      string name;
22      Employee* receptionist;
23   };
24
25   /**
26      Constrói um departamento com um dado nome e sem recepcionista.
27      @param n o nome do departamento
28   */
29   Department::Department(string n)
30   {
31      name = n;
32      receptionist = NULL;
33
34      cout << "Construtor: ";
35      print();
36   }
37
38   /**
39      Constrói um departamento com um dado nome e recepcionista.
40      @param n o nome do departamento
41      @param e a recepcionista
42   */
43   Department::Department(string n, Employee e)
44   {
45      name = n;
46      receptionist = new Employee(e.get_name(), e.get_salary());
47
48      cout << "Construtor: ";
49      print();
50   }
51
52   /**
53      Remove o objeto Employee que este objeto
54      Department gerencia.
55   */
56   Department::~Department()
57   {
58      cout << "Destrutor: ";
59      print();
60
61      delete receptionist;
62   }
63
64   /**
65      Constrói um objeto Department como cópia de outro
66      objeto Department.
67      @param b o objeto a ser copiado
68   */
69   Department::Department(const Department& b)
```

```cpp
70  {
71     cout << "Construtor de Cópia: ";
72     b.print();
73
74     name = b.name;
75     if (b.receptionist == NULL)
76        receptionist = NULL;
77     else
78        receptionist = new Employee(b.receptionist->get_name(),
79           b.receptionist->get_salary());
80  }
81
82  /**
83     Configura este objeto Department como cópia de outro
84     objeto Department.
85     @param b o objeto a ser copiado
86  */
87  Department& Department::operator=(const Department& b)
88  {
89     cout << "Atribuição: ";
90     print();
91     cout << "= ";
92     b.print();
93
94     if (this != & b)
95     {
96        name = b.name;
97        delete receptionist;
98        if (b.receptionist == NULL)
99           receptionist = NULL;
100       else
101          receptionist = new Employee(b.receptionist->get_name(),
102             b.receptionist->get_salary());
103    }
104    return *this;
105 }
106
107 /**
108    Imprime uma descrição deste departamento.
109 */
110 void Department::print() const
111 {
112    cout << "[nome=" << name << ",recepcionista=";
113    if (receptionist == NULL)
114       cout << "NULL";
115    else
116       cout << receptionist->get_name();
117    cout << "]\n";
118 }
119
120 int main()
121 {
122    Department remessa("Remessa");
123    Department cq("Controle de Qualidade",
124       Employee("Tester, Tina", 50000));
125    Department dept(cq);
126    dept = remessa;
127    return 0;
128 }
```

17.2.4 Gerenciamento de memória para listas encadeadas

No Capítulo 16, você viu como implementar uma classe lista encadeada. Quando uma lista encadeada não é mais necessária, os elos podem ser removidos. Para automatizar esta tarefa, você pode definir um destrutor.

```
List::~List()
{
    free();
}

void List::free()
{
    while (begin() != end())
        erase(begin());
}
```

O destrutor automaticamente invoca a função `free` quando uma lista sai fora de escopo. A função `free` apaga todos os nodos. Você vai precisar isto novamente no operador de atribuição.

```
List& List::operator=(const List& b)
{
    if (this != &b)
    {
        free();
        copy(b);
    }
    return *this;
}

void List::copy(const List& b)
{
    for (Iterator p = b.begin(); p != b.end(); p++)
        push_back(*p);
}
```

Finalmente, como a última parte de "os três grandes", forneça um construtor de cópia para a classe `List`:

```
List::List(const List& b)
{
    first = NULL;
    last = NULL;
    copy(b);
}
```

Estas funções de gerenciamento de memória serão incluídas na implementação de `List` na Seção 17.3.

Erro Freqüente 17.1

Definir um Destrutor Sem as Outras Duas Funções dos "Três Grandes"

Algumas vezes é intuitivamente óbvio para programadores que uma classe necessita um destrutor. Se uma classe contém um ponteiro para a memória *heap*, ou um arquivo aberto, ou algum outro recurso que exige limpeza, então o destrutor surge para fazer esta limpeza. Mas um destrutor definido pelo usuário é geralmente incompatível com a atribuição definida pelo sistema e com operações de cópia. Examine este caso:

```
Department qc;
Department dept = qc;
```

Se nenhum construtor de cópia é definido para a classe `Department`, então `dept` contém apenas cópias de ponteiros em `qc`. Quando `qc` e `dept` saem de escopo, então as chamadas do destrutor de `Department` seguem duas vezes os ponteiros, uma vez para remover a recepcionista de `dept` e novamente para remover a recepcionista de `qc` (destrutores são invocados na ordem oposta de construtores). A segunda destruição é fatal – remover duas vezes um bloco de memória corrompe o *heap*.

Para evitar este problema, sempre defina um operador de atribuição e um construtor de cópia ao definir um construtor.

Erro Freqüente 17.2

Confundir Destruição e Remoção

Programadores iniciantes muitas vezes confundem destruição e remoção. Estes conceitos são estreitamente relacionados, mas é importante que você os separe em sua mente.

- Remoção significa que um ponteiro é passado para o operador `delete`
- Destruição significa que um destrutor (`~ClassName()`) é chamado quando um objeto sai de escopo

Em outras palavras, ponteiros são removidos e objetos são destruídos.

Agora, dê uma olhada em alguns exemplos. Aqui, o objeto `dept` sai de escopo:

```
{
    Department dept;
    ...
} // dept.~Department() invocado automaticamente aqui
```

O objeto `dept` é destruído. Isto é, o destruidor é executado. Como conseqüência, o ponteiro `dept.receptionist` é removido.

O próximo exemplo é mais complexo. Examine a remoção de um ponteiro para um objeto *heap*.

```
Department* p = new Department(...);
...
delete p; // p->~Department() invocado automaticamente aqui
```

O operador `delete` faz a destruição do objeto para o qual `p` aponta, que por sua vez faz com que o ponteiro `p->receptionist` seja removido. Em outras palavras, dois blocos da memória são reciclados no *heap*: o objeto `Employee` e o objeto `Department`.

17.3 Gabaritos

Suponha que você quer escrever uma função que percorre um vetor e simultaneamente procura o máximo e o mínimo.

```
int min = v[0];
int max = v[0];
for (int i = 1; i < v.size(); i++)
{
    if (v[i] < min) min = v[i];
    if (v[i] > max) max = v[i];
}
```

Para retornar ambos os valores, crie uma classe simples `Pair` (Par).

```
class Pair
{
public:
    Pair(int a, int b);
    int get_first() const;
    int get_second() const;
private:
    int first;
    int second;
};
Pair::Pair(int a, int b)
{
    first = a;
    second = b;
}
int Pair::get_first() const
{
    return first;
}
int Pair::get_second() const
{
    return second;
}
```

Agora você pode completar a função como segue:

```
Pair minmax(vector<int> v)
{
    ...
    return Pair(min, max);
}
```

O invocador da função recupera ambos os valores como segue:

```
Pair p = minmax(data);
cout << p.get_first() << " " << p.get_second() << "\n";
```

Entretanto, a classe `Pair` não é muito flexível. Suponha que você quer reunir alguns valores `double` ou `string`. Então você precisa definir outra classe. O que é realmente necessário é um mecanismo para definir pares de tipos arbitrários. Para esta finalidade, você pode definir um *gabarito de classe*, que pode produzir pares de tipos particulares. O gabarito pode ser *instanciado* como classes `Pair<int>`, `Pair<string>` e assim por diante. Você pode pensar no gabarito `Pair` como uma fábrica de classes, e uma classe instanciada tal como `Pair<int>` como sendo uma classe produzida por esta fábrica.

Para definir o gabarito, indique o tipo arbitrário com um *parâmetro de tipo* T, como mostrado na Sintaxe 17.3. Substitua todos os tipos `int` pela variável de tipo T. Finalmente, adicione uma linha `template<typename T>` antes da definição da classe:

```
template<typename T>
class Pair
{
public:
    Pair(T a, T b);
    T get_first() const;
    T get_second() const;
private:
    T first;
    T second;
};
```

> **Sintaxe 17.3: Definição de Classe Gabarito**
>
> ```
> template<typename type_variable>
> class Class_name
> {
>         características
> };
> ```
>
> **Exemplo:**
>
> ```
> template<typename T>
> class Pair
> {
> public:
>         Pair(T a, T b);
>         T get_first() const;
>         T get_second() const;
> private:
>         T first;
>         T second;
> };
> ```
>
> **Finalidade:**
>
> Definir uma classe gabarito com um parâmetro de tipo.

Com compiladores antigos, você deve usar `template<class T>` em vez de `template<typename T>`. O C++ padrão permite ambas as escolhas; `typename` é preferido porque torna claro que `T` pode ser de qualquer tipo, e não apenas uma classe. Por exemplo, você pode formar um `Pair<int>`, mesmo que `int` não seja de um tipo de classe.

Finalmente, você deve transformar *cada* definição de função membro em um gabarito, como mostrado na Sintaxe 17.4:

```
template<typename T>
Pair<T>::Pair(T a, T b)
{
    first = a;
    second = b;
}

template<typename T>
T Pair<T>::get_first() const
{
    return first;
}

template<typename T>
T Pair<T>::get_second() const
{
    return second;
}
```

Note que cada função é transformada em um gabarito separado. Cada nome de função é prefixado pelo qualificador "`Pair<T>::`". E, naturalmente, a variável de tipo `T` é usada em lugar do tipo `int`.

O gabarito `Pair` é um exemplo simples que foi apresentado com o propósito de demonstração (na realidade, existe um gabarito `pair` na biblioteca padrão de C++ que é similar a este gabarito). O uso mais comum de gabaritos é nas classes contêineres. Naturalmente, as construções padrão `vector` e `list` são gabaritos.

No Capítulo 16, você viu como implementar a classe de listas encadeadas. Essa classe armazenava listas de *strings*. Agora você sabe como armazenar valores de tipos arbitrários, transformando a classe em um gabarito.

Visto que a classe `List` usa as classes `Node` e `Iterator`, você precisa criar gabaritos para estas classes também. Inicie com a classe `Node`. A classe `Node` original armazenava um valor *string*:

```
class Node
{
public:
    Node(string s);
private:
    string data;
    Node* previous;
    Node* next;
};
```

A versão com gabaritos é

```
template<typename T>
class Node
{
public:
    Node(T s);
private:
    T data;
    Node<T>* previous;
    Node<T>* next;
};
```

Faça o mesmo com a classe `List`:

```
template<typename T>
class List
{
public:
    List();
    void push_back(T s);
    void insert(Iterator<T> pos, T s);
    Iterator<T> erase(Iterator<T> pos);
    Iterator<T> begin();
    Iterator<T> end();
private:
    Node<T>* first;
    Node<T>* last;
};
```

Finalmente, transforme *cada* definição de função-membro em um gabarito, como mostrado na Sintaxe 17.4:

```
template<typename T>
Iterator<T> List<T>::begin()
{
    Iterator<T> iter;
    iter.position = first;
    iter.last = last;
    return iter;
}
```

O programa a seguir mostra o resultado final deste processo para a classe `List`.

> **Sintaxe 17.4: Definição de Gabarito de Função-Membro**
>
> ```
> template<typename type_variable>
> return_type Class_name<type_variable>::function_name(parameters) const_opt
> {
>     statements
> }
> ```
>
> **Exemplo:**
>
> ```
> template<typename T>
> T Pair<T>::get_first() const
> {
>     return first;
> }
> ```
>
> **Finalidade:**
>
> Fornecer uma implementação de uma função-membro para um gabarito de classe.

Arquivo list.cpp

```
1   #include <string>
2   #include <iostream>
3   #include <cassert>
4
5   using namespace std;
6
7   /* declarações antecipadas */
8   template<typename T> class List;
9   template<typename T> class Iterator;
10
11  /**
12      Uma classe para armazenar os nodos da lista encadeada.
13  */
14  template<typename T>
15  class Node
16  {
17  public:
18      /**
19          Constrói um nodo para um dado valor.
20          @param s o dado a ser armazenado neste nodo
21      */
22      Node(T s);
23  private:
24      T data;
25      Node<T>* previous;
26      Node<T>* next;
27  friend class List<T>;
28  friend class Iterator<T>;
29  };
30
31  /**
32      Um iterador indica a posição na lista ou
33      o final da lista.
34  */
35  template<typename T>
36  class Iterator
37  {
```

```
38  public:
39     /**
40        Constrói um iterador que não é vinculado a nenhuma lista.
41     */
42     Iterator();
43     /**
44        Procura um valor em uma posição.
45        @return o valor do nodo para o qual o iterador
46        aponta
47     */
48     T operator*() const;
49     /**
50        Avança o iterador para a próxima posição.
51     */
52     void operator++(int dummy);
53     /**
54        Move o iterador para a posição anterior.
55     */
56     void operator--(int dummy);
57     /**
58        Compara dois iteradores.
59        @param b o iterador a ser comparado com este iterador
60        @return true se este iterador e b são iguais
61     */
62     bool operator==(Iterator<T> b) const;
63     /**
64        Compara dois iteradores.
65        @param b o iterador a ser comparado com este iterador
66        @return true se este iterador e b são diferentes
67     */
68     bool operator!=(Iterator<T> b) const;
69  private:
70     Node<T>* position;
71     Node<T>* last;
72  friend class List<T>;
73  };
74
75  /**
76     Uma lista encadeada de valores de um dado tipo.
77     @param T o tipo dos valores da lista
78  */
79  template<typename T>
80  class List
81  {
82  public:
83     /**
84        Constrói uma lista vazia.
85     */
86     List();
87     /**
88        Constrói uma lista como cópia de outra lista.
89        @param b a lista a ser copiada
90     */
91     List(const List<T>& b);
92     /**
93        Remove todos os nodos desta lista.
94     */
95     ~List();
96     /**
97        Atribui outra lista a esta lista.
```

```
 98        @param b a lista a ser atribuída
 99        @return uma referência a esta lista
100    */
101    List<T>& operator=(const List<T>& b);
102
103    /**
104        Adiciona um elemento à lista.
105        @param s o valor a ser adicionado
106    */
107    void push_back(T s);
108    /**
109        Insere um elemento na lista.
110        @param iter a posição antes da inserção
111        @param s o valor a ser inserido
112    */
113    void insert(Iterator<T> iter, T s);
114    /**
115        Remove um elemento da lista.
116        @param i a posição de remoção
117        @return um iterador apontando para o elemento após o
118        elemento apagado
119    */
120    Iterator<T> erase(Iterator<T> i);
121    /**
122        Obtém a posição inicial da lista.
123        @return um iterador apontando para o início da lista
124    */
125    Iterator<T> begin();
126    /**
127        Obtém o elemento após o ultimo da lista.
128        @return um iterador apontando para além do último da lista
129    */
130    Iterator<T> end();
131
132 private:
133    /**
134        Copia outra lista nesta lista.
135        @param b a lista a ser copiada
136    */
137    void copy(const List<T>& b);
138    /**
139        Remove todos os nodos desta lista.
140    */
141    void free();
142
143    Node<T>* first;
144    Node<T>* last;
145 };
146
147 template<typename T>
148 List<T>::List()
149 {
150    first = NULL;
151    last = NULL;
152 }
153
154 template<typename T>
155 List<T>::~List()
156 {
```

```cpp
157       free();
158 }
159
160 template<typename T>
161 List<T>::List(const List<T>& b)
162 {
163    first = NULL;
164    last = NULL;
165    copy(b);
166 }
167
168 template<typename T>
169 List<T>& List<T>::operator=(const List<T>& b)
170 {
171    if (this != &b)
172    {
173       free();
174       copy(b);
175    }
176    return *this;
177 }
178
179
180 template<typename T>
181 void List<T>::push_back(T s)
182 {
183    Node<T>* newnode = new Node<T>(s);
184    if (last == NULL) /* lista vazia */
185    {
186       first = newnode;
187       last = newnode;
188    }
189    else
190    {
191       newnode->previous = last;
192       last->next = newnode;
193       last = newnode;
194    }
195 }
196
197 template<typename T>
198 void List<T>::insert(Iterator<T> iter, T s)
199 {
200    if (iter.position == NULL)
201    {
202       push_back(s);
203       return;
204    }
205
206    Node<T>* after = iter.position;
207    Node<T>* before = after->previous;
208    Node<T>* newnode = new Node<T>(s);
209    newnode->previous = before;
210    newnode->next = after;
211    after->previous = newnode;
212    if (before == NULL) /* insere no início */
213       first = newnode;
214    else
215       before->next = newnode;
```

```
216  }
217
218  template<typename T>
219  Iterator<T> List<T>::erase(Iterator<T> i)
220  {
221     Iterator<T> iter = i;
222     assert(iter.position != NULL);
223     Node<T>* remove = iter.position;
224     Node<T>* before = remove->previous;
225     Node<T>* after = remove->next;
226     if (remove == first)
227        first = after;
228     else
229        before->next = after;
230     if (remove == last)
231        last = before;
232     else
233        after->previous = before;
234     iter.position = after;
235     delete remove;
236     return iter;
237  }
238
239  template<typename T>
240  Iterator<T> List<T>::begin()
241  {
242     Iterator<T> iter;
243     iter.position = first;
244     iter.last = last;
245     return iter;
246  }
247
248  template<typename T>
249  Iterator<T> List<T>::end()
250  {
251     Iterator<T> iter;
252     iter.position = NULL;
253     iter.last = last;
254     return iter;
255  }
256
257  template<typename T>
258  Iterator<T>::Iterator()
259  {
260     position = NULL;
261     last = NULL;
262  }
263
264  template<typename T>
265  T Iterator<T>::operator*() const
266  {
267     assert(position != NULL);
268     return position->data;
269  }
270
271  template<typename T>
272  void Iterator<T>::operator++(int dummy)
273  {
274     assert(position != NULL);
```

```
275        position = position->next;
276 }
277
278 template<typename T>
279 void Iterator<T>::operator--(int dummy)
280 {
281    if (position == NULL)
282       position = last;
283    else
284       position = position->previous;
285    assert(position != NULL);
286 }
287
288 template<typename T>
289 bool Iterator<T>::operator==(Iterator<T> b) const
290 {
291    return position == b.position;
292 }
293
294 template<typename T>
295 bool Iterator<T>::operator!=(Iterator<T> b) const
296 {
297    return position != b.position;
298 }
299
300 template<typename T>
301 Node<T>::Node(T s)
302 {
303    data = s;
304    previous = NULL;
305    next = NULL;
306 }
307
308 template<typename T>
309 void List<T>::copy(const List<T>& b)
310 {
311    for (Iterator<T> p = b.begin(); p != b.end(); p++)
312       push_back(*p);
313 }
314
315 template<typename T>
316 void List<T>::free()
317 {
318    while (begin() != end())
319       erase(begin());
320 }
321
322 int main()
323 {
324    List<string> staff;
325
326    staff.push_back("Cracker, Carl");
327    staff.push_back("Hacker, Harry");
328    staff.push_back("Lam, Larry");
329    staff.push_back("Sandman, Susan");
330
331    /* insere um valor na quarta posição */
332
333    Iterator<string> pos;
```

```
334     pos = staff.begin();
335     pos++;
336     pos++;
337     pos++;
338
339     staff.insert(pos, "Reindeer, Rudolf");
340
341     /* remove o valor da segunda posição */
342
343     pos = staff.begin();
344     pos++;
345
346     staff.erase(pos);
347
348     /* imprime todos os valores */
349
350     for (pos = staff.begin(); pos != staff.end(); pos++)
351        cout << *pos << "\n";
352
353     return 0;
354  }
```

17.4 Classes aninhadas e ambientes de nomes

Existe uma ligeira diferença entre o gabarito `List` que você definiu e o gabarito `list` padrão de C++. Com seu gabarito, você define um iterador como

```
Iterator<string> pos = staff.begin();
```

Entretanto, com a classe `list` padrão, você usa uma sintaxe levemente diferente:

```
list<string>::iterator pos = staff.begin();
```

Na biblioteca padrão, a classe `iterator` é *aninhada* dentro da classe `list` (ver Sintaxe 17.5).

Sintaxe 17.5: Definição de Classe Aninhada

```
class Nome_classe_externa
{
    ...
    class Nome_classe_aninhada;
    ...
};
```

Exemplo:

```
class List
{
    ...
    class Iterator;
};
```

Finalidade:

Declarar uma classe cujo escopo é contido no escopo de outra classe.

Isto permite que outras classes de coleções, como *vectors*, *maps* e *sets*, definam seus próprios iteradores. Todos estes iteradores possuem diferentes implementações internas. Eles apenas compartilham o mesmo nome, `iterator`, por que eles representam o mesmo conceito. Para evitar conflitos de nomes, cada uma das classes contêiner usa aninhamento para assegurar que possui o nome de seu iterador. Nomes aninhados são expressos com um ::, como segue:

```
vector<double>::iterator p = a.begin();
list<string>::iterator q = b.begin();
```

Vamos fazer o mesmo com as classes `List` e `Iterator`. Por simplicidade, retorne à versão sem gabaritos. Você quer aninhar a classe `Iterator` dentro da classe `List` e então usá-la como

```
List::Iterator pos = staff.begin();
```

Aninhar uma classe dentro de outra envolve dois passos. Primeiro, declare a classe aninhada dentro da classe externa:

```
class List
{
    ...
    class Iterator;
    ...
};
```

A seguir, defina a classe e suas funções-membro, sempre se referindo a ela pelo seu nome completo (tal como `List::Iterator`).

```
class List::Iterator
{
public:
    Iterator();
    string get() const;
    ...
};
List::Iterator::Iterator()
{
    ...
}
string List::Iterator::get() const
{
    ...
}
```

Note que o nome da classe é `List::Iterator`, mas o nome do construtor ainda é apenas `Iterator`.

Com compiladores antigos, você deve incluir a definição *completa* da classe aninhada *dentro* da definição da classe externa:

```
class List
{
    ...
    class Iterator
    {
    public:
        Iterator();
        string get() const;
        ...
    };
    ...
};
```

Isto parece confuso e pode parecer que um objeto `List` contém um objeto `Iterator` dentro dele. Este não é o caso. A classe `List` apenas possui a classe `Iterator`, ou, em outras palavras, o nome `Iterator` está contido no escopo da classe `List`. As funções-membro de `List` podem simplesmente referir-se a ele como `Iterator`, e todas as outras funções devem referir-se a ele como `List::Iterator`.

Em geral, você usa classes aninhadas apenas por uma razão: colocar o nome de uma classe dentro do escopo de outra classe.

Ambientes de nomes têm um objetivo similar a este das classes aninhadas – evitar conflitos de nomes. Por exemplo, em um grande projeto de *software*, é bem possível que vários programadores escolham nomes para funções ou classes que conflitem com outros. Suponha que outro programador escolha `map` como o nome de uma classe, talvez para indicar um mapa em um jogo de computador, sem saber que já existe uma classe `map` na biblioteca padrão. Usando ambientes de nomes, se torna possível usar ambas as classes em um mesmo programa. As classes da biblioteca padrão estão no ambiente de nomes `std`. Você pode fazer uma referência sem ambigüidade à classe `map` padrão como `std::map`. Se a outra classe `map` está em um ambiente de nomes diferente, digamos `acme`, então você pode especificá-la como `acme::map`.

Para adicionar classes, funções ou variáveis a um ambiente de nomes, cerque suas declarações com um bloco `namespace` (ver Sintaxe 17.6):

```
namespace acme
{
    class map
    {
        ...
    };
    void draw(map m);
}
```

Sintaxe 17.6: Definição de Ambiente de Nomes

```
namespace name_space_name
{
    característica₁
    característica₂
    ...
    característicaₙ
}
```

Exemplo:
```
namespace ACME_Software_San_Jose_CA_US
{
    class map
    {
        ...
    };
}
```

Finalidade:
Incluir uma classe, função ou variável em um ambiente de nomes.

Diferentemente de classes, ambientes de nomes são *abertos*. Você pode adicionar a um ambiente de nomes quantos itens você quiser, simplesmente iniciando outro bloco `namespace`.

```
namespace acme
{
    class maze
    {
        ...
    };
}
```

Naturalmente, é tedioso prefixar todas as classes padrão com o qualificador `std::` se não existem conflitos de nomes. Portanto, seus programas iniciam com a declaração

```
using namespace std;
```

A finalidade desta declaração é especificar que todos os nomes devem ser buscados no ambiente de nomes `std`. Por exemplo, quando o compilador ver `cout`, ele encontrará a declaração de `std::cout` no cabeçalho `<iostream>` e saberá que você realmente quer usar esta variável.

Entretanto, em um aspecto importante, o ambiente de nomes `std` é atípico. Como você usa ambientes de nomes para evitar conflitos de nomes, você normalmente quer usar nomes de ambientes de nomes que são realmente sem ambigüidade, e portanto longos, tais como `ACME_Software_San_Jose_CA_US`. À primeira vista, isto parece muito tedioso – programadores não ficam felizes ao digitar

```
ACME_Software_San_Jose_CA_US::map
```

Para resolver este problema, você pode definir um apelido curto para um nome longo de ambiente de nomes, como por exemplo

```
namespace acme = ACME_Software_San_Jose_CA_US;
```

(ver Sintaxe 17.7). Então você usa o apelido em seu programa, tal como `acme::map`, e o compilador automaticamente traduz o apelido para o nome completo do ambiente de nomes. Caso você tenha um conflito de nomes de apelidos, você pode usar apelidos diferentes para o mesmo ambiente de nomes em diferentes arquivos.

Sintaxe 17.7: Apelidos de Ambiente de Nomes

`namespace alias_name = name_space_name;`

Exemplo:

`namespace acme = ACME_Software_San_Jose_CA_US;`

Finalidade:

Introduzir um apelido curto para um nome longo de ambiente de nomes.

Em programas profissionais, é uma excelente idéia usar ambientes de nomes, particularmente se você construir bibliotecas para outros programadores. Siga estas regras:

- Escolha nomes longos e únicos para seus ambientes de nomes.
- Use o recurso de apelidos para estabelecer apelidos curtos.
- Não use a declaração `using`, exceto para o ambiente de nomes `std`.

Dica de Qualidade 17.2

Use Nomes não Ambíguos para Ambientes de Nomes

Alguns programadores usam suas iniciais, ou as iniciais de um produto ou de uma empresa, como nomes para ambientes de nomes. Pesquisando na Web, pode-se encontrar bibliotecas C++ com ambientes de nomes tais como `MRI` e `IPL`. Isto não é uma boa prática – é somente uma questão de tempo antes que Irene P. Lee use suas iniciais para seu ambiente de nomes e então necessite usar a Image Processing Library que faz o mesmo.

Use um nome longo, tal como

```
Image_Proc_Lib_ACME_Software_San_Jose_CA_US
```

para o ambiente de nomes da biblioteca. Programadores que usarem a biblioteca podem facilmente usar um apelido conveniente de sua própria escolha

17.5 Tratamento de exceções

17.5.1 Sinalizando condições de erro

Suponha que um programador comete um erro ao usar uma classe, tal como obter um elemento após a última posição do iterador. Então, o autor da classe pode escolher entre as alternativas;

- Não verificar a condição de erro e executar o código de qualquer maneira, possivelmente causando sérios problemas.
- Verificar a condição de erro e nada fazer se um erro ocorrer.
- Verificar a condição de erro e alertar o invocador se um erro ocorrer.

Muitos programadores usam a primeira abordagem. Se você faz uma chamada que você saber ser inválida, alguma coisa misteriosa ou terrível pode acontecer. Por exemplo, examine a função `future_value` do Capítulo 5.

```
double future_value(double initial_balance, double p, int n)
{
    return initial_balance * pow(1 + p / 100, n);
}
```

Agora, suponha que um programador chama `future_value(1000, -100, -1)`. Então a função calcula `pow(0, -1)` ou 1/0 o que é um erro.

As funções `future_value` e `pow` não verificam condições de erro. Em vez disso, elas confiam que os programadores sejam suficientemente competentes para entender suas pré-condições. Geralmente, a razão para omitir verificações é maximizar o desempenho. Verificar condições de erro consome tempo e penaliza programadores que chamam uma função corretamente.

Entretanto, em muitos contextos de programação a velocidade bruta não é a única consideração e faz sentido focalizar na confiabilidade e evitar erros.

Você pode ter implementado funções que verificam condições de erro e, com segurança, nada fazem se o método foi chamado com erro. Por exemplo,

```
double future_value(double initial_balance, double p, int n)
{
    if (p < 0 || n < 0) return 0;
    return initial_balance * pow(1 + p / 100, n);
}
```

Este enfoque parece bom à primeira vista, mas na prática pode causar severos problemas. Quando uma função é chamada com erro, ela não realiza a ação desejada e retorna um valor falso, mas o invocador não sabe que existia um erro. O invocador vai continuar e talvez incorporar o valor falso em suas computações, o que pode causar problemas mais tarde que são difíceis de entender.

No Capítulo 5, você viu como usar o mecanismo `assert` para alertar o programador sobre condições de erro:

```
double future_value(double initial_balance, double p, int n)
{
    assert(p >= 0 && n >= 0);
    return initial_balance * pow(1 + p / 100, n);
}
```

Sempre que alguém chamar essa função com parâmetros inválidos, o programa termina com um relato de erros que aponta a causa do problema.

Esta é uma boa solução para programadores estudantes, mas, na vida real, você não deseja terminar um programa que controla um foguete ou um dispositivo médico. Em vez disso, você quer notificar alguma outra parte do programa, cuja tarefa é lidar com condições de erro.

C++ possui tal mecanismo de notificação, denominado *tratamento de exceções*. Quando uma função detecta um erro, ela pode sinalizar esta condição ao tratador, ao *disparar uma exceção* (ver Sintaxe 17.8). Por exemplo,

> **Sintaxe 17.8: Disparar uma Exceção**
>
> throw *expression*;
>
> **Exemplo:**
>
> throw logic_error("parâmetro valor_futuro inválido");
>
> **Finalidade:**
>
> Abandonar esta função e disparar um valor para um tratador de exceção.

```
double future_value(double initial_balance, double p, int n)
{
    if (p < 0 || n < 0)
    {
        logic_error description("parâmetro valor_futuro inválido");
        throw description;
    }
    return initial_balance * pow(1 + p / 100, n);
}
```

Aqui, `logic_error` é uma classe de exceção padrão que é declarada no cabeçalho `<stdexcept>`.

Muitos programadores não se preocupam em dar um nome ao objeto exceção e apenas disparam um objeto anônimo, como este:

```
if (p < 0 || n < 0)
    throw logic_error("parâmetro valor_futuro inválido");
```

A palavra-chave `throw` indica que a função termina imediatamente. Entretanto, a função não retorna a seu invocador. Em vez disso, ela procura no invocador, no invocador do invocador e assim por diante, por um *tratador* que especifique como tratar um erro lógico.

17.5.2 Capturar exceções

Você fornece um tratador de exceção com o comando `try` (ver Sintaxe 17.9):

```
try
{
    código
}
catch (logic_error& e)
{
    tratador
}
```

Se qualquer das funções da cláusula `try` disparar um `logic_error` ou chamar outra função que dispara tal exceção, então o código da cláusula `catch` é imediatamente executado.

Por exemplo, você pode colocar na função `main` um tratador que informa o usuário que algo deu errado e oferece uma chance de tentar novamente com diferentes entradas.

```
int main()
{
    bool more = true;
    while (more)
    {
        try
        {
            código
        }
        catch (logic_error& e)
```

```
            {
                cout << "Ocorreu um erro lógico: "
                     << e.what() << "\n"
                     << "Tentar novamente? (s/n)";
                string input;
                getline(cin, input);
                if (input == "n") more = false;
            }
        }
    }
```

> **Sintaxe 17.9: Bloco *Try***
>
> ```
> try
> {
>         comandos
> }
> catch (type_name₁ variable_name₁)
> {
>         comandos
> }
> catch (type_name₂ variable_name₂)
> {
>         comandos
> }
> ...
> catch (type_nameₙ variable_nameₙ)
> {
>         comandos
> }
> ```
>
> **Exemplo:**
>
> ```
> try
> {
>         List staff = read_list();
>         process_list(staff);
> }
> catch (logic_error& e)
> {
>         cout << "Processando erro " << e.what() << "\n";
> }
> ```
>
> **Finalidade:**
>
> Fornecer um ou mais tratadores para tipos de exceções que podem ser disparadas ao ser executado um bloco de comandos.

Este tratador inspeciona o objeto exceção que foi disparado. Note que a cláusula `catch` tem uma aparência um pouco parecida com a de uma função com um parâmetro variável e do tipo `logic_error&` (você pode dar o nome que quiser à variável de exceção). A cláusula `catch` então aplica a função membro `what` da classe `logic_error` ao objeto exceção e. Esta função retorna o *string* que foi passado ao construtor do objeto de erro no comando `throw`.

É uma boa idéia usar herança para definir seus tipos de exceção. Por exemplo,

```
class FutureValueError : public logic_error
{
public:
    FutureValueError(const char reason[]);
```

```
};
FutureValueError::FutureValueError(const char reason[])
    : logic_error(reason) {}
```

A classe `FutureValueError` é uma subclasse de `logic_error`. O construtor `FutureValueError` passa o *string* de caracteres para o construtor da classe base.

A função `future_value` pode agora disparar um objeto `FutureValueError`:

```
if (p < 0 || n < 0)
    throw FutureValueError("Parâmetro inválido");
```

Visto que `FutureValueError` é um `logic_error`, você ainda pode capturá-lo com uma cláusula

```
catch (logic_error& e)
```

essa é a razão para usar herança. Como alternativa, você pode fornecer uma cláusula

```
catch (FutureValueError& e)
```

que somente captura objetos `FutureValueError` e não outros erros de lógica. Você também pode usar ambos:

```
try
{
    code
}
catch (FutureValueError& e)
{
    tratador₁
}
catch (logic_error& e)
{
    tratador₂
}
catch (bad_alloc& e)
{
    tratador₃
}
```

Nessa situação, o primeiro tratador captura todos os erros de valor futuro, o segundo tratador captura erros de lógica e o terceiro tratador captura a exceção `bad_alloc` que foi disparada quando o operador `new` percebeu falta de memória. A ordem das cláusulas `catch` é importante. Quando ocorre uma exceção, o mecanismo de tratamento de exceções examina os tratadores de cima para baixo e executa o primeiro tratador que combinar.

Se você inverter a ordem dos tratadores no código anterior, então o tratador `logic_error` pode combinar com um `FutureValueError`, e o tratador de erros de valor futuro nunca será executado.

17.5.3 Stack unwinding

Um uso comum de tratamento de exceções é em funções que lêem dados. Considere uma função tal como a `Product::read` do Capítulo 6. Ela espera o nome, preço e pontuação de um produto. O que poderia acontecer se nenhum preço ou pontuação fossem dados? Poderia ser uma indicação de arquivo corrompido. Em tal caso, faz sentido disparar uma exceção.

```
bool Product::read(fstream& fs)
{
    getline(fs, name);
    if (name == "") return false; // fim do arquivo
    fs >> price >> score;
    if (fs.fail())
        throw runtime_error("Erro ao ler um produto");
    string remainder;
```

```
            getline(fs, remainder);
            return true;
    }
```

Aqui, `runtime_error` é um outro tipo de exceção padrão definida no cabeçalho `<stdexcept>`. A biblioteca padrão distingue entre "erros lógicos" e "erros de execução". Quando ocorre um erro lógico, não faz sentido tentar repetir a mesma operação, mas um erro de execução pode ter alguma chance de seguir em frente quando a operação é repetida uma segunda vez. Por exemplo, a força férrea da lógica diz que obter dado de uma lista vazia será sempre um fracasso. Mas, ler de um arquivo em um sistema de redes de arquivos pode falhar devido a um erro intermitente de rede e após funcionar quando a rede está apta novamente.

A Figura 4 mostra os tipos padrão de exceção em C++.

A função `read` mostra outra distinção interessante, entre o fim *esperado* de um arquivo e um problema inesperado. Todos os arquivos devem chegar a um fim e a função retorna `false` se o fim foi encontrado da maneira normal. Mas, se um erro ocorre no meio do registro de um produto, então a função dispara uma exceção. Portanto, o invocador da função somente tem que se preocupar com o caso normal e deixar o processamento do caso excepcional para um tratador especializado.

Considere esta chamada de função:

```
        void process_products(fstream& fs)
        {
            list<Product> products;
            boolean more = true;
            while (more)
            {
                Product p;
                if (p.read(fs)) products.push_back(p);
                else more = false;
            }
            fazer algo com products
        }
```

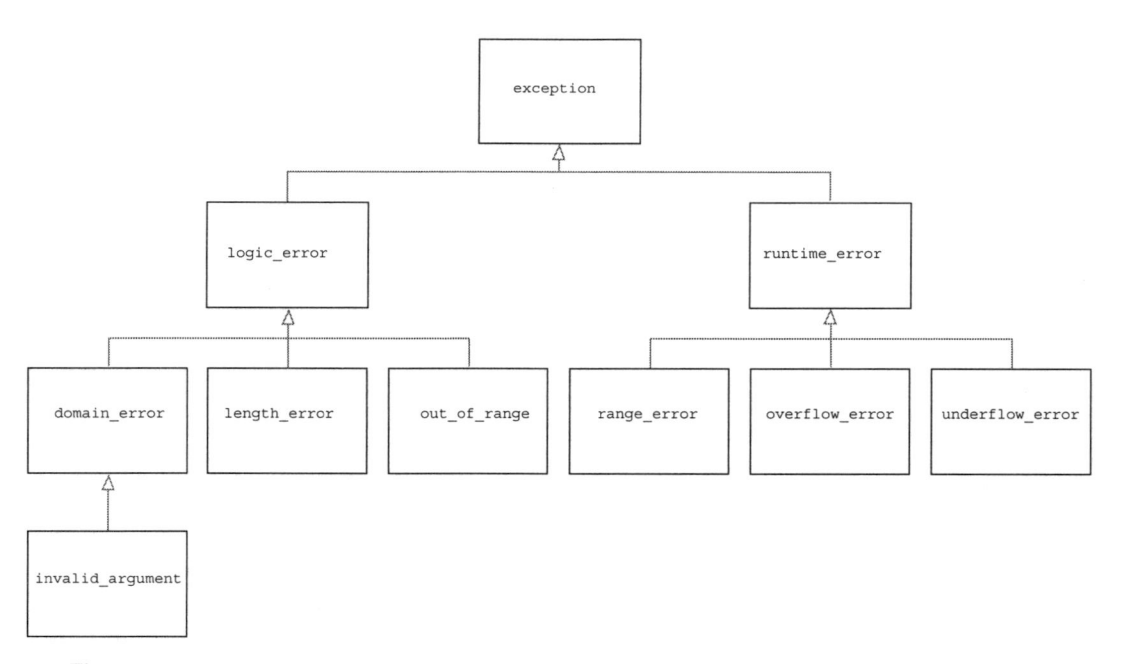

Figura 4

A hierarquia de tipos de exceção padrão de C++.

Agora suponha que a função `read` dispara uma exceção. Então, o mecanismo de tratamento de exceções abandona a função `process_products` e procura por um tratador adequado.

Mas existe um problema. Quando a função `process_products` é abandonada, o que acontece com a memória da lista `products`? A lista contém vários *links* que foram alocados no *heap* e que necessitam ser removidos.

O mecanismo de tratamento de exceções de C++ está preparado para esta situação. Ele invoca *todos os destrutores de objetos da pilha* antes de abandonar a função. Em nosso exemplo, o destrutor `~list` é chamado e todos os *links* são removidos. Assim, não existe desperdício de memória.

Note que esta invocação automática de destrutores somente se aplica a *objetos*. Se você usa um ponteiro em seu próprio código, então nenhum destrutor é chamado. Ponteiros não pertencem a classes e somente classes podem ter destrutores. Por exemplo, considere este cenário.

```
Product* p = new Product();
if (p->read())
{
    ...
}
delete p; // nunca é executado se read dispara uma exceção
```

Se uma exceção ocorrer na função `read`, então a função que a chamou é abandonada. Porém, p não é um objeto e assim ele não recebe tratamento especial do tratador de exceções. A memória para a qual ele apontava não é apagada, causando desperdício de memória.

Este é um problema sério. Existem dois remédios. O melhor remédio é assegurar que toda a memória alocada é apagada por um destrutor. Por exemplo, este é o caso dos nodos de uma lista encadeada.

Entretanto, se uma variável ponteiro local é inevitável, você pode usar a seguinte construção:

```
Product* p = NULL;
try
{
    p = new Product();
    if (p->read())
    {
        ...
    }
    delete p;
}
catch (...)
{
    delete p;
    throw;
}
```

A cláusula especial `catch (...)` combina com qualquer exceção. O tratador contém a limpeza local, seguida do comando `throw` sem qualquer objeto de exceção. Esta forma especial do comando `throw` *dispara novamente* a exceção atual. É importante disparar novamente a exceção de modo que um tratador conveniente possa processá-la. Afinal, a cláusula `catch` não consegue tratar adequadamente a exceção.

Este mecanismo de limpeza local é indiscutivelmente tedioso. Você, portanto, tem um excelente incentivo para arranjar o seu código de um modo orientado a objetos. Coloque as variáveis ponteiro dentro de classes e encarregue o destrutor de fazer a limpeza.

17.5.4 Especificação de exceção

Se uma exceção é disparada e nenhuma cláusula `catch` existe para capturá-la, então o programa termina com uma mensagem de erro. Além disso, como você viu na seção anterior, se ocorre uma exceção, então algum código importante pode não ser executado. Portanto, é de algum modo perigoso disparar exceções ou chamar métodos que possam disparar exceções.

Em C++, uma função pode declarar que ela dispara somente exceções de um certo tipo, ou nenhuma exceção. Você pode usar este conhecimento para assegurar-se que é seguro chamar certas funções, ou para saber que tipos de exceção seus programas necessitam capturar.

Uma assinatura de função pode opcionalmente ser seguida pela palavra-chave `throw` e uma lista de tipos de exceção, separadas por vírgula e entre parênteses, como por exemplo:

```
void process_products(fstream& fs)
    throw (UnexpectedEndOfFile, bad_alloc)
```

Para indicar o fato que uma função não dispara exceções, use uma lista de exceções vazia.

```
void print_products(const list<Product>& products)
    throw ()
```

Uma função sem uma especificação `throw` pode disparar quaisquer exceções (ver Sintaxe 17.10).

Sintaxe 17.10: Especificação de Exceção

return_type function_name(parameters)
        throw (type_name$_1$, type_name$_2$, ..., type_name$_n$)

Exemplo:

```
void process_products(fstream& fs)
    throw (UnexpectedEndOfFile, bad_alloc)
```

Finalidade:

Listar os tipos de todas as exceções que uma função pode disparar.

Você deve ser cuidadoso ao usar especificações de exceções. O compilador não obriga a usá-las. Se uma função com uma especificação de exceção dispara um objeto de exceção inesperado, cujo tipo não está na lista aprovada, o mecanismo de tratamento de exceções termina o programa.

Dica de Qualidade 17.3

Use Exceções para Casos Excepcionais

Considere a função `read` da classe `Product`. Ela devolve `false` no final do *stream*.

Por que ela não dispara uma exceção?

O projetista desta função imaginou que cada *stream* deve chegar a um final. Em outras palavras, o final da entrada é uma condição normal, e não uma excepcional. Sempre que você tentar ler um registro de dados, você deve estar preparado para lidar com a possibilidade de que você atingiu o final. Entretanto, se o final da entrada ocorre dentro de um registro de dados que deveria estar completo, então você pode disparar uma exceção para indicar que a entrada atingiu um fim *inesperado*. Isto deve ter sido causado por algum evento excepcional, talvez um arquivo corrompido.

Em particular, você *nunca* deve usar exceções como um "comando `break` com esteróides". Não dispare uma exceção para sair de um laço profundamente aninhado ou um conjunto de chamadas de métodos recursivos. Isto é considerado um abuso do mecanismo de exceção.

Dica de Qualidade 17.4

Disparar uma Exceção Não é Desonroso

Alguns programadores preferem remendar um problema localmente em vez de disparar uma exceção, porque eles consideram irresponsabilidade não tratar de todos os problemas.

Por exemplo, alguns programadores podem implementar o método `Iterator::get` de modo a devolver um *string* vazio quando o iterador está em uma posição inválida.

Entretanto, esta visão é míope. Ao suprir um valor de retorno falso, um programa pode prosseguir por um pouco de tempo, mas ele provavelmente vai produzir resultados inesperados e inúteis. Além disso, suprimir um relato de erro impede que um tratador de exceção trate efetivamente do problema.

É verdadeiramente honroso disparar exceções para indicar falhas que uma função não pode tratar competentemente. Naturalmente, é uma boa idéia documentar essas exceções.

Fato Histórico 17.1

O Incidente do Foguete Ariane

A Agência Espacial Européia (ESA – European Space Agency), equivalente à NASA, desenvolveu um modelo de foguete chamado Ariane, que foi usado com sucesso muitas vezes para lançar satélites e experimentos científicos no espaço. Entretanto, quando uma nova versão, o Ariane 5, foi lançada em 4 de junho de 1996, da base de lançamentos da ESA em Kourou, na Guiana Francesa, o foguete saiu fora da rota aproximadamente 40 segundos após o lançamento. Voando em um ângulo de mais de 20 graus, em vez de diretamente para cima, exerceu uma tal força aerodinâmica que os propulsores se separaram, ocasionando o acionamento do mecanismo automático de auto-destruição. O foguete explodiu a si próprio.

A causa principal deste acidente foi uma exceção não tratada! O foguete continha dois dispositivos idênticos (denominados sistemas de referência inercial) que processavam dados de vôo obtidos de dispositivos de medição e transformavam os dados em informações sobre a posição do foguete. O computador de bordo usava a informação de posição para controlar os propulsores. Os mesmos sistemas de referência inercial haviam funcionado bem no seu antecessor Ariane 4.

Entretanto, devido a alterações no projeto do foguete, um dos sensores media uma força de aceleração maior do que havia sido encontrada no Ariane 4. Este valor, calculado como um valor em ponto flutuante, foi armazenado em um inteiro de 16 bits. Diferentemente de C++, a linguagem ADA, usada para o *software* do dispositivo, dispara uma exceção se um número em ponto flutuante é muito grande para ser convertido para um inteiro. Infelizmente, os programadores do dispositivo haviam decidido que esta situação nunca ocorreria e não providenciaram um tratador de exceção.

Quando o estouro de campo de fato ocorreu, a exceção foi disparada e, uma vez que não havia tratador, o dispositivo se desconectou. O computador de bordo percebeu a falha e chaveou para o dispositivo alternativo. Contudo, este dispositivo havia se desconectado pela mesma razão, algo que os projetistas do foguete não esperavam. Eles imaginaram que os dispositivos poderiam falhar por razões mecânicas e a probabilidade de dois dispositivos terem a mesma falha mecânica era considerada remota. Neste ponto, o foguete estava sem informação confiável de posição e saiu da trajetória.

Figura 5

A explosão do foguete Ariane.

▼ Talvez tivesse sido melhor se o *software* não fosse tão radical? Se ele tivesse ignorado o estouro, o dispositivo poderia não ter se desconectado. Ele poderia simplesmente ter calculado dados incorretos. Mas então, o dispositivo poderia ter informado uma dado errôneo de posição, o que poderia ter sido igualmente fatal. Em vez disso, uma implementação correta poderia ter capturado exceções de estouro e avançado para uma estratégia de recalcular os dados de vôo. Claramente, ignorar uma exceção não foi uma opção razoável neste contexto.

Resumo do capítulo

1. Você pode definir novos significados para operadores de C++, através da definição de funções cujo nome é `operator` seguido do símbolo do operador.
2. Para implementar classes que automaticamente gerenciam a memória dinâmica, você precisa definir "os três grandes": o operador de atribuição, o construtor de cópia e o destrutor.
3. Use gabaritos para definir classes e funções com parâmetros de tipos. Gabaritos são definidos prefixando as definições de classes e funções com a palavra-chave `template`. Os parâmetros de tipo são colocados entre os símbolos de menor e maior.
4. Classes aninhadas são definidas dentro de outras classes para tornar seus nomes parte do escopo da classe externa.
5. Ambientes de nomes são usados para evitar conflitos de nomes. Em grandes projetos de programação, você deve colocar os nomes de todas as classes, funções globais e variáveis globais em um ambiente de nomes com um nome único (e portanto longo). Use apelidos para se referir de forma conveniente aos nomes longos de ambientes de nomes.
6. Use exceções para transmitir condições de erros a tratadores especiais. Quando você detecta uma condição de erro, você usa o comando `throw` para sinalizar a exceção. Um dos invocadores deve fornecer um bloco `try` com uma cláusula `catch` que combina com o tipo da exceção.

Leitura complementar

[1] Marshall Cline e Greg A. Lomow, *C++ Frequently Asked Questions*, Addison-Wesley, 1995.

Exercícios de revisão

Exercício R17.1. Quando você escolhe um operador sobrecarregado para uma determinada operação e quando você escolhe uma função?

Exercício R17.2. Sobrecarregar o operador + para aumentar o salário de um empregado. Por exemplo, `harry+ 5` fornece a Harry um aumento de 5 por cento. Este é um bom uso para sobrecarga de operadores?

Exercício R17.3. Quando uma função `operator` deve ser uma função-membro?

Exercício R17.4. Para imprimir um objeto, às vezes é necessário acessar os campos de dados privativos. Pode a função `operator<<` ser definida como uma função-membro para garantir este acesso? Se sim, forneça um exemplo. Se não, explique por quê não.

Exercício R17.5. Por que existem duas versões das funções de operadores ++ e --? Existem outros operadores com duas versões?

Exercício R17.6. Quais operadores a classe `string` sobrecarrega?

Exercício R17.7. Que problemas poderia um programador encontrar se você definisse um destrutor para uma classe mas não o operador de atribuição?

Exercício R17.8. Que problemas poderia um programador encontrar se você definisse um destrutor para uma classe mas não o construtor de cópia?

Exercício R17.9. O construtor de cópia para uma classe X possui a forma X(const X& b). Por que este parâmetro de construção é passado por referência? Explique por quê você não pode definir um construtor da forma X(X b).

Exercício R17.10. Você pode encontrar o código do gabarito `vector` no arquivo de cabeçalho `<vector>`. Localize na definição da classe "as três grandes" funções de gerenciamento de memória e copie.

Exercício R17.11. Considere este código:

```
void f(int n)
{
    list<Employee*> e;
    for (int i = 1; i <= n; i++)
        e.push_back(new Employee());
}
```

No final da função, o destrutor `list` remove os nodos de e. Por que a função ainda tem desperdício de memória?

Exercício R17.12. Qual é a diferença entre destruição e remoção de um objeto?

Exercício R17.13. Que objetos são destruídos quando a seguinte função termina?

```
void f(List a)
{
    List b = a;
    List* c = new List();
    List* d = new List(b);
    List* e = d;
    delete e;
}
```

Exercício R17.14. Explique em que sentido as classes são fechadas enquanto que ambientes de nomes são abertos.

Exercício R17.15. Quando você poderia definir uma classe como uma classe aninhada, e quando você deveria defini-la em um ambiente de nomes?

Exercício R17.16. Suponha que Harry J. Hacker desenvolve uma biblioteca de código que ele quer que outros usem. Por que poderia não ser uma boa idéia colocá-la em um ambiente de nomes `hjh`? Qual nome poderia ser apropriado para este ambiente de nomes?

Exercício R17.17. Por que é aceitável usar apelidos curtos para ambientes de nomes, embora nomes curtos para ambientes de nomes não sejam apropriados?

Exercício R17.18. Forneça os comandos para disparar

(a) um `runtime_error` com uma explicação "Falha de rede"
(b) um string "Falha de rede "
(c) o número de azar 13

Exercício R17.19. Forneça os comandos para capturar as exceções do exercício anterior.

Exercício R17.20. Forneça os comandos para capturar

(a) qualquer `logic_error`
(b) qualquer `ListError` ou `runtime_error`
(c) qualquer exceção

Exercício R17.21. Quando você usa o comando `throw;` sem argumentos?

Exercício R17.22. Examine o seguinte código:

```
void f()
{
    List a;
    List* b = new List();
    throw runtime_error("");
}
```

Que objetos são destruídos? Existe desperdício de memória?

Exercício R17.23. Qual é a diferença entre

```
void f();
```

e

```
void f() throw ();
```

Exercício R17.24. Como você indica uma função que dispara somente exceções `bad_alloc`? Uma função que não dispara nenhuma exceção? Uma função que pode disparar exceções de qualquer tipo?

Exercício R17.25. O que acontece em seu ambiente de programação se você dispara uma exceção que nunca é capturada? O que acontece se você dispara uma exceção que viola uma especificação de exceção?

Exercícios de programação

Exercício P17.1. Defina uma classe `Fraction` (Fracao) com operadores +, -, * e / sobrecarregados. Um objeto `Fraction` armazena dois campos de dados inteiros, o numerador e o denominador. Use as leis matemáticas familiares para aritmética de frações, tais como

$$n_1/d_1 + n_2/d_2 = (n_1 d_2 + n_2 d_1)/d_1 d_2$$

e simplifique posteriormente. Sobrecarregue o operador `<<` para enviar a fração para um *stream*. Por exemplo,

```
Fraction a(1, 2);
Fraction b(1, 3);
cout <<a + b;
```

imprime 5/6.

Exercício P17.2. Defina uma classe `BigInteger` que armazena inteiros arbitrariamente grandes, mantendo seus dígitos em um `vector<int>`. Forneça um construtor `BigInteger(string)` que lê uma seqüência de dígitos a partir de um *string*. Sobrecarregue os operadores +, – e * para adicionar, subtrair e multiplicar as seqüências de dígitos. Sobrecarregue o operador `<<` para enviar um inteiro grande para um *stream*. Por exemplo,

```
BigInteger a("123456789");
BigInteger b("987654321");
cout << a * b;
```

imprime 121932631112635269.

Exercício P17.3. Defina uma classe `Set` (Conjunto) que armazena um conjunto finito de inteiros (em um conjunto, a ordem dos elementos não importa e cada elemento pode ocorrer no máximo uma vez). Forneça funções-membro `add` e `remove` para adicionar e remover elementos do conjunto. Sobrecarregue os operadores `|` e `&` para fornecer a união e a interseção do conjunto, e o operador `<<` para enviar o conteúdo do conjunto para um *stream*.

Exercício P17.4. Continue o exercício anterior e sobrecarregue o operador `~` para fornecer o complemento de um conjunto. Isto é, `~a` é o conjunto de todos os inteiros que não estão presentes no conjunto `a`. *Dica*: Adicione um campo `bool` na classe `Set` para manter a informação se um conjunto é finito ou possui um complemento finito.

Exercício P17.5. Examine esta classe `String` que armazena o conteúdo do *string* em um *array* de caracteres alocado dinamicamente.

```
class String
{
public:
    String(const char s[]);
    ...
private:
    char* chars;
};

String::String(const char s[])
{
    a = new char[strlen(s) + 1];
    strcpy(a, s);
}
```

Implemente o construtor de cópia, o destrutor e o operador de atribuição.

Exercício P17.6. Defina uma classe `Set` que armazena inteiros em um *array* de inteiros alocado dinamicamente.

```
class Set
{
public:
    void add(int n);
    bool contains(int n) const;
    int get_size() const;
    ...
private:
    int* elements;
    int size;
};
```

Em um conjunto, a ordem dos elementos não importa e cada elemento pode ocorrer no máximo uma vez. Forneça as funções-membro `add`, `contains` e `size` e as funções de gerenciamento de memória "os três grandes".

Exercício P17.7. Escreva uma classe `Tracer` na qual o construtor *default* e as funções de gerenciamento de memória "os três grandes" são definidas para imprimir mensagens de monitoramento. Use esta classe para demonstrar

(a) a diferença entre inicialização
```
Tracer t;
Tracer u = t;
```
e atribuição
```
Tracer t;
Tracer u;
u = t;
```

(b) o fato de que todos os objetos construídos são automaticamente destruídos;

(c) o fato de que o construtor de cópia é invocado se um objeto é passado por valor para uma função;

(d) o fato de que o construtor de cópia não é invocado quando um parâmetro é passado por referência;

(e) o fato de que o construtor de cópia é usado para copiar um valor de retorno ao invocador.

Exercício P17.8. Defina duas funções

```
void cout(string& s)
void cin(string& s)
```

A primeira remove todas as consoantes do *string* s. A segunda remove todas as vogais de s. Colocar ambas as funções em um ambiente de nomes com seu nome e seu número de identificação de estudante. Após, escreva um programa que pede ao usuário para fornecer um *string* e imprime o resultado da aplicação de ambas as funções.

Exercício P17.9. Defina duas funções

```
bool endl(string s)
void setw(string& s, char c)
```

A primeira função retorna `true` se s termina com uma letra minúscula. A segunda função substitui todos os espaços em branco de s pelo caractere c. Coloque ambas as funções em um ambiente de nomes com seu nome e seu número de identificação de estudante. Após escreva um programa que pede ao usuário para fornecer um *string* e imprime o resultado da aplicação de ambas as funções.

Exercício P17.10. Escreva um gabarito `Pair<T, U>` que armazena um par de objetos de um tipo arbitrário, com um construtor `Pair(T a, U b)` e funções-membro `T get_first()` e `U get_second()`.

Exercício P17.11. Escreva um gabarito `Optional<T>` que armazena um elemento opcional do tipo T.
Aqui está um uso típico:

```
class Department
{
private:
    ...
    Optional<Employee> secretary;
};
```

Forneça uma função-membro

```
bool exists() const
```

que testa se o elemento opcional existe, uma função-membro

```
void set(const T& t)
```

para configurá-lo, e

```
T get() const
```

para obtê-lo. Como uma representação interna, use um campo `boolean` e um campo do tipo T.

Exercício P17.12. Repita o exercício anterior, mas use como representação interna um ponteiro `T*`. Providencie as funções de gerenciamento de memória necessárias.

Exercício P17.13. Melhore a classe `List` do Capítulo 16 para disparar uma exceção sempre que uma condição de erro ocorrer. Use especificações de exceções para todas as funções.

Exercício P17.14. Altere a classe `Product` do Capítulo 6, de modo que a função-membro `read` leia um registro de produto de um arquivo e dispare uma exceção `IOException` quando ocorrer um problema inesperado. Altere a função `main` do programa `product2.cpp` para solicitar ao usuário um nome de arquivo, leia o arquivo e imprima o melhor produto. Entretanto, se um erro ocorrer durante a leitura, ofereça ao usuário a escolha de ler um outro nome de arquivo. Teste o seu programa com um arquivo propositadamente corrompido.

Exercício P17.15. Altere o programa `database.cpp` do Capítulo 12, de modo que a função `read_employee` dispare uma `BadFileException` quando ocorrer um problema inesperado. Se um erro ocorrer durante a leitura, ofereça ao usuário a escolha de ler um outro nome de arquivo. Teste seu programa com um arquivo que você corrompeu de propósito.

Capítulo 18

Interfaces Gráficas com o Usuário

Objetivos do capítulo

- Aprender sobre programação orientada a eventos
- Aprender como usar um *framework* de aplicação
- Implementar menus e botões e suas ações associadas
- Entender o conceito de administração de leiaute para componentes de interface gráfica com o usuário
- Entender como janelas são redesenhadas
- Ser capaz de implementar aplicações simples com interfaces gráficas com o usuário

Você sabe como implementar programas de console que lêem dados de entrada de `cin` e enviam dados de saída para `cout`. Entretanto, estes programas dificilmente são típicos de aplicações atuais. Aplicações modernas têm uma interface com o usuário com menus, botões, barras de rolagem e outros elementos. Tais programas são freqüentemente chamados de aplicações com interface gráfica com o usuário (GUI). Muitos programadores pronunciam GUI como "*gooey*".

Existe uma diferença essencial entre uma aplicação de console e uma aplicação GUI. Uma aplicação de console tem controle total dos dados de entrada do usuário. O programa faz ao usuário uma série de perguntas, em uma ordem que é conveniente para processar os dados de entrada. O usuário deve fornecer as respostas exatamente na ordem na qual o programa as pede. Em contraste, o usuário de uma aplicação GUI pode clicar em botões, menus escamoteáveis e digitar texto, em qualquer ordem. O usuário está encarregado de fornecer dados de entrada e o programa deve se adaptar ao usuário. Por esta razão, aplicações GUI são muito mais difíceis de programar do que as aplicações de console que você viu até agora. Neste capítulo, você aprenderá como criar programas com uma interface gráfica com o usuário.

Conteúdo do capítulo

18.1 O conjunto de ferramentas wxWindows 620

18.2 *Frames* 621

Dica de produtividade 18.1: Aprendendo sobre um novo conjunto de ferramentas 624

Dica de produtividade 18.2:
  Familiarizando-se com uma ferramenta complexa 624
18.3 Adicionando um controle de texto ao frame 625
18.4 Menus 628
18.5 Tratamento de eventos 630
18.6 Gerenciamento de leiaute 632
18.7 Pintando 636
18.8 Eventos de *mouse* 640
18.9 Diálogos 644
  Tópico avançado 18.1: Diálogos personalizados 645
18.10 Um exemplo completo 646
  Fato histórico 18.1: Programação visual 656

18.1 O conjunto de ferramentas wxWindows

Sistemas operacionais modernos fornecem bibliotecas para programação de GUI. Entretanto, tais bibliotecas são tipicamente complexas e difíceis de usar. A maioria dos programadores usa um conjunto de ferramentas que fornece uma camada de abstração orientada a objetos acima dos serviços gráficos de baixo nível. De longe, o conjunto de ferramentas para GUI em C++ mais usado é o MFC (*Microsoft Foundation Classes*). MFC é usado para escrever programas para o Microsoft Windows, e é uma parte do compilador Microsoft Visual C++.

Entretanto, neste capítulo, usaremos um conjunto de ferramentas diferente, chamado wxWindows. O conjunto de ferramentas wxWindows é conceitualmente muito semelhante ao MFC, mas ele tem algumas vantagens para os nossos propósitos.

- wxWindows está disponível gratuitamente.
- wxWindows pode ser executado em diversas plataformas, não apenas no Microsoft Windows. Em particular, ele pode ser executado em Linux e no Macintosh OS.
- wxWindows funciona com um grande número de compiladores.
- wxWindows é mais transparente para o programador iniciante. MFC está fortemente integrado ao ambiente Visual Studio, e ele esconde uma quantidade razoável de mágica por trás de *wizards* e ferramentas de construção.
- wxWindows é estruturalmente muito similar ao MFC. Assim, as habilidades que você adquirir neste capítulo são imediatamente aplicáveis ao MFC e outros conjuntos de ferramentas GUI.

Você pode baixar o *software* wxWindows de www.wxwindows.org. O *site* da Web associado a este livro contém instruções detalhadas sobre como compilar programas wxWindows em diversas plataformas.

As seções a seguir contêm um guia passo-a-passo para a programação de interface gráfica com o usuário, iniciando com um programa muito simples, que exibe uma janela vazia, e terminando com uma implementação com GUI do jogo do relógio do Capítulo 13. Aqui estão os passos:

1. Criar uma janela de *frame* vazia – seu primeiro programa com GUI.
2. Adicionar um controle de texto que pode ser usado para exibir ou digitar texto.
3. Adicionar menus ao topo da janela de *frame*.
4. Adicionar código para tratamento de eventos que é executado quando o usuário do programa seleciona um item de menu.
5. Posicionar botões e outros controles da interface com o usuário.
6. Pintar formas geométricas dentro de uma janela.
7. Tratar entrada de dados do *mouse*.
8. Usar caixas de diálogo para obter dados de entrada do usuário.
9. Colocar tudo junto com o jogo do relógio.

18.2 *Frames*

Para iniciar com o wxWindows, você irá escrever um programa muito simples que simplesmente cria um *frame*, uma janela com os ornamentos típicos que o sistema de janelas oferece.

Os ornamentos dependem do sistema de janelas – as Figuras 1 a 3 mostram o mesmo *frame* sob o Linux (com o gerenciador de janelas WindowMaker), o Macintosh OS X e o Microsoft Windows 98. Se você olhar cuidadosamente, poderá ver que os ícones para operações comuns com janelas, tais como minimizar e fechar a janela, são diferentes. Estas diferenças não são importantes para programação com GUI, de modo que você não deve se preocupar se as figuras mostradas aqui parecem um pouco diferentes das de seus programas.

A listagem de programa no fim desta seção mostra o programa que exibe um *frame* em branco (ver página 623). Como você pode ver, o programa é razoavelmente simples. Inspecionemos suas características.

Para usar o conjunto de ferramentas wxWindows em seu programa, você precisa incluir o arquivo de cabeçalho `wx/wx.h`. Depois, você define uma classe que contém detalhes sobre o funcionamento de sua aplicação. Esta classe deve ser derivada da classe `wxApp` que o conjunto de ferramentas wxWindows fornece.

```
class BasicApp : public wxApp
{
public:
```

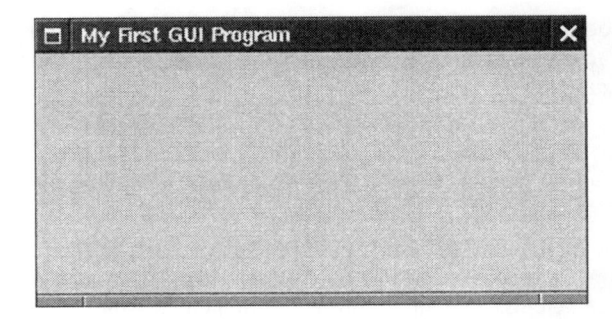

Figura 1
Um *frame* em Linux (com o gerenciador de janelas WindowMaker).

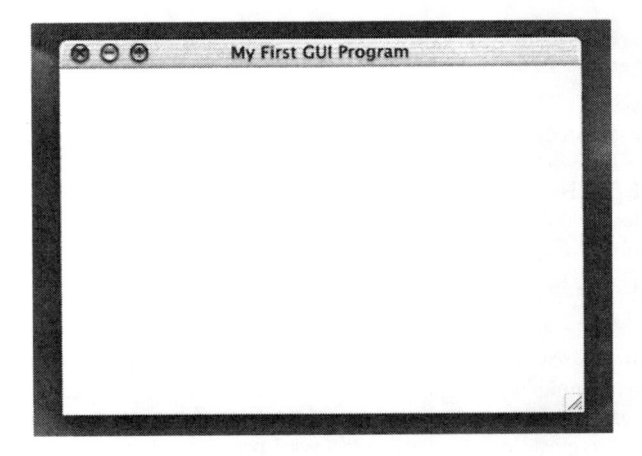

Figura 2
O mesmo *frame* no Macintosh OS X.

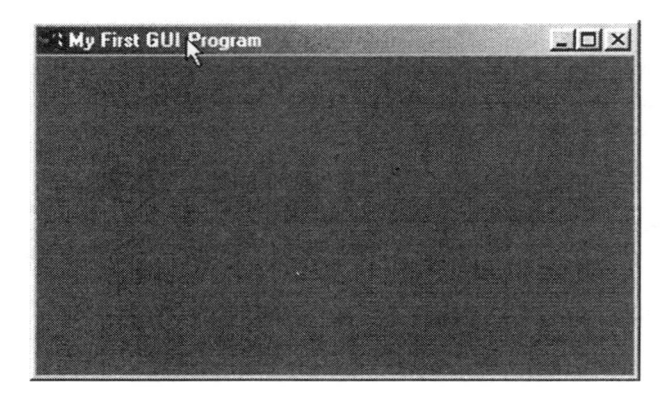

Figura 3
O mesmo *frame* no Windows 98.

```
    BasicApp();
    virtual bool OnInit();
private:
    wxFrame* frame;
};
```

Aqui você especifica que sua aplicação é idêntica à aplicação *default* definida por `wxApp`, exceto que sua aplicação tem um *frame*, e que você quer sobrescrever a função `OnInit`. O *frame* é inicializado no construtor.

```
BasicApp::BasicApp()
{
    frame = new wxFrame(NULL, -1, "My First GUI Program");
}
```

Observe o título da janela `"My First GUI Program"` ("Meu Primeiro Programa com GUI") no construtor `wxFrame`. Os outros parâmetros do construtor especificam que a janela não tem nenhuma janela mãe e um identificador de janela (*window ID*) *default*.

Na função `OnInit`, você mostra o *frame* e retorna `true` para indicar que a inicialização teve sucesso.

```
bool BasicApp::OnInit()
{
    frame->Show(true);
    return true;
}
```

Os nomes das funções do *framework* wxWindows (tais como `OnInit` e `Show`) iniciam com uma letra maiúscula. Isto difere da convenção na biblioteca padrão de C++, mas é a convenção usada no MFC. Você precisa ser cuidadoso com letras maiúsculas quando sobrescrever ou chamar funções do wxWindows.

Finalmente, observe que a listagem do programa contém as linhas

```
DECLARE_APP(BasicApp)
IMPLEMENT_APP(BasicApp)
```

Estas são duas macros do pré-processador, definidas no arquivo de cabeçalho `wx/wx.h`. Estas macros executam algumas das mágicas de que o *framework* precisa para criar uma aplicação a partir da classe `BasicApp`. Se você distribui o código para uma classe de aplicação em arquivos separados de cabeçalho e implementação, então você precisa coloca a macro `DECLARE_APP` no arquivo de cabeçalho (`.h`) e a macro `IMPLEMENT_APP` no arquivo de implementação (`.cpp`).

Nossa classe básica `BasicApp` herda um grande número de funções da classe wxApp. Uma destas funções irá, no momento apropriado, chamar a função `OnInit`. Quando o usuário fecha o *frame*, uma outra função da classe wxApp será chamada para fazer o serviço de limpeza necessário. Tudo isto é inteiramente transparente para o programador.

O conjunto de ferramentas wxWindows fornece diversas classes base (tais como wxApp) a partir das quais os programadores derivam classes para especificar o comportamento de suas aplicações. Um conjunto de ferramentas como este é chamado de *framework de aplicação*. Um *framework* de aplicação contém classes que executam uma quantidade razoável de trabalho complexo, tal como interfacear com o sistema operacional e com o ambiente de janelas. Entretanto, programadores de aplicações não precisam saber a respeito destes detalhes técnicos. Eles devem simplesmente fornecer suas classes derivadas, de acordo com as regras do *framework*.

Uma das regras do *framework* wxWindows é que você deve inicializar a janela principal de uma aplicação na função `OnInit`. Usualmente é bastante difícil para um programador que aprende um novo *framework* saber exatamente o que é necessário para construir uma aplicação. Veja algumas dicas na Dica de Produtividade 18.1.

Compilar um programa wxWindows não é tão simples quanto compilar um programa de console e as instruções são bastante diferentes, dependendo de seu compilador e plataforma. O site da Web associado a este livro têm instruções de partida rápida para diversos compiladores e plataformas populares. Para informações mais detalhadas, dirija-se à documentação do wxWindows. Você deve reservar algum tempo para instalar o conjunto de ferramentas e compilar este programa simples – veja a Dica de Produtividade 18.2.

É claro, este programa não é incrivelmente excitante – ele apenas exibe um *frame* vazio. Você verá nas seções seguintes como adicionar menus, botões e campos de texto e como exibir imagens gráficas no *frame*.

Arquivo basic.cpp

```
1    #include <wx/wx.h>
2
3    /**
4       Uma aplicação básica que exibe um frame vazio.
5    */
6    class BasicApp : public wxApp
7    {
8    public:
9       /**
10         Constrói o frame.
11      */
12      BasicApp();
13      /**
14         Exibe o frame.
15         @return true
16      */
17      virtual bool OnInit();
18   private:
19      wxFrame* frame;
20   };
21
22   DECLARE_APP(BasicApp)
23
24   IMPLEMENT_APP(BasicApp)
25
26   BasicApp::BasicApp()
27   {
28      frame = new wxFrame(NULL, -1, "My First GUI Program");
29   }
30
31   bool BasicApp::OnInit()
```

```
32  {
33      frame->Show(true);
34      return true;
35  }
```

Dica de Produtividade 18.1

Aprendendo Sobre um Novo Conjunto de Ferramentas

Quando você encara o aprendizado de um novo *framework*, você quer procurar pelas seguintes informações:

- Um tutorial que dá a você instruções passo-a-passo para construir aplicações simples. Este capítulo é um tutorial assim.
- Exemplos de aplicações que mostram técnicas usadas em programas mais ambiciosos. A distribuição do wxWindows contém diversos exemplos de aplicação.
- Documentação que descreve os detalhes das várias classes e funções. Por exemplo, você pode procurar pelo significado dos parâmetros do construtor `wxFrame` na documentação do wxWindows.

As regras para usar um *framework* são necessariamente um pouco arbitrárias. Não é necessário ou possível entender completamente os detalhes de cada uma das chamadas de função no código que é rotineiramente necessário para inicialização e outras tarefas mundanas. Programadores de *framework* se dedicam a uma quantidade razoável de "cópia e colagem" de tutoriais e exemplos. Você deve fazer o mesmo quando trabalhar com o wxWindows. Simplesmente comece com uma aplicação que é similar àquela que você quer criar e modifique-a.

Dica de Produtividade 18.2

Familiarizando-se com uma Ferramenta Complexa

Quando você usa pela primeira vez uma ferramenta complexa, tal como o *framework* wxWindows, você provavelmente irá encontrar algumas dificuldades quando tentar compilar seu primeiro programa. Como você ainda não conhece as "regras do jogo", você provavelmente irá cometer muitos enganos e poderá parecer que você nunca terá sucesso. Esta é uma experiência particularmente frustrante e muitos principiantes, revoltados, desistem. Eis aqui algumas dicas.

- *Reserve tempo suficiente.* Esta é a mais importante de todas as dicas. Aprender uma nova ferramenta requer muito tempo, tanto para principiantes quanto para profissionais. Tentar fazê-lo com pressa acrescenta uma tremenda quantidade de estresse.
- *Prepare-se para cometer enganos.* Você cometerá muitos enganos antes de encontrar o caminho certo. Se você estiver esperando sucesso imediato, é muito fácil ficar frustrado e desmoralizado.
- *Não pense que você é burro.* Até mesmo programadores profissionais acham difícil e frustrante aprender um novo ambiente.
- *Comece com uma tarefa fácil.* Encontre um programa extremamente simples, de preferência um que você tem certeza absoluta de que está correto. Faça ele ser compilado e executado.
- *Leia as mensagens de erro.* Com uma ferramenta complexa, muitas coisas podem dar errado. Apenas dizer "não funcionou" não vai levar você a lugar nenhum. É cla-

ro, as mensagens de erro podem ser confusas. Esteja atento a pistas e camuflagens, assim como um detetive.

- *Mantenha um registro.* Você provavelmente irá tentar diversas abordagens, distribuídas ao longo das horas do dia, e observar mais detalhes do que você pode lembrar. Abra seu editor de textos, comece um novo arquivo e mantenha registro dos comandos que você experimentou. Inclua nele todas as mensagens de erro que você recebeu. Inclua *links* para partes promissoras da documentação.
- *Percorra a documentação.* A maioria dos programas vem com instruções do tipo "leia-me" ou de instalação que contêm dicas para partida rápida e solução de problemas. Encontre-as e dê uma olhada nelas. Usualmente não faz sentido tentar entender tudo, mas ter uma noção geral pode ser muito útil quando você encontrar um problema.
- *Tente alguma outra coisa.* É extremamente comum para principiantes desistir porque eles foram derrotados em sua abordagem inicial. Você ficará surpreso com quão freqüentemente uma saída é descoberta tentando alguma pequena variação, não importando quão improvável. É claro, a variação não irá levar ao sucesso instantâneo, mas observar como as mensagens de erro mudam pode dar a você pistas valiosíssimas.
- *Trabalhe com um amigo.* É muito mais fácil tolerar erros e achar abordagens criativas quando se está trabalhando com outra pessoa.
- *Pergunte a alguém que sabe.* A Internet tem muitos grupos de discussão úteis onde as pessoas ajudam umas às outras. Entretanto, ninguém gosta de perder tempo ajudando uma pessoa preguiçosa, de modo que você deve fazer primeiro sua própria pesquisa. Leia sobre os problemas e soluções de outras pessoas, e formule sua pergunta de forma que fique claro que você tentou tudo o que pôde.

18.3 Adicionando um controle de texto ao *frame*

O *frame* do exemplo anterior estava completamente vazio. Nesta seção, você verá como tornar o *frame* mais interessante. Como você quer um *frame* mais interessante do que o `wxFrame` básico, você usa herança e define sua própria classe *frame*. Como você pode ver na Figura 4, o *frame* deste programa de exemplo contém uma área de texto dentro da qual usuários podem digitar qualquer texto.

Aqui está a definição da sua classe *frame* derivada:

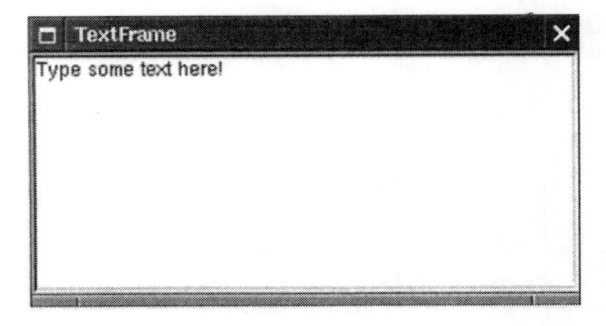

Figura 4

Um *frame* com um controle de texto.

```
class TextFrame : public wxFrame
{
public:
    TextFrame();
private:
    wxTextCtrl* text;
};
```

O construtor `TextFrame` inicializa a classe-base e o controle de texto:

```
TextFrame::TextFrame()
    : wxFrame(NULL, -1, "TextFrame")
{
    text = new wxTextCtrl(this, -1, "Type some text here!",
        wxDefaultPosition, wxDefaultSize, wxTE_MULTILINE);
}
```

O primeiro parâmetro de construção da classe `wxTextCtrl` indica que o pai do controle de texto é este *frame*. O controle de texto se move para onde quer que seu pai se mova. (Lembre-se de que o *frame* não tem pai – ele é uma janela principal.) Assim como no construtor `wxFrame`, –1 indica um identificador de janela *default*. O terceiro parâmetro de construção é o conteúdo inicial do controle de texto. Os próximos dois parâmetros especificam um tamanho e posição *default*, e o parâmetro final habilita o estilo "multilinha" que permite que o controle de texto guarde múltiplas linhas de texto.

Agora, você precisa fazer uma pequena mudança na classe de aplicação. Desta vez, você quer que ela mostre um `TextFrame`, não um `wxFrame`.

```
class TextApp : public wxApp
{
public:
    TextApp();
    virtual bool OnInit();
private:
    TextFrame* frame;
};

TextApp::TextApp()
{
    frame = new TextFrame();
}
```

Esta aplicação usa herança em dois lugares, para personalizar a aplicação e para personalizar um *frame* (ver Figura 5). Aqui está o programa completo.

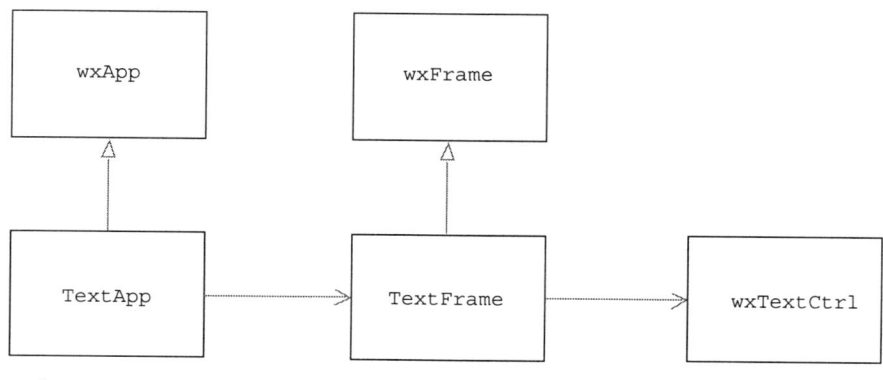

Figura 5

As classes do programa de texto.

Arquivo text.cpp

```cpp
1   #include <wx/wx.h>
2
3   /**
4      Um frame que contém um controle de texto.
5   */
6   class TextFrame : public wxFrame
7   {
8   public:
9      /**
10        Constrói o controle de texto.
11     */
12     TextFrame();
13        private:
14     wxTextCtrl* text;
15  };
16
17  /**
18     Uma aplicação que exibe um frame com um controle de texto.
19  */
20  class TextApp : public wxApp
21  {
22  public:
23     /**
24        Constrói o frame.
25     */
26     TextApp();
27     /**
28        Exibe o frame.
29        @return true
30     */
31     virtual bool OnInit();
32  private:
33     TextFrame* frame;
34  };
35
36  DECLARE_APP(TextApp)
37
38  IMPLEMENT_APP(TextApp)
39
40  TextFrame::TextFrame()
41     : wxFrame(NULL, -1, "TextFrame")
42  {
43     text = new wxTextCtrl(this, -1, "Type some text here!",
44         wxDefaultPosition, wxDefaultSize, wxTE_MULTILINE);
45  }
46
47  TextApp::TextApp()
48  {
49     frame = new TextFrame();
50  }
51
52  bool TextApp::OnInit()
53  {
54     frame->Show(true);
55     return true;
56  }
```

18.4 Menus

Nesta etapa, você irá adicionar um menu ao seu exemplo de aplicação (ver Figura 6).

Se você olhar cuidadosamente para a Figura 6, você verá que o *frame* agora tem uma *barra de menu*. A barra de menu contém os nomes dos menus de mais alto nível. Neste caso, existe um único menu de alto nível, denominado "Say". Aquele menu contém dois *itens de menu*, "Hello" e "Goodbye".

Cada item de menu deve ter um número de identificação inteiro. Os números de identificação são usados para associar os itens de menu com suas ações – você verá os detalhes na próxima seção. Não importa quais sejam os números, desde que os números para ações diferentes sejam distintos.

É costume dar às constantes nomes que começam com `ID_`.

```
const int ID_SAY_HELLO = 1000;
const int ID_SAY_GOODBYE = 1001;
```

Agora construa um menu e acrescente os dois itens de menu a ele.

```
wxMenu* menu = new wxMenu();
menu->Append(ID_SAY_HELLO, "Hello");
menu->Append(ID_SAY_GOODBYE, "Goodbye");
```

Finalmente, construa um objeto barra de menu, configure-o como a barra de menu do *frame*, e acrescente o menu:

```
wxMenuBar* menu_bar = new wxMenuBar();
SetMenuBar(menu_bar);
menu_bar->Append(menu, "Say");
```

Nenhuma mudança adicional no programa é necessária. Aqui está a listagem completa do programa. Compile o programa e verifique que o menu funciona!

Arquivo menu.cpp

```
1    #include <wx/wx.h>
2
3    const int ID_SAY_HELLO = 1000;
4    const int ID_SAY_GOODBYE = 1001;
5
6    /**
7       Um frame com um menu simples e um controle de texto.
8    */
9    class MenuFrame : public wxFrame
10   {
11   public:
```

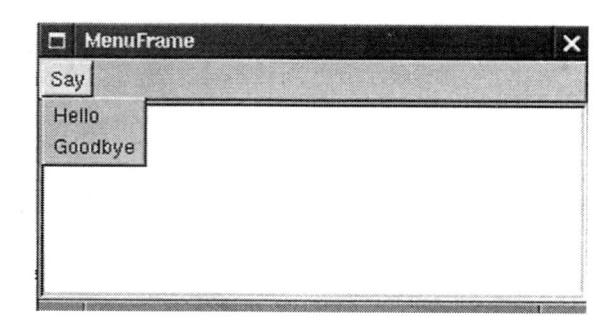

Figura 6

Uma aplicação com um menu.

```cpp
12     /**
13        Constrói o menu e o controle de texto.
14     */
15     MenuFrame();
16  private:
17     wxTextCtrl* text;
18  };
19
20  /**
21     Uma aplicação com um frame que tem um menu e um controle de texto.
22  */
23  class MenuApp : public wxApp
24  {
25  public:
26     /**
27        Constrói o frame.
28     */
29     MenuApp();
30     /**
31        Exibe o frame.
32        @return true
33     */
34     virtual bool OnInit();
35  private:
36     MenuFrame* frame;
37  };
38
39  DECLARE_APP(MenuApp)
40
41  IMPLEMENT_APP(MenuApp)
42
43  MenuFrame::MenuFrame()
44     : wxFrame(NULL, -1, "MenuFrame")
45  {
46     text = new wxTextCtrl(this, -1, "",
47        wxDefaultPosition, wxDefaultSize, wxTE_MULTILINE);
48
49     // inicializa o menu
50     wxMenu* menu = new wxMenu();
51     menu->Append(ID_SAY_HELLO, "Hello");
52     menu->Append(ID_SAY_GOODBYE, "Goodbye");
53
54     // adiciona o menu à barra de menu
55     wxMenuBar* menu_bar = new wxMenuBar();
56     SetMenuBar(menu_bar);
57     menu_bar->Append(menu, "Say");
58  }
59
60  MenuApp::MenuApp()
61  {
62     frame = new MenuFrame();
63  }
64
65  bool MenuApp::OnInit()
66  {
67     frame->Show(true);
68     return true;
69  }
```

18.5 Tratamento de eventos

Na seção anterior, você viu como acrescentar uma barra de menu com menus a um *frame*.

Entretanto, quando você executa o programa e seleciona um item de menu, nada acontece. Agora você vai anexar ações aos itens de menu.

Defina uma função para cada ação. É costume dar a estas funções nomes que comecem com On, tal como OnSayHello. Aqui está a função para a opção de menu "Hello". Ela acrescenta uma saudação ao controle de texto.

```
void EventFrame::OnSayHello(wxCommandEvent& event)
{
    text->AppendText("Hello, World\n");
}
```

Sempre que o usuário do programa seleciona a opção do menu, você quer que esta função seja executada. Para fazer isto, você precisa construir uma *tabela de eventos*. Aqui está um exemplo de uma tabela de eventos. Ela direciona eventos de menu com um identificador ID_SAY_HELLO para a função OnSayHello.

```
BEGIN_EVENT_TABLE(EventFrame, wxFrame)
    EVT_MENU(ID_SAY_HELLO, EventFrame::OnSayHello)
END_EVENT_TABLE()
```

Essas entradas, novamente, são macros, um pouco semelhantes à macro IMPLEMENT_APP que faz com que a aplicação inicie construindo um objeto aplicação particular. Os detalhes da captura de eventos provocados pelo usuário diferem de uma plataforma para outra. Estas macros automaticamente produzem o código correto para capturar os eventos e chamam as funções designadas quando os eventos ocorrem. Uma tabela de eventos tem o formato

```
BEGIN_EVENT_TABLE(ClassName, BaseClassName)
    EVT_TYPE(parameters, function)
    . . .
END_EVENT_TABLE()
```

Existem diversos tipos de eventos diferentes; você fará contato com alguns deles neste capítulo.

O tipo de evento MENU requer um identificador de menu como parâmetro. Outros tipos de eventos podem requerer informações diferentes. O parâmetro final da macro de evento é o nome da função que deve ser chamada quando o evento ocorre.

As funções de tratamento de eventos têm parâmetros que descrevem o evento que as disparou. Por exemplo, como você viu, o tratador para o item de menu "Hello" tem um parâmetro do tipo wxCommandEvent. Essa função tratador em particular não tem nenhum interesse na descrição do evento, mas você mesmo assim deve declarar a função tratador com o tipo de evento apropriado. Caso contrário, você obterá uma mensagem de erro indecifrável quando a macro de evento gerar código que não obedece às regras do *framework*.

Você precisa saber qual classe trata de um evento particular. Eventos de menu são tratados pelo *frame* que contém a barra de menu. Mais tarde, você verá que eventos de botões são tratados pela janela que contém o botão.

Finalmente, você precisa inserir uma outra macro na definição de cada classe que tem uma tabela de eventos. Por exemplo,

```
class EventFrame : public wxFrame
{
    . . .
private:
    wxTextCtrl* text;
    DECLARE_EVENT_TABLE()
};
```

Essa macro gera os campos de dados e declarações de funções necessários para a tabela de eventos.

Aqui está o código para o programa completo. Selecione os itens de menu "Hello" e "Goodbye" e observe como eles acrescentam texto ao controle de texto.

Arquivo event.cpp

```
1   #include <wx/wx.h>
2
3   const int ID_SAY_HELLO = 1000;
4   const int ID_SAY_GOODBYE = 1001;
5
6   /**
7      Um frame com um menu simples que acrescenta saudações
8      a um controle de texto.
9   */
10  class EventFrame : public wxFrame
11  {
12  public:
13     /**
14        Constrói o menu e o controle de texto.
15     */
16     EventFrame();
17     /**
18        Adiciona uma mensagem "Hello, World" ao controle de texto.
19        @param event o descritor do evento
20     */
21     void OnSayHello(wxCommandEvent& event);
22     /**
23        Adiciona uma mensagem "Goodbye, World" ao controle de texto.
24        @param event o descritor do evento
25     */
26     void OnSayGoodbye(wxCommandEvent& event);
27  private:
28     wxTextCtrl* text;
29     DECLARE_EVENT_TABLE()
30  };
31
32  /**
33     Uma aplicação para demonstrar o tratamento de eventos de menu.
34  */
35  class EventApp : public wxApp
36  {
37  public:
38     /**
39        Constrói o frame.
40     */
41     EventApp();
42     /**
43        Exibe o frame.
44        @return true
45     */
46     virtual bool OnInit();
47  private:
48     EventFrame* frame;
49  };
50
51  DECLARE_APP(EventApp)
52
53  IMPLEMENT_APP(EventApp)
54
```

```
55   BEGIN_EVENT_TABLE(EventFrame, wxFrame)
56       EVT_MENU(ID_SAY_HELLO, EventFrame::OnSayHello)
57       EVT_MENU(ID_SAY_GOODBYE, EventFrame::OnSayGoodbye)
58   END_EVENT_TABLE()
59
60   EventFrame::EventFrame()
61      : wxFrame(NULL, -1, "EventFrame")
62   {
63       text = new wxTextCtrl(this, -1, "",
64           wxDefaultPosition, wxDefaultSize, wxTE_MULTILINE);
65
66       // inicializa o menu
67       wxMenu* menu = new wxMenu();
68       menu->Append(ID_SAY_HELLO, "Helllo");
69       menu->Append(ID_SAY_GOODBYE, "Goobye");
70
71       // adiciona o menu à barra de menu
72       wxMenuBar* menuBar = new wxMenuBar();
73       SetMenuBar(menuBar);
74       menuBar->Append(menu, "Say");
75   }
76
77   void EventFrame::OnSayHello(wxCommandEvent& event)
78   {
79       text->AppendText("Hello, World\n");
80   }
81
82   void EventFrame::OnSayGoodbye(wxCommandEvent& event)
83   {
84       text->AppendText("Goodbye, World\n");
85   }
86
87   EventApp::EventApp()
88   {
89       frame = new EventFrame();
90   }
91
92   bool EventApp::OnInit()
93   {
94       frame->Show(true);
95       return true;
96   }
```

18.6 Gerenciamento de leiaute

O próximo exemplo de programa é similar ao anterior, exceto que você usa botões, em vez de menus, para adicionar saudações a um controle de texto (ver Figura 7).

Conceitualmente, botões são muito similares a itens de menu. Quando o usuário pressiona um botão, é chamada uma função que executa a ação do botão. Para associar o botão com sua ação, você usa uma tabela de eventos. Cada botão tem um identificador, e a tabela de eventos relaciona o identificador com uma função.

Quando você constrói um botão, você especifica a janela pai, o identificador do botão e o rótulo do botão:

```
wxButton* hello_button = new wxButton(this,
    ID_SAY_HELLO, "Say Hello");
```

Na tabela de eventos da janela pai, você usa a macro `EVT_BUTTON` para especificar a função de tratamento de evento.

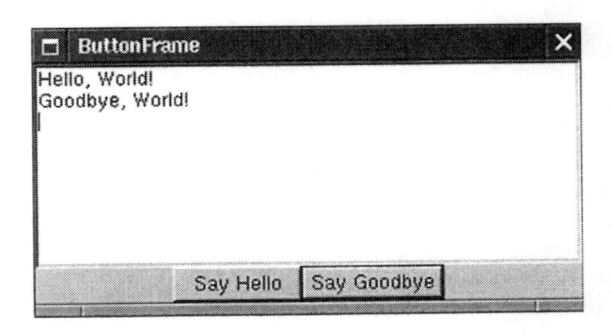

Figura 7

Uma aplicação com dois botões.

```
BEGIN_EVENT_TABLE(ButtonFrame, wxFrame)
    EVT_BUTTON(ID_SAY_HELLO, ButtonFrame::OnSayHello)
END_EVENT_TABLE()
```

O tratador de evento tem a mesma forma de um tratador de evento de menu.

```
void ButtonFrame::OnSayHello(wxCommandEvent& event)
{
    text->AppendText("Hello, World!\n");
}
```

Isto é tudo o que você precisa para ativar um botão. Existe apenas um problema adicional – você precisa assegurar que os botões estejam posicionados corretamente dentro do *frame*. Acontece que posicionar botões é mais complexo do que dispor menus. Menus, afinal, têm um leiaute simples, na parte superior do *frame*. Botões, por outro lado, podem ser posicionados em qualquer lugar dentro de um *frame*.

Alguns conjuntos de ferramentas para interface com o usuário fornecem uma ferramenta gráfica de leiaute para definir o posicionamento de botões, controles de texto e outros elementos da interface com o usuário em um *frame*. Uma ferramenta como esta torna simples projetar uma interface do usuário com algumas operações de "arrastar e soltar". Entretanto, o projeto resultante tende a ser frágil. Se os tamanhos dos componentes mudam, então os componentes não ficam mais alinhados e alguém precisa executar a ferramenta novamente para consertar o leiaute. Por que os tamanhos dos componentes mudariam? Existem duas razões comuns. Primeiro, se uma aplicação é traduzida para uma outra língua, *strings* de texto podem mudar dramaticamente em tamanho e podem não mais caber. Por exemplo, um botão que guarda *Goodbye* pode ser muito pequeno para guardar o equivalente em alemão *Auf Wiedersehen*. Além disso, se uma aplicação é portada para um outro sistema de janelas, os tamanhos de botões, barras de rolagem e outros elementos provavelmente mudarão.

Se você somente escreve aplicações para uma única língua e uma única plataforma, então uma ferramenta "arrastar e soltar" é uma boa solução. Mas, para leiautes mais robustos, você vai querer descrever a lógica por trás do posicionamento dos elementos da interface com o usuário. Considere, por exemplo, o leiaute da Figura 7. Temos um controle de texto que se expande para preencher o *frame* inteiro, exceto por uma linha horizontal de botões na parte inferior. Aqueles botões não se expandem. A linha de botões é centrada horizontalmente.

Em wxWindows, você usa objetos da classe `wxSizer` ou uma de suas classes derivadas, para especificar o leiaute de elementos da interface com o usuário. Uma subclasse é `wxBoxSizer`. Ela define uma disposição horizontal ou vertical. Por exemplo, eis aqui como você alinha os botões horizontalmente:

```
wxBoxSizer* button_sizer = new wxBoxSizer(wxHORIZONTAL);
button_sizer->Add(hello_button);
button_sizer->Add(goodbye_button);
```

Você usa um segundo dimensionador para posicionar o controle de texto acima da linha de botões.

```
wxBoxSizer* frame_sizer = new wxBoxSizer(wxVERTICAL);
frame_sizer->Add(text, 1, wxGROW);
frame_sizer->Add(button_sizer, 0, wxALIGN_CENTER);
```

O segundo parâmetro do método `Add` é um valor que diz ao dimensionador o quanto deve aumentar o componente verticalmente. Um valor 0 não expande o componente – a linha de botões permanece em seu tamanho natural. Você pode usar pesos distintos, diferentes de zero, para indicar quais componentes devem expandir mais rápido. Por exemplo, se você especificou um valor de 2 para o controle de texto e 1 para a barra de botões, então o controle de texto se expandiria duas vezes mais rápido. Se você tem apenas um componente que se expande, simplesmente dê a ele um peso de 1.

O terceiro parâmetro do método `Add` descreve o comportamento de expansão horizontal. Queremos que o controle de texto aumente para ocupar todo o espaço horizontal. Mas a barra de botões não deve crescer – ela é mantida em seu tamanho normal e centrada.

Finalmente, ative o leiaute automático e diga ao *frame* qual dimensionador usar. Então, o *frame* consulta o dimensionador quando é exibido pela primeira vez, e sempre que o usuário o redimensiona.

```
SetAutoLayout(true);
SetSizer(frame_sizer);
```

Aqui está o programa completo. Execute-o e redimensione o *frame*. Observe como os dimensionadores expandem o texto e mantêm a barra de botões centrada.

Arquivo button.cpp

```
1    #include <wx/wx.h>
2
3    const int ID_SAY_HELLO = 1000;
4    const int ID_SAY_GOODBYE = 1001;
5
6    /**
7       Um frame com botões que adicionam saudações a um
8       controle de texto.
9    */
10   class ButtonFrame : public wxFrame
11   {
12   public:
13      /**
14         Constrói e posiciona o controle de texto e botões.
15      */
16      ButtonFrame();
17      /**
18         Adiciona uma mensagem "Hello, World" ao controle de texto.
19         @param event o descritor de evento
20      */
21      void OnSayHello(wxCommandEvent& event);
22      /**
23         Adiciona uma mensagem "Goodbye, World" ao controle de texto.
24         @param event o descritor de evento
25      */
26      void OnSayGoodbye(wxCommandEvent& event);
27   private:
28      wxTextCtrl* text;
29      DECLARE_EVENT_TABLE()
30   };
```

```
31
32   /**
33      Uma aplicação para demonstrar leiaute de botão.
34   */
35   class ButtonApp : public wxApp
36   {
37   public:
38      /**
39         Constrói o frame.
40      */
41      ButtonApp();
42      /**
43         Exibe o frame.
44         @return true
45      */
46      virtual bool OnInit();
47   private:
48      ButtonFrame* frame;
49   };
50
51   DECLARE_APP(ButtonApp)
52
53   IMPLEMENT_APP(ButtonApp)
54
55   BEGIN_EVENT_TABLE(ButtonFrame, wxFrame)
56      EVT_BUTTON(ID_SAY_HELLO, ButtonFrame::OnSayHello)
57      EVT_BUTTON(ID_SAY_GOODBYE, ButtonFrame::OnSayGoodbye)
58   END_EVENT_TABLE()
59
60   ButtonFrame::ButtonFrame()
61      : wxFrame(NULL, -1, "ButtonFrame")
62   {
63      text = new wxTextCtrl(this, -1, "",
64         wxDefaultPosition, wxDefaultSize, wxTE_MULTILINE);
65
66      wxButton* hello_button = new wxButton(this,
67         ID_SAY_HELLO, "Say Hello");
68
69      wxButton* goodbye_button = new wxButton(this,
70         ID_SAY_GOODBYE, "Say Goodbye");
71
72      wxBoxSizer* button_sizer = new wxBoxSizer(wxHORIZONTAL);
73      button_sizer->Add(hello_button);
74      button_sizer->Add(goodbye_button);
75
76      wxBoxSizer* frame_sizer = new wxBoxSizer(wxVERTICAL);
77      frame_sizer->Add(text, 1, wxGROW);
78      frame_sizer->Add(button_sizer, 0, wxALIGN_CENTER);
79
80      SetAutoLayout(true);
81      SetSizer(frame_sizer);
82   }
83
84   void ButtonFrame::OnSayHello(wxCommandEvent& event)
85   {
86      text->AppendText("Hello, World!\n");
87   }
88
89   void ButtonFrame::OnSayGoodbye(wxCommandEvent& event)
```

```
 90   {
 91      text->AppendText("Goodbye, World!\n");
 92   }
 93
 94   ButtonApp::ButtonApp()
 95   {
 96      frame = new ButtonFrame();
 97   }
 98
 99   bool ButtonApp::OnInit()
100   {
101      frame->Show(true);
102      return true;
103   }
```

18.7 Pintando

Nesta seção, você verá como desenhar imagens em um programa com GUI. Desenhar imagens em um ambiente de janelas não é tão simples quanto você pode pensar. Considere o programa na Figura 8. O programa desenha uma elipse que preenche a janela inteira. Quando o programa precisa desenhar a elipse? É claro, o desenho deve acontecer quando o *frame* do programa é exibido pela primeira vez. Mas isto pode não ser suficiente. Se o usuário redimensiona o *frame*, ou minimiza e restaura o mesmo, ou se um outro *frame* se abre sobre ele e então desaparece novamente, o programa precisa redesenhar a imagem. O programa não faz nem idéia de quando tais eventos vão acontecer. Mas o gerenciador de janelas sabe quando o conteúdo de uma janela foi corrompido. Sempre que isto acontece, o programa recebe um evento "pintar". Assim, o programa precisa desenhar a imagem não apenas uma vez, mas *cada vez que ocorre um evento pintar*.

Portanto, você precisa colocar todas as instruções para desenhar em uma função e configurar aquela função como o alvo de eventos pintar. Coloque uma entrada como a que segue na tabela de eventos:

```
EVT_PAINT(EllipseWindow::OnPaint)
```

Aqui está a função para pintar. Ela obtém um *contexto de dispositivo*, um objeto que representa a superfície da janela. Por *default*, o contexto de dispositivo preenche o interior de uma forma geométrica com uma cor de preenchimento. Para manter compatibilidade com a biblioteca de desenho deste livro, desligamos este recurso configurando o pincel como um pincel transparente.

A classe contexto de dispositivo tem funções de desenho tais como `DrawLine`, `DrawEllipse` e `DrawText`. Use a função `DrawEllipse` para desenhar uma elipse que ocupa a janela inteira.

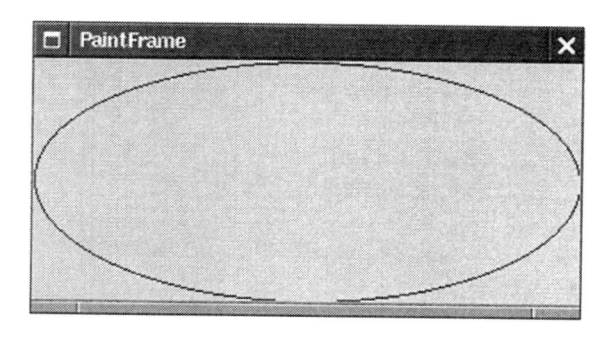

Figura 8

Um programa que desenha uma forma gráfica.

```
void EllipseWindow::OnPaint(wxPaintEvent& event)
{
    wxPaintDC dc(this);
    dc.SetBrush(*wxTRANSPARENT_BRUSH);
    wxSize size = GetSize();
    int x = 0;
    int y = 0;
    int width = size.GetWidth();
    int height = size.GetHeight();
    dc.DrawEllipse(x, y, width, height);
}
```

A função `DrawEllipse` é um pouco estranha. Você não especifica o centro da elipse, mas o canto superior esquerdo da caixa delimitadora (ver Figura 9).

As coordenadas do contexto de dispositivo são em *pixels*. O ponto (0, 0) é o canto superior esquerdo e as coordenadas y crescem em direção à parte inferior da tela (ver Figura 10). Esta é uma fonte comum de confusão, porque é o contrário da convenção usada em matemática (e na biblioteca gráfica deste livro).

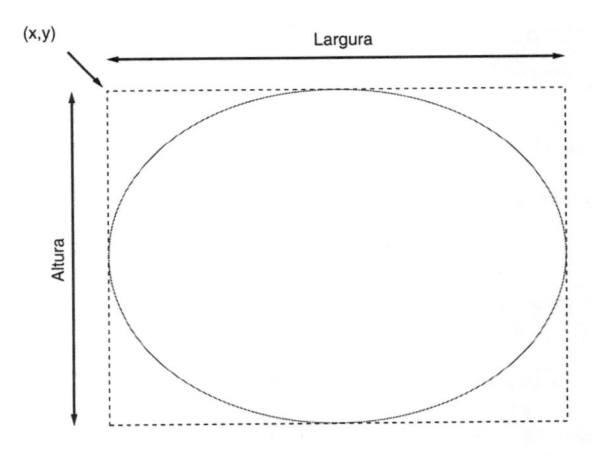

Figura 9
Especificando a caixa delimitadora de uma elipse.

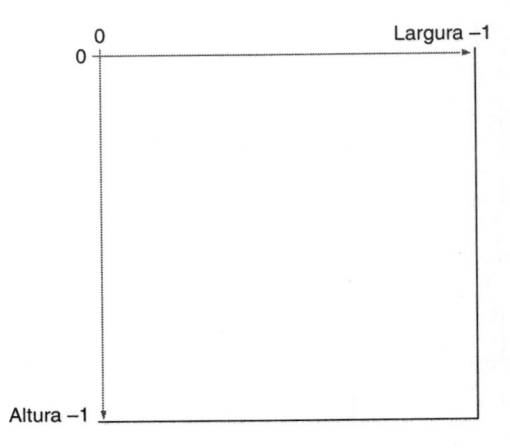

Figura 10
O sistema de coordenadas do contexto de dispositivo.

As operações de desenho do contexto de dispositivo são um pouco menos orientadas a objetos do que aquelas da biblioteca gráfica deste livro. Não existem classes para linhas, elipses, e assim por diante. Em vez disso, você chama funções sempre que você quer desenhar uma forma. Por outro lado, o contexto de dispositivo suporta muitos recursos avançados. Você pode mudar facilmente cores de pincel, tamanhos de pena e fontes de texto. Se você está interessado em criar desenhos sofisticados, dê uma olhada na documentação de wxWindows para obter mais informações.

Finalmente, observe que a função OnPaint não desenha diretamente no *frame* da aplicação, mas em uma janela separada do tipo EllipseWindow, derivada de wxWindow. Fazemos de conta que uma "janela de elipse" é um elemento da interface com o usuário, exatamente como um controle de texto ou botão, e que ela merece sua própria classe. Na Seção 18.10, você verá um exemplo mais realista, onde a função pintar desenha um relógio em sua própria ClockWindow. Aquela janela de relógio é então colocada dentro de um *frame*, junto com controles de texto e botões.

A Figura 11 mostra as classes do exemplo de programa. Observe que temos três classes derivadas – este programa especializa as classes aplicação, *frame* e janela do *framework* de aplicação.

Aqui está o programa completo. Execute o programa e redimensione o *frame*. Observe como a elipse é automaticamente redesenhada para se ajustar ao novo tamanho do *frame*.

Arquivo paint.cpp

```
1    #include <wx/wx.h>
2
3    /**
4        Uma janela na qual uma elipse é pintada.
5    */
6    class EllipseWindow : public wxWindow
7    {
8    public:
9       /**
10          Inicializa a classe base.
11          @param parent a janela mãe
12      */
13      EllipseWindow(wxWindow* parent);
14      /**
15          Desenha uma elipse na janela.
16          @param event o descritor de evento
17      */
18      void OnPaint(wxPaintEvent& event);
19   private:
20      DECLARE_EVENT_TABLE()
```

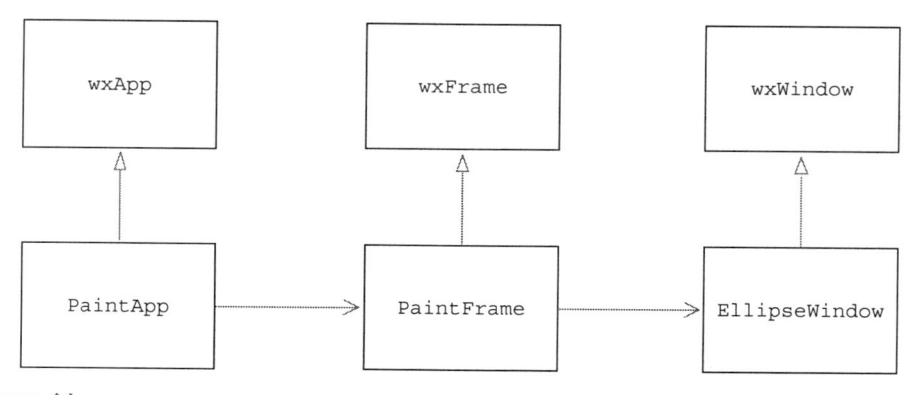

Figura 11

As classes do programa de pintura.

```
21    };
22
23    /**
24       Um frame com uma janela que mostra uma elipse.
25    */
26    class PaintFrame : public wxFrame
27    {
28    public:
29       /**
30          Constrói a janela.
31       */
32       PaintFrame();
33    private:
34       EllipseWindow* window;
35    };
36
37    /**
38       Uma aplicação para demonstrar a pintura.
39    */
40    class PaintApp : public wxApp
41    {
42    public:
43       /**
44          Constrói o frame.
45       */
46       PaintApp();
47       /**
48          Exibe o frame.
49          @return true
50       */
51       virtual bool OnInit();
52    private:
53       PaintFrame* frame;
54    };
55
56    DECLARE_APP(PaintApp)
57
58    IMPLEMENT_APP(PaintApp)
59
60    BEGIN_EVENT_TABLE(EllipseWindow, wxWindow)
61       EVT_PAINT(EllipseWindow::OnPaint)
62    END_EVENT_TABLE()
63
64    EllipseWindow::EllipseWindow(wxWindow* parent)
65       : wxWindow(parent, -1)
66    {
67    }
68
69    void EllipseWindow::OnPaint(wxPaintEvent& event)
70    {
71       wxPaintDC dc(this);
72       dc.SetBrush(*wxTRANSPARENT_BRUSH);
73       wxSize size = GetSize();
74       int x = 0;
75       int y = 0;
76       int width = size.GetWidth();
77       int height = size.GetHeight();
78       dc.DrawEllipse(x, y, width, height);
79    }
```

```
80
81   PaintFrame::PaintFrame()
82      : wxFrame(NULL, -1, "PaintFrame")
83   {
84      window = new EllipseWindow(this);
85   }
86
87   PaintApp::PaintApp()
88   {
89      frame = new PaintFrame();
90   }
91
92   bool PaintApp::OnInit()
93   {
94      frame->Show(true);
95      return true;
96   }
```

18.8 Eventos de *mouse*

Para tratar dados de entrada do *mouse* em uma janela gráfica, você instala uma função que é notificada quando ocorrem eventos de *mouse*. Existem diversos tipos de eventos de *mouse*:

- movimento
- arrasto (movendo enquanto pressiona um botão do *mouse*)
- botão do *mouse* indo para baixo (sendo pressionado)
- botão do *mouse* indo para cima (sendo liberado)
- clicando (botão do *mouse* indo para baixo e para cima dentro de um período curto)
- clicando duas vezes

Você instala o tratador do *mouse* com a macro EVT_MOUSE_EVENTS. Na função de notificação, você pode consultar o parâmetro wxMouseEvent para saber o tipo de evento. Por exemplo, a função ButtonDown retorna true para um evento "botão para baixo". Você também pode obter a posição do *mouse* chamando as funções GetX/GetY da classe wxMouseEvent.

Em nosso exemplo de programa, permitimos que um usuário especifique um triângulo clicando nos três vértices. A principal dificuldade neste programa está no fato de que o tratador do *mouse* é chamado separadamente para cada vez que o *mouse* é pressionado. Cada vez que o *mouse* é pressionado, registramos a posição do *mouse*. Então, precisamos executar algum desenho para dar uma resposta visual para o usuário. Não é uma boa idéia fazer o desenho no tratador do *mouse*. Todos os desenhos devem acontecer no tratador de pintura, de modo que a lógica para desenhar esteja contida em um único lugar. Dependendo do número de vértices que já tiverem sido especificados, o tratador de pintura desenha

- um pequeno círculo para o primeiro clique do *mouse*
- uma linha após os dois primeiros cliques do *mouse*
- um triângulo após três cliques do *mouse*

Ver Figura 12.

O tratador do *mouse* armazena os pontos dos vértices e então chama a função Refresh. Aquela função gera um evento de pintura, que em algum momento faz com que a função de pintura seja chamada. Você nunca deve chamar a função de pintura diretamente, mas sempre chame Refresh para pedir que redesenhe.

```
void TriangleWindow::OnMouseEvent(wxMouseEvent& event)
{
    if (event.ButtonDown() && corners < 3)
```

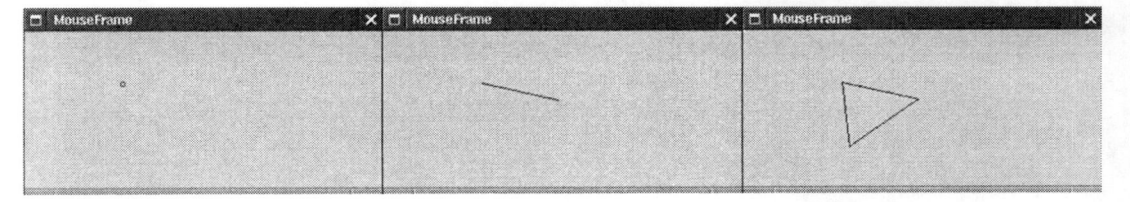

Figura 12
As três fases do programa com *mouse*.

```
    {
        x[corners] = event.GetX();
        y[corners] = event.GetY();
        corners++;
        Refresh();
    }
}
```

Aqui está a função de pintura:

```
void TriangleWindow::OnPaint(wxPaintEvent& event)
{
    const int RADIUS = 2;
    wxPaintDC dc(this);
    if (corners == 1)
        dc.DrawEllipse(x[0] - RADIUS, y[0] - RADIUS,
            2 * RADIUS, 2 * RADIUS);
    if (corners >= 2)
        dc.DrawLine(x[0], y[0], x[1], y[1]);
    if (corners >= 3)
    {
        dc.DrawLine(x[1], y[1], x[2], y[2]);
        dc.DrawLine(x[2], y[2], x[0], y[0]);
    }
}
```

Este programa é muito típico da programação dirigida por eventos. Cada evento do *mouse* provoca uma pequena mudança no estado do programa, aumentando o contador de vértices (corners) e adicionando valores aos *arrays* x e y. Sempre que ocorre um evento de pintura, então a função de pintura consulta aquele estado para executar as operações de desenho. Não importa se o evento de pintura é conseqüência de um evento de *mouse* ou de algum outro evento.

Sempre que você projeta um programa como este, é uma boa idéia "trabalhar de trás para diante", a partir do tratador de pintura. Quais são os vários tipos de desenhos que o tratador de eventos precisa criar? Que valores ele precisa ter disponíveis para criar aqueles desenhos? Esses valores precisam fazer parte do estado da janela. Então, pergunte a você mesmo quais eventos atualizam esses valores. O código para atualizar os valores precisa ser colocado dentro de tratadores de *mouse*, tratadores de botões e outros tratadores de eventos.

Arquivo mouse.cpp

```
1    #include <wx/wx.h>
2
3    /**
4       Uma janela na qual o usuário do programa pode desenhar
5       um triângulo clicando nos três vértices.
6    */
7    class TriangleWindow : public wxWindow
```

```cpp
8   {
9   public:
10      /**
11         Inicializa a classe base.
12         @param parent a janela mãe
13      */
14      TriangleWindow(wxWindow* parent);
15      /**
16         Pinta os vértices e linhas que já foram
17         informados.
18         @param event o descritor de evento
19      */
20      void OnPaint(wxPaintEvent& event);
21      /**
22         Adiciona um outro vértice ao triângulo.
23         @param event o descritor de evento
24      */
25      void OnMouseEvent(wxMouseEvent& event);
26  private:
27      int x[3];
28      int y[3];
29      int corners;
30      DECLARE_EVENT_TABLE()
31  };
32
33  /**
34     Um frame com uma janela que mostra um triângulo.
35  */
36  class MouseFrame : public wxFrame
37  {
38  public:
39      /**
40         Constrói a janela.
41      */
42      MouseFrame();
43  private:
44      TriangleWindow* window;
45  };
46
47  /**
48     Uma aplicação para demonstrar o tratamento de eventos de mouse.
49  */
50  class MouseApp : public wxApp
51  {
52  public:
53      /**
54         Constrói o frame.
55      */
56      MouseApp();
57      /**
58         Exibe o frame.
59         @return true
60      */
61      virtual bool OnInit();
62  private:
63      MouseFrame* frame;
64  };
65
66  DECLARE_APP(MouseApp)
```

```
67
68   IMPLEMENT_APP(MouseApp)
69
70   BEGIN_EVENT_TABLE(TriangleWindow, wxWindow)
71      EVT_MOUSE_EVENTS(TriangleWindow::OnMouseEvent)
72      EVT_PAINT(TriangleWindow::OnPaint)
73   END_EVENT_TABLE()
74
75   TriangleWindow::TriangleWindow(wxWindow* parent)
76      : wxWindow(parent, -1)
77   {
78      corners = 0;
79   }
80
81   void TriangleWindow::OnMouseEvent(wxMouseEvent& event)
82   {
83      if (event.ButtonDown() && corners < 3)
84      {
85         x[corners] = event.GetX();
86         y[corners] = event.GetY();
87         corners++;
88         Refresh();
89      }
90   }
91
92   void TriangleWindow::OnPaint(wxPaintEvent& event)
93   {
94      const int RADIUS = 2;
95      wxPaintDC dc(this);
96      dc.SetBrush(*wxTRANSPARENT_BRUSH);
97      if (corners == 1)
98         dc.DrawEllipse(x[0] - RADIUS, y[0] - RADIUS,
99            2 * RADIUS, 2 * RADIUS);
100     if (corners >= 2)
101        dc.DrawLine(x[0], y[0], x[1], y[1]);
102     if (corners >= 3)
103     {
104        dc.DrawLine(x[1], y[1], x[2], y[2]);
105        dc.DrawLine(x[2], y[2], x[0], y[0]);
106     }
107  }
108
109  MouseFrame::MouseFrame()
110     : wxFrame(NULL, -1, "MouseFrame")
111  {
112     window = new TriangleWindow(this);
113  }
114
115  MouseApp::MouseApp()
116  {
117     frame = new MouseFrame();
118  }
119
120  bool MouseApp::OnInit()
121  {
122     frame->Show(true);
123     return true;
124  }
```

18.9 Diálogos

Quando se projeta uma interface com o usuário, geralmente é preferível minimizar *modos*. Um modo restringe o que o usuário pode fazer a qualquer momento, ou interpreta um dado de entrada do usuário de uma maneira que depende do modo. Um exemplo de modo é o modo de sobrescrever em um processador de texto.

No modo de sobrescrever, os caracteres digitados substituem caracteres existentes, em vez de inseri-los antes do cursor. Entretanto, a experiência mostra que modos perturbam usuários de programas. Para prever o comportamento do programa, o usuário precisa despender algum esforço mental e manter registro do modo atual. Erros de modo são comuns. Por exemplo, se você ativa acidentalmente o modo sobrescrever em um processador de texto, você apaga texto e precisa gastar tempo para corrigir seu erro.

Um outro exemplo de um modo especial de programa é uma caixa de diálogo que requer resposta imediata do usuário. O usuário não pode fazer nada além de preencher ou cancelar a caixa de diálogo. Isso também pode ser perturbador para o usuário. Talvez o usuário não queira preencher todas as informações neste momento. Suponha que você preenche uma caixa de diálogo no processador de texto e então você se lembra de que precisa fazer uma mudança no documento. Você pode abandonar o diálogo, perdendo as informações que você já digitou. Ou você pode completar o diálogo e esperar que depois disso você ainda se lembre de quais mudanças você queria fazer. Questões como estas podem submeter o usuário a uma certa quantidade de estresse, e bons projetistas de interface com o usuário vão querer minimizar situações estressantes. Uma alternativa é tornar um diálogo sem modo, permitindo aos usuários que vão e venham entre janelas de diálogo e outras janelas.

Apesar disso, caixas de diálogo modais são necessárias sempre que um programa simplesmente não pode continuar sem a intervenção do usuário. Elas também são muito fáceis de programar, de modo que você as vê com bastante freqüência em muitas aplicações, talvez com mais freqüência do que um bom projeto de interface com o usuário recomendaria.

O conjunto de ferramentas wxWindows torna muito fácil programar diversos tipos de diálogos comuns. Você pode exibir uma mensagem para o usuário assim:

```
wxMessageDialog* dialog = new wxMessageDialog(parent, message);
dialog->ShowModal();
dialog->Destroy();
```

Então, um diálogo aparece (ver Figura 13). O diálogo é exibido até que o usuário clique no botão "OK". Nenhuma outra janela do programa recebe dados de entrada até que o usuário libere o diálogo.

O parâmetro `parent` é um ponteiro para a janela mãe. A caixa de diálogo é colocada sobre sua janela mãe. Freqüentemente, o código que faz o diálogo aparecer é uma função membro de uma classe derivada de `wxFrame` ou `wxWindow`. Então você passa `this` como o ponteiro para a janela mãe.

O parâmetro mensagem é do tipo `wxString`, uma classe que é semelhante ao tipo padrão `string`. Você ocasionalmente encontra classes de biblioteca como esta, que replicam classes da biblioteca padrão, normalmente porque a biblioteca era mais antiga do que o padrão C++. A classe `wxString` tem um construtor que aceita um *string* ao estilo de C (`char*`). Recomendamos

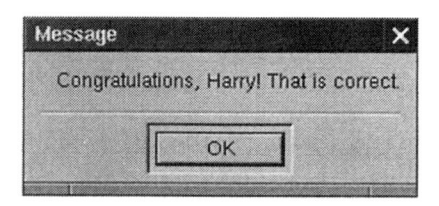

Figura 13

Um diálogo de mensagem.

que você use a classe *string* padrão para todos os processamentos de *strings*, e então use a função `c_str` para converter para um *string* C, que então é automaticamente convertido para um `wxString`. Por exemplo,

```
string message = "Hello, " + name;
dialog = new wxMessageDialog(this, message.c_str());
```

Quando você terminou de usar um diálogo, você deve destruí-lo. Aquela função executa um "`delete` retardado". Ele espera até que todas as mensagens da interface com o usuário para o diálogo tenham sido processadas e então apaga a memória. (Você não apaga ou destrói *frame*s, janelas, botões e menus que são uma parte permanente do programa.)

Um outro diálogo conveniente é o diálogo de entrada de texto que pede ao usuário para fornecer uma única linha de texto (ver Figura 14). Por exemplo,

```
wxTextEntryDialog* dialog = new wxTextEntryDialog(this,
    "What is your name?");
dialog->ShowModal();
string name = dialog->GetValue().c_str();
dialog->Destroy();
```

A função `GetValue` retorna um `wxString`. Aquela classe tem uma função `c_str` para converter para um *string* C, o qual você pode converter imediatamente para um objeto `string` padrão.

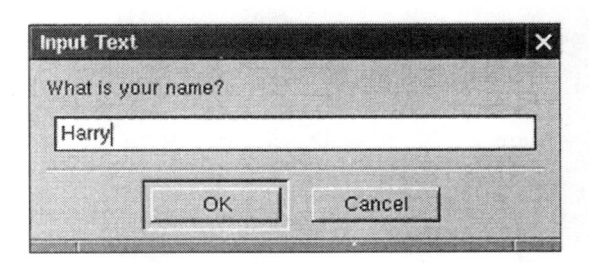

Figura 14
Um diálogo de entrada de texto.

Tópico Avançado 18.1

Diálogos Personalizados

Se você quer exibir um diálogo personalizado, tal como aquele da Figura 15, você precisa derivar uma classe da classe `wxDialog`. Forneça botões OK e Cancel com os identificadores padrão `wxID_OK` e `wxID_CANCEL`. Se o diálogo é formado por campos de texto rotulados, você pode usar um `wxFlexGridSizer` para dispô-los em duas colunas. Finalmente, chame a função `Fit`

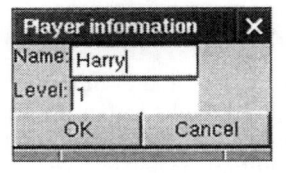

Figura 15
Um diálogo personalizado.

- do dimensionador de diálogo para dar ao diálogo o tamanho exato necessário para dispor os componentes.

- ```
  class PlayerInfoDialog : public wxDialog
  {
  public:
      PlayerInfoDialog(wxWindow* parent);
      string get_name() const;
      int get_level() const;
  private:
      wxTextCtrl* name_text;
      wxTextCtrl* level_text;
  };

  PlayerInfoDialog::PlayerInfoDialog(wxWindow* parent)
      : wxDialog(parent, -1, wxString("Player information"))
  {
      name_text = new wxTextCtrl(this, -1);
      level_text = new wxTextCtrl(this, -1);

      wxFlexGridSizer* text_sizer = new wxFlexGridSizer(2);
      text_sizer->Add(new wxStaticText(this, -1, "Name:"));
      text_sizer->Add(name_text);
      text_sizer->Add(new wxStaticText(this, -1, "Level:"));
      text_sizer->Add(level_text);

      wxBoxSizer* button_sizer = new wxBoxSizer(wxHORIZONTAL);
      button_sizer->Add(new wxButton(this, wxID_OK, "OK"));
      button_sizer->Add(new wxButton(this, wxID_CANCEL, "Cancel"));
      wxBoxSizer* dialog_sizer = new wxBoxSizer(wxVERTICAL);
      dialog_sizer->Add(text_sizer, 1, wxGROW);
      dialog_sizer->Add(button_sizer, 0, wxALIGN_CENTER);

      SetAutoLayout(true);
      SetSizer(dialog_sizer);
      dialog_sizer->Fit(this);
  }
  ```

- Então você chama a função `ShowModal` da maneira usual. Essa função retorna `wxID_OK` se o usuário clica em OK ou `wxID_CANCEL` se o usuário cancela o diálogo.

- ```
  PlayerInfoDialog* dialog = new PlayerInfoDialog(this);
  if (dialog->ShowModal() == wxID_OK)
  {
     player.set_name(dialog->get_name());
     player.set_level(dialog->get_level());
  }
  dialog->Destroy();
  ```

18.10 Um exemplo completo

No exemplo final deste capítulo, iremos montar um programa mais longo, qual seja uma versão wxWindows do jogo do relógio do Capítulo 13 (ver Figura 16). O programa tem menus, botões, campos de texto, caixas de diálogo e uma função para pintar. É um bom exercício para você percorrer o código do programa e identificar os diversos tratadores de eventos e suas finalidades. A Figura 17 mostra um diagrama de todas as classes no programa.

Devido à natureza dirigida por eventos da programação com GUI, foi necessário fazer diversas modificações na lógica do programa. Por exemplo, o programa original pede ao usuário um palpite e depois pede novamente, se o palpite não estava correto. Neste programa, cada palpite é comunicado ao programa no tratador do botão "Guess". O programa precisa controlar se o palpite é o primeiro ou segundo palpite. Um campo de dados `tries` (tentativas) foi adicionado para este fim.

O programa original pedia o nome do usuário e o nível durante a inicialização. A versão com GUI usa um mecanismo diferente. O usuário seleciona opções de menu que levam a caixas de diálogo para digitar estas informações. Isto é usualmente uma solução melhor – agora um usuário pode mudar o nível a qualquer momento durante o jogo.

Para simplificar a compilação, as classes não-padrão `Point` e `Time` foram eliminadas deste programa.

Aqui está o programa completo. Como você pode ver, as estratégias de programação com GUI neste capítulo permitem produzir aplicações com aparência profissional com uma quantidade relativamente modesta de programação. Isto é um tributo ao poder de C++, classes, herança e *frameworks* de aplicação. Usando o *framework* wxWindows, você herda uma tremenda quantidade de funcionalidade de uso geral, que permite a você se concentrar nas tarefas que são específicas para sua aplicação.

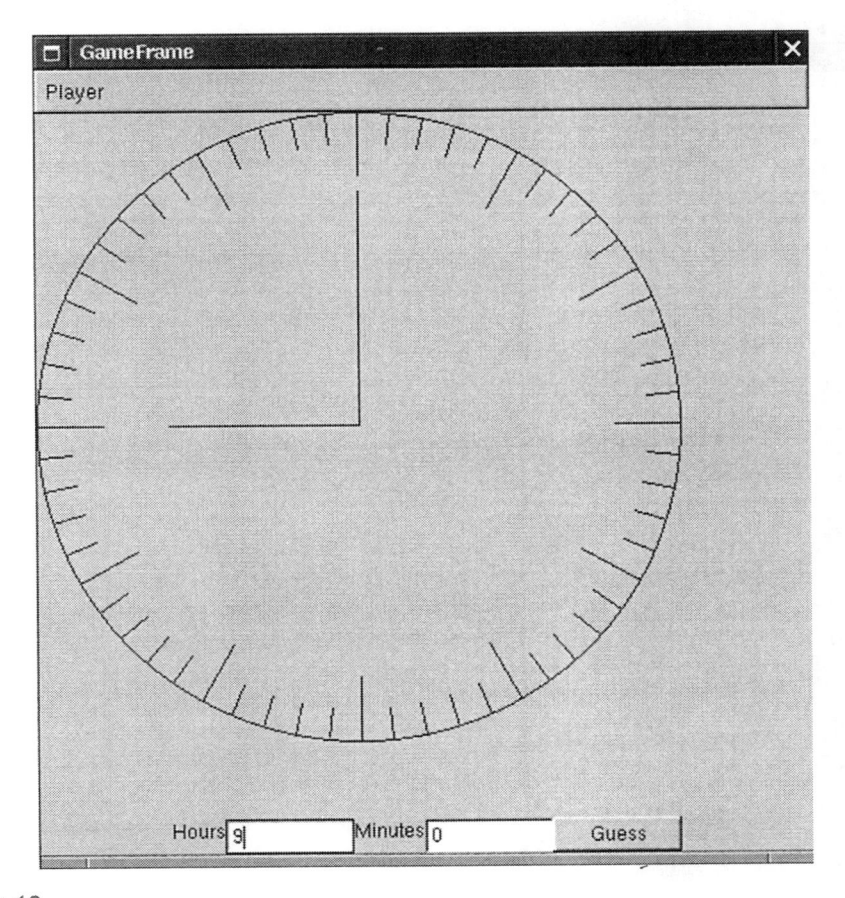

Figura 16
O Jogo do Relógio.

Figura 17
As classes do Jogo do Relógio.

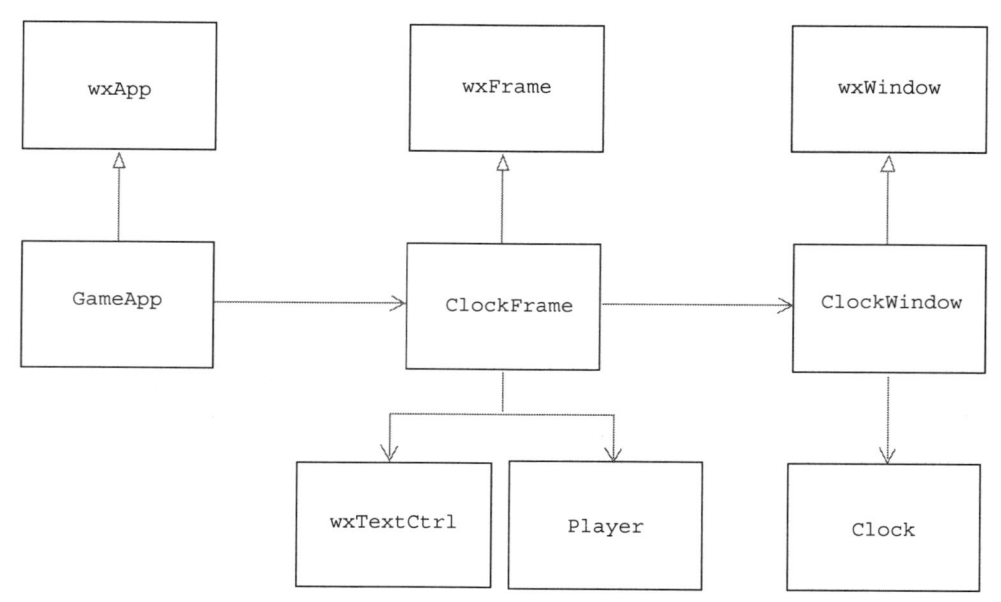

Arquivo game.cpp

```
1    #include <wx/wx.h>
2    #include <string>
3    #include <cstdlib>
4
5    const double PI = 3.141592653589793;
6
7    const int ID_GUESS = 1000;
8    const int ID_PLAYER_NAME = 1001;
9    const int ID_PLAYER_LEVEL = 1002;
10
11   /**
12      Um relógio que pode desenhar seu mostrador.
13   */
14   class Clock
15   {
16   public:
17      /**
18         Constrói um relógio com um centro e um raio dados.
19         @param x a coordenada x do centro
20         @param y a coordenada y do centro
21         @param r o raio do relógio
22      */
23      Clock(int x, int y, int r);
24
25      /**
26         Ajusta a hora atual.
27         @param h as horas a ajustar
28         @param m os minutos a ajustar
29      */
30      void set_time(int h, int m);
```

```
31
32      /**
33         Desenha o mostrador do relógio, com marcas de tempo e ponteiros.
34         @param dc o contexto de dispositivo onde desenhar
35      */
36      void draw(wxDC& dc) const;
37   private:
38      /**
39         Desenha uma marca de tempo (marca de hora ou minuto).
40         @param dc o contexto de dispositivo onde desenhar
41         @param angle o ângulo, em minutos (0...59, 0 = topo)
42         @param length o comprimento da marca de tempo, como uma fração
43         do raio (entre 0.0 e 1.0)
44      */
45      void draw_tick(wxDC& dc, double angle, double length) const;
46
47      /**
48         Desenha um ponteiro, começando a partir do centro.
49         @param dc o contexto de dispositivo onde desenhar
50         @param angle o ângulo em minutos (0...59, 0 = topo)
51         @param length o comprimento do ponteiro, como uma fração
52         do raio (entre 0.0 e 1.0)
53      */
54      void draw_hand(wxDC& dc, double angle, double length) const;
55
56      int hours;
57      int minutes;
58      int centerx;
59      int centery;
60      int radius;
61   };
62
63   /**
64      O jogador do jogo do relógio.
65   */
66   class Player
67   {
68   public:
69      /**
70         Constrói um jogador com o nome "Player",
71         nível 1 e pontuação 0.
72      */
73      Player();
74
75      /**
76         Incrementa a pontuação. Move para o próximo nível se
77         completou o nível atual.
78      */
79      void increment_score();
80
81      /**
82         Obtém o nível atual.
83         @return o nível
84      */
85      int get_level() const;
86
87      /**
88         Obtém o nome do jogador.
```

```cpp
 89        @return o nome
 90    */
 91    string get_name() const;
 92
 93    /**
 94       Ajusta o nível do jogador.
 95       @param l o nível
 96    */
 97    void set_level(int l);
 98
 99    /**
100       Ajusta o nome do jogador.
101       @param n o nome
102    */
103    void set_name(string n);
104 private:
105    string name;
106    int score;
107    int level;
108 };
109
110 /**
111    A janela que mostra o relógio.
112 */
113 class ClockWindow : public wxWindow
114 {
115 public:
116    /**
117       Constrói uma janela de relógio.
118       @param parent a janela mãe
119    */
120    ClockWindow(wxWindow* parent);
121    /**
122       Ajusta a hora do relógio e redesenha-o.
123       @param h as horas
124       @param m os minutos
125    */
126    void set_time(int h, int m);
127    /**
128       Pinta o relógio.
129       @param event o descritor de evento
130    */
131    void OnPaint(wxPaintEvent& event);
132 private:
133    Clock clock;
134    DECLARE_EVENT_TABLE()
135 };
136
137 /**
138    O frame que contém a janela do relógio e
139    os campos para digitar um palpite.
140 */
141 class GameFrame : public wxFrame
142 {
143 public:
144    /**
145       Constrói o frame do jogo.
146    */
147    GameFrame();
```

```cpp
148
149   /**
150       Inicia uma nova rodada, com uma nova hora do relógio.
151   */
152   void new_round();
153   /**
154       Processa o palpite do jogador.
155       @param event o descritor de evento
156   */
157   void OnGuess(wxCommandEvent& event);
158   /**
159       Pede ao jogador para digitar um nome.
160       @param event o descritor de evento
161   */
162   void OnPlayerName(wxCommandEvent& event);
163   /**
164       Pede ao jogador para digitar um nível.
165       @param event o descritor de evento
166   */
167   void OnPlayerLevel(wxCommandEvent& event);
168 private:
169   ClockWindow* window;
170   wxTextCtrl* hour_text;
171   wxTextCtrl* minute_text;
172   Player player;
173   int current_hours;
174   int current_minutes;
175   int tries;
176   DECLARE_EVENT_TABLE()
177 };
178
179 /**
180     A aplicação do jogo do relógio.
181 */
182 class GameApp : public wxApp
183 {
184 public:
185   /**
186       Constrói a aplicação.
187   */
188   GameApp();
189   virtual bool OnInit();
190 private:
191   GameFrame* frame;
192 };
193
194 DECLARE_APP(GameApp)
195
196 IMPLEMENT_APP(GameApp)
197
198 BEGIN_EVENT_TABLE(ClockWindow, wxWindow)
199     EVT_PAINT(ClockWindow::OnPaint)
200 END_EVENT_TABLE()
201
202 BEGIN_EVENT_TABLE(GameFrame, wxFrame)
203     EVT_BUTTON(ID_GUESS, GameFrame::OnGuess)
204     EVT_MENU(ID_PLAYER_NAME, GameFrame::OnPlayerName)
205     EVT_MENU(ID_PLAYER_LEVEL, GameFrame::OnPlayerLevel)
206 END_EVENT_TABLE()
```

```cpp
/**
    Configura a semente para o gerador de números aleatórios.
*/
void rand_seed()
{
    int seed = static_cast<int>(time(0));
    srand(seed);
}

/**
        Retorna um inteiro aleatório em um intervalo.
        @param a o início do intervalo
        @param b o fim do intervalo
        @return um número aleatório x, a <= x e x <= b
*/
int rand_int(int a, int b)
{
    return a + rand() % (b - a + 1);
}

Clock::Clock(int x, int y, int r)
{
    centerx = x;
    centery = y;
    radius = r;
}

void Clock::set_time(int h, int m)
{
    hours = h;
    minutes = m;
}

void Clock::draw_tick(wxDC& dc, double angle,
    double length) const
{
    double alpha = -PI / 2 + 6 * angle * PI / 180;
    dc.DrawLine(
        centerx + static_cast<int>(
            cos(alpha) * radius * (1 - length)),
        centery + static_cast<int>(
            sin(alpha) * radius * (1 - length)),
        centerx + static_cast<int>(cos(alpha) * radius),
        centery + static_cast<int>(sin(alpha) * radius));
}

void Clock::draw_hand(wxDC& dc, double angle,
    double length) const
{
    double alpha = -PI / 2 + 6 * angle * PI / 180;
    dc.DrawLine(centerx, centery,
        centerx + static_cast<int>(cos(alpha) * radius * length),
        centery + static_cast<int>(sin(alpha) * radius * length));
}

void Clock::draw(wxDC& dc) const
{
    dc.DrawEllipse(centerx - radius, centery - radius,
```

```
266          2 * radius, 2 * radius);
267       const double HOUR_TICK_LENGTH = 0.2;
268       const double MINUTE_TICK_LENGTH = 0.1;
269       const double HOUR_HAND_LENGTH = 0.6;
270       const double MINUTE_HAND_LENGTH = 0.75;
271       for (int i = 0; i < 12; i++)
272       {
273          draw_tick(dc, i * 5, HOUR_TICK_LENGTH);
274          int j;
275          for (j = 1; j <= 4; j++)
276             draw_tick(dc, i * 5 + j, MINUTE_TICK_LENGTH);
277       }
278       draw_hand(dc, minutes, MINUTE_HAND_LENGTH);
279       draw_hand(dc, (hours + minutes / 60.0) * 5, HOUR_HAND_LENGTH);
280    }
281
282    Player::Player()
283    {
284       name = "Player";
285       level = 1;
286       score = 0;
287    }
288
289    void Player::set_level(int l)
290    {
291       level = l;
292    }
293
294    void Player::set_name(string n)
295    {
296       name = n;
297    }
298
299    int Player::get_level() const
300    {
301       return level;
302    }
303
304    string Player::get_name() const
305    {
306       return name;
307    }
308
309    void Player::increment_score()
310    {
311       score++;
312       if (score % 5 == 0 && level < 4)
313          level++;
314    }
315
316    ClockWindow::ClockWindow(wxWindow* parent)
317       : wxWindow(parent, -1),
318       clock(200, 200, 200)
319    {
320    }
321
322    void ClockWindow::OnPaint(wxPaintEvent& event)
323    {
324       wxPaintDC dc(this);
```

```
325      dc.SetBrush(*wxTRANSPARENT_BRUSH);
326      clock.draw(dc);
327   }
328
329   void ClockWindow::set_time(int h, int m)
330   {
331      clock.set_time(h, m);
332      Refresh();
333   }
334
335   GameFrame::GameFrame()
336      : wxFrame(NULL, -1, "GameFrame")
337   {
338      // inicializa menu
339      wxMenu* menu = new wxMenu();
340      menu->Append(ID_PLAYER_NAME, "Name");
341      menu->Append(ID_PLAYER_LEVEL, "Level");
342
343      // adiciona à barra de menus
344      wxMenuBar* menu_bar = new wxMenuBar();
345      SetMenuBar(menu_bar);
346      menu_bar->Append(menu, "Player");
347
348      window = new ClockWindow(this);
349
350      hour_text = new wxTextCtrl(this, -1);
351      minute_text = new wxTextCtrl(this, -1);
352
353      wxButton* guess_button = new wxButton(this,
354         ID_GUESS, "Guess");
355
356      wxBoxSizer* bottom_sizer = new wxBoxSizer(wxHORIZONTAL);
357      bottom_sizer->Add(new wxStaticText(this, -1, "Hours"));
358      bottom_sizer->Add(hour_text);
359      bottom_sizer->Add(new wxStaticText(this, -1, "Minutes"));
360      bottom_sizer->Add(minute_text);
361      bottom_sizer->Add(guess_button);
362
363      wxBoxSizer* frame_sizer = new wxBoxSizer(wxVERTICAL);
364      frame_sizer->Add(window, 1, wxGROW);
365      frame_sizer->Add(bottom_sizer, 0, wxALIGN_CENTER);
366
367      SetAutoLayout(true);
368      SetSizer(frame_sizer);
369
370      new_round();
371   }
372
373   void GameFrame::OnGuess(wxCommandEvent& event)
374   {
375      tries++;
376      int hours = atoi(hour_text->GetValue().c_str());
377      int minutes = atoi(minute_text->GetValue().c_str());
378      if (hours < 1 || hours > 12)
379      {
380         wxMessageDialog* dialog = new wxMessageDialog(this,
381            "Hours must be between 1 and 12");
382         dialog->ShowModal();
383         dialog->Destroy();
```

```cpp
384        return;
385    }
386    if (minutes < 0 || minutes > 59)
387    {
388        wxMessageDialog* dialog = new wxMessageDialog(this,
389            "minutes must be between 1 and 59");
390        dialog->ShowModal();
391        dialog->Destroy();
392        return;
393    }
394    if (current_hours == hours && current_minutes == minutes)
395    {
396        string text = "Congratulations, " + player.get_name()
397            + "! That is correct.";
398        wxMessageDialog* dialog = new wxMessageDialog(this,
399            text.c_str());
400        dialog->ShowModal();
401        dialog->Destroy();
402        player.increment_score();
403        new_round();
404    }
405    else
406    {
407        string text = "Sorry, " + player.get_name()
408            + "! That is not correct.";
409        wxMessageDialog* dialog = new wxMessageDialog(this,
410            text.c_str());
411        dialog->ShowModal();
412        dialog->Destroy();
413        if (tries == 2) new_round();
414    }
415 }
416
417 void GameFrame::new_round()
418 {
419    tries = 0;
420    int level = player.get_level();
421    if (level == 1) current_minutes = 0;
422    else if (level == 2) current_minutes = 15 * rand_int(0, 3);
423    else if (level == 3) current_minutes = 5 * rand_int(0, 11);
424    else current_minutes = rand_int(0, 59);
425    current_hours = rand_int(1, 12);
426    window->set_time(current_hours, current_minutes);
427 }
428
429 void GameFrame::OnPlayerName(wxCommandEvent& event)
430 {
431    wxTextEntryDialog* dialog = new wxTextEntryDialog(this,
432        "What is your name?");
433    dialog->ShowModal();
434    player.set_name(dialog->GetValue().c_str());
435    dialog->Destroy();
436 }
437
438 void GameFrame::OnPlayerLevel(wxCommandEvent& event)
439 {
440    wxTextEntryDialog* dialog = new wxTextEntryDialog(this,
441        "At what level do you want to play? (1-4)");
442    dialog->ShowModal();
```

```
443     int level = atoi(dialog->GetValue().c_str());
444     dialog->Destroy();
445     if (level < 1 || level > 4)
446     {
447         wxMessageDialog* dialog = new wxMessageDialog(this,
448             "The level must be between 1 and 4");
449         dialog->ShowModal();
450         dialog->Destroy();
451         return;
452     }
453     player.set_level(level);
454 }
455
456 GameApp::GameApp()
457 {
458     rand_seed();
459     frame = new GameFrame();
460 }
461
462 bool GameApp::OnInit()
463 {
464     frame->Show(true);
465     return true;
466 }
```

Fato Histórico 18.1

Programação Visual

A programação, como você a conhece, envolve digitar código em um editor de texto e então executá-lo. Um programador precisa estar familiarizado com uma linguagem de programação para escrever até mesmo os programas mais simples. Quando se está programando menus ou botões, é necessário escrever código para direcionar o leiaute destes elementos da interface com o usuário.

Um novo estilo de programação *visual* torna isto muito mais fácil. Quando você usa um ambiente de programação visual, tal como o Visual Basic, você usa seu *mouse* para especificar onde botões, campos de texto e outros campos devem aparecer na tela (veja Figura 18). Você ainda precisa fazer alguma programação. Você precisa escrever código para cada evento. Por exemplo, você pode arrastar um botão para sua posição desejada, mas você ainda precisa especificar o que deve acontecer quando o usuário clica naquele botão.

A programação visual oferece diversos benefícios. É muito mais fácil dispor os elementos em uma tela arrastando botões e itens de menu com o *mouse* do que é escrever o código para definir o posicionamento. A maioria dos ambientes de programação visual também são muito extensíveis. Você pode adicionar elementos de interface com o usuário fornecidos por terceiros, muitos com comportamento sofisticado. Por exemplo, um elemento calendário pode mostrar o calendário do mês atual, com botões para mover para o próximo mês ou para o mês anterior. Tudo isto foi previamente programado por alguém (usualmente da maneira difícil, usando uma linguagem de programação tradicional), mas você pode adicionar um calendário completamente funcional ao seu programa simplesmente arrastando-o de uma barra de ferramentas e soltando-o dentro de seu programa.

Um componente previamente construído, tal como um selecionador de calendário, usualmente tem uma grande quantidade de *propriedades* que você simplesmente pode escolher em uma tabela. Por exemplo, pode simplesmente marcar se quer que o calendário seja semanal ou mensal. O fornecedor do componente calendário teve que trabalhar duro para incluir o código para ambos os casos, mas o desenvolvedor que está usando o componente pode personalizar o componente sem nenhuma programação.

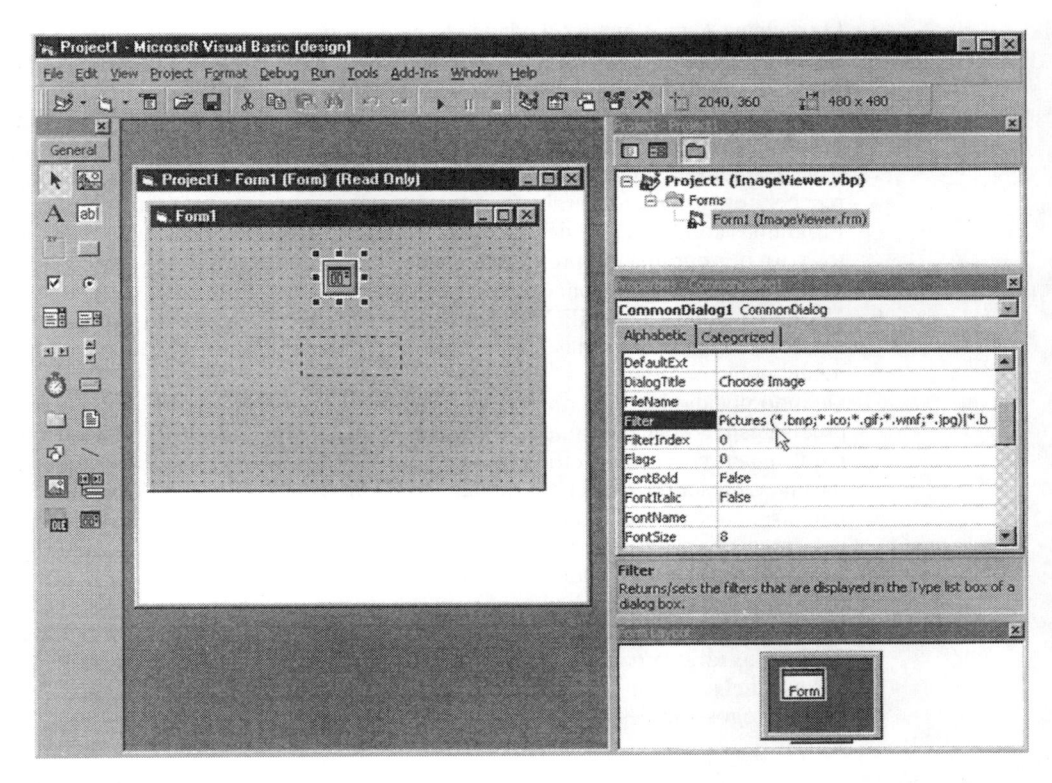

Figura 18
Um ambiente de programação visual.

   Você deve selecionar construtores de GUI visuais com cuidado. Alguns ambientes forçam você a usar cliques do *mouse* até mesmo quando editar um arquivo de texto seria muito mais rápido. Por exemplo, é bom para um principiante arrastar e soltar árvores de menus, mas programadores experientes acham muito mais fácil modificar um arquivo de texto. Um bom ambiente deve oferecer as duas opções. Alguns ambientes somente lembram de seus cliques com o *mouse*, mas não das intenções por trás deles. Então, pode ser enfadonho adaptar seu projeto visual a outras linguagens ou plataformas.
   Um bom construtor de GUI pode tornar a construção de uma GUI eficaz *muito* mais fácil do que escrever o código equivalente em C++. Estes sistemas são altamente recomendados para programação profissional de interfaces com o usuário.

Resumo do capítulo

1. Interfaces gráficas com o usuário podem ser programadas através de bibliotecas de baixo nível, que estão intimamente relacionadas a um sistema operacional e gerenciador de janelas em particular, ou através de *frameworks* de aplicação de mais alto nível.
2. Em um *framework* de aplicação você usa herança para descrever a diferença entre as classes de aplicação genéricas do *framework* e a funcionalidade requerida por sua aplicação.

3. O *framework* wxWindows é adequado para programação de GUI com várias plataformas e compiladores. Ele é muito semelhante, conceitualmente, ao *framework* MFC de programação para o Microsoft Windows.
4. O fluxo de controle de um programa com GUI difere enormemente do de um programa de console. Em uma aplicação com GUI, o usuário, e não o programa, controla a ordem na qual os comandos são emitidos. O programa precisa ser capaz de receber comandos independentemente de uma ordem em particular.
5. Programas com GUI são dirigidos por eventos. O gerenciador de janelas envia eventos para o programa e o programa fornece tratadores de eventos – funções que são chamadas quando ocorrem eventos particulares.
6. No wxWindows (e no MFC), tabelas de eventos associam eventos a funções. Você usa entradas diferentes nas tabelas para cada tipo de evento (tais como eventos de menu, botão ou *mouse*).
7. Quando posicionando elementos da interface com o usuário em uma janela, você precisa especificar o leiaute dos componentes. O *framework* wxWindows usa dimensionadores para especificar as regras de dimensionamento, de modo que programas possam ser portados para linguagens e ambientes de janelas diferentes.
8. Um programa com GUI recebe eventos de pintura sempre que o conteúdo de uma janela precisa ser desenhado. Este é o caso quando a janela é exibida pela primeira vez, quando o seu conteúdo é sobrescrito por outra janela ou quando o programa solicita que seja redesenhada.
9. Caixas de diálogo modais interrompem o fluxo de eventos de um programa com GUI. O usuário precisa preencher o diálogo antes de ser capaz de interagir com outras janelas. O conjunto de ferramentas wxWindows tem classes de conveniência para diálogos simples.

Exercícios de revisão

Exercício R18.1. Qual é a diferença essencial em fluxo de controle entre aplicações com interface gráfica com o usuário e aplicações de console?

Exercício R18.2. Liste pelo menos oito elementos de interface com o usuário que você encontrou em programas com GUI usados comumente.

Exercício R18.3. O que é um *framework* de aplicação?

Exercício R18.4. Qual é a diferença essencial entre um *frame* e uma janela?

Exercício R18.5. Quando você forma classes derivadas de wxFrame e quando você forma classes derivadas de wxWindow?

Exercício R18.6. Dentro de que classe você coloca a tabela de eventos de um menu? De um botão? De eventos de pintura? De eventos de *mouse*?

Exercício R18.7. O que acontece se você esquece de colocar a macro DECLARE_APP ou IMPLEMENT_APP em sua aplicação? Tente e explique a mensagem de erro que você recebe.

Exercício R18.8. O que acontece se sua tabela de eventos associa um evento a uma função com a assinatura errada? Tente e explique a mensagem de erro que você recebe.

Exercício R18.9. Qual é a diferença entre um controle de texto de uma única linha e um de múltiplas linhas? Como você constrói cada tipo?

Exercício R18.10. Explique por quê você precisa de dimensionadores para dispor botões, mas você não precisa deles para dispor menus.

Exercício R18.11. Explique em que circunstâncias eventos de pintura são gerados. Você pode querer colocar um comando de impressão dentro da função de pintura de um exemplo de programa e descobrir quando ela é chamada.

Exercício R18.12. Liste os diferentes tipos de eventos de *mouse*. Descubra, na documentação da classe wxMouseEvent, como você pode distingui-los.

Exercício R18.13. O que é um modo em um programa? Dê três exemplos de modos em aplicações usadas comumente.

Exercício R18.14. Qual é a diferença entre um diálogo modal e um sem modo?

Exercício R18.15. Quais objetos wxWindows você aloca na pilha? Quais você aloca com new? Quais deles você destrói?

Exercício R18.16. Como você converte entre *strings* padrão e objetos wxString? Por que existem duas classes separadas?

Exercícios de programação

Exercício P18.1. Implemente um programa que mostra o crescimento de um investimento de R$ 10.000 que recebe juros a uma taxa de 5% ao ano. Forneça um menu chamado "Banco" e um item de menu chamado "Somar Juros". Quando o usuário seleciona aquele item de menu, adicione os juros ao saldo atual e acrescente a um controle de texto uma mensagem mostrando o saldo atual.

Exercício P18.2. Adicione ao exercício anterior opções de menu para mudar o saldo e a taxa de juros atuais.

Exercício P18.3. Escreva um programa wxWindows que exibe um quadrado. Inicialmente, o quadrado é exibido no centro da janela. Forneça um menu chamado "Mover Para" e quatro itens de menu chamados "Esquerda", "Direita", "Cima" e "Baixo", que movem o quadrado por 10 *pixels* na direção indicada. *Dica*: nos tratadores de eventos, mude a posição do quadrado, então chame Refresh.

Exercício P18.4. Implemente a mesma funcionalidade que no exercício precedente, desta vez fornecendo uma linha de quatro botões para mover o quadrado.

Exercício P18.5. Escreva um programa wxWindows que exibe o gráfico de temperatura da Seção 3.6. Como você não pode mudar o sistema de coordenadas da janela, você precisa transformar manualmente unidades lógicas em unidades de *pixel*.

Exercício P18.6. Adicione no exercício anterior uma opção de menu que muda o valor da temperatura de um mês dado.

Exercício P18.7. *Implemente um tabuleiro de Jogo da Velha (TicTacToe).* Desenhe as linhas da grade e processe eventos de *mouse*. Quando o usuário clica em um campo, desenhe uma marca "X" para todas as jogadas pares e uma marca "O" para todas as jogadas ímpares. Você não precisa verificar se as jogadas são válidas.

Exercício P18.8. Refine o programa do exercício anterior de modo que ele verifique se as jogadas são válidas, anuncie vencedores e empates e reinicialize o jogo após uma vitória ou empate.

Exercício P18.9. Escreva um programa que pinta um mostrador de relógio com a hora atual. Isto é, no tratador de pintura, obtenha a hora atual e desenhe os ponteiros do relógio de acordo com ela.

Exercício P18.10. Consulte a documentação do wxWindows para descobrir a respeito de eventos de temporizador (*timer events*). Adicione ao programa anterior um tratador de evento de temporizador que atualiza a janela do relógio uma vez por segundo, de modo que ela sempre mostre a hora certa.

Exercício P18.11. Mude o jogo do relógio, mostrando o nível atual em um controle de texto. Coloque um botão "Ajustar Nível" perto do controle de texto, de modo que o usuário possa mudar o nível a qualquer momento.

Exercício P18.12. Escreva um programa wxWindows que implemente um jogo diferente, para ensinar aritmética para seu irmão mais novo. O programa testa adição e subtração. No nível 1 ele testa somente adição de números menores do que 10 cuja soma é menor do que 10. No nível 2 ele testa adição de números de um dígito quaisquer. No nível 3 ele testa subtração de números de 1 dígito com diferença não negativa. Gere problemas aleatórios e obtenha os dados de entrada do jogador. O jogador pode fazer até duas tentativas por problema. Avance de um nível para o seguinte quando o jogador tiver atingido uma pontuação de 5 pontos.

Apêndice A

Diretrizes para Codificação na Linguagem C++

Introdução

Este guia de estilo de codificação é uma versão simplificada de um que tem sido usado com bons resultados tanto na prática, em empresas, quanto em disciplinas em universidades. Ele estabelece regras que você deve seguir para seus trabalhos de programação.

Um guia de estilo é um conjunto de requisitos obrigatórios para leiaute e formatação. Estilo uniforme torna mais fácil para você ler o código de seu instrutor e colegas de aula. Você vai realmente apreciar a consistência se fizer um projeto em equipe. Também é mais fácil para seu instrutor e seu avaliador captar a essência de seus programas rapidamente.

Um guia de estilo torna você um programador mais produtivo, porque ele *reduz escolhas desnecessárias*. Se você não precisa fazer escolhas sobre assuntos triviais, você pode gastar sua energia na solução de problemas reais.

Nestas diretrizes, diversas construções são completamente proibidas. Isso não significa que programadores que as usem sejam maus ou incompetentes. Significa que as construções são de utilidade marginal e podem ser expressas tão bem ou até melhor com outras construções da linguagem.

Se você já programou em C ou C++, você pode se sentir pouco à vontade inicialmente em relação a abrir mão de alguns hábitos arraigados. Entretanto, é um sinal de profissionalismo deixar de lado preferências pessoais em assuntos de pouca importância e se comprometer com o benefício de seu grupo.

Estas diretrizes são, necessariamente, um pouco longas e monótonas. Elas também mencionam recursos que você pode ainda não ter visto em aula. Aqui estão os destaques mais importantes:

1. Tabulações são ajustadas a cada três espaços.
2. Nomes de variáveis e funções são em letras minúsculas.
3. Nomes de constantes são em letras maiúsculas. Nomes de classes iniciam com uma letra maiúscula.
4. Existem espaços após palavras-chave e entre operadores binários.
5. Chaves devem estar alinhadas.
6. Nenhum número mágico pode ser usado.
7. Cada função deve ter um comentário.
8. Podem ser usadas no máximo 30 linhas de código por função.

9. Nenhum `goto`, `continue` ou `break` é permitido.
10. No máximo duas variáveis globais podem ser usadas por arquivo.

Uma observação para o instrutor: é claro, muitos programadores e organizações têm sentimentos fortes em relação a estilo de codificação. Se este guia de estilo é incompatível com suas próprias preferências ou com os hábitos locais, por favor sinta-se à vontade para modificá-lo. Para este fim, este guia de estilo está disponível em forma eletrônica, no site da Web associado a este livro.

Arquivos fonte

Cada programa é uma coleção de um ou mais arquivos ou módulos. O programa executável é obtido compilando e ligando estes arquivos. Organize o material em cada arquivo como segue:

- Comentários de cabeçalho
- Comandos #include
- Constantes
- Classes
- Variáveis globais
- Funções

É comum iniciar cada arquivo com um bloco de comentário. Eis aqui um formato típico:

```
/**
    @arquivo fatura.cpp
    @autor Jenny Koo
    @data 24/01/2003
    @versao 3.14
*/
```

Você também pode querer incluir um aviso sobre direito autoral, tal como

```
/* Copyright 2002 Jenny Koo */
```

Um aviso de direito autoral válido consiste de

- o símbolo de *copyright* © ou a palavra "Copyright" ou a abreviatura "Copr.".
- o ano da primeira publicação do trabalho.
- o nome do proprietário do direito autoral.

(Observação: para economizar espaço, este comentário de cabeçalho foi omitido dos programas neste livro, bem como nos programas em disco, para que os números de linha coincidam com aqueles que estão impressos no livro.)

A seguir, liste todos os arquivos de cabeçalho incluídos.

```
#include <iostream>
#include "ccc_empl.h"
```

Não inclua nomes de caminho absolutos, tais como

```
#include "c:\me\my_homework\widgets.h"  /* Não faça!!! */
```

Após os arquivos de cabeçalho, liste constantes que são necessárias ao longo do arquivo de programa.

```
const int GRID_SIZE = 20;
const double CLOCK_RADIUS = 5;
```

Então, forneça as definições de todas as classes.

```
class Product
{
    ...
};
```

Ordene as definições de classes de forma que uma classe seja definida antes de ser usada em outra classe. Muito ocasionalmente, você pode ter classes mutuamente dependentes. Para quebrar ciclos, você pode declarar uma classe, usá-la em uma outra classe e então defini-la:

```
class Link; /* declaração de classe */

class List
{
    ...
    Link* first;
};

class Link /* definição de classe */
{
    ...
};
```

Continue com as definições de variáveis globais.

```
ofstream out; /* o stream para a saída de dados do programa */
```

Cada variável global deve ter um comentário explicando sua finalidade. Evite variáveis globais sempre que possível. Você pode usar no máximo duas variáveis globais em qualquer arquivo.

Finalmente, liste todas as funções dos módulos, incluindo funções-membro de classes e funções não-membro. Ordene as funções não-membro de forma que uma função seja definida antes de ser chamada. Como conseqüência, a função `main` será a última função em seu arquivo.

Funções

Forneça um comentário, no seguinte formato, para cada função.

```
/**
    Explicação.
    @param argumento₁ explicação
    @param argumento₂ explicação
    ...
    @return explicação
*/
```

A explicação introdutória é obrigatória para todas as funções, exceto `main`. Ela deve começar com uma letra maiúscula e terminar com um ponto. Algumas ferramentas de documentação extraem a primeira sentença da explicação para formar uma tabela de resumo. Assim, se você fornece uma explicação que consiste de múltiplas sentenças, formule a explicação de tal maneira que a primeira sentença seja uma explicação concisa da finalidade da função.

Omita o comentário `@param` se a função não recebe nenhum parâmetro. Omita o comentário `@return` para procedimentos (funções `void`). Eis aqui um exemplo típico.

```
/**
    Converte data de calendário em dia Juliano. Este algoritmo é de
    Press et al., Numerical Recipes in C, 2a ed., Cambridge University
    Press, 1992.
    @param year o ano da data a ser convertida
    @param month o mês da data a ser convertida
```

```
        @param day o dia da data a ser convertida
        @return o número do dia Juliano que começa ao meio dia da data de
        calendário dada
*/
long dat2jul(int year, int month, int day)
{
    ...
}
```

Nomes de parâmetros precisam ser explícitos, especialmente se eles são inteiros ou booleanos.

```
Employee remove(int d, double s); /* Hã? */
Employee remove(int department, double severance_pay); /* OK */
```

É claro que, para funções muito genéricas, nomes curtos podem ser muito apropriados.

Não escreva procedimentos (funções `void`) que retornam exatamente uma resposta através de uma referência. Em vez disso, transforme o resultado em um valor de retorno.

```
void find(vector<Employee> c, bool& found); /* Não faça!*/
bool find(vector<Employee> c); /* OK */
```

É claro que, se a função calcula mais de um valor, alguns ou todos os resultados podem ser retornados através de parâmetros por referência.

Funções devem ter no máximo 30 linhas de código (comentários, linhas em branco e linhas contendo somente chaves não são incluídas nesta contagem). Funções que consistem em uma longa seqüência de comandos `if/else if/else` podem ser mais longas, desde que cada ramo seja de 10 linhas ou menos. Esta regra força você a quebrar computações complexas em funções separadas.

Variáveis locais

Não defina todas as variáveis locais no começo de um bloco. Defina cada variável imediatamente antes de ela ser usada pela primeira vez.

Cada variável deve ser ou explicitamente inicializada quando definida ou configurada no comando imediatamente seguinte (por exemplo, através de uma instrução `>>`).

```
int pennies = 0;
```

ou

```
int pennies;
cin >> pennies;
```

Mova variáveis para o bloco mais interno no qual elas são necessárias.

```
while (...)
{
    double xnew = (xold + a / xold) / 2;
    ...
}
```

Não defina duas variáveis em um comando:

```
int dimes = 0, nickels = 0; /* Não faça */
```

Quando definindo uma variável ponteiro, coloque o `*` com o tipo, não com a variável:

```
Link* p; /* OK */
```

não

```
Link *p; /* Não faça */
```

Constantes

Em C++, não use `#define` para definir constantes:

```
#define CLOCK_RADIUS 5 /* Não faça */
```

Em vez disso, use `const`:

```
const double CLOCK_RADIUS = 5; /* o raio do mostrador do relógio */
```

Você não pode usar números mágicos em seu código (um número mágico é uma constante inteira embutida no código, sem uma definição de constante). Qualquer número, exceto 0, 1 ou 2, é considerado mágico:

```
if (p.get_x() < 10) /* Não faça */
```

Em vez disso, use uma variável `const`:

```
const double WINDOW_XMAX = 10;
if (p.get_x() < WINDOW_XMAX) /* OK */
```

Até mesmo a mais razoável constante cósmica irá mudar um dia. Você pensa que existem 365 dias por ano? Seus clientes em Marte irão ficar bem descontentes sobre seu pré-julgamento estúpido. Crie uma constante

```
const int DAYS_PER_YEAR = 365;
```

de modo que você possa facilmente preparar uma versão marciana sem tentar encontrar todos os 365's, 364's, 366's, 367's, e assim por diante em seu código.

Classes

Disponha os itens de uma classe como segue:

```
class Class_name
{
public:
    construtores
    modificadores
    auxiliares
private:
    dados
};
```

Todos os campos de dados de classes devem ser privados. Não use `friend`, exceto para classes que não têm funções-membro públicas.

Forneça um construtor *default* para cada classe.

Fluxo de controle

O Comando `if`

Evite a armadilha do "`if...if...else`". O código

```
if (...)
    if (...)...;
else
{
    ...;
    ...;
}
```

não irá fazer o que o nível de endentação sugere, e pode-se precisar de muitas horas para achar este erro. Sempre use um par extra de { ... } quando estiver lidando com "`if...if...else`":

```
if (...)
{
   if (...)...;
   else (...)...;
} /* {...} não necessárias, mas elas mantém você longe de problemas */
if (...)
{
   if (...)...;
} /* {...} são necessárias */
else...;
```

O comando `for`

Use laços `for` somente quando uma variável varia de um valor até outro valor com algum incremento/decremento constante.

```
for (i = 0; i < a.size(); i++)
   print(a[i]);
```

Não use o laço `for` para construções esquisitas tais como

```
for (xnew = a / 2; count < ITERATIONS; cout << xnew) /* Não faça */
{
   xold = xnew;
   xnew = xold + a / xold;
   count++;
}
```

Transforme um laço como este em um laço `while`, de modo que a seqüência de instruções fique muito mais clara.

```
xnew = a / 2;
while (count < ITERATIONS) /* OK */
{
   xold = xnew;
   xnew = xold + a / xold;
   count++;
   cout << xnew;
}
```

Um laço `for` percorrendo uma lista encadeada pode ser elegante e intuitivo:

```
for (p = a.begin(); p!= a.end(); p++)
   cout << *p << "\n";
```

Fluxo de controle não linear

Não use o comando `switch`. Em vez dele, use `if/else`.

Não use os comandos `break`, `continue` ou `goto`. Use uma variável `bool` para controlar o fluxo de execução.

Aspectos léxicos

Convenções para nomes

As regras a seguir especificam quando usar letras maiúsculas e minúsculas em nomes de identificadores.

1. Todos os nomes de variáveis e funções e todos os campos de dados de classes são em letras minúsculas, algumas vezes com um caractere sublinha no meio. Por exemplo, `first_player`.

2. Todas as constantes são em letras maiúsculas, com um sublinha ocasional. Por exemplo, `CLOCK_RADIUS`.
3. Todos os nomes de classes começam com letra maiúscula e são seguidos por letras minúsculas, com uma letra maiúscula ocasional no meio. Por exemplo, `BankTeller`.

Nomes devem ser razoavelmente longos e descritivos. Use `first_player` em vez de `fp`. Nada de dscrtr s vgs. Variáveis locais que são razoavelmente rotineiras podem ser curtas (`ch`, `i`) desde que elas sejam realmente apenas monótonos guardadores para um caractere de entrada, um contador de laço, e assim por diante. Também não use `ctr`, `c`, `cntr`, `cnt`, `c2` para cinco variáveis de contadores em sua função. Seguramente, cada uma destas variáveis tem uma finalidade específica e pode receber um nome para lembrar ao leitor desta finalidade (por exemplo, `ccurrent`, `cnext`, `cprevious`, `cnew`, `cresult`).

Indentação e espaço em branco

Use paradas de tabulação a cada três colunas. Salve seu arquivo de modo que ele não tenha nenhuma marca de tabulação. Isto significa que você precisa mudar a configuração de paradas de tabulação em seu editor! No editor, assegure-se de selecionar "3 espaços por parada de tabulação" e "salve todas as tabulações como espaços". Todos os editores de programação têm estes ajustes. Se o seu não tem, simplesmente não use tabulações, mas digite o número correto de espaços para obter endentação.

Use linhas em branco freqüentemente, para separar partes logicamente distintas de uma função. Use um espaço em branco em torno de cada operador binário:

```
x1 = (-b - sqrt(b * b - 4 * a * c)) / (2 * a);  /* Bom */
x1=(-b-sqrt(b*b-4*a*c))/(2*a);  /* Mau */
```

Deixe um espaço em branco após (e não antes de) cada vírgula, ponto-e-vírgula e palavra chave, mas não após um nome de função.

```
if (x == 0)...
f(a, b[i]);
```

Cada linha deve caber em 80 colunas. Se você precisa quebrar um comando, acrescente um nível de endentação para a continuação:

```
a[n] =..........................................
    +.................;
```

Comece a linha endentada com um operador (se possível).

Se uma quebra de linha acontece em uma condição de `if` ou `while`, assegure-se de colocar uma chave no comando que a segue, *mesmo se só existir um:*

```
if (.........................................
    &&.................
    ||..........)
{
    ...
}
```

Se não fosse pelas chaves, seria difícil distinguir visualmente a continuação da condição do comando a ser executado.

Chaves

Chaves de abertura e de fechamento devem estar alinhadas, seja horizontalmente ou verticalmente.

```
while (i < n) { print(a[i]); i++; }  /* OK */
while (i < n)
{
```

```
        print(a[i]);
        i++;
} /* OK */
```

Alguns programadores não alinham chaves verticais, mas colocam a { *atrás* do `while`:

```
while (i < n) { /* Não faça */
    print(a[i]);
    i++;
}
```

este estilo economiza uma linha, mas é difícil de visualizar as chaves correspondentes..

Leiaute Instável

Alguns programadores orgulham-se muito de alinhar os nomes de campos de estruturas:

```
class Employee
{
    ...
private:
    string  name;
       int  age;
    double  hourly_wage;
      Time  start_time;
};
```

Isto é inegavelmente elegante, e o recomendamos se o seu editor o faz para você, mas *não* o faça manualmente. O leiaute não fica *estável* sob mudanças. Um tipo de dado que é mais longo do que o número de colunas reservadas previamente requer que você mova *todas* as entradas em volta.

Alguns programadores gostam de formatar comentários de múltiplas linhas de modo que cada linha comece com **:

```
/* Este é um comentário
** que se estende por mais
** de três linhas de código.
*/
```

Mais uma vez, isto é elegante se o seu editor tem um comando para adicionar e remover asteriscos, e se você sabe que todos os programadores que irão manter seu código também têm um editor como este.

Caso contrário, este pode ser um poderoso método para *desencorajar* programadores a editar o comentário. Se você tiver de escolher entre comentários bonitinhos e comentários que refletem os fatos atuais do programa, os fatos vencem a beleza.

Apêndice **B**

Resumo da Linguagem e da Biblioteca de C++

Conteúdo

- Resumo de Palavras-Chave
- Resumo de Operadores
- Seqüências de Caracteres de Escape
- Tabela de Códigos ASCII
- Bibliotecas de Código Padrão
- Contêineres
- Algoritmos e Exceções
- Biblioteca do Livro
- Biblioteca wxWindows

Resumo de palavras chave

Palavra-Chave	Descrição	Onde Encontrar
asm	Insere instruções de *assembler*	Não abordada
auto	Define uma variável local (opcional)	Não abordada
bool	O tipo Boolean	Seção 4.7
break	Sair de um laço ou comando `switch`	Tópico Avançado 4.2
case	Um rótulo em um comando `switch`	Tópico Avançado 7.1
catch	Um tratador de uma exceção	Seção 17.5
char	O tipo caractere	Seção 7.8, Seção 9.5
class	Definição de uma classe	Seção 6.2
const	Definição de um valor, referência, função membro ou ponteiro constante	Seção 2.4, Tópico Avançado 5.2, Seção 6.2, Seção 9.5, Seção 10.4
const_cast	Ignora característica de `const` no comando em que é usada	Não abordada
continue	Desvia para a próxima iteração de um laço	Não abordada
default	O caso *default* de um comando `switch`	Tópico Avançado 7.1
delete	Devolve um bloco de memória para o *heap*	Seção 10.2
do	Um laço que é executado pelo menos uma vez	Seção 7.6
double	O tipo de ponto flutuante com precisão dupla	Seção 2.1
dynamic_cast	Uma conversão para uma classe derivada que é verificada durante a execução	Não abordada
else	A condição alternativa em um comando `if`	Seção 4.2
enum	Definição de um tipo enumerado	Tópico Avançado 2.5
explicit	Um construtor que não é um conversor de tipo	Não abordada
export	Exporta um gabarito para outros módulos	Não abordada
extern	Uma variável global ou função definida em um outro módulo	Seção 6.9
false	O valor booleano `false`	Seção 4.7
float	O tipo de ponto flutuante com precisão simples	Tópico Avançado 2.1
for	Um laço que foi projetado para inicializar, testar e atualizar uma variável	Seção 7.5
friend	Permite a uma outra classe ou função acessar os recursos privados desta classe	Seção 16.2
goto	Desvio para um outro lugar em uma função	Não abordada

`if`	O comando de desvio condicional	Seção 4.1
`inline`	Uma função cujo corpo está inserido dentro do código que a chama	Não abordada
`int`	O tipo inteiro	Seção 2.1
`long`	Um modificador para os tipos `int` e `double` que indica que o tipo pode ter mais *bytes*	Tópico Avançado 2.1
`mutable`	Um campo de dado que pode ser modificado por uma função-membro constante	Não abordada
`namespace`	Um ambiente de nomes para eliminar a ambigüidade de nomes ou a declaração de um apelido	Seção 17.4
`new`	Aloca um bloco de memória do *heap*	Seção 10.1
`operator`	Um operador sobrecarregado	Seção 17.1
`private`	Recursos de uma classe que somente podem ser acessados por esta classe e suas classes amigas (*friends*)	Seção 6.2
`protected`	Recursos que somente podem ser acessados por esta classe e suas classes amigas (*friends*) e subclasses	Tópico Avançado 11.1
`public`	Recursos de uma classe que podem ser acessados por todas as funções	Seção 6.2
`register`	Uma recomendação para colocar uma variável local em um registrador do processador	Não abordada
`reinterpret_cast`	Uma conversão que reinterpreta um valor de uma maneira não portável	Não abordada
`return`	Retorna um valor de uma função	Seção 5.4
`short`	Um modificador para o tipo `int` que indica que o tipo pode ter menos *bytes*	Não abordada
`signed`	Um modificador para os tipos `int` e `char` que indica que os valores daquele tipo podem ser negativos	Não abordada
`sizeof`	O tamanho de um valor ou tipo, em *bytes*	Não abordada
`static`	Uma variável global que é privativa de um módulo, ou uma variável local que persiste entre chamadas de função, ou um recurso de uma classe que não varia entre instâncias	Não abordada
`static_cast`	Converte de um tipo para um outro	Tópico Avançado 2.3
`struct`	Define um tipo de classe cujos recursos são públicos por *default*	Não abordada
`switch`	Um comando que seleciona entre múltiplos ramos, dependendo do valor de uma expressão	Tópico Avançado 7.1
`template` (gabarito)	Define um tipo ou uma função parametrizado	Seção 17.3
`this`	O ponteiro para o parâmetro implícito de uma função-membro	Tópico Avançado 10.1
`throw`	Dispara uma exceção	Seção 17.5
`true`	O valor booleano `true`	Seção 4.7
`try`	Executa um bloco e captura exceções	Seção 17.5

`typedef`	Define um tipo sinônimo	Não abordada
`typeid`	Obtém o objeto `type_info` de um valor ou tipo	Não abordada
`typename`	Um parâmetro de tipo em um gabarito	Seção 17.3
`union`	Múltiplos campos que compartilham a mesma região da memória	Não abordada
`unsigned`	Um modificador para os tipos `int` e `char` que indica que valores daquele tipo não podem ser negativos	Não abordada
`using`	Importar um ambiente de nomes para dentro de um módulo	Seção 17.4
`virtual`	Uma função membro com ligação dinâmica	Seção 11.4
`void`	O tipo vazio de uma função ou ponteiro	Seção 5.7
`volatile`	Uma variável cujo valor pode mudar através de ações que não estão definidas em uma função	Não abordada
`wchar_t`	O tipo de caractere de 16 *bits* de largura	Não abordada
`while`	Um comando de laço que é controlado por uma condição	Seção 4.5

Resumo de operadores

Os operadores estão listados em grupos de precedência decrescente. As linhas horizontais na tabela abaixo indicam uma mudança na precedência de operadores. Por exemplo,

```
z = x - y;
```

significa

```
z = (x - y);
```

porque = tem uma precedência menor do que -.

O operador de prefixo unário e os operadores de atribuição se associam da direita para a esquerda. Todos os outros operadores se associam da esquerda para a direita. Por exemplo,

```
x - y - z
```

significa

```
(x - y) - z
```

porque – se associa da esquerda para a direita, mas

```
x = y = z
```

significa

```
x = (y = z)
```

porque = se associa da direita para a esquerda.

Operador	Descrição	Onde Encontrar
`::`	Resolução de escopo	Seção 6.4
`.`	Acessar membro	Seção 2.6
`->`	Dereferenciar e acessar membro	Seção 10.1
`[ ]`	Subscrito de vetor ou *array*	Seção 9.1
`( )`	Chamada de função	Seção 2.5
`++`	Incremento	Seção 2.3

−−	Decremento	Seção 2.3
!	NOT booleano	Seção 7.3
~	NOT sobre *bits*	Não abordado
+ (unário)	positivo	Não abordado
- (unário)	negativo	Seção 2.5
* (unário)	Dereferenciamento de ponteiro	Seção 10.1
& (unário)	Endereço de variável	Tópico Avançado 10.2
new	Alocação no *heap*	Seção 10.1
delete	Reciclagem do *heap*	Seção 10.2
sizeof	Tamanho de variável ou tipo	Não abordado
(tipo)	Conversão	Tópico Avançado 2.3
.*	Acessa ponteiro para membro	Não abordado
->*	Dereferencia e acessa ponteiro para membro	Não abordado
*	Multiplicação	Seção 2.5
/	Divisão ou divisão inteira	Seção 2.5
%	Resto de divisão inteira	Seção 2.5
+	Adição	Seção 2.5
-	Subtração	Seção 2.5
<<	Saída (ou deslocamento sobre *bits*)	Seção 2.5
>>	Entrada (ou deslocamento sobre *bits*)	Seção 2.3
<	Menor do que	Seção 4.3
<=	Menor do que ou igual	Seção 4.3
>	Maior do que	Seção 4.3
>=	Maior do que ou igual	Seção 4.3
==	Igual	Seção 4.3
!=	Não igual	Seção 4.3
&	AND sobre *bits*	Não abordado
^	XOR sobre *bits*	Não abordado
|	OR sobre *bits*	Não abordado
&&	AND booleano	Seção 7.3
||	OR booleano	Seção 7.3
? :	Seleção	Tópico Avançado 4.1
= += -= *= /= %= &= |= ^= >>= <<=	Atribuição Operador e atribuição combinados	Seção 2.3 Tópico Avançado 2.4
,	Seqüenciamento de expressões	Não abordado

Seqüências de caracteres de escape

Estas seqüências de escape podem ocorrer em *strings* (por exemplo, "\n") e caracteres (por exemplo, '\'').

Seqüência de Escape	Descrição
\n	Nova linha
\r	Retorno do carro
\t	Tabulação
\v	Tabulação vertical
\b	Retrocesso (*backspace*)

\f	Avanço do formulário
\a	Alerta
\\	Barra invertida
\"	Aspas
\'	Apóstrofe
\?	Ponto de interrogação
\x$h_1h_2$	Código especificado em hexadecimal
\o$_1$o$_2$o$_3$	Código especificado em octal

Tabela de códigos ASCII

Código Decimal	Código Hexa	Caractere	Código Decimal	Código Hexa	Caractere	Código Decimal	Código Hexa	Caractere	Código Decimal	Código Hexa	Caractere
0	00		32	20	Espaço	64	40	@	96	60	`
1	01		33	21	!	65	41	A	97	61	a
2	02		34	22	"	66	42	B	98	62	b
3	03		35	23	#	67	43	C	99	63	c
4	04		36	24	$	68	44	D	100	64	d
5	05		37	25	%	69	45	E	101	65	e
6	06		38	26	&	70	46	F	102	66	f
7	07	\a	39	27	'	71	47	G	103	67	g
8	08	\b	40	28	(	72	48	H	104	68	h
9	09	\t	41	29	)	73	49	I	105	69	i
10	0A	\n	42	2A	*	74	4A	J	106	6A	j
11	0B	\v	43	2B	+	75	4B	K	107	6B	k
12	0C	\f	44	2C	,	76	4C	L	108	6C	l
13	0D	\r	45	2D	-	77	4D	M	109	6D	m
14	0E		46	2E	.	78	4E	N	110	6E	n
15	0F		47	2F	/	79	4F	O	111	6F	o
16	10		48	30	0	80	50	P	112	70	p
17	11		49	31	1	81	51	Q	113	71	q
18	12		50	32	2	82	52	R	114	72	r
19	13		51	33	3	83	53	S	115	73	s
20	14		52	34	4	84	54	T	116	74	t
21	15		53	35	5	85	55	U	117	75	u
22	16		54	36	6	86	56	V	118	76	v
23	17		55	37	7	87	57	W	119	77	w
24	18		56	38	8	88	58	X	120	78	x
25	19		57	39	9	89	59	Y	121	79	y
26	1A		58	3A	:	90	5A	Z	122	7A	z
27	1B		59	3B	;	91	5B	[	123	7B	{
28	1C		60	3C	<	92	5C	\	124	7C	|
29	1D		61	3D	=	93	5D	]	125	7D	}
30	1E		62	3E	>	94	5E	^	126	7E	~
31	1F		63	3F	?	95	5F	_	127	7F	

Bibliotecas de código padrão

`<cmath>`

Função	Descrição
`double sqrt(double x)`	Raiz quadrada, $\sqrt{x}$
`double pow(double x, double y)`	Potência, x^y. Se $x > 0$, y pode ser qualquer valor. Se x é 0, y deve ser > 0. Se $x < 0$, y deve ser um inteiro.
`double sin(double x)`	Seno, sen x (x em radianos)
`double cos(double x)`	Co-seno, cos x (x em radianos)
`double tan(double x)`	Tangente, tan x (x em radianos)
`double asin(double x)`	Arco seno, $\text{sen}^{-1} x \in [-\pi/2, \pi/2]$, $x \in [-1,1]$
`double acos(double x)`	Arco co-seno, $\cos^{-1} x \in [0, \pi]$, $x \in [-1,1]$
`double atan(double x)`	Arco tangente, $\tan^{-1} x \in (-\pi/2, \pi/2)$
`double atan2(double y, double x)`	Arco tangente, $\tan^{-1}(y/x) \in [-\pi/2, \pi/2]$, x pode ser 0
`double exp(double x)`	Exponencial, e^x
`double log(double x)`	Logaritmo natural, $\ln(x)$, $x > 0$
`double log10(double x)`	Logaritmo decimal, $\log_{10}(x)$, $x > 0$
`double sinh(double x)`	Seno hiperbólico, senh x
`double cosh(double x)`	Co-seno hiperbólico, cosh x
`double tanh(double x)`	Tangente hiperbólica, tanh x
`double ceil(double x)`	Menor inteiro $\geq x$
`double floor(double x)`	Maior inteiro $\leq x$
`double fabs(double x)`	Valor absoluto, $|x|$

`<cstdlib>`

Função	Descrição
`int abs(int x)`	Valor absoluto, $|x|$
`int rand()`	Inteiro aleatório
`void srand(int n)`	Configura a semente do gerador de números aleatórios para n.
`void exit(int n)`	Sai do programa com código de estado n.

`<cctype>`

Função	Descrição
`bool isspace(char c)`	Testa se `c` é espaço em branco.
`bool isdigit(char c)`	Testa se `c` é um dígito.
`bool isalpha(char c)`	Testa se `c` é uma letra.
`char toupper(char c)`	Retorna `c` em letra maiúscula.
`char tolower(char c)`	Retorna `c` em letra minúscula.

`<ctime>`

Função	Descrição
`time_t time(time_t* p)`	Retorna o número de segundos desde 1º de janeiro de 1970, 00:00:00 GMT. Se `p` não é `NULL`, o valor de retorno também é armazenado na posição para a qual `p` aponta.

`<string>`

Função	Descrição
`istream& getline(istream& in, string s)`	Obtém a próxima linha de entrada do *stream* de entrada `in` e a armazena no *string* `s`.

classe `string`

Função-Membro	Descrição
`int string::length() const`	O tamanho do *string*.
`string string::substr(int i, int n) const`	O *substring* de tamanho `n` começando no índice `i`.
`const char* string::c_str() const`	Um *array* `char` com os caracteres neste *string*.

`<iostream>`

classe `istream`

Função-Membro	Descrição
`bool istream::fail() const`	Verdadeiro se ocorreu erro na entrada.
`istream& istream::get(char& c)`	Obtém o próximo caractere e o coloca em `c`.
`istream& istream::unget()`	Coloca o último caractere lido de volta no *stream*, para ser lido novamente na próxima operação de entrada; somente um caractere pode ser colocado de volta de cada vez.
`istream& istream::seekg(long p)`	Move a posição de leitura para a posição `p`.
`istream& istream::seekg(long n, int f)`	Move a posição de leitura por `n`. `f` é um entre `ios::beg`, `ios::cur`, `ios::end`.
`long istream::tellg()`	Retorna a posição de leitura.

classe `ostream`

Função-Membro	Descrição
`ostream& ostream::seekp(long p)`	Move a posição de gravação para a posição `p`.
`ostream& ostream::seekp(long n, int f)`	Move a posição de gravação por `n`. `f` é um entre `ios::beg`, `ios::cur`, `ios::end`.
`long ostream::tellp()`	Retorna a posição de gravação.

classe `ios`

Indicador	Descrição
`ios::left`	Alinhamento à esquerda.
`ios::right`	Alinhamento à direita.
`ios::internal`	Sinal à esquerda, restante à direita.
`ios::dec`	Base decimal.

`<iostream>` (continuação)

classe ios (continuação)

ios::hex	Base hexadecimal.
ios::oct	Base octal.
ios::showbase	Exibe a base (como um prefixo `0x` ou `0`).
ios::uppercase	Exibe em maiúsculas `E`, `X` e os dígitos hexadecimais `A...F`.
ios::fixed	Formato fixo de ponto flutuante.
ios::scientific	Formato científico de ponto flutuante.
ios::showpoint	Exibe ponto decimal (vírgula) e zeros à direita.
ios::beg	Posicionamento em relação ao início do arquivo.
ios::cur	Posicionamento relativo à posição corrente.
ios::end	Posicionamento relativo ao fim do arquivo.

Notas:
- Versões mais antigas da biblioteca de C++ não suportam os manipuladores `fixed` e `scientific`. Use `setiosflags(ios::fixed)` e `setiosflags(ios::scientific)` em vez deles.
- Use `setfill('0')` em combinação com `setw` para mostrar zeros não significativos à esquerda.

`<iomanip>`

Manipulador	Descrição
setw(int n)	Ajusta a largura do próximo campo.
setprecision(int n)	Ajusta a precisão de valores em ponto flutuante para n dígitos após o ponto decimal (vírgula).
fixed	Seleciona o formato fixo para ponto flutuante, com preenchimentos com zeros à direita (se necessário).
scientific	Seleciona o formato científico para ponto flutuante, com notação exponencial.
setiosflags(int flags)	Liga um ou mais indicadores. Os indicadores estão listados na classe `ios`.
resetiosflags(int flags)	Desliga um ou mais indicadores. Os indicadores estão listados na classe `ios`.
setfill(char c)	Configura o caractere de preenchimento para o caractere c.
setbase(int n)	Configura a base numérica de inteiros para a base n.
hex	Configura o formato de inteiros em hexadecimal.
oct	Configura o formato de inteiros em octal.
dec	Configura o formato de inteiros em decimal.

`<fstream>`

classe ifstream

Função-Membro	Descrição
void ifstream::open(string n)	Abre um arquivo com o nome n para leitura.

classe ofstream

Função-Membro	Descrição
void ofstream::open(string n)	Abre um arquivo com o nome n para gravação.

`<fstream>` (continuação)

classe `fstream`

Função-Membro	Descrição
`void fstream::open(string n)`	Abre um arquivo com o nome n para leitura e gravação.

classe `fstreambase`

Função-Membro	Descrição
`void fstreambase::close()`	Fecha o *stream* de arquivo.

Notas:
- `fstreambase` é a classe base comum de `ifstream`, `ofstream` e `fstream`.
- Na ocasião em que este texto foi escrito, nem todos os compiladores suportavam um parâmetro `string` para a função `open`. Use `s.open(n.c_str())` em vez disto.
- Com implementações mais antigas da biblioteca de *streams*, você pode precisar fornecer um segundo parâmetro de construção para abrir um arquivo tanto para entrada quanto para saída: `f.open(n, ios::in | ios::out)`

`<strstream>`

classe `istringstream`

Função-Membro	Descrição
`istringstream::istringstream(string s)`	Constrói um *stream* de *string* que lê do *string* s.

classe `ostringstream`

Função-Membro	Descrição
`string ostringstream::str() const`	Retorna o *string* que foi coletado pelo *stream* de *string*.

Notas:
- Na ocasião em que este texto foi escrito, nem todos os compiladores suportavam as classes `istringstream` e `ostringstream`. Você pode usar as classes `istrstream` e `ostrstream` no cabeçalho `<strstream>` em vez delas.
- Chame `istrstream(s.c_str())` para construir um `istrstream`.
- Chame `s= string(out.str())` para obter um objeto *string* que contém os caracteres coletados pelo `ostrstream` out.

Contêineres

Todos os Contêineres da STL

Função-Membro	Descrição
`int C::size() const`	O número de elementos no contêiner.
`C::iterator C::begin()`	Obtém um iterador que aponta para o primeiro elemento no contêiner.
`C::iterator C::end()`	Obtém um iterador que aponta para depois do último elemento do contêiner.

Notas:
- C é qualquer contêiner da STL, tal como um `vector<T>`, `list<T>`, `set<T>`, `multiset<T>` ou `map<T>`.

`<vector>`

classe `vector<T>`

Função-Membro	Descrição
`vector<T>::vector(int n)`	Constrói um vetor com n elementos.
`void vector<T>::push_back(const T& x)`	Insere x após o último elemento.

`<vector>` (continuação)

classe `vector<T>` (continuação)

`void vector<T>::pop_back()`	Remove (mas não retorna) o último elemento.
`T& vector<T>::operator[](int n)`	Acessa o elemento no índice n.

`vector<T>::iterator`
`vector<T>::insert(vector<T>::iterator p,`
`    const T& x)`
	Insere x antes de p. Retorna um iterador que aponta para o valor inserido.

`vector<T>::iterator` `vector<T>::erase(vector<T>::iterator p)`	Apaga o elemento para o qual p aponta. Retorna um iterador que aponta para o próximo elemento.

`<list>`

classe `list<T>`

Função-Membro	Descrição
`void list<T>::push_back(` `    const T& x)`	Insere x após o último elemento.
`void list<T>::pop_back()`	Remove (mas não retorna) o último elemento.
`void list<T>::push_front(` `    const T& x)`	Insere x antes do primeiro elemento.
`void list<T>::pop_front()`	Remove (mas não retorna) o primeiro elemento.
`T& list<T>::front()`	O primeiro elemento do contêiner.
`T& list<T>::back()`	O último elemento do contêiner.

`list<T>::iterator`
`list<T>::insert(`
`    list<T>::iterator p, const T& x)`
	Insere x antes de p. Retorna um iterador que aponta para o valor inserido.

`list<T>::iterator` `list<T>::erase(list<T>::iterator p)`	Apaga o elemento para o qual p aponta. Retorna um iterador que aponta para o próximo elemento.

`<set>`

classe `set<T>`

Função-Membro	Descrição
`pair< set<T>::iterator, bool >` `    set<T>::insert(const T& x)`	Se x não está presente na lista, insere-o e retorna um iterador que aponta para o elemento recém inserido e o valor booleano `true`. Se x está presente, retorna um iterador apontando para o elemento existente no conjunto e o valor booleano `false`.
`int set<T>::erase(const T& x)`	Remove x e retorna 1 se ele ocorre no conjunto, retorna 0 em caso contrário.
`void set<T>::erase(set<T>::iterator p)`	Apaga o elemento na posição dada.
`int set<T>::count(const T& x) const`	Retorna 1 se x ocorre no conjunto, retorna 0 em caso contrário.

`<set>` (continuação)

classe `set<T>` (continuação)

`set<T>::iterator` `set<T>::find(const T& x)`	Retorna um iterador para o elemento igual a x no conjunto, ou `end()` se não existe nenhum elemento igual.

Notas: • O tipo `T` deve estar totalmente ordenado por um operador de comparação `<`.

`<multiset>`

classe `multiset<T>`

Função-Membro	Descrição
`multiset<T>::iterator multiset<T>` `    ::insert (const T& x)`	Insere x no contêiner. Retorna um iterador que aponta para o valor inserido.
`int multiset<T>::erase(const T& x)`	Remove todas as ocorrências de x. Retorna o número de elementos removidos.
`void multiset<T>::erase(` `    multiset<T>::iterator p)`	Apaga o elemento na posição dada.
`int multiset<T>::count(const T& x) const`	Conta os elementos iguais a x.
`multiset<T>::iterator multiset<T>::find(` `    const T& x)`	Retorna um iterador para um elemento igual a x, ou `end()` se não existe nenhum elemento igual.

Notas: • O tipo `T` deve estar totalmente ordenado por um operador de comparação `<`.

`<map>`

classe `map<K, V>`

Função-Membro	Descrição
`V& map<K, V>::operator[](const K& k)`	Acessa o valor com chave k.
`int map<K, V>::erase(const K& k)`	Remove todas as ocorrências de elementos com a chave k. Retorna o número de elementos removidos.
`void map<K, V>::` `    erase(map<K, V>::iterator p)`	Apaga o elemento na posição dada.
`int map<K, V>::count(const K& k) const`	Conta os elementos com chave k.
`map<K, V>::` `    iterator map<K, V>::find(const K& k)`	Retorna um iterador para um elemento com chave k, ou `end()` se não existe nenhum elemento assim.

Notas: • O tipo `K` deve estar totalmente ordenado por um operador de comparação `<`.
• Um iterador de mapeamento aponta para entradas `pair<K, V>`.

`<stack>`

classe `stack<T>`

Função-Membro	Descrição
`T& stack<T>::top()`	O valor no topo da pilha.
`void stack<T>::push(const T& x)`	Insere x no topo da pilha.
`void stack<T>::pop()`	Remove (mas não retorna) o valor do topo da pilha.

`<queue>`

classe `queue<T>`

Função-Membro	Descrição
`T& queue<T>::front()`	O valor no início da fila.
`T& queue<T>::back()`	O valor no fim da fila.
`void queue<T>::push(const T& x)`	Adiciona x ao fim da fila.
`void queue<T>::pop()`	Remove (mas não retorna) o valor do início da fila.

`<utility>`

classe `pair`

Função-Membro	Descrição
`pair<F, S>::pair(const F& f, const F& s)`	Constrói um par a partir de um primeiro e um segundo valores.
`F pair<F, S>::first`	O campo público que guarda o primeiro valor do par.
`S pair<F, S>::second`	O campo público que guarda o segundo valor do par.

Algoritmos e exceções

`<algorithm>`

Função	Descrição
`T min(T x, T y)`	O mínimo de x e y.
`T max(T x, T y)`	O máximo de x e y.
`I min_element(I begin, I end)`	Retorna um iterador apontando para o elemento mínimo no intervalo [begin, end) do iterador.
`I max_element(I begin, I end)`	Retorna um iterador apontando para o elemento máximo no intervalo [begin, end) do iterador.
`F for_each(I begin, I end, F f)`	Aplica a função f a todos os elementos no intervalo [begin, end) do iterador. Retorna f.
`I find(I begin, I end, T x)`	Retorna o iterador apontando para a primeira ocorrência de x no intervalo [begin, end) do iterador, ou end se não encontra nenhum correspondente.
`I find_if(I begin, I end, F f)`	Retorna o iterador apontando para o primeiro elemento x no intervalo [begin, end) do iterador para o qual f(x) é verdadeira, ou end se não encontra nenhum correspondente.
`int count(I begin, I end, T x)`	Conta quantos valores no intervalo [begin, end) do iterador são iguais a x.
`int count_if(I begin, I end, F f)`	Conta para quantos valores x no intervalo [begin, end) do iterador f(x) é verdadeira.
`bool equal(I1 begin1, I1 end1, I2 begin2)`	Testa se o intervalo [begin1, end1) é igual ao intervalo do mesmo tamanho que começa em begin2.
`I2 copy(I1 begin1, I1 end1, I2 begin2)`	Copia o intervalo [begin1, end1) para o intervalo do mesmo tamanho que começa em begin2. Retorna o iterador após o fim do destino da cópia.

`<algorithm>` (continuação)

Função-Membro	Descrição
`void replace(` `    I begin, I end, T xold, T xnew)`	Substitui todas as ocorrências de `xold` no intervalo `[begin, end)` por `xnew`.
`void replace_if(` `    I begin, I end, F f, T xnew)`	Substitui todos os valores `x` no intervalo `[begin, end)`, para os quais `f(x)` é verdadeira, por `xnew`.
`void fill(I begin, I end, T x)`	Preenche o intervalo `[begin, end)` com `x`.
`void fill(I begin, int n, T x)`	Preenche com n cópias de `x` o intervalo que começa em `begin`.
`I remove(I begin, I end, T x)`	Remove todas as ocorrências de `x` no intervalo `[begin, end)`. Retorna o fim do intervalo resultante.
`I remove_if(I begin, I end, F f)`	Remove todos os valores `x` no intervalo `[begin, end)` para os quais `f(x)` é verdadeira. Retorna o fim do intervalo resultante.
`I unique(I begin, I end)`	Remove valores adjacentes idênticos do intervalo `[begin, end)`. Retorna o fim do intervalo resultante.
`void random_shuffle` `    (I begin, I end)`	Rearranja aleatoriamente os elementos no intervalo `[begin, end)`.
`void next_permutation` `    (I begin, I end)`	Rearranja os elementos no intervalo `[begin, end)`. Chamá-la *n*! vezes itera através de todas as permutações.
`void sort(I begin, I end)`	Classifica os elementos no intervalo `[begin, end)`.
`I nth_element(I begin,` `    I end, int n)`	Retorna um iterador que aponta para o valor que seria o n-ésimo elemento se o intervalo `[begin, end)` estivesse ordenado.
`bool binary_search(` `    I begin, I end, T x)`	Verifica se o valor `x` está contido no intervalo ordenado `[begin, end)`.

`<stdexcept>`

Classe de Exceção	Descrição
`exception`	Classe-base para todas as exceções padrão.
`logic_error`	Um erro que decorre logicamente de condições no programa.
`domain_error`	Um valor não está no domínio de uma função.
`invalid_argument`	Um valor de parâmetro é inválido.
`out_of_range`	Um valor está fora do intervalo válido.
`length_error`	Um valor excede o comprimento máximo.
`runtime_error`	Um erro que acontece como conseqüência de condições fora do controle do programa.
`range_error`	Uma operação calcula um valor que está fora do intervalo de uma função.
`overflow_error`	Uma operação produz um *overflow* aritmético (estouro – resultado acima do maior valor representável).
`underflow_error`	Uma operação produz um *underflow* aritmético (estouro – resultado abaixo do menor valor representável).

Notas:
- Todas as classes de exceção padrão têm um construtor:
  Exception_class::*Exception_class*(`string` *reason*)
- A classe `exception` tem uma função-membro `const char* exception::what() const` para recuperar o motivo (*reason*) da exceção.

Biblioteca do livro

"`ccc_time.h`"

classe `Time`

Função-Membro	Descrição
`Time::Time()`	Constrói o horário atual.
`Time::Time(int h, int m, int s)`	Constrói o horário com `h` horas, `m` minutos e `s` segundos.
`int Time::get_seconds() const`	Retorna o número de segundos deste horário.
`int Time::get_minutes() const`	Retorna o número de minutos deste horário.
`int Time::get_hours() const`	Retorna o número de horas deste horário.
`void Time::add_seconds(int n)`	Altera este horário, adiantando em `n` segundos.
`int Time::seconds_from(t) const`	Calcula o número de segundos entre este horário e `t`.

"`ccc_empl.h`"

classe `Employee`

Função-Membro	Descrição
`Employee::Employee(string n, double s)`	Constrói um funcionário com o nome `n` e salário `s`.
`string Employee::get_name() const`	Retorna o nome deste funcionário.
`double Employee::get_salary() const`	Retorna o salário deste funcionário.
`void Employee::set_salary(double s)`	Configura o salário deste funcionário para `s`.

"`ccc_win.h`"

classe `GraphicWindow`

Função-Membro	Descrição
`void GraphicWindow::coord(double x1, double y1, double x2, double y2)`	Configura o sistema de coordenadas para desenhos subseqüentes; (`x1`, `y1`) é o canto superior esquerdo, (`x2`, `y2`) é o canto inferior direito.
`void GraphicWindow::clear()`	Limpa a janela (isto é, apaga seu conteúdo).
`string GraphicWindow::get_string(string p)`	Exibe o *prompt* `p` e retorna o *string* digitado
`int GraphicWindow::get_int(string p)`	Exibe o *prompt* `p` e retorna o inteiro digitado.
`double GraphicWindow::get_double(string p)`	Exibe o *prompt* `p` e retorna o valor digitado.
`Point GraphicWindow::get_mouse(string p)`	Exibe o *prompt* `p` e retorna o ponto em que o *mouse* foi clicado.

classe `Point`

Função-Membro	Descrição
`Point::Point(double x, double y)`	Constrói um ponto na posição (`x`, `y`).
`double Point::get_x() const`	Retorna a coordenada x do ponto.
`double Point::get_y() const`	Retorna a coordenada y do ponto.
`void Point::move(double dx, double dy)`	Move o ponto por (`dx`, `dy`).

`"ccc_win.h"` (continuação)

classe `Circle`

Função-Membro	Descrição
`Circle::Circle(Point p, double r)`	Constrói um círculo com centro `p` e raio `r`.
`Point Circle::get_center() const`	Retorna o ponto do centro do círculo.
`double Circle::get_radius() const`	Retorna o raio do círculo.
`void Circle::move(double dx, double dy)`	Move o círculo por (`dx`, `dy`).

classe `Line`

Função-Membro	Descrição
`Line::Line(Point p, Point q)`	Constrói uma linha unindo os pontos `p` e `q`.
`Point Line::get_start() const`	Retorna o ponto inicial da linha.
`Point Line::get_end() const`	Retorna o ponto final da linha.
`void Line::move(double dx, double dy)`	Move a linha por (`dx`, `dy`).

classe `Message`

Função-Membro	Descrição
`Message::Message(Point p, string s)`	Constrói uma mensagem com ponto inicial em `p` e o texto do *string* `s`.
`Message::Message(Point p, double x)`	Constrói uma mensagem com ponto inicial em `p` e rótulo igual ao número `x`.
`Point Message::get_start() const`	Retorna o ponto inicial da mensagem.
`string Message::get_text() const`	Obtém o *string* de texto da mensagem.
`void Message::move(double dx, double dy)`	Move a mensagem por (`dx`, `dy`).

Biblioteca wxWindows

`<wx/wx.h>`

classe `wxApp`

Função-Membro	Descrição
`bool wxApp::OnInit()`	Sobrescreve esta função para inicializar a aplicação. Retorna `true` para continuar, `false` para terminar.

classe `wxFrame`

Função-Membro	Descrição
`wxFrame::wxFrame(wxWindow* parent, wxWindowID id, const wxString& title)`	Constrói um *frame*. Use `NULL` se o *frame* não tem um pai e -1 para um identificador *default*.
`void SetMenuBar(wxMenuBar* menu_bar)`	Configura a barra de menus.

classe `wxWindow`

Função-Membro	Descrição
`void wxWindow::show(bool b)`	Se `b` é verdadeiro, mostra a janela. Caso contrário, esconde a janela.
`wxSize wxWindow::getSize() const`	Obtém o tamanho da janela, em *pixels*.
`void Refresh()`	Faz com que a janela seja redesenhada.
`void wxWindow::SetAutoLayout(bool b)`	Se `b` é verdadeiro, a janela é automaticamente reorganizada sempre que é redimensionada.

`<wx/wx.h>` (continuação)

classe `wxWindow` (continuação)

Função-Membro	Descrição
`void wxWindow::setSizer(wxSizer* sizer)`	Configura um dimensionador para posicionar os controles nesta janela.
`bool wxWindow::Destroy()`	Apaga esta janela e suas filhas. Retorna verdadeiro se a janela é destruída imediatamente, falso se a janela vai ser destruída mais tarde.

Notas: • `wxWindow` é a classe base comum de `wxFrame`, `wxPanel` e `wxDialog`.

classe `wxTextCtrl`

Função-Membro	Descrição
`wxTextCtrl::wxTextCtrl(wxWindow* parent, int id)`	Constrói um controle de texto de uma só linha, com o pai e o identificador dados. Use -1 para um identificador *default*.
`wxTextCtrl::wxTextCtrl(wxWindow* parent, int id, const wxString& value, const wxPoint& pos, const wxSize& size, long style)`	Constrói um controle de texto. Use -1 para um identificador *default*, `wxDefaultPosition` e `wxDefaultSize` para posição e tamanho *default*, e um estilo `wxTE_MULTILINE` para exibir múltiplas linhas de texto.
`void wxTextCtrl::AppendText(const wxString& text)`	Acrescenta texto a este controle de texto.

classe `wxStaticText`

Função-Membro	Descrição
`wxStaticText::wxStaticText(wxWindow* parent, int id, const wxString& text)`	Constrói um controle de texto estático. Use -1 para um identificador *default*.

classe `wxMenu`

Função-Membro	Descrição
`wxMenu::wxMenu()`	Constrói um menu vazio.
`void wxMenu::Append(int id, const wxString& item)`	Acrescenta um item de menu com o identificador dado.
`void wxMenu::Append(int id, const wxString& name, wxMenu* sub_menu)`	Acrescenta um submenu com o nome dado. Você pode usar -1 para o identificador.

classe `wxMenuBar`

Função-Membro	Descrição
`wxMenuBar::wxMenuBar()`	Constrói uma barra de menus vazia.
`void wxMenu::Append(wxMenu* menu, const wxString& name)`	Acrescenta um menu com o nome dado.

classe `wxButton`

Função-Membro	Descrição
`wxButton::wxButton(wxWindow* parent, int id, const wxString& name)`	Constrói um botão.

classe `wxBoxSizer`

Função-Membro	Descrição
`wxBoxSizer::wxBoxSizer(int orientation)`	Constrói um dimensionador de caixa que dispõe os componentes em uma direção. `orientation` é `wxHORIZONTAL` ou `wxVERTICAL`.

`<wx/wx.h>` (continuação)

classe `wxFlexGridSizer`

Função-Membro	Descrição
`wxFlexGridSizer::wxFlexGridSizer( int columns)`	Um dimensionador que organiza seus filhos em linhas e colunas.

classe `wxSizer`

Função-Membro	Descrição
`void wxSizer::Add(wxWindow* window)`	Adiciona a janela dada a este dimensionador.
`void wxSizer::Add(wxSizer* item, int option, int flag)`	Adiciona um dimensionador de controle ou de filho a um dimensionador. O parâmetro `option` é relevante somente para `wxBoxSizer`; é um peso que indica o crescimento relativo aos pesos dos outros itens. O indicador deve ser `wxGROW`, `wxALIGN_CENTER`, `wxALIGN_LEFT`, `wxALIGN_TOP`, `wxALIGN_RIGHT` ou `wxALIGN_BOTTOM`.
`void wxSizer::Fit(wxWindow* window)`	Ajusta a janela para coincidir com o tamanho mínimo do dimensionador.

classe `wxPaintDC`

Função-Membro	Descrição
`wxPaintDC::wxPaintDC (wxWindow* window)`	Constrói um contexto de dispositivo de pintura para a janela dada.

classe `wxDC`

Função-Membro	Descrição
`void wxDC::SetBrush (const wxBrush& brush)`	Configura o pincel que é usado para preencher áreas. Use `*wxTRANSPARENT_BRUSH` para desligar o preenchimento.
`void wxDC::DrawLine(int x1, int x2, int y1, int y2)`	Desenha uma linha de (x1, y1) para (x2, y2).
`void wxDC::DrawEllipse(int x, int y, int width, int height)`	Desenha uma elipse cuja caixa delimitadora tem o canto superior esquerdo em (x, y) e a largura e altura dadas.
`void wxDC::DrawText(int x, int y, const wxString& text)`	Desenha texto cujo canto superior esquerdo está em (x, y).

classe `wxMouseEvent`

Função-Membro	Descrição
`wxPoint wxMouseEvent:: GetPosition() const`	Obtém a posição do *mouse* para este evento.
`bool wxMouseEvent::ButtonDown()`	Retorna `true` se este é um evento de botão indo para baixo.
`bool wxMouseEvent::ButtonUp()`	Retorna `true` se este é um evento de botão indo para cima.
`bool wxMouseEvent::Moving()`	Retorna `true` se este é um evento de movimento (nenhum botão pressionado).
`bool wxMouseEvent::Dragging()`	Retorna `true` se este é um evento de arrastar (mover com o botão pressionado).

`<wx/wx.h>` (continuação)

classe wxMessageDialog

Função-Membro	Descrição
`wxMessageDialog::wxMessageDialog (wxWindow* parent, const wxString& message)`	Constrói um diálogo que exibe uma mensagem.

classe wxTextEntryDialog

Função-Membro	Descrição
`wxTextEntryDialog::wxTextEntryDialog (wxWindow* parent, const wxString& prompt)`	Constrói um diálogo que pede ao usuário para digitar um *string* de texto.
`wxString wxTextEntryDialog::GetValue () const`	Obtém o valor que o usuário forneceu.

classe wxDialog

Função-Membro	Descrição
`wxDialog::wxDialog(wxWindow* parent, int id, const wxString& title)`	Constrói um diálogo. Use -1 para um identificador *default*.
`bool wxDialog::ShowModal()`	Exibe o diálogo e espera até que o usuário aceite ou cancele o mesmo. Retorna verdadeiro se o usuário aceita o diálogo.

classe wxString

Função-Membro	Descrição
`wxString::wxString(const char* s)`	Constrói um `wxString` a partir de um *array* de caracteres.
`const char* wxString::c_str() const`	Retorna o *array* de caracteres contido neste `wxString`.

classe wxSize

Função-Membro	Descrição
`int wxSize::GetWidth() const`	Obtém a largura deste tamanho.
`int wxSize::GetHeight() const`	Obtém a altura deste tamanho.

classe wxPoint

Campo de Dado	Descrição
`int wxPoint::x`	O campo público que contém o valor *x*.
`int wxPoint::y`	O campo público que contém o valor *y*.

Macro	Descrição
`DECLARE_APP(AppClass)`	Coloque no arquivo cabeçalho da `AppClass`. A classe deve herdar de `wxApp`.
`IMPLEMENT_APP(AppClass)`	Coloque no arquivo fonte de `AppClass`.
`DECLARE_EVENT_TABLE()`	Coloque na classe que contém funções tratadoras de eventos.
`BEGIN_EVENT_TABLE(Class, BaseClass)`	Começa a definição de tratadores de eventos.
`END_EVENT_TABLE()`	Termina a definição de tratadores de eventos.

`<wx/wx.h>` (continuação)

Macro	Descrição
`EVT_MENU(id, Class::function)`	Declara um tratador de eventos de menu. A função deve ter a forma `void Class::function(wxCommandEvent& event)`.
`EVT_BUTTON(id, Class::function)`	Declara um tratador de eventos de botão. A função deve ter a forma `void Class::function(wxCommandEvent& event)`.
`EVT_PAINT(Class::function)`	Declara um tratador de eventos de pintura. A função deve ter a forma `void Class::function(wxPaintEvent& event)`.
`EVT_MOUSE_EVENTS(Class::function)`	Declara um tratador de eventos de *mouse*. A função deve ter a forma `void Class::function(wxMouseEvent& event)`.

Glossário

Abrir um arquivo Preparar um arquivo para ser lido ou gravado.

Acesso aleatório A capacidade de acessar qualquer valor diretamente, sem ter que ler os valores que o precedem.

Acesso seqüencial Acessar valores um após o outro, sem pular sobre nenhum deles.

Acoplamento O grau em que classes estão relacionadas umas às outras por dependência.

Algoritmo Uma especificação não ambígua, executável e que termina (finita) para resolver um problema.

Alocação de memória dinâmica Alocar memória à medida que um programa é executado e de acordo com as necessidades do programa.

Argumento Um valor de parâmetro em uma chamada de função, ou um dos valores combinados por um operador.

Arquivo Uma seqüência de bytes que está armazenada em disco.

Arquivo binário Um arquivo no qual valores são armazenados em sua representação binária e não podem ser lidos como texto.

Arquivo cabeçalho Um arquivo que informa ao compilador os recursos que estão disponíveis em um outro módulo ou biblioteca.

Arquivo de texto Um arquivo no qual valores são armazenados em sua representação de texto.

Arquivo executável O arquivo que contém as instruções de máquina de um programa.

Arquivo fonte Um arquivo contendo instruções em uma linguagem de programação.

Arquivo make Um arquivo que contém diretivas sobre como construir um programa compilando e ligando os arquivos que o compõem. Quando o programa make é executado, somente aqueles arquivos fonte que são mais recentes do que os seus arquivos objeto correspondentes são reconstruídos.

Arquivo objeto Um arquivo que contém instruções de máquina de um módulo. Arquivos objeto precisam ser combinados com arquivos de biblioteca pelo ligador para formar um arquivo executável.

Array Uma coleção de valores do mesmo tipo, cada um dos quais pode ser acessado por um índice inteiro.

Árvore binária Uma árvore na qual cada nodo tem no máximo dois nodos filhos.

Asserção O estado que uma certa condição guarda em uma posição particular de um programa; freqüentemente testado com a macro `assert`.

Associação Um relacionamento entre classes no qual se pode navegar de objetos de uma classe para objetos da outra classe, usualmente seguindo referências para objetos.

Associatividade de operadores A regra que determina em que ordem operadores de mesma precedência são executados. Por exemplo, em C++ o operador – é associativo à esquerda, já que `a - b - c` é interpretada como `(a - b) - c`, e = é associativo à direita, já que `a = b = c` é interpretado como `a = (b = c)`.

"As três grandes" funções de gerenciamento As três funções de gerenciamento que são essenciais para classes que gerenciam memória do *heap* ou outros recursos: construtor de cópia, destrutor e operação de atribuição.

Atribuição Colocar um novo valor em uma variável.

Bateria de testes Um conjunto de casos de teste para um programa.

Biblioteca Um conjunto de funções previamente compiladas que podem ser incluídas em programas.

Bit Dígito binário (*binary digit*); a menor unidade de informação, tendo dois valores possíveis, 0 e 1. Um elemento de dados consistindo de *n* bits tem $2n$ valores possíveis.

Bloco Um grupo de comandos delimitado por `{ }`.

Bloco aninhado Um bloco que está contido dentro de um outro bloco.

Breakpoint Um ponto em um programa, especificado em um depurador, no qual o depurador pára de executar o programa e deixa o usuário inspecionar o estado do programa.

Byte Um número entre 0 e 255 (oito bits). Quase todos os computadores fabricados atualmente usam um byte como a menor unidade de armazenamento na memória.

Campo de dado Uma variável que está presente em cada objeto de uma classe.

Caractere de escape Um caractere no texto que não é considerado literalmente, mas tem um significado especial quando combinado com o caractere ou caracteres que o segue(m). O caractere `\` é um caractere de escape em *strings* C++.

Caractere de tabulação O caractere `'\t'`, o qual avança o próximo caractere na linha para a próxima posição de um conjunto de posições fixas na tela, conhecidas como paradas de tabulação.

Caso de teste limite Um caso de teste envolvendo valores que estão no limite externo do conjunto de valores legais. Por exemplo, se é esperado que uma função funcione para todos os inteiros não negativos, então 0 é um caso de teste limite.

Caso de teste negativo Um caso de teste que espera-se que vá falhar. Por exemplo, quando testando um programa de cálculo de raiz quadrada, uma tentativa de calcular a raiz quarta de 1 é um caso de teste negativo.

Caso de teste positivo Um caso de teste que espera-se que uma função trate corretamente.

Classe Um tipo de dado definido pelo programador.

Classe base Uma classe da qual uma outra classe é derivada.

Classe derivada Uma classe que modifica uma classe base adicionando campos de dados ou funções membro ou redefinindo funções membro.

Classificação por intercalação Um algoritmo de classificação que primeiro ordena duas metades de um *array* e então intercala juntos os subarrays ordenados.

Classificação por seleção Um algoritmo de classificação no qual o menor elemento é encontrado e removido, repetidamente, até que não reste nenhum elemento.

Cobertura do teste As instruções de um programa que são executadas em um conjunto de casos de teste.

Código ASCII O *American Standard Code for Information Interchange*, que associa valores de código entre 0 e 127 a letras, dígitos, caracteres de pontuação e caracteres de controle.

Código de máquina Instruções que podem ser executadas diretamente pela UCP.

Coleta de lixo Recuperação automática da memória *heap* que não é mais necessária; C++ não tem coleta de lixo.

Comando Uma unidade sintática em um programa. Em C++, um comando é um comando simples, um comando composto ou um bloco.

Comando break Um comando que termina um laço ou comando `switch`.

Comando composto Um comando tal como um `if` ou `for`, que é formado por diversas partes (condição, corpo).

Comando goto Um comando que transfere controle para um comando diferente que está marcado com um rótulo.

Comando simples Um comando que consiste apenas de uma expressão.

Comentário Uma explicação para fazer o leitor humano entender uma seção de um programa; ignorada pelo compilador.

Compilação em separado Compilar cada arquivo fonte separadamente e combinar os arquivos objeto mais tarde para formar um programa executável.

Compilador Um programa que traduz código em uma linguagem de alto nível, tal como C++, para instruções de máquina.

Concatenação Colocar um *string* após um outro.

Conflito de nomes Usar acidentalmente o mesmo nome para indicar dois recursos de programa de uma maneira que não pode ser resolvida pelo compilador.

Constante Um valor que não pode ser mudado pelo programa.

Construção Configurar um objeto recém alocado para um valor inicial.

Construtor Uma função que inicializa um objeto recém alocado.

Construtor de cópia Uma função que inicializa um objeto como uma cópia de um outro.

Construtor default Um construtor que pode ser invocado sem nenhum parâmetro.

Conversão (cast) Converter um valor de um tipo para um tipo diferente. Por exemplo, a conversão de um número de ponto flutuante x para um inteiro é expressa em C++ pela notação de conversão, `static_cast<int>(x)`.

De acesso a campo Uma função membro que retorna o valor de um campo de dado.

Declaração Um comando que anuncia a existência de uma variável, função ou classe, mas não a define.

Definição Um comando ou série de comandos que descreve completamente uma variável, uma função e sua implementação, um tipo, ou uma classe e suas propriedades.

Depurador Um programa que deixa o usuário executar um outro programa, um ou alguns passos de cada vez, parar a execução e inspecionar as variáveis, para analisá-lo quanto a erros.

Dereferenciar Localizar um objeto quando é dado um ponteiro para o objeto.

Desempilhar (pop) um valor Remover um valor do topo de uma pilha.

Destrutor Uma função que é executada sempre que um objeto fica fora de escopo.

Diretiva #define Uma diretiva que define valores constantes e macros para o pré-processador. Os valores podem ser consultados durante a fase de pré-processamento com as diretivas `#if` e `#ifdef`.

Diretiva #if Uma diretiva para o pré-processador para incluir o código contido entre o `#if` e o `#endif` se uma condição é verdadeira.

Diretiva #include Uma instrução para o pré-processador para incluir um arquivo de cabeçalho.

Diretório Uma estrutura em um disco que pode guardar arquivos ou outros diretórios; também chamada de pasta.

Divisão inteira Obter o quociente de dois inteiros, descartando o resto. Em C++, o símbolo / indica a divisão inteira se ambos os argumentos são inteiros. Por exemplo, `11 / 4` é 2, não 2,75.

Efeito colateral Um efeito de uma função que não seja o retorno de um valor.

Empilhar (push) um valor Adicionar um valor ao topo da pilha.

Encapsulamento A ocultação de detalhes de implementação.

Encobrir Ocultar uma variável definindo uma outra com o mesmo nome em um bloco aninhado.

Endereço Um valor que especifica a posição de uma variável na memória.

Entrada bufferizada Dados de entrada que são reunidos em lotes, por exemplo, uma linha de cada vez.

Erro de arredondamento Um erro introduzido pelo fato de que o computador pode armazenar somente um número finito de dígitos de um número em ponto flutuante.

Erro de limites Tentar acessar um elemento de *array* que está fora do intervalo válido.

Erro de lógica Um erro em um programa sintaticamente correto que o faz agir de forma diferente da sua especificação.

Erro de sintaxe Uma instrução que não obedece às regras da linguagem de programação e é rejeitada pelo compilador.

Erro durante a compilação Ver Erro de sintaxe.

Erro durante a execução Ver Erro de lógica.

Erro por um Um erro de programação comum, no qual um valor é um a mais ou a menos do que ele deveria ser.

Escopo A parte de um programa na qual uma variável está definida.

Espaço em branco Uma seqüência de caracteres espaço, tabulação e nova linha.

Esqueleto Uma função sem nenhum funcionalidade ou com funcionalidade mínima.

Estado de stream com falha O estado de um *stream* após ter sido tentada uma operação inválida, tal como ler um número quando a próxima posição no *stream* guardava um caractere não dígito, ou ler após o fim do arquivo ter sido encontrado.

Exceção Uma classe que sinaliza uma condição que evita que o programa continue normalmente. Quando uma condição como esta ocorre, um objeto exceção é disparado.

Execução passo-a-passo Executar um programa em um depurador, um comando de cada vez.

Expressão regular Uma expressão que indica um conjunto de *strings*. Uma expressão regular pode consistir de caracteres individuais, conjuntos de caracteres tais como `abc`; intervalos, tais como `a-z`; conjuntos de todos os caracteres fora de um intervalo, tais como `94 0-9`; repetições de outras expressões, tais como `0-9*`; escolhas alternativas, tais como `+-`; e concatenações de outras expressões.

Expressão Uma construção sintática que é formada por constantes, variáveis, chamadas de função e os operadores combinando as mesmas.

Extensão A última parte de um nome de arquivo, que especifica o tipo de arquivo. Por exemplo, a extensão `.cpp` indica um arquivo fonte em C++.

Fatiar objetos Copiar um objeto de uma classe derivada para uma variável da classe base, perdendo assim os dados da classe derivada.

Fim de arquivo Condição que é verdadeira quando todos os caracteres de um arquivo já foram lidos. Observe que não existe nenhum "caractere de fim de arquivo" especial. Quando criando um arquivo através do teclado, você pode precisar digitar um caractere especial para dizer ao sistema operacional para encerrar o arquivo, mas aquele caractere não faz parte do arquivo.

Função Uma seqüência de comandos que pode ser invocada múltiplas vezes, com valores diferentes para seus parâmetros.

Função de acesso Uma função que acessa um objeto mas não o modifica.

Função main A função que é chamada em primeiro lugar quando um programa é executado.

Função membro Uma função que é definida por uma classe e opera sobre objetos daquela classe.

Função modificadora Uma função membro que muda o estado de um objeto.

Função predicado Uma função que retorna um valor booleano.

Função recursiva Uma função que pode chamar a si mesma com valores mais simples. Ela precisa manipular os valores mais simples de todos sem chamar a si mesma.

Função virtual Uma função que pode ser redefinida em uma classe derivada. A verdadeira função a ser chamada depende do tipo do objeto que invocá-la durante a execução.

Gabarito Uma definição para um conjunto de classes. Por exemplo, o gabarito `vector` define uma classe `vector<T>` (um vetor de objetos T) para qualquer tipo T.

grep O programa de pesquisa "*global regular expression print*", útil para encontrar todos os *strings* que correspondem a um padrão em um conjunto de arquivos.

Heap Um reservatório de armazenamento do qual pode ser alocada memória quando um programa está sendo executado.

Herança O relacionamento "é um" entre uma classe base genérica e uma classe derivada especializada.

Herança privada Herança na qual somente as funções membro podem usar as funções da classe base.

IDE (Integrated Development Environment) Um ambiente de programação que inclui um editor, compilador e depurador.

Inicialização Configurar uma variável para um valor bem definido quando ela é criada.

Inspeção Simular a execução de um programa ou uma parte de um programa, à mão, para testar se o seu comportamento está correto.

Instanciação de uma classe Construir um objeto daquela classe.

Inteiro Um número sem uma parte fracionária.

Interface O conjunto de funções que podem ser aplicadas a objetos de um dado tipo.

Invariante de laço Uma afirmação sobre o estado do programa que é preservada quando os comandos no laço são executados uma vez.

Iterador Um objeto que pode inspecionar todos os elementos em um contêiner, tal como uma lista encadeada.

Janela de observação Uma janela em um depurador que mostra os valores atuais de variáveis selecionadas.

javadoc O gerador de documentação no Java SDK. Ele extrai comentários de documentação de arquivos fonte Java e produz um conjunto de arquivos HTML encadeados.

Laço Uma seqüência de instruções que é executada repetidamente.

Laço e meio Um laço cuja decisão de término não está nem no início nem no fim do laço.

Linha de comando A linha que você digita quando você inicia um programa em uma janela de comando em Windows ou UNIX. Ela consiste do nome do programa e dos argumentos de linha de comando.

Linker (ligador) O programa que combina arquivos objeto e de biblioteca para criar um arquivo executável.

Lista duplamente encadeada Uma lista encadeada na qual cada nodo tem um ponteiro tanto para seu nodo predecessor quando para o nodo sucessor.

Lista encadeada Uma estrutura de dados que pode guardar um número arbitrário de objetos, cada um dos quais é armazenado em um objeto nodo, o qual contém um ponteiro para o próximo nodo.

Macro Um mecanismo para substituir um comando por uma seqüência predefinida de outros comandos. Macros são substituídas pelo pré-processador quando elas são encontradas no arquivo do programa.

Máquina de Turing Um modelo muito simples de computação que é usado em ciência da computação teórica para explorar problemas de computabilidade.

Mensagem de monitoramento Uma mensagem que é impressa durante a execução de um programa para fins de depuração.

Modificadora de campo Uma função membro que configura um campo de dados para um novo valor.

Módulo Uma unidade de programa que contém classes e funções relacionadas. C++ não tem suporte explícito para módulos. Por convenção, cada módulo é armazenado em um arquivo fonte separado.

Notação O-maiúsculo A notação $g(n) = O(f(n))$, que indica que a função g cresce a uma taxa que está limitada pela taxa de crescimento da função f em relação a n. Por exemplo, $10n^2 + 100n - 1000 = O(n^2)$.

Notação ponto A notação *objeto.função(parâmetros)* usada para invocar uma função membro sobre um objeto.

Nova linha O caractere `'\n'`, o qual indica o fim de uma linha.

Número em ponto flutuante Um número com uma parte fracionária.

Número mágico Um número que aparece em um programa sem explicação.

Números de Fibonacci A seqüência de números 1, 1, 2, 3, 5, 8, 13, . . ., na qual cada termo é a soma de seus dois predecessores.

Objeto Um valor de um tipo definido pelo usuário.

Operador Um símbolo que indica uma operação matemática ou lógica, tal como + ou `and`.

Operador binário Um operador que recebe dois argumentos, por exemplo em $x + y$.

Operador booleano Um operador lógico.

Operador delete O operador que recicla a memória para o *heap*.

Operador lógico Um operador que pode ser aplicado a valores booleanos. C++ tem três operadores lógicos: `&&`, `||` e `!`.

Operador new O operador que aloca nova memória do *heap*.

Operador pós-fixado Um operador unário que é escrito após seu argumento.

Operador pré-fixado Um operador unário que é escrito antes de seu argumento.

Operador seta O operador `->`. `p->m` é o mesmo que `(*p).m`.

Operador ternário Um operador com três argumentos. C++ tem um operador ternário, `a ? b : c`.

Operador unário Um operador com um argumento.

Oráculo Um programa que prediz como um outro programa deveria se comportar.

Ordenação de dicionário Ordenação lexicográfica.

Ordenação lexicográfica Ordenar *strings* na mesma ordem que em um dicionário, saltando todos os caracteres iguais e comparando os primeiros caracteres diferentes dos dois *strings*. Por exemplo, "mecanismo" vem antes de "medida" na ordenação lexicográfica. Observe que em C++, ao contrário de um dicionário, a ordenação é sensível a maiúsculas e minúsculas: `Z` vem antes de `a`.

Padrão ANSI/ISO para C++ O padrão para a linguagem C++ que foi desenvolvido pelo *American National Standards Institute* e pela *International Standards Organization*.

Palavra chave static Uma palavra chave de C++ com diversos significados não relacionados: ela indica variáveis locais que não são alocadas na pilha; variáveis globais ou funções que são privativas de um módulo; variáveis de classe que são compartilhadas entre todos os objetos de uma classe; ou funções-membro que não têm um parâmetro implícito.

Palavra chave void Uma palavra chave que indica nenhum tipo ou um tipo desconhecido. Um procedimento é uma função que retorna `void`.

Palavra reservada Uma palavra que tem um significado especial em uma linguagem de programação e portanto não pode ser usada como um nome pelo programador.

Parâmetro Os valores na execução de uma função que podem ser configurados quando a função é chamada. Por exemplo, na função `double root(int n, float x)`, `n` e `x` são parâmetros.

Parâmetro explícito Um parâmetro de uma função-membro que não seja o objeto que invocou a função.

Parâmetro implícito O objeto que chama uma função-membro. Por exemplo, na chamada `x.f(y)`, o objeto `x` é o parâmetro implícito de `f`.

Parâmetro por referência Um parâmetro que está vinculado a uma variável fornecida na chamada. Alterações feitas ao parâmetro dentro da função afetam a variável fora da função.

Parâmetro por valor Um parâmetro de função cujo valor é copiado para uma variável de parâmetro de uma função. Se uma variável é passada como um parâmetro por valor, alterações feitas ao parâmetro dentro da função não afetam a variável original fora da mesma.

Passagem de parâmetros Usar expressões para inicializar as variáveis parâmetros de uma função, quando ela é chamada.

Pasta Diretório.

Pesquisa binária Um algoritmo rápido para encontrar um valor em um *array* ordenado. Ele reduz o campo de pesquisa à metade a cada etapa.

Pesquisa linear Procurar em um contêiner (tal como um *array*, lista ou vetor) por um objeto, inspecionando um elemento de cada vez, começando no início do contêiner.

Pilha Uma estrutura de dados na qual elementos somente podem ser adicionados e removidos em uma posição, chamada de topo da pilha.

Pilha de chamadas O conjunto de todas as funções que correntemente foram chamadas mas não terminadas, começando com a função corrente e terminando com `main`.

Pilha de execução A estrutura de dados que armazena as variáveis locais e endereços de retorno de funções quando um programa é executado.

Polimorfismo Selecionar uma função, entre diversas funções com o mesmo nome, comparando os tipos reais dos parâmetros.

Ponteiro Um valor que indica a posição de um objeto na memória.

Ponteiro de arquivo A posição dentro de um arquivo do próximo byte a ser lido ou gravado. Ela pode ser movida de modo a acessar qualquer byte no arquivo.

Ponteiro nulo O valor que indica que um ponteiro não aponta para nenhum objeto.

Ponteiro pendente Um ponteiro que não aponta para uma posição válida.

Precedência de operadores A regra que determina qual operador é avaliado primeiro. Por exemplo, em C++ o operador `&&` tem uma precedência mais alta do que o operador `||`. Portanto, `a || b && c` é interpretada como `a || (b && c)`.

Pré-condição Uma condição que precisa ser verdadeira quando uma função é chamada.

Pré-processador Um programa que processa um arquivo fonte antes do compilador. O pré-processador inclui arquivos, inclui condicionalmente seções de código e executa substituição de macros.

Procedimento Uma função que não retorna um valor.

Programação visual Programação através do posicionamento de elementos gráficos em um formulário, estabelecendo o comportamento do programa através da seleção de propriedades para estes elementos e escrevendo somente uma pequena quantidade de código de "colagem" para interligá-las.

Projeto orientado a objetos Projetar um programa descobrindo objetos, suas propriedades e seus relacionamentos.

Projeto Uma coleção de arquivos fonte e suas dependências.

Prompt Um *string* que pede ao usuário do programa para fornecer dados de entrada.

Protótipo Ver Declaração.

Pseudo código Uma mistura de linguagem natural (inglês, português, etc.) e C++ que é usada quando desenvolvendo o código para um programa.

RAM (random-access memory) A memória do computador que armazena código e dados dos programas que estão sendo executados.

Redirecionamento Conectar a entrada ou a saída de um programa com um arquivo em vez do teclado ou a tela.

Refinamentos sucessivos Resolver um problema quebrando-o em problemas menores e então decompondo mais aqueles problemas menores.

Relacionamento de Agregação O relacionamento "tem um" entre classes.

Script de shell Um arquivo que contém comandos para executar programas e manipular arquivos. Digitar o nome do *script* de *shell* na linha de comando faz com que aqueles comandos sejam executados.

Sensível a maiúsculas e minúsculas Distinguindo caracteres em maiúsculas e minúsculas.

Sentinela Um valor nos dados de entrada que não deve ser usado como um valor de entrada de verdade, mas apenas para sinalizar o fim dos dados de entrada.

Shell Uma parte de um sistema operacional na qual o usuário digita comandos para executar programas e manipular arquivos.

Sintaxe Regras que definem como formar instruções em uma linguagem de programação particular.

Sistema operacional O software que inicia a execução de programas de aplicação e fornece serviços (tais como um sistema de arquivos) para aqueles programas.

Sobrecarga Dar mais de um significado a um nome de função ou operador.

Stream Uma abstração de uma seqüência de bytes da qual dados podem ser lidos ou na qual dados podem ser gravados.

String Uma seqüência de caracteres.

Testador Um programa que chama uma função que precisa ser testada, fornecendo parâmetros e analisando o valor de retorno da função.

Teste de caixa branca Testar funções levando em consideração a sua implementação; por exemplo, selecionando casos de teste limite e assegurando que todos os ramos do código são cobertos por algum caso de teste.

Teste de caixa preta Testar funções sem conhecer sua implementação.

Teste de regressão Manter casos de teste antigos e testar cada revisão de um programa com eles.

Teste de unidade Um teste de uma função sozinha, isolada do resto do programa.

Tipo booleano Um tipo com dois valores, `true` (verdadeiro) e `false` (falso).

Tipo enumerado Um tipo com um número finito de valores, cada um dos quais tem seu próprio nome simbólico.

Tratador de exceção Uma seqüência de comandos que recebe o controle quando uma exceção de um tipo particular foi disparada e capturada.

UCP (Unidade Central de Processamento) A parte de um computador que executa as instruções de máquina.

Unicode Um código padrão que atribui valores de código consistindo de dois bytes a caracteres usados em línguas escritas de todo o mundo.

Valor de parâmetro A expressão fornecida para um parâmetro pelo chamador de uma função.

Valor de retorno O valor retornado por uma função através de um comando `return`.

Variável Uma posição de memória que pode armazenar valores diferentes.

Variável global Uma variável cujo escopo não está restrito a uma única função.

Variável local Uma variável cujo escopo é um único bloco.

Variável não inicializada Uma variável que não foi configurada para um valor particular. Ela é preenchida com quaisquer bytes "aleatórios" que estejam presentes na posição de memória que a variável ocupa.

Variável parâmetro Uma variável em uma função que é inicializada com o valor de parâmetro quando a função é chamada.

Vector O gabarito de C++ padrão para um *array* que cresce dinamicamente.

Vetores paralelos Vetores do mesmo tamanho, nos quais elementos correspondentes estão relacionados logicamente.

Vinculação dinâmica Selecionar uma função particular para ser chamada, dependendo do tipo exato do objeto que está chamando a função, durante a execução do programa.

Vinculação estática Selecionar uma função particular a ser chamada, dependendo do tipo de objeto que está invocando a função, o qual já é conhecido quando o programa é compilado.

Índice

Classes, funções, operadores e comandos específicos estão em letras minúsculas.

Termos simbólicos:

!, operador lógico, *Ver* Operador lógico not
!=, operador, 129-130
   e teste de fim de intervalo, 259-260
#include, diretivas, 35-36, 38-39
%, operador (operador resto), 70-71
   inteiros negativos, 74-75
&&, operador lógico, *Ver* Operador lógico and
&, operador endereço, 366-367
*, operador, 371-372
   sobrecarregando, 578-579
–, operador, *Ver* Operador de decremento
//, para comentários, 50-51, 55-57
;, *Ver* Ponto-e-vírgula
[], operador, 316-317, 321-324
   e *arrays* alocados dinamicamente, 375-377
   e subscritos de vetor, 318
{}, *Ver* Chaves
||, operador lógico, *Ver* Operador lógico or
++, operador, *Ver* Operador de incremento
<, operador, 129-130
   sobrecarregando, 575-576
<<, operador, para indicar saída de dados, 37-38
   sobrecarregando, 575-576
   streams, 418-419
<=, operador, 129-130
=, para indicar atribuição, 62-63, 129-132
==, operador, 129-130
   sobrecarregando, 574-576, 578-579, 584-585
->, operador (operador seta), 361-362
>, operador, 129-130
>=, operador, 129-130
>>, operador para indicar entrada de dados, 57-60
   encadeamento, 133-134, 575-576
   entrada de *Stream*, 417-418
   misturando com entrada de dados usando getline, 207-209
   sobrecarregando, 575-576

A

Accidental Empires, 194-195
accumulate, função, 567
Acesso
   a campos de dados de classes, 224-226
   a vetores, 321-323
   campos privados de classe base, 396-397
   campos protegidos de classe base, 397-398
Acesso seqüencial, 429-431
Acoplamento, 454-456
acos(x), função, 72-73
Ada, linguagem, 532-535, 611-612
Adelman, Leonard, 428-429
Adição, 70
"adicione *breakpoint* aqui", comando, 305-306
Advertências contrastadas com erros, 131-132
Agregação, 458-460
Agulha de Buffon, experimento da, 274-279
Ajuda *online* para C++, 75

Alfabetos internacionais, 346-349
Algol 60, 30-31
Algoritmos, 42-44
 classificação por intercalação, 530-533
 classificação por seleção, 524-528
 criptografia, 427-430
 padrão, 567-568
Alocação de memória, 359-362
 e coleta de lixo, 563-564
 liberando dinâmica, 363-365
Altair 8800, 192-194
Alteração, funções de, 209-210
Ambiente integrado, 32, 40-41
Ambientes de nomes, 600-604
 falta de suporte por compiladores mais antigos, 35-36, 38-39
 nomes não ambíguos, 603-604
American National Standards Institute (ANSI), 30-32
Apagar, 589-591
Aplicações de console, 101-102, 619
Aplicações gráficas, 101-102, 619
Apple II, 193-194
Apple Macintosh, 194-195, 407-408
 frames, 621
Área de transferência, 406-407
Argumentos de linha de comando, 425-428
Ariane, foguete, 611-612
Aritmética, 70-73. *Ver também* Funções matemáticas
 com atribuição, 66-67
 ponteiros, 371-372
Armazenamento primário, 23-25
Armazenamento secundário, 23-25
ARPAnet, 116-117
Arquivo executável, 40-41
Arquivos, 32-33
 acesso aleatório, 429-434
 cópia de segurança (*backup*), 33-34
Arquivos binários, 433-434
Arquivos de cabeçalho, 38-39
 compilação separada, 228-229
 declarações de função em, 171-172
 diferenças entre compiladores, 38-39, 74-75
 esquecendo, 74-75
 sintaxe, 35-36
Arquivos fonte, 41-42
 compilação separada, 228-232
 cópia de segurança, 33-34
Arrastar e soltar, 632-634
Array, parâmetros, 336-339
Array/ponteiro, lei da dualidade, 371-372
Arrays bidimensionais, 341-345
 tamanho de coluna, 345-347

Arrays de caracteres, 338-341
 e ponteiros, 377-379
Arrays no *heap*, 375-377
Arrays, 333-337. *Ver também* Vetores
 alocados dinamicamente, 375-377
 associativos, 566-567
 contrastados com vetores, 318
 e ponteiros, 371-376
 esquema de dar nomes para tamanho e capacidade, 344-346
 polimórficos, 398-401
Árvore de chamadas, 179-180
ASCII, código, 129-130, 346-347
asin(x), função, 72-73
Asserções, 190-193
 e teste, 297-298
 e tratamento de exceções, 604-605
Associação, relacionamento de, 454-460
 implementando, 458-461
 símbolo do relacionamento em UML, 457-458
Atalhos de teclado, 96-99
atan(x), função, 72-73
atan2(y,x), função, 72-73
Atribuição, comandos, 61-63
Atribuição, operadores, 62-63, 585-586
 sobrecarregando, 581-585
Atribuições, 60-64
 com aritmética, 66-67
 como expressões, 130-132
Atributos, 457-458
Auto-chamadas virtuais, 405
Autoindentação, 126-127
Avaliação tardia, 252
Avançar para a próxima linha, comando, 300-302
Avanço de linha, 431-432

B

Babbage, Charles, 533-534
Backup (cópia de segurança), 33-34
Bancos de dados relacionais, 434-435
Barra de menus, 627-628
Barra invertida \ como caractere de escape, 36-37, 408
Barramento, 23-26
Barras de rolagem, 619
bash, *shell*, 100
BASIC, 193-194
Bateria de testes, 294-295
Bateria de testes de validação, 533-534
Bear, John, 539-540
Beck, Kent, 449-450
begin, função, 553-554
Biblioteca, 40-41

Bidirecional, associação, 458-460
BIOS (*Basic Input/Output System*), 194-195
Bloco, comandos, 123-124-124-125
Boehm, Barry, 447-448
Bolha da Internet, 540-541
`bool`, tipo de dado, 142-143
Boole, George, 142-143
Booleanas, operações, 250-253
Booleanas, variáveis, 142-144
Botões, 619, 632-636
`break`, comando, 143-145
   com comando `switch`, 243-244
Breakpoints, 305-307, 500-501
Breakpoints condicionais, 306-307
Burroughs, 100-101

C

C
   caracteres e *strings*, 79-80
   desenvolvimento, 29-31
`c_str`, função, 416-417
C++. *Ver também* Compiladores C++; Tipos de dados
   ajuda *online*, 75
   arquivos de cabeçalho padrão, 74-75
   caracteres e *strings*, 79-80
   desenvolvimento, 29-32
   leiaute de formato livre, 34-35
   linguagem fortemente tipada, 170
   sensibilidade a maiúsculas e minúsculas, 34-35, 40, 52-53
   tipos de exceção padrão, 608-609
Caminhada aleatória, 153-155
Campos de dados, 205-206, 212-215
   acesso a, 224-226
   campos privados da classe base, 396-397
   campos protegidos da classe base, 397-398
   esquecendo de inicializar todos, 221-223
   inicializando, 217-218, 222-224
Cartões CRC, 450-452
   exemplo de impressão de fatura, 461-464
   exemplo de jogo educacional, 471-476
Casos de teste
   avaliação, 295-296
   cálculo manual, 115-117
   desenvolvimento, 250-251
   prepare antes de codificar, 248-250
   seleção, 293-296
Casos de teste limite, 116-117, 293-294
`ccc_empl.h`, 99-100
`ccc_time.h`, 92-93
`ccc_win_main`, 101-102
CD-ROM, 25
`ceil(x)`, função, 72-73

Cenas, 106-107
`char`, tipo de dado, 79-80, 338-339
Chaves { }, 36-37
   leiaute, 125-126
   para blocos de comandos, 123-124
   ponto-e-vírgula após definição de classe, 211-212
Chips (circuitos integrados), 22-25
Ciclagem, 294-295
Ciclo de vida do *software*, 445-449
Ciência da computação, 22-23, 231-232
Cifra de César, 425
Cifra de Playfair, 439-440
Cifra de Vigenère, 438-440
Cifra monoalfabética aleatória, 437-438
`cin`, comando, 57-61
   como variável global, 178-179
   e processamento de entrada de dados em texto, 269-271
   e validação de dados de entrada, 133-134
Circuito integrado de uso geral, 192-193
Circuito integrado Intel Pentium, 23-25, 56-57
Circuitos integrados, 22-25
Circuitos integrados de computadores (*chips*), 22-25
Círculos, 102-103, 105-106
   interseção com linhas, 112-116
Classe base, 385-386
   acesso protegido, 397-398
   nome, 397
Classe base, construtor, 391-393
Classe, comentários de
   exemplo de impressão de fatura, 464-467
   exemplo de jogo educacional, 475-478
Classe, definição, 208-209
   ordenamento, 470-471
Classe, diagramas de, 385-387
Classe, gabarito de, 600-601
Classes derivadas, 385-391
   acesso a campo privado da classe base, 396-397
   construtor da classe base, 391-393
   funções-membro da classe base, 392-396
Classes, 91-93, 205-208. *Ver também* Classes derivadas; Objetos
   acessando campos de dados, 224-226
   acoplamento, 454-456
   aninhadas, 600-604
   coesão, 452-454
   encapsulamento, 212-214
   interface, 208-212
   para evitar variáveis globais, 178-179
   relacionamentos entre, 454-458
Classes, Responsabilidades, Método dos Cartões de Colaboradores, *Ver* Cartões CRC

Classificar
  algoritmo de classificação por intercalação, 530-533
  algoritmo de classificação por seleção, 524-528
  classificação por intercalação, 527-531
  classificação por seleção, 521-524
  dados reais, 538-540
Cline, Marshall, 585-586
cmath, arquivo cabeçalho, 70-72, 74-75
CMS-2, 532-533
Cobertura de teste, 294-295
Código
  auto comentado, 54-55
  código espaguete, 263-267
  colocando em evidência comum, 76
  cópia e colagem no editor, 243-245
  eliminando com comentários, 188-190
  fonte, 40-41
  objeto, 40-41
  pseudo código, 180-185
  traduzindo legível por humanos para código de máquina, 27-29
Coesão, 452-454
Coleta de lixo, 563-564
Comandos. *Ver também* Sintaxe
  definidos, 36-37
  sintaxe, 35-36
Comandos aninhados, 126-127
Comentários, 50-51, 55-57
  exemplo de impressão de fatura, 464-467
  exemplo de jogo educacional, 475-478
  funções, 162-165
  leiaute recomendado, 65-66
  preferência pelo código auto comentado, 54-55
Compaq, 194-195
Comparação lexicográfica, 130-131
Comparação, operadores de, *Ver* Operadores relacionais
Compartilhamento de objetos com ponteiros, 368
Compartilhamento de tempo, 135-136
Compiladores, 28-30
Compiladores C++, 28-30
  diferenças entre, 37-39, 74-75
  e inicialização de variável, 52-53
  erros e advertências contrastados, 131-132
  intervalos e precisão numéricos, 54-56
  localizando, 32
  processo de compilação, 40-41-42
  programa simples, 34-38
Composição, 458-460
Computação, 513-517
Computação gráfica, 106-108

Computadores
  aplicações educacionais, 540-541
  blocos componentes de, 22-26
  definidos, 21-23
  limites da computação, 513-517
  mainframes, 100-102
  resumo de etapas para usar, 32-34
Computadores pessoais
  crescimento dos, 192-195
  projeto esquemático, 25, 26
Comunicação entre processos, 406-407
Concatenação, 441-442
  de *strings*, 78-80
Conectando-se, 32
Consistência, 454-456
const, palavra chave, 209-210, 216-218
Constantes, 66-69
  números mágicos, 67-70
Construção *default*, 93-94
Construtores, 208-210
  chamando de construtores, 222-224
  classe base, 391-393
  com parâmetros, 220-222
  de cópia, 584-589
  default, 208-210, 217-220
  e reinicialização de objetos, 222-223
Consulta, 434-435
Contexto de dispositivo, 636
Control Data, 100-101
Conversões, 64-65, 131-132
Copiar e colar, 243-245
copy, função, 567-568
Coringas, 165-166
Corpo
  comando if, 123-124
  função main, 36-37
Correio eletrônico, 116-117
Cortar e colar, 406-407
cos(x), função, 72-73
cosh(x), função, 72-73
count, função, 567-568
count_if, função, 567-568
cout, comando, 37-38
  como variável global, 178-179
  saída em *stream*, 50-51
  saída formatada, 80-82
  sintaxe, 51-52
cpp, extensão, 32
Criptografia, 425
Criptografia, algoritmos de, 427-430
Criptografia de chave pública, 428-430
Crivo de Eratóstenes, 571-572

cstdlib, arquivo de cabeçalho, 74-75
Curly *braces*, *Ver* Chaves
cwin, comando, 101-102
    como variável global, 178-179

D

Data General, 135-136
Datas julianas, 201-202
Declarações de função, 170-172
delete, expressão, 364-365
delete, operador, 589-590
delete[], operador, 376-377
Dependência, relacionamento de, 453-454, 456-457
    símbolo do relacionamento em UML, 457-458
Depuradores, 39, 298-300
    e escalonamento, 250-251
    estratégias, 307-309
    exemplo de sessão, 301-305
    funções recursivas, 500-502
    inspeção de objetos, 306-307
    inspeção de vetor, 321-323
    laço editar-compilar-depurar, 41-42
    limitações, 308-311
    percorrendo um programa, 304-307
    usando, 300-305
Dereferenciar, 360-362
Desenhar (pintar), 636-640
Desenvolvimento de *software*, 445-449
    exemplo de impressão de fatura, 460-471
    exemplo de jogo educacional, 471-488
Desperdícios de memória, 581-582
    ponteiros, 365-367
Destruição, 580-582, 589-591
Destrutores, 580-586, 589-590
    e tratamento de exceções, 608-609
Deutsch, L. Peter, 513-514
Diagramas, 106-108
Diagramas de estruturas, 266-267
Diagramas UML, 457-458
    exemplo de impressão de fatura, 463-465
    exemplo de jogo educacional, 475-476
Diálogos, 643-645
    personalizados, 645-647
Digital Equipment Corporation, 135-136
Dijkstra, Edsger, 265-267, 294-295
Direcionada, associação, 458-460
Diretivas de pré-processador, 188-189
Diretórios, 32-33
Disco rígido, 23-25
Dispositivos, 21-22, 25-26
Dispositivos periféricos, 25-26
Divisão, 70
do, laço, 262-264

do/while, comando, 262-264
DOS (*Disk Operating System*), 194-195
    arquivos em lotes, 297-298
DOSKEY, 100
double (nome em C++ para números em ponto flutuante), 50-51. *Ver também* Números em ponto flutuante

E

Eckert, J. Presper, 26-27
Edição de linha de comando, 100
Educação, aplicações de computadores na, 540-541
Efeitos colaterais
    de funções, 171-172
    de teste, 134-135
    parâmetros por referência para obter, 174-175
Encapsulamento, 212-214
end, função, 549-550, 553-554
Endereço, operador, 366-367
Endereços de memória, ponteiros como, 359-360, 362-363
ENIAC, 26-27
Entrada bufferizada, 59-60
Entrada de caracteres, 269-271
Entrada de dados, 57-61
    a partir de janelas gráficas, 112-114
    a partir de *strings*, 77
    eventos de mouse, 640-644
    funções, 157-159
    operador sobrecarregando, 575-578
    pré-condições, 191-193
    processamento de texto, 269-271
    processando seqüência de, 140-142
    redirecionamento, 271-272
    validação com o comando *if*, 133-134
Entrada de dados de linha, 269-271
Entrada de palavra, 269-271
"entrar em", comando, 304-306
eof, função, 133-134, 144-145
Equação do segundo grau, 71-72, 76
equal, função, 567-568
equals, função, 554-555
erase, função, 556-559
Erro de pilha, 496-497
Erros, 38-40. *Ver também* Depuradores; Testes
    advertências contrastadas, 131-132
    arredondamento, 39, 63-65
    durante a compilação, 38-39
    durante a execução, 39, 608-609
    lógicos, 39, 608-609
    mensagens dentro de funções, 172
    por um, 139-140, 541-542
    poste de cerca, 262

sinalizando, 603-606
sintaxe, 38-39
Erros, 39, 299-300
  no sistema Mark II, 299-301
Erro de segmentação, 365-366
Erros de alocação no *heap*, 563-564
Erros de arredondamento, 39
  números em ponto flutuante, 63-65
Erros de estouro, 39
Erros de grafia, 40
Escape, caracteres de, 36-37, 417-418
Espaço em branco, 58-60
  uso adequado de, 76
Esperas para cartões, 25-26
Esqueletos, 189-191
Estações de trabalho, 100-101, 135-137
Estilo javadoc, 163-164
Eventos de *mouse*, 640-644
Examinar um caractere adiante, 415-417
Exceções, 190-191
  capturando, 605-608
  disparando, 604-606, 609-610
  especificação, 609-611
Executando comandos passo-a-passo, 304-306
"executar até a próxima linha", comando, 303-305
"executar até esta linha", comando, 300-302, 305-306
"executar até o retorno da função", comando, 305-306
exp(x), função, 72-73
expression_value, função, 506-508
Expressões regulares, 163-166
Extensão, 32
Extensibilidade e funções virtuais, 401-402

F

fabs(x), função, 72-73
factor_value, função, 506-508
fail, função, 167-168, 416-417
Fase de análise do projeto de *software*, 445-446
Fase de implantação do projeto de *software*, 446-447
Fase de implementação de projeto de *software*, 445-446
Fase de testes do projeto de *software*, 445-446
Fatiando
  dados de classe derivada, 398-399
  objetos, 404-405
Fatorial, 257-258
Fibonacci, seqüência de, 509-514
Filas, 564-566
fill, função, 567-568
Fim de arquivo, detecção de, 144-145
find, algoritmo, 567-568
find, função, 567-568
find_if, função, 567-568

finger, programa, 323-324
fixed, manipulador, 80-82
Flesch, índice de legibilidade, 283-285
float (nome em C++ para números em ponto flutuante com precisão limitada), 55-56
floor(x), função, 72-73
Fontes, 116-117, 406-407
for, comando, 256-259
for, laço, 256-259
for_each, função, 567-568
Formato fixo, 80-82
FORTRAN, 31-32
Frames, 620-628
Frameworks de aplicação 621-624
  aprendendo sobre novos, 624-625
free, função, 588-589
Freqüência das letras, 438-439
friend, declaração, em listas encadeadas, 552-553
fstream, 415-417
fstream, arquivo de cabeçalho, 74-75
Funções. *Ver também* Variáveis parâmetros; Procedimentos
  árvore de chamadas, 179-180
  chamada a si mesma, 183-185
  curta é melhor, 179-180
  definidas, 36-37, 157-159
  e refinamentos sucessivos, 178-180
  e reuso, 162-163
  efeitos colaterais, 171-172
  escopo variável, 176-178
  escrevendo, 159-162
  esqueletos, 189-191
  genéricas, 567
  incompatibilidade de tipos, 170
  inspeções, 186-187
  parâmetros vetor, 324-328
  pré-condições, 190-193
  pseudo código, 180-185
  sobrecarregando, 220-221, 223-225
  terminando, 190-193
  variáveis globais, 177-179
  virtual, 400-406
Funções-membro, 77-78, 94-95
  acesso a campo de dado, 224-226
  chamando sem uma variável, 96-98
  classe base, 392-396
  e classes, 21-217
  em diagramas UML, 457-458
  funções não-membro contrastadas, 226-227
  funções operador, 578-579
Funções de acesso, 209-210
  declarar com a palavra chave const, 216-218
  protegidas, 397-398

Funções matemáticas, 70-73
   diferenças entre compiladores, 38-39
   término, 190-191
Funções operadores, 573-575
   funções-membro, 578-579
Funções recursivas, 308-310
   depuração, 500-502
   funções auxiliares, 505-507

G

Gabaritos, 590-601
   listas encadeadas como, 547-548
General Electric, 100-101
General protection fault (falha genérica de proteção), 365-366
Gerador de números aleatórios, 274
Gerenciamento de memória, 406-407
   automático, 579-590
   listas encadeadas, 588-590
`get`, função, 554-555
`getline`, função, 77, 157-159
   e processamento de entrada de dados em texto, 270-271
   misturando entrada com >>, 207-209
GhostScript, interpretador, 513-514
GNU, projeto, 116-117
`good`, função, 133-134, 145
Gráficos, 101-108
   computação gráfica, 106-108
   estações de trabalho, 135-137
   na World Wide Web, 116-118
   sistema de coordenadas, 108-112
`grep`, programa, 165-166
GUIs, *Ver* Interfaces Gráficas com o Usuário
Gutenberg, projeto, 116-117

H

Heap, 359-360
Herança
   abuso de, 454-456
   classes derivadas, 385-391
   classes *stream*, 418-422
   e coleções polimórficas, 401-402
   privada, 390-391
   símbolo do relacionamento em UML, 457-458
Hoare, Tony, 30-31
Hoff, Marcian E., 192-193
Homem-mês, 219-220
Honeywell, 100-101
Houston, Frank, 310-312
HTML, documentação de função, 163-164

I

IBM 3090, 100
IBM AS/400, minicomputador, 135-136
IBM PC, 193-195
IBM, processo antitruste, 100-101
`if`, comando, 123-126
   desenvolvimento de, 30-32
   para validação de dados de entrada, 133-134
`if/else`, comando, 127-129
   alternativas múltiplas, 219-243
   desvios aninhados, 246-249
   e o comando `switch`, 242-244
   esquecendo de inicializar variáveis em alguns ramos, 245-247
   problema do `else` pendente, 244-246
   valores de retorno, 168-169
`if/else/else`, teste, 242-243
`ifstream`, classe, 415-416, 418-419
Imagens manipuladas, 108
Implementação de classes, 208-209, 213-215, 218
   exemplo de impressão de fatura, 465-471
   exemplo de jogo educacional, 477-488
Imprimir, 406-407
   exemplo de impressão de fatura, 460-471
   tarefa do sistema operacional, 406-407
`#include`, diretivas, 35-36
   e diferenças entre compiladores, 38-39
Índice, 318
   incremento e acesso a vetor, 321-323
`insert`, função, 556-557
"inspecione", comando, 306-307
"inspecione variável", comando, 300-302
Inspeções, 186-187
Instruções de máquina, 27-28
   cópia de segurança não necessária, 33-34
`int` (nome em C++ para inteiros), 50-51
Inteiros
   aritmética, 70-70-71
   armazenando em números em ponto flutuante, 62-63
   definidos, 50-51
   divisão, 72-74
   entrada, 57-58
   intervalo e precisão numéricos, 54-56
   resto de negativo, 74-75-75
Inteligência artificial, 29-30, 255-257
Interface, classes, 208-212
Interface de linha de comando, 100
Interface privada, 208-209, 212-213
Interface pública, 208-209, 212-213, 390-391
Interfaces com o usuário, 194-195. *Ver também* Interfaces gráficas com o usuário
   protótipo, 448-449
Interfaces Gráficas com o Usuário (GUIs), 619
   diálogos, 643-645
   eventos de *mouse*, 640-644
   exemplo de programa, 646-657
   frames, 620-628

gerenciamento de leiaute, 632-636
menus, 627-630
pintando, 636-640
tratamento de eventos, 629-633
International Organization for Standardization (ISO), 31-32-32
Internet
   desenvolvimento da, 116-118
   para armazenamento de arquivos de segurança, 33-34
Invariantes de laço, 146-148
`iomanip`, arquivo de cabeçalho, 74-75
`iostream`, arquivo de cabeçalho, 35-36, 38-41, 74-75
`istream`, classe, 418-419
`istringstream`, classe, 418-419
Itens de menu, 627-628
Iteradores de lista
   definidos, 549-550, 552-553
   implementando, 553-555

J

Janela, 406-407
Janelas gráficas, 103-105
   entrada a partir de, 112-114
Jogo de Nim, 286-287
Jogo do relógio, 646-657
Jogo educacional, exemplo de desenvolvimento de *software*, 471-488
JOVIAL, 532-533

L

Laço editar-compilar-depurar, 41-42
Laços
   aninhados, 266-270
   `do`, 262-264
   e recursividade, 512-514
   `for`, 256-259
   infinitos, 136-138
   iterações, 261-262
   limites simétricos e assimétricos, 261
   processamento de dados de entrada em texto, 269-271
   simples, 136-138
   teste de fim de intervalo: não use `!=`, 259-260
Lei de De Morgan, 254-255
Leiaute, 228
   chaves { }, 125-126
   de arquivo, 228
   formato livre, 34-35
   gerenciamento em GUIs, 632-636
   não estável, 65-66
Lenat, Douglas, 255-256
`length`, função, 77

Liberação dinâmica de memória, 363-365
Ligador (*linker*), 40-41
   e o laço editar-compilar-depurar, 41-42
Limites
   erros em vetor, 320-321
   simétricos e assimétricos, 261
Linguagens de banco de dados, 29-30
Linguagens de programação, 28-30
   evoluídas e planejadas contrastadas, 30-31
   projeto e evolução, 29-32
Linguagens de uso geral, 30-31
Linha de regressão, 155-156
Linhas, 103-106
   interseção com círculo, 112-116
Links (*hyperlinks*), 117-118
Linux, 407-408
   frames, 620-621
`list`, classe, 551-553
Listas encadeadas, 547-552
   gerenciamento de memória, 588-590
   implementando, 551-564
   inserção e remoção, 555-564
   sobrecarregando operador, 578-580
`log(x)`, função, 72-73
`log28-29(x)`, função, 72-73
`logic_error`, classe, 604-605
Lotes, arquivos em, 297-298
Lovelace, Ada Augusta, Condessa, 533-534

M

Macintosh, 194-195
Macintosh OS, 407-408
   frames, 621
Macro, 190-191
`main`, função, 35-38
`map`, classe, 601-602
Mapeamentos, 566-567
Máquina de Turing, 514-516
Mark II, mariposa encontrada dentro de relé do sistema, 299-301
Matriz, 341-345
Mauchly, John, 26-27
`max_element`, função, 567-568
`maximum`, função, 373-375
Memória, 23-25
Memória virtual, 406-407
Mensagens de monitoramento, 88-89
Menus, 619, 627-630
`Message`, classe, 103-104, 106-108
Meyer, Bertrand, 192-193
Microcomputadores, 100-101
Microprocessadores, 192-193

Microsoft, 194-195
   desenvolvimento, 248-251
   problemas de escalonamento com o Windows
   Microsoft Foundation Classes (MFC), 619-620
   Microsoft Visual C++, compilador, 619-620
   Microsoft Windows, 248-251, 407-408. *Ver também*
   wxWindows, conjunto de ferramentas
      fim de arquivo, 281
      frames, 621
min_element, função, 567-568
Minicomputadores, 100-101, 134-136
Modelo em cascata de desenvolvimento de *software*, 446-448
Modelo em espiral de desenvolvimento de *software*, 447-448
Modos, 643-644
Modula 22-23, 31-32
Monitoramento de programas, 297-299
Montadores, 27-29. *Ver também* Compiladores C++
Multiplicação, 50-51, 70
Multiplicidade de associação, 458-460
Multitarefas, 406-407
Mycin, 255-256

N

Navegadores da web, 117-118
NCR, 100-101
Netscape, 117-118
new, expressão, 359-360
new, operador, 274
Newton-Raphson, aproximação de, 284-285
NeXT, 136-137
next, função, 553-555
next_permutation, função, 567-568
Nicely, Thomas, 56-57
Nodos, 551-552
Nomes de variáveis, 51-53
   escolha descritivos, 53-55
Nomes simbólicos, 27-28, 51-52
Notação exponencial, 50-51
Nova linha, 36-37
   separando dados de entrada com, 58-60
nth_element, função, 567-568
NULL, ponteiro, 361-362
   configurando ponteiros apagados como, 365-366
   iteradores de lista, 552-553
Número de seguridade social, 434-436
Números em ponto flutuante
   aleatórios, 276-277
   aritmética, 70-70-71
   armazenamento de inteiro em, 62-63
   comparação, 132-133
   definidos, 50-51

   divisão, 72-74
   entrada, 57-58
   erros de arredondamento, 63-65
   intervalo e precisão numéricos, 54-56
Números mágicos, 67-70
Números pseudo aleatórios, 274-275
Números triangulares, 493-497

O

Objetos. *Ver também* Classes
   compartilhando com ponteiros, 368
   construindo, 91-94
   da vida real, 98-100
   definidos, 91-92
   destruição, 581-582, 589-590
   fatiando, 404-405
   inspeção no depurador, 306-307
   reinicializando, 222-223
   usando, 93-97
ofstream, classe, 415-416, 418-419
O-maiúsculo, notação, 526-527
open, função, 416-417
Operações de *mouse*, 96-99
Operador de decremento (--), 63-64
   dentro de outras expressões, 134-135
   sobrecarregando, 577-579
Operador de incremento (++), 63-64
   dentro de outras expressões, 134-135
   sobrecarregando, 577-579
Operador lógico and (&&), 250-252
   avaliação tardia, 252
   confundir com a condição or, 253-254
   e a Lei de De Morgan, 254-255
Operador lógico not (!), 252-253
   e a Lei de De Morgan, 254-255
Operador or lógico (||), 250-252
   avaliação tardia, 252
   confundir com a condição and, 253-254
   e a Lei de De Morgan, 254-255
Operadores lógicos, 251-252. *Ver também* operador lógico and; operador lógico not; operador lógico or
Operadores relacionais, 129-131
   múltiplos, 253-254
   sobrecarregando, 574-576
Oráculo (procedimento de teste), 296
Organizações de padrões, 31-32
Ornamentos para associações, 458-460
ostream, classe, 418-419

P

Pacote de entrada/saída *stream*, 35-36
Palavras reservadas, 52-53

Parâmetro explícito, 215-216
  funções-membro e não-membro, 227
Parâmetro implícito, 215-216
  classes derivadas, 393-394
  funções-membro e não-membro, 227
Parâmetro tipo, 591-592
Parâmetros de construção, 92-93, 96-97
Parâmetros por referência, 173-176
  arrays, 337-338
  como ponteiros disfarçados, 370-371
  funções-membro e não-membro, 227
Parâmetros por valor, 173-174
  funções-membro e não-membro, 227
Parênteses, 30-31
  não balanceados, 72-74
  uso em expressões matemáticas, 70
Pascal, 29-30
  desenvolvimento, 30-31
"passar sobre", comando, 304-306
Pastas, 32-33
PDP-8, minicomputador, 135-136
Pentium, circuito integrado, 23-25
  erro de ponto flutuante, 56-57
Permutações, 257-258
  e recursividade, 496-501
Pesquisa, 534-536
  binária, 243-244, 440-441, 536-539
  dados reais, 538-540
  e substituição global, 163-165
Pesquisa linear, 534-535
Pesquisa seqüencial, 534-535
PGP (*Pretty Good Privacy*), 429-430
π
  computando, 56-57
  experimento da agulha de Buffon, aproximação, 274-279
Pilha, estrutura de dados, 319-320
Pilhas, 563-566
  de chamadas, 305-306, 501-502
  de execução, 363-364
  desempilhando, 607-610
Pintando, 636-640
Pipes, 271-273
Pixels, 108
Placa mãe, 25-26
Point, classe, 102-103, 105-106
Polimorfismo, 397-405
  e ponteiros, 369
Ponteiros
  apagar, 589-590
  arrays polimórficos, 398-401
  como parâmetros por referência disfarçados, 370-371
  confundir com os dados apontados por eles, 362-363

declarando dois na mesma linha, 362-363
dereferenciar, 360-362
e alocação de memória, 359-362
e *arrays*, 371-376
e desperdícios de memória, 365-367
iteradores de lista, 552-553
liberação dinâmica de memória, 363-365
para *strings* de caracteres, 376-378
pendentes, 365-366
usos, 366-371
Ponteiros para caracteres, 345-346
  copiando, 378-380
  e *arrays*, 377-379
Ponto, notação, 77, 94-95
Ponto-e-vírgula (;), 260
  após definições de classes, 211-212
  necessário para cada comando, 37-38
Pontos, 102-103, 106-108
`pop_back`, função, 319-320
Posição final, listas encadeadas, 549-551
Posições de memória, 27-28
Poste de cerca, erro de, 262
pow, função, 70-71, 158-159
Pré-condições, 190-193
Predicado, 167-168
Pré-processamento, 188-190
`previous`, função, 554-555
Primeiro a entrar, primeiro a sair (FIFO), 563-564
Privacidade e bancos de dados, 434-436
Problema da parada, 514-517
Problema do `else` pendente, 244-246
Problema do laço e meio, 143-145
Procedimentos, 172-174. *Ver também* Funções
  parâmetros por referência, 173-176
  parâmetros vetor, 324-328
Processos formais, 446-447
Programação. *Ver também* Desenvolvimento de *software*
  algoritmos para, 42-44
  arte ou ciência?, 231-233
  com clareza, 373-375
  defensiva, 39
  definida, 21-23
  e organizações de padrões, 31-32
  escalonamento, 248-251
  extrema, 449-451
  problemas inesperados, 248-251
  produtividade, 219-221
  refinamentos sucessivos, 178-180
  visual, 656-658
Programação orientada a objetos, 29-30, 452
Programas (exemplos de)
  `append.cpp`, 340
  `approx.cpp`, 167-169

ÍNDICE **707**

area1.cpp, 124-126
area2.cpp, 127-129
area3.cpp, 133-134
average.cpp, 324-325
basic.cpp, 622-624
bestval.cpp, 206-208
bestval1.cpp, 331-333
bestval2.cpp, 333-335
between.cpp, 325-327
bsearch.cpp, 537-539
buffon.cpp, 276-279
button.cpp, 634-636
caesar.cpp, 425-428
circle.cpp, 102-103
click.cpp, 112-114
clock.cpp, 482-488
clocks1.cpp, 387-391
clocks2.cpp, 394-396
clocks3.cpp, 402-405
coins1.cpp, 49-51
coins2.cpp, 57-60
coins3.cpp, 60-64
coins4.cpp, 70-72
coins5.cpp, 219-241
database.cpp, 431-434
department.cpp, 369-371, 586-589
dice.cpp, 275-277
doublinv.cpp, 138
employee.cpp, 98-100
erase1.cpp, 328-330
erase2.cpp, 329-330
esearch.cpp, 538-540
eval.cpp, 507-510
event.cpp, 630-633
fibloop.cpp, 512-514
fibtest.cpp, 509-511
fibtrace.cpp, 510-513
fifolifo.cpp, 564-566
forfac.cpp, 257-259
futval.cpp, 160-162
game.cpp, 647-657
global.cpp, 177-179
goodprim.cpp, 303—305
hello.cpp, 34-38
hellowin.cpp, 103-105
hwdue1.cpp, 250-252
hwdue2.cpp, 251-253
initials.cpp, 78-80
insert.cpp, 330-331
intname.cpp, 184-187
intsect1.cpp, 112-114
intsect2.cpp, 113-115
invoice.cpp, 465-471
line.cpp, 103-104

list.cpp, 593-601
list1.cpp, 550-552
list2.cpp, 558-564
lsearch.cpp, 534-536
matches.cpp, 326-328
matrix.cpp, 343-345
maxtemp.cpp, 141-142, 417-418
maxval1.cpp, 417-419
maxval2.cpp, 420-422
menu.cpp, 628-630
mergclassificação.cpp, 528-531
mouse.cpp, 641-644
overload.cpp, 576-578
paint.cpp, 638-640
palindrome.cpp, 504-506
permute.cpp, 498-501
phoenix.cpp, 109-111
point.cpp, 102-103
primebug.cpp, 301-304
printime.cpp, 173-174
prodtest.cpp, 230-231
product.cpp, 229-231
product.h, 228-232
product1.cpp, 210-212
product2.cpp, 218-220
raisesal.cpp, 174-176, 325-326
rand.cpp, 231-232
rand.h, 231-232
random.cpp, 274-275
readtime.cpp, 423-424
richter.cpp, 240-243
salarray.cpp, 337-339
salvect.cpp, 319-321
selclassificação.cpp, 522-524
sentinel.cpp, 140-142
sqroot.cpp, 262-264
sqrtest1.cpp, 289-291
sqrtest2.cpp, 290-292
sqrtest3.cpp, 291-294
sqrtest4.cpp, 295-296
sqrtest5.cpp, 296
square.cpp, 104-106
table.cpp, 267-269
tax.cpp, 246-249
text.cpp, 626-628
time1.cpp, 94-97
time2.cpp, 96-97
triangle.cpp, 268—270, 495-497
volume.cpp, 67-69
words.cpp, 269-271
Programas. *Ver também* Depuradores; Testes
  colocar em evidência código comum, 76
  compilando simples, 34-38
  definidos, 21-22

inspecionando, 304-307
leiaute instável, 65-66
provas de corretude, 143-144, 147-148
salvando, 32-34, 40, 139-140
traduzindo legíveis por humanos para código de máquina, 27-29
Programas de planilha de cálculo, 193-194
Programas para provar teoremas, 255-256
Programas que penduram, 139
Projeto CYC, 255-257
Projeto Gutenberg, 116-117
Projeto orientado a objetos, *Ver* Desenvolvimento de *software*
Projeto Quinta Geração, 255-256
Prompt, 57-58, 100
Propriedades, 656-657
Protótipos, 170
    e desenvolvimento de *software*, 447-449
Provador automático, 147-148
Provas de corretude, 143-144, 147-148
Pseudo código, 180-185
push_back, função, 319-320, 335-336
    listas encadeadas, 555

Q
Quadrados, 104-105
Quadrados mágicos, 355-356
queue, gabarito, 564-566

R
rand, função, 274
random_shuffle, função, 567-568
Random-access memory (RAM), 23-26, 406-407
Rational Unified Process, 448-449
RCA, 100-101
Read-only memory (ROM), 23-25
Recenseamento, tabulação dos dados pelo ENIAC, 26-27
Reconhecimento óptico de caracteres, 255-256
Recursividade
    e números triangulares, 493-497
    e permutações, 496-501
    eficiência, 509-514
    infinita, 496-497
    mútua, 506-510
    teste de palíndromo, 502-506
Redes, 25-26, 407-408
    e Internet, 116-118
Redes amplas (WANs), 116-117
Redes locais (LANs), 116-117
Redes neurais, 255-256
Redirecionamento de entrada e saída, 271-272
Referências constantes, 175-177
    passando vetores por, 327-328
Registradores, 27-28

Relacionamentos, 454-458
remove, função, 567-568
remove_if, função, 567-568
replace, função, 567-568
replace_if, função, 567-568
Requisitos, 445-446
    exemplo de impressão de fatura, 461
    exemplo de jogo educacional, 471-472
Restaurar a partir de cópia de segurança, 33-34
Resto, operador, 70-71, 74-75
Retorno do carro, 431-432
return, comando, 37-38, 165-168
Reuso
    e herança, 397-398
    funções, 161-163
Richter, escala, 240-242
Rivest, Ron, 428-429
RSA, criptografia, 428-430

S
Saída, 57-61
    formatada, 80-82
    funções, 158-159
    redirecionamento, 271-272
    sobrecarregando o operador, 575-578
Salvando, 32-34, 40
    antes de cada execução do programa, 139-140
Scripts de shell, 297-298
Seleção, operador, 128-129
Sentinela, 140-141
Servidores, 116-117
    estações de trabalho como, 136-137
set, estrutura de dados, 566-567
seta, operador, 361-362
Sete Anões, 100-101
setfill, manipulador, 172
setprecision, manipulador, 80-81
setw, manipulador, 80-82, 172
Shamir, Adi, 428-429
Shell, 271-272
Símbolo indefinido, mensagem de erro, 40
Símbolos de relacionamento em UML, 457-458
Simula, 30-31
Simulação, 274-279
sin(x), função, 72-73
Sinal de igual (=), para indicar atribuição, 62-63, 129-132
sinh(x), função, 72-73
Sintaxe
    apelido de ambiente de nomes, 602-603
    asserções, 190-191
    atribuição, 61-62
    bloco *try*, 606-607
    bloco, comando, 124-125
    chamada de função, 71-72

chamada de função-membro, 77-78
comando de entrada, 59-60
comando de saída, 51-52
comentários, 56-57
construção de objeto, 92-93
construtor com inicializador de classe base, 392-393
construtor com lista de inicializadores de campos, 223-224
conversão, 64-65
declaração de classe aninhada, 600-601
declaração de função (protótipo), 170
definição de ambiente de nomes, 602-603
definição de *array* bidimensional, 341-342
definição de classe, 209-210
definição de classe derivada, 386-387
definição de classe gabarito, 591-592
definição de constante, 67-69
definição de construtor, 218
definição de destrutor, 581-582
definição de função, 159-160
definição de função virtual, 400-401
definição de função-membro, 214-215
definição de função-membro de gabarito, 592, 594
definição de operador sobrecarregado, 573-574
definição de variável, 51-52
definição de variável *array*, 335-336
definição de variável objeto, 93-94
definição de variável ponteiro, 360-361
definição de variável vetor, 315-316
`delete`, expressão, 364-365
dereferenciar ponteiro, 361-362
diagramas, 506-507
disparo de exceção, 605-606
`do/while`, comando, 262
erros, 38-39
especificação de exceção, 609-610
`for`, comando, 256-257
`if`, comando, 123-124
`if/else`, comando, 128-129
`new`, expressão, 359-360
parâmetro por referência, 174-175
parâmetro por referência constante, 176-177
programa simples, 35-36
`return`, comando, 166-167
subscrito de vetor, 318
`while`, comando, 136-137
Sistema de coordenadas para gráficos, 108-112
Sistemas embarcados, *software* para, 532-534
Sistemas especialistas, 255-256
Sistemas operacionais, 405-408
`size`, função, 318-319
Skipjack, 429-430
Sobrecarregando nomes, 223-225
Sobrecarregando operadores, 224-225, 573-580

Solução recursiva, 494-495
Soluções *band-aid*, 294-295, 308-309
`sort`, função, 567-568
`sort`, programa, 272-273
SPL/1, 532-533
`sqrt`, função, 70-71, 157-159
`stable_sort`, função, 567-568
`stack`, gabarito, 564-565
Standard Template Library, 547
`static_cast`, notação, 64-65, 131-132
`std`, ambiente de nomes, 35-36, 601-603
`strcat`, função, 340-341, 345-346
`strcpy`, função, 377-379
Streams
   arquivos de texto, 415-419
   herança, hierarquia de classes, 418-422
   strings, 421-424
Streams de entrada 415-416
Streams de saída, 50-51, 415-416
`String`, arquivo de cabeçalho, 74-75, 77
String vazio, 77-78
Strings
   como vetores de caracteres, 321-323
   comparação lexicográfica, 130-131
   concatenação, 78-80
   definidos, 36-37, 77-78
   diferenças entre compiladores, 38-39
   inspecionando com o depurador, 306-307
   permutações, 496-501
   ponteiros para caractere, 376-379
   saída formatada, 80-82
Strings de caracteres, 376-378
`strlen`, função, 339
`strncat`, função, 340-341
`strncpy`, função, 378-379
Stroustrup, Bjarne, 30-31
`substr`, função, 77-78, 321-323
Substrings, 77-79
Subtração, 70
Sun Microsystems, 101-102, 135-136
   SPARC, processador, 28-29
`switch`, comando, 242-244

T

Tabela de eventos, 629-630
Tabelas de desvios, 243-244
Tabulação, 58-60
   para código estruturado em blocos, 126-128
TACPOL, 532-533
Tamanho de conjunto de dados, 273
Tamanho de *string*, 77
`tan(x)`, função, 72-73
`tanh(x)`, função, 72-73
`tar`, programa, 273

tcsh, shell, 100
Teclas de atalho, 74-75
tempnam, função, 377-378
term_value, função, 506-508
Terminador zero, 339
Término de comando, 100
Testador, 289-290
Teste
   efeitos colaterais, 134-135
   if, comando, 123-124
   operador de seleção, 128-129
   validação de dados de entrada, 133
Teste de caixa branca, 294-295
Teste de caixa preta, 294-295
Teste de igualdade, 129-130
Teste de palíndromo, 502-506
Teste de regressão, 294-295
Testes. *Ver também* Depuradores
   cronograma, 250-251
   de unidade, 281-294
   monitoramentos de programa, 297-299
   para descobrir erros de lógica, 39
Therac-25, 310-312
*this, expressão, 307
this, ponteiro, 363-364
Tipos de dados, 49-53. *Ver também* Classes; Números em ponto flutuante; Inteiros; *Strings*
   aritmética, 70-73
   atribuição, 60-64
   constantes, 66-70
   conversões, 64-65, 131-132
   definidos pelo programador, 91-92
   entrada e saída, 57-61
   enumerados, 69-70
   saída formatada, 80-82
   variáveis booleanas, 142-144
Torres de Hanói, 520
Trabalho em equipe, 220-221
Trajetória de projétil, 154-155
   ENIAC, cálculos no, 26-27
Transistores, 23-25
Tratador de *mouse*, 640-641
Tratador de pintura, 640-641
Tratamento de eventos em GUIs, 629-633
Tratamento de exceções, 603-610
try, comando, 605-607
Turing, Alan, 514-515

U

UCP (Unidade central de processamento), 22-26
Último a entrar, primeiro a sair (LIFO), 563-564
Unicode, 348-349

Unidade Central de Processamento (UCP), 22-26
unique, função, 567-568
Univac, 100-101
UNIX, 135-136, 407-408
   chamar o depurador, 300-301
   e *pipes*, 273
   fim de arquivo, 281
   tar, programa, 273
using namespace std, diretiva, 35, 38, 229

V

Valor de inicialização, 51-54
Valor de parâmetro, 157-158
Valores de estado, 173-174
Valores de retorno, 158-159, 165-169
   declaração, 170
   faltando, 168-169
   vetor, 324-328
Valores verdade, 167-168
Variáveis, 51-54. *Ver também* Objetos; Variáveis parâmetros; *Strings*
   atribuição, 60-64
   booleanas, 142-144
   chamando funções-membro sem, 96-98
   incrementando, 63-64
Variáveis em registradores, 309-310
Variáveis globais, 177-179
   e vetores paralelos, 333-335
Variáveis parâmetros, 159-161, 168-169
   conflito de tipos, 170
   construtores com, 220-222
   declaração, 170
   escopo, 176-178
   global, 177-179
   nomes para, 169
   para evitar variáveis globais, 178-179
   vetores, 324-328
Variável associada, 335-336
VAX, 135-136
vector, arquivo de cabeçalho, 74-75
Verme da Internet, 323-324
Vermes, 323-324
Vetores, 315-318. *Ver também Arrays*
   inserindo elementos, 329-331
   inspeção com o depurador, 321-323
   paralelos, 331-335
   passando por referência constante, 327-328
   removendo elementos, 327-330
   strings, 321-323
   subscritos, 318-321
Vinculação, 400-401
Vinculação dinâmica, 400-401

Vinculação estática, 400-401
`virtual`, palavra chave, 400-401
Vírus de computador, 323-324
VisiCalc, 193-194
Visual Basic, 656-657
Visual Studio, ambiente, 619-620
`void`, palavra chave, 173, 175-176

W

`while`, comando, 136-138
  e laços `for`, 259
Wilkes, Maurice, 300-301
Windows (Microsoft), *Ver* Microsoft Windows
World Wide Web, 116-118
`wx/wx.h`, 621

wxWindows, conjunto de ferramentas, 619-621
  diálogos, 643-645
  eventos de *mouse*, 640-644
  exemplo de programa, 646-657
  frames, 620-628
  gerência de leiaute, 632-636
  menus, 627-630
  pintando, 636-640
  tratamento de eventos, 629-633

X

X Window, sistema, 135-137

Z

Zimmermann, Phil, 429-430

Créditos das Ilustrações

Capítulo 1
Páginas 23 e 24: Cortesia de Intel Corporation. Página 25: Cortesia de Seagate Technology. Página 26: Cortesia de Intel Corporation. Página 27: Cortesia de Sperry Univac, Divisão da Sperry Corporation.

Capítulo 3
Página 101: Cortesia de International Business Machines Corporation. Uso sem autorização não permitido. Página 107 (topo): Copyright©1985, SAS Institute Inc., Cary, NC, USA. Todos os direitos reservados. Reproduzida com permissão do SAS Institute, Inc., Cary, NC. Página 107 (embaixo): Cortesia de Autodesk, Inc. Página 108: M. Tcherevkoff/The Image Bank.

Capítulo 4
Página 135: Cortesia de Digital Equipment Corporation, Corporate Photo Library. Página 136: Cortesia de Sun Microsystems, Inc. Página 142: ©1997 por Sidney Harris.

Capítulo 8
Página 300: Naval Surface Weapons Center/Dahlgren, VA.

Capítulo 13
Página 449: Booch, Rumbaugh, Jacobson, *Unified Modeling Language Users Guide* (AW Object Tech Series), pág. 431, ©1999 por Addison Wesley Longman, Inc. Reimpresso com a permissão de Pearson Education, Inc.

Capítulo 14
Página 515: Science Photo Library/Photo Researchers.

Capítulo 15
Página 533: Foto por Robert Godfrey. Cortesia de International Business Machines Corporation. Uso sem autorização não permitido.

Capítulo 16
Página 565: AP/Wide World Photos.

Capítulo 17
Página 611: AP/Wide World Photos.